南宁统计年鉴

NANNING STATISTICAL YEARBOOK

2000

《南宁统计年鉴》编委会　　编

中国统计出版社

（京）新登字 041 号

图书在版编目（CIP）数据
南宁统计年鉴 2000/南宁市统计局编
—北京：中国统计出版社, 2000.8
ISBN 7-5037-3316-0/C-1788
Ⅰ. 南...
Ⅱ. 南...
Ⅲ. 统计资料-南宁-2000-年鉴
Ⅳ. C832.671-54
中国版本图书馆 CIP 数据核字（2000）第 33530 号

南宁统计年鉴-2000

作　者：南宁市统计局
出版发行：中国统计出版社
通信地址：北京市西城区三里河月坛南街 75 号 中国统计出版社
电　话：(010)63262295
制　作：广西南宁科技广告公司
印　刷：南宁包装印刷集团公司
经　销：新华书店
开　本：787×1092 毫米 /16 开本
字　数：86 万字
印　张：36
印　数：1—1500 册
版　别：2000 年 7 月第 1 版
版　次：2000 年 7 月第 1 次印刷
书　号：ISBN 7-5037-3316-0/C-1788
定　价：100.0 元

《南宁统计年鉴——2000》编辑委员会

《南宁统计年鉴——2000》编辑人员

《南宁统计年鉴》协办单位

南宁糖业股份有限公司香山糖厂
南宁根德成片土地开发有限公司
南宁华侨投资区淀粉厂
南宁糖业股份有限公司东江糖厂
南宁市国税局
南宁华侨投资区糖厂
新城区人民政府
兴宁区人民政府
南宁糖业股份有限公司

《南宁统计年鉴——2000》特邀编委

尹　彤	新城区党委书记
刘　俊	新城区人民政府区长
林小静	兴宁区党委书记
肖莺子	兴宁区人民政府区长
刘玉萍	永新区党委书记
肖志刚	永新区人民政府区长
赵　波	郊区党委书记
罗世敏	郊区人民政府区长
陆天美	武鸣县东江糖厂厂长
方春生	武鸣县香山糖厂厂长
李　科	南宁华侨投资区淀粉厂厂长
李兆孟	南宁华侨投资区糖厂厂长
武希文	南宁市工商行政管理局局长
莫少卫	南宁根德成片土地开发有限公司总经理
杨　辉	南宁市国税局局长
熊可模	南宁糖业股份有限公司董事长、总经理

编 辑 说 明

一、《南宁统计年鉴—2000》，是一本图文并茂的集知识、信息、统计资料于一体的综合性工具全书，是国民经济信息密集的综合性、权威性资料。其全面、系统地汇集了南宁“经济、科技、社会信息”，以大量的数据真实地记录了南宁社会主义现代化建设的历史进程。是党政领导部门和各有关部门了解“市情”、“市力”进行定量分析、预测、宏观规划、客观调控、科学决策的重要依据；是调研机构和企事业单位了解行业间情况，进行对比分析和微观策划的重要依据；也是社会各界人士认识南宁、了解南宁、发展南宁必备的、不可缺少的综合性工具书。

二、《年鉴》内容由文字部分、宣传图片、统计资料三大部分组成。文字部分包括南宁简介、政府工作报告、国民经济发展计划、财政报告、统计新闻公报等；宣传图片包括南宁社会经济发展图片和各有关单位的宣传图片；统计资料由南宁统计数据、统计图表和统计指标解释组成，统计数据包括综合、国民经济核算、人口、劳动工资、农业、工业、交通邮电、投资、国内外贸易、旅游、科技、教育、卫生、体育、财政、金融、保险、市政公用、环保、物价、人民生活、乡镇经济、企业基本情况一览表及全国、广西、全国重点城市等主要统计资料。

三、本年鉴编辑的统计数据，以 1999 年为主，为方便读者使用，还列入了 1950 年以来的主要统计数据资料。

四、由于部分指标统计口径有改变，本年鉴对过去发表的统计资料，部分指标重新予以核实，对有的数字作了调整。读者在使用资料时，凡与本年鉴有出入的，均以本年鉴的为准。

五、本年鉴表中的符号使用说明：空格表示该项统计指标数据不详或无该项数据；“#”表示其中数。

六、《南宁统计年鉴》自公开出版以来，受到广大读者的关心和支持，对此，我们深表谢意。欢迎广大读者对年鉴内容、编排等方面提出宝贵意见，以利于我们进一步提高年鉴的编辑工作水平，更好地为广大读者服务。

《南宁统计年鉴》编辑部

二 000 年六月

南宁简称邕，是一座有一千六百多年的历史名城，为广西壮族自治区首府，全区政治、经济、文化的中心。地处郁江上游，左右交汇处，是桂西南水、陆、空交通枢纽，各种物资及土特产的集散地。四季树木青翠，花果飘香，是一座具有亚热带风光的“绿色城市”。

新中国成立以来，特别是改革开放以来，南宁市经济和社会各项事业均得到较快的发展。1994年全市国内生产总值提前六年实现翻两番的战略目标，“八五”期间，全市国内生产总值保持年均增长16.66%，“九五”前四年继续保持良好的发展势头。

在经济建设和社会事业稳步向前的同时，南宁市委、市政府坚持以邓小平理论和党的基本路线为指导，不断提高市民的文明素质、生活质量和城市综合文明程度，精神文明建设取得了显著成绩。1991年以来，南宁市先后荣获“中国城市综合实力五十强”、“全国卫生城市”“全国双拥模范城市”、“全国园林城市”、“中国优秀旅游城市”等称号。1998年南宁还作为精神文明建设的典型在全国广泛宣传，1999年荣获“全国创建文明城市工作先进城市”称号。

自治区党委常委、市委书记李克（右二）、市长林国强（左二）与有关部门研究城市规划工作

自治区党委常委、市委书记李克、市长林国强深入基层调研

自治区党委常委、市委书记李克在武鸣县伊岭村劳动

广西南宁糖业股份有限公司

南宁糖业股份有限公司（简称：南宁糖业）创建于1999年4月26日，5月27日“南宁糖业”5600万股流通股票在深圳证券交易所挂牌上市，公司资本运营正朝着获取新的利润增长点迈进。

公司由南宁市的制糖造纸厂、明阳糖厂、蒲庙糖厂、伶俐糖厂、香山糖厂、东江糖厂六个大中型制糖、造纸厂组成大型集团企业。公司位于祖国大西南江河运输、陆运、空运便捷和出海大枢纽的广西壮族自治区首府南宁市。公司具有对外进出口经营权，是广西外贸商品进出口基地，是国家重点扶持的512家国有重点企业之一，是国家认定的大型一档企业。公司拥有5000多员工，其中各类专业技术人员工1100多人，具有中高级职称资格的有450多人。公司注册资产6.22亿元，目前公司生产能力为：日榨甘蔗2万吨，年产机制糖32万吨，机制纸3万吨，食用酒精2万吨以及各类综合利用产品8大类15个品种。公司产糖量占广西食糖总量的10%，全国食糖总量的4%，年销售额超10亿元，年创利税1.5亿元。公司占地面积518000平方米。公司的六个厂于1996年至1999年分别获得了ISO9002质量体系证书。公司拥有稳定的客户和广大的营销网络，产品远销欧洲、中东、东南亚等国家和地区，并被国内外著名的百事可乐、可口可乐、健力宝等厂家列为原料定点厂。

机制白砂糖是南宁糖业股份有限公司的核心产品。“云鸥”牌、“雪兰”牌、“明阳”牌、“古府”牌优级和一级白砂糖曾多次荣获国家轻工总会“产品质量优良奖”、“广西优质食品奖”；“美时”牌卫生纸获首届中国纸张、纸制品印刷器材博览会银杯奖。

公司生产的主要产品：优级白砂糖、一级白砂糖、一级赤砂糖、二级赤砂糖、新闻纸、书写纸、瓦楞原纸、胶印书刊纸、胶版印刷纸、卫生纸、纸巾纸、优级食用酒精、普通级食用酒精、复合肥、变性淀粉、原糖加工生产优级白砂糖。

南宁糖业，将充分利用业已形成的生产规模和资源优势，以股东利益最大化为目的，通过生产布局、产业结构的科学、合理调整，达到规模经济、专业化生产、资源配置最优化的要求。经国家经贸委批准，公司投资1.9亿元上马年产3.4万吨环保型蔗渣浆技改项目，投产后预计新增销售收入1.1亿元，实现利润3870万元。另外再上一条年产1万吨造纸生产线项目，两年投产后，年新增销售收入8069万元，实现利润672万元。公司原料甘蔗已大面积推广综合技术与应用项目，逐步形成规模生产，年增加甘蔗产量37万吨，新增蔗糖产量4.64万吨，年新增税后利润2600万元。

公司正严格执行ISO9002质量体系，严格规章制度、强化降低成本措施、提高劳动生产率；实施名牌战略，规避新世纪风险。在资本市场运营上，通过收购兼并、控股、合资和联合等方式，进一步扩大公司经营规模和实力，形成以蔗糖生产为主业、多元化综合经营的跨行业、跨区域的现代化大型企业集团。

公司董事长、总经理：熊可模
电话：0771-4911863　4915366　　传真：0771-4912822
地址：广西南宁市亭洪路48号　　电子信箱：NNTYGS@PUBLIC.NN.GX.CN

南宁糖业上市新闻发布会。（左三为南宁市市长林国强、左二为公司董事长、总经理熊可模）

公司董事长、总经理：熊可模

ISQ9002 质量体系评审会

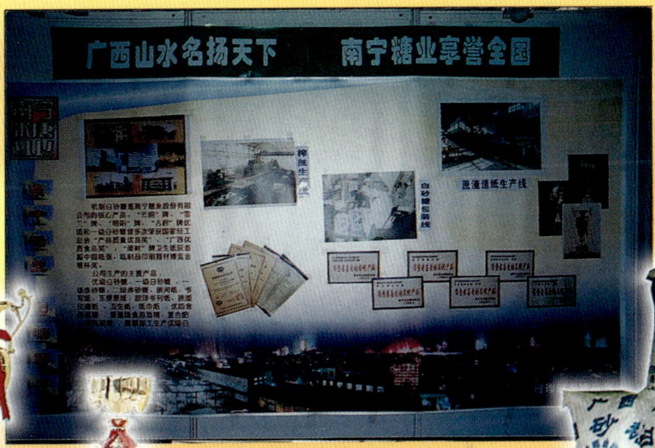

南宁糖业享誉全国

CQC 质量体系
认证证书

荣获一九九七年、一九九八年振兴
南宁“经济效益杯”劳动竞赛－金杯奖

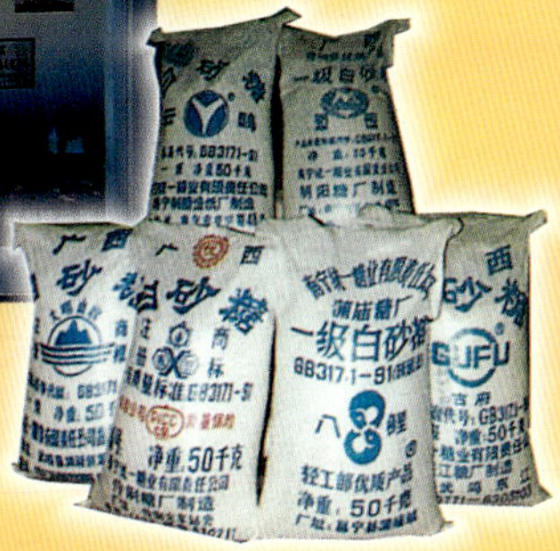

主要产品白砂糖

甘蔗渣造纸生产

白砂糖煮炼生产车间

南宁华侨投资区淀粉厂

NANNING HUAQIAOTOUZHIQUDIANFENCHANG

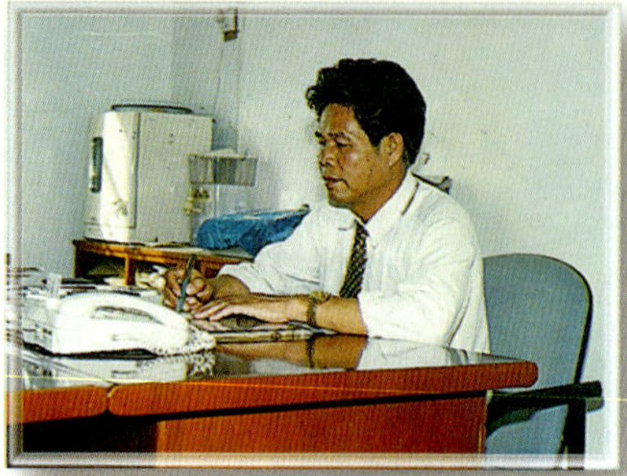

厂长：李科

环境优美的厂区办公楼

南宁华侨投资区淀粉厂位于武鸣县境内，厂区环境秀丽，交通十分便利。

该厂始建于一九六四年，现有在职职工210人，其中各类工程技术人员30多人，每年上交税利300多万元，拥有固定资产480多万元，生产能力为日产优质“桂花”牌淀粉160多吨，年生产能力可达3-4万吨。从建厂至今经过几次技术更新改造，大大增强了市场的竞争力。

该厂生产的“桂花”牌淀粉，年年被自治区评为优质产品，并多次荣获轻工部“产品优良”奖和“产品质量优良”证书。产品畅销全国二十多个省市，深受广东、江苏、黑龙江、浙江省市的客户的青睐，由于产品质量过硬，厂家信誉高，因此该厂产品的市场潜力很大，有较强的竞争力。

以质量为生存，信誉高于一切是华侨投资区淀粉厂人的精神，全体职工热烈欢迎全国各地的朋友光临惠顾。

地　址：武鸣华侨投资区内

电　话：（0771）6302765

生产车间

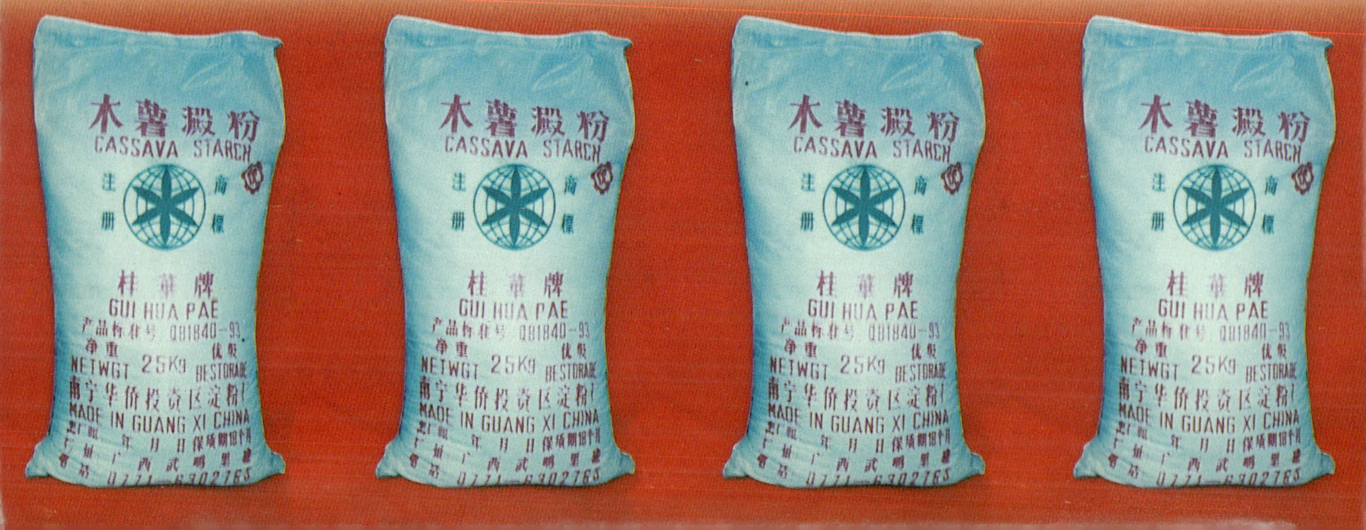

南宁市国家税务局

NANNINGSHIGUOJIASHUIWUJU

南宁市国税局成立于1994年10月，5年来，该局按照国家税制改革精神，全面推进税收征管改革，走依法治税之路，税收职能作用得到有效地发挥。1999年组织各项税收入库21.3亿元。先后9次被授予自治区国税局、南宁市“先进单位”、“文明行业”、“讲文明、树新风”先进单位等称号。

强化税收管理，推进依法治税。在支柱税源、税收大户、中小纳税户中实行了驻厂员、联络员和片管员“三员”管理。对个体私营纳税户和市场零散税收，实行了查帐征收、委托代征。

实行科技兴税，开发并推广了“CH国税信息系统”，使计算机运用和管理渗透到税收工作各个环节，5年来，共检查各类纳税户达4万户（次），查补税款入库5.6亿元，为国家挽回巨额经济损失。

强化队伍建设，提高综合素质。目前全局具有大专以上学历的干部占75%，通过深入开展“岗位练兵”培训活动，有效提高了干部的政治和业务素质，并建立了一套完善的管理制度，实行执法追究责任制。在社会上聘请了90多名监督员，形成了执法监督和协税网络。

广泛开展税法宣传，提高社会税收意识。5年来，南宁市国税局充分利用各种新闻媒体，采取多种形式、多种渠道、全方位、多角度进行广泛地开展宣传活动，收到了良好的效果。先后在各类报刊、电视、电台等新闻单位累计发表文章3000多篇，以平均每天2篇以上的成绩跃居全区国税系统榜首。

地址：南宁市济南路120号　电话：2420207　邮编：530011

开拓进取的国税局领导班子

国税局领导班子在开展“三讲”教育

运用电脑开展业务工作

方春生：厂长

南宁糖业股份有限公司香山糖厂

南宁糖业股份有限公司香山糖厂位于武鸣县城东北9公里处，210国道从厂区、生活区门前通过，交通十分便利。

该厂始建于1975年2月，是以机制糖为主、综合发展的国有中型制糖企业。现有职工781人，其中各类专业技术人员120多人，年工业总产值和销售收入愈亿元，拥有固定资产1.7亿元，生产能力为日处理原料蔗3000吨，主要有白砂糖、赤砂糖、普通级食用酒精等产品。工厂生产程序采用先进电气自动化管理系统，地磅电脑管理系统、压榨核子称系统、PH值自动控制系统、废蜜电脑自动计量系统、白砂糖电脑自动计量等较先进的质量控制检测、管理手段，已应用于生产过程，并于1993年3月通过国际标准ISO9002认证，产品在市场上有较强的竞争力。

该厂生产的“大明山”牌一级白砂糖自1988年以来一直保持自治区优质产品，白砂糖、食用酒精多次荣获国家轻工部（轻工总会）“产品优良”奖和“产品质量优良”证书。产品畅销全国各省市自治区，曾远销俄罗斯、东欧、越南等国家和地区，并且深受客户的信赖。

用严密科学的质量体系和积极有效的管理工作保证向客户和社会提供优质产品和服务是该厂求发展之路，满足客户和社会的合法需求是香糖人的目标，香山糖厂全体员工欢迎社会各界人士、各路宾朋光临。

团结务实的领导班子

方春生（厂　长）　韦子英（书　记）
欧茂林（副厂长）　韦文光（副书记）
黄文宝（副厂长）　谢宝桐（工会主席）
周东才（副厂长）
方　清（副厂长）

生产车间一角

厂　　长：方春生　书记：韦子英
联系电话：（0771）6222353
传　　真：（0771）6223481
地　　址：南宁市武鸣县
邮　　编：530100

糖厂大门

兴宁区政府

兴宁区地处广西首府南宁市中心，辖民生、朝阳两个街道办事处28个居委会，行政区域总面积7.2平方公里，常驻人口12万人。作为西南出海通道枢纽城市的中心城区，自改革开放以来，兴宁区人民努力拼搏，经济和社会各项事业蓬勃发展，特别是“九五”时期以来，围绕“科技兴区、工业强区、三产富区、依法治区”的发展战略，以经济建设为中心，坚持“两手抓，两手都要硬”的方针，经济建设、精神文明建设和党的建设“三大工程”同步协调发展。1999年，实现国内生产总值3.62亿元，同比增长13.79%；第二产业增加值1.26亿元，同比增长3.56%；第三产业增加值2.38亿元，同比增长24.32%；社会消费品零售总额2.57亿元，同比增长23.37%；固定资产投资4034万元，同比增长18.02%，实际利用外资342万美元；财政总收入1.21亿元，同比增长19.19%，地方财政收入0.81亿元，同比增长23.80%；居民人均可支配收入6598元；其他社会各项事业取得可喜的成绩，荣获了“全国首批科普示范城区”、“全国科技工作先进城区”、“广西社会治安综合治理模范县区”、“南宁市计划生育工作一等奖”、“南宁市双拥模范县区”、“南宁市社会治安综合治理模范县区”、“首府‘讲文明、树新风’活动先进单位”等荣誉称号。

兴宁区围绕“南宁是龙头，兴宁怎么走”、“我们的工作是否与中心城区的地位相称”、“如何为纳税人服务”的工作思路，在经济建设方面，确立了第三产业为支柱产业，充分发挥区位优势，大力发展个私经济。以个体私营经济为主体的第三产业迅速发展，由南宁交易场、和平商场、民族商场构成的商业“金三角”，以朝阳路为轴心的2平方公里范围内汇集了上千家商店，有南宁市“王府井”之称的兴宁路、民生路等商业街，有人民路灯饰一条街、中华路摩托车一条街等专业街，有南国特色的南宁新华街旅游灯光夜市。1999年，社会消费零售总额2.38亿元，辖区个体私营企业已超过1.5万家，第三产业增加值占城区内生产总值的68%，上交税收占总税收的85%。

区委书记：林小静　　区长：肖莺子

地址：解放路54号　　电话：2622774

传真：2622214　　邮编：530012

“团结务实，开拓争先”的城区领导班子

区委书记林小静看望孤寡老人

区委书记林小静、区长肖莺子等城区领导陪同市委书记李克（左三）视察南宁市瓶盖厂

区委书记林小静（中）、区长肖莺子（左一）代表兴宁区慰问武警广西一支队

兴宁区文化广场一瞥

永新区人民政府

四大班子领导在商讨城区经济发展远景规划

永新区位于南宁市区邕江北岸区域的西南部，行政区域5.55平方公里。1999年末，常住人口109531人，暂住人口9718人。辖新阳、华强街道办事处，共29个居民委员会、1个村民委员会。永新区是南宁市建设区域性交通枢纽和商业流通中心的重点区域，也是南宁市主要的工业基地，主要有食品、制药、机械、化工、轻工业等行业，现有国有、三资、股份、集体等所有制工业企业168家，水陆运输企业12家。多年来，永新区坚持以经济建设为中心，大力鼓励非公有制经济的发展。1999年末，辖区由有3486家个体工商户，从业人员2.3万人，年内实际利用外资381万美元，引进建成了一批工业项目。

永新区区属企业1999年实现国内生产总值2.71亿元，全社会工业销售产值完成3.5亿元；社会消费品零售总额完成2.61亿元；全社会固定资产投资完成1735万元；财政收入完成4812万元，其中上划中央财政收入1917万元，地方财政收入2896万元。

永新区国民经济持续发展的同时，精神文明建设和城区建设也取得了新的成绩。1999年永新区先后荣获自治区“爱心献功臣行动”和“扫盲工作”先进单位；南宁市1996-1998年度党建目标管理达标奖和全市唯一的党建工作创新奖、社会综合治理模范（县）区等多项奖励。城区所属单位、部门荣获全国、自治区、市级奖励达54次。

区委书记：刘玉萍　　　　区长：肖志钢
地址：南宁市人民西路27号　　电话：（0771）2810747　　邮编：530012

区委刘玉萍书记陪同市委李克书记下基层检查

肖志钢区长检查社区建设

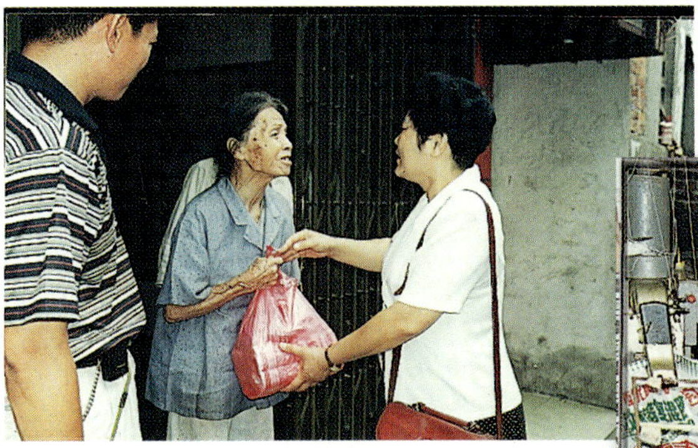

区委刘玉萍书记慰问孤寡老人

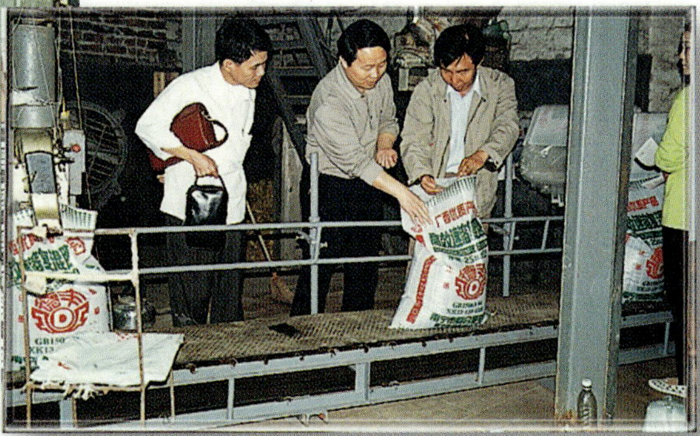

区长肖志钢下企业检查

私营企业、个体企业代表喜获”十佳企业“牌匾

爱心献孤老

小学生和家长共同签名承诺：遵守南宁市民文明公约

广场文化一瞥

南宁市郊区

NANNINGSHIJIAOQU

郊区党委书记赵波（右三）、区长罗世敏（左三）向自治区党委书记曹伯纯（右二）、市委书记李克（右一）介绍金坛现代农业开发区发展规划

南宁市郊区地处左江、右江和邕江之滨，呈城乡合一的环状，紧紧环绕着广西首府南宁市，现辖10个镇5个乡，总面积1761平方公里，总人口40多万人。

南宁市郊区地理位置优越，南昆铁路纵贯郊区七个乡镇，这条大通道的最大编组站座落在郊区的沙井乡。郊区地处亚热带，土地肥沃、特产丰富、风光秀丽。自然资源丰富，有中国迄今已发现的最好的大型高岭土矿区——维罗高岭土矿区，还蕴藏有丰富的煤、铁、铝、金等20多种矿产资源；有壶天岛、扬美古镇、清水泉、麒麟山、天雹水库、太阳岛等众多独具魅力的自然、人文景观；有广西最大的香蕉生产基地；有相当规模的蔬菜、瓜果、水产、禽蛋、畜牧、花卉等商品生产基地，可为城市居民提供充足的蔬菜、副食品。郊区既是运用现代新科技大力发展农林牧副渔特别是“菜篮子”工程的大有作为的一片热土，又是发展工商贸事业和旅游业的一块黄金宝地。

近年来，郊区两个文明建设突飞猛进，硕果累累，农业综合开发全面发展，乡镇企业稳居“半壁江山”，第三产业迅速崛起，小城镇建设日新月异，对外开放不断扩大。建成了饲料、建材、食品、造纸、化工及农副产品加工等一批重要产业基地，建成了虎邱钢材市场、建筑装饰材料市场、汽车交易市场等一批在全国颇有知名度的专业市场和综合商贸市场。郊区1995年和1997年两度荣获“自治区双文明建设先进单位”，1999年又荣获“全国科技工作先进县（市）”的称号等荣誉。

面向21世纪，南宁市郊区党委、政府制定了新的发展思路：以邓小平理论和党的基本路线为指导，以经济建设为中心，以抓好经济结构调整和培养新的经济增长点为重点，以稳定农业经济为基础，全面实施“科教兴郊、农业稳郊、工业强郊、三产富郊、依法治郊、服务城市、富裕农民”的发展战略，正确处理好改革、发展、稳定的关系，保证国民经济持续快速健康发展，促进社会全面进步，把21世纪的南宁市郊区建设得更加繁荣美丽。

郊区“菜篮子”基地

郊区南宁建筑装饰材料市场

郊区汽车交易市场

上尧永和黄家大院

扬美旅游景点之一 -- 魁星楼

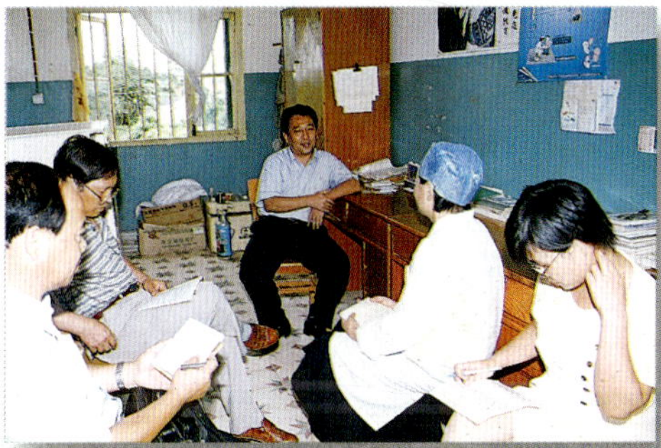

郊区党委书记赵波深入乡镇
卫生院检查指导工作

罗世敏区长在扬美村香蕉生产基地检查生产

罗世敏区长深入农村检查工作

南宁华侨投资区糖厂

南宁华侨投资区糖厂（原广西武鸣华侨糖厂）位于南宁市武鸣县城西北部的南宁华侨投资区内，占地面积4万平方米，是广西华侨系统中唯一的一家国有中型制糖企业。该厂距南宁市43公里，邕百公路干线与厂区道路相通，交通十分便利。

自1966年2月建成投资以来，生产规模不断扩大，现日榨甘蔗量2000吨，日产酒精1.8万公升。全厂拥有各类专业技术人才90多人，固定资产4000多万元。年产值近亿元，生产的主要产品有“凤凰花”牌白砂糖、赤砂糖，普级食用酒精，产品享誉独联体、国内各大销区。

近年来，乘着改革开放的春风，该厂积极采取软硬配套措施，强化企业内部管理，转换企业内部经营机制，大力开展技术改造和技术创新，引进先进的工艺设备，依靠科技进步促进企业的发展，在一批既有专业技术水平又擅长管理的企业骨干带领下，该厂取得了显著的经济效益和社会效益。自1996年以来，该厂连续四年被评为自治区“重合同，守信用”企业，曾获自治区经济效益先进企业，南宁市武鸣县文明单位，南宁市、武鸣县、投资区先进基层党组织等称号。“凤凰花”牌一级白砂糖和普级食用酒精连续多年获得中国轻工总会产品质量优良奖，白砂糖获准进入了“国际精品批发中心”批发体系，成为亚欧大陆贸易桥信息网络成员。1999年一级白砂糖和普及食用酒精通过广西优质产品认证。1995-1996年榨季，该厂与广西大学等院校及科研院所密切配合，取得了一项填补国内空白的PA微孔过滤系统对亚法糖厂混合清汁处理的科研成果，经济效益名列全区前列。

1999年国务院副总理钱其琛（前左二）在南宁市委书记李克（右一）、华侨投资区主任曾繁耀（左一）、该厂厂长李兆孟（右二）的陪同下考察厂区

高科技的生产管理手段

厂长：李兆孟

地址：广西武鸣里建

电话：（0771）6301318

传真：（0771）6301423

邮编：530105

厂区大门

南宁机械厂

厂长：黄庆生

厂领导班子在研究工作

南宁机械厂成立于1952年，是原机械部生产单缸柴油机的重点厂家，是国家一级计量单位，产品出口自营企业，生产经营柴油机已有30多年历史。工厂占地面积19万多平方米，总资产价值41876.2万元，在职员工3000人，主要生产设备2212台（套），设有机械加工、铸造、冷锻、机修、工具、热（处理）油漆装配等8个车间和一个综合分厂，具有小型单缸柴油机系列产品20万台的生产能力，主要生产高峰牌柴油机包括G160、G165、G170、R175A、G180、195S、S1100、S1110、S1115等10个系列30多个变型产品，此外还生产五象牌农用运输车和金田牌摩托车。工厂1998年4月通过了ISO9001质量体系认证。高峰牌柴油机在区内外享有较高声誉，尤其是在东南亚市场颇受欢迎，是我国在越南农机产品唯一免检的产品。近几年出口创汇额保持近千万美元，一直名列自治区、南宁市出口创汇前茅。

目前，厂领导正按工厂的“两局三新”（把握大局、统揽全局、机制创新、产品创新、制度创新）总体思路，率领全厂员工努力拼搏，努力完成自治区、南宁市企业改革整顿三年脱困的任务，再现南机雄风。

绿树掩映的办公楼

工厂大门

厂长：黄庆生
地址：南宁市中尧路48号
电话：3154439　3156051
传真：3153054
邮编：530003

南宁市房地产管理局

南宁市房产管理局是南宁市人民政府主管房地产工作的职能部门，其主要职责是：根据国家有关法律、法规和政策的规定，拟定房地产地方性法规和行政规章，并依法查处房地产领域的各种违章行为；主管房屋产权、产籍管理工作，确认房屋权属、颁发房屋所有权证；主管城市国有土地使用权有偿转让、抵押、出租等二、三级市场；主管房地产市场交易管理；指导直管公房经营管理工作，制定住宅建设发展规划；主管全市的物业管理，负责物业管理公司的资质审查、登记；主管房屋安全鉴定工作，对危房管理、房屋修缮和白蚁防治进行监督指导；负责落实私房改造遗留问题。

几年来，南宁市房产管理局大胆改革，加快各项事业的发展步伐，取得了可喜的成绩。1999年，在市委、市政府的正确领导下，全局干部职工团结奋斗，努力拼搏，取得了“完成一件实事，推进两项改革，拓宽三大领域，加快四个进程”的新突破。“完成一件实事”就是：筹集3000多万元，搬迁安置了807户直管公房特危旧房住户，基本解决了特危直管公房住户搬迁问题。“推进两项改革”就是：大胆创新，稳步推进了公房经营管理体制改革和局属企业改制工作，干部职工思想稳定，社会效应和经济效益良好。“拓宽三大领域”就是：一是物业管理覆盖面进一步拓宽，有14个住宅小区（大厦）被评为自治区优秀物业管理小区（大厦），9个被推荐参加国家评比，物业管理企业发展到115家，物业管理小区、大厦发展到140家，物业管理的社会意识深入人心；二是房屋白蚁防治业务范围进一步拓宽，把白蚁防治引入了酒店、宾馆等物业设施领域，取得了良好的经济效益；三是房产交易管理服务领域得到了扩展，服务质量得到提高，服务业绩取得了新的发展。“加快了四个发展进程”，即公房租金市场化进程加快，直管危旧公房改造步伐加快，法规建设取得较大进步，房产管理的现代化进程得到加快。

2000年是世纪之交年，南宁市房产管理局正以积极的姿态，深化改革，大胆开拓，昂首阔步迈向新世纪。

荣获1999年自治区物业管理优秀大厦称号的通银大厦

团结务实的局领导班子

从左至右为：副局长、副书记韦子英，局长、副书记蒙天森，副局长覃超卓、瞿锡麟、周志彬

局领导陪同林国强市长（左二）视察直管危旧公房，落实为民办实事任务

荣获的部分荣誉

荣获 1999 年自治区物业管理优秀住宅区称号的区送变电公司大院一角

南宁交易场

全国文明市场——南宁交易场位于南宁市中心的上海路、南京路、杭州路、济南路交汇处。一期工程4层综合商场于1986年2月建成开业，占地1.09万平方米，建筑面积2.09万平方米。现有固定经营户2100户。经营项目有：农副产品、水产品、家电、成衣、百货、医药等20多个大类5000多个品种。日均客流量6万多人次，日成交额170多万元。1999年工农副产品成交额6.73亿元，比1998年增长6.9%。历年累计商品成交额达46.6亿元元，个体工商户缴纳税费1.6亿元。1997年，组织开展个体工商户帮助下岗职工再就业“一帮一”活动，5月28日《人民日报》头版头条刊发报道并给予高度评价，在社会上引起强烈的反响。1986年--1999年连续7次荣获自治区文明市场称号，1988年--1995年连续4次荣获全国文明市场称号，1998年被评为全国诚信市场。交易场管理处多次评为南宁市先进集体、广西工商行政管理系统先进集体和全国工商行政管理系统先进工商所。

地址：南宁市济南路　　电话：2432891　　邮编：530011

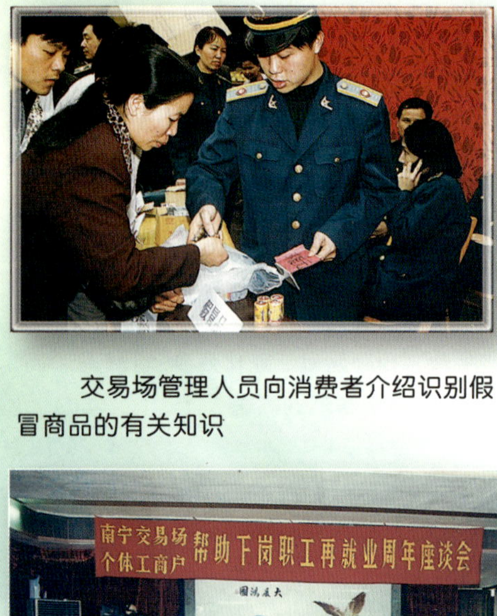

交易场管理人员向消费者介绍识别假冒商品的有关知识

自治区工商局蔡玉瑜副局长到交易场检查指导

组织个体户召开帮助下岗职工再就业座谈会

交易场个体户踊跃向灾区人民捐款

南宁职业技术学院

南宁市职业技术学院是一所新型的充满生机活力的综合性普通高等学校。

根据国家教育部教计[1998]42号文《关于同意建立南宁职业技术学院的通知》精神，原南宁职业大学、南宁市广播电视大学、南宁市教育学院三校于一九九九年七月合并组建为南宁职业技术学院，是目前南宁市政府主管的唯一一所高等学校，南宁市政府市长助理耿耀华任院党委书记、南宁市政府市长助理贾玉成任院长。

合并后的南宁职业技术学院实现了教育资源共享，办学规模迅速扩大，整体实力迅速增强。学院设九系、二部、二中心、一馆，开设了理科、工科、文科、经济管理科、美术创意科、社管科和旅游商业管理科等七科12个门类43个大专专业和财会、计算机、英语、经济法等5个本科专业，建设课程300多门。目前学院在校生7500人，教职工566人（其中原铸造厂工人286人），校园面积85亩，校舍面积74645平方米，固定资产1.14亿，拥有电气、多媒体、食品工艺等多个实验室以及计算机中心。还建立了一批校外实习基地和联系了一批实习合作单位。经国家外国专家局和国家统计局批准我院成立了国家级的BFT外语培训中心、全国计算机等级证书培训中心。

南宁职业技术学院在新一届领导班子的带领下，决心走速度效益型的发展道路，在充分利用现有教育资源情况下，力争3年使学院办学软硬件达到教育部规定的示范性职业技术学院的标准。到2003年使学院综合实力排入经国家教育部审批的91所高等职业技术学院的前列，实现争创全国示范性职业技术学院的宏伟目标。我们相信，南宁职业技术学院将以崭新的姿态、更大的规模、更快的速度、更高的质量、更好的效益迈入二十一世纪，它将昂首阔步去开拓高等职业技术教育更加灿烂美好的明天！

地址：南宁市民族大道95号
电话：5883381　　5877396　　邮编：530022

市长林国强（左三）在院领导陪同下了解学院发展情况

南宁职业技术学院成立挂牌庆典

花园般的学院一角

莘莘学子昂首阔步迈向新的明天

中外 合资

广西鑫叶彩印包装有限公司

GUANGXIXINYE COLOUR PRING & PACKING CO.LTD

广西鑫叶彩印包装有限公司是广西烟草公司所属的一个印刷企业，地处南宁市明秀西路162-1号，临近美丽的邕江二桥，环境幽雅，交通便利。

公司大门

该公司成立于1996年，是由广西烟草系统两大(集团)公司和烟厂与香港大卫·刘影业公司、香港新丰亚洲发展有限公司以股份制的形式投资组建的中外合资企业，注册资本达4960万元人民币，固定资产原值5140万元人民币。该公司主要以卷烟商标印刷为主，对外兼营社会印件业务（如设计、制版、印刷、防伪商标等业务），主要产品有广西各大烟厂的卷烟商标及社会印件。

该公司拥有国际先进的海德堡电脑程控五色胶印机及罗兰电脑程控四色胶印机数台、国内先进的自动模切机、自动烫金机、电脑程控切纸机数台，配备先进激光全息防伪生产成套设备。同时采用电脑网络系统进行管理，产品质量稳定可靠，是广西装璜实力最雄厚的大型彩印公司和具有较强防伪商标生产能力的印刷企业。开业三年来，多次获得自治区南宁市有关部门嘉奖，先后被评为“广西优秀科技型企业”、“先进外商投资企业”、“技术先进企业”、“经济效益先进企业”、“广西百家模范纳税户”等。

“精艺求美、高效创新、务实进取、团结奉献“是本公司的企业精神；“顾客至上，质量第一”是本公司的宗旨。欢迎各界朋友来人、来电、来涵洽谈业务！

企业精神

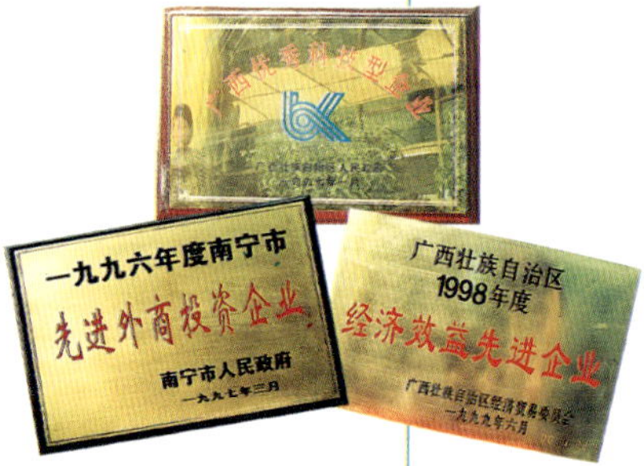

◀102F 型海德堡电脑程控五色胶印机

- 全数字控制
- 高性能的系统
- 印品精美、色彩完美

地址：南宁市明秀西162-1号

电话：（0771）3171291

传真：（0771）3172783

邮编：530011

技贸并举 加强合作 共谋发展 增进友谊

武鸣县地税局

WUMINGXIANDISHUIJU

武鸣县地税局成立于1994年9月。五年来，坚持“抓学习、重管理、树形象”的工作思路，发扬艰苦创业的精神，狠抓基层组织建设，促进各项工作的全面发展，连年完成税收任务，地税事业蓬勃发展。五年来共组织入库各项地方财政收入2.55亿元，地方税收收入由1995年的2726万元增加到1999年的6315万元，增加1.31倍。在组织收入工作中，认真抓好税收征管基础建设，不断完善税收征管制度，实行重点税源监控，建立了以代征代扣代缴网为主线条的协税护税网络，不断加强流动、零散税源管理，完善税收检查机构及制度，加大稽查力度，减少了税款的流失；同时，坚持从经济到税收、税收服务于经济的涵养税源工作思想，积极培植地方财源，使税收收入稳定增长。坚持“带好队、收好税”的治队思想，积极抓好队伍建设。以制度约束人、以规章管好人，积极开展反腐败斗争，认真纠正行业不正之风，狠刹“吃、拿、卡、要、报”的歪风，认真抓好税款减免、税款缓交和税款双定等环节的管理工作，勤政廉政工作成效显著。

开展“爱我地税、创先争优”活动，精神文明建设不断加强。五年来，全县18个地税分局、所中，获得国家税务总局、共青团中央授予的“全国青年文明号”称号一个、区市级“青年文明号”称号四个、市地税系统“文明单位”称号四个、县级“文明单位”称号八个，在社会上树立了良好的地税形象。

团结务实的领导班子

潘仁兴局长（左二）、苏军彦副局长（左一）
潘锡新副局长（右二）、廖桂芝副局长（右一）

行业评议“回头看”座谈会

开展迎“五四”“地税杯”
千人环城跑活动

潘仁兴局长上街宣传税法

广西农业机械南宁公司

农机公司大门

总经理：李海森

广西农业机械南宁公司隶属区农机化局领导。公司成立于1960年，现有职工135人，其中大中专毕业生45人，公司资产总额3360万元，经营场地2500平方米。公司成立三十多年来，为全区各地提供10多亿元的各种农业机械设备，为广西农机化事业的发展和农村经济的腾飞，作出了重要的贡献。改革开放以来，公司领导解放思想，转变观念，不断地进行企业内部改革，加强管理，确立适合社会主义市场经济特点的经营思想和策略，改变经营方式，提高服务质量，公司得到较快的发展，一年上一个新台阶，年销售总额从1992年的3800万元，上升到1999年的2.457亿元，资产总额由1580万元，上升到3360万元。公司连续四年荣获全国农机流通百强企业称号，连续三年评为自治区经济效益先进企业，连续八年荣获广西区工商局“重合同，守信用”企业称号，连续四年被区农行评为AA级信用企业，还多次评为自治区和国家统计工作先进单位。

随着市场经济框架的建立和完善，公司的经营范围也在进一步地扩大，从单一的农机经营转向多元化经营。目前经营的范围涉及农机、汽车、机电、材料、工程机械、化工产品等行业，在一些主要经营项目上，如农用车，拖拉机、工程机械、柴油机、轮胎等，年销售量都位于全区的前列。广西农机南宁公司已成为广西农机品种齐全,容量最大的代储、代销、代运的经销商之一，同时也已经成为广西农机销售影响面最大，信誉最好的农机市场。广西农机南宁公司本着“用户至上，信誉第一，质量保证”的宗旨，为您提供优质的服务，欢迎各界人士光临选购。

大型汽车展销场一角

农机公司综合大楼

地址：南宁市北湖南路3号
电话：3101524
传真：3102813
邮编：530001

南宁市林业局

团结协作，开拓奋进的局领导班子

党委书记：罗承国（右二）

局　　长：卢礼杰（右四）

局领导与投资商共同筹划石门森林公园远景规划

南宁市林业局认真贯彻落实党的十五届三中、四中全会精神、积极推进“四个根本性转变”，紧紧围绕以分类经营为重点，建立林业“两大体系”为目标的总体思路，深化改革，加快发展，全市林业继续保持持续、快速、健康发展势头。在面上造林绿化方面，根据分类经营的要求，有计划地组织开展了大规模的重点生态工程、速生丰产林基地和经济林基地建设，继续坚持以巩固绿化为中心，加强全市的绿色工程建设工作，大力调整林种结构，加大人工造林的力度，造林绿化质量和营林产业化水平进一步提高。去年完成速生桉造林12万亩，完成经济果木林造林5.1万亩，成活率95%以上。

在城市林业方面，为了把南宁市建设成为“绿都”，使森林发挥绿肺功能，1999年1月，南宁市林业局与台湾亚森(南宁)农业科技发展有限公司在城东共同投资4000多万元开发建设石门森林公园，首期开放的景点有：观光果园、森林保健区、花卉观赏区、娱乐游乐区、烧烤服务区、农家园。石门森林公园已成为城市沙漠中的一片绿州，是一个休闲娱乐胜地。

地址：南宁市民主路43号

电话：2803588　　2800782

邮编：530012

南宁市十二万亩速生桉基地一瞥

南宁市建设局

南宁市建设局是南宁市建设行政主管部门，负责南宁市城市公用事业、市政设施、环境卫生、建筑管理、综合开发等建设管理工作，下属30多个企事业单位，多年来为改善城市投资环境，提高城市总体功能作出了积极的贡献。

1999年是南宁市城市建设各项工作深入发展的一年。一年来，该局以创建精神文明建设先进城市和再创全国卫生城、城市环境综合整治优秀城为目标，以完成迎接建国50周年大庆重点工程项目建设为重点，深入开展城市环境综合整治工作。经过一年的努力，市政重点工程的快速环道秀厢路中段、竹溪路南段、厢竹路北段等工程进展达到预定目标；朝阳溪大坑口至十三中段完成了两岸截污管铺设和河床清淤、铺砌工程、琅东污水处理厂进行了通水试运转，填补了我市污水处理设施的“空白”。市民关注的为民办实事项目的长罡岭路修整竣工通车，改造完成23条小街小巷路面排水和42条小街小巷路灯，如今这批街巷道路平坦、光洁明亮、旧貌换新颜。新增加103辆公共汽车投入了营运，市民乘车难进一步得到缓解。此外，整治一批街区排涝设施和建筑施工现场，加强文明施工管理，净化市容环境，促使城市环境综合整治提高到一个新的水平。1999年该局荣获了南宁市“创卫生城市”“环境综合整治优秀城市”和“创全国精神文明建设先进城市”“创全国优秀旅游城市”先进单位称号。

明秀小区

穿过市中心的民族大道

新开发的南湖区

白沙大桥

南宁水暖器材厂

NANNINGSHUINUANQICAICHANG

厂长：邓其光

南宁市水暖器材是广西资格最老、水嘴产量最大的水暖器材专业厂，厂区建筑面积一万多平方米，拥有现代化的生产车间、专用设备及完备的性能检测线。凭着四十多年的悠久历史，利用传统工艺与先进技术的结合，不断开发节水产品，选用无污染优质材料，使企业走对了方向，得到了发展。生产的“南宁牌”、“虹石牌”系列水嘴阀类是中国消费者协会推荐的装饰材料信得过产品，优秀的品质使其不断在广西、四川、湖北、天津等地赢得信誉，产品销售遍布大江南北和东南亚地区，“虹石牌”系列冲洗阀被列为广西重点保护产品。产品的优良品质是企业生存的基础，在新世纪里，为了迎接新一轮的厨卫革命，该厂将开创一流的产品、一流的服务，为人们营造舒适的生存空间作出贡献。

厂　　址：南宁市南伦街一号

厂部电话：（0771）4831255　　供销科电话：（0771）2823201

传　　真：（0771）4831246　　邮编：530012

荣获工程建设推荐产品证书称号

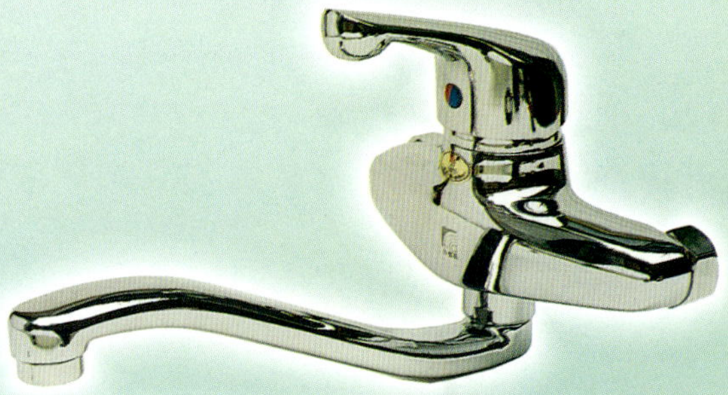

橱用洗涤水咀（壁挂式） 152CP3TD

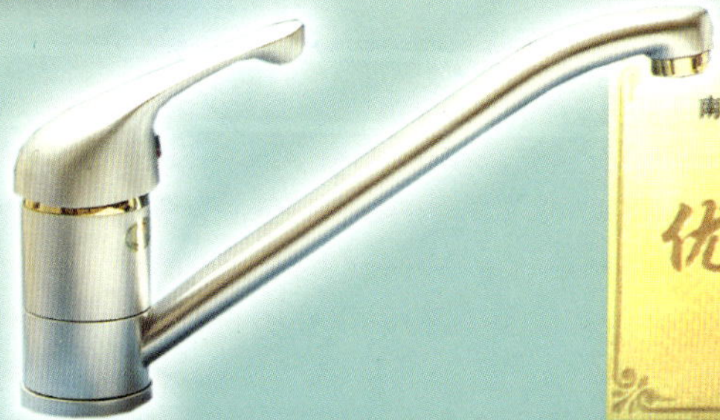

橱用洗涤水咀

（立式） 152CP1TD-35

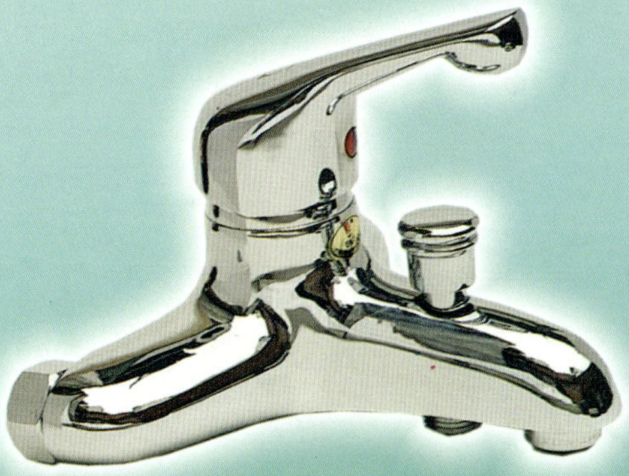

单控浴缸水咀

（壁挂式） 152CP3TD

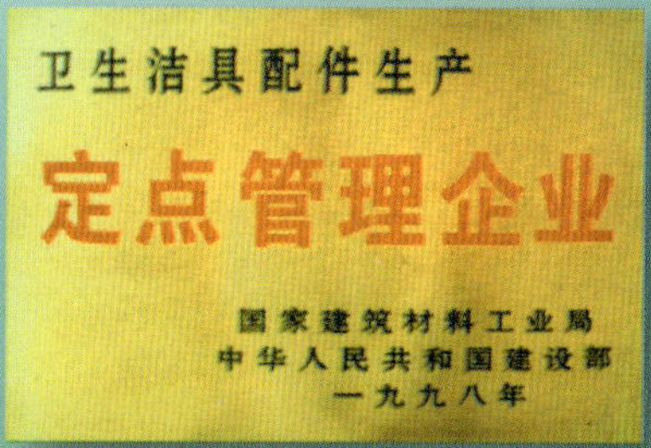

南宁水泥制品总厂

南宁水泥制品总厂创建于1964年，是广西目前水泥制品工业中投产最早、生产规模最大、产品品种规格最多、技术力量较强的国有中型一档企业。该厂生产的“环宇牌”系列产品有：承插式自应力钢筋砼输水管（年生产能力200公里）；预应力钢筋砼输水管（年生产能力40公里）；钢筋砼排水管（年生产能力50公里）；环形预应力砼电杆（年生产能力15万根）。1999年经建设部中国工程建设标准化协会产品评审委员会审查，评定该厂生产的自应力、预应力砼输水管和钢筋砼排水管产品为工程建设推荐产品；1999年通过中国建材工业质量体系ISO9002质量认证，目前是中国水泥制品协会自应力管分会和排水管分会的副主任单位。

由于该厂的产品质量好、品种多、规格全、服务周到，产品除销往广西各地外，还远销到广东、云南、海南、越南等省和国家，连续12年评为自治区“重合同、守信用”单位，多次评为自治区、南宁市先进企业称号。

法人代表：陶伯强

地址：南宁市西乡塘东路7号

电话：3835981　3833058

邮编：530003

预应力钢筋砼输水管

环形预应力砼电杆

承插式自应力钢筋砼输水管

钢筋砼排水管

公司经理：谭良良

南宁市自来水公司

NANNINGSHIZHILAISHUIGONGSI

南宁市自来水公司现为国家大型二类供水企业，共有凌铁、西郊、中尧、河南、陈村五个水厂，日供水设计能力84万立方米，最高日供水量80.30万立方米，最高年售水量24300万立方米，最高年工业总产值13198.42万元，市区供水面积110.20平方公里，DN75mm以上市区供水管网499.74公里，市区供水率达100%，企业现有固定资产（原值）4.71亿元。

公司下属还设有建筑安装、管道维修、营业收费、饮料生产、技工学校等附属单位，全公司共有职工1412名，其中具有大专以上文化程度人员357名，中级职称以上人员152名，拥有自来水生产供应资质、给水排水乙级设计资质，可承揽5万立方米/日水厂的设计和城市管道设计；拥有给水排水乙级工程监理、工民建乙级工程监理和市政工程市二级、土建工程市四级的施工资质。

公司长期坚持两个文明一起抓，先后获得“广西经济效益‘百强企业’”、“全区三好企业”、“全区职工思想政治工作先进单位”、“南宁市先进单位”、“南宁市红旗基层党组织”、“南宁市安全生产标准化企业”、“自治区文明单位”等荣誉称号。已连续五年荣获振兴南宁“经济效益杯”劳动竞赛金杯奖。

公司供水调度大楼

开拓奋进的公司领导班子

公司职工喜迎“南宁市经济效益杯”金杯奖

总经理：侯家山

南宁市摩托车销售公司

南宁市摩托车销售公司创建于1984年，是专业经营摩托车和配件，集成车销售、配件供应、车辆维修、信息反馈“四位一体”服务，在市场上较有影响力的专营公司。十六年来不懈地坚持“服务人民、奉献社会”的经营宗旨，以“引领潮流时尚、推介时尚精品”为经营特色，实施“创名店卖名品、引名品进名店”战略，先后引进中外合资厂生产的洛阳大阳、上海幸福、五羊—本田、建设雅马哈、凌鹰雅马哈、豪爵铃木等品牌摩托车，由于厂家有海外母厂支持，发动机和整车质量有保证，深受消费者的欢迎。在市场上引导消费，打击假冒伪劣，保护消费者的合法权益起到良好的作用。以上品牌先后被广西消协推荐为消费者信得过的名优商品。公司坚持“靠质量服务起家，靠最佳信誉兴店”的服务方针，先后接受广州五羊本田等28家摩托车公司的委托，成为他们设在广西和南宁市的特约经销单位和特约维修站（中心），积极地为投放市场的车辆做好售前、售中和售后服务。1998年公司入选中国民营企业四百强后，继续在服务工作狠下功夫。在年初与我市六家信誉较好的大型服务企业率先参加由市消协主办的“跨世纪维权宣言的签字仪式，共同向全国人民做出九项承诺。除保证诚实守信、公平交易外，还着重提出建立和健全售后服务保障体系，真诚接受消费者组织、新闻媒体、社会公众等方面的监督，向消费者提供高质量的商品，因而营销业务保持健康地向前发展。公司已连续四年荣获自治区、市消协评为消费者信得过企业，连续六年被自治区工商局评为重合同守信用企业，六次被南宁市委、市政府评为南宁市先进单位。

地址：南宁市唐山路1号
电话：（0771）3310993
传真：（0771）3319251
邮编：530001

公司专卖店

公司唐山路商场全景

公司经理：林伟强

南宁市第三建筑安装工程公司

南宁市第三建筑安装工程公司成立于1972年，属集体三级建筑施工企业。公司实力雄厚，技术全面，具有丰富的管理经验，年施工能力在5000万元以上。公司下设3个土建工程处，装饰水电工程处、预制构件厂、机修厂、服务公司、宁宇物业公司及建兴房地产开发公司等9个基层单位。现有固定职工585人，其中具有专业技术职称146人，其中高级职称2人，中级职称38人。

28年来，公司在南宁市及自治区内承建了大批工业及民用建筑工程，为振兴广西、建设首府作出了应有的贡献。1992年公司成立南宁市建兴房地产开发公司，开发了建兴园住宅小区，建筑面积21391平方米，竣工面积优良率达43%。优良的产品、优质的服务得到了用户的一致好评。

公司遵循“用户第一，质量第一，信誉第一”的经营宗旨，竭诚为社会各界服务。并热诚希望与国内同行、厂商建立广泛联系，真诚合作，共同发展。

地址：南宁市唐山路2号　电话：3322869　3314208　邮编：530001

南宁市环卫处7号住宅楼

南宁市凤凰纸业有限公司服务中心楼（优良工程）

建兴园5号商品住宅楼（优良工程）

南宁市第二建筑安装工程公司

本公司自行投资施工的综合办公大楼（中华大厦）

总经理：邓表荣（高级工程师）

广西南宁市第二建筑安装工程公司是具有三十多年历史的二级资质中型建筑施工企业。拥有各类有职称的技术人员386人（其中高级职称6人，中级职称89人），下设六个建筑分公司和木工厂、构件厂、物供站以及南宁市电梯厂等10个基层单位，固定职工2000多人。各种机械、生产设备864台件（其中大塔吊4台，中塔吊10台，各种汽车60多辆），固定资产2亿多元。

由自治区建设厅审定该公司的资质承包工程范围为可承担30层以下，30米跨度以下的房屋建筑，高度100米以下的构筑物建筑施工；可承担小型工业建设项目的设备、线路、管道、电器仪表的安装，非标准钢构件的制作，安装和一般工用、民用建设项目的设备安装；可承担城市道路（不含快速路），单跨20米以内的桥梁，直径1.5米以内的污水管道的工程施工；可承担单位工程造价1500万元以下建筑（包括车船）的室内、室外装饰、装修工程施工；可承担工程造价1000万元以下的各类地基与基础工程的施工：可承担三级及其以下海河堤防和四级及其以护岸、引堤建筑物的工程施工：可承担中型水利水电工程（内容为引水、排水、建筑物）的施工。

南宁市艺丰大厦（十八层）

该公司属本市老施工企业、党委、工会、共青团组织健全，有完整的生产指挥，经营管理，财务核算系统和健全的质量保证体系，实行公司、分公司、项目经理三级管理，能确保各类工程施工任务按质如期完成。该公司1991年和1995年两度荣获全国先进集体建筑企业，1995年评为全国城镇集体建筑企业综合经济效益500强之一，1996年评为广西排头集体建筑企业综合实力排序第一名。

该公司以质量优，工期短，造价低，服务好为经营宗旨，竭诚为建设单位服务，代办各项建设手续。历年来，该公司工程质量一直保持在较高的水平，工程一次验收合格率100%，优良工程率达50%以上。在南宁市“邕城杯”质量评比中荣获一、二、三等奖16个。公司总经理邓表荣年富力强，带领公司全体员工在社会各界的支持下，共创辉煌的未来。

南宁市土地局办公楼（获市“邕城杯”奖）

地址：广西南宁市中华路48号
邮编：530011　　电话：2434946　　2439473

侨凤卫生制品有限公司

韦力清总经理在"99南宁市产品创新展示暨新闻发布会上

侨凤公司是广西第一家中外合资企业，自1985年创办以来，历经15年努力，依靠药物卫生巾的技术根基，确立了在广西市场的优势地位，同时以新技术、新产品的开发研究，推向了全国市场。现已发展成为集科、工、贸一体的国内同行生产规模、年销售量排列前茅的妇女卫生护理用品专业生产大型企业。拥有年产120万箱舒雅经期护理巾的生产能力，主要产品由舒雅普通型卫生巾、舒雅药物型卫生巾发展到护翼卫生巾及卫生护垫等高中低档系列产品，并于1999年5月功能推出全新概念的舒雅3+1经期护理巾系列产品，成为全国大规模生产经期护理巾产品的首家企业。

舒雅卫生巾质优价廉，深受消费者喜爱，特别是舒雅具有独特护理功效的药物卫生巾倍受青睐。舒雅产品因此多次获得中国名优新产品奖、广西科技进步奖、广西新产品百花奖、广西名牌产品奖、中国保护消费者基金会推荐荣誉；侨凤企业从1992年起连续七年被评为广西经济效益先进企业、广西省级先进企业、广西级科技型企业、中华全国总工会授予"五一"劳动奖。

1999年，是侨凤公司具有战略性转折的一年，侨凤公司已确立了品牌经营为未来发展的战略方针，以舒雅品牌为核心，多元化发展妇女卫生保健护理品的经营。1999年5月，侨凤公司成功推出了"舒雅3+1经期护理巾"系列产品，包括痛经护理型、止痒护型、祛敏护理型三大类型，分为丝薄护翼型和纯棉质型两大系列。这两大系列六个品种的护理巾产品，一经面市，便成为妇女经期卫生护理用品的抢购热点，产品供不应求。侨凤公司的主导品牌舒雅卫生巾连续十五年在广西销量第一，产品畅销国内十多个省市，是广西目前唯一出口东南亚国家的卫生巾品牌。

侨凤公司所取得的成绩得到中央领导、自治区领导、市领导的肯定和赞扬。1999年元月，国务院副总理钱琪琛在国务院侨办主任郭东坡、自治区党委副书记马庆生、自治区政府副主席张文学、自治区侨办主任李汉金、南宁市委书记李克、市长林国强、副市长汪春伟的陪同下，到侨凤公司参观考察，对侨凤公司取得的成绩给予高度的赞扬和评价。

1999年元月钱琪琛副总理到侨凤公司视察

总经理韦力清接受记者采访

南宁大热门购物中心

商场一角

1995年4月28日，一种新的商业业态在南宁市悄然兴起，大热门购物中心的开业，使南宁市民领略了仓储式平价商场的风采，凭着优质的商品，低廉的价格，完善的管理与真诚的服务，以欣欣向荣的姿态赢得了南宁市民的喜爱。

大热门购物中心的发展离不开社会各界的大力支持和鼎力协助。时值大热门购物中心的开业五周年之年之际，谨向关心大热门购物中心成长的社会各界及消费者致以真诚的感谢与祝愿！

1995—2000年，大热门购物中心已走过了一段快速发展、稳健向上的道路，从一个1000多平方米的简陋仓储超市，发展为5000平方米营业面积、各类商品齐全的大型综合性超市。大热门购物中心的发展一直紧贴着南宁市市民的生活，根据市民生活水平的不断提高，引导市民消费，使市民逐渐习惯了一种站式的自选购物方式，购买每周、一个月的生活用品，也习惯了到超市买生鲜肉类、果疏面食，使超市业务渗透到市民生活的每个角落中，既方便了广大消费者，也为大热门购物中心提供了优良的发展空间，业务得以长足发展。

南宁大热门购物中心

无论是过去还是未来，大热门都将以更高和不懈的努力，实实在在地为南宁市市民服务，共创美好、丰盛的生活！

法人代表：付蓝青　　联系电话：5881685

地　　址：南宁市星湖路北三里6号

南宁环城建设工程公司

南宁市新兴苑商住楼

南宁环城建设工程公司创办于1993年6月，现有职工168人，有职称的工程技术人员46人，其中高级工程师2人，中级工程师8人，有职称的经济管理人员6人。注册资本610万元。其中固定资产330万元，机械设备128台，总功率1782千瓦。

该公司自成立以来，始终重视质量，奉行“质量第一，用户至上”的企业宗旨，坚持“改革、求是、团结、奋斗”的企精神，工程质量稳步上升。几年来，该公司先后承建了金达花园3#、7#两幢住宅楼，瑞士花园翠湖苑14#楼和住宅楼15#、16#楼及住宅小区52#幢楼，葛麻小区住宅楼两幢，市政府干部宿舍住宅楼、市郊小学教学楼，区政府宿舍扩建工程两幢、新兴苑49#、50#、52#、53#、56#等五幢商住楼、南宁市钢材市场、西大教职工宿舍北7、北、7B两幢、邕宁城关三小职工宿舍楼、自治区物价局住宅楼扩建工程、南宁潮州食府工程等三十多个项目，工程合格率达100%。

两年来，该公司有五工程获得优良工程，其中在获得国家建设部金奖的新兴苑小区，有四幢商住楼获得优良工程。邕宁县大沙田供电所办公楼也获得优良工程。

近两年来，该公司每年产值超千万，去年上纳国家利税比1998年增长20%，连续两年被新城区评为发展经济先进单位。总经理黄家兴也被评为先进经理。

总经理：黄家兴

技术负责人：吴贵传（高级工程师）

地　址：南宁市鲤湾路18号　　电　话：5857146

南宁市餐具消毒中心

南宁市餐具消毒中心，创建于1992年，是全区第一家向市内各饮食摊点提供统一洗消公共餐具的全天候服务性的公益企业。经过八年的探索与实践，“中心”得到了长足的发展，现有员工310人，人工清洗生产线6条，机器清洗生产线2条，立式燃油锅炉2台，蒸汽消毒柜4台，高压卧式消毒锅1台，日洗消毒餐具能力50万件、套。现日洗消20余万件，周转餐具35万余件，运送消毒餐具汽车10辆，人力车90余辆，服务范围覆盖南宁市区，占应参加集中式餐具消毒的饮食摊点经营户的98%以上。餐具消毒中心内部管理严密，部门职能具体，聘有具备卫生专业的高级职称人员和高级技术职称的技师参与高层管理和质检工作。各生产岗位有操作规程、质量指标和质控监测，形成了规模化、制度化、规范化管理。在餐具清洗、消毒的生产程序上严格执行一冲二洗三清四消毒五保洁的制度，并运用餐具的洗消GMP和HACCP对生产工艺全程质量监控的当代先进管理手段，使向市场提供的消毒餐具，经自检和卫生监督部分抽检，投放卫生合格率一直保持在100%。赢得了各级卫生部门领导及消费者的高度赞誉。为我市荣获“全国卫生城市”“全国城市环境综合整治优秀城市”做出了积极贡献。

国家卫生部长陈敏章与中心总经理廖瑛合影

广西卫生厅领导及南宁市卫生局领导到中心视察

南宁市土木建筑工程公司

南宁市土木建筑工程公司是南宁市建设局系统国有二级建筑施工业。公司组建22年来，坚定不移地贯彻执行国家“百年大计、质量第一”的建设工作方针，走“质量兴业”之路，在激烈的市场竞争中发展。公司现有各类专业技术管理人员192人，其中高、中级职称专业人才120人，基本施工队伍2000多人。拥有生产经营用固定资产1500万元，施工机械设备260多台（套），装备有适应专业施工需要的各种检测验设备及手段，年完成施工产值亿元以上。自九0年至今，公司连续10年荣获南宁市建设工程质量评比“邕城杯”奖，共计奖项22个，1999年度获部优工程1个，自治区优质工程奖1个。1996年获区建设厅授予“广西壮族自治区‘八五’期间建设工程质量管理先进单位”，1996年、1998年获广西先进建筑施工企业。1999年度完成施工任务2.1亿元，峻工验收一次合格率为100%，优良率达70%，各项经济技术指标均达广西施工企业先进水平。

在新的世纪里，公司将继续发扬“团结、实干、奉献、创新”的企业精神，科学组织，严格管理，精心施工，建人民满意工程，为广大建设单位提供优质服务，为南宁建设事业的发展做出积极的贡献。

公司法人代表、总经理：冯仕文

法人代表、总经理：冯仕文
地址：广西南宁市北湖南路6号
电话：（0771）3319099　3316379

南宁市政协活动中心（获一九九九年度南宁市建设工程质量评比“邕城杯”奖）

南宁供电局

NANNINGGONGDIANJU

法人代表：局长麦永荣

局办公大楼夜景

南宁供电局是国家大型一类供电企业，自治区级文明单位，1999年继续保持了国家电力公司双达标单位，现有职工1403人。该局担负着广西壮族自治区首府南宁市和南宁、百色、河池地区等25个县（市）供电任务，其中南宁市（不含市辖邕宁、武鸣两县）为直供，其余均以趸售方式供电，年内实现对网区内13个县（市）供电企业进行代管。至1999年末，该局拥有220千伏变电站8座，110千伏变电站32座，35千伏变电站12座，主变容量3237.9兆伏安；500千伏线路一条，线路长94.90公里，220千伏线路15条，线路长度1025.51公里，110千伏线路55条，线路长度1587.65公里，35千伏线路19条，线路长度227.81公里，10千伏线路188条，线路长度1616.286公里（其中地下电缆为165.39公里）。10千伏公用配电变压器230台，变压器容量为79.7兆伏安。南宁市营业用户3.48万户。

1999年供电量完成70.204亿千瓦时，比上年增长5.85%；售电量完成67.127亿千瓦时，比上年增长5.89%。供售电量占广西主电网的三分之一。电压合格率为98.58%，比上年增长5.89%。供售电量占广西主电网的三分之一。电压合格率为98.58%；供电可靠率为99.853%，达到了区（省）级一流供电企业标准，是自治区有南宁市的纳税大户。近两年来，南宁供电局先后被评为电力部安全文明生产达标单位，自治区文明单位，全国电力系统行风建设先进单位，全心全意依靠职工办企业先进单位，全国军警民共建社会主义精神文明建设先进单位，该局用电管理所1999年荣获全国“创文明行业先进集体”称号，配电抢修中心被团中央、国家电力公司命名为国家级“青年文明号”。

局址：南宁市江南路43号　　电话：传真：0771-4914425　　邮编：530031

南宁可口可乐饮料有限公司

NANNINGKEKOUKELEYINLIAOYOUXIANGONGSI

总经理：戴志桦

南宁可口可乐饮料有限公司是由嘉里饮料（南宁）有限公司与广西南宁康乐股份有限公司合资的企业，是广西境内唯一一家获得可口可乐公司授权许可生产并销售可口可乐系列碳酸饮料的公司。于一九九三年十二月正式登记注册，一九九四三月开始投产营运。投资总额为2600万美元，注册资本为1040万美元。

公司成立以来，生产的系列产品“可口可乐”、“雪碧”、“芬达”、“醒目”以独特的口味覆盖全广西，成为市场上深受消费者欢迎的饮料，并以优质、价宜、顾客至上、严守信用的服务宗旨，取得广大顾客的信赖。先后在南宁、柳州、桂林、北海、贵阳设立了公司的营销部，并加强了五个营销部之外其它城市销售业务的发展，扩大可口可乐产品在广西及贵州市场占有率。为了进一步提高可可乐品牌的知名度，公司增加各项广告宣传，并在全区内开展了一系列的大型促销活动以配合业务发展。

在注重经济效益的同时，公司秉承了可口可乐的宗旨，热心支持社会公益事业，回报社会，在教育、体育、环保、慈善等方面尽一个企业应尽的义务。

可口可乐系列及中国品牌饮料

地址：南宁市北际8号

电话：(0771)3158161

传真：(0771)3156269

邮编：530011

南宁市大沙田经济开发区

开发区领导班子成员

李七星副主任（左） 黄锦结主任（中） 方德辉副主任（右）

南宁市大沙田经济开发区是自治区人民政府于1994年10月正式命名的自治区（省）级开发区，创办于1987年，地处南宁市与邕宁县的城乡结合部，地理位置优越，具有沿市、沿路、沿海、沿边、沿江的“五沿”区位优势。

建区以来，开发区管委会制定一系列“低门槛让利招商”政策，通过“走出去，请进来”的方式积极对外宣传招商，并不断改善开发区软、硬环境，使得中外投资者纷至沓来。如今的大沙田，基础设施配套齐全，厂房林立，座座高楼比肩接踵，人口已达3万多人。至1999年底，进入开发区的各类企业140家，其中有来自日本、澳大利亚、瑞士、泰国、马来西亚、台湾、香港等国家和地区的“三资”企业18家，协议投资总额17亿元，实际投资额7.97亿元，初步建成了以饲料、医药、建材、机械加工和房地产等为代表的现代化产业群。企业效益显著，1999年，开发区完成技工贸总收入6.7亿元，工业总产值6.2亿元，创税收1500万元。

开发区管委会加强经济建设的同时，进一步搞好环境建设。今年以来，开发区管委会组织各部门对开发区的市容市貌、道路交通、社会治安等进行了“综合治理”，经过整顿，开发区的环境更加美好了。在新世纪到来之际，开发区管委会以更加积极开放的姿态迎接中外客商，以更高的热情把开发区建设成为综合性、外向型、现代化的新兴卫星城。

开发区一角

开发区供水责任有限公司

开发区管委会办公楼

位于开发区内的锦绣银庄

位于开发区内的 35 千伏变电站

位于开发区内的南宁正大畜牧有限公司

位于开发区内的大昌畜牧有限公司

开发区夜景

邕宁县农业机械化管理局

YONGNINGXIANNONGYEJIXIEHUAGUANLIJU

团结协作的领导班子，从左到右：副局长 黄达诗　局长 梁任升　副局长 谭启旺　副局长 滕华增

局长 梁任升

农机安全监理站大楼

邕宁县农机校

邕宁县农业机械化管理局下属二层机构单位有：农机校、农机监理站、农机推广站、农机公司和机耕队；有21个乡（镇）农机管理服务站。全系统职工285人，固定资产1464万元，职工中有高级职称3人，中级职称39人，初级职称77人。主要任务是负责全县农业机械化管理、供应、修理、培训、推广和安全监理等六大任务。

1999年，农机主要指标年末拥有量为：总动力501582千瓦，年增长率11%；拖拉机16681台；农机原值2.55亿元，农机作业值2.5亿元；机耕作业面积64720公顷；机灌面积73093公顷；实施化肥深施面积65042公顷；机械脱粒面积69279公顷；机械深耕深松5319公顷。

农业机械化持续发展，主要是在县党委、政府的正确领导和全县人民的努力，认真贯彻实施党的农村改革等一系列方针政策的结果。在农机化管理方面，县、乡（镇）、村有三级农机管理网络，每个村都成立了一个农机服务队，由村农机员担任队长，建立档案和代耕服务合同制度，实行统一调度、统一收费、统一供油、统一连片作业、分机核算的办法，为农户提供产前、产中、产后的一系列服务，农机服务队有370个，参队的拖拉机7375台，占投入农田作业机车总数的87.8%，完成机耕作业面积49867公顷，占全县完成机耕面积77%。

县农机局对全县农机修理行业进行农机修理考核发证120人，通过农机安全监理和技术培训，县农机监理站对7420台拖拉机进行年度检审，再次荣获全区十佳农机监理站。

1999年，县农机局荣获自治区农机化管理局农机系统通信报道发行先进单位；荣获南宁市社会治安综合治理先进安全小区和县直党委授予的先进党支部等奖。

法人：梁任升
地址：邕宁县蒲庙镇
电话：4712206
邮编：530200

邕宁县新华书店

经理：陈光治

邕宁县新华书店成立于1956年4月1日。现有干部、职工39人。下设办公室、业务股、财务股和计发股。管辖蒲庙门市部、汉林门市部、五塘门市部、吴圩门市部及新华酒楼等。1999年图书发行5890549册，销售总额2193多万元，实现税利179.86万元。

改革开放以来，该店贯彻执行党的方针政策，发扬光荣传统，转变思想观念，深化体制改革，转换经营机制，努力开拓进取，增强企业实力。至1999年，全县发展了苏圩、大塘、那陈、南晓、良庆、那马、新江、百济、那楼、刘圩、中和、南阳、伶俐、长塘、四塘、昆仑等十六个乡（镇）的店发行网点，扩大了图书的发行网络。该店坚持社会效益和经济效益的统一，坚持为人民服务，为社会主义服务的宗旨，宣传马列主义、毛泽东思想，积极配合党和国家政治活动，发行《党的十五届四中全会文件汇编》、《邓小平论党风廉政建设》等书籍。积极开展服务“三农”、“三下乡”活动，流动供应，送书上门，送课本到学校，确保“课前到书，人手一册”。近年来，全店职工共同奋斗，发行优质图书《区情教育》8.6万册、《素质丛书》等143万册。1997年迎接全国新华书店建店六十周年的“迎店庆‘创三优’百日优质服务活动”中，蒲庙门市部被评为全区优秀门市部。在1999年第六届《光辉的五十年》青少年读书活动中，全县发行图书12.6万册，名列全市前列。自1995年到1999年连续荣获第二届到第六届全国发行先进单位、优秀奖，受到国家和区读书教育活组委会的表彰。1998年、1999年连续两年全面超额完成新闻出版局下达的“双指标”任务，受到出版局和区店的表彰。

该店团支部给乡村小学捐赠图书

送书下乡，服务“三农”

蒲庙门市部营业大厅

邕宁县文化局

邕宁县文化局在县委、县政府的领导下，始终坚持文艺“二为”方向和“双百”方针，全县文化事业繁荣发展，文化基础设施不断完善。文化局下属文化事业机构有县文化馆、图书馆、文艺工作团、文物管理所、电影公司以及21个乡镇图书馆、文化站。

多年来，县文化部门积极组织开展丰富多彩的群众文化活动，努力培养艺术人才，全县呈现出群众文化活跃，精品不断，人才辈出的好局面。每年重大节庆日期间，文化部门均组织开展群众文化活动，丰富群众的节日文化生活。由文化局组织的百人农民八音队多次参加区、市各种重大庆典活动，饮誉区内外。1998年，八音队参加’98广西桂南八音表演赛和庆祝自治区成立40周年方块队游行活动，分别荣获金奖和一等奖。由县文联主办的《昆仑关》文艺期刊为广大业余作者提供了良好的创作园地，每年均有一批县文联各协会会员创作的文学、音乐、美术、书法、摄影作品在全国、省（区）、市级报刊、展览会上发表、展出并获奖。

邕宁县历史悠久，人文景观丰富。其中较著名的有位于昆仑镇的昆仑关，以宋朝名将狄青“上元三鼓绝昆仑”和1939年冬抗日“昆仑关血战”两次大战役而闻名中外，被列为自治区重点文物保护单位和爱国主义教育基地。位于蒲庙镇的顶蛳山贝丘遗址以面积较大；保存完整；内涵丰富“三大特点”以及墓葬多、葬式奇特；居住区、南方形式；陶器具、物件完整；器物多、层位明确“四大发现”而举世瞩目。1997年，顶蛳山贝丘遗址被评为全国十考古新发现之一，这是建国以来广西第一次获此殊荣。1998年，被专家命名为“顶蛳山文化”，成为中国原始文化序列中我区第一个被冠以广西地名命名的史前文化。目前，在国家、区、市、县各级政府和专家的大力支持下，顶蛳山文化遗址博物馆前期建设正加紧进行，这将为顶蛳山文化旅游区的开发开辟了广阔的前景。

局长：苏凯精　副局长：梁达心　施美任　　　地址：邕宁县蒲庙镇　　电话：4712283

原自治区副主席，现任区人大副主任李振潜（前排左一）多次到邕宁县考察群众文化工作。文化局长苏凯精。（前排右一）。

文化局经常组织业余团队参加区、市举办的各艺术门类比赛活动、并多次获奖。捧奖杯者县文化局长苏凯精（右三）

邕宁县百人农民八音队经常参加区、市各种大型庆典活动

顶蛳山遗址发掘现场

局长:贺建宁

邕宁县教育局

改革开放二十多年来，邕宁教育有了长足的发展。目前，全县共有各级各类学校1133所，在校生17.6万人，学校教职工1.1万人，其中专任教师0.7万多人。二十多年来共培养出小学毕业生33.6万人，初中毕业生20.5万人，高中毕业生3.6万人，大专以上毕业生0.79万人，为经济建设和社会发展培养了大批合格劳动者和专门人才。

教育优先发展的战略重点地位逐步得到落实，重教、兴教蔚然成风，全县教师工资按月足额发放，教育经费达到“三个增长”。教育法制建设得到空前加强，全县上下逐步形成了依法兴教，依法治教的良好风气。“两基”（基本普及九年义务教育、基本扫除青壮年文盲）这一教育的“重中之重”达标工作已于1997年通过了国家级验收，普通实验教学工作成绩显著并通过自治区的验收。在“两基”和“普实”工作中，全县共计投入2.5亿元，极大地改善了办学条件，实验室建设达到全区一流水平。基础教育各学段协调发展，分级办学、分级管理的管理体制日趋完善，深化教育改革，全面推进素质教育工作步伐进一步加快。以大力发展中等职业教育为主要内容的高中阶段教育改革、调整、发展进展顺利，办学条件评估工作已通过自治区级验收。以岗位培训和科学技术推广为重点的成人教育走在全区的前列。教师素质不断提高。校园精神文明建设取得了显著成绩。教育经费投入逐年增长，各级各类教育规模不扩大，结构日趋合理，教学质量和办学效益逐步提高，初步形成了具有邕宁特色、基本适应邕宁经济建设和社会发展的教育体系。

地址：邕宁县蒲庙镇中学路
电话：4712145
邮编：530200

区、市领导在县教育局领导陪同下视察邕宁教育。右起：县长罗大光、区政府副主席吴恒、市政府副市长罗龙

教育局领导班子成员
左起：梁朝兴组委、谢金海副局长、贺建宁局长、李佩侯书记、龚镇伟副局长

朝阳中学学生在上电脑课

局长：何培树

邕宁县劳动局

邕宁县劳动系统有干部职工42人。局机关内设机构有7个股。下设社会劳动保险所、劳动服务公司、就业培训中心、劳动监察大队4个机构。近年来，局党政领导班子带领全局一班人，高举邓小平理论伟大旗帜，紧紧围绕经济结构调整和深化企业改革，从讲政治的高度，全力做好解困和再就业工作，截止1999年底，全县尚未实现再就业的232名下岗职工按时领到了生活费，并为1500名企业富余职工、失业职工、下岗职工举办转业转岗培训，帮助职工实现再就业。加强就业服务体系的建设，努力促进就业，年终失业率控制在3.5%以下。不断深化社会劳动保险制度改革，现全县参加社会养老保险单位205家，职工154050人，每年的养老金收缴率都在90%以上。离退休职工3465人，年支付养老金1100万元，拨付率为100%。失业保险、工伤保险、女工生育保险等也走在全区的前列。多次得到区、市劳动部门的表扬，县社会劳动保险所连续10年被区劳动厅评为先进单位。加强劳动关系调整工作，强化劳动监察和劳动争议仲裁工作。1999年，劳动监察共查办30多起违反劳动法律法规的案件，为劳动者追回各种款项30多万元，涉及劳动者300多人。劳动争议仲裁1999年立案39起，年内结案率和期内结案率均为100%，有力地维护了劳动者和用人单位的合法权益，并不断提高办案质量，在社会上享有较高的声誉。

局长：何培树　　电话：4712208

地址：邕宁蒲庙镇红星路　　邮编：530200

团结协作的领导班子

范余桂副局长（左一）、何培树局长（左二）

卢庆桃　（局支部书记、左三）

黄国基副局长（左四）

领导班子在研讨劳动和社会保障工作

离退休职工活动中心大楼

邕宁县林业局

市委书记李克（左一）与县领导一起参加邕宁县植树造林活动

技术人员在现场进行沼气建设技术培训

邕宁县林业局下属有林业技术推广站、森防站、能源办、林业公安股、森林消防队、蒲庙木材检查站及两个苗圃等8个事业单位，管辖21个乡（镇）林业工作站，有干部职工163人，其中各类专业技术人员41人。

邕宁县林业局领导班子精诚团结，真抓实干，认真实施科技兴林战略，依法治林，推动林业健康稳步发展。大力营造工程林，目前有工程林3.11万亩。年出圃合格苗木70万株以上。1999年宣传《森林法》等林业法律法规63期，举办各类技术培训47期，培训人数2500人次。印发各种资料7万多份。人工造林1597公顷，推广沼气1.03万座。全县有林面积15.47万公顷，中成熟林占72.7%，森林覆盖率达到37.81%。职工集资建有优质果树基地2个35公顷，林场1个90公顷，建立森林消防队基地10公顷。

努力改善办公条件，逐步推行办公自动化，已加入全区林业信息网络。加强思想政治教育，实行政务公开。多次荣获区、市绿化先进单位，1997年获邕宁县党风廉政建设先进单位；1998、1999连续两年获先进党总支部；1998年获邕宁县社会治安综合治理模范单位；1999年又被推荐为南宁市社会治安综合治理模范单位；1998年被评为南宁市首批“无毒单位”；30多人次荣获区、市、县各种先进工作者。目前该局正在积极实施桂海高速公路绿色工程建设和“152”农村能源生态工程建设。

地址：邕宁县蒲庙镇新兴路

电话：4712382　传真：4725364

邕宁县高级中学

教学楼

在邕江与八尺江汇合处的南岸，座落着一所现代化楼群鳞次栉比的学校，这就是邕宁县的重点高中——邕宁县高级中学（邕宁高中）。

邕宁县中成立于1943年秋天，原名八尺区立中学。至今已走过了五十七个春秋，经历了五十七个风风雨雨，期间几经迁徙，几经易名，从小到大，从无到有，终于发展成为今天初具现代化教学规模的邕宁高中。邕宁高中占地面积59亩，校园内绿树成荫，花果飘香，花园、花圃错落有致，被评为南宁市花园式单位。学校现有在职教职工100人，有20位教师具有高级职称，中级职称37人；在校学生1700多人，分25个应届班，壮族、瑶族等少数民族学生占95%以上，共青团员占92%。学校教学设备齐全，电教室、计算机实验室、语言实验室和物理、化学、生物实验室宽敞明亮，图书馆藏书四万多册，达到一类学校标准。

半个世纪以来，邕宁高中为祖国发展和繁荣，为建设社会主义事业造就了一大批高质量的人才，十多年来有几十位教师获得市、自治区和国家授予的荣誉称号。学校卓有成效的工作，赢得了社会各界的赞誉，先后获南宁市先进单位文明单位、花园式单位、园林绿化先进单位、社会治安综合治理模范单位、无毒学校和自治区文明单位、自治区民族团结先进单位、体育达标单位、贯彻体育卫生工作两个《条例》“优秀学校”等荣誉称号，1994-1999年连续六年获南宁市教学评估一等奖。学校党支部也多次获县和县直机关先进党支部和红旗党支部荣誉称号；学校团委是市、自治区级先进团委，是自治区青年志愿者“十杰集体”，是市共青团系统精神文明建设十佳单位。

在竞争激烈的21世纪，邕宁高中这个文化的摇篮，会培养出更适应世纪发展需要、适应我国社会主义现代化建设需要的高素质人才！为邕宁这颗邕江南岸的璀璨明珠更加绚丽夺目贡献出更大的力量！

邕高花园

法人代表　校长：黄铭阳　书记：周忠领

地址：邕宁蒲庙镇建设路　电话：4712169

邕宁县人寿保险有限公司

中国人寿保险邕宁支公司是中国人寿保险公司的分支机构，该公司不但在县城设有营业厅，还在大沙田、五塘、吴圩等乡（镇）开办有代理网点，由于支公司一向笃守“信誉第一，效率第一，保户至上，服务至上”的经营宗旨，使公司的业务发展一年上一个台阶，年收保费总量从九六年分业时的600多万元到九七年在全区率先成为千万元县，2000年收入保费将突破2000万元大关，为公司的建设及促进邕宁经济的发展都作出了积极的贡献。

该公司领导班子清醒地认识到加入WTO以后，新世纪保险人所面临的机遇与挑战，决心带领员工不断更新观念，增强改革和竞争意识，以一流的品牌，一流的信誉，一流的服务竭诚为社会各界提供优质的人寿保险服务。

经　理：李　劲
副经理：万　千
副经理：蒋　琪
电　话：4721876
4712642
（营业厅）
传　真：4723290

营业大厅

邕宁县教师进修学校

邕宁县教师进修学校始建于1958年8月，现有教职工60人，专任教师33人，具有高级职称的3人，中级职称18人，拥有一支专业学科配套、师德高尚、业务精良、结构合理、相对稳定的师资队伍。40多年来，共为社会输送了8000多名各级各类人才。

现在，学校已初具规模，独显特色。校园占地53360平方米，校舍建筑面积11616平方米，近年来办学条件得到了很大的改善，现有教学大楼、学生宿舍楼、教工宿舍楼，有设施完备的实验室、微机客观存在、琴房、舞蹈室、美术室、图书资料室、阅览室、会议室。有卫星地面接收天线一座，摄放像设备一套；教室都安装了闭路电视，配有彩电。另外，还有电子琴31台，脚踏风琴20台，手风琴15台，钢琴一台。

96年以来，学校先后被评为南宁市文明单位、南宁市爱国卫生先进单位、南宁市社会治安综合治理先进单位和南宁市教育系统德育工作等单位。有8名教师荣获市级优秀教师和先进个人称号，一名教师获国家曾宪梓基金会三等奖，教师在自治区级以上报刊杂志教师研论文、作品20多篇。

校　长：李加青　　副校长：莫祖其（兼党支部书记）、黎玉康　　电　话：4712058，4716982　　邮　编：530200

学校大门

学校教学楼

风采耀杏林

邕宁县人民医院

邕宁县人民医院始建于1951年，是一所集医疗、康复、预防、保健、科研、教学于一体的县级综合医院。全院占地22503.8平方米，建筑总面积30876.57平方米，业务用房建筑面积12520.83平方米。开设七个病区，开放病床240张；现有职工367人，其中卫生技术人员273人，占74.4%；卫生技术人员中副高职称21人，中级职称127人，分别占卫技人员的7.7%和46.2%。年门诊量16万多人次。1996—1999年，医院投资400多万元，用于改善医疗环境和添置高科技医疗设备，目前医院拥有美国产全身C T机、日产智能化遥控式X光机、进口B超机、体外震波碎石机等大批先进器械。每年选派骨干医师到各地深造，不断更新知识，医院整体医疗水平迅速提高。近年开展了脑肿瘤切除术、全髋关节置换术、人工晶体植入术等多种高难度手术。

医院多年来坚持病人至上、服务第一的宗旨，积极开展创优活动，精神文明建设和物质文明建设同步发展，连续14年保持了自治区“文明医院”和南宁市“文明单位”荣誉称号，1996年被授予国家“爱婴医院”，1999年8月通过了国家二级甲等医院评审，医院多次获县、市卫生工作先进单位称号。

地址：邕宁县蒲庙镇和平街

电话：0771-4712452

邮编：530200

团结、开拓、求实的医院领导班子。

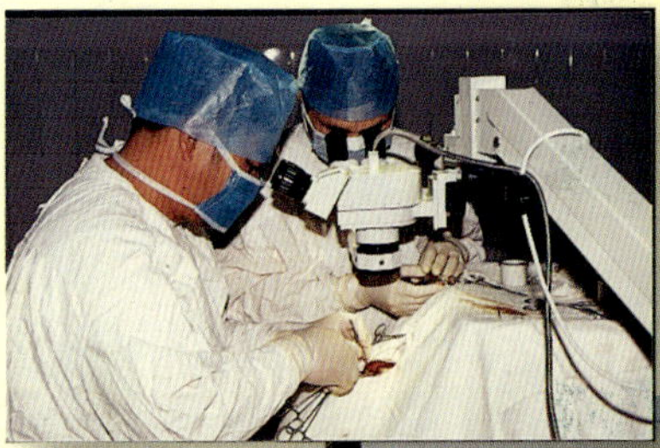

显微手术正在进行中。

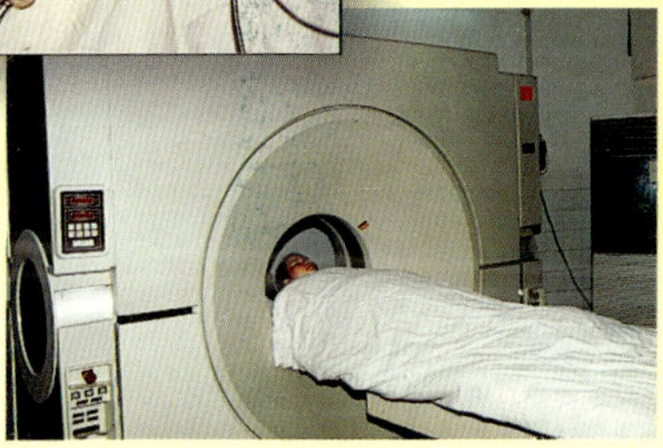

CT 机在为病人作全身检查

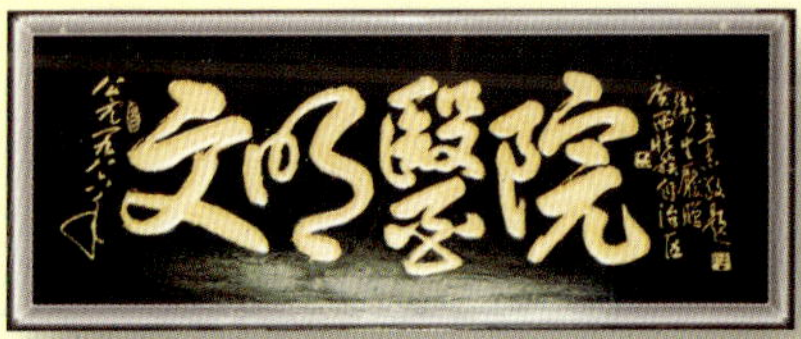

整洁、优雅的住院环境。

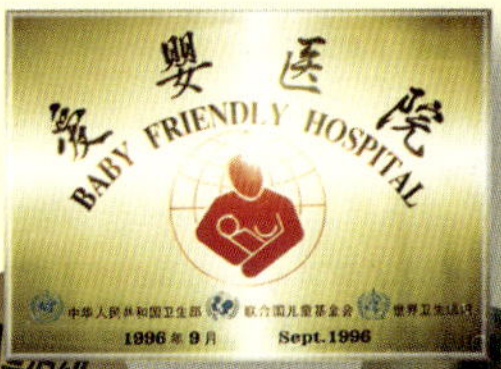

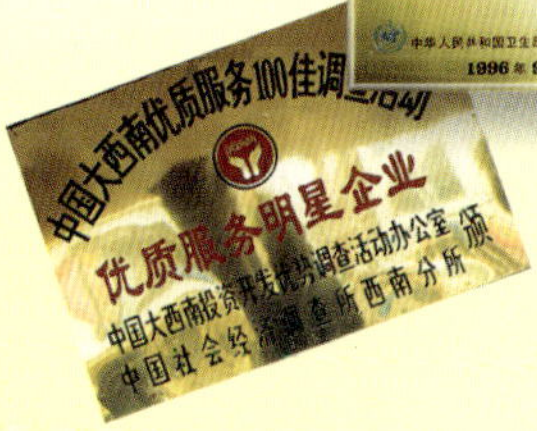

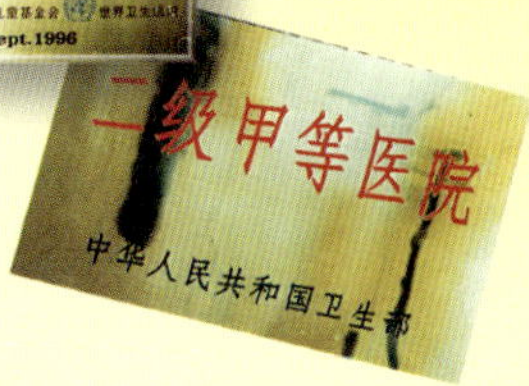

邕宁县矿产资源管理局

局长：黄瑞棕

邕宁县矿产资源管理局成立于1987年5月，内设行政秘书股、矿产管理股、地质环境安全卫生监察股三个职能股室，同时设有矿山安全卫生监察站、矿业执法监察大队两个自收自支事业单位，全局现有干部职工（含退休）30名。在前几年设有11个乡镇矿产站的基础上，又新增设了那马镇矿产资源管理站，全县乡镇矿产站共有事业编制专职矿管员35名，行政上由矿产局和当地乡镇政府双重领导，业务上由矿产局指导。此外，矿产局下辖县矿产公司、县建材公司、县煤炭工业管理公司、县花岗岩石材开发公司、县矿产物资供销公司五个国有企业公司，现有干部职工（含离退休）250人，公司业务上自主经营，独立核算，自负盈亏。

邕宁县矿资源较丰富，目前开发利用的矿种有煤炭、石灰石、重晶石、花岗岩、莹石、高岭土、粘土、河砂、铁矿、锰矿、铅锌矿、黄金矿等12种。两年共开有各种矿口745个，总产值达74616.51万元，从业人数达10056人，每年为国家缴纳税费300多万元。几年来，邕宁县矿产局十分重视矿管工作，坚持以“依法管矿、科学办矿”为准则，认真贯彻落实《矿产资源法》和《煤炭法》以及《矿山安全法》等有关矿管法规，在全县矿点多、面广、矿管人员少的情况下，切实加强矿产资源管理，整顿矿业秩序，努力抓好矿山安全生产，维护采矿秩序，征收矿产税费，1998-1999年共签发采矿许可证392本，持证开采率达98%，收上各项税费602万元，其中九九年收上资源补偿费30万元，超额完成了南宁市下达征缴任务的110%，经自治区和人民政府组织检查验收，总分94分，被评为达标矿管县，荣获南宁市矿管系统九八年“先进集体”、九九年“先进单位”称号。

团结协作、勇于开拓的领导班子（左起）

陆隆陈（党支部委员） 韦少斌（党支部委员）

黄典贵（副书记） 黄瑞棕（书记、局长）

黄显宣（党支部委员）

矿产资源管理局大门

地址：邕宁蒲庙镇建设路

电话：4712518

邮编：530200

邕宁县环境保护局

邕宁县环境保护局于1981年4月设立，时称邕宁县环境保护办公室。1985年改称邕宁县环境保护监测站，主要负责全县工业“三废”的监测、治理、排污费征管使用、参与新建（扩、改）建设项目的环境评价及审批等工作。随着我国现代化建设事业的发展和人民生活水平的提高，党中央国务院把环境保护确定为我国的基本国策，1990年成立邕宁县环境保护局，下设环境监测站和相应科室，并根据职能和业务需要增加了人员编制，现在职的20名干部职工中，工程（含政工）师7名、助（含会计）师3名、大专8人、本科6人、中专3人、还新购置一批监测、监理仪器设备。随着人员素质的提高和监测监理条件（手段）的不断完善，全局职工干部、克服困难、锐意进取、努力实施可持续发展战略，近年来业务工作不断有新进展，每年都完成300万元左右的排污费任务，并按规定管理使用，局成立十多年来，本局共获得系统内区市级和县级的各种荣誉奖励20多项。现单位固定资产为530万元，并根据业务发展需要在我县仙葫开发区新建一幢七层3869平方米配套和功能齐全的监测培训综合楼．此外，环保局排污费户头，基建户头及代发工资等业务在恪守信用的基础上与邕宁建行已有多年的愉快合作。现在的邕宁环保局已今非昔比，在县委、县政府的直接领导和上级主管部门的具体指导下，全局干部职工正以团结务实，开拓奋进的精神风貌迈向新的世纪。

局　长：梁振武

书　记：潘世润

副局长：莫恒通、陆中明

地　址：邕宁县蒲庙镇新兴路

电　话：4712667

区检查团到邕宁县检查环保工作

明阳淀粉厂投入1000万元治理工业废水、废气。1999年通过了区环保局验收达标排放

技术人员在抽取污水进行化验

山圩淀粉厂排出废水经过氧化塘氧化，最后一级可以养鱼

南宁金沙湾实业有限责任公司

南宁金沙湾实业责任公司始建于1958年，为国家中型一档企业，前身为南宁市南岸砖瓦厂。厂址座落在白沙大桥南面，北邻白沙大道，南宁临邕江，离市中心区1公里，离南宁南站4公里，厂区面积60多万平方米，地理位置优越，交通便利。主要产品425#、425R、525#普通水泥，年生产能力10万吨。辅助产品有轻质墙体材料、彩色镀锌钢板门窗、水泥输水管、水泥纸袋、砂石等。现有职工1076人，固定资产1.19亿元，工业总产值3000多万元。近年来，公司主导产品“龙象”牌水泥质量合格率达100%，具有早期强度高、凝结快、色泽好的特点，市场信誉好，畅销南宁、防城、北海及广东等地。此外，公司通过联营业、租赁等方式吸引投资者在厂内兴办实业，现已有联营、租赁厂家18家，每年创收110万元。今年，公司将开发彩色水泥、铝塑复合管等高科技产品，并与有实力的开发商合作开发房地产。公司将提供更多的优惠及便利条件，热诚欢迎国内外投资者前来投资开发。

总经理：文 强
地 址：南宁市白沙大道17号
电 话：（0771）4911777 4917259
邮 编 ：530031

总经理文强（左二）正在厂大门揭匾

水泥产品

化验人员正在对产品检测

南宁市统计局

局领导：右起：吴锦扬（副书记）、张慧（副局长）李烜（局长）韦妮（党总支书记）、谢小萍（副局长）

南宁市统计局内设10个科室，1个计算站。在职干部职工49人，其中大专以上文化程度39人，中专及高中文化程度7人；具有高级技术职务资格3人，中级技术职务资格26人，初级技术职务资格14人。

履行统计调查、统计报告、统计监督是《中华人民共和国统计法》赋予统计部门的神圣职责。我市统计工作紧紧围绕全市经济建设，以改革为先导，以服务为宗旨，以统计法为准绳，发扬求真务实的工作作风，坚持三个服务：一是为国家和自治区统计部门提供服务；二是为市委、市政府决策服务；三是为社会经济发展服务。认真做好各项工作，充分发挥了统计职能作用，为南宁市社会经济发展履行了职责。1999年，在全区统计年度报表评比中，有20项报表获奖，其中特等奖2项，一等奖8项，二等奖3项，三等奖7项，圆满地完成了各项统计工作任务。统计信息网络建设和各项统计工作又上一个新台阶。

专业人员在处理报表

专业人员在审阅报表

欢乐的集体

南宁市城调队

南宁市城市社会经济调查队（简称南宁市城调队，下同），是国家统计局设在南宁市专门从事社会经济调查的法定机构。主要任务是进行城镇居民生活、民情民意、市场物价、工业品价格和农副产品价格以及围绕党和政府各个时期的中心工作，开展“多主题”的社会经济调查。

自1984年建队以来，经过不断的实践，完善和发展，现已形成一支以高、中级技术人员为主体的专业调查队伍。在抽样设计、调查策划、问卷设计、组织实施、数据处理、数据评估、分析研究等方面积累了丰富的经验。在内部设有物价调查、住户调查、工业品与农副产品价格调查、综合信息及民情民意调查等机构。在外部建立了经过科学抽样、布局合理、代表性强的调查网络。调查点遍布全市五个城区，有400户经常性调查户和15000户历年调查联系户，有300多个大、中、小型商店、农贸市场、个体户的物价调查监测点，与全国36个大中城市和广西区辖8市建立了统一的调查网络。拥有对调查结果进行数据处理的计算机设备计算机处理软件，电脑复印、传真等设施。在开展居民生活情况调查和各种价格指数编制等，主要业务过程中，该队严格遵守国家统一的调查制度，每月“定点、定时、定人”直接访户调查和直接下点采价，资料来源客观、真实、快捷，是进行科学决策的可靠依据。调查内容与涉及范围包括：民情民意调查、社会热点调查，银行社会形象及信用卡业务调查、居民保险情况及保险意识调查、电信业务调查、化妆品类调查、家电类产品调查、汽车类调查、食品类调查、酒类调查、洗涤用品类调查、烟草类调查、卫生保键品调查、收视调查、媒介调查、消费习惯与消费意向调查、旅游调查、土地调查等。

为了适应深化改革的需要和社会主义市场经济的发展，该队遵照“信誉、优质、高效”的咨询调查服务宗旨，充分发挥专业调查骨干的作用和独具代表性的城调网络的优势，扩大服务面，不断满足社会各界的需求，竭诚为客户进行市场容量、投资意向、民意测验、企业宣传、消费需求、产品推销、质量跟踪调查与预测以及感兴趣的各种专项的社会调查，欢迎各界咨询。

地址：南宁市江南路西一里1号　　邮编：530031
电话：（0771）4830081、4826523　　传真：（0771）4827769

国家城调总队长黄朗辉（右一）、广西区城调队队长周树民（左一）等领导到南宁市城调队检查指导工作

区市有关领导出席我市城调工作会议

本队领导邓国琛（左三）和有关科室负责人在研究调查方案

市城调队调查员外出活动合影留念

国家统计局南宁市企业调查队

GUOJIATONGJIJUNANNINGSHIQIYEDIAOCHADU

队长：梁义民

副队长：周永海

国家统计局南宁市企业调查队是国家统计局派驻南宁市并依照国家公务员制度进行管理的直属单位，处级机构，国家编制27人。队内设办公室、综合科、产业调查科、专项调查科等4个科室。调查队具有行政职能，实行全额预算管理。统计调查工作受《中华人民共和国统计法》和《广西壮族自治区统计监督检查条例》的保障，有独立行使统计调查、统计报告、统计监督的职权。

调查队的成立，得到了南宁市人民政府的大力支持和帮助，同时，也给南宁市增添了一支统计调查的新生力量。调查队将发挥自身灵活机动、精干高效的特点，搜集和提供大量的经济信息，在完成国家任务的同时，努力为本市各级政府服务，为企业服务，为南宁经济快速、高效发展作出应有的贡献。

国家企调总队副总队长戚少成（左一）、自治区企调队队长覃瑞潮（左二）听取南宁市企调队队长梁义民的工作汇报后作重要讲话

调查范围和对象：

南宁市辖区内工业、建筑业、商业、服务业、房地产业、交通运输、仓储及邮电通信业等所有企业单位。

主要职责和工作任务：

对全市各种经济类型，各种规模的企业的生产经营状况定期进行抽样调查；进行企业景气调查；实施企业集团统计；对建立现代企业制度企业实行跟踪监测调查；围绕各个时期经济工作的中心和重点，针对改革和发展过程中的新情况、新问题，组织实施新的企业专项调查；开展统计分析研究，特别是与企业和市场相关的宏观经济决策及微观经济管理问题的专题分析研究；承接社会各界委托的与企业和市场密切相关的各类调查、咨询和研究项目。

国家统计局南宁市企业调查队队长梁义民（左三）、副队长周永海（左五）率队员到南宁化工集团有限公司进行调查

主要调查方法：

采用重点调查、典型调查和国际通用的抽样调查等方法。

工作特点：

灵活机动　　及时准确　　精干高效

服务对象：

为国家统计局服务；

为当地政府服务；

为企业服务；

为社会服务。

南宁概览

南宁，简称“邕”，广西壮族自治区首府，是全区政治、经济、文化的中心。

历史上的南宁属百越领地，东晋大兴元年(公元318年)，从郁林郡分出晋兴郡，郡治设在晋兴县城即今南宁，这是南宁建制的开始，距今已有1680多年的历史。

南宁位于广西的南部，地处亚热带，北回归线以南，介于东经107° 45′ ～108° 51′ ，北纬22° 13′ ～23° 32′ 之间，总面积10029平方公里，其中市区面积1843平方公里。受海洋气候调节，属亚热带季风区，阳光充足，雨量充沛，霜少无雪。年平均气温为21.7℃，年平均降雨量达1300毫米，全年无霜期高达345～360天，有“草经冬而不枯、花非春仍奔放”之说。

南宁是一个以壮族人口为主的多民族聚居城市，也是我国五个少数民族自治区中唯一兼具浓郁少数民族风情和沿海开放特点的首府城市。全市现辖新城、兴宁、城北、永新、江南五个城区，一个郊区和邕宁、武鸣两个县。1999年末全市总人口285.87万人，其中市区人口131.36万人。聚居着壮、汉、瑶、苗、侗等30多个民族，其中，壮族人口占全市总人口的63.39%。

南宁拥有丰富的水资源、矿产资源、农副产品资源、动植物资源、森林资源、中草药资源、旅游资源。南宁地处岭南有色金属地带，现已勘查发现的有锰、锌、铝、金、银、煤、石英砂、水晶、重晶石、白云石、花岗岩等41种矿藏，为全国已知矿种的三分之一。在市郊还发现有油气结构，可望开发成油田。

南宁地理位置优越，处于我国华南、西南和东南亚经济圈的结合部，是环北部湾沿岸的重要经济中心。面向东南亚、背靠大西南，东邻粤港澳琼、西接印度半岛，具有得天独厚的区位优势和地缘优势，是华南沿海和西南腹地两大经济区的结合部以及东南亚经济圈的连接点，是新崛起的大西南出海通道枢纽城市。具有“两近两沿”的特点。“两近”：一是近海，距钦州港、防城港、北海港仅104公里、173公里和204公里；二是近边，距中越边境的东兴市、凭祥市只有204公里和230公里。“两沿”：一是沿线，湘桂、黔桂、黎湛和南昆铁路在南宁交汇，是西南地区重要的铁路枢纽；二是沿江，邕江是西江的支流，而西江又是珠江的干流。待西江二期整治工程完工后，一千吨级内河船舶可从南宁直达港澳。南宁市将对广西沿海城市发挥着中心城市的依托作用，对华南、西南经济圈发挥着枢纽城市的连接作用，对东南亚各国发挥着中国前沿城市的开放作用。

作为大西南出海通道的枢纽城市，南宁已形成航空、铁路、公路、水路四通八达的立体交通运输网络。空中走廊已开通飞往北京、上海、广州、香港及越南河内、泰国曼谷的20多条国内、国际航线，新机场年客流量达250万人次。铁路运输通过全国最先进的电气化铁路南昆线及湘桂线与京广线等干线相连可直达祖国的大江南北，其中湘桂线终点还和越南接轨。目前，西南地区最大的铁路编组站正在南宁建设。南宁火车站旅客候车大厅面积1.1万平方米，货场面积14万平方米，铁路专用线23条。公路运输纵横交错，通达广西各市、县和全国的公路共161条。其中桂林经南宁直通北海的桂海高速公路已建成通车，是目前全国最长的省内高速公路。1999年底，市区现有7个客运服务站，开通了区内外的客运班线336条，9个专业货运场站，拥有民用载客、载货汽车25081辆和23637辆，出租车3741辆，年客运量4704万人，货运量2976万吨。水路运输已开通7条内河航线，沿江逆水而上可通龙州、百色、直入云贵，顺流可达粤、港、澳。主要货运码头4个，客运码头1个，货运码头泊位14个，码头总长度2591米，库场面积80918平方米。

南宁以绿而驰名，绿在城中，城在绿中，终年常绿，四季花开。山、河、湖、溪与绿树鲜花交相辉映，绿化、美化、彩化与亚热带风光融为一体。市区内现有13座公园和30多处街头游园，绿地环境优美、各具特色。街道绿化、庭院绿化和居住区绿化也展现着清新的风姿。1999年，全市建城区绿化覆盖面积3435公顷，绿化覆盖率达36.41%，人均公共绿地面积7.48平方米。常抓不懈的城市绿化和环境保护使得南宁城市大气质量常年达到国家一、二级标准，居于全国省会城市前列。

近年来，南宁市按照建设大西南出海通道枢纽城市的要求，加大投入，加速城市道路、桥梁、通讯、电力、供水等基础设施的建设，不断创造良好的生活、生产、投资环境。市区道路总长700公里，纵横交错的634条道路使市内交通方便快捷；67座造型多姿的大小桥梁如道道彩虹飞架于江、河、湖、溪之上，其中市区内横跨邕江的大桥有4座；全长39公里，路幅60米的城市快速环道建设工程已近尾声。南宁市的城市交通网络骨架已基本形成。

南宁市区内的70个邮电局(所)已开办各种信函、包裹邮寄、报刊零售、邮政储蓄、国际国内特快、图文传真等多项业务，邮政业务功能日趋完善、电信业务从规模容量到技术层次和服务水平不断跃上新台阶。1999年，市内电话总容量达到51.06万门，市话用户达到58.71万户，电话普及率(含郊区)达到每百人44.70部，跻入全国城市先进行列；移动电话、无线寻呼用户逐年增多；公用电话7333部，普及率名列全国省会城市前10名。目前，微波、光纤、卫星等现代通信技术的运用已形成了南宁市直通全国各地及世界近200个国家和地区的通讯网络。

全市现有生活垃圾无害化处理厂(场)3座。垃圾中转站34座，公共厕所254座。市区主次干道实行了机械化清扫，全日保洁，生活小区、小街小巷整洁卫生。

市内公共交通十分便利，公共汽车全部实行无人售票。出租汽车招手即停，文明经营让外地来客乘兴而来，满意而归。1999年，市区投入的公交车辆508辆，营运线路32条，营运长度207公里。

南宁自古就是我国南方的边陲重镇和著名商埠，有着特殊的战略地位和厚实的文化历史底蕴、新中国成立后，特别是改革开放以来，南宁市不断提高城市综合实力、努力塑造城市新形象，经济建设和精神文明建设取得了前所未有的发展。今天的南宁，已从昔日的边陲小城出落为一个城市建设水平和对外开放程度相当高的现代化城市，各项事业蓬勃发展，人民生活水平有了很大提高，形成了门类较齐全、生产能力较强的工农业体系和发达兴旺的第三产业体系，形成了全方位、多层次、宽领域的对外开放格局，综合实力不断增强。

据统计，1999年，南宁市的国内生产总值达到了274.55亿元，比1950年增长了123.49倍，翻了近七番，平均每年递增10.35%。人均国内生产总值也由1950年的74元提高到9625元。其中，第一产业增加值46.37亿元，第二产业增加值63.14亿元，第三产业增加值143.63亿元，分别比1950年增长了19.23倍、1035.08倍和174.59倍；全年社会消费品零售总额达到137.14亿元，人均4808元；外贸进出口总值57100万美元；全部财政收入27.01亿元，其中地方财政收入14.97亿元，比1950年分别增长了684.57倍和378.95倍；城镇居民人均可支配收入6847元，农民人均纯收入2489元。

目前，南宁市已建有一批甘蔗、水果、蔬菜、生猪、木薯、优质米和水产品等农业生产基地，是广西主要的产粮区和经济作物基地之一，盛产水稻、玉米、甘蔗、木薯、花生、豆类、麻类、茶叶、云耳、八角等农副土特产品，还盛产香蕉、菠萝、柑橙、芒果、荔枝、扁桃、龙眼、西瓜等40多种亚热带水果，一年四季瓜果飘香；南宁的工业门类齐全，形成了以食品、制糖、烟草、机械、建材、化工、纺织等为支柱产业的工业体系，1999年底，全市共有工业企业9938家，其中大中型企业82家，全年工业总产值187.07亿元。主要产品有食糖、味精、淀粉、啤酒、卷烟、水泥、平板玻璃、手扶拖拉机等。第三产业以批零贸易业为主，拥有各类市场300个，商业网点68685个。1999年商品销售总额达228.46亿元，城乡集市贸易成交额72.59亿元。再辅以交通运输邮电业、金融保险业、房地产业和以旅游、广告、信息为代表的社会服务业，以及首府城市得天独厚的科研、教育、文艺、卫生等事业，在全市国民经济中占据了半壁江山。1999年，全市国内生产总值的52.31%为第三产业所创造。

在经济建设和社会事业稳步向前发展的同时，南宁市委、市政府坚持以邓小平理论和党的基本路线为指导，不断提高市民的文明素质、生活质量和城市综合文明程度，精神文明建设取得了显著成绩。1991年以来，南宁先后荣获“中国城市综合实力五十强”、“全国卫生城市”、“全国城市环境综合整治优秀城市”、“全国双拥模范城市”、“国家园林城市”、“中国优秀旅游城市”等称号。1998年南宁还作为精神文明建设的典型在全国广泛宣传，1999年荣获“全国创建文明城市工作先进城市”称号。

在世纪之交的历史机遇面前，南宁人民立足现在，放眼未来，以昂扬的斗志，务实作风和苦干精神，同心同德，开拓进取，把一个经济繁荣、环境优美、社会稳定、文明进步的南宁全面推向新世纪。

目　　录

第一部分　特辑

第二部分　数据资料

一、统计图

二、综合

三、国民经济核算

四、人口、劳动力和职工工资

五、农　业

六、工业

七、运输、邮电

八、固定资产投资

第一部分　特　　辑

政府工作报告

——2000年1月13日南宁市第十届
人民代表大会第七次会议

市　长　　林国强

各位代表：

现在，我代表市人民政府向大会作工作报告，请予审议，并请市政协各位委员和其他列席同志提出意见。

一九九九年的工作回顾

1999年，在自治区党委、政府和市委的领导下，在市人大常委会的监督和市政协的支持下，我们高举邓小平理论伟大旗帜，认真贯彻落实党的十五大和十五届三中、四中全会精神，团结和带领全市各族人民，以经济建设为中心，解放思想、开拓进取、团结拼搏、扎实苦干，较好地完成了全年的各项工作任务，开创了改革开放和现代化建设的新局面。

一、国民经济持续稳定发展，综合经济实力进一步增强

据初步统计，全市实现国内生产总值274.18亿元，比上年增长10.60%。其中，第一产业增加值47.95亿元，增长8.40%；第二产业增加值84.39亿元，增长9.70%；第三产业增加值141.84亿元，增长12.10%。

农业生产平稳增长。除粮食、甘蔗、烤烟等产量有所减少外，其他主要经济作物和农副产品产量均有不同程度增长。粮食总产量79.58万吨，比上年减少2.30%；肉类产量16.34万吨，增长5.45%；水产品产量6.51万吨，增长7.37%；蔬菜产量107.93万吨，增长11.56%；甘蔗产量373.94万吨，减少1.25%；水果产量48.86万吨，增长23.38%。“菜篮子”工程建设进一步加强，新建扩建“菜篮子”项目23个。乡镇企业持续稳步发展，总收入168.59亿元、总产值128.97亿元，分别增长15%和14%。

工业运行质量逐步提高。全市工业增加值63.51亿元，比上年增长9.50%；规模以上工业总产值116亿元，增长8%；工业产品销售率95%，下降0.69个百分点；市属年销售收入500万元以上国有及国有控股工业企业盈亏相抵实现盈利1050万元。

交通、邮电发展较快。全市固定电话业务总量5.30亿元，比上年增长11.26%；移动电话业务总量7.51亿元。邮政业务总量5300万元，增长15.84%。全社会公路货运量3133万吨，与上年持平；客运人数2200万人，增长1.99%。

固定资产投资适度增长，重点建设项目进展顺利。全市固定资产投资完成74亿元，比上年增长7.26%，其中基本建设投资完成45亿元，增长10.62%；更新改造投资完成10亿元，下降11.13%。南宁凤凰纸业公司10万吨纸浆项目已顺利点火投产，一批重点建设项目投入使用。

对外开放在调整中发展。由于受国内外经济环境的影响，我市外经贸工作与全国、全区一样，遇到了前所未有的困难。面对这一严峻形势，全市各有关部门、企业在招商引资和开拓市场方面做了大量工作，使我市利用外资和外贸出口继续保持一定规模，在全区仍处前列。全年市属出口6810万美元，下降28.52%；实际利用外资1亿美元，下降54.78%。新批三资企业51家，增长21.43%。南宁高新技术产业开发区全年引进项目300个，其中产值规模超千万元以上项目72个，增长55.44%。国际经济技术合作进一步扩大，国内经济技术协作取得新进展。

市场平稳，物价持续低位运行。消费品市场、生产资料市场活跃，商品供应充裕，新建市场18个。全市社会消费品零售总额完成137亿元，比上年增长6.50%；商品零售价格指数为96%，下降4%；居民消费价格指数为96.50%，下降3.50%。

财税金融形势稳定。全市财政总收入27.01亿元，比上年增长10.14%，其中地方财政收入14.95亿元，增长13.58%；全市财政支出17.54亿元，增长24.52%。全年政府采购节约率10.04%，工程预决算核减率

17.26%。年末全社会金融机构存款余额526.82亿元，比年初增长17.82%，其中城乡居民储蓄存款余额219.09亿元，增长9.46%；各项贷款余额425.67亿元，增长22.65%。

个体私营经济规模扩大。年底全市个体工商户7.52万户、从业人员11.04万人、注册资金5.34亿元，分别比上年增长10.10%、11%和12.40%；全市私营企业3527户、从业人员331万人、注册资金18.40亿元，分别增长26.30%、30.90%和33.30%。

科技与经济结合力度加大。科技立项重点支持工农业发展，遴选了106项科技含量高、效益前景好的项目列入市本级计划，项目总投资1.85亿元。全市科技三项经费投入1446万元，增长19.60%，促进了科技创新工作的开展。创新计划项目顺利实施，去年遴选的6个区、市重点木薯产业化项目均已付诸实施，有的项目已初显成效。产学研结合及科技成果引进力度加大，一批科技成果得到转化。全年共举办了3次规模较大的科技与经济相结合项目签约仪式，先后5次组团参加区外科技与经济结合交易会，取得较好成效。去年我市先后与清华大学、上海交通大学等4所高等院校签订长期科技合作协议，全市共有50多家企业与区内外高校或科研院所签订产学研合作协议，引进科技成果60多项。

旅游业快速发展。全年接待海外游客3.50万人次，比上年增长33.10%；接待国内游客769万人次，增长7.10%；全市旅游总收入40.79亿元，增长18.50%。

人民生活继续改善。全市城镇居民人均可支配收入6846.60元，人均增加276.60元，比上年增长4.21%；农民人均纯收入2620元，人均增加180元，增长7.37%；居民人均消费性支出6320.67元，增长9%。

二、企业改革整顿取得新进展

三项制度改革和以产品、产品质量为中心的全面整顿取得阶段性成果。在170户考评企业中，有80%达到合格及优秀标准；对50户重点企业考评，合格及优秀的达到90%。全市重点企业产品质量等级品率年计划为90%，实际达到94.50%；优等品率年计划为15%，实际达到20%。50户重点企业综合成本降低0.74%，采购成本下降6.50%；全市新产品产值率23.10%，增长11.13个百分点。向企业委派会计工作已在全市逐步推开。

社会保障体系逐步完善，再就业任务超额完成。社会保险覆盖面不断扩大，全年新增14560人参加社会保险，其中个体私营企业、三资企业增长较快，共有769家企业和3487人投保；全年养老保险费收缴率达90%，失业保险金收缴率比上年增长28%；养老金拨付率达100%。全年共筹集和发放下岗职工基本生活保障金1407万元，保障了下岗职工的基本生活。完善了劳动力市场和人才市场，共分流和安置下岗、富余及失业职工14058人，超额完成全年任务，基本形成了全社会帮助下岗职工再就业的局面。

中小企业放开搞活步伐加快。全市县以上86户国有中小企业，通过兼并、租赁、股份合作制等多种形式放开的有37户，占43%；全市28户商贸中小企业，已有20户进行了改制，占71%。

资产营运成效显著。"三宁"公司通过资产重组，逐步健全了资产营运三级网络体系，盘活了部分国有资产，实现了资产保值增值，国有资产从成立之初的68.89亿元增加到现在的72.81亿元，在资产管理和营运方面取得了经验，为今后更大规模的资产营运打下了基础。

企业上市有新突破。南宁糖业有限责任公司去年3月份获中国证监会批准，公开发行股票5600万股，募集资金2.27亿元；南化发行A股即将上市；"南宁百货"扩股工作正在积极展开。

三、城市规划、建设和管理再上新台阶

城市规划日趋完善。《南宁市城市总体规划》(1995-2010年)已经国务院批准生效。城市规划以上档次、出精品、造品位、创特色为指导思想，按计划完成了一批分区规划和专项规划的编制。南宁国际会展中心规划设计正在完善。进一步加大了规划执法力度，清除了一批违法违章建筑物和户外广告。

城市建设成绩显著。机场高速公路已完成路基建设；快速环道南站西路的排水、路基已完工，北环道秀厢路中段、沙井大道、竹溪路南段、厢竹路北段、南站西路正按计划施工；民族大道凤岭段、三岸段机动车道、亭洪路拓宽工程(南建路口到南站路段)建成通车；蒴东污水处理厂一期工程竣工；朝阳溪大坑口至十三中河道整治工程完工；燃气管道首期工程主干网顺利完工。全市安全供气合格率达100%，水质综合合格率达99.81%。公共交通又有新发展，新购公共汽车103辆，新建公交候车亭194个。园林绿化取得新成绩，完成了一批街道绿化和游园绿地改造。土地管理进一步加强，完成了机场高速公路等一批重点工程的征地，加强了对保护区耕地的动态管理。

城市管理进一步加强。按照"标本兼治、齐抓共管、综合整治、严格管理"的原则，以创城为载体，以长效管理为目标，狠抓市容环境的综合整治，逐步完善了“二级政府、三级管理、四级网络”的管理模式；实行了路段长责任制管理和“门前三包”责任制管理；组建了摩托车监察巡查大队，城市市容环境总体处于良好状态。

环境保护再创佳绩。工业污染源限期治理和邕江水源保护取得较大进展，年初为保护邕江水源，停产、限产、关闭了10多户污染大的企业；12种主要污染物排放总量首次全部控制在自治区下达的指标内，全年工业污染源达标率76.10%，超过60%的计划目标。市区酸雨防治第二阶段各项攻坚措施正在全面实施，朝阳溪沿岸工业废水污染源专项治理进展顺利，机动车尾气污染防治取得新进展，在全区率先实现汽油无铅化。“白色污染”治理成果得到巩固。

四、各项社会事业全面进步

教育事业充满活力。“两基”达标得到巩固提高，全市中小学基本完成自治区“普及实验教学”工作任务。全市适龄儿童入学率100%，小学毕业升学率98%，初中毕业升学率63.20%(市区升学率95%)。“222人才培养计划”顺利实施，评选出教坛明星3人、学科带头人50人、教学骨干459人。开展了社区教育实验，积极探索和实践职业教育与普通教育相互融通的“双回路”办学模式。经教育部批准，南宁职业大学、市广播电视大学和市教育学院三所高校圆满完成合并组建南宁职业技术学院任务。县郊成人文化技术学校发展较快，全年共对农民进行技术培训43万人次，农村成人文化技术教育突出了为农业、农村和农民服务的重心。

文化事业繁荣兴旺。文艺创作以创精品为目标，实现了多项零的突破。其中歌曲《乡村社戏》获全国“五个一”工程奖、广西“五个一”工程奖；中篇电视剧《走过秋冬春夏》获中国电视金鹰奖、广西“五个一”工程奖；儿童文学《作家与女孩》获全国陈伯吹儿童文学奖；话剧小品《呼唤》获全国曹禺戏剧奖·小品小戏一等奖；大型壮族舞剧《妈勒访天边》公演获得好评。配合创全国先进文明城，成功举办了“世纪之声”文化广场主题年活动和国庆50周年《歌唱祖国》万人大合唱晚会。广播电视事业健康发展，在全区率先实现村村通广播电视。知识工程成效显著，我市荣获实施广西知识工程先进地市称号，市少儿图书馆荣获全国一级馆称号。继续加强文化市场整顿，进一步净化了文化市场。《南宁市志》已出版发行。《南宁年鉴》在全国地方年鉴评比中荣获一等奖。

卫生事业健康发展，围绕创建全国卫生城市，重点抓了健康教育、公共场所卫生、饮用水卫生、食品卫生和传染病防治等工作。加强医疗基础设施建设，医务人员服务水平不断提高，市二医院、红会医院分别荣获“全国百佳医院”和“全区十佳医院”称号。医药、卫生市场管理逐步纳入法制轨道。继续以初级卫生保健为龙头，推动农村卫生工作全面发展，改建、扩建及维修乡镇卫生院25个，农村合作医疗覆盖率达91.16%。无偿献血工作稳步开展，全年无偿献血30871人次，献血量598.17万毫升，临床使用全血100%来自无偿献血。

体育事业生机勃勃。由我市承办的自治区第九届运动会筹备工作全面启动，比赛场馆建设、维修按计划顺利进行。群众体育活动跃上新台阶，端午节龙舟大赛、市职工拔河比赛等群众性体育活动蓬勃开展。竞技体育成绩喜人，全年共获3个世界锦标赛冠军，创我市历史最好成绩；在第四届全国城市运动会上获金牌2枚、银牌2枚。成功承办了首届亚洲城市举重锦标赛，我市共获金牌15枚、银牌10枚、铜牌8枚，并获得女子团体冠军。

计划生育工作得到加强。扎实稳妥地开展“四清查四落实”工作。加大了城镇流动人口计划生育管理力度，提高了计划生育“三结合”和“三生”服务水平。全市出生人口控制在自治区下达的指标以内，计划生育率86%，较好地完成了人口计划和各项计生任务。

五、群众性的精神文明创建活动再创佳绩

去年，我们以“树立广西新形象，争创全国文明城”为工作重点，深入开展精神文明创建活动。加大了创城工作力度，营造了浓厚的创城氛围，顺利通过了全国第四次卫生城市检查和全国城市环境综合整治检查，取得较好成绩。深入开展爱国主义、集体主义和社会主义思想道德教育，努力提高市民的文明素质。突出特色，不断拓展创建内容，在巩固“三个一”(摊前一个桶、街头一个岗、路上一辆车)的基础上，从“一”抓起，由点到线，由线到面，将“三个一”拓展到“五个进”，即：文明新风进社区、优质服务进网络、群众文化进广场、园林绿化进街道、环保行动进家庭，把“树立广西新形象，创建全国文明城”活动引向深入。在窗口服务行业继续开展“创三优”(优美环境、优良秩序、优质服务)活动，培植创建典型，发挥典型的示范带动作用。去年我市荣获“全国创建文明城市工作先进城市”称号，再次荣获“全国双拥模范城”称号。

六、成功举办'99南宁国际民歌艺术节

去年，自治区党委、政府决定将广西国际民歌节更名为南宁国际民歌艺术节，由南宁市人民政府主办，并对办好民歌艺术节提出了高目标、高要求。为办好这次民歌艺术节，在市委的统一领导下，我们成立了强有力的领导班子和办事机构，精心组织这项活动。这次民歌艺术节立足于弘扬民族文化、扩大对外开放、促进经济发展、树立广西新形象，突出国际性、民族性和现代性，在内容和形式创新上作了大胆的尝试。在文化活动方面，成功举办了开幕式大型广场文艺晚会《大地飞歌》、'99中国（南宁）民族服装服饰博览会、广西民族风情展演等系列文化活动，达到国内一流水平，社会各界给予很高评价。在经贸、旅游活动方面也取得丰硕成果。经贸洽谈方面，我市共签订了117 个正式合同项目，金额达36.85亿元，还签订了345亿元的商品成交合同。同期举办的第三届国际学生用品交易会获得圆满成功。旅游活动方面，除旅游人数创历史之最外，我们还推出了39个企业62种富有地方特色和民族特色的优秀旅游纪念产品，为我市旅游产品的开发探索出了一条成功的路子。

七、民主法制建设取得新进展，社会治安综合治理得到加强

社会主义民主法制建设步伐加快。各级政府自觉接受人大监督，定期向人大常委会报告工作，认真执行人大及其常委会通过的各项决议，全力支持人大常委会组织进行的各项检查和视察活动；主动接受政协民主监督，定期向政协通报情况，主动就有关重大决策征询政协和委员们的意见。认真办理人大议案、代表建议和政协提案，年内共收到人大议案3件、代表建议266件，市政协主席会议建议案3件，政协提案517 件，按期办复率100%，满意率90%以上。重视群众来信来访，积极化解社会矛盾。充分发挥工、青、妇等群众团体作为党和政府与群众联系的桥梁和纽带作用。政府法制工作得到加强，提请市人大常委会审议的地方性法规草案3件，制定并发布了5个政府规章以及一系列规范性文件。开展复议应诉工作，审结了一批行政复议案件。积极推进依法治市，认真实施“三五”普法规划。

社会治安综合治理成效显著。坚持贯彻“稳定压倒一切”的方针，广泛开展“严打”斗争，依法打击各种刑事犯罪活动。全年共破获刑事案件3645起，其中重特大案件2186起。进一步完善“110”运作机制，快速反应能力不断提高。加大对“黄、赌、毒”等社会丑恶现象的查处力度，对一批吸毒人员进行了劳动教养。收缴了一批非法枪支弹药。按照中央、自治区的部署，及时处置法轮功问题，实现了自治区提出的两个“确保”的要求，维护了全市社会稳定。

八、机关作风进一步改进，为民办实事项目基本完成

机关作风方面。坚持不懈地组织政府机关工作人员认真学习邓小平理论，加强全心全意为人民服务宗旨的教育，广泛开展创“三优”机关、做“两满意”公仆活动，继续深入开展“三为”（为百姓办事尽心，为基层服务尽责，为改革发展新突破尽力）活动，促进了机关作风转变。深入开展勤政廉政建设，领导干部的廉洁自律得到加强，查处了一批违法违纪案件，纠正了一些部门和行业的不正之风，解决了一些群众反映比较强烈的问题。按照自治区党委、市委的统一部署，认真开展“三讲”教育活动，进一步统一了思想，增强了勤政廉政的自觉性。

为民办实事方面。围绕去年年初提出的为民办实事项目，建立责任制，认真抓落实，确保了这些项目的顺利进行。分流安置下岗、富余及失业职工再就业14058人，超过计划的17.15%；安置特危房住户807户，基本解决了市直管特危住房问题；20个村人畜饮水工程基本完成；农村合作医疗面逐步扩大，新增合作医疗村42个，农村合作医疗覆盖率达91.16%；长堽路修整工程于去年9月1日竣工；小街小巷改造原计划20条，实际改造23条；工人文化宫全民健身广场建成投入使用，新秀公园、金花茶公园全民健身活动场所基本建成；计划由政府投资新增公共汽车20辆全部完成；街头游园绿地已完成2处，另3处正开展征地、拆迁等施工前期工作；安吉小学已开工建设，东葛路小学已完成三通一平；120 急救医疗中心调度指挥系统设备安装完毕，并于去年6月正式入网运行。另外，扶贫工作又取得新成绩，全年共实施扶贫项目294个，解决了3万多贫困人口的用电、用水问题；对口帮扶马山、天等县，异地安置工程得到落实。

一年来，我市民政、人事、工商、物价、房产、统计、审计、林业、民族、口岸、监察、外事、侨务、档案、老龄、编制、气象、民兵、人防、农机、水电、安全、医药、工会、共青团、妇联、科协、残联、文物、技术监督、社科研究、台湾事务、纠纷调处、流动人口管理等部门也都做了大量工作，取得了较好成绩。

各位代表，在过去一年里，我市两个文明建设所取得的成就，是全市各族人民共同努力和各方面大力支持的结果。在此，我代表市人民政府，向市人大代表、政协委员、各民主党派、工商联和各人民团体，向驻邕人民解放军指战员和武警部队官兵，向全市各族人民及海内外关心、支持、帮助我市经济社会发展的各界人士表示衷心的感谢和崇高的敬意！

在肯定成绩的同时，我们也清醒地看到，我市在经济社会发展中还存在一些不容忽视的困难和问题：一是经济结构仍不尽合理、支柱产业优势不明显，经济运行的质量不高；二是企业经济效益仍不理想，特别是部分国有企业的困难局面没有得到根本改变，生产经营仍很困难；三是农副产品新品种不多、科技含量低、深加工不够，科学种养规模不够大，农民收入增长较慢；四是投资增速放慢，增长后劲不足，制约了经济发展；五是外贸出口形势仍不乐观，出口增长乏力，减弱了对经济增长的直接拉动力。六是市场启动难度大，社会有效需求不足。七是城市管理还不尽如人意，城市交通秩序问题还亟待解决。对于这些问题，我们一定高度重视并认真加以解决。

二000年的工作任务

2000年是新旧世纪的交替之年，也是"九五"计划的最后一年，做好今年的工作，具有承前启后的重大意义。

今年我市工作的指导思想和总体要求是：以邓小平理论和党的基本路线为指导，认真贯彻党的十五大和十五届三中、四中全会精神以及中央、全区经济工作会议和市委八届八次、九次全会精神，坚持贯彻落实中央和自治区关于推动改革和发展的一系列政策措施，重点抓好扩大内需、经济结构调整和新的经济增长点的培育。按照"1234610"工作思路稳定和加强农业的基础地位，着力调整农业和农村经济结构，千方百计增加农民收入。深化国有企业改革整顿，努力实现国有企业改革与脱困目标。加快发展以商贸流通、旅游业为重点的第三产业。大力发展个体私营经济。加强基础设施建设，完善城市功能。进一步扩大对外开放，提高对外开放水平。加大科技创新力度，促进科技与经济结合。完善社会保障体系，进一步改善城乡居民生活。加强社会主义精神文明建设和民主法制建设，维护社会稳定。正确处理改革、发展、稳定的关系，保证国民经济持续快速健康发展，促进社会全面进步。

根据这个指导思想和总体要求，综合考虑各方面情况，今年我市经济发展的宏观调控主要预期目标为：国内生产总值增长9%左右，其中第一产业增长6.50%，第二产业增长9.10%（其中工业增加值增长9%），第三产业增长10%；财政收入增长10%　左右；全社会固定资产投资增长10%；市属外贸出口总额和实际利用外资均增长5%　；社会消费品零售总额增长8%；城镇居民人均可支配收入增加500元；农民人均纯收入增加210元；人口自然增长率控制在9.80‰以内，城镇登记失业率控制在3.50%左右。

为实现上述目标，今年着重抓好以下几方面工作：

一、增加投资，拉动经济增长

目前，有效需求不足，严重制约了经济发展。我们要认真贯彻中央和国务院以扩大国内需求为主的一系列重大决策，增加投资，有效拉动我市经济增长。今年，国家将继续发行1000亿元长期建设国债，并采取多种方式适当扩大货币供应；自治区也将加大对交通等基础设施的投入。我们要把握和利用好这一发展机遇，按照国家确定的投资方向和重点，结合我市实际，多渠道筹措建设资金，统筹用好财政预算资金、政府各种专项基金，保证一定的投资规模。今年我市全社会固定资产投资计划增长10%，重点用于城市基础设施、高新技术产业、重大工业技改项目、旅游设施和农业基本建设。农业、水利基本建设重点是抓好"三田"建设、"菜篮子"工程建设、城市防洪工程、病险水库除险加固等；城市基础设施重点抓好一批路桥项目的建设；旅游设施重点抓好青秀山风景旅游区、扬美古镇等项目的建设；工业技改主要抓南糖股份3.4万吨蔗渣纸浆、安力泰药业氨基酸系列技改等项目。积极抓紧南纸二期等一批项目的前期工作。根据国家积极倡导和支持的产业、行业发展计划和政策，紧密结合我市的交通、农林水利等基础设施建设和生态环境，认真研究和提出一批高质量、关联度大的项目进行储备。精心组织好项目的实施，争取今年有一批建设条件成熟的项目开工，保证投资的持续增长。在加大政府投资的同时，更加重视和鼓励社会投资，拓宽民间投资领域，鼓励民间资本采取多种形式投资基础设施和教育、医疗卫生等工程项目。

二、加快发展第三产业，扩大消费领域

积极培育旅游、信息产业。充分发挥优势，把发展旅游业作为我市一个新的经济增长点，计划、旅游等部门要多研究开发新的旅游项目和特色旅游产品；今年要成立青秀山风景旅游区开发公司，发挥各方面力量，把青秀山风景旅游区开发好、利用好；要拓宽南宁旅游的区域联合网络，利用"广西人游广西"、"南宁国际民歌艺术节"等活动推出精品旅游线路。大力发展信息业，支持邮政、电信、法律服务、会计、审计、广告、咨询等行业的发展。鼓励城乡居民积极参与文化、教育、体育消费，促进文化、教育、体育产业发展。

发挥商贸流通优势，拓展城乡市场。依托南宁的区位优势，培育和发展展览业、仓储业，逐步使南宁成为人流、物流、信息流的集聚、集散地和中继站。加快商贸基础设施建设，兴建一批具有区位、资源和商品优势的大型专业市场、批发市场。高度重视并充分发挥商业、供销部门在开拓市场、扩大消费和经济结构调整中的作用。鼓励有条件的企业充分利用国际互联网、经贸信息网、农业信息网等现代营销方式，开展网上交易，刺激和拉动消费。继续开展送货下乡下村活动，带动农村市场的发展。积极组织工商企业参加各类展销会、经贸洽谈会和博览会。继续办好南宁国际学生用品交易会。加强宣传和推销我市企业产品。大力发展服务业，进一步方便群众生活。鼓励和支持城区发展第三产业、社区服务业和小区物业管理，壮大城区经济实力。

大力推进房地产开发建设。认真研究制定一系列鼓励发展房地产业的政策，启动和激活我市的房地产市场。进一步深化住房制度改革，加快经济适用房建设和房改房上市步伐，加速住房货币化进程，扩大住房消费，带动建筑、装饰材料、家具家电等消费市场的发展。

三、大力发展个体私营经济，增大我市经济总量

近年来，我市的个体私营经济尽管发展较快，但在整个经济中所占比重仍然较低。今年要在抓好国有企业改革整顿与脱困的同时，积极发展个体私营经济。要转换脑筋，增强为个体私营经济提供宏观指导和服务意识。认真用足用好国家和自治区鼓励个体私营经济发展的有关政策以及我市关于发展个体私营经济的一系列政策和措施，加强对个体私营经济的宏观指导和服务。要有计划、有步骤地推进我市个体私营经济发展，积极主动地帮助个体私营经济解决投资环境方面的问题。各县区、开发区在发展个体私营经济时，要根据各自的特色，帮助个体、私人投资者选准发展路子，在产业结构和安排建设项目等方面有规划、有重点，避免重复建设，以达到最佳经济效益。鼓励个体私营企业参与我市国有经济结构调整和资产重组，上半年召开一次放开中小国有企业招商洽谈会，支持个体私营企业兼并、承包、租赁、收购、托管国有和集体企业。扶持开发高科技产品的个体私营企业。积极引导个体私营企业产品出口创汇，鼓励个体私营企业到国外从事贸易活动，把产品推向国际市场。

四、继续实施“1234610”工作思路，促进农业和农村经济持续稳定发展

今年要继续全面贯彻落实党的十五届三中全会精神和自治区党委“1234610”工作思路，切实围绕增加农民收入这一重点开展各项工作，促进农业和农村经济发展。

认真做好农业救灾减灾工作。去年末，我市遭受严重的灾害性霜冻天气侵袭，农作物及水产养殖损失惨重。各级政府要把救灾减灾工作作为今年农业和农村的重要工作来抓，深入灾区和救灾减灾第一线，带领和组织广大群众开展救灾减灾工作。全市有关部门要组织力量，深入田间地头，向农民传授和推广农村实用先进技术，并根据农作物的不同品种、受灾程度进行分类指导，引导农民适时调整和优化种植结构，确保农业增产、农民增收目标的实现。

加快农业结构调整，提高农业科技含量。今年我市农业结构调整要以市场为导向，大力发展高产优质高效农业。“三田”建设要上规模、上档次、出效益。“种子工程”要加大优良品种的引进、繁殖和推广。继续抓好“绿色工程”建设和教育培训工程，使农业增产和农民增收真正转移到依靠科技进步和提高劳动者素质上来。

进一步推进农业产业化进程。通过引导农民调整和优化种植结构，发展高产优质高效农业和面向市场的农产品精深加工业，走种植、养殖和加工相结合的道路，促进农产品转化增值，切实提高农业经济效益。充分发挥我市农业资源优势，积极培育和发展农业产业化龙头企业，推广“公司＋基地＋农户”和“合作组织＋农户”的经营模式和各种专业合作社。重点抓好邕宁南晓镇“荔枝园＋养鸡”生态农业、邕宁美国芦笋示范园、刘圩5000亩香芋生产基地，武鸣鸣昌伊岭现代农业示范园、郊区江西老口农业示范园，武鸣平陆5000亩无公害蔬菜基地、罗波5万亩甜竹笋基地等农业现代化示范园区建设。

搞活农副产品流通，千方百计增加农民收入。今年要建成以25个乡镇为重点、覆盖全市52个乡镇的农产品信息采集网和服务网，通过建立农副产品产供销信息的收集、发布和利用机制，沟通生产与销售，推进和发展订单农业。完善农贸批零市场，在销量较大的地区建立稳定的流通网络。切实保护农民合法权益，制止向农民乱摊派、乱收费，减轻农民负担，提高农民收入。

巩固农村扶贫成果。继续实施领导包片、单位包村、干部包户的帮扶措施，把贫困村做为扶贫的主战场，坚持以贫困户为基本扶贫工作对象，重点帮扶仍处于贫困水平的2万人口，改善他们的生产生活条件。

进一步发展乡镇企业。加强乡镇企业改革整顿工作，通过科技与经济结合，加快产品结构调整步伐。以农业产业化为契机，结合农业综合开发，重点发展农副产品加工、储藏、保鲜和运销业，促进乡镇企业向产业化、集约化和市场化方向转变。

五、深化国有企业改革整顿，加快工业经济发展

今年是实现国有企业改革和发展“三年两目标”的最后一年，我们要以国有企业改革整顿为中心，以扭亏增盈为重点，抓大放小，加快工业经济发展。

进一步深化国有企业改革整顿。严格按照自治区改革整顿总体方案和我市改整实施方案的要求，目标不变、力度不减、一如既往、从紧从严地继续抓好落实。对三项制度改革不合格的企业要进行“补课”，确保全市企业今年全部完成三项制度改革任务。分离企业办社会职能，切实减轻企业负担。继续推进以产品和产品质量为中心的全面整顿，建立起符合市场经济规律要求的经营、管理机制。认真抓好整顿现有产品、整顿产品质量、整顿成本和整顿管理等各方面工作，实现产品结构调整和技术升级，促使一批企业通过ISO 9000认证，争创5个以上广西名牌产品，提高产品的竞争力。今年市属重点企业产品质量等级品率要达到95%以上，国有及销售收入500万元以上的非国有企业工业产品销售率要达到96% 以上。

狠抓技术创新。加快建立以企业为主体的技术开发体系，建立8个国家、自治区级技术开发中心。加大企业技术开发费投入，增强企业自身的技术开发和新产品开发能力。充分调动企业科技人员的积极性，重奖在技术开发、产品开发中做出重大贡献的科技人员。研究建立企业性质的常设技术交易市场和科技咨询服务机构，逐步培育完善技术中介组织的服务功能。积极引进国内外的资金、技术、人才，加快新产品开发和嫁接改造我市传统产业，促进产业升级。

继续推进抓大放小。充分发挥南糖股份、南化转债等上市公司在资本营运、技术创新、开拓市场等方面的优势，集中精力培育一批有规模、有效益、有实力的大型企业。中小企业要采取多种形式放开搞活。放开搞活不受所有制限制，不搞一种模式，只要能搞好搞活，采取什么形式都可以。全市尚未放开的国有中小工业企业和商贸中小企业今年要全部放开。

加大企业扭亏增盈工作力度。加强对企业扭亏增盈工作的指导，重点抓好亏损大的企业的扭亏和减亏，努力减少新增亏损企业。逐步建立扭亏增盈跟踪通报制度，对全市国有及500万元以上企业扭亏增盈情况实行动态跟踪检查督促。要狠抓盈利大户和亏损大户，实行扭亏责任风险抵押办法，把增盈和扭亏减亏的责任、措施落实到人。今年力争大多数国有大中型亏损企业摆脱困境，大多数国有大中型骨干企业初步建立现代企业制度，市属国有及国有控股企业实现利润有较大幅度增长，国有及国有控股工业企业亏损额比去年下降20%，盈利企业盈利额比去年增长15%，亏损面控制在20%以内。

调整优化工业结构。重点放在培育和发展主导产业上，促进工业结构优化升级。以市场为导向，支持发展食品、环境保护、生物工程、电子信息、新型材料等产业。积极争取国内外著名大企业、上市公司来我市参股、控股、独资办实业，促进结构调整和资产重组。通过股份制吸引和组织其他社会资本，培育和加快发展大型企业和企业集团。鼓励上市公司对其他国有大中型企业的兼并、重组；利用“债转股”等政策，通过多种途径改善国有大型企业的资产负债结构；支持有发展前景、符合国家政策要求的各类企业上市融资，引导一批有实力的国有大中型企业进行强强联合。

认真抓好企业经营管理者队伍建设。不断深化企业人事制度改革，在坚持党管干部原则的前提下，积极探索适应现代企业制度要求的选人用人机制，把组织考核、民主选举、招聘竞聘结合起来，采取多种形式选拔企业经营管理者。今年要选送一批企业经营管理者后备人员到国内优秀大型企业挂职，学习先进的企业管理经验。加强对企业经营管理者的考核、管理和培训，为优秀企业经营管理者脱颖而出营造良好的环境。进一步建立健全企业经营管理者的有效评价机制、激励机制和约束机制，积极开展企业经营管理者年薪制试点，充分调动企业经营管理者的积极性。继续抓好企业领导年度审计、离任审计，加强对企业经营管理者的约束和监督。

六、进一步提高对外开放水平，积极扩大出口和利用外资

进一步解放思想，增强开放意识。今年我们面临我国加入世贸组织的机遇和挑战，我们要充分考虑我国加入世贸组织后的有利和不利因素，加强对世贸组织规则、运行机制的学习和研究，勇敢面对经济全球化的挑战。要充分借助国内外特别是跨国公司的力量，广泛开展经济技术交流与合作，利用他们的资金、技术、人才、市场来加快我市经济发展。

坚持以项目为中心，加快招商引资步伐。对已经落实外国政府和国际金融组织贷款的急救中心、消防系统等项目要抓紧推进。对正在落实贷款的社会联动系统、三津水厂项目要加快项目班子的组建和前期工作，完善贷款的必要条件。抓好特种垃圾焚烧中心、赫司特公司、万泰啤酒、益宾摩托车等利用外资项目。加快几个开发区尤其是高新技术产业开发区的招商引资工作，使之成为我市对外开放的窗口和新的经济增长点。加强对招商项目的组织和管理，精选一批有一定规模、有吸引力、符合我市产业结构调整和鼓励发展的项目，在各类招商活动中推出，提高招商的成功率。已签约的项目要有专人跟踪，由项目单位及其主管部门负责落实，提高履约率。

千方百计扩大外贸出口。继续坚定不移地实施市场多元化战略，稳步发展东南亚市场，进一步加大对欧美等市场的开拓力度。鼓励企业走出国门，大力开展境外加工贸易，扩大外贸出口。抓好出口产品基地建设，重点发展果菜罐头、柴油机、手拖、柠檬酸、山梨酸、服装、有色金属、平板玻璃、混合饲料等出口产品。同时注意调动科研院所、高新技术企业、三资企业以及个体私营企业的出口积极性，培育一批新的出口企业和产品。

进一步改善投资软环境。完善外商投资的“一条龙”服务体系，切实提高办事效率。认真落实招商引资的有关奖励政策，对引进资金、项目的单位和个人予以奖励。加强对“三资”企业的管理和服务，进一步规范收费管理和对外商投资企业的检查，完善外商投诉调解管理网络制度，依法保护外商投资企业的合法权益。

七、努力开源节流，增收节支，进一步抓好财税工作

继续贯彻落实积极的财政政策，支持扩大内需和经济结构调整，巩固和扩大老财源，培植新财源，形成比较稳定的财源体系。坚持依法治税、严格税收征管。加大个人所得税的征收力度，严厉打击偷税、骗税等违法活动，堵塞税收流失漏洞。按照社会主义市场经济体制的基本要求，着手构造我市公共财政基本框架。扩大政府采购范围，加强预算外资金和罚没收入“收支两条线”管理，加强工程预决算审核。调整和优化支出结构，实行综合财政预算，努力提高资金使用效益。继续抓好会计委派工作，依法实施会计监督。

八、加大城市规划、建设和管理力度，进一步改善城市环境和面貌

完善城市规划。高水平完成青秀山风景旅游区的规划调整、火车站广场改造规划、凤岭分区规划等一批城市规划项目的编制与设计工作。加强对重点地段、重点地区的批后管理，严格督促建设单位按规划建设，查处和打击违法建设行为。

抓好城市建设。抓好快速环道、朝阳溪综合治理和机场高速公路等重点工程建设。开工建设富宁路，连接机场高速公路和中兴大桥。开工建设市人防指挥所。对一批道路的路灯设施进行更新改造。抓好公用事业设施建设，加紧陈村水厂二期工程建设。下半年动工建设南宁国际会展中心。进一步提高有形建筑市场管理水平，抓好招标投标各个环节，规范有形建筑市场交易行为。全面推行住宅物业管理，改善居民的生活环境。

强化环境保护。全面落实我市2000年工业污染源排放达标和城市环境功能区达标工作任务目标，对46家尚未达标的工业企业实行“分类指导、限期治理、逾期关停”。抓好以减少市区扬尘、尾气排放、降低酸雨为重点的空气质量改善，开展以邕江水源保护为重点的环境功能区综合整治。实施环保“双达标”目标责任制，强化环境保护执法。扎实开展自然生态环境保护和森林资源保护。此外，还要切实加强对野生动物的保护，严厉打击捕杀、贩卖和食用野生动物的行为。

提高城市综合管理水平。进一步理顺城市管理体制，完善城管运行机制，加强城管队伍建设，继续开展城市管理综合执法。认真落实城市长效管理目标责任制、“门前三包”责任制和路段长、路段岗责任制，加大整治乱摆乱卖、占道经营的力度，整顿交通秩序，努力创造一个市容整洁、交通有序的城市环境。

继续提高园林绿化水平。修改、完善青秀山风景旅游区总体规划，完成植物园区、青秀路门区、竹林地规划设计方案。完成市区5 个游园绿地、4个出口公路及一些新建道路的绿化建设。加大园林执法监察力度，保护好园林绿地。

加强土地管理。认真落实南宁市土地利用总体规划，依法开展用地审批等工作，加快土地管理配套法规建设。实施耕地占补平衡制度，调整基本农田保护区。严格按照国家年度用地计划，完成重点工程征地任务。

加快小城镇建设。积极探索在政府引导下主要依靠市场机制加快小城镇发展的途径。抓好小城镇建设和小康文明示范村建设试点，落实好国家有关发展小城镇的鼓励政策，搞好小城镇的规划和管理，逐步加快小城镇发展。

九、把科技教育摆在突出的战略地位，全面推进各项社会事业发展

加大科技创新力度，努力实现科技与经济紧密结合。加快新产品开发步伐，集中力量抓好20项前景广阔、有影响的工业新产品开发。加大农业新品种的引进、推广力度，全年拟引进和推广高产、高效、高附加值、优质的农业新品种10种。大力发展高新技术产业，促进产业升级。重点扶持一批高新技术型产业，培育2～3个销售收入超10亿元、8～10个产值超亿元、人均劳动生产率超百万元的高新技术企业或企业集团；支持2～3项科技含量高、附加值高、市场前景好、有自主知识产权的高新技术项目。全力抓好南宁高新技术产业开发区建设，强化高新区对高新技术产业的孵化功能，建立多元化的投融资渠道。加速科技成果推广应用，加快市属科研院所改革，今年拟对2～3所院所进行企业化改革。

继续推进教育改革和发展。巩固、提高“两基”达标成果，扩大高中阶段教育和高等教育的办学规模。进一步推进教育管理体制和办学体制改革，优化教育资源配置，全面推进素质教育，推动教育同科技、经济紧密结合，使教育在科教兴市中发挥更大作用。办好南宁职业技术学院，为我市经济建设培养高级专业人才。在城镇推行劳动预备制度和实行学业证书、职业资格证书并重制度，并严格执行“先培训、后上岗”的规定。高度重视农村教育的改革和发展，大力发展农村职业教育，努力培养一批留得住、用得上的农村实用人才。继续实施跨世纪“222人才培养计划”，提高教师队伍的整体素质。加强名校建设，建设若干所全国示范性高中、国家级重点职业高中及全区名校。进一步拓宽教育投资渠道，调动各方面发展教育的积极性，增强教育事业发展的实力，促进我市教育事业健康快速发展。

大力发展文化事业。继续办好南宁国际民歌艺术节，加速经济和文化事业发展。认真落实文化经济政策，多渠道筹集资金，扶持精品生产和宣传文化设施建设。以繁荣文艺创作为重点，强化精品意识，按照弘扬主旋律、提倡多样化的要求，重点抓好大型剧（节）目、电视剧、广播剧、小说、戏剧小品、歌曲的创作。继续抓好文化艺术馆、站、室的建设。抓好广场文化、节庆群众文化活动。强化对新闻出版和文化市场的管理，加大“扫黄打非”工作力度，促进文化事业健康发展。

继续发展卫生事业。坚持预防为主的方针，做好各种传染病防治和妇幼保健工作。推进城镇职工基本医疗保险制度改革，争取取得实质性进展。继续巩固发展农村合作医疗，发展城市社区医疗卫生服务。加大农村改水改厕工作力度，提高人民群众的健康水平。无偿献血工作要逐步向农村展开。进一步加强职业道德教育，提高医疗服务质量。加大药品监督执法力度和社会医疗管理，严厉打击制售假冒伪劣药品和非法行医等不法行为。

加快体育事业发展。继续坚持全民健身运动与竞技体育协调发展的方针，以提高市民的体育意识和身体素质为目的，深化体育体制改革，推进体育事业向社会化、产业化发展。进一步贯彻实施《全民健身计划纲要》，促进群众体育的蓬勃发展。全力承办好自治区第九届运动会，力争我市运动员夺取金牌和总分第一。

进一步做好计划生育工作。严格执行计划生育工作的有关法规，加强基层基础工作，重点加强农村和流动人口计划生育管理，努力提高计划生育管理和服务水平，全面完成自治区下达的各项人口和计划生育工作任务。

全面实施妇女、儿童发展纲要。根据国务院及自治区人民政府的部署，认真实施《南宁市妇女发展规划（1996-2000年）》及南宁市儿童发展“八五”计划、十年规划纲要》，确保今年全面完成各项任务指标。

认真制定好“十五”计划。“十五”计划是我市进入新世纪后落实现代化建设第三步战略部署的第一个五年计划，认真研究和制定好符合南宁市情的“十五”发展计划，意义十分重大。要汇集全市各方力量，按照中央、国务院和自治区编制“十五”计划的有关部署，认真做好这项工作。

十、加强精神文明建设和民主法制建设，搞好社会治安综合治理

进一步加强精神文明建设。认真贯彻落实中共中央《关于加强和改进思想政治工作的若干意见》，紧紧围绕经济建设这个中心，切实加强思想、政治工作和精神文明建设，为改革开放和现代化建设提供强有力的精神动力和思想保证。继续深入开展“树立广西新形象，创建全国文明城”活动，在巩固“三个一”成果的基础上，丰富、充实“五个进”，拓展新内容、创造新特色、推出新典型、再上新水平，在广度、深度上有新突破。大力加强爱国主义、集体主义和社会主义教育，进一步激发全市人民的爱国热情。继续抓好文明村镇、文明行业、文明单位、文明小区以及军警民共建等群众性精神文明创建活动。加强社会公德、职业道德和家庭美德教育，继续深入开展“一助一”、“一帮一”、“一扶一”活动，提高整个城市的市民素质、文明程度和内在凝聚力，不断推动整个城市的现代文明与进步。

坚持依法治市，加强民主法制建设。各级政府要坚持发扬社会主义民主，自觉接受同级人民代表大会及其常委会的监督，认真执行人大的各项决议、决定，定期报告工作。重视和发挥人民政协的政治协商、民主监督和参政议政作用，广泛听取各民主党派、无党派人士和专家学者的意见。积极支持工会、共青团、妇联等人民团体的工作，使广大群众的意愿在政府工作中得到充分体现。建立健全科学和民主决策制度，推进决策的科学化和民主化。认真做好人民群众来信来访工作，切实保障广大人民群众依法参与和管理国家事务的权利。坚持依法治市，把政府各项工作纳入法制轨道。加强执法队伍建设，不断提高执法人员的政治素质和执法水平。继续实施“三五”普法规划，增强全市干部群众的法律意识和法制观念。

深入开展社会治安综合治理，维护社会稳定。保持社会稳定是事关改革和发展全局的大事，各级政府要在改革中统观全局，正确处理好改革、发展与稳定的关系，妥善解决好各种矛盾，特别是群众和基层领导的矛盾，防止矛盾激化。坚持打防结合，严厉打击各种犯罪活动，为进一步改革开放和人民群众安居乐业创造稳定的社会环境。

十一、关心群众疾苦，切实为群众办实事

坚持全心全意为人民服务是政府工作的出发点和落脚点。各级政府要牢记全心全意为人民服务的根本宗旨，妥善安排好群众生活，切实为群众办实事、好事。要在经济发展的基础上，努力使城乡人民的实际收入有新的增长。继续完善城镇职工最低工资标准制度、基本生活费标准制度和城镇居民、农村村民最低生活保障线制度，保障城乡居民基本生活需要。关心贫困户、孤寡老人、残疾人的生活，想方设法帮助他们解决实际困难。充分发挥民政、工会、共青团等部门和团体的作用，动员全社会力量开展“送温暖”活动。进一步完善社会保障体系建设，依法扩大社会保险覆盖范围，加快养老金社会化发放，确保企业离退休人员按时足额领到养老金。切实加强再就业工作，妥善安排好失业、下岗职工的生活。

今年在抓好全面工作的同时，按照量力而行、尽力而为的原则，为人民群众办好以下10件实事：

1、安置国有企业下岗、失业职工再就业1万人；

2、建设2所中学、1所小学；

3、搬迁殡仪馆焚烧炉；

4、解决60条小街小巷下水道堵塞问题；

5、改造朝阳路、江南路、新民路人行道为无障碍人行道；

6、新增公共汽车20辆；

7、完成建政路、七星路、华东路、华西路、古城路路灯改造；

8、建成朝阳溪3个小绿地广场；

9、解决20个村人畜饮水问题；

10、完成农村改厕5.8万个。

十二、加强和改进政府工作，努力塑造勤政廉洁、务实高效的政府形象

加强政府自身建设，塑造良好的政府形象，是全市人民的殷切期望，也是更好地履行政府职责、组织领导全市经济建设和社会发展的要求。各级政府工作人员特别是领导干部要加强理论学习，认真学习邓小平理论和党的路线、方针、政策，学习现代经济管理知识、科学技术知识和历史知识，注重理论与实践的结合，努力使自己的思想水平和知识水平适应时代发展的需要。要切实增强法制观念，严格依法行政，严格按制度和规章办事。继续推行政务公开和服务承诺制度，加强直接面向群众、面向基层的服务窗口建设，建立健全各级监督投诉网络和行政、社会监督制度，把政务公开纳入制度化、法制化轨道。要切实转变工作作风，提倡思想求实、作风务实、工作扎实，力戒形式主义、官僚主义，坚决刹住虚报浮夸、弄虚作假的歪风。要树立大局意识，紧密配合，形成合力，做到令行禁止、政令畅通。及时研究解决主要矛盾和薄弱环节，集中精力议大事、抓大事、干大事。要加强目标管理，及时督促检查，保证各项工作的落实。认真贯彻落实党风廉政建设责任制，进一步加大反腐倡廉工作力度，坚决查处贪污贿赂、弄权渎职、敲诈勒索、以权谋私、徇私枉法等腐败行为。继续以整风的精神抓好“三讲”教育，扎扎实实地搞好第二批县处级“三讲”教育，务求取得更加明显的实效。

各位代表，今年是“九五”计划的最后一年，圆满完成今年的各项任务，对我市跨世纪发展至关重要。面对伟大的时代和庄严的历史使命，我们的任务光荣而艰巨。让我们高举邓小平理论伟大旗帜，更加紧密地团结在以江泽民同志为核心的党中央周围，在自治区党委、政府和市委的领导下，紧紧依靠全市人民，同心同德、励精图治、顽强拼搏、开拓奋进，夺取我市改革开放和现代化建设的新胜利！

关于南宁市1999年国民经济和社会发展计划执行情况与2000年计划草案的报告

——2000年1月13日南宁市第十届人民代表大会第七次会议

市计划委员会

各位代表：

我受市人民政府委托，向大会报告1999年国民经济和社会发展计划执行情况及2000年国民经济和社会发展计划草案，请予审议，并请市政协委员和列席会议的同志提出意见。

1999年国民经济和社会发展计划执行情况

1999年全市认真贯彻落实中央和自治区的各项方针政策、工作部署，在加强基础设施建设、深化国有企业改革整顿、调整经济结构等方面采取了积极有效的工作措施，国民经济稳定增长，社会事业全面进步。初步统计，国内生产总值274.18亿元，比上年增长10.60%，完成计划的93.26%。其中，第一产业增加值47.95亿元，增长8.40%，完成计划的99.90%；第二产业增加值84.39亿元，增长9.70%，完成计划的92.74%；第三产业增加值141.84亿元，增长12.10%，完成计划的91.51%。经济增长虽比年初制定的调控预期目标低了0.9个百分点，但仍高于全区预计增长8%和全国增长7.10%的水平，取得这样的成绩是不容易的。

农村经济平稳增长。农业生产在调整中稳定发展。粮食总产量79.58万吨，完成计划的97.52%，比上年减少2.30%。甘蔗373.94万吨，减少1.25%。其他主要农副产品产量均有不同程度的增长。其中水果48.86万吨，增长23.38%；蔬菜107.93万吨，增长11.56%；肉类总产量16.34万吨，增长5.45%；水产品6.51万吨，增长7.37%。实施“三田”面积53.26万亩，实现40.5万亩，其中吨粮田31.5万亩、吨糖田5万亩、万元田4万亩。科技对农业的贡献增加，糖蔗良种面积覆盖率提高17.06个百分点，达到33.30%；水稻旱育稀植推广面积增加14.24万亩。农业基础设施进一步改善，安排除险加固水库36座，已全部动工，完成32座，完成计划投资的78.60%。完成渠道硬化133公里，其中3个流量以上的80公里。乡镇企业总收入168.59亿元，增长15%，完成计划的100.35%。

工业生产增速加快。国有企业改革整顿、扭亏增盈和中小企业放开搞活工作力度的加大，促进了工业经济增长。工业增加值63.51亿元，完成计划的93.44%，增长9.50%，增速比上年提高1.31个百分点。规模以上工业中，非国有工业总产值增长12.90%，高于整体工业增长速度5.47个百分点，对工业增长的拉动增大。工业经济效益有所回升。全市规模以上独立核算工业实现利税7.5亿元，增长11.32%；亏损企业亏损额下降15.89%；工业企业经济效益综合指数72.53%，提高3.04个百分点。

非国有经济规模扩大，比重上升。年末全市个体工商户数、从业人员及注册资金，分别比上年增长10.10%、11%和12.40%；私营企业户数、从业人员及注册资金，分别增长26.30%、30.90%和33.30%。规模以上非国有工业产值占规模以上工业总产值的比重为41.32%，提高2.62个百分点；非国有商业零售额占全市社会消费品零售总额的81.22%，上升0.71个百分点。

固定资产投资规模继续扩大。全年固定资产投资74亿元，增长7.26%，完成计划的97.37%。其中基本建设投资45亿元，增长10.62%，完成计划的95.74%。基础设施建设仍然是投资的重点，完成投资9.07亿元，占全市基建投资的20.16%。住宅建设完成投资16亿元，增长67%，成为投资的亮点。国家安排中央补助和地方国债2.99亿元、自治区安排0.7亿元支持我市防洪堤、朝阳溪综合治理、快速环道、琅东污水处理厂管网配套等一批重点工程建设。一批重点项目已建成并投入使用，琅东污水处理厂开始试运行，南纸试产成功，民族大道三岸和凤岭段通车，长岗路修整等工程已完成或基本完成。沙井大道、永和大桥等重点工程正在进行开工前准备。

消费增长平稳，物价下跌趋缓。由于公务员增资、高校扩招、节假日旅游消费及举办民歌节等大型活动的刺激，全年社会消费品零售总额137亿元，增长6.50%，完成计划的99.28%。增长幅度较大的仍然是批发零售贸易业和餐饮业。进入9月份以后，物价降幅趋缓。至年底，中西药品、燃料等五类商品价格指数已回升。全年商品零售价格指数96%，居民消费价格指数96.50%。

财政增收，金融稳定。加强了税收征管，完成财政总收入27.01亿元，增长10.14%，完成预算的100.12%。其中，地方财政收入14.95亿元，增长13.58%，完成预算的101.87%。年末金融机构存款余额526.82亿元，比年初增长17.82%，其中城乡居民储蓄存款余额219.09亿元，增长9.46%。信贷规模扩大，年末全市金融机构贷款余额425.67亿元，增长22.65%。

促进科技与经济有效结合。一批科研机构和科技人员兴办了科技企业或进入科技实体，一批企业设立了技术开发机构，促进了科技体制改革和创新体系的建设。清华、北大、中科院及区内院校、科研机构与我市企业签订了一批产品创新和高新技术产业化项目合同。大部分企业制定和实施了新产品开发计划。全市新产品产值5.18亿元，增长9.81%。科技投入增加，全市科技三项经费1446万元，增长19.60%。

各项社会事业全面发展。教育方面，全市小学、初中招生分别完成计划103.40%和97%，高中（含农、职高）招生完成计划93.10%。全市教育基建投资完成7563万元，建成教学用房10.16万平方米。卫生方面，年末病床拥有量4929张，增加240张，完成计划。农村合作医疗覆盖面91.16%，比上年提高7.28个百分点，完成计划的101.29%。体育方面，3个全民健身广场的建设，资金到位率75%，已完成工程量79.45%；九届城运会场馆建设资金到位率和完成工程量均为23%。广播电视等其他社会事业进一步发展。人口自然增长率7.20‰，控制在计划范围内。

人民生活继续改善。城镇居民人均可支配收入6846.6元，增加 276.6元，完成计划的98.31%。农民人均纯收入2620元，增加180元，完成计划的97.80%。农村贫困人口减少3.06万人。城镇登记失业率2.50%，控制在计划范围内。

在看到成绩的同时，我们也清醒地认识到，经济和社会发展中还存在着一些突出的矛盾和问题。

第一，结构调整仍然不适应经济发展的要求。一是国有经济特别是国有工业经济的比重仍然较高。乡及乡以上工业中，国有经济的比重占52%左右，高于全国平均水平。二是工业增加值占国内生产总值的比重已降至23.16%，比上年下降了1 个百分点。三是产业内部中，传统产业比重偏大。第一产业中种植业比重仍在69% 左右，第三产业中批发零售餐饮业和交通运输业的比重仍占40%左右。四是特色产品、高新技术产品少。

第二，投资增速放慢，后劲不足。固定资产投资增幅比上年回落5.1个百分点，低于全区和全国水平。主要原因，一是更新改造投资增长缓慢，全年更新改造投资11.79亿元，只增长4.77%；二是利用外资比年初计划少1.3亿美元，影响固定资产投资增幅约1.33个百分点；三是非国有投资比重偏低，全年非国有投资占总投资的比重不足25%。四是部分重点项目开工前准备不足，工程量上不去，存在“钱等项目”的情况，降低了资金的使用效率。

第三，消费市场增长乏力。由于居民对支出预期不明确、物价持续下降等，社会消费品零售总额增幅回落了5.01个百分点，增长速度低于全区、全国平均水平，为我市1991年以来最低。

第四，外经贸情况不理想。市属外贸出口6810万美元，下降28.52%，其中外贸企业出口下降78.35%。实际利用外资1亿美元，下降54.78%，只完成计划的43.52%，占全区利用外资的比重由上年的17.23%降至10%。

第五，农民增收难度大，脱贫任务艰巨。虽然大多数农产品产量增加，但农产品价格普遍下跌，许多农产品增产却未能增收。由于农业基础薄弱的问题没有得到根本解决，脱贫标准又提高，我市农村脱贫人口返贫率在8%左右。

2000年国民经济和社会发展预期调控目标

2000年，国家继续实行积极的财政政策、扩大内需以及实施西部大开发等战略决策，为我市经济发展提供了机遇。保持全市国民经济的较快增长，仍然是我们安排各项预期调控目标的首要出发点。这种增长必须是有市场、有效益、没有水分的发展。正确认识和把握经济总量和结构的关系，坚持在持续发展中调整结构，在结构调整的基础上实现较快发展，是我们要坚持的重要原则。为了给结构调整创造一个宽松的环境，我们对主要指标进行了综合平衡，提出了确保GDP增长9% 左右的预期调控目标体系。

1、国内生产总值增长9%左右

其中：第一产业增长6.50%

第二产业增长9.10%

其中：工业增长9%

第三产业增长10%

2、粮食总产量持平

3、乡镇企业总收入增长10%

4、全社会固定资产投资增长10%

其中：固定资产投资增长9.50%

5、社会消费品零售总额增长8%

6、市属外贸出口总额增长5%

7、实际利用外资增长5%

8、财政总收入增长10%左右

其中：地方财政收入增长11.50%

9、城镇居民人均可支配收入增加500元

10、农民人均纯收入增加210元

11、商品零售价格涨幅控制在1.50%以内

12、居民消费价格涨幅控制在2%以内

13、人口自然增长率控制在9.80‰以内

14、城镇登记失业率控制在3.50%左右

供给和需求表明，只要我们工作努力、措施得当，实现9%左右的增长速度是可能的。

供给方面：第一产业，主要农产品产量将继续增长，品质优化，可以支撑第一产业增长6.50%左右，拉动GDP增长1个百分点。第二产业，努力实现国企两大目标，非国有经济加快发展，工业有望增长 9%左右；投资规模继续扩大，建筑业可增长9.50%左右，可支撑第二产业增长9.10%左右，拉动GDP增长3.4个百分点。第三产业，旅游业、非义务教育等将会有新的发展，批发零售餐饮业增长10.50%左右；交通运输邮电通讯业增长9.50%左右；金融保险业、房地产业分别增长3%左右；社会服务业增长12%左右，可支撑第三产业增长10%左右，拉动GDP增长4.6个百分点。

需求方面：物价将稳中略升，消费市场稳定增长，社会消费品零售总额增长8%左右，最终消费需求增长8.30%左右，拉动GDP增长4.9个百分点；全社会固定资产投资增长10%左右，最终资本形成总额增长10.70%左右，拉动GDP增长3.6个百分点。出口不会有太大增长，但随着农产品流通工作和工业产品产销衔接的加强，货物和服务的净调出会有一定的增加，预计新增加1亿元左右，拉动GDP增长0.5个百分点。

2000年经济和社会发展主要任务和工作措施

(一)调整农业和农村经济结构，增加农民收入

深入贯彻区党委“1234610”工作思路，大力推进农业和农村经济结构战略性调整，全面提高农业和农村经济的素质和效益，增加农民收入。

调整农业生产结构，全面提高农产品质量。粮食播种面积和糖蔗种植面积分别调减到250万亩和75万亩左右，通过实施吨粮田和吨糖田，稳定粮食和糖蔗产量。调减出来的面积用于开发高附加值的特色农产品。畜牧水产养殖要进一步发展瘦肉型猪和优质肉牛、家禽、水产品。实施农业品牌战略，全年创农产品优质品牌14个。

实行科技兴农，提高农业科技含量。农业科技重点开发和推广优质高产高效产品和技术，实施“三田”建设面积57.42万亩，新增4.16万亩。其中吨粮田35万亩、吨糖田12万亩、万元田10.42万亩。建设优质水稻、玉米制种基地1万亩和4千亩。

抓好流通工程。重点加强产地批发市场建设。要切实落实市委抽调三分之一以上的乡镇干部抓农产品流通的工作部署。建成以25个乡镇为重点、覆盖全市52个乡镇的农产品信息采集网和服务网。继续发展专业社等农副产品流通组织。

乡镇企业要有新发展。乡镇企业的结构调整要与农业综合开发相结合，加快农产品加工、保鲜、储运技术和设备的引进、开发。提高乡镇企业创名牌的意识，争取有10个产品达到区优以上。通过技改扩大规模，使年产值超千万元的企业增加6个。建立乡镇企业新技术推广指导中心和适用新技术项目库。

加大支农力度。完善农业投资保障监督机制。管好、用好财政支农资金。抓好水利建设，安排病险水库除险加固43座，1个流量以上渠道硬化28.5公里。针对霜冻灾害，组织工作队和技术人员帮助、指导农民防灾减灾、调整种植结构。

努力增加农民收入。继续治理对农民的乱收费，切实减轻农民负担。农民增收中，力争来自农业生产的部分不低于上年水平，来自非农业收入所占比重提高到60%以上。打好扶贫攻坚战，年度脱贫人口2万人以上。

(二)深化国企改革整顿，调整优化工业结构

深化国有企业改革整顿，确保国企三年改革和脱困目标的实现。170户企业三项制度改革的各项措施要全部落实到位。市属重点企业产品质量等级品率要达到95%以上，争创5个以上广西名牌产品。搞好扭亏增盈，确保市属国有及国有控股大中型企业亏损面控制在20%以内。 继续做好抓大放小。对5家以上的大型国有企业进行公司制改造，通过股份制吸引和组织

其他社会资本。抓好3家上市公司的股票发行及增发A股工作，进一步规范资本运营公司的资本运作，支持有发展前景的国有大型企业及私营科技企业上市融资。采取多种形式全面放开国有中小企业。加强对中小企业的指导服务，成立中小企业信用担保中心和服务中心。

加强技术改造和技术创新，加大行业结构调整力度。设立技术改造基金和结构调整基金，重点支持高新技术产业和以产业升级为目的的技术改造。力争更新改造投资完成13.20亿元，增长12%。围绕“品种、质量、效益和扩大出口”，重点抓好3.4万吨蔗渣纸浆、甘蔗收割机系列产品、木瓜蛋白酶等10 项重大技改项目的实施。加快建立以企业为主体的技术创新体系，力争建立8 个国家级或自治区级技术开发中心。认真落实国家关闭部分行业技术落后、资源浪费、质量低劣、污染严重的小厂小矿的措施，更新和优化行业结构。

(三)狠抓项目前期工作，努力增加固定资产投资

将投资结构调整与经济结构调整相结合，引导全社会资金投向城市基础设施，农业及水利建设，高科技产业和以产业升级技术进步为中心的更新改造，生态建设和环境整治，城市经济适用房和农村小城镇建设，科教等社会事业六个重点领域。

争取国家新增国债投入本市项目资金不低于上年水平，带动地方、企业和社会的投资。财政基建投资主要保重点、保续建、保国家补助项目配套。认真贯彻自治区人民政府政府性基金基本建设使用计划管理办法，财政预算内、外用于基本建设的资金和基金，都要统一纳入基建计划管理。

重点抓好一批在建和新开工项目的建设。主要有防洪堤工程，城乡电网改造，以城市快速环道为中心的路网、桥梁建设，管道燃气，自来水厂，朝阳溪治理以及一批旅游和旧城改造项目。对上年民歌节签约项目，要落实责任制，列入年度考核目标，提高履约率。

将城市基础设施、生态环境建设、高新技术产业、传统工业改造、社会公益事业等领域，作为今后几年前期工作的重点，打足前期工作经费。年度重点抓好防洪堤、社会联动系统、竹排冲综合治理、凌铁大桥、会展中心和南湖水体综合治理等项目的前期工作。

进一步规范前期工作。要制定前期工作委托指导、监督制度。对需要财政、银行平衡建设条件的项目的前期委托进行指导和监督。对经济部门干部进行前期工作知识培训，提高前期工作质量和效率。试行重大投资项目审议制度，对于财政投资超过一定数额的项目，组织专家、各部门及人大代表、政协委员进行审议，提高决策的民主化和科学化水平。

加快建设南宁市招商引资项目库。项目库的建设在内容上要有所创新，形式上要有所突破。要利用多媒体多视角、互动技术，丰富项目表现形式。通过建立南宁市招商引资网站，在国内外著名网站注册域名、镜像站点，以及向特定对象定期或不定期发送电子邮件等方式，发布信息，扩大招商范围。

(四)多途径启动市场，进一步扩大消费

要进一步加强对住房制度、医疗体制改革等措施的宣传，改善群众对消费的心理预期。重视增加居民收入，特别是中低收入家庭的收入，提高有效购买力。要确保公务员增资，进一步完善下岗职工基本生活保障、失业保险和城市居民最低生活保障制度。努力发展经济，争取城镇居民人均可支配收入增加500元。

运用价格杠杆，改善消费环境。将制定超过一定用电量的优惠电价政策，促进电力及家电消费。适当调整水利工程水价、教育及卫生收费、自来水及污水处理费，开征垃圾处理费。稳步开放已购公有住房交易市场；加强房地产价格管理；通过“政府让费、银行让息、企业让利”等办法，消化空置商品房；加大公有住房租金调整力度，缩小租售比价。加快农网改造，为推行同网同价创造条件，扩大农村消费。

(五)积极扩大出口，有效利用外资

要认真研究加入WTO后对我市出口的影响，充分利用国家提高出口商品退税率，增加出口信贷和扩大生产企业自营出口权等方面的政策，通过抓重点企业、重点产品和重点市场，努力扩大外贸出口。自营出口企业和三资企业要积极调整产品结构，培育和开发新的出口产品；专业外贸企业要与县郊政府一起积极组织农民发展蔬菜出口基地，与农民形成稳定的购销关系，当好出口创汇农业的龙头企业。

要调动企业特别是工业企业利用外资的积极性，争取有几家企业能利用外资进行技术改造；农业、商贸零售和旅游业要通过项目招商引资，争取实施几个有一定规模的项目，提升产业层次；在基础设施建设、环境治理等方面要策划一批大的利用外资项目。

已经落实外国政府和国际金融组织贷款的急救中心、消防系统、朝阳溪综合治理等项目要抓紧推进；正在落实贷款的社会联动系统、三津水厂等项目要加快前期工作，完善贷款的必要条件。

(六)培育经济增长点，增强发展后劲

促进非国有经济快速发展。要努力为非国有企业的发展营造良好环境。各部门要在计划安排、规划审批、土地利用、工商税收管理、信贷等方面提供良好的政策、信息、科技支持。进一步扩大非国有经济的投资领域。力争规模以上非国有工业产值占总产值的比重达到45%以上;非国有商品零售额占零售总额的比重达到85%。

加强高新技术开发及产业化。要充分发挥高新技术对经济结构调整的作用。集中力量抓20项工业新产品开发,重点培育2-3个销售收入超10亿元的高新技术企业或企业集团,重点支持2-3项高新技术产业化项目,抓2-3个市属科研院所的企业化改革,引进一批有规模的科技项目。增强高新区的孵化功能和产业化能力,高新区技工贸总收入要比上年提高50%。

大力发展旅游业。加快青秀山风景旅游区等景区、景点的建设,开发特色旅游产品,建设旅游购物一条街与旅游商品市场。进一步拓宽旅游区域联合网络,推出精品旅游线路。制定和完善南宁市旅游业管理制度,规范旅游服务。

积极推进非义务教育产业化。鼓励社会力量以各种方式举办高中阶段教育和职业教育。在非义务教育阶段,组织进行建立财政教育拨款政策和成本分担机制的试点;在职高和技校中进行股份制合作办学试点;发展社会技术技能培训中心,围绕推进职业资格准入制,做好72个工种的职业资格技能培训。推动学校后勤工作社会化,鼓励企业为学校提供后勤服务。主要抓好师院和西大学生公寓等项目。

加快小城镇建设。按照国家进行小城镇建设示范的标准,在两县一郊抓几个具有特色的小城镇示范项目。已经列入国家计划的苏圩镇的规划建设要抓紧抓好,探索在政府引导下主要依靠市场机制建设小城镇的路子;争取将扬美列入自治区示范项目;双桥、金陵、同仁、仙葫等镇、区要抓紧做好规划和建设工作。

(七)坚持可持续发展,促进社会事业全面进步

认真实施可持续发展战略,使经济发展与社会、人口、环境等相互协调,把短期利益与长远利益结合起来。

要巩固和提高"两基"达标的成果,提高义务教育阶段的整体办学水平。年度计划招收小学生4.01万人,确保毕业升学率100%;初中招生5.67万人,毕业升学率比上年提高2个百分点,达到67%以上。适当扩大高中阶段教育规模,高中(含农、职高等)招生3.23万人,比上年计划增加0.3万人。要确保教育资金的投入,争取建成小学2所,新开工2所,改造一批薄弱学校。职业教育要以增强专业的适用性和提高教育技术手段为重点。农民技术教育,要加强文化知识教育与实用生产技术培训的结合,全年培训农民45万人次以上。

加强农村医疗保健和生态环境建设。农村合作医疗覆盖面要达到95%以上。继续推广农村能源生态建设项目,年度安排2.67万农户实施"养殖--沼气--种植"三位一体工程。改造农村厕所5.8万座。严格执行计划生育"一票否决制"。人口自然增长率控制在9.80‰以内。

按照"一控双达标"的目标,采取落实责任制、开展环境综合整治等多种措施,确保本年末,辖区主要污染物排放总量控制在国家规定的排放指标内;工业污染源主要污染物达标率在75%以上,列入自治区、市重点治理的项目全部达到国家规定的排放标准;市区环境重点功能区稳定达标,邕江水环境功能区水质达标率达到80%以上。

(八)加快社会保障体系建设,做好再就业工作

依法扩大社会保障覆盖面,加强保险基金征缴力度。城镇国有、集体、外商投资、私营等各类企业职工都要参加社会保险。养老保险重点放在私营企业职工和个体工商户;失业保险重点放在事业单位和非国有企业职工;医疗保险重点修改和完善城镇职工基本医疗保险实施方案,做好启动前各项准备工作。社会保险基金征缴率要达到90%以上。

计划安排1万名国企下岗、失业、富余职工再就业和1万名下岗职工转岗职业培训。通过扩大社会化家庭服务和社区服务,积极发展非国有经济等途径,增加就业岗位。加强劳动力市场的科学化、网络化、规范化建设。抓紧城区、郊区劳动力市场的建设,形成市、县、区相互沟通的信息网络。

(九)抓好"十五"计划和到2015年长期规划的编制

中央和自治区对规划的编制已提出了总体要求并作了全面部署。初步考虑我市该规划体系,由全市国民经济和社会发展"十五"计划和到2015年长期规划纲要、若干个行业指导性规划和政府组织落实的专项规划构成。在编制规划的指导思想、内容、方法和形式上都要有所创新。各部门、各单位要统一认识,高度重视,认真完成编制任务。

各位代表,2000年是世纪交替之年,也是"九五"计划最后一年,做好今年的工作意义十分重大。我们要坚定信心、团结奋斗,努力完成经济和社会发展的各项任务。

关于南宁市及市本级1999年预算执行情况和2000年预算草案的报告

——2000年1月13日南宁市第十届
人民代表大会第七次会议

市财政局

各位代表：

我受市人民政府的委托，向大会报告南宁市1999年总预算及市本级预算执行情况和2000年总预算及市本级预算草案，请予审议，并请列席会议的政协委员和其他同志提出意见。

一、1999年全市及市本级预算执行情况

1999年我市各级各部门和广大干部群众在市委的领导下，在市人大常委会的监督和市政协的支持下，高举邓小平理论的伟大旗帜，认真贯彻落实党的十五大、十五届三中、四中全会精神，努力克服困难，积极采取措施，全力落实国家调控经济的各项政策，使国民经济和各项事业在比较复杂的国际国内环境中保持了发展势头，与此相适应，全市和市本级的财政收支保持了较快增长，预算执行情况良好。

（一）1999年全市预算执行情况

1999年全市财政收入（含上划中央收入）270113万元，比上年增长10.14%。其中：上划中央收入120660万元，增长6.15%，地方财政收入149453万元，增长13.58%。

1999年全市地方财政总收入（不含上划中央收入）243342万元，地方财政总支出225118万元，收支相抵，年终滚存结余18224万元，其中净结余5017万元。

全市地方财政总收入由以下项目构成：(1)当年地方财政收入149453万元，完成预算的101.87%，比上年（预算执行数，以下同）增加17869万元，增长13.58%。(2)自治区财政补助收入77809万元，其中：税收基数返还47586万元，税收增量返还439万元；专项补助收入29784万元。(3)上年结余收入16080万元。

在全市当年地方财政收入中，主要项目的执行情况是：(1)工商税收110854万元，完成预算的102.43%，比上年增加15689万元，增长16.49%。(2)农牧业税和耕地占用税12251万元，完成预算的92.9%，比上年减少722万元，下降5.57%。(3)企业所得税13186万元，完成预算的130.15%，比上年增加4280万元，增长48.06%。(4)国有资产经营收益406万元，完成预算的58%，比上年增加149万元，增长57.98%。(5)国有企业计划亏损补贴（直接冲减收入）3597万元，完成预算的119.38%，比上年增加961万元，增长36.46%。(6)其他收入1963万元，完成预算的132.64%，比上年增加254万元，增长14.86%。(7)企业所得税退税（直接冲减收入）2965万元，完成预算的191.41%，比上年增加1437万元，增长94.04%。(8)罚没收入6171万元，完成预算的81.33%，比上年减少1437万元，下降18.89%。(9)行政性收费收入4582万元，完成预算的162.6%，比上年增加2223万元，增长94.23%。(10)专项收入6602万元，完成预算的92.34%，比上年减少169万元，下降2.5%。

1999年全市地方财政收入主要增收因素：一是经济发展带来的增收，主要是营业税、企业所得税、房产税、固定资产投资方向调节税、个人所得税增收；二是政策性增收，如城镇土地使用税计税价格提高增加的税收；三是税务部门继续清理历年欠税增加的收入。

全市地方财政总支出由以下几个项目构成：(1)当年地方财政支出175427万元，完成调整预算数（包括当年安排预算、上年结转支出预算和自治区专项补助支出预算，以下简称预算）的92.97%，比上年（年度执行数，以下同）增加34542万元，增长24.52%。(2)上解自治区财政支出49691万元。

在全市当年财政支出中，主要项目的执行情况是：(1)建设性支出42064万元，完成预算的95.67%，比上年增加14585万元，增长53.08%。其中：基本建设支出25962万元，完成预算的97.53%，比上年增加13374万元，增长106.24%；企业挖潜改造资金7919万元，完成预算的91.34%，比上年减少1243万元，下降13.57%；

科技三项费用1446万元,完成预算的98.64%,比上年增加237万元,增长19.6%;支援农村生产支出5999万元,完成预算的95.48%,比上年增加2267万元,增长60.74%;农业综合开发支出738万元,完成预算的79.18%,比上年增加110万元,增长17.52%。(2)事业行政经费支出93209万元,完成预算的94.75%,比上年增加13155万元,增长16.43%。其中:农林水利气象等部门事业费3143万元,完成预算的96.77%,比上年减少204万元,下降6.1%,按可比口径计算增长10.40%;文体广播事业费6720 万元,完成预算的86.09%,比上年增加1725万元,增长34.53%;教育事业费23780 万元,完成预算的99.89%,比上年增加2814万元,增长13.42%;科学事业费802万元,完成预算的77.79%,比上年减少140万元,下降14.86%,按可比口径计算增长13.92%;税务等部门的事业费5589万元,完成预算的103.04%,比上年增加118万元,增长2.16% ;卫生经费10294万元,完成预算的95.87%,比上年增加1040万元,增长11.24%;抚恤和社会福利救济费2651万元,完成预算的79.85%,比上年增加526万元,增长24.75%;社会保障补助支出3896万元,完成预算的95.65%,比上年增加2730万元,增长2.34倍:行政管理费14776万元,完成预算的88.92%,比上年增加1729万元,增长13.25% ;公检法司支出12200万元,完成预算的98.43%,比上年增加962万元,增长8.56%。(3)城市维护费12947万元,完成预算的77.55%,比上年增加938万元,增长7.81%。(4)政策性补贴支出2848万元,完成预算的92.95%,比上年增加282万元,增长10.99%。(5)其他支出15287万元,完成预算的87.91%,比上年增加5256万元,增长52.4%。其中:支援不发达地区支出1046万元,完成预算的109.07%,比上年减少212 万元,下降16.85%。(6)专项支出9072万元,完成预算的98.59%,比上年增加326万元,增长3.73%。1999年全市财政支出除正常支出外,增加了农业、教育卫生、公共基础设施建设以及精神文明建设方面的投入,支持了国民经济和各项事业的发展。

(二)1999年市本级预算执行情况

1999年市本级地方财政总收入(不含上划中央收入)185881万元,地方财政总支出171008万元,收支相抵,年终滚存结余14873万元,其中净结余1540万元。

市本级地方财政总收入由以下几个项目构成:(1)当年地方财政收入74801万元,完成预算的100.04%,比上年(预算执行数,下同)增加7425万元,增长11.02%。(2)自治区财政补助收入77809万元,其中:税收返还补助收入48025万元,专项补助收入29784万元。(3)下级财政上解收入20371万元。(4)上年结余收入12900万元。需要说明的是,自治区财政税收返还补助收入、自治区财政专项补助收入、上年结余收入分别比向本届人大六次全会报告的数字增加,这是自治区财政在核批我市决算时增列了专项补助1415万元及财政目标考核奖励、中央两税罚款和滞纳金收入分成等。

在市本级当年地方财政收入中,主要项目的完成情况是:(1)工商税收66518万元,完成预算的102.65%,比上年增加9713万元,增长17.1%。(2)农牧业税和耕地占用税1309万元,完成预算的100.69%,比上年增加30万元,增长2.35%。(3) 企业所得税6704万元,完成预算的147.21%,比上年增加2653万元,增长65.49%。(4)国有企业计划亏损补贴(直接冲减收入)3587万元,完成预算的119.05%,比上年增加951万元,增长36.08%。(5)其他收入124万元,比上年减少349万元,下降73.78%。(6)企业所得税退税(直接冲减收入)2938万元,完成预算的200%,比上年增加1650万元,增长128.11%。(7)罚没收入2612万元,完成预算的62.19%,比上年减少1738万元,下降39.95%。(8)行政性收费收入61万元,比上年减少8万元,下降11.59%。(9)专项收入3998万元,完成预算的90.86%,比上年减少275万元,下降6.44%。

市本级财政收入的增长主要来自以下几个方面:一是房地产业和饮食服务业的稳定发展,营业税增收3487万元、房产税增收724万元、固定资产投资方向调节税增收1745万元;二是完善个人所得税代扣代缴制度,个人所得税增收548万元;三是城镇土地使用税计税价格调整增加收入。同时继续清理欠税,也使税收相应增加。

财政收入中主要减收因素仍然是多数国有企业销售困难,收入继续减少;重点税源电力、化工、机糖因市场、价格等因素影响,出现较大幅度的减收。

市本级财政总支出由以下几个项目构成:(1)当年财政支出95818万元,完成调整预算数(包括当年安排预算、上年结转支出预算和自治区专项补助支出预算,以下简称预算)的87.78%,比上年(年度执行数,以下同)增加18531万元,增长23.98%。(2)上解自治区财政支出49691万元。

在市本级当年财政支出中,主要项目的执行情况是:(1)建设性支出32530万元,完成预算的96.34%,比上年增加11063万元,增长51.53%。其中:基本建设支出23663万元,完成预算的97.93%,比上年增加12751万元,增长116.85%;企业挖潜改造资金5352万元,完成预算的89.75%,比上年减少2319万元,下降30.23%;科技三项费用769万元,完成预算的99.74%,

比上年增加60万元，增长8.46%；支援农村生产支出2444万元，完成预算的98.15%，比上年增加639万元，增长35.4%；农业综合开发支出302万元，完成预算的80.11%，比上年增加82万元，增长37.27%。(2)事业行政经费支出40830万元，完成预算的89.30%，比上年增加6851万元，增长20.16%。其中：农林水利气象等部门事业费1253万元，完成预算的95.29%，比上年减少332万元，下降20.95%，按可比口径计算增长15.48%；文体广播事业费5049万元，完成预算的84.32%，比上年增加1529万元，增长43.44%；教育事业费6217万元，完成预算的97.38%，比上年增加644万元，增长11.56%；科学事业费743万元，完成预算的75.35%，比上年减少141万元，下降15.95%，按可比口径计算增长15.02%；税务等部门的事业费1211万元，完成预算的94.91%，比上年增加219万元，增长22.08%；卫生经费6566万元，完成预算的95.31%，比上年增加814万元，增长14.15%；抚恤和社会福利救济费1528万元，完成预算的71.3%，比上年增加253万元，增长19.84%；社会保障补助支出3664万元，完成预算的95.82%，比上年增加2577万元，增长2.37倍；行政管理费4524万元，完成预算的73.84%，比上年增加368万元，增长8.85%；公检法司支出5610万元，完成预算的95.41%，比上年增加391万元，增长7.49%。(3)城市维护费8877万元，完成预算的96.2%，比上年增加726万元，增长8.91%。(4)政策性补贴支出2225万元，完成预算的96.45%，比上年增加378万元，增长20.47%。(5)其他支出4837万元，完成预算的41.77%，比上年减少541万元，下降10.06%。其中：支援不发达地区支出644万元，完成预算的96.41%，比上年减少441万元，下降40.65%。(6)专项支出6519万元，完成预算的99.56%，比上年增加54万元，增长0.84%。

1999年市本级财政支出体现了“调整结构、保证重点”的原则。一方面，在严格控制非生产性支出的同时，积极寻找净化支出内容的新途径，努力节省财政开支。另一方面，统筹预算内外资金，保证重点支出的资金需要。除确保社会稳定的开支如工资发放、兑现收入分配政策、政法机关不再经商后必需的经费开支、粮食风险金、下岗职工基本生活保障费外，还重点保障了农业、科技、教育支出的法定增长以及全市性重点工作的开支，支持各项事业的发展。全年预算内共拨出政法机关正常经费2375万元，比上年增长1.35倍，专项经费3723万元，比上年增长82.13%；足额安排财政负担的国有企业下岗职工基本生活保障资金500万元，按照“三三”制原则，筹集资金1880万元，发放下岗职工45698人(次)的基本生活保障费1170万元；拨补各种粮食补贴及粮食风险金2957万元。在支持农业发展方面，安排4280万元，比1998年增长20%，资金投向上贯彻“1234610”的工作思路，重点支持农田水利设施建设、农业“六大工程”、“三田”建设、农业综合开发、农村产业化发展和农业社会化服务体系建设，促进农业经济的发展。在文教体育事业方面，重点支持我市“五个一”工程的重点剧目--《妈勒访天边》的排演，举办“'99南宁国际民歌艺术节”和国庆五十周年《祖国在我心中》群众歌咏晚会；安排教育基建投资5700万元，建设东葛路小学、安吉路小学和二桥南中学三所学校，同时投入教育事业专项经费，用于改善全市各中小学校的办学条件，支持开展素质教育和创“三园”活动，举办南宁国际学生用品交易会；投入九运会场馆建设830万元；支持首府创建全国文明城市和中国优秀旅游城市的活动；为落实为民办十件实事，市财政共安排资金3305万元，累计拨款2303万元。此外，我们统筹预算内外资金4.4亿元，筹措银行借款2.1亿元，支持凤凰纸业、琅东污水处理厂、南湖截污工程、朝阳溪治理、沙井大道、快速环道、广场公园改建等重点技改项目和建设项目，有力地促进了我市经济结构调整、城市建设和环保治理工作。

1999年受国内外经济环境的影响，物价持续低位运行，有效需求不足的问题比较突出，各种增支减收因素较多，财政经济遇到了前所未有的困难，财政增收和预算平衡压力很大。面对严峻形势，我们进一步解放思想，振奋精神，扎实工作，战胜困难，取得了财政改革与发展的新成绩。在预算执行中，我们着重抓了以下几项工作：

1、切实履行职责，把积极财政政策落到实处。一是配合有关部门做好国债转贷项目的立项和申报，落实机场高速路等十项国债转贷项目投资249368万元，其中国债转贷资金36225万元，中央补助资金22300万元。至1999年底，国债转贷资金到位33225万元，中央补助资金到位22300万元。累计完成工程投资96373万元，其中：国债转贷资金18175万元，中央补助资金7897万元，地方配套资金57344万元。同时注意跟踪项目资金的自筹和使用情况，做好还本付息计划，确保资金的使用效益。二是积极筹措调度资金，保证按中央规定期限把调整收入分配政策落到实处。全年市本级用于调资资金3086万元（包括行政事业单位人员提高工资和提高离退休人员离退休金），用于提高三条社会保障线水平资金280万元，用于解决拖欠企业离退休人员离退休金961万元。

2、进一步深化和完善财政改革。财政改革作为我市综合改革的重要方面，在市委的支持下，力度不断加大并向纵深拓展，取得良好效果。一是扩大政府采购范围，完善采购管理。继1998年实施办公设备和公务车采购定点管理后，又对公务车加油、维修和会议接待实行了采购定点管理；推行网上采购；进行工程项目政府采购试点，有效运用市场机制优化政府支出。全年共为行政事业单位采购货物、工程和劳务3920.4万元，节约资金437.4万元，节约率为10.04％。二是在市属国有企业全面实施会计委派制。在总结会计委派试点经验和广泛征求意见的基础上，对《南宁市国有企业会计委派管理办法(试行)》进行了修改。采取企业推荐、个人自荐、社会公开招聘的方式，考核选拔了一批素质较高的会计人员，向72户企业委派了75名会计负责人，向20户企业委派了18 名专兼职财务总监。 到1999年底，我市实行会计委派的企业已达89个，占国有企业总数的59.73％，委派会计人员110名，占国有企业会计人员总数的6.15％。同时通过建章立制，使委派会计和财务总监的管理逐步走上制度化、规范化的轨道。实践证明，实行会计委派制，可以促进企业会计基础规范化工作，加强企业成本核算和财务管理，提高会计信息的质量。三是巩固和完善工程预决算审核制度，强化基建财务管理和投资监控，理顺项目审核程序。全年共审核工程项目332项，项目报审额44900万元，净核减额7748万元，核减率17.26％。初步控制了“预算超概算，决算超预算”、工程建设资金监控不力的问题，在规范管理、堵塞漏洞、提高效益方面取得显著成效。四是全面清理整顿财政周转金。对历年的财政周转金进行全面清理核实，实施信贷资产保全，加大财政周转金清收力度，全年共收回财政周转金本金11308万元，收回资金占用费1560万元。

3、积极支持以国有企业改革整顿为重点的各项改革。做好企业办学的分离和接收工作；筛选和推荐产品结构调整项目，得到自治区800万元工业结构调整资金的支持，同时安排资金支持我市重点产业项目凤凰纸业和益宾摩托车的建设和生产；主动协调银行和企业，支持企业“债转股”，落实企业增资减债和各项财政税收政策，调整企业资产负债结构，减轻企业负担；帮助粮食企业压缩库存，解决生产经营中的困难和问题，继续推进我市粮食流通体制改革；积极筹措和安排好专项资金，确保国有企业下岗职工基本生活费、破产企业职工生活费、国有企业离退休人员养老金的及时足额发放；积极参与职工基本医疗保险制度改革，充分利用财政杠杆，引导卫生资源的合理流向，推进卫生医疗事业改革。

4、加大组织收入力度，保证预算完成。面对财政经济出现的前所未有的困难局面，财政、税务、国库加强联系和协调，密切关注收入进度情况，及时分析税源变化及存在问题，共同商讨税收征管的措施，明确目标，抓紧落实。国税部门一方面采取控制发票掌握税款回笼等多种措施加强日常征管，另一方面加强清欠和稽查，尽可能做到当年不欠，旧欠逐步减少。地税部门根据政策性减收因素多、零星税收多的特点，加强征管力量，既抓重点大户，也抓中小散户，堵塞收入漏洞，弥补减收缺口。财政部门认真清理各项越权减免税政策和收入混库，主动与土地、房产等部门配合协作，做好按新条例开征契税的工作。共同确保当年预算的完成。

5、强化基础管理，坚持依法行政、依法理财。以公、检、法单位为试点的综合财政预算管理取得一定成效；完善预算外资金收支两条线管理，新增委托银行托收预算外资金单位77户，逐步实现预算外资金委托银行划转的管理模式；将企业基本养老保险基金纳入财政专户，实行收支两条线管理；加强财政负债的管理，积极防范财政风险。与此同时，还进一步加大了财政执法监督检查力度，开展了税收执法检查，纠正了违规涉税文件；对住房资金、养老保险基金、失业保险基金及我市部分重点工程进行了专项检查；组织了对社会中介机构审计的国有企业年度会计报表的抽查；加强了日常资金的跟踪问效；结合会计证年检，开展会计依法建帐登记，继续做好会计基础规范化工作。对遏制经济犯罪，整顿财经秩序，规范税收执法行为，堵塞财政收支漏洞，提高资金的使用效益起到了重要作用。

在肯定成绩的同时，我们也认识到，在预算执行中，还存在一些不容忽视的矛盾和问题，主要是：我市经济结构和产品结构调整进度缓慢，经济运行质量不高，国有企业生产经营困难的局面没有得到根本改变，农业增产不增收；财源基础薄弱，支柱财源优势不明显，财政增收后劲不足；财政支出结构不尽合理，对社会公共项目的保障程度还不够高。对于这些困难和问题，我们将在今后的工作中，通过加大财税改革力度，加强财政职能逐步加以解决。

二、2000年预算草案

2000年是机遇与挑战并存的一年。一方面，随着中国最终加入世贸组织，我市将更广泛地参与世界各国间的经济技术交流，为扩大出口和利用外资、加快经济结构调整带来前所未有的机遇；同时，国家为实现宏观调控的预期目标，将继续实行积极的财政政策，并与相应的货币政策协调配合，拉动消费、投资和出口；国有企业改革整顿力度加大，大部分国有大中型企业将逐步走出困境；我市近年来重点发展的财源建设项目开始产生效益，将为南宁市经济发展和财政增收提供有利条件。另一方面，以我市现有的经济技术实力参与国际竞争，所面临的压力和挑战不言而喻；经济结构调整需要一个过程，国有企业从根本上摆脱困境不可能一蹴而就；国家为支持经济发展，调整税收政策，减免部分税收，将直接减少财政收入；工商税收在连年大力清欠后，已基本不存在超常增长的空间；为保证调整收入分配政策的落实，支持生态环境建设、环保治理、科教兴市战略、粮食流通体制改革、国有企业改革整顿、调整产业结构和完善社会保障制度以及政府历年外债开始还本付息等，需要确保的重点支出范围之广和各项资金需求数额之大，使财政收支矛盾非常突出，压力也将是前所未有的。

基于上述对2000年财政经济形势的基本估价，编制2000年预算的指导思想是：以邓小平理论和党的基本路线为指导，认真贯彻党的十五大、十五届三中、四中全会以及中央经济工作会议、市委八届九次全会精神，继续实行积极的财政政策；大力支持经济结构调整，稳定和加强农业，支持国有企业改革整顿，促进个体私营经济的发展，壮大财源基础；加强税收征管，坚持依法征税，努力增加财政收入；调整财政支出结构，压缩一般性开支，确保工资发放、支农、扶贫、实施科教兴国战略以及保持社会稳定等重点支出的需要；加快社会保障体系建设；完善税制，规范收费管理及其他各项改革，促进国民经济持续、快速、健康发展。根据上述指导思想以及我市初步制定的2000年国民经济和社会发展计划草案，全市及市本级2000年预算草案如下：

（一）2000年全市预算草案

2000年全市财政收入计划安排297129万元，比上年增长10％左右。其中：上划中央收入130484万元，增长8.14％；地方财政收入166645万元，增长11.5％。

全市地方财政总收入计划安排216966万元（不含上划中央收入），财政总支出计划安排（不含自治区专项拨款支出和上年结转支出，以下同）216966万元，收支平衡。

在全市地方财政总收入中，当年地方财政收入166645万元，比上年（预算执行数，以下同）增加17192万元，增长11.5％。自治区财政补助收入50321万元。

在全市当年地方财政收入中，主要项目的安排情况是：(1) 工商税收121910 万元，比上年增加11056万元，增长9.97％。(2) 农牧业税和耕地占用税14022万元，比上年增加1771万元，增长14.46％。(3) 企业所得税14002万元，比上年增加816万元，增长6.19％。(4) 国有资产经营收益400万元，比上年减少6万元，下降1.48％。(5) 国有企业计划亏损补贴（直接冲减收入）2800万元，比上年减少补贴797万元，下降22.16％。(6) 其他收入2017万元，比上年增加54万元，增长2.75％。(7) 罚没收入7376万元，比上年增加1205万元，增长19.53％。(8) 行政性收费收入3990万元，比上年减少592万元，下降12.92％。(9) 专项收入8806万元，比上年增加 2204万元，增长33.38％。(10) 企业所得税退税（直接冲减收入）3078万元，比上年增加113万元，增长3.81％。

在全市财政总支出中，当年财政支出167467万元，比上年（年初预算数，下同）增加24721万元，增长17.32％，上解自治区财政支出49499万元。

全市当年财政支出主要项目的安排情况是：(1) 建设性支出22637万元，比上年增加2667万元，增长13.36％。其中：基本建设支出6924万元，比上年增加824万元，增长13.51％；企业挖潜改造资金7480万元，比上年减少190万元，下降2.48％；科技三项费用2365万元，比上年增加1037万元，增长78.09％；支援农村生产支出4708万元，比上年增加 816万元，增长20.97％；农业综合开发支出1160万元，比上年增加180万元，增长18.37％。(2) 事业行政经费支出101392万元，比上年增加18708万元，增长22.63％。其中：农林水利气象等部门事业费3329万元，比上年增加521万元，增长18.55％；文体广播事业费 8162 万元，比上年增加2461万元，增长43.17％；教育事业费26175万元，比上年增加3503万元，增长15.45％；科学事业费988万元，比上年增加107万元，增长12.15％；卫生经费13008万元，比上年增加3063万元，增长30.80％；税务等部门的事业费6167万元，比上年增加1128万元，增长22.39％；抚恤和社会福利救济费2627万元，比上年增加724万元，增长38.05％；社会保障补助支出1107万元，比上年增加333万元，增长43.02％；行政管理费16249万元，比上年增加1855万元，增长12.89％；公检法司支出12584万元，比上年增加2171万元，增长20.85％；(3) 城市维护费 13027万元，比上年增加918万元，增长7.58％。(4) 政策性补贴支出3057万元，比上年增加239万元，增长8.48％。(5) 其他支出13863万元，比上年增加794万元，增长6.08％。(6) 支援不发达地区支出449万元，比上年增加119万元，增长36.06％。(7) 专项支出10274万元，比上年增加 1124万元，增长12.28％。(8) 总预备费2768万元，比上年增加152万元，增长5.81％。

以上报告的全市预算草案是根据县区财政初步安排汇总编成，县区预算尚未经本级人大批准。各级人大批准后如有变动，我们再将变动情况汇总报市人大常委会备案。

(二)2000年市本级预算草案

2000年市本级地方财政总收入(不含自治区专项补助收入及上年结余收入)计划安排156004万元,财政总支出(不含自治区专项补助支出和上年结转支出,以下同)计划安排156004万元,收支平衡。

在市本级地方财政总收入中,当年地方财政收入83403万元,比上年(预算执行数,以下同)增加8602万元,增长11.5%。自治区财政补助收入50321万元。下级财政上解收入22280万元。

市本级当年地方财政收入主要项目的安排情况是:(1)工商税收71961万元,比上年增加5443万元,增长8.18%。(2)农牧业税和耕地占用税1600万元,比上年增加291万元,增长22.23%。(3)企业所得税6845万元,比上年增加141万元,增长2.10%。(4)国有企业计划亏损补贴(直接冲减收入)2800万元,比上年减少补贴数787万元,下降21.94%。(5)企业所得税退税(直接冲减收入)3078万元,比上年增加退税140万元,增长4.77%。(6)专项收入5700万元,比上年增加1702万元,增长42.57%。(7)罚没收入3055万元,比上年增加443万元,增长16.96%。

在市本级财政总支出中,当年财政支出85709万元,比上年(年初预算数,以下同)增加12303万元,增长16.76%;上解自治区财政支出49499万元;补助下级财政支出20796万元。

市本级当年财政支出主要项目的安排情况是:(1)建设性支出15060万元,比上年增加1499万元,增长11.05%。其中:基本建设支出4500万元,比上年增加500万元,增长12.5%;企业挖潜改造资金5800万元,与上年持平;科技三项费用1000万元,比上年增加259万元,增长34.95%;支援农村生产支出3110万元,比上年增加590万元,增长23.41%;农业综合开发支出650万元,比上年增加150万元,增长30%。(2)事业行政经费支出45408万元,比上年增加9415万元,增长26.16%。其中:农林水利气象等部门事业费1425万元,比上年增加181万元,增长14.55%;文体广播事业费6362万元,比上年增加2369万元,增长59.33%;教育事业费6755万元,比上年增加614万元,增长10%;科学事业费853万元,比上年增加78万元,增长10.06%;卫生经费9109万元,比上年增加2809万元,增长44.59%;税务等部门的事业费1585万元,比上年增加361万元,增长29.49%;抚恤和社会福利救济1570万元,比上年增加391万元,增长33.16%;社会保障补助支出914万元,比上年增加196万元,增长27.3%;行政管理费6020万元,比上年增加590万元,增长10.87%;公检法司支出5900万元,比上年增加1151万元,增长24.24%;(3)城市维护费9000万元,比上年增加420万元,增长4.9%。(4)政策性补贴支出1831万元,比上年减少169万元,下降8.45%。(5)其他支出5380万元,比上年减少192万元,下降3.45%。(6)支援不发达地区支出330万元,比上年增加30万元,增长10%。(7)专项支出7700万元,比上年增加1300万元,增长20.31%。(8)总预备费1000万元,与上年持平。

2000年市本级预算草案主要依据财政收入的增长与国内生产总值的增长相适应,继续提高财政收入占国内生产总值比重的要求和我市2000年国民经济和社会发展计划编制而成。预算中既考虑了经济发展、税制完善、部分税收优惠政策到期恢复征税和加强收支两条线管理的增收因素,也适当考虑了税收政策调整、税源变化、欠税减少等客观上的减收因素,收入打得比较积极。支出安排上,按照全国、全区财政工作会议调整和优化支出结构,逐步建立公共财政体制框架,提高公共支出保障程度的要求,重点安排以下几个方面的支出:(1)继续执行中发〔1999〕12号文件,确保一系列调整收入分配政策所需资金的落实。(2)保证农业、教育、科技支出按法定比例增长;继续增加水利建设投资,支持生态环境建设;保证国家确定的各项粮食政策性补贴财政配套资金的落实。(3)足额安排国有企业下岗职工基本生活保障费财政负担部分(包括三分之一部分和财政兜底部分)的资金。(4)保证政法机关不再经商后,其履行职能必要的经费。(5)保证取消行政事业性收费的部门和社会保障经办机构履行职能所必需的经费开支。(6)支持企业技术改造,按政策要求安排企业技改贷款财政贴息和兑现税收优惠政策的资金。(7)量力而行安排偿债资金。此外,其他方面的支出原则上从紧安排。同时,进一步压缩竞争性和经营性领域的支出,积极推进事业单位机构改革,逐步减少对事业单位的财政开支;继续实行政府采购和工程预决算审核制度,节约财政支出;扩大综合财政预算的履盖面,加强行政事业性收费和基金管理,强化分级预算管理体制,逐步增加政府统筹财力。

三、积极发挥财政的职能作用,确保2000年预算的完成

2000年是“九五”计划的最后一年,也是改革攻坚和国有企业实现“三年两目标”的决战之年。做好今年的财政工作,对于保持国民经济持续稳定健康发展,全面实现现代化建设第二步战略目标,初步建立起与社会主义市场经济体制相适应的财政体制,具有非常重

要的意义。为此,今年要突出抓好以下几项工作:

(一)贯彻落实积极的财政政策,扩大内需,推进经济结构调整,促进产业优化升级,提高财源建设质量

中央经济工作会议和全国财政工作会议已经决定,今年继续实行积极的财政政策,并把经济结构调整提到了工作重中之重的位置。我们要在继续抓好在建基础设施项目的资金落实和监督管理的同时,树立风险意识,在财政承受能力范围内,做好国债转贷基础设施项目和企业技术改造项目的选项、可行性研究和立项申报,争取更多的国债资金支持我市经济发展。与此同时,要以国家产业政策为指导,以经济可持续发展为目标,把积极的财政政策与经济结构调整结合起来,按照"加强第一产业,提高第二产业,发展第三产业"的思路,积极支持我市产业结构、产品结构、组织结构调整,促进经济持续、快速、健康发展。

1、加强第一产业。要贯彻落实"1234610"工作思路,以实现农民和财政"双增收"为目标,继续多渠道筹集资金,加大对农业的投入。调整资金投向,全力支持农业结构调整,稳定提高农业综合生产能力;支持农业科技开发和推广,以点带面,发展优质高效农业;通过运用粮食储备和顺价销售政策,调整粮食种植结构,优化品质;支持农业产业化龙头企业和乡镇企业的发展,鼓励农副产品深加工和走种养加相结合的道路,提高农业经济效益;支持农产品流通市场建设,搞活农产品流通;加大开发式扶贫、科技扶贫和生态扶贫力度,改善贫困村群众的生产生活条件;逐步建立支农资金的引导机制,实行以奖代补、财政贴息等投资方式,引导信贷资金、社会资金和农民个人资金的投向。

2、提高第二产业。一是以实现大多数国有企业三年脱困为目标,继续支持国有企业改革整顿,促进企业转换经营机制和扭亏增盈。逐步分离企业办社会,落实企业增资减债政策,继续清乱减负,减轻企业负担;做好三条社会保障线的衔接工作,通过财政支出结构的调整,增加社会保障支出,完善社会保障基金财政专户和收支两条线管理,继续搞好"两个确保",推进职工医疗保险制度改革,为国有企业改革创造良好的外部环境。二是坚持"抓大放小",按照十五届四中全会关于"实现公有制与市场经济的有效结合,最重要的是使国有企业形成适应市场经济要求的管理体制和经营机制"的精神和搞好国有企业改革与发展的十条基本指导方针,坚持以市场为导向,确定财政政策的重点,择优扶强,支持企业战略性改组。集中力量扶持主导产业和重点企业上规模、上档次;积极支持一批有实力、发展前景好的企业上市融资,鼓励国有企业进行资产重组和产权制度改革;对长期依赖财政补贴、资源枯竭又没有发展前途的亏损企业,坚决改变补贴方式,以项目开发援助代替救济补贴,促进企业调整结构;从实际出发,采取多种形式放开搞活小企业,鼓励各种所有制的企业兼并、参股、收购国有中小企业,支持混合所有制经济、个体、私营、外资等非公有制经济发展。三是继续支持国有企业技术改造。采取贴息和税收返还政策,鼓励企业增加技术改造投入,同时,安排企业挖潜改造资金5800万元、科技三项经费1000万元,加大技术创新和科研开发力度,促进企业开发科技含量高、适应市场需求的新产品,提高企业竞争力。四是落实财政、税收扶持政策,运用财政杠杆引导资源配置,支持高科技企业的发展和科技创新机制的建立;把科研机构推向市场,实现产、学、研一体化,加速科技成果转化为现实生产力。

3、发展第三产业。开拓第三产业发展的新领域,促进第三产业从传统向现代升级。通过财政政策引导,加快信息产业的发展;充分利用特色资源、人文资源发展旅游产业,调整旅游产品结构,结合开发国际航线,逐步形成桂南旅游区的辐射核心,吸引国内、外游客;依托西南出海通道的区位优势,搭好文化台,唱好经贸戏,大力发展具有本地特色的大型专业市场,拓展商贸流通,培育完善的市场服务体系,提高第三产业的整体水平,增加财政收入。

(二)深化和完善财政体制改革

1、推进预算管理制度改革。(1)按分级预算管理的要求,严格划分市、县、区的事权和财权,逐步解决城区收入交叉问题。(2)探索细化预算编制的办法,推行部门预算。今年要研究改进2001年预算编制方法的具体方案,选择部分单位进行编制部门预算试点,细化预算收支科目,改变目前预算管理中存在的预算编制简单粗糙、透明度低、准确性差、执行过程中调整过多的问题,强化预算的权威性、严肃性和可监督性,提高预算资金的使用效益。同时,要制定科学的定员定额标准,对预算单位进行清产核资,建立预算基础数据库,为细化预算编制做好基础性工作。(3)做好国库单一账户制度改革的试点工作,加强资金的统一调度和管理。今年先进行集中支付政府采购资金和集中发放工资、离退休费改革。(4)配合预算编制的改革,推行综合财政预算管理,统筹运用预算内外综合财力。

2、巩固和扩大"四项改革"成果。(1)加大会计委派制的实施力度,妥善解决好委派会计的劳保、人事、福利、奖惩问题,保障委派会计的合法权益,扩大范围,巩固队伍;通过建章立制,加强对委派会计的管理和指导,强化职责,规范管理,使委派会计的实效充分发挥出来。(2)进一步扩大政府采购规模,建立与国际惯例相衔接的符合市场经济规范和公共财政框架要求的政府采购运作规则，力争把占财政支出最大份额的政府工程包括大宗主要原材料纳入政府采购；与国库单一帐户制度改革相结合，建立政府采购的有效制约机制，实行规范化管理。⑶完善建设工程预决算管理制度。严格项目送审制度，进一步规范基建财务管理，加强对基建项目可行性研究、立项、预算、招投标、项目建设、决算全过程的监督审核，提高投资效益。⑷完善收支两条线制度，全面推行“罚缴分离、票款分离”和“单位开票、银行代收、财政统管”的管理办法，逐步将我市专业收费所和单位代收代缴的收费方式过渡到全部委托银行代收；加强收费稽查和源头治理，提高工作效率。

3、改革财政投融资体制。做好财政周转金的清理整顿；加强财政周转金信贷资产的后续管理以及财政各种专项资金的投资管理，实行委托银行发放财政专项资金贷款；在投资方式上逐步减少对竞争性领域的直接投资，通过风险投资、贷款担保、贴息的方式，引导社会资金、企业资金的投向，重点支持企业技术更新和产品创新，支持基础设施建设，促进经济发展；同时加强外债监管，扩大招商引资。

（三）依法理财治税，保证财政收入稳定增长，调整优化支出结构，加快建立公共财政体制框架的步伐

完成和超额完成今年的财政收入任务，对于顺利实施积极财政政策、保证改革和发展的重点支出需要、促进经济快速发展尤为重要。我们要坚决贯彻“加强征管，堵塞漏洞，惩治腐败，清理欠税”的十六字方针，严格税收法规，依法治税，严厉打击偷、逃、骗税行为，严禁越权减免和变通税法，清理和压缩欠税；改进和强化税收征管手段，健全企业纳税情况新闻公开制度，堵塞漏洞，做到应收尽收；做好“费改税”和遗产税开征的前期工作；加强非税收入的征收，完善行政性收费和罚没收入“收支两条线”管理，加强票据稽核。

加大财政支出结构调整力度，逐步建立公共财政体制框架。进一步规范财政资金供给范围，逐步解决财政供养人口过多、对一些经营性的事业单位包揽过多、不合理的补贴和投资过多等问题。抓住机构改革的有利时机，做好定编定岗工作，清理超编人员，严格控制人员经费的过快增长。加快事业单位财政支出改革步伐，在区分事业单位“公益性”和“经营性”的前提下，兼顾其组织收入的条件和能力，减拨部分事业单位经费，逐步规范财政支出范围和支出秩序。要转变财政支持经济发展的方式，把有限的资金用在刀刃上，努力保障国家政权建设、科技、教育、社保、农业、生态等重点领域和项目支出需要。

（四）加强财政监督管理，推进依法行政和依法理财

财政监督要切实转变那些已不适应依法行政的思维定式、工作习惯和工作方法，建立起涵盖财政收支全过程、体现财政特色的全方位的财政监督机制，不断提高依法行政的水平。要在加强日常监督的同时，做好对国债转贷项目、重点工程项目、社会保障基金、公检法支出、科学、教育支出、救灾捐款、预算外资金收支两条线执行情况和重点经费等专项财务检查，规范支出秩序。要强化会计监督，做好《会计法》的宣传培训，不断完善以《会计法》为中心的会计法规体系，明确责任，把会计监督落到实处；帮助企业完善财务制度和内部控制制度，抓好成本管理和资金管理，规范企业经济行为，真实反映企业经营状况。加强脱钩改制后会计师事务所的监督和管理，抓好注册会计师队伍建设，认真做好经济鉴证类社会中介机构的清理整顿。要依法加大对违纪事件的处理力度，把处理人与处理事、行政处理与法律处理、内部通报和新闻曝光结合起来，使财政监督真正起到权威和震慑作用。

（五）研究制定“十五”财政发展规划

“十五”财政发展规划是我市进入新世纪后实施的财政发展第一个五年计划，认真研究制定好符合南宁市实际的“十五”财政发展规划，对实施现代化建设第三步战略部署，不断开创财政工作新局面将起到总揽全局的指导作用。我们将组织专门力量，认真研究分析全市财源、经济和社会发展情况，按照建立稳固、平稳的国家财政和构筑公共财政基本框架的要求，坚持用发展的眼光，积极地、实事求是地编制与我市经济和社会发展相适应的滚动式发展的财政发展规划。

各位代表，我市改革与发展正处在承上启下的关键时刻，让我们紧密地团结在以江泽民同志为核心的党中央周围，高举邓小平理论的伟大旗帜，以党的十五大精神为指导，认真贯彻落实市委的各项工作部署，抓住机遇，开拓进取，同心协力，迎难而上，为完成我市2000年预算而努力奋斗。

南宁市统计局一九九九年国民经济和社会发展的统计公报

2000年2月28日

1999年，面对复杂的国内外经济环境，南宁市各族人民在市委、市政府的领导下，认真贯彻落实党的十五大和十五届三中、四中全会精神，以经济建设为中心，解放思想，开拓进取，扎实苦干，克服重重困难，深化各项改革，开创了改革开放和现代化建设的新局面。初步统计，全年国内生产总值达273.35亿元，比上年增长10.1%。其中第一产业增长8.4%，第二产业增长8.6%，第三产业增长12%。全年社会劳动生产率16837元，比上年增长8.46%。国民经济总体继续在适度、快速增长区间内健康运行，改革和发展的各项目标基本实现。国民经济和社会发展中存在的主要问题是：经济结构矛盾突出，支柱产业优势不明显，经济总体运行质量不高；企业经济效益仍不理想，部分企业生产经营困难；固定资产投资增速缓慢，增长后劲不足；城乡居民收入缓慢，部分群众生活仍比较困难，下岗职工基本生活保障和社会就业压力较大。

一、第一产业

1999年，全市各级政府继续加大对农业的投入，克服严重干旱等不良自然灾害的影响，大力引进和推广农业高产综合配套技术，稳妥调整产业和产品结构，农业综合生产能力进一步增强，农业生产在调整中稳步发展。主要农产品产量中，粮食、甘蔗产量因面积减少而减产，水果、蔬菜等产量均有较大增长。全年实现农业增加值47.95亿元，比上年增长8.4%。主要农产品产量如下：

	计量单位	1999年	比上年十、-%
粮食	万吨	79.62	-2.25
#稻谷	万吨	63.82	-3.32
玉米	万吨	13.03	3.00
花生	万吨	4.37	2.33
甘蔗	万吨	337.30	-10.93
蔬菜	万吨	106.88	10.48
水果	万吨	48.60	22.72

畜牧业和水产养殖业生产稳定发展。肉、禽、蛋、鱼产量继续保持增长态势。主要畜牧、水产品产量如下：

	计量单位	1999年	比上年十、-%
肉类总产量	万吨	16.74	8.06
#猪牛羊肉	万吨	11.56	8.12
禽蛋产量	万吨	1.39	4.85
牛奶产量	万吨	0.62	-4.39
水产品产量	万吨	6.53	7.78
肉猪出栏数	万头	153.69	7.93
家禽出栏数	万只	2855.14	6.08
大牲畜年末存栏数	万头	34.16	-10.12
生猪年末存栏数	万头	119.30	-2.13
家禽年末存栏数	万只	1185.97	4.54

林业生产继续发展。全年完成荒山植树造林面积342公顷，比上年增长194.83%，幼林抚育面积26418公顷，增长4.55%。累计封山育林面积20917公顷，其中当年新封山育林面积17348公顷，森林覆盖率达36.23%，提前实现"九·五"绿化目标。

农业机械化程度进一步提高。年末农业机械总动力122.97万千瓦，比上年增长8.37%，其中农用排灌动力机械16.06万千瓦，增长13.84%。小型及手扶拖拉机3.59万台，增长1.09%。全年化肥施用量(折纯量)15.02万吨，下降6.01%。 农村用电量23550万千瓦小时，增长2.12%。农田水利建设进一步加强，全年除险加固水库36座，已完成30座，年末农田有效灌溉面积9.63万公顷，增长0.36%。

二、第二产业

1999年，全市第二产业在整顿调整中进一步稳定发展，全年增加值达83.64亿元，比上年增长8.6%。

工业：国有企业改革整顿、扭亏增盈和中小企业放开搞活工作力度加大，工业生产稳步增长。全市工业增加值达62.76亿元，比上年增长8.2%。乡及乡以上工业总产值144.09亿元，增长7.46%。其中国有企业工业产值73.07亿元，增长2.47%；集体企业工业产值38.73亿元，增长6.11%；股份制企业工业产值10.26亿元，增长35.93%；外商及港澳台商投资企业工业产值19.66亿元，增长15.04%。

工业经济效益逐渐向好的方向转变，但效益下滑势头仍未得到根本扭转。全年独立核算工业企业实现销售收入111.55亿元，比上年增长1.11%；实现利税总额10.37亿元，增长5.95%。亏损企业亏损额3.15亿元，比上年减亏20.4%。工业企业经济效益综合指数89.31%，比上年提高5.8个百分点。

在市场需求导向作用下，产品结构有所调整，工业产品产量有升有降。主要工业产品产量如下：

	计量单位	1999年	比上年十、-%
原煤	万吨	48.86	-38.06
发电量	万千瓦小时	43918.34	6.49
小型拖拉机	万台	8.59	10.63
水泥	万吨	214.82	18.20
平板玻璃	万重量箱	185.27	174.21
烧碱	万吨	6.12	3.82
化学农药	万吨	0.52	-10.14
机制糖	万吨	48.78	11.16
罐头	万吨	0.75	-13.60
卷烟	万箱	31.20	-5.45
啤酒	万吨	6.68	-16.64
味精	万吨	1.25	-14.17
淀粉	万吨	12.33	-4.58
表	万只	23.27	13.99
纱	万吨	1.50	-7.33
彩电	万部	0.41	-97.51
电风扇	万台	19.91	-15.26
服装	万件	374.49	58.47
合成纤维	万吨	1.19	131.56
混配合饲料	万吨	79.88	6.92
铝材	万吨	0.71	19.00
微型电子计算机	万部	1.17	165.56
摩托车	万辆	2.05	240.13

建筑业：建筑业继续发展。全年建筑业完成增加值20.88亿元，比上年增长10.57%。全员劳动生产率57397元/人，增长12.23%。建筑业单位工程施工个数2753个，房屋施工面积608.7万平方米，增长7.18%，房屋竣工面积257.4万平方米，增长51.23%，工程质量优良率达42.58%，比上年提高2.75个百分点。

三、第 三 产 业

随着改革的深化，经济建设步伐的加快，我市第三产业在国民经济中发挥越来越重要的作用，继续保持领先增长。全年实现增加值141.76亿元，比上年增长12%。

交通运输和邮电业：交通运输业发展平稳，邮电业继续保持较快增长速度。全年交通运输和邮电业增加值为23.59亿元，比上年增长14.2%。

交通基础设施不断改善，综合运输能力进一步加强。客货运输量如下：

	计量单位	1999年	比上年十、-%
货运量			
公路	万吨	2976	-4.98
水路	万吨	128	-3.76
民航	万吨	0.52	1.96
客运量			
公路	万人	4704	2.42
水路	万人	15	25.00
民航	万人	35.84	-4.09

邮电通信业保持较快发展。全年邮电业务总量12.77亿元，比上年增长13.69%。年末市话交换机容量达到46.4万门，新增4.5万门，增长10.74%；城市电话用户达32.6万户，新增5.69万户，增长21.1%；乡村电话用户2.45万户，新增6.7万户，增长27.7%；无线寻呼用户达27.4万户，增长3.41%；年末移动电话用户达17.58万户，新增4.99万户，增长39.74%；计算机互联网用户1.02万户，增长2.05倍。

国内贸易：1999年，全市商贸流通领域继续推进改革整顿，加强对全市流通行业的宏观管理，引导、促进生产与消费稳定增长。全年社会消费品零售总额达137.14亿元，比上年增长6.61%，扣除价格因素，实际增长11.18%。分城乡看，农村零售增长快于城市。城市消费品零售总额117.74亿元，增长4.75%，县及县以下消费品零售额19.40亿元，增长20.83%，其中农村消费品零售总额增长29.06%；分经济类型看，非国有经济仍保持较快增长势头。与上年同期比较，国有商业零售额增长2.41%，集体商业增长13.94%，私营商业增长72.37%，个体商业增长17.26%；分行业看，批发零售贸易业零售额84.51亿元，增长14.48%，餐饮业零售额18.15亿元，增长10.15%。

商品交易市场增加，集市贸易市场成交活跃。全年新建市场20个，全市共有10个成交额超亿元的大型集贸市场，全年城乡集市贸易成交额69.47亿元，比上年增长9.3%。

对外经济：由于亚洲金融危机余波的影响，1999年我市出口额继续下降。全年海关进出口总值5.71亿美元，其中出口4.01亿美元。市属进出口总额8486万美元，比上年下降17.57%。其中进口总值1676万美元，增长1.18倍；出口总值6810万美元，比上年下降28.52%。

投资环境继续改善，但利用外资仍是下降趋势。全年新签利用外资协议合同51个，合同协议外资额

24201万美元，比上年增长28.69%；实际利用外资10010万美元，比上年下降54.78%。

旅游业：我市旅游业在改革开放中稳定发展。全年共接待国内外旅游者人数799.5万人次，比上年增长7.23%。其中国外旅游者3.51万人次，比上年增长33.51%；国内旅游者796万人次，增长7.1%。全年旅游总收入40.79亿元，增长18.47%。

金融业：1999年全市金融业认真执行国家的信贷货币政策，积极拓宽融资渠道，调整信贷结构，为地方经济发展做出了积极贡献。年末金融机构各项存款余额526.82亿元，比年初增长17.82%。其中：企业存款余额235.03亿元，增长24.59%；城乡居民储蓄存款余额219.09亿元，增长9.46%。各种金融机构贷款余额427.28亿元，比年初增长23.11%。其中：短期贷款余额235.46亿元，增长21.27%；中长期贷款余额167.73亿元，增长27.09%。至年末止，全市共拥有金融机构营业网点685家。

保险业：保险事业稳定发展。全年保费收入5.93亿元，比上年增长11.35%。其中财产险保费收入2.43亿元，增长3.82%，寿险保费收入2.97亿元，增长15.53%；健康险和意外伤害险保费收入0.52亿元，增长28.39%。全年支付各类赔款1.48亿元。其中财产险赔付1.12亿元，寿险赔付0.19亿元，健康险和意外伤害险赔付0.16亿元。

科学技术：科技事业不断发展，科技与经济结合力度加大。1999年，全市科技立项重点支持工农业发展，遴选出了106项科技含量高、效益效果好的项目，项目总投资额达1.85亿元。全年科技三项经费投入1446万元，比上年增长19.6%，促进了科技创新工作的开展。全年被国家列为火炬计划的项目有4项，科技攻关项目1项；被自治区科技立项的项目有20项。全年共有24个项目通过技术鉴定，有4个项目获自治区级科技进步奖，有23个项目获得市级科技进步奖。全年共鉴定各类技术合同172项，成交金额1213万元，分别比上年增长156.72%和51.04%。

教育事业：教育事业充满活力，“两基”达标得到巩固和提高，高等教育管理体制改革逐步深入。年末，全市高等院校共有研究生培养单位6个，比上年增加2个，在校研究生926人，增长28.08%；普通高等院校13所，在校学生43339人，增长17.41%；成人高校9所，在校学生25894人，增长3.35%；各类中等专业学校48所，在校学生68744人，增长3.85%；职业学校在校学生16349人，下降5.1%；技工学校在校学生1.6万人，下降23.8%；普通中学在校学生19.44万人，增长5.63%，小学在校生31.28万人，下降6.43%。全市小学学龄儿童入学率达100%，小学生毕业升学率达99.2%，初中毕业升学率达63.5%（市区升学率达95%），在校学生体育达标率达96%。在各级政府和社会各界的关注和赞助下，乡、村办学条件进一步改善，企业和职工技术培训和转岗培训、成人中、高等教育、农村成人文化技术教育扎实有效地开展。

文化事业：文化事业繁荣兴旺，健康发展。我市首次成功的举办了’99南宁国际民歌艺术节，促进了文化的繁荣，推动了经贸、旅游的发展。我市文艺工作者文艺创作以精品为目标，实现了多项零的突破。其中歌曲《乡村社戏》获全国“五个一”工程奖，广西“五个一”工程奖；中篇电视剧《走过秋冬春夏》获中国电视金鹰奖、广西“五个一”工程奖；儿童文学《作家与女孩》获全国陈伯吹儿童奖；话剧小品《呼唤》获全国曹禺戏剧奖·小品小戏一等奖。1999年末，全市共有各类专业艺术表演团体13个，文化馆（站）59个。知识工程成效显著，我市荣获实施广西知识工程先进地市称号，市少儿图书馆荣获全国一级馆称号。年末，拥有县级以上公共图书馆6个，总藏书量2270千册（件），全市52个乡镇全部建立了图书馆。在大力开展健康向上、丰富多彩的群众性文化活动的同时，继续加强文化市场整顿，进一步净化了首府文化市场。

广播电视、报刊、新闻出版事业进一步发展。年末，全市拥有卫星地面接收站336个，广播人口覆盖率和电视人口覆盖率分别均达100%和95%，有线电视入网户达18.14万户，全年广播电台播送新闻4.79万多篇，电视台播送新闻6272多篇。全年出版报纸32633万份，各类杂志4270万册，图书20127万册。

卫生事业：1999年围绕创建全国卫生城，我市重点抓了健康教育、公共医疗、场所卫生、饮用水卫生、食品卫生和传染病防治等工作，卫生基础设施建设进一步加强，医务人员服务水平不断提高。年末，全市拥有各种卫生医疗机构738个，其中医院101个，比上年增加6个，共有医疗卫生病床11973张，比上年增加196张，卫生专业技术人员18177人，增加261人，其中医生8350人，增加81人。市二医院、红会医院分别获“全国百佳医院”和“全区十佳医院”称号，农村合作医疗覆盖率达91.16%。

医学科研、卫生防疫成效显著。医疗卫生科技工作获区、市科委立项32项，科技投入430万元，全年完成研究项目16项，获自治区科技进步三等奖1项，自治区医药卫生科技进步奖二等奖22项，三等奖2项，获市科技进步奖二等奖1项、三等奖6项。公民无偿献血意识增强，全年无偿献血30871人次，献血量598.17万毫升，临床使用全血100%来自无偿献血。

体育事业：体育事业再创佳绩。1999年我市运动员在国际比赛中，夺得金牌4枚、银牌3枚、铜牌1枚；在全国性比赛中夺得金牌19枚、银牌14枚、铜牌10枚；在全区性比赛中夺得金牌151枚、银牌115枚、铜牌184枚。成功地承办了首届亚洲城市举重锦标赛。竞技体育成绩喜人，全年共获3个世界锦标赛冠军，创我市历史最好成绩。群众性体育活动跃上新台阶，全年共开展各类群众体育活动5144次，端午节龙舟赛、市职工拔河比赛等群众性体育活动蓬勃开展。

四、固定资产投资

1999年，我市固定资产保持增长，重点项目建设进展顺利，全年固定资产投资额74.09亿元，比上年增长7.4%。其中基本建设投资额44.41亿元，增长9.17%；更新改造投资额11.79亿元，增长4.77%；房地产开发投资额13.37亿元，下降7.6%。

基础设施建设进一步加强，第一产业和第三产业投资比重增加。当年投资额中，用于第一产业投资额1.6亿元，增长48.49%，占比重由上年的1.56%上升为2.16%；用于第二产业投资额15.8亿元，增长1.08%，占比重由上年的22.15%下降为21.32%。其中工业投资为14.47亿元，增长3.51%；用于第三产业投资额56.7亿元，增长8.45%，占比重由上年的75.79%上升到76.52%。其中城市建设投资7.81亿元，增长4.79%，交通运输投资4.21亿元，增长30.68%。

重点建设项目进展顺利。全市23个重点建设项目，已完成投资额11.48亿元，一批重点项目竣工并投入使用。如南宁凤凰纸业公司10万吨纸浆项目已试产成功，琅东污水处理厂开始试运行，南铝二期年产3000吨铝锭项目竣工投产，民族大道三岸段和凤岭段峻工通车，年产3.4万吨甘蔗渣浆工程项目、陈村水厂二期日产10万吨水工程项目、城网、农网改造工程项目正式开工，邮政二枢纽工程建设加快。

五、城市建设与环境保护

1999年，我市城市基础设施建设进一步加强，城市综合服务功能日益完善。至年末，我市实有道路700公里，道路面积688万平方米，人均拥有道路面积7.16平方米。全年维修道路面积18.07万平方米，人行道维修5.8万平方米，疏通下水道128.34万米，维修井座2.77万井次，沙井清淤7.8万次，完成路灯维修1.93万盏次，新装路灯1388盏，立杆655杆。

城市建设成果显著。机场高速公路已完成路基建设；快速环道南站西路的排水、路基已完工；民族大道凤岭段、三岸段机动车道、亭洪路拓宽工程建成通车；琅东污水处理厂一期工程峻工；朝阳溪大坑口到十三中河道整治工程完工；燃气管理首期工程主干网顺利完工；北环道秀厢路中段、沙井大道、竹溪路南段、厢竹路北段、南站西路正按计划加紧施工。

城市公用事业全面发展。公交事业又有新发展，新购公共汽车103辆，新建公交候车停194座，年末公交汽车营运线路已达32条，比上年增加2条；新增营运车辆89台；年末拥有公交营运车辆529标台（辆），增长14.25%；全年客运量1.53亿人次；年末拥有大小出租汽车3741辆。全年液化石油气供气总量达3.61万吨，增长1.1%，城市气化率达91.04%，全市安全供气合格率达100%。全年自来水供水总量达2.58亿吨，水质综合合格率达99.8%。

绿化建设有新的进展。全年苗木生产187.5万株，生产盆花205.4万盒（袋）。城市园林绿地面积达3123公顷，人均公共绿地面积7.46平方米，建城区绿化覆盖率为31.12%。

环境保护工作进一步加强，城市环境综合整治和污染防治取得较大进展，环境质量不断改善。全年完成环境污染治理项目34个，治理项目总投资1855万元。市区共建成烟尘控制区6个，烟尘控制区面积79.61平方公里；市区环境噪音达标区7个，噪音达标区面积55.77平方公里。“三废”处理能力有所提高，工业废水处理率、工业废气处理率、工业固体废物综合利用率分别达到87.03%、90.13%、84.98%。环境保护再创佳绩，在全区率先实现汽油无铅化，工业污染源限期治理和邕江水源保护取得较大进展。

六、物　　价

市场价格总水平继续下降。全年城市商品零售价格水平比上年下降4.11%，城市居民消费价格水平比上年下降4.13%。

1999年各类价格指数（以上年为100%）

一、居民消费价格总指数	95.87
食品	95.80
#粮食	97.50
肉禽及其制品	92.50
油脂	89.00
蛋品	87.60
水产品	98.00
鲜菜	101.50
衣着	94.00
家庭设备及用品	97.00
医疗保健用品	100.80
交通和通讯工具	83.20
娱乐教育文化用品	96.50

居住	99.30
服务项目	101.40
二、商品零售价格总指数	95.89

七、人口与人民生活

人口增长继续得到有效控制。年末全市总人口285.87万人，比上年增长0.44%，其中市区人口131.36万人，增长0.42%。全市人口出生率11.62‰，比上年下降1.66个千分点。人口死亡率4.5‰，下降0.4个千分点。人口自然增长率7.12‰，下降1.26个千分点。

劳动就业工作有所加强。年末全市从业人员162.81万人，比上年增加9258人。其中城镇单位从业人员45.91万人，比上年末减少2.22万人，城镇单位从业人员中，在岗国有单位职工35.42万人，下降4.32%，在岗集体职工4.3万人，下降8.51%，在岗其他经济类型单位职工6.19万人，下降3.58%；城乡私营个体从业人员14.34万人，比上年末增加1.81万人。再就业工程继续取得进展，全年企业下岗职工1.57万人，已分流安置1.4万人，占下岗职工总数的89.17%，年末城镇登记失业率为3.12%。

居民实际收入增加。城市居民年人均可支配收入6847元，比上年增长4.21% 。消费结构继续发生变化，居民用于食品的支出有所下降，食品支出占消费性支出的比重（恩格尔系数）由上年的42.36%下降为37.50%，居民用于文娱、教育、旅游、通讯的支出增加，分别比上年增长31.50%、33.71%、22.99%、6.32%。大屏幕彩电、家用电脑、组合音响、影碟机等新一代耐用消费品已不断进入居民家庭。年末每百户城市居民家庭拥有摩托车55辆、家用电脑14.5台，而彩电、冰箱、洗衣机等主要家电产品每百户拥有量已接近或超过100台。农村居民人均纯收入2620元，比上年增长7.38%。

全年在岗职工工资总额32.9亿元，比上年增长3.6%，在岗职工平均工资　7906元，增长8.9%。

社会保障事业和社会福利事业继续发展。有3038个企业参加养老保险，国有企业投保率达98%，集体企业投保率达88%。15.6万职工参加了养老保险，19.8万职工参加了失业保险，5.25万离退休人员参加了离退休费社会统筹。年末全市共有社会福利院31个，床位1261张，收养738人。建立各种社区服务设施500个，其中社区服务中心3个。城乡各种社会救济对象得到社会保障救济的有13089人，国家抚恤、补助各类优抚对象782人。

注：1、本公报所列数据为快报数。

2、公报中国内生产总值、各产业的产值和增加值绝对数按现价计算，增长速度按可比价格计算。

第二部分　数据资料

一　统计图

年末总人口　（万人）

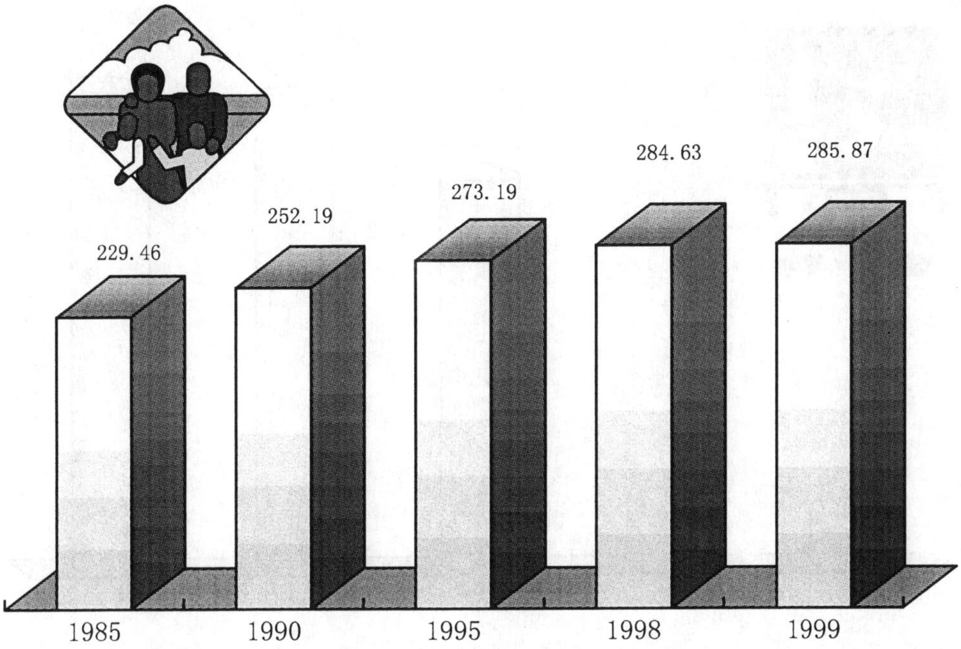

国内生产总值　（亿元）

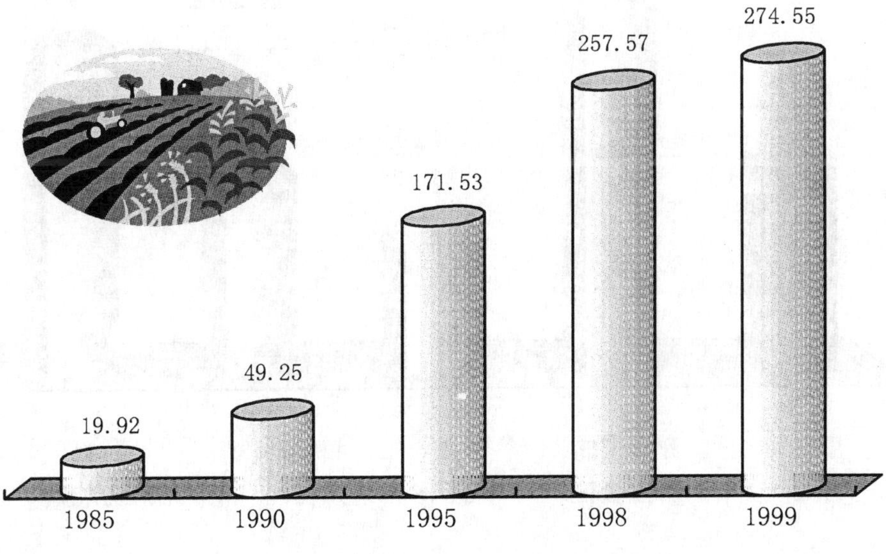

工业总产值 （亿元）

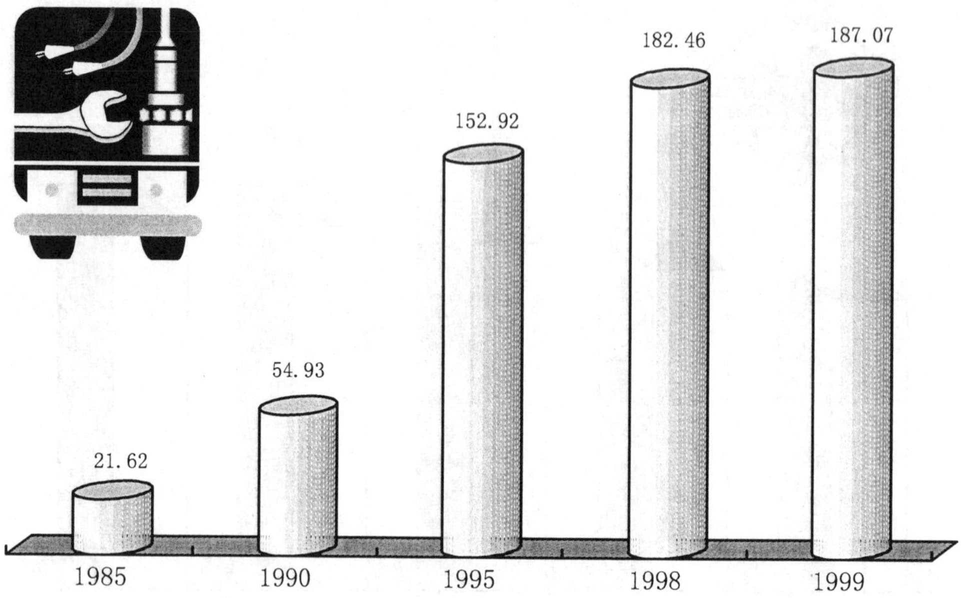

主要工业产品产量

（1999年）

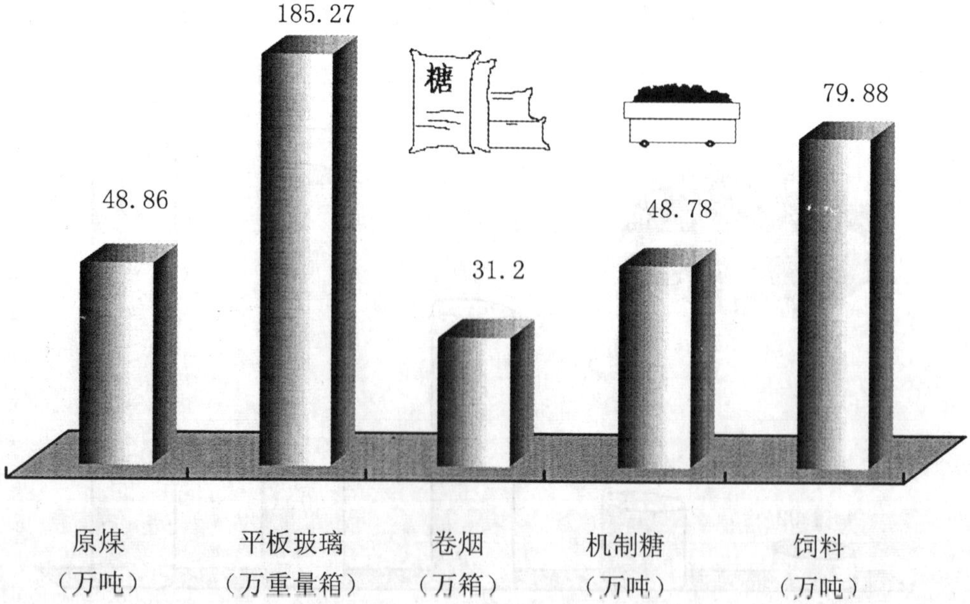

农业总产值

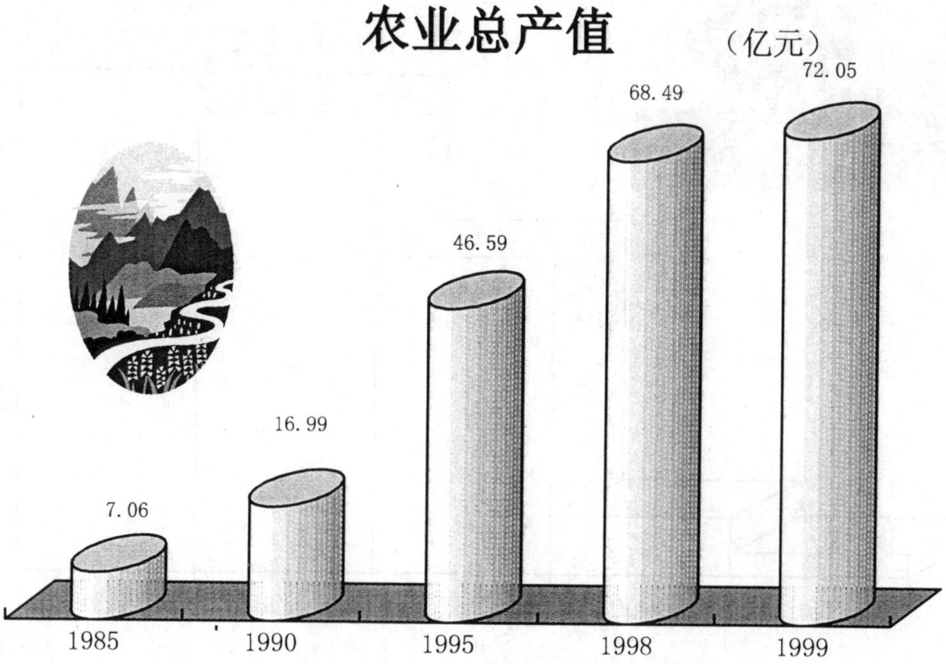

主要农业产品产量

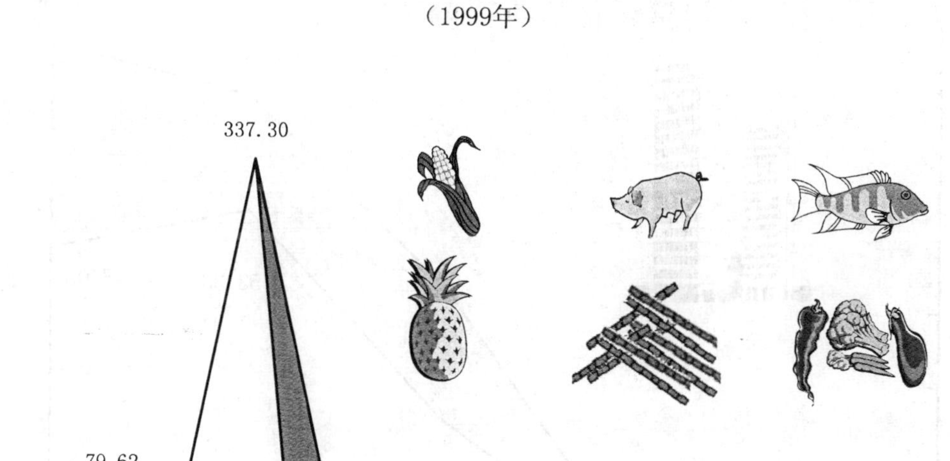

农村社会总产值 (亿元)

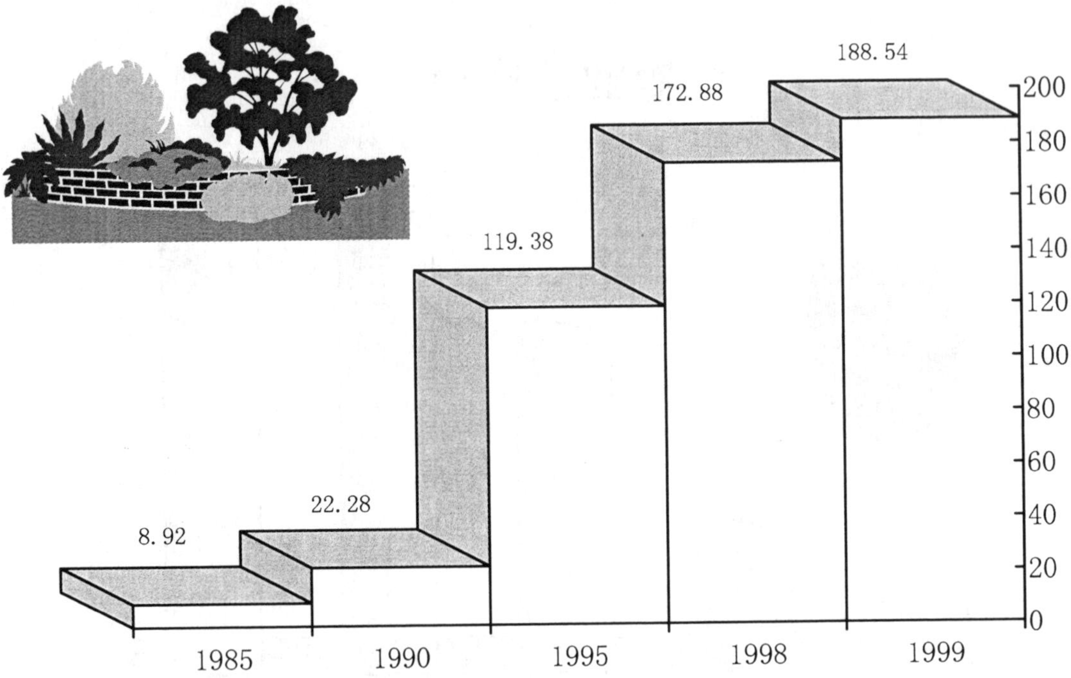

固定资产投资 (亿元)

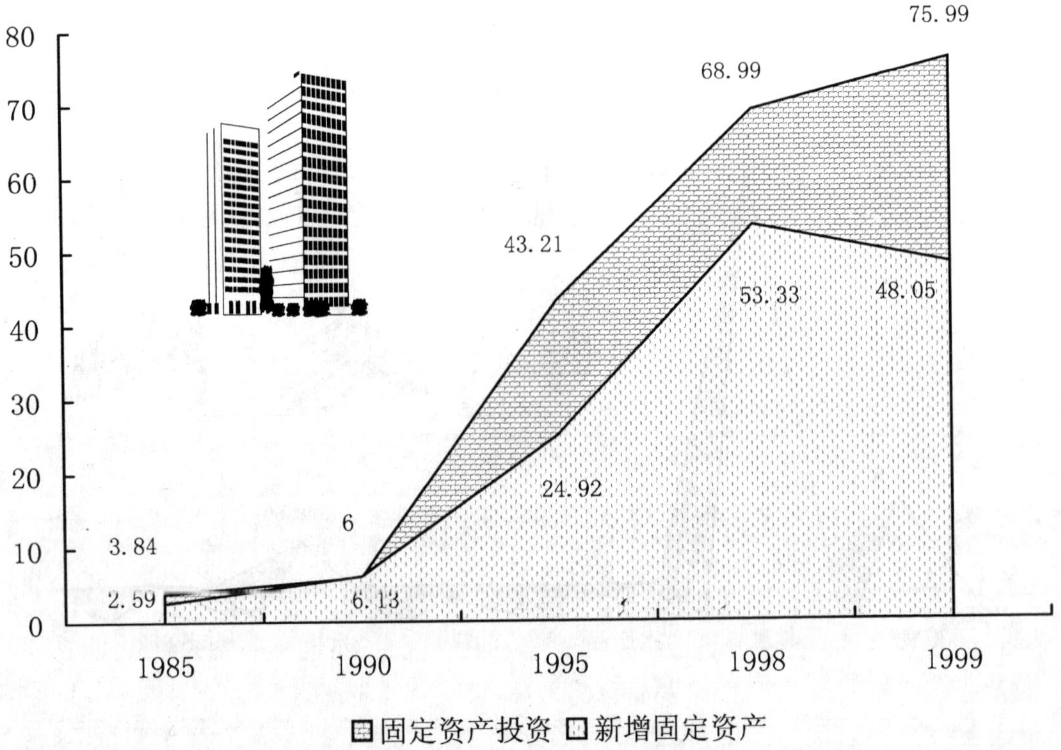

邮电业务总量　（万元）

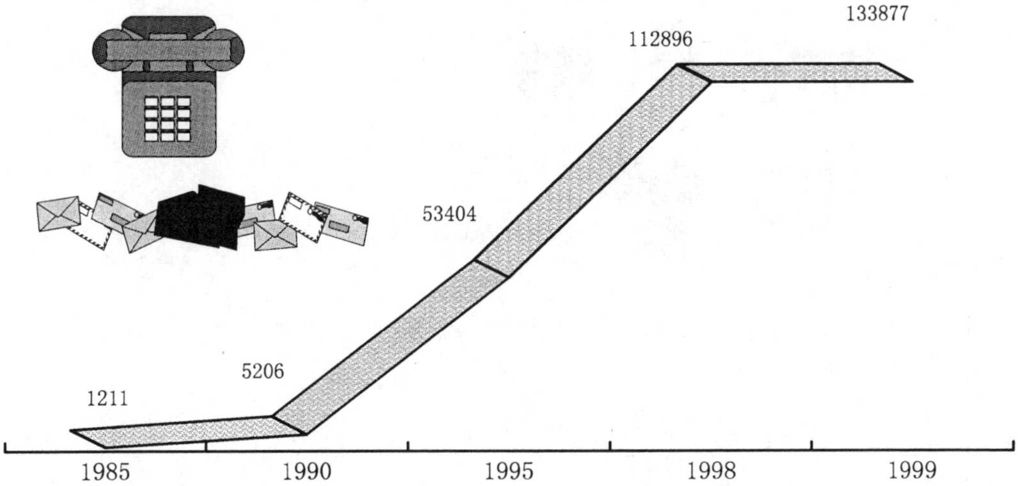

客运量、货运量　（万人、万吨）

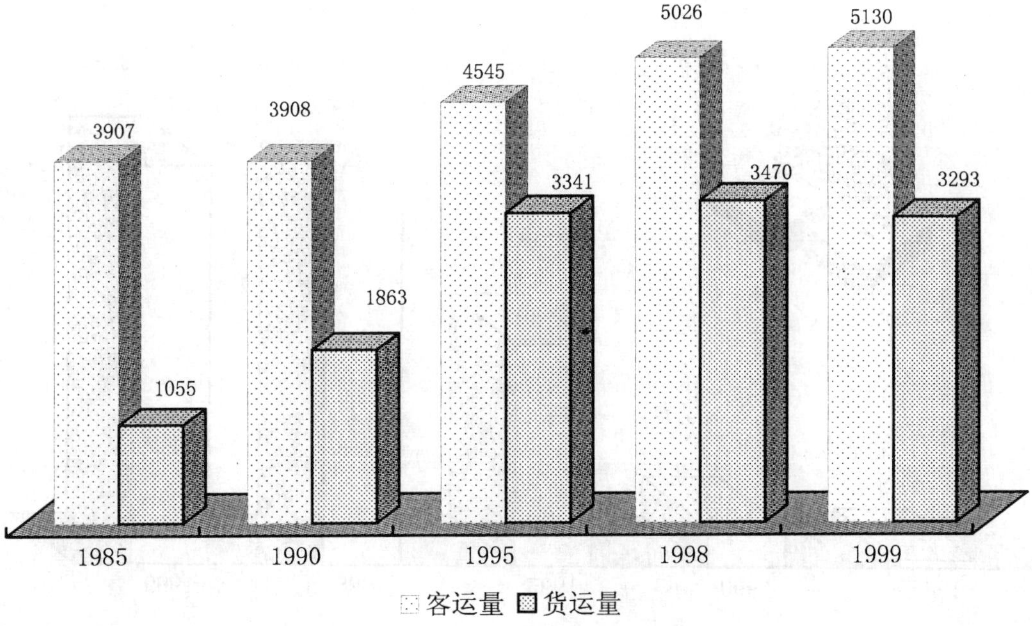

社会消费品零售总额　（亿元）

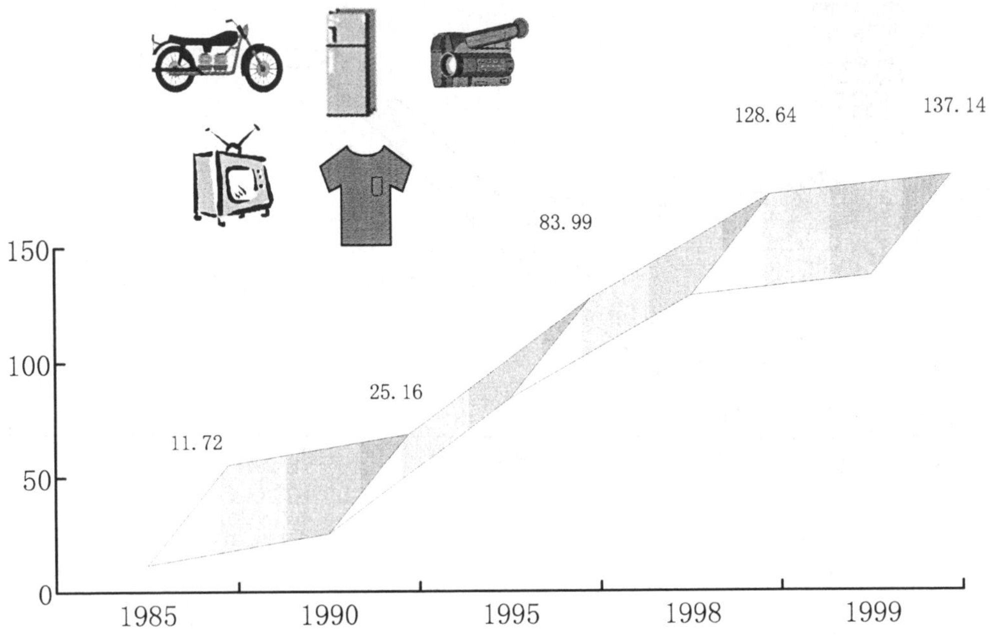

城乡居民储蓄存款余额　（亿元）

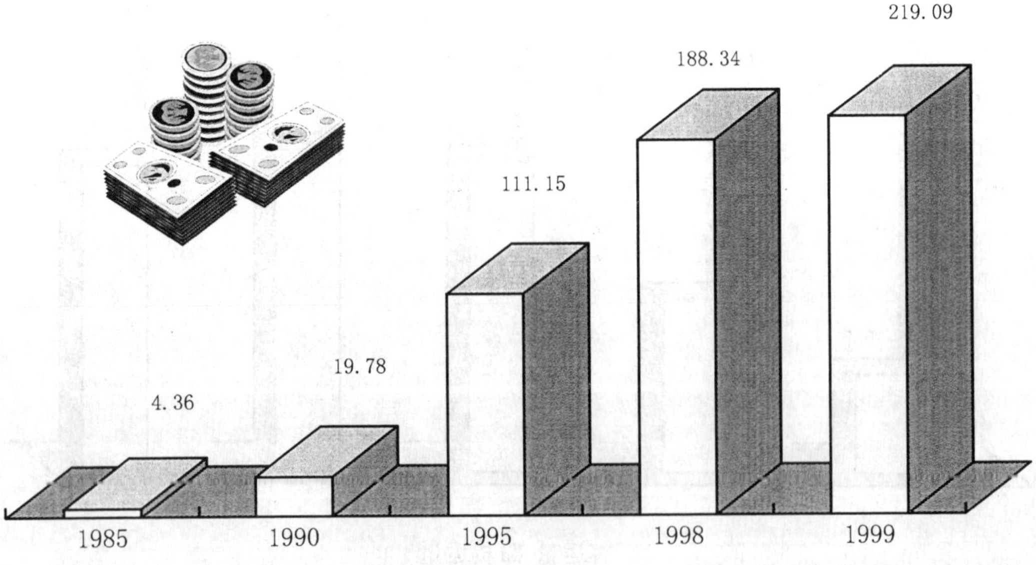

在校学生人数 (万人)

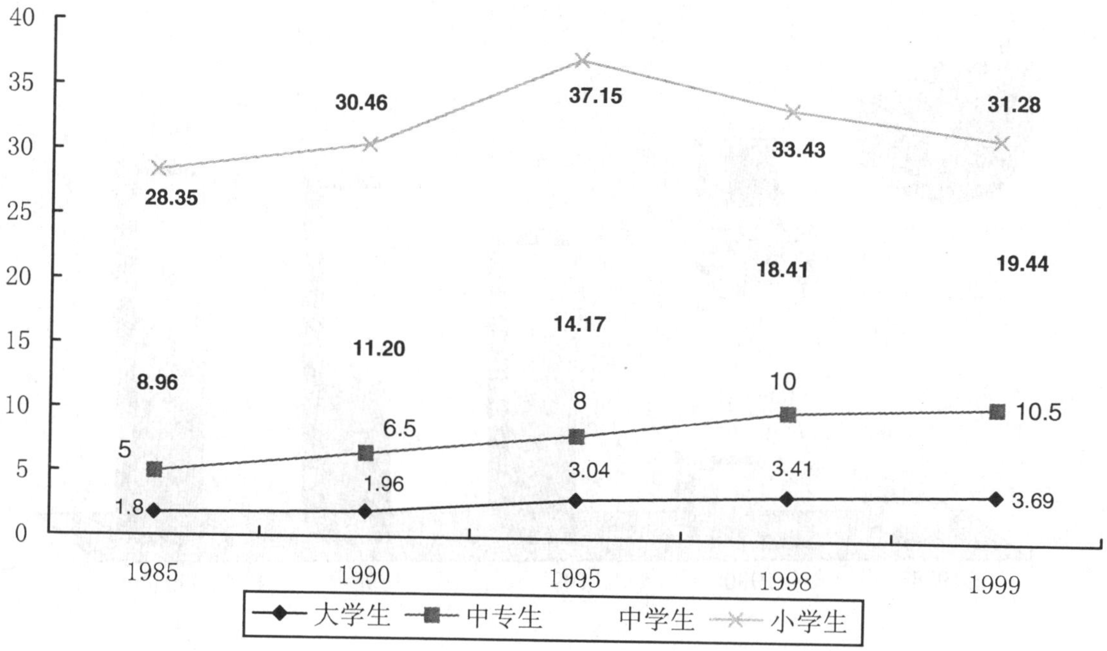

医生人数 (人)

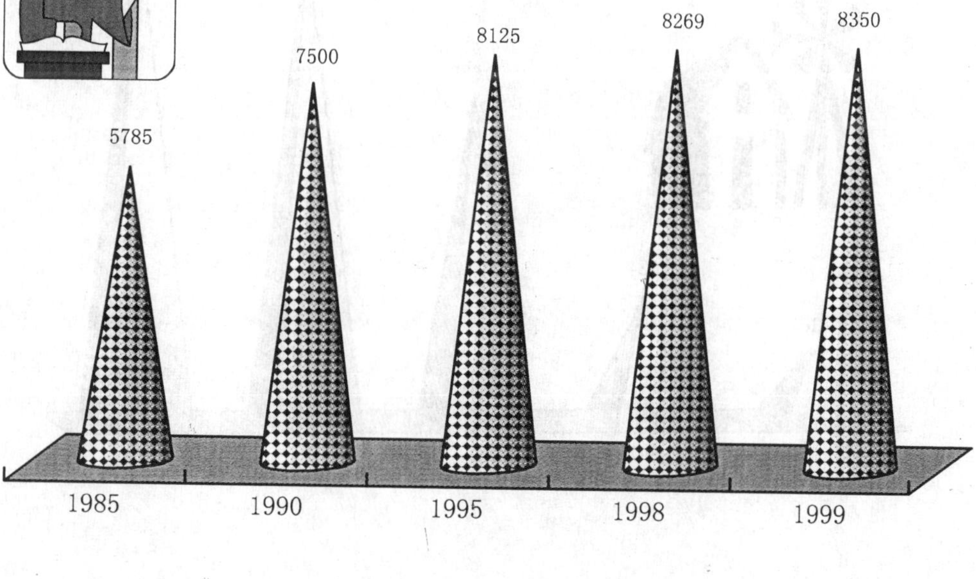

城市居民人均年可支配收入 （元）

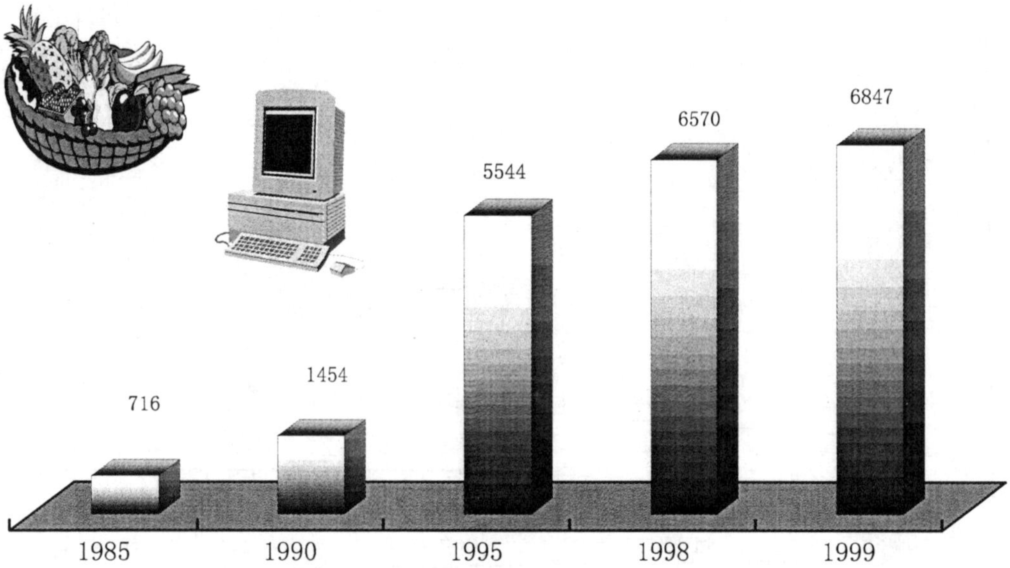

农民人均纯收入 （元）

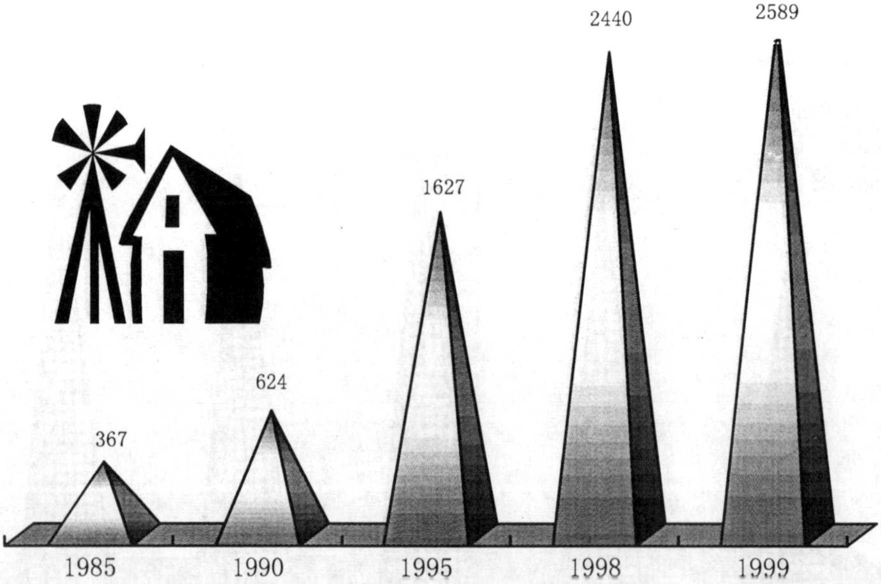

二 综 合

综　合

南宁是祖国南疆的一颗绿色明珠，是大西南出海通道的枢纽城市，是广西政治、经济、文化、教育、科技、金融信息中心。全市辖五个城区、一个郊区和邕宁、武鸣两个县。土地总面积10029平方公里，市区面积1834平方公里。1999年，全市户籍人口285.87万人，市区人口131.36万人。全市聚居30多个民族，其中壮族人口占63.39%。

南宁地处南亚热带，常年气候温和，阳光充足，雨水充沛，风光秀丽，终年树绿花繁，四季常青。有着丰富的矿产资源、农副产品资源、土特产资源，盛产具有亚热带特色的水果，粮食作物以水稻为主。蔬菜、水果远销大江南北。

1999年，全市国民经济总体继续在适度、快速增长区间内健康运行。全市国内生产总值达274.55亿元，按可比价格计算，比上年增长10.49%，增长幅度继续保持高于全国、全区水平。国内生产总值中，第一产业增加值46.37亿元，比上年增长10.31%；第二产业增加值84.56亿元，比上年增长8.46%；第三产业增加值143.62亿元，比上年增长12.26%。产业结构有所变化，三次产业占国内生产总值的比重由上年的17.1:31.6:51.3调整为16.9:30.8:52.3。工业总产值187.07亿元，农林牧渔业总产值72.05亿元，分别比上年增长7.3%和13.58%。社会消费品零售总额137.14亿元，比上年增长6.61%。固定资产投资75.99亿元，比上年增长10.15%。财力不断增强。1999年，全市财政总收入达27.01亿元，比上年增长10.14%，其中地方财政收入14.97亿元，增长13.77%。

南宁在全区社会经济发展中占有重要的地位。国内生产总值占全区14.06%；第三产业增加值占全区20.43%；工业总产值占全区11.22%；全社会固定资产投资占全区14.20%；社会消费品零售总额占全区17.33%；海关出口总值占全区32.57%。

按每天平均，南宁市创造的物资财富日趋增多。1999年，平均每天创造国内生产总值7522万元，工业总产值5125万元，农业总产值1974万元，地方财政收入410万元，分别比上年多创造465万元、126万元、95万元和27万元。消费水平不断提高。平均每天社会消费品零售总额3757万元，比上年增长6.61%。为社会提供的服务量不断增加。平均每天售电量比上年增长6.2%；平均每天公路客运量、公共汽车客运量分别比上年增长2.46%和1.69%；平均每天邮电业务总量、长途电话分别比上年增长18.77%和14.07%。

按人口平均，南宁市人均经济和社会发展水平逐年提高。1999年，人均国内生产总值9625元，工业总产值6558元，农业总产值2526元，地方财政收入525元，城乡居民储蓄存款余额7664元，分别比上年增加109元、105元、60元和632元；1999年，每万人拥有电话机2259部、医院床位40张、医生29人，普通中学在校生680人，小学在校生1094人。

2-1 行政区划

（1999年） 单位：个

	县（区）	乡镇街道办事处	乡	镇	办事处	村民、居民委员会	村委会	居委会
总　计	**8**	**64**	**16**	**36**	**12**	**713**	**580**	**133**
市　区	6	27	5	10	12	259	132	127
兴宁区	1	2			2	28		28
新城区	1	3			3	22		22
城北区	1	3			3	37	1	36
江南区	1	2			2	13		13
永新区	1	2			2	29	1	28
郊　区	1	15	5	10		130	130	
邕宁县	1	21	6	15		238	235	3
武鸣县	1	16	5	11		216	213	3

2-2 乡（镇）、街道办事处一览表

县（区）	乡（镇）街道办事处
兴宁区	朝阳街道办事处、民生街道办事处
新城区	中山街道办事处、建政街道办事处、新竹街道办事处
江南区	江南街道办事处、福建园街道办事处
城北区	衡阳街道办事处、西乡塘街道办事处、北湖街道办事处
永新区	新阳街道办事处、华强街道办事处
郊　区	金陵镇、津头乡、亭子乡、那龙镇、上尧乡、安吉镇、石埠镇、心圩镇、三塘镇、沙井镇、那洪镇、坛洛镇、江西镇、双定乡、富庶乡
邕宁县	蒲庙镇、五塘镇、新江乡、中和乡、吴圩镇、苏圩镇、良庆镇、那马镇、百济乡、那楼镇、刘圩镇、南阳镇、伶俐镇、昆仑镇、那陈镇、大塘镇、镇龙乡、长塘乡、四塘镇、延安乡、南晓镇
武鸣县	城厢镇、锣圩镇、陆斡镇、城东镇、双桥镇、宁武镇、太平镇、罗波镇、灵马乡、仙湖镇、府城镇、两江镇、马头乡、上江乡、甘圩乡、玉泉乡

2-3 气象情况

(1999年)

	平均气温(℃)			降雨量(毫米)			日照时间(小时)	
	市　区	邕宁县	武鸣县	市　区	邕宁县	武鸣县	邕宁县	武鸣县
全　年	22.9	22.5	22.5	1 381.9	1 078.4	1 671.5	1 557.5	1 622.2
一　月	14.7	14.4	14.4	52.2	58.0	36.8	82.3	84.5
二　月	17.7	17.2	17.3	0.6	1.4	12.0	82.2	81.9
三　月	18.9	18.5	18.6	7.5	13.3	46.5	71.3	69.2
四　月	24.6	24.4	24.1	60.3	41.5	151.5	88.0	97.7
五　月	25.4	25.2	24.9	132.5	142.4	267.7	108.5	111.1
六　月	28.9	28.6	28.5	124.6	103.9	314.6	177.4	204.8
七　月	29.0	28.7	28.7	279.9	181.3	258.9	150.7	172.2
八　月	27.9	27.7	27.7	383.6	226.0	260.8	156.3	160.2
九　月	27.9	27.0	27.4	70.0	91.6	58.0	195.2	209.0
十　月	24.8	24.4	24.2	125.5	66.4	103.9	152.6	142.4
十一月	20.1	19.5	19.6	94.8	102.0	106.7	130.4	112.2
十二月	14.6	14.1	14.0	50.4	50.6	54.1	162.6	177.0

2-4 南宁平均每天的主要经济活动

(1999年)

指　标　名　称	单　　位	数　　量
出生人数	人	79
国内生产总值(当年价)	万元	7 522
工农业总产值(当年价)	万元	7 099
工业总产值	万元	5 125
农业总产值	万元	1 974
粮食总产量	吨	2 181
甘蔗产量	吨	9 241
蔬菜产量	吨	2 928
肉类产量	吨	459
水产品产量	吨	179
邮电业务总量	万元	367
固定资产投资完成额	万元	2 082
新增固定资产	万元	1 316
地方财政收入	万元	410
地方财政支出	万元	474
社会消费品零售总额	万元	3 757
城乡集贸市场成交额	万元	1 989
银行现金收入	万元	29 553
银行现金支出	万元	28 756
市区用电量	万千瓦时	579
市区供水量	万吨	70
市区公共车辆乘客人数	万人次	42

2-5 南宁市国民经济主要指标占全区比重

（1999年）

指标名称	单位	南宁市	广西	南宁市占广西％
年末总人口	万人	285.87	4 713.00	6.07
国内生产总值	亿元	274.55	1 953.27	14.06
第一产业	亿元	46.37	554.48	8.36
第二产业	亿元	84.56	695.83	12.15
第三产业	亿元	143.62	702.96	20.43
工农业总产值（现价）	亿元	259.12	2 512.11	10.31
工业总产值	亿元	187.07	1 667.33	11.22
农业总产值	亿元	72.05	844.78	8.53
固定资产投资额（全社会）	亿元	88.08	620.20	14.20
#基本建设投资	亿元	43.90	263.00	16.69
更新改造投资	亿元	12.29	70.10	17.53
房地产业投资	亿元	14.63	32.93	44.43
社会消费品零售总额	亿元	137.14	791.27	17.33
外贸进出口总值	万美元	57 100	175 322	32.57
实际利用外资额	万美元	10 010	92 108	10.87
财政总收入	亿元	27.01	201.10	13.43
城乡居民储蓄存款	亿元	219.09	1 257.26	17.43
年末职工人数	万人	43.49	329.00	13.22
年末职工工资总额	亿元	35.31	204.36	17.28

2-6 主要年份国民经济主要指标及发展速度

(1999年)

指 标 名 称	单位	1978年	1980年	1985年	1990年	1995年
年末总人口	万人	196.05	205.54	229.46	252.19	273.19
社会从业人数	万人	85.71	92.10	112.92	136.83	151.51
#职工	万人	31.65	34.89	40.62	47.39	50.10
个体、私营	万人			1.30	1.94	3.89
国内生产总值(现价)	万元	88 846	116 906	199 241	492 526	1 748 934
第一产业	万元	24 499	30 635	48 364	111 698	293 697
第二产业	万元	40 042	57 589	85 679	199 928	665 560
#工业	万元	36 350	52 334	73 691	175 043	560 710
第三产业	万元	24 305	28 682	65 198	180 900	789 677
工农业总产值(现价)	万元	146 643	173 511	286 807	719 121	1 995 132
工业总产值	万元	110 614	128 923	216 221	549 256	1 529 236
轻工业	万元	65 451	87 871	149 483	382 515	891 431
重工业	万元	45 163	41 052	66 738	166 741	637 805
农业总产值	万元	36 029	44 588	70 586	169 865	465 896
粮食总产量	万吨	59.04	67.08	55.19	72.59	77.92
甘蔗总产量	万吨	56.22	79.88	133.91	235.88	290.82
肉类总产量	万吨			3.89	6.44	11.40
蔬菜总产量	万吨	10.85	12.61	24.69	34.48	64.97
水果总产量	万吨	2.46	3.11	5.39	12.03	31.63
水产品总产量	万吨	0.44	0.49	0.69	1.47	3.95
全社会固定资产投资额	万元	17 731	16 704	44 590	75 907	563 516
社会消费品零售总额	万元	34 741	47 381	117 249	251 606	839 856
外贸出口总值	万美元	2 292	3 802	2 409	1 920	76 711
实际利用外资额	万美元			183	849	18 280
财政收入	万元	20 102	23 682	35 446	63 930	168 648
城乡居民储蓄存款余额	万元	5 735	10 358	43 646	197 821	1 111 480
职工年平均工资	元/人	654	684	1 051	2 111	5 668
城市居民年平均生活费收入	元/人		386	716	1 454	5 048
农民年人均纯收入	元/人	88	107	367	624	1 627
商品零售价格指数	%			118.7	97.3	114.9
居民消费品价格指数	%			118.3	98.0	118.6

注:根据国家统计局、自治区统计局进一步规范国内生产总值核算的要求. 我市历年国内生产总值有变动,在使用时请注意。

2-6 续表

指 标 名 称	单位	1998年	1999年	1999年比1998年±%	平均增长速度(%)		
					1978—1999年	1985—1999年	1990—1999年
年末总人口	万人	284.63	285.87	0.44	1.81	1.58	1.40
社会从业人数	万人	161.89	159.98	-1.18	3.02	2.52	1.75
#职工	万人	45.71	43.49	-4.87	1.53	0.49	-0.95
个体、私营	万人	7.95	9.05	13.84		14.87	18.66
国内生产总值(现价)	万元	2 575 733	2 745 506	10.49	11.81	12.94	14.57
第一产业	万元	440 156	463 683	10.31	8.06	9.45	11.27
第二产业	万元	815 278	845 594	8.46	13.68	14.83	14.68
#工业	万元	622 581	631 482	6.94	12.84	13.97	13.59
第三产业	万元	1 320 299	1 436 229	12.26	14.45	16.68	19.11
工农业总产值(现价)	万元	2 509 509	2 591 167	8.60	10.63	11.21	11.73
工业总产值	万元	1 824 639	1 870 681	7.30	11.60	11.85	12.11
轻工业	万元	1 090 345	1 096 428	5.61	11.43	10.24	9.57
重工业	万元	734 294	774 253	9.78	11.81	14.95	17.11
农业总产值	万元	684 870	720 486	13.58	8.16	9.29	10.48
粮食总产量	万吨	81.45	79.62	-2.25	1.43	2.65	1.03
甘蔗总产量	万吨	378.69	337.30	-10.93	8.91	6.82	4.05
肉类总产量	万吨	15.49	16.74	8.06		10.98	11.21
蔬菜总产量	万吨	96.74	106.88	10.48	11.51	11.03	13.39
水果总产量	万吨	39.60	48.59	22.72	15.27	17.00	16.78
水产品总产量	万吨	6.06	6.53	7.78	13.75	17.37	18.06
全社会固定资产投资额	万元	823 561	880 793	6.96	20.44	23.75	31.31
社会消费品零售总额	万元	1 286 387	1 371 382	6.61	19.13	19.20	20.73
外贸出口总值	万美元	33 228	40 094				
实际利用外资额	万美元	22 138	10 010	-54.78		33.09	31.54
财政收入	万元	245 249	270 113	10.14	13.17	15.61	17.36
城乡居民储蓄存款余额	万元	1 883 369	2 190 918	9.46	32.73	32.27	30.63
职工年平均工资	元/人	7 315	8 077	10.42	12.72	15.68	16.08
城市居民年平均可支配收入	元/人	6 570	6 847	4.22		17.50	18.79
农民年人均纯收入	元/人	2 440	2 589	6.11	17.47	14.98	17.13
商品零售价格指数	%	96.7	95.9	-0.80			
居民消费品价格指数	%	95.8	95.9	0.10			

注:从1999年起出口采用海关数据,以前年度均用外员口径,两者不可比。

2-7 全市社会经济主要指标

（1999年）

指　标　名　称	单位	1999年	1998年	1999年为1998年％
人口、土地面积				
年末总人口	人	2 858 711	2 846 264	100.44
＃男性人口	人	1 489 427	1 485 054	100.29
女性人口	人	1 369 284	1 361 210	100.59
＃农业人口	人	1 696 878	1 703 367	99.62
非农业人口	人	1 161 833	1 142 897	101.66
年平均人口	人	2 852 488	2 829 145	100.82
自然增长率	‰	5.79	6.04	-0.25个千分点
土地面积	平方公里	10 029	10 029	平
＃建成区面积	平方公里	94.33	91.12	103.52
国内生产总值（当年价）	**万元**	**2 745 506**	**2 575 733**	**110.49**
第一产业	万元	463 683	440 156	110.31
第二产业	万元	845 594	815 278	108.46
工　业	万元	631 482	622 581	106.94
建筑业	万元	214 112	192 697	115.68
第三产业	万元	1 436 229	1 320 299	112.26
工农业总产值（当年价）	**万元**	**2 591 167**	**2 509 509**	**108.60**
工业总产值	万元	1 870 681	1 824 639	107.30
农林牧渔业总产值	万元	720 486	684 870	113.58
农业				
农村社会总产值（当年价）	万元	1 885 426	1 728 828	109.06
农林牧渔业总产值（当年价）	万元	720 486	684 870	113.58
农　业	万元	477 719	447 697	116.08
林　业	万元	14 965	13 885	101.97
牧　业	万元	182 088	183 967	108.72
渔　业	万元	45 714	39 321	108.49
农林牧渔业总产值（1990年不变价）	万元	445 276	392 052	113.58
农林牧渔业商品产值	万元	538 366	502 240	107.19
农村经济总收入	万元	2 310 300	2 170 738	106.43
农村经济总费用	万元	1 800 736	1 691 738	106.44
乡（镇）村劳动力	万人	105.68	98.27	107.54
＃农林牧渔业劳动力	万人	78.57	75.68	103.82
年末实有耕地面积	公顷	170 258	169 392	100.51
粮食总产量	吨	796 159	814 459	97.75
油料产量	吨	43 713	42 729	102.30

注：国内生产总值 、工农业总产值发展速度按1990年不变价计算。

2-7 续表1

指　标　名　称	单位	1999年	1998年	1999年为1998年%
蔬菜产量	吨	1 068 847	967 425	110.48
甘蔗产量	吨	3 373 039	3 786 929	89.07
水果产量	吨	485 971	395 986	122.72
肉类产量	吨	167 425	154 934	108.06
水产品产量	吨	65 333	60 619	107.78
农业机械总动力	千瓦	1 229 727	1 134 769	108.37
农村用电量	万千瓦时	23 550	23 061	102.12
农用化肥施用量(折纯量)	吨	150 159	159 756	93.99
工　业				
乡及乡以上工业企业单位数	个	1 280	1 356	94.40
国有企业	个	294	292	100.68
集体企业	个	739	861	85.83
其他企业	个	247	203	121.67
#三资企业	个	107	98	109.18
单位数中:大中型企业	个	82	80	102.50
全部工业总产值(1990年不变价)	万元	1 604 491	1 495 312	107.30
#规模以上工业总产值	万元	995 350	931 814	106.82
规模以下工业总产值	万元	609 141	563 498	108.10
#城(镇)村及村以下工业总产值	万元	378 013	323 793	116.75
全部工业总产值(当年价)	万元	1 870 681	1 824 639	107.30
#规模以上工业总产值	万元	1 149 691	1 126 078	106.82
规模以下工业总产值	万元	720 990	698 561	108.10
#　城(镇)村及村以下工业总产值	万元	447 826	406 337	116.75
乡及乡以上工业总产值(当年价)	万元	1 422 855	1 418 302	104.69
按轻重工业分				
轻工业	万元	848 652	859 883	102.79
重工业	万元	574 203	558 419	107.55
按经济类型分				
#国有企业	万元	492 613	739 942	68.01
集体企业	万元	325 646	358 305	94.67
私营企业	万元	63 065	30 804	198.99
联营企业	万元	2 157	3 202	44.59
外商投资企业	万元	132 317	82 821	153.54
港澳台商投资企业	万元	69 026	108 133	71.95
股份合作企业	万元	17 878	15 734	125.69
有限责任公司	万元	161 898	24 281	682.18
股份有限公司	万元	158 254	55 080	515.17
乡及乡以上工业总产值(1990年不变价)	万元	1 226 479	1 171 519	104.69
独立核算工业企业主要经济指标				
企业单位数	个	1 053	1 232	85.47
#亏损企业	个	450	485	92.78
工业总产值(当年价)	万元	1 368 799	1 345 715	106.02

注:规模以下工业产值含附营工业产值。

2-7 续表2

指标名称	单位	1999年	1998年	1999年为1998年%
工业总产值(1990年不变价)	万元	1 188 230	1 120 709	106.02
工业增加值(当年价)	万元	447 120	430 834	103.78
固定资产原值合计	万元	1 593 769	1 537 512	103.66
固定资产净值合计	万元	1 182 018	1 185 459	99.71
产品销售收入	万元	1 253 781	1 247 192	100.53
#产品销售税金及附加	万元	42 059	48 210	87.24
利税总额	万元	103 531	108 474	95.44
#利润总额	万元	2 991	153	195.49
全部国有及年销售收入500万元以上非国有工业企业主要经济指标				
企业单位数	个	344	348	98.85
#亏损企业	个	139	163	85.28
工业总产值(现价)	万元	1 149 691	1 126 077	106.82
内资企业	万元	961 673	950 982	106.15
国有企业	万元	442 186	672 786	67.27
集体企业	万元	140 007	169 380	86.88
股份合作企业	万元	12 334	14 559	97.32
联营企业	万元		707	
有限责任公司	万元	157 493	18 661	941.78
股份有限公司	万元	157 354	54 183	427.70
私营企业	万元	52 299	20 707	248.48
港澳台商投资企业	万元	63 023	97 005	74.61
外商投资企业	万元	124 995	78 090	153.14
按轻重工业分				
轻工业	万元	728 561	719 788	105.76
重工业	万元	421 130	406 289	108.61
按企业规模分				
大型企业	万元	597 693	559 680	115.20
中型企业	万元	197 874	210 200	93.96
小型企业	万元	354 124	356 197	102.00
工业总产值(1990年不变价)	万元	995 350	931 814	106.82
工业增加值(现价)	万元	378 007	360 405	104.88
产品销售收入	万元	1 076 975	1 061 667	101.44

2-7 续表3

指 标 名 称	单位	1999年	1998年	1999年为1998年%
#产品销售税金及附加	万元	40 366	46 513	86.78
利税总额	万元	99 779	105 930	94.19
#利润总额	万元	6 837	3 798	180.02
亏损企业亏损额	万元	35 094	34 321	102.25
固定资产原值	万元	1 450 851	1 410 371	102.87
固定资产净值	万元	1 072 482	1 086 335	98.72
乡镇企业				
年末企业个数	个	47 584	39 020	121.95
年末企业人数	人	184 344	158 943	115.98
年末企业总收入	万元	1 686 247	1 466 002	115.02
全年企业总产值(当年价)	万元	1 289 963	1 121 497	115.02
#工业总产值	万元	620 328	551 727	112.43
实交国家税金	万元	32 668	29 397	111.13
实现纯利润	万元	66 611	56 210	118.50
年末固定资产原值	万元	449 481	353 886	127.01
年末占用流动资金	万元	168 794	159 912	105.55
交通、邮电、电力				
货运量	万吨	3 293	3 470	94.90
客运量	万人	5 130	5 026	102.07
内河港口货物吞吐量	万吨	67.82	89.52	75.76
年末邮电局(所)数	处	116	142	
邮电业务总量(90年价)	万元	133 877	112 896	118.58
年末电话机数	部	645 717	403 001	160.23
移动电话用户数	户	175 777	117 294	149.86
全年用电量	万千瓦时	267 838	252 866	105.92
#工业用电量	万千瓦时	168 624	155 049	108.76
城乡居民生活用电量	万千瓦时	52 993	52 438	101.06
固定资产投资				
固定资产投资总额	万元	759 931	689 875	110.15
基本建设投资	万元	438 954	406 818	107.90
更新改造投资	万元	122 874	112 524	109.20
其他投资	万元	51 829	25 802	200.87

注:固定资产投资总额含房地产开发投资。

2-7 续表4

指　标　名　称	单位	1999年	1998年	1999年为1998年%
房地产开发投资	万元	146 274	144 731	101.07
固定资产投资额中				
国有经济	万元	509 415	509 521	99.98
集体经济	万元	30 446	17 895	170.14
新增固定资产	万元	480 493	533 250	90.11
#国有经济	万元	343 459	382 897	89.70
房屋施工面积	万平方米	751.34	771.18	97.43
#住宅	万平方米	441.79	431.27	102.44
房屋竣工面积	万平方米	338.76	255.08	132.81
#住宅	万平方米	261.07	161.05	162.10
商业、外贸、旅游				
社会消费品零售总额	万元	1 371 382	1 286 387	106.61
#国有商业	万元	256 691	250 660	102.41
集体商业	万元	181 271	159 100	113.94
个体商业	万元	469 281	400 217	117.26
#农民对城镇居民零售	万元	301 380	305 533	98.64
批发零售贸易业商品销售总额	万元	2 284 131	2 170 110	105.25
外贸进出口总值	万美元	57 100	39 753	
进口总值	万美元	17 006	6 525	
#市属	万美元	1 676	768	218.23
出口总值	万美元	40 094	33 228	
#市属	万美元	6 810	9 527	71.48
利用外资新签协议合同数	个	51	42	121.43
利用外资新签协议合同外资金额	万美元	19 180	18 805	101.99
实际利用外资金额	万美元	10 010	22 138	45.22
境外旅游者人数	人	35 063	26 262	133.51
国际旅游收入	万元	4 753	4 338	109.57
财政、金融				
全部财政收入	万元	270 113	245 249	110.14
地方财政收入	万元	149 700	131 583	113.77
#各项税收	万元	136 283	115 516	117.98
地方财政支出	万元	172 851	139 884	123.57
#基本建设支出	万元	25 858	11 546	223.96
支援农业生产支出	万元	6 023	3 703	162.65
文教、科学、卫生事业支	万元	40 501	34 571	117.15
金融机构各项存款余额	万元	5 268 177	4 471 444	117.82

注:1999年进出口总值是海关数,1998年进出口总值不是海关数,两者不可比,但市属口径没有变化。

2-7 续表5

指 标 名 称	单位	1999年	1998年	1999年为1998年%
#城乡居民储蓄存款余额	万元	2 190 918	2 001 576	109.46
金融机构各项贷款余额	万元	4 272 816	3 470 657	123.11
劳动工资				
年末职工人数(不含下岗职工)	人	434 883	457 129	95.13
国有单位	人	313 178	347 893	90.02
城镇集体单位	人	40 782	46 047	88.57
其他经济类型单位	人	80 923	63 189	128.07
职工工资总额	万元	353 051	334 839	105.44
国有单位	万元	261 468	265 276	98.56
城镇集体单位	万元	25 621	25 626	99.98
其他经济类型单位	万元	65 961	43 937	150.13
教育、科研、卫生				
在校学生人数(不含成人教育)	人	651 327	660 980	98.54
#普通中学	人	194 445	184 085	105.63
小 学	人	312 795	334 282	93.57
专任教师数	人	31 219	29 438	106.05
#普通中学	人	8 842	8 539	103.55
小 学	人	11 893	11 758	101.15
县及县以上政府部门科研机构数	个	80	82	97.56
从事科技活动人数	人	4 346	4 454	97.58
专业技术人员	人	53 787	53 136	101.23
#中级技术职称以上人员	人	20 331	20 047	101.42
卫生机构数	个	738	770	95.84
#医院	个	101	95	106.32
卫生机构床位数	张	11 973	11 777	101.66
#医院床位数	张	11 520	10 762	107.04
卫生技术人员数	人	18 177	17 916	101.46
#医 生	人	8 350	8 269	100.98
社会劳动者人数	人	**1 599 826**	**1 618 860**	**98.82**
第一产业	人	809 959	818 947	98.90
第二产业	人	265 527	272 494	97.44
第三产业	人	524 340	527 419	99.42
居民消费价格指数	%	**95.90**	**96.70**	
商品零售价格指数	%	**95.90**	**95.80**	

注:劳动工资不含南铁。

2-8 市区社会经济主要指标

（1999年）

指标名称	单位	1999年	1998年	1999年为1998年％
人口、土地面积				
年末总人口	人	1 313 621	1 308 062	100.42
男性人口	人	681 449	680 611	100.12
女性人口	人	632 172	627 451	100.75
农业人口	人	352 434	354 001	99.56
非农业人口	人	961 187	954 061	100.75
年平均人口	人	1 310 842	1 294 202	101.29
自然增长率	‰	6.35	7.33	-0.98个千分点
土地面积	平方公里	1 834	1 834	平
#建成区	平方公里	94.33	91.12	103.52
国内生产总值(当年价)	**万元**	**1 978 768**	**1 842 721**	**111.42**
第一产业	万元	103 240	98 833	111.32
第二产业	万元	599 291	571 864	109.52
工　业	万元	420 840	413 913	107.55
建筑业	万元	178 451	157 951	117.55
第三产业	万元	1 276 237	1 172 024	112.72
工农业总产值(当年价)	**万元**	**1 480 510**	**1 436 727**	**108.74**
工业总产值	万元	1 321 272	1 284 605	108.26
农林牧渔业总产值	万元	159 238	152 122	113.98
农业				
农村社会总产值(当年价)	万元	569 359	525 870	108.27
农林牧渔业总产值(当年价)	万元	159 238	152 122	113.98
农　业	万元	91 302	88 588	115.55
林　业	万元	1 771	1 520	166.15
牧　业	万元	49 048	46 683	112.24
渔　业	万元	17 117	15 331	103.74
农林牧渔业总产值(1990年不变价)	万元	111 662	97 970	113.98
农业商品产值	万元	124 205	116 515	106.60
农村经济总收入	万元	719 045	645 812	111.34
农村经济总费用	万元	611 586	545 412	112.13
乡(镇)村劳动力	万人	24.80	24.10	102.90
#农林牧渔业劳动力	万人	17.81	17.51	101.71
年末实有耕地面积	公顷	35 368	35 798	98.80
粮食总产量	吨	114 232	120 259	94.99
油料产量	吨	8 621	8 715	98.92

注：国内生产总值、工农业总产值发展速度按1990年不变价计算。

2-8 续表1

指 标 名 称	单位	1999年	1998年	1999年为1998年%
蔬菜产量	吨	303 518	279 369	108.64
甘蔗产量	吨	649 359	880 773	73.73
水果产量	吨	162 580	129 261	125.78
肉类产量	吨	47 577	43 923	108.32
水产品产量	吨	24 846	24 011	103.48
农业机械总动力	千瓦	280 148	250 882	111.67
农村用电量	万千瓦时	8 082	7 750	104.28
农用化肥施用量(折纯量)	吨	26 479	23 028	114.99
工 业				
乡及乡以上工业企业单位数	个	840	972	86.42
国有经济	个	209	216	96.76
集体经济	个	472	628	75.16
其他经济	个	159	128	124.22
#三资企业	个	64	61	104.92
单位数中:大中型企业	个	67	68	98.53
全部工业总产值(1990年不变价)	万元	1 172 597	1 083 082	108.26
#规模以上工业总产值	万元	842 005	779 010	108.09
规模以下工业总产值	万元	330 592	304 072	108.72
#城(镇)村及村以下工业总产值	万元	212 448	173 902	122.17
全部工业总产值(当年价)	万元	1 321 272	1 284 605	108.26
#规模以上工业总产值	万元	942 070	918 197	108.09
规模以下工业总产值	万元	379 202	366 408	108.72
#城(镇)村及村以下工业总产值	万元	239 385	206 265	122.17
乡及乡以上工业总产值(当年价)	万元	1 081 887	1 078 340	105.61
按轻重工业分				
轻工业	万元	693 264	705 184	103.14
重工业	万元	388 624	373 156	110.09
按经济类型分				
#国有企业	万元	445 650	684 998	66.74
集体企业	万元	166 850	207 813	87.34
私营企业	万元	50 797	19 575	253.83
联营企业	万元	1 361	1 615	93.86
外商投资企业	万元	70 841	62 364	124.38
港澳台商投资企业	万元	42 878	43 365	90.41
股份合作企业	万元	8 957	5 658	166.35
有限责任公司	万元	160 528	23 714	687.58
股份有限公司	万元	134 026	29 238	662.12
乡及乡以上工业总产值(1990年不变价)	万元	960 149	909 180	105.61
独立核算工业企业主要经济指标				
企业单位数	个	712	912	78.07
#亏损企业	个	327	362	90.33
工业总产值(当年价)	万元	1 042 585	1 031 130	106.26

注:规模以下工业意产值含附营工业产值。

2-8 续表2

指 标 名 称	单位	1999年	1998年	1999年为1998年%
工业总产值(1990年不变价)	万元	932 415	877 512	106.26
工业增加值(当年价)	万元	341 009	333 892	102.13
固定资产原值合计	万元	1 265 481	1 222 646	103.50
固定资产净值合计	万元	933 070	936 859	99.60
产品销售收入	万元	960 927	954 384	100.69
#产品销售税金及附加	万元	39 925	46 688	85.51
利税总额	万元	90 110	99 303	90.74
#利润总额	万元	2 752	3 381	81.40
全部国有及年销售收入500万元以上非国有工业企业主要经济指标				
企业单位数	个	255	261	97.70
#亏损企业	个	99	116	85.34
工业总产值(现价)	万元	942 070	918 197	108.09
内资企业	万元	836 378	823 412	107.51
国有企业	万元	405 051	637 628	65.31
集体企业	万元	90 377	116 870	87.58
股份合作企业	万元	4 234	4 876	98.56
联营企业	万元		34	
有限责任公司	万元	157 493	18 661	941.84
股份有限公司	万元	133 126	28 341	687.76
私营企业	万元	46 097	17 002	265.97
港澳台商投资企业	万元	38 738	36 355	95.56
外商投资企业	万元	66 954	58 430	125.98
按轻重工业分				
轻工业	万元	615 170	612 517	105.71
重工业	万元	326 900	305 680	112.57
按企业规模分				
大型企业	万元	524 342	487 036	115.69
中型企业	万元	159 467	180 656	86.82
小型企业	万元	258 261	250 505	110.06
工业总产值(1990年不变价)	万元	842 005	779 011	108.09
工业增加值(现价)	万元	308 665	296 418	104.13
产品销售收入	万元	880 854	860 065	102.42

2-8 续表3

指　标　名　称	单位	1999年	1998年	1999年为1998年%
#产品销售税金及附加	万元	39 175	45 726	85.67
利税总额	万元	88 661	97 953	90.51
#利润总额	万元	5 915	5 625	105.16
亏损企业亏损额	万元	26 790	24 276	110.36
固定资产原值	万元	1 186 051	1 163 931	101.90
固定资产净值	万元	875 207	893 861	97.91
乡镇企业				
年末企业个数	个	15 121	11 905	127.01
年末企业人数	个	60 597	52 200	116.08
年末企业总收入	万元	582 472	506 345	115.03
全年企业总产值(当年价)	万元	423 738	368 372	115.03
#工业总产值	万元	226 845	197 205	115.03
实交国家税金	万元	11 256	10 122	111.20
实现纯利润	万元	22 479	19 497	115.29
年末固定资产原值	万元	111 724	101 039	110.58
年末占用流动资金	万元	80 045	73 651	108.68
交通、邮电、电力				
货运量	万吨	2 396	2 577	92.98
客运量	万人	4 045	3 950	102.41
内河港口货物吞吐量	万吨	55.62	72.42	76.80
年末邮电局(所)数	处	70	88	
邮电业务总量(1990年不变价)	万元	125 160	104 796	119.43
年末电话机数	部	587 127	364 651	161.01
#移动电话用户数	户	166 903	110 406	151.17
全年用电量	万千瓦时	211 330	200 981	105.15
#工业用电	万千瓦时	130 006	123 227	105.50
城乡居民生活用电	万千瓦时	43 581	42 407	102.77
固定资产投资				
固定资产投资总额	万元	661 457	591 758	111.78
基本建设投资	万元	378 722	346 233	109.38
更新改造投资	万元	110 492	102 536	107.76
其他投资	万元	33 401	7 678	435.02

注:固定资产投资总额含房地产开发投资。

指 标 名 称	单位	1999年	1998年	1999年为1998年%
房地产开发投资	万元	138 842	135 311	102.61
固定资产投资额中				
国有经济	万元	458 137	449 315	101.96
集体经济	万元	21 604	8 979	240.61
新增固定资产	万元	405 608	455 319	89.08
#国有经济	万元	304 585	345 304	88.21
房屋施工面积	万平方米	697.47	701.24	99.46
#住宅	万平方米	416.15	393.69	105.70
房屋竣工面积	万平方米	300.77	212.43	141.59
#住宅	万平方米	241.26	140.33	171.92
商业、外贸、旅游				
社会消费品零售总额	万元	1 192 695	1 124 044	106.11
#国有商业	万元	232 153	225 243	103.07
集体商业	万元	168 415	146 592	114.89
个体商业	万元	368 844	314 587	117.25
#农民对城镇居民零售	万元	261 579	269 878	96.92
批发零售贸易业商品销售总额	万元	2 121 506	2 022 970	104.87
利用外资新签协议合同数	个	48	42	114.29
利用外资新签协议合同外资金额	万美元	18 539	18 805	98.59
实际利用外资金额	万美元	9 565	21 062	45.41
境外旅游者人数	人	35 017	26 238	133.46
旅游收入	万元	4 738	4 337	109.25
财政、金融				
全部财政收入	万元	209 110	189 589	110.30
地方财政收入	万元	113 930	100 114	113.80
#各项税收	万元	109 756	90 319	121.52
地方财政支出	万元	126 897	102 032	124.37
#基本建设支出	万元	25 711	11 454	224.47
支援农村生产支出	万元	2 934	2 292	128.01
文教、科学、卫生事业支出	万元	26 222	21 963	119.39
金融机构各项存款余额	万元	4 934 079	4 160 479	118.59

2-8 续表5

指　标　名　称	单位	1999年	1998年	1999年为1998年%
#城乡居民储蓄存款余额	万元	1 940 379	1 766 837	109.82
金融机构各项贷款余额	万元	4 035 133	3 228 301	124.99
劳动工资				
年末职工人数	人	352 677	374 226	94.24
国有单位	人	245 427	279 103	87.93
城镇集体单位	人	34 526	40 084	86.13
其他经济类型单位	人	72 724	55 039	132.13
职工工资总额	万元	307 004	291 158	105.44
国有单位	万元	224 137	229 592	97.62
城镇集体单位	万元	23 087	23 298	99.09
其他经济类型单位	万元	59 779	38 268	156.21
教育、科研、卫生				
在校学生人数(不含成人教育)	人	351 157	350 064	100.31
#普通中学	人	82 888	76 888	107.80
小　学	人	132 227	137 539	96.14
专任教师数	人	20 290	18 864	107.56
#普通中学	人	4 421	4 311	102.55
小　学	人	5 955	5 884	101.21
县及县以上政府部门科研机构数	个	78	80	97.50
从事科技活动人数	人	4 276	4 391	97.38
专业技术人员	人	37 368	37 119	100.67
#中级技术职称以上人员	人	16 271	15 977	101.84
卫生机构数	个	569	601	94.68
#医院	个	51	45	113.33
卫生机构床位数	张	9 807	9 576	102.41
#医院床位数	张	9 354	8 561	109.26
卫生技术人员数	人	15 143	15 012	100.87
#医　生	人	7 076	7 037	100.55
社会劳动者人数	**人**	**779 316**	**795 895**	**97.92**
第一产业	人	186 520	184 171	101.28
第二产业	人	177 686	190 901	93.08
第三产业	人	415 110	420 823	98.64
居民消费价格指数	%	**95.90**	**96.70**	
商品零售价格指数	%	**95.90**	**95.80**	

2-9 邕宁县社会经济主要指标

（1999年）

指标名称	单位	1999年	1998年	1999年为1998年%
人口、土地面积				
年末总人口	人	902 351	896 262	100.68
男性人口	人	474 490	471 313	100.67
女性人口	人	427 861	424 949	100.69
农业人口	人	804 719	800 312	100.55
非农业人口	人	97 632	95 950	101.75
年平均人口	人	899 307	893 592	100.64
自然增长率	‰	6.72	5.85	0.87个千分点
土地面积	平方公里	4 725	4 725	平
国内生产总值(当年价)	**万元**	**393 569**	**374 036**	**109.46**
第一产业	万元	183 138	174 824	107.66
第二产业	万元	128 203	122 931	112.72
工　业	万元	107 397	102 025	114.24
建筑业	万元	20 806	20 906	103.56
第三产业	万元	82 228	76 281	107.26
工农业总产值(当年价)	**万元**	**572 760**	**543 901**	**112.21**
工业总产值	万元	286 607	271 176	110.44
农林牧渔业总产值	万元	286 153	272 725	114.6
农业				
农村社会总产值(当年价)	万元	673 846	608 343	110.77
农林牧渔业总产值(当年价)	万元	286 153	272 725	114.6
农　业	万元	202 480	189 789	119.33
林　业	万元	9 209	8 585	100.03
牧　业	万元	62 519	63 862	102.82
渔　业	万元	11 945	10 489	107.71
农林牧渔业总产值(1990年不变价)	万元	164 579	143 610	114.60
农业商品产值	万元	203 713	185 455	109.84
农村经济总收入	万元	835 892	808 397	103.40
农村经济总费用	万元	612 351	596 596	102.64
乡(镇)村劳动力	万人	47.76	44.19	108.08
#农林牧渔业劳动力	万人	35.73	34.91	102.35
年末实有耕地面积	公顷	75 732	75 673	100.08
粮食总产量	吨	365 671	380 015	96.23
油料产量	吨	19 098	18 359	104.03

注：国内生产总值、工农业总产值发展速度按1990年不变价计算。

2-9 续表1

指　标　名　称	单位	1999年	1998年	1999年为1998年％
蔬菜产量	吨	447 986	448 056	99.98
甘蔗产量	吨	1 520 386	1 628 423	93.37
水果产量	吨	122 509	95 925	127.71
肉类产量	吨	56 833	54 361	104.55
水产品产量	吨	16 752	15 715	106.60
农业机械总动力	千瓦	501 582	452 422	110.87
农村用电量	万千瓦时	8 915	8 751	101.87
农用化肥施用量(折纯量)	吨	67 826	74 084	91.55
工　业				
乡及乡以上工业企业单位数	个	198	158	125.32
国有经济	个	25	23	108.70
集体经济	个	112	85	131.76
其他经济	个	61	50	122.00
#三资企业	个	28	20	140.00
单位数中:大中型企业	个	9	8	112.50
全部工业总产值(1990年不变价)	万元	214 138	193 894	110.44
#规模以上工业总产值	万元	90 338	83 984	107.57
规模以下工业总产值	万元	123 800	109 910	112.64
#城(镇)村及村以下工业总产值	万元	65 576	62 353	105.17
全部工业总产值(当年价)	万元	286 607	271 176	110.44
#规模以上工业总产值	万元	129 281	125 543	107.57
规模以下工业总产值	万元	157 326	145 633	112.64
#城(镇)村及村以下工业总产值	万元	87 768	87 207	105.17
乡及乡以上工业总产值(当年价)	万元	198 839	183 969	112.94
按轻重工业分				
轻工业	万元	92 191	89 632	107.18
重工业	万元	106 648	94 337	117.88
按经济类型分				
#国有企业	万元	14 083	19 927	59.55
集体企业	万元	65 761	46 090	149.65
私营企业	万元	10 353	9 909	102.19
联营企业	万元	620	732	100.39
外商投资企业	万元	60 000	14 922	359.51
港澳台投资企业	万元	13 502	55 904	33.92
股份合作企业	万元	8 921	10 076	100.75
有限责任公司	万元	1 370	567	376.42
股份有限公司	万元	24 229	25 842	93.14
乡及乡以上工业总产值(1990年不变价)	万元	148 562	131 541	112.94
独立核算工业企业主要经济指标				
企业单位数	个	192	153	125.49
#亏损企业	个	78	61	127.87
工业总产值(当年价)	万元	193 391	171 011	119.32

注:规模以下工业总产值含附营工业产值。

2-9 续表2

指 标 名 称	单位	1999年	1998年	1999年为1998年%
工业总产值(1990年不变价)	万元	144 797	121 347	119.32
工业增加值(当年价)	万元	64 233	52 102	123.28
固定资产原值合计	万元	207 191	192 364	107.71
固定资产净值合计	万元	159 578	155 574	102.57
产品销售收入	万元	185 494	171 576	108.11
#产品销售税金及附加	万元	1 042	742	140.43
利税总额	万元	10 579	7 388	143.19
#利润总额	万元	2 622	-28	
全部国有及年销售收入500万元以上非国有工业企业主要经济指标				
企业单位数	个	49	51	96.08
#亏损企业	个	28	33	84.85
工业总产值(现价)	万元	129 281	125 543	107.57
内资企业	万元	59 965	55 536	114.34
国有企业	万元	8 647	7 106	109.60
集体企业	万元	12 786	8 527	175.02
股份合作企业	万元	8 101	9 683	96.63
联营企业	万元		673	
股份有限公司	万元	24 229	25 842	93.14
私营企业	万元	6 202	3 705	170.44
港澳台商投资企业	万元	12 445	55 379	31.27
外商投资企业	万元	56 871	14 628	338.51
按轻重工业分				
轻工业	万元	71 618	72 737	102.18
重工业	万元	57 663	52 806	114.15
按企业规模分				
大型企业	万元	71 395	72 644	102.83
中型企业	万元	19 031	14 364	143.48
小型企业	万元	3 885	38 534	99.74
工业总产值(1990年不变价)	万元	90 338	83 983	107.57
工业增加值(现价)	万元	45 165	38 116	118.49
产品销售收入	万元	126 733	128 327	98.76

2-9 续表3

指　标　名　称	单位	1999年	1998年	1999年为1998年%
#产品销售税金及附加	万元	579	476	121.64
利税总额	万元	9 798	6 662	147.07
#利润总额	万元	3 418	348	982.18
亏损企业亏损额	万元	3 780	5 610	67.38
固定资产原值	万元	174 653	170 259	102.58
固定资产净值	万元	132 270	136 171	97.14
乡镇企业				
年末企业个数	个	18 463	14 163	130.36
年末企业人数	个	61 062	53 130	114.93
年末企业总收入	万元	533 349	463 757	115.01
全年企业总产值(当年价)	万元	393 905	342 439	115.03
#工业总产值	万元	157 879	140 963	112.00
实交国家税金	万元	10 297	9 275	111.02
实现纯利润	万元	20 824	17 052	122.12
年末固定资产原值	万元	71 050	63 136	112.53
年末占用流动资金	万元	44 134	32 823	134.46
交通、邮电、电力				
货运量	万吨	287	287	平
客运量	万人	496	486	102.06
内河港口货物吞吐量	万吨	12.20	17.1	71.35
年末邮电局(所)数	处	27	34	
邮电业务总量(1990年不变价)	万元	5 008	4 773	104.92
年末电话机数	部	34 684	23 929	144.95
#移动电话用户数	户	4 272	3 628	117.75
全年用电量	万千瓦时	29 812	26 163	113.95
#工业用电	万千瓦时	19 326	15 409	125.42
城乡居民生活用电	万千瓦时	5 468	6 017	90.88
固定资产投资				
固定资产投资总额	万元	68 689	64 867	105.89
基本建设投资	万元	49 000	47 364	103.45
更新改造投资	万元	4 650	5 019	92.65
其他投资	万元	9 780	6 853	142.71

2-9 续表4

指　标　名　称	单位	1999年	1998年	1999年为1998年%
房地产开发投资	万元	5 259	5 631	93.39
固定资产投资额中				
国有经济	万元	29 363	29 901	98.20
集体经济	万元	8 842	7 253	121.91
新增固定资产	万元	52 518	49 228	106.68
＃国有经济	万元	23 012	21 930	104.93
房屋施工面积	万平方米	36.90	49.36	72.73
＃住宅	万平方米	15.66	29.38	53.30
房屋竣工面积	万平方米	26.02	29.09	89.45
＃住宅	万平方米	12.28	15.40	79.74
商业、外贸、旅游				
社会消费品零售总额	万元	84 531	78 717	107.39
＃国有商业	万元	12 546	11 783	106.48
集体商业	万元	6 891	5 627	122.46
个体商业	万元	49 003	45 846	106.89
＃农民对城镇居民零售	万元	16 761	14 111	118.78
批发零售贸易业商品销售总额	万元	75 005	66 782	112.31
实际利用外资金额	万美元	328	845	38.82
财政、金融				
全部财政收入	万元	27 015	24 935	108.34
地方财政收入	万元	18 025	16 353	110.22
＃各项税收	万元	15 039	14 610	102.94
地方财政支出	万元	21 850	18 344	119.11
＃基本建设支出	万元	85	92	92.39
支援农村生产支出	万元	1 327	668	198.65
文教、科学、卫生事业支出	万元	7 435	6 796	109.40
金融机构各项存款余额	万元	186 330	169 309	110.05

2-9 续表5

指 标 名 称	单位	1999年	1998年	1999年为1998年%
#城乡居民储蓄存款余额	万元	109 220	114 089	95.73
金融机构各项贷款余额	万元	132 697	123 393	107.54
劳动工资				
年末职工人数	人	40 046	40 628	98.57
国有单位	人	29 985	30 133	99.51
城镇集体单位	人	3 192	3 749	85.14
其他经济类型单位	人	6 869	6 746	101.82
职工工资总额	万元	23 933	21 945	109.06
国有单位	万元	17 313	15 616	110.87
城镇集体单位	万元	1 180	1 442	81.83
其他经济类型单位	万元	5 440	4 887	111.32
教育、科研、卫生				
在校学生人数(不含成人教育)	人	174 484	177 865	98.10
#普通中学	人	60 224	58 200	103.48
小 学	人	108 487	115 593	93.85
专任教师数	人	6 424	6 145	104.54
#普通中学	人	2 359	2 242	105.22
小 学	人	3 674	3 615	101.63
县及县以上政府部门科研机构数	个	1	1	平
从事科技活动人数	人	53	45	117.78
专业技术人员	人	8 637	8522	101.35
#中级技术职称以上人员	人	2 015	2 013	100.10
卫生机构数	个	88	87	101.15
#医院	个	29	29	平
卫生机构床位数	张	1 278	1 307	97.78
#医院床位数	张	1 278	1 307	97.78
卫生技术人员数	人	1 698	1 562	108.71
#医 生	人	643	603	106.63
社会劳动者人数	**人**	**454 397**	**467 095**	**97.28**
第一产业	人	361 229	376 821	95.86
第二产业	人	38 673	36 835	104.99
第三产业	人	54 495	53 439	101.98

2-10 武鸣县社会经济主要指标

（1999年）

指标名称	单位	1999年	1998年	1999年为1998年％
人口、土地面积				
年末总人口	人	642 739	641 940	100.12
男性人口	人	333 488	333 130	100.11
女性人口	人	309 251	308 810	100.14
农业人口	人	539 725	549 054	98.30
非农业人口	人	103 014	92 886	110.90
年平均人口	人	642 340	641 350	100.15
自然增长率	‰	3.32	3.69	-0.37个千分点
土地面积	平方公里	3 366	3 366	平
国内生产总值（当年价）	**万元**	**373 169**	**358 976**	**106.61**
第一产业	万元	177 305	166 499	112.34
第二产业	万元	118 100	120 483	99.43
工　业	万元	103 245	106 643	98.23
建筑业	万元	14 855	13 840	112.64
第三产业	万元	77 764	71 994	110.24
工农业总产值（当年价）	**万元**	**537 897**	**528 881**	**104.88**
工业总产值	万元	262 802	268 858	99.73
农林牧渔业总产值	万元	275 095	260 023	112.34
农业				
农村社会总产值	万元	642 221	594 615	108.01
农林牧渔业总产值（当年价）	万元	275 095	260 023	112.34
农　业	万元	183 937	169 320	113.26
林　业	万元	3 985	3 780	80.21
牧　业	万元	70 521	73 422	111.47
渔　业	万元	16 652	13 501	114.47
农林牧渔业总产值（1990年不变价）	万元	169 035	150 473	112.34
农业商品产值	万元	210 448	200 270	105.08
农村经济总收入	万元	755 363	716 529	105.42
农村经济总费用	万元	576 799	549 370	104.99
乡（镇）村劳动力	万人	33.12	29.98	110.47
＃农林牧渔业劳动力	万人	25.03	23.26	107.61
年末实有耕地面积	公顷	59 158	57 921	102.14
粮食总产量	吨	316 256	314 185	100.66
油料产量	吨	15 994	15 655	102.17

注：国内生产总值、工农业总产值发展速度按1990年不变价计算。

2-10 续表1

指 标 名 称	单位	1999年	1998年	1999年为1998年%
蔬菜产量	吨	317 343	240 000	132.23
甘蔗产量	吨	1 203 294	1 277 733	94.17
水果产量	吨	200 882	170 800	117.61
肉类产量	吨	63 015	56 650	111.24
水产品产量	吨	23 735	20 893	113.60
农业机械总动力	千瓦	447 997	431 465	103.83
农村用电量	万千瓦时	6 355	6 560	96.88
农用化肥施用量(折纯量)	吨	55 854	62 644	89.16
工　业				
乡及乡以上工业企业单位数	个	242	226	107.08
国有经济	个	60	53	113.21
集体经济	个	155	148	104.73
其他经济	个	27	25	108.00
#三资企业	个	15	17	88.24
单位数中:大中型企业	个	6	4	150.00
全部工业总产值(1990年不变价)	万元	217 756	218 336	99.73
#规模以上工业总产值	万元	63 007	68 820	91.55
规模以下工业总产值	万元	154 749	149 516	103.50
#城(镇)村及村以下工业总产值	万元	99 989	87 538	114.22
全部工业总产值(当年价)	万元	262 802	268 858	99.73
#规模以上工业总产值	万元	78 341	82 338	91.55
规模以下工业总产值	万元	184 461	186 520	103.50
#城(镇)村及村以下工业总产值	万元	120 673	112 865	114.22
乡及乡以上工业总产值(当年价)	万元	142 129	155 993	90.04
按轻重工业分				
轻工业	万元	63 197	65 067	94.33
重工业	万元	78 932	90 926	86.91
按经济类型分				
#国有经济	万元	32 880	35 017	101.72
集体经济	万元	93 036	104 402	85.33
私营经济	万元	1 915	1 320	151.31
联营经济	万元	176	855	22.67
外商投资经济	万元	1 476	5 535	27.05
港澳台投资经济	万元	12 647	8 864	148.51
乡及乡以上工业总产值(1990年不变价)	万元	117 767	130 798	90.04
独立核算工业企业主要经济指标				
企业单位数	个	149	167	89.22
#亏损企业	个	45	62	72.58
工业总产值(当年价)	万元	132 823	143 574	91.11

注:规模以下工业意产值含附营工业产值。

2-10 续表2

指　标　名　称	单位	1999年	1998年	1999年为1998年%
工业总产值(1990年不变价)	万元	111 018	121 851	91.11
工业增加值(当年价)	万元	41 878	44 840	93.39
固定资产原值合计	万元	121 097	122 502	98.85
固定资产净值合计	万元	89 370	93 026	96.07
产品销售收入	万元	107 359	121 232	88.56
#产品销售税金及附加	万元	1 091	780	139.87
利税总额	万元	2 841	1 783	159.34
#利润总额	万元	-2 382	-3 199	
全部国有及年销售收入500万元以上非国有工业企业主要经济指标				
企业单位数	个	40	36	111.11
#亏损企业	个	12	14	85.71
工业总产值(现价)	万元	78 341	82 338	91.55
内资企业	万元	65 331	72 035	84.94
国有企业	万元	28 488	28 052	109.81
集体企业	万元	36 843	43 983	70.86
港澳台商投资企业	万元	11 840	5 272	288.28
外商投资企业	万元	1 170	5 032	23.50
按轻重工业分				
轻工业	万元	41 774	34 535	112.12
重工业	万元	36 567	47 803	75.37
按企业规模分				
大型企业	万元	1 955		
中型企业	万元	19 377	15 181	140.82
小型企业	万元	57 008	67 157	74.95
工业总产值(1990年价)	万元	63 007	68 820	91.55
工业增加值(现价)	万元	24 176	25 871	93.45

2-10 续表3

指标名称	单位	1999年	1998年	1999年为1998年%
产品销售收入	万元	69 388	73 275	94.70
#产品销售税金及附加	万元	613	311	197.11
利税总额	万元	1 321	1 315	100.46
#利润总额	万元	-2 496	-2 175	
亏损企业亏损额	万元	4 524	4 435	102.01
固定资产原值	万元	90 147	76 181	118.33
固定资产净值	万元	65 005	56 302	115.46
乡镇企业				
年末企业个数	个	14 000	12 952	108.09
年末企业人数	个	62 685	53 613	116.92
年末企业总收入	万元	570 426	495 900	115.03
全年企业总产值(当年价)	万元	472 320	410 686	115.01
#工业总产值	万元	235 604	213 559	110.32
实交国家税金	万元	11 115	10 000	111.15
实现纯利润	万元	23 308	19 661	118.55
企业年末固定资产原值	万元	266 707	189 711	140.59
企业年末占用流动资金	万元	44 615	53 438	83.49
交通、邮电、电力				
货运量	万吨	610	605	100.83
客运量	万人	589	590	99.83
年末邮电局(所)数	处	19	20	
邮电业务总量(1990年不变价)	万元	3 709	3 327	111.48
年末电话机数	部	23 906	14 421	165.77
#移动电话用户数	户	4 600	3 260	141.10
全年用电量	万千瓦时	26 696	25 722	103.79
#工业用电	万千瓦时	19 292	16 413	117.54
城乡居民生活用电	万千瓦时	3 944	4 014	98.26
固定资产投资				
固定资产投资总额	万元	29 785	33 250	89.58
基本建设投资	万元	11 232	13 221	84.96
更新改造投资	万元	7 732	4 969	155.60
其他投资	万元	8 648	11 271	76.73

2-10 续表4

指　标　名　称	单位	1999年	1998年	1999年为1998年%
房地产开发投资	万元	2 173	3 789	57.35
固定资产投资额中				
国有经济	万元	21 915	30 305	72.31
集体经济	万元		1 663	
新增固定资产	万元	22 367	28 703	77.93
#国有经济	万元	15 862	25 663	61.81
房屋施工面积	万平方米	17.97	20.58	87.32
#住宅	万平方米	9.98	8.20	121.71
房屋竣工面积	万平方米	11.97	13.56	88.27
#住宅	万平方米	7.53	5.32	141.54
商业、外贸、旅游				
社会消费品零售总额	万元	94 156	83 626	112.59
#国有商业	万元	11 992	13 634	87.96
集体商业	万元	5 965	6 881	86.69
个体商业	万元	51 434	39 784	129.28
#农民对城镇居民零售	万元	23 040	21 544	106.94
批发零售贸易业商品销售总额	万元	87 620	80 358	109.04
利用外资新签协议合同数	个	3		
利用外资新签协议合同外资金额	万美元	641		
实际利用外资金额	万美元	117	231	50.65
境外旅游者人数	人	46	24	191.67
旅游外汇收入	万元	15	5	3.00
财政、金融				
全部财政收入	万元	33 988	30 725	110.62
地方财政收入	万元	17 745	15 116	117.39
#各项税收	万元	11 488	10 587	108.51
地方财政支出	万元	24 104	19 508	123.56
#基本建设支出	万元	62		
支援农村生产支出	万元	1 762	743	237.15
文教、科学、卫生事业支出	万元	6 858	2 812	243.88
金融机构各项存款余额	万元	147 768	141 656	104.31

2-10 续表5

指 标 名 称	单位	1999年	1998年	1999年为1998年%
#城乡居民储蓄存款余额	万元	117 842	111 346	105.83
金融机构各项贷款余额	万元	128 463	128 267	100.15
劳动工资				
年末职工人数	人	42 160	42 275	99.73
国有单位	人	37 766	38 657	97.70
城镇集体单位	人	3 064	2 214	138.39
其他经济类型单位	人	1 330	1 404	94.73
职工工资总额	万元	22 114	21 736	101.74
国有单位	万元	20 008	20 068	99.70
城镇集体单位	万元	1 354	886	152.82
其他经济类型单位	万元	742	782	94.88
教育、科研、卫生				
在校学生人数(不含成人教育)	人	125 686	133 051	94.46
#普通中学	人	51 333	48 997	104.77
小　学	人	72 081	81 150	88.82
专任教师数	人	4 505	4 431	101.67
#普通中学	人	2 062	1 986	103.83
小　学	人	2 264	2 259	100.22
县及县以上政府部门科研机构数	个	1	1	平
从事科技活动人数	人	17	18	94.44
专业技术人员	人	7 782	7 495	103.83
#中级技术职称以上人员	个	2 045	2 057	99.42
卫生机构数	人	81	82	98.78
#医院	个	21	21	平
卫生机构床位数	张	888	894	99.33
#医院床位数	张	888	894	99.33
卫生技术人员数	人	1 336	1 342	99.55
#医　生	人	631	629	100.32
社会劳动者人数	**人**	**366 113**	**355 870**	**102.88**
第一产业	人	262 210	257 955	101.65
第二产业	人	49 168	44 758	109.85
第三产业	人	54 735	53 157	102.97

2-11 人均主要社会经济指标

（1999年）

指　标　名　称	单　位	全　市	市　区	邕宁县	武鸣县
国内生产总值	元	9 625	15 096	4 376	5 810
工农业总产值	元	9 084	11 294	6 369	8 374
农业总产值	元	2 526	1 215	3 182	4 283
工业总产值	元	6 558	10 079	3 187	4 091
固定资产投资额	元	2 664	5 046	764	464
财政收入	元	947	1 595	300	529
城乡居民储蓄存款余额	元	7 664	14 771	1 471	1 833
社会消费品零售总额	元	4 808	9 099	940	1 466
职工年平均工资	元	8 077	8 639	5 960	5 321
城市居民年人均可支配收入	元	6 847	6 847		
城市居民年人均消费性支出	元	6 321	6 321		
农民年人均纯收入	元	2 589	2 618	2 480	2 710
耕地面积(按总人口计算)	亩	0.89	0.40	1.26	1.38
耕地面积(按农业人口计算)	亩	1.51	1.51	1.41	1.64
粮食产量	公斤	279	87	407	492
油料产量	公斤	15	7	21	25
蔬菜产量	公斤	375	232	498	494
肉类产量	公斤	59	36	63	98
水果产量	公斤	170	124	136	313
水产品产量	公斤	23	19	19	37
甘蔗产量	公斤	1 182	495	1 691	1 873
电话机	部/万人	2 259	4 470	384	372
普通中学在校生	人/万人	680	631	667	799
小学在校生	人/万人	1 094	1 007	1 202	1 121
医院	个/万人	0.35	0.39	0.32	0.33
医院病床	张/万人	40	71	14	14
卫生技术人员	人/万人	64	115	19	21
#医生	人/万人	29	54	7	10

注:电话机内含移动电话。

三 国民经济核算

国民经济核算

1999年，南宁市国民经济继续保持适度、快速的发展势头，全年国内生产总值达2745506万元，与上年相比，增加了169773万元，按可比价格计算，增长10.49%，人均国内生产总值9625元。其中，第一产业增加值463683万元，年增长10.31%；第二产业增加值845594万元，年增长8.46%；第三产业增加值1436229万元，年增长12.26%。一、二、三产业的经济贡献率分别为13.86%、17.86%和68.28%，第三产业在国民经济总量中所占的比重最大，第二产业次之，第一产业最小，依次为52.31%、30.80%和16.89%。第三产业的兴旺发达，充分体现了首府城市的经济特色。

回顾历程，南宁市的经济在共和国前进的脚步声中不断发展壮大。1950年，全市的国内生产总值仅6576万元，人均国内生产总值74元，底子非常单薄。“一五”时期，在国家规模大基本建设项目投入的有力推动下，经济发展进入了第一个高峰期，五年年均增长12.02%，其中第二产业年均增速达到了32.29%，逐渐成为国民经济的中坚力量。此后的经济建设虽历经曲折，但基本保持较为稳定的态势。“二五”至“五五”时期，各时期的年均增长速度分别为7.35%、6.24%、8.56%9.70%。1978年以后，南宁市抓住改革开放的大好时机，，大力发展第三产业，带动整个国民经济焕发出勃勃生机，发展速度逐年加快。“六五”时期年均增长8.45%，“七五”时期年均增长10.06%，“八五”时期年均增速更高达16.66%，经济发展进入第二个高峰期。到了“九五”时期，经济增长速度虽有所回落，前四年也仍然年均递增12.00%。在这一轮经济大潮中，第三产业蓬勃发展，锐不可挡。1981年至1990年，第三产业的增长速度年均12.32%，分别比第一产业、第二产业高出6.84和3.34个百分点。1991年至1999年，第三产业年均递增17.59%，又分别比第一产业、第二产业高出7.52、3.94个百分点。

伴随着经济规模的扩大，南宁市的经济结构也在进行着积极的调整。解放初期，南宁市的经济以第一产业为主，1950年的第一产业增加值占国内生产总值的比重是56.39%。1955年后，第三产业开始占据优势。与此同时，工业的迅猛发展和城市建设投资规模的逐步扩张，不断为第二产业积蓄能量。到了1969年，第二产业的规模超过了第三产业，成了经济龙头。此后相当长的一段时期，南宁市的经济稳定在二、三、一结构。直到1989年，第三产业崛起，在三次产业中称雄，南宁市的经济结构终于调整成了三、二、一格局。展望未来，在一段时期内，第三产业仍将是南宁市经济的支柱和希望所在。

3-1 全市历年国内生产总值

（按当年价格计算） 单位：万元

年份	国内生产总值	第一产业	第二产业			第三产业
				工业	建筑业	
1950年	6 576	3 708	330	261	69	2 538
1951年	7 620	3 998	535	455	80	3 087
1952年	8 871	4 509	719	617	102	3 643
1953年	10 678	4 759	1 645	1 167	478	4 274
1954年	11 918	5 046	1 835	1 486	349	5 037
1955年	13 102	5 054	2 114	1 771	343	5 934
1956年	15 272	5 170	2 970	2 286	684	7 132
1957年	16 204	5 337	3 006	2 352	654	7 861
1958年	20 473	5 176	6 105	4 678	1 427	9 192
1959年	27 435	5 321	10 321	7 779	2 542	11 793
1960年	31 626	4 878	12 631	9 745	2 886	14 117
1961年	23 801	5 140	6 178	5 284	894	12 483
1962年	23 540	5 472	5 298	4 790	508	12 770
1963年	24 850	6 020	5 780	5 048	732	13 050
1964年	27 625	6 747	7 128	5 865	1 263	13 750
1965年	32 997	8 323	9 607	8 280	1 327	15 067
1966年	37 404	9 293	12 286	11 151	1 135	15 825
1967年	36 425	10 191	10 666	10 041	625	15 568
1968年	32 784	9 919	8 004	7 567	437	14 861
1969年	41 867	12 025	15 014	14 097	917	14 828
1970年	46 529	13 440	18 022	16 845	1 177	15 067
1971年	49 878	15 707	19 444	18 120	1 324	14 727
1972年	55 438	17 808	21 602	19 972	1 630	16 028
1973年	62 237	20 037	24 830	23 092	1 738	17 370
1974年	66 245	20 238	27 781	25 883	1 898	18 226

3-1 续表 单位:万元

年份	国内生产总值	第一产业	第二产业	工业	建筑业	第三产业
1975年	72 418	21 960	30 927	28 724	2 203	19 531
1976年	75 300	21 425	33 473	31 345	2 128	20 402
1977年	79 586	21 869	35 593	33 484	2 109	22 124
1978年	88 846	24 499	40 042	36 350	3 692	24 305
1979年	106 802	29 042	51 701	47 349	4 352	26 059
1980年	116 906	30 635	57 589	52 334	5 255	28 682
1981年	124 446	33 264	56 190	50 169	6 021	34 992
1982年	137 193	41 059	59 894	52 582	7 312	36 240
1983年	149 494	41 133	65 833	58 207	7 626	42 528
1984年	153 805	41 189	65 133	56 528	8 605	47 483
1985年	199 241	48 364	85 679	73 691	11 988	65 198
1986年	229 367	54 169	99 867	85 060	14 807	75 331
1987年	277 716	63 565	123 727	107 190	16 537	90 424
1988年	354 301	77 335	153 826	133 203	20 623	123 140
1989年	419 120	83 538	177 413	155 423	21 990	158 169
1990年	492 526	111 698	199 928	175 043	24 885	180 900
1991年	539 700	112 969	218 582	189 374	29 208	208 149
1992年	624 798	133 095	240 777	208 914	31 863	250 926
1993年	941 350	166 406	378 992	315 657	63 335	395 952
1994年	1 331 851	237 402	518 505	439 309	79 196	575 944
1995年	1 715 252	293 697	655 478	552 092	103 386	766 077
1996年	1 954 519	334 403	683 731	546 773	136 958	936 385
1997年	2 262 395	398 122	755 121	586 308	168 813	1 109 152
1998年	2 575 733	440 156	815 278	622 581	192 697	1 320 299
1999年	2 745 506	463 683	845 594	631 482	214 112	1 436 229

3-2 全市历年国内生产总值构成

（按当年价格计算）　　单位：%

年　　份	国内生产总值	第一产业	第二产业			第三产业
				工业	建筑业	
1950年	100.00	56.39	5.02	3.97	1.05	38.59
1951年	100.00	52.47	7.02	5.97	1.05	40.51
1952年	100.00	50.83	8.10	6.95	1.15	41.07
1953年	100.00	44.57	10.40	10.93	4.47	40.03
1954年	100.00	42.34	15.40	12.47	2.93	42.26
1955年	100.00	38.57	16.14	13.52	2.62	45.29
1956年	100.00	33.85	19.45	14.97	4.48	46.70
1957年	100.00	32.94	18.55	14.51	4.04	48.51
1958年	100.00	25.28	29.82	22.85	6.97	44.90
1959年	100.00	19.39	37.62	28.35	9.27	42.99
1960年	100.00	15.42	39.94	30.81	9.13	44.64
1961年	100.00	21.59	25.96	22.20	3.76	52.45
1962年	100.00	23.24	22.51	20.35	2.16	54.25
1963年	100.00	24.22	23.26	20.31	2.95	52.52
1964年	100.00	24.42	25.80	21.23	4.57	49.78
1965年	100.00	25.22	29.12	25.10	4.02	45.66
1966年	100.00	24.84	32.85	29.81	3.04	42.31
1967年	100.00	27.98	29.28	27.57	1.71	42.74
1968年	100.00	30.26	24.41	23.08	1.33	45.33
1969年	100.00	28.72	35.86	33.67	2.19	35.42
1970年	100.00	28.89	38.73	36.20	2.53	32.38
1971年	100.00	31.49	38.98	36.33	2.65	29.53
1972年	100.00	32.12	38.97	36.03	2.94	28.91
1973年	100.00	32.19	39.90	37.11	2.79	27.91
1974年	100.00	30.55	41.94	39.07	2.87	27.51

3-2 续表 单位：%

年份	国内生产总值	第一产业	第二产业			第三产业
				工业	建筑业	
1975年	100.00	30.32	42.71	39.67	3.04	26.97
1976年	100.00	28.45	44.46	41.63	2.83	27.09
1977年	100.00	27.48	44.72	42.07	2.65	27.80
1978年	100.00	27.57	45.07	40.91	4.16	27.36
1979年	100.00	27.19	48.41	44.33	4.08	24.40
1980年	100.00	26.20	49.27	44.77	4.50	24.53
1981年	100.00	26.73	45.15	40.31	4.84	28.12
1982年	100.00	29.93	43.66	38.33	5.33	26.41
1983年	100.00	27.51	44.04	38.94	5.10	28.45
1984年	100.00	26.78	42.35	36.75	5.60	30.87
1985年	100.00	24.27	43.01	36.99	6.02	32.72
1986年	100.00	23.62	43.54	37.08	6.46	32.84
1987年	100.00	22.89	44.55	38.60	5.95	32.56
1988年	100.00	21.83	43.42	37.60	5.82	34.75
1989年	100.00	19.93	42.33	37.08	5.25	37.74
1990年	100.00	22.68	40.59	35.54	5.05	36.73
1991年	100.00	20.93	40.50	35.09	5.41	38.57
1992年	100.00	21.30	38.54	33.44	5.10	40.16
1993年	100.00	17.68	40.26	33.53	6.73	42.06
1994年	100.00	17.83	38.93	32.98	5.95	43.24
1995年	100.00	17.12	38.22	32.19	6.03	44.66
1996年	100.00	17.11	34.98	27.97	7.01	47.91
1997年	100.00	17.60	33.38	25.92	7.46	49.02
1998年	100.00	17.09	31.65	24.17	7.48	51.26
1999年	100.00	16.89	30.80	23.00	7.80	52.31

3-3 全市历年国内生产总值指数

（按可比价格计算，上年＝100） 单位：%

年份	国内生产总值	第一产业	第二产业			第三产业
				工业	建筑业	
1950年						
1951年	117.53	111.45	164.25	177.30	115.79	121.07
1952年	115.56	112.56	133.33	136.40	115.91	116.76
1953年	119.27	104.72	228.06	186.95	502.94	117.16
1954年	113.39	107.93	112.25	126.67	76.41	121.02
1955年	109.58	99.87	113.60	119.07	91.07	119.34
1956年	115.64	103.42	134.69	129.54	162.46	120.54
1957年	102.93	95.12	103.42	104.22	100.00	109.27
1958年	118.75	94.07	164.29	157.91	190.67	115.39
1959年	135.60	101.54	173.25	166.28	197.11	130.80
1960年	116.70	91.58	125.59	125.00	127.30	119.89
1961年	75.08	97.70	46.13	54.33	22.85	92.38
1962年	101.06	106.35	85.79	90.46	54.27	105.73
1963年	104.51	108.10	105.39	101.97	143.81	103.01
1964年	108.65	113.45	122.55	116.16	173.48	102.10
1965年	120.11	122.41	136.56	141.36	110.95	112.31
1966年	114.05	109.77	124.73	130.24	87.24	110.43
1967年	98.34	110.31	86.69	90.03	52.72	99.99
1968年	89.93	97.76	74.91	75.42	65.99	93.79
1969年	121.22	107.49	188.11	186.11	227.61	101.19
1970年	110.72	111.91	120.34	119.38	135.85	102.97
1971年	103.83	103.05	106.45	105.52	119.54	101.50
1972年	110.95	108.96	116.22	116.05	118.41	106.43
1973年	112.22	116.65	115.35	116.19	105.10	103.59
1974年	107.37	102.91	110.63	111.24	102.46	107.53

单位:%

年　　份	国内生产总值	第一产业	第二产业	工业	建筑业	第三产业
1975年	108.65	108.02	111.20	111.27	110.14	105.42
1976年	103.80	95.83	107.51	108.65	90.74	106.60
1977年	109.26	104.60	112.02	112.97	95.37	109.38
1978年	110.74	109.81	111.55	109.00	164.56	110.29
1979年	119.68	111.06	134.09	133.94	135.47	106.21
1980年	105.70	102.89	108.08	108.22	106.74	103.88
1981年	108.99	109.20	102.20	102.56	98.79	121.85
1982年	108.77	120.22	107.15	105.59	122.68	101.97
1983年	108.77	98.10	110.71	111.47	104.28	115.82
1984年	100.04	98.28	96.37	95.63	103.16	107.42
1985年	116.29	99.45	125.73	121.04	165.37	115.22
1986年	109.69	108.03	111.46	110.44	117.83	107.95
1987年	113.18	105.50	116.33	118.30	104.88	112.99
1988年	108.63	95.08	109.84	114.73	77.88	114.79
1989年	107.85	109.13	101.51	101.73	99.37	117.43
1990年	111.04	114.52	111.22	107.32	149.74	109.17
1991年	105.82	97.37	106.15	104.81	115.62	110.67
1992年	112.87	118.02	108.94	110.41	99.53	114.23
1993年	128.58	110.55	133.48	131.95	144.30	133.75
1994年	121.09	113.15	120.99	121.88	115.25	124.88
1995年	116.19	112.90	117.75	117.08	122.33	116.04
1996年	112.36	104.51	110.80	108.23	127.57	117.13
1997年	112.59	114.21	109.21	107.90	116.51	115.17
1998年	112.59	110.95	109.56	108.19	116.64	115.88
1999年	110.49	110.31	108.46	106.94	115.68	112.26

3-4 历年人均国内生产总值

年　　份	人均国内生产总值(元)				发展速度(%,上年=100)			
	全市	市区	邕宁	武鸣	全市	市区	邕宁	武鸣
1950年	74	224	49	43				
1951年	84	247	53	49	114.81	110.34	112.07	112.77
1952年	94	245	59	57	110.75	98.83	110.77	116.98
1953年	110	302	62	62	116.50	123.32	104.17	106.45
1954年	121	331	65	72	111.67	113.14	106.67	115.15
1955年	131	366	66	73	107.46	112.18	98.75	101.32
1956年	147	410	70	71	111.81	111.62	103.80	96.10
1957年	151	392	76	71	99.38	95.48	95.12	102.70
1958年	182	466	78	73	113.16	109.85	104.05	88.24
1959年	228	536	81	98	126.74	117.26	102.60	136.67
1960年	252	590	72	102	112.39	111.47	88.61	106.10
1961年	186	404	72	83	73.47	70.15	90.00	79.31
1962年	182	399	72	83	100.56	101.47	103.17	97.10
1963年	188	417	72	94	102.21	103.37	103.08	110.45
1964年	203	442	88	97	105.41	102.80	122.39	101.35
1965年	235	507	99	122	115.90	115.19	114.63	128.00
1966年	259	570	102	135	111.06	114.17	102.13	107.29
1967年	246	528	109	133	95.62	94.66	106.25	98.06
1968年	217	459	99	124	88.33	87.25	90.20	93.07
1969年	274	610	122	148	119.81	127.56	106.52	120.21
1970年	301	711	131	157	109.45	115.71	108.16	105.31
1971年	315	724	135	200	101.64	101.56	105.67	100.00
1972年	340	760	154	214	107.74	106.55	107.38	107.93
1973年	369	807	170	240	108.38	103.92	116.88	111.86
1974年	381	853	162	249	104.42	106.29	100.53	102.02

3-4 续表

年份	人均国内生产总值(元)				发展速度(%,上年=100)			
	全市	市区	邕宁	武鸣	全市	市区	邕宁	武鸣
1975年	405	907	167	270	105.56	105.33	103.19	107.92
1976年	410	941	159	261	101.00	104.27	94.33	95.41
1977年	424	1 003	166	237	106.95	110.02	107.65	91.83
1978年	461	1 070	183	263	107.89	105.58	109.64	110.99
1979年	538	1 233	218	286	116.15	116.84	109.94	108.14
1980年	575	1 291	236	301	103.24	100.33	107.54	102.87
1981年	598	1 290	270	315	106.46	104.00	114.02	102.79
1982年	644	1 166	361	343	106.07	90.27	125.41	109.49
1983年	688	1 132	398	381	106.70	97.39	108.82	108.36
1984年	693	1 134	388	412	98.01	96.88	99.40	102.29
1985年	878	1 496	430	497	113.75	117.97	102.11	104.47
1986年	988	1 663	485	576	107.28	104.92	107.99	115.24
1987年	1 170	1 930	578	710	110.50	109.46	105.75	117.40
1988年	1 460	2 434	685	860	106.37	108.78	97.67	98.22
1989年	1 698	2 888	783	895	105.99	106.00	105.84	103.22
1990年	1 968	3 210	1 018	1 106	109.56	107.49	114.29	113.84
1991年	2 129	3 536	1 009	1 196	104.47	106.23	97.05	103.53
1992年	2 430	4 023	1 160	1 344	111.28	110.21	113.56	111.44
1993年	3 593	6 005	1 697	1 829	126.18	127.46	121.84	119.75
1994年	4 995	8 058	2 542	2 710	118.98	116.68	120.78	125.00
1995年	6 331	10 072	3 153	3 634	114.35	112.97	111.93	119.37
1996年	7 093	11 227	3 523	3 998	110.46	110.85	105.09	109.04
1997年	8 093	12 639	3 896	4 906	110.99	109.63	108.86	116.69
1998年	9 104	14 238	4 186	5 597	111.25	110.75	110.03	111.86
1999年	9 625	15 095	4 376	5 810	109.57	110.00	108.77	106.44

3-5 全市各时期国内生产总值年均发展速度

（按可比价格计算）　　　　单位：%

时　　期	国内生产总值	第一产业	第二产业	工业	建筑业	第三产业
恢复时期(1950-1952)	116.54	112.00	147.98	155.51	115.85	118.90
"一五"时期(1953-1957)	112.02	102.12	132.29	130.65	141.57	117.38
"二五"时期(1958-1962)	107.35	98.11	107.18	110.04	90.09	112.06
调整时期(1963-1965)	110.90	114.50	120.82	118.75	140.41	105.71
"三五"时期(1966-1970)	106.24	107.32	112.89	114.46	98.74	101.53
"四五"时期(1971-1975)	108.56	107.80	111.91	111.98	110.92	104.87
"五五"时期(1976-1980)	109.70	104.69	114.25	114.16	115.54	107.25
"六五"时期(1981-1985)	108.45	104.71	107.99	106.92	116.61	112.24
"七五"时期(1986-1990)	110.06	106.25	109.96	110.35	107.45	112.41
"八五"时期(1991-1995)	116.66	110.17	117.07	116.85	118.55	119.63
"九五"前四年(1995-1999)	112.00	109.94	109.50	107.81	119.00	115.10
1951年至1999年	110.35	106.31	115.22	115.41	113.90	111.13
1979年至1999年	111.81	107.56	112.01	111.46	115.59	113.82
1981年至1990年	109.25	105.48	108.98	108.62	111.93	112.32
1991年至1999年	114.57	110.07	113.65	112.75	118.75	117.59

3-6 全部财政收入占国内生产总值比例

单位：%

年　　份	全　市	市　区	邕宁县	武鸣县
1950年	5.99	10.18	2.10	2.90
1951年	13.99	19.67	7.80	9.61
1952年	11.30	14.37	8.82	7.33
1953年	16.40	15.13	24.45	7.72
1954年	19.62	19.06	25.85	12.48
1955年	18.58	18.00	27.27	8.44
1956年	23.28	26.83	20.38	12.40
1957年	26.21	32.53	16.64	13.68
1958年	19.62	17.16	26.09	23.51
1959年	19.39	17.18	30.39	19.59
1960年	15.50	14.64	19.96	17.00
1961年	13.14	12.81	15.52	12.09
1962年	13.75	13.05	16.54	14.24
1963年	13.86	13.81	14.65	13.17
1964年	12.89	12.21	15.69	12.63
1965年	13.57	12.94	18.67	10.36
1966年	14.75	13.69	23.06	10.33
1967年	12.78	11.48	19.07	10.68
1968年	9.71	6.60	19.30	10.95
1969年	13.80	13.26	19.06	9.36
1970年	16.25	16.73	19.69	9.53
1971年	18.81	21.08	19.67	9.75
1972年	20.01	24.05	17.15	8.84
1973年	21.31	25.33	17.19	12.04
1974年	23.23	27.11	19.43	13.44

3-6 续表　　单位:%

年　　份	全　市	市　区	邕宁县	武鸣县
1975年	22.87	27.36	16.97	13.03
1976年	21.89	25.50	15.06	14.92
1977年	23.31	27.08	14.31	16.86
1978年	23.08	27.40	14.27	14.16
1979年	18.53	21.22	9.91	16.35
1980年	19.82	22.89	10.72	16.33
1981年	19.72	22.71	10.96	17.51
1982年	18.96	21.99	9.97	18.88
1983年	17.56	19.84	10.30	17.19
1984年	17.84	20.35	9.71	17.35
1985年	17.79	21.04	9.65	11.75
1986年	16.95	19.48	11.05	11.82
1987年	15.87	17.55	12.65	11.87
1988年	14.41	15.27	12.27	12.65
1989年	13.68	14.02	12.74	12.93
1990年	12.98	13.49	10.92	12.95
1991年	12.98	13.12	11.28	14.22
1992年	11.76	12.43	8.25	12.33
1993年	11.31	11.58	9.32	12.25
1994年	11.28	11.69	7.86	13.45
1995年	9.97	10.56	6.97	10.49
1996年	9.74	10.35	6.67	10.22
1997年	9.54	10.43	6.58	8.25
1998年	9.52	10.29	6.67	8.56
1999年	9.84	10.57	6.86	9.11

3-7 市区历年国内生产总值

（按当年价格计算）　　单位：万元

年份	国内生产总值	第一产业	第二产业	工业	建筑业	第三产业
1950年	3 046	436	246	178	68	2 364
1951年	3 757	460	429	351	78	2 868
1952年	4 421	514	569	478	91	3 338
1953年	5 881	510	1 428	957	471	3 943
1954年	6 612	564	1 521	1 184	337	4 527
1955年	7 652	598	1 739	1 410	329	5 315
1956年	9 629	672	2 570	1 929	641	6 387
1957年	10 186	657	2 503	1 932	571	7 026
1958年	14 233	733	5 318	4 244	1 074	8 182
1959年	20 172	811	8 902	6 875	2 027	10 459
1960年	24 569	899	11 257	8 869	2 388	12 413
1961年	17 328	1 002	5 326	4 655	671	11 000
1962年	16 937	984	4 687	4 371	316	11 266
1963年	17 600	1 241	5 081	4 650	431	11 278
1964年	19 125	1 385	5 936	5 281	655	11 804
1965年	22 638	1 544	8 235	7 406	829	12 859
1966年	25 989	1 711	10 818	10 070	748	13 460
1967年	24 320	1 892	9 257	8 948	309	13 171
1968年	21 426	2 089	6 758	6 477	281	12 579
1969年	27 632	2 336	13 095	12 549	546	12 201
1970年	30 753	2 616	15 784	15 140	644	12 353
1971年	31 554	2 884	16 704	15 863	841	11 966
1972年	34 650	3 219	18 236	17 188	1 048	13 195
1973年	38 477	3 560	20 684	19 498	1 186	14 233
1974年	41 929	3 926	23 060	21 859	1 201	14 943

3-7 续表

单位：万元

年份	国内生产总值	第一产业	第二产业	工业	建筑业	第三产业
1975年	46 054	4 396	25 769	24 366	1 403	15 889
1976年	49 410	4 846	27 871	26 539	1 332	16 693
1977年	53 742	5 595	29 764	28 346	1 418	18 383
1978年	59 723	6 457	32 737	29 952	2 785	20 529
1979年	72 917	7 626	43 709	40 566	3 143	21 582
1980年	80 145	8 390	48 126	44 386	3 740	23 629
1981年	83 280	7 797	45 845	41 177	4 668	29 638
1982年	88 752	9 397	49 047	43 149	5 898	30 308
1983年	98 596	8 747	54 406	48 381	6 025	35 443
1984年	100 921	9 927	52 226	44 707	7 519	38 768
1985年	137 188	12 295	69 647	59 691	9 956	55 246
1986年	157 464	14 969	79 292	66 763	12 529	63 203
1987年	189 304	18 269	96 480	82 067	14 413	74 555
1988年	247 112	20 371	121 670	103 711	17 959	105 071
1989年	300 593	23 036	139 684	121 128	18 556	137 873
1990年	340 290	27 065	156 940	135 629	21 311	156 285
1991年	381 114	29 911	169 976	145 915	24 061	181 227
1992年	442 794	32 406	190 265	164 077	26 188	220 123
1993年	680 811	39 548	295 045	241 317	53 728	346 218
1994年	939 953	63 000	378 579	315 272	63 307	498 374
1995年	1 209 002	75 261	466 539	384 874	81 665	667 202
1996年	1 389 576	89 059	476 292	371 437	104 855	824 225
1997年	1 602 754	96 847	527 294	392 751	134 543	978 613
1998年	1 842 721	98 833	571 864	413 913	157 951	1 172 024
1999年	1 978 768	103 240	599 291	420 840	178 451	1 276 237

3-8 市区历年国内生产总值构成

（按当年价格计算）　　单位：%

年份	国内生产总值	第一产业	第二产业	工业	建筑业	第三产业
1950年	100.00	14.31	8.08	5.85	2.23	77.61
1951年	100.00	12.24	11.42	9.34	2.08	76.34
1952年	100.00	11.63	12.87	10.81	2.06	75.50
1953年	100.00	8.67	24.28	16.27	8.01	67.05
1954年	100.00	8.53	23.00	17.90	5.10	68.47
1955年	100.00	7.81	22.73	18.43	4.30	69.46
1956年	100.00	6.98	26.69	20.03	6.66	66.33
1957年	100.00	6.45	24.57	18.97	5.60	68.98
1958年	100.00	5.15	37.36	29.82	7.54	57.49
1959年	100.00	4.02	44.13	34.08	10.05	51.85
1960年	100.00	3.66	45.82	36.10	9.72	50.52
1961年	100.00	5.78	30.74	26.87	3.87	63.48
1962年	100.00	5.81	27.67	25.81	1.86	66.52
1963年	100.00	7.05	28.87	26.42	2.45	64.08
1964年	100.00	7.24	31.04	27.61	3.43	61.72
1965年	100.00	6.82	36.38	32.72	3.66	56.80
1966年	100.00	6.58	41.63	38.75	2.88	51.79
1967年	100.00	7.78	38.06	36.79	1.27	54.16
1968年	100.00	9.75	31.54	30.23	1.31	58.71
1969年	100.00	8.45	47.39	45.41	1.98	44.16
1970年	100.00	8.51	51.32	49.23	2.09	40.17
1971年	100.00	9.14	52.94	50.27	2.67	37.92
1972年	100.00	9.29	52.63	49.61	3.02	38.08
1973年	100.00	9.25	53.76	50.68	3.08	36.99
1974年	100.00	9.36	55.00	52.13	2.87	35.64

3-8 续表

单位：%

年　　份	国内生产总值	第一产业	第二产业			第三产业
				工业	建筑业	
1975年	100.00	9.55	55.95	52.91	3.04	34.50
1976年	100.00	9.81	56.41	53.71	2.70	33.78
1977年	100.00	10.41	55.38	52.74	2.64	34.21
1978年	100.00	10.81	54.81	50.15	4.66	34.38
1979年	100.00	10.46	59.94	55.63	4.31	29.60
1980年	100.00	10.47	60.05	55.38	4.67	29.48
1981年	100.00	9.36	55.05	49.44	5.61	35.59
1982年	100.00	10.59	55.26	48.62	6.64	34.15
1983年	100.00	8.87	55.18	49.07	6.11	35.95
1984年	100.00	9.84	51.75	44.30	7.45	38.41
1985年	100.00	8.96	50.77	43.51	7.26	40.27
1986年	100.00	9.51	50.35	42.40	7.95	40.14
1987年	100.00	9.65	50.97	43.36	7.61	39.38
1988年	100.00	8.24	49.24	41.97	7.27	42.52
1989年	100.00	7.66	46.47	40.30	6.17	45.87
1990年	100.00	7.95	46.12	39.86	6.26	45.93
1991年	100.00	7.85	44.60	38.29	6.31	47.55
1992年	100.00	7.32	42.97	37.06	5.91	49.71
1993年	100.00	5.81	43.34	35.45	7.89	50.85
1994年	100.00	6.70	40.28	33.54	6.74	53.02
1995年	100.00	6.23	38.58	31.83	6.75	55.19
1996年	100.00	6.41	34.28	26.73	7.55	59.31
1997年	100.00	6.04	32.90	24.51	8.39	61.06
1998年	100.00	5.37	31.03	22.46	8.57	63.60
1999年	100.00	5.22	30.29	21.27	9.02	64.49

3-9 市区历年国内生产总值指数

(按可比价格计算,上年=100) 单位:%

年份	国内生产总值	第一产业	第二产业	工业	建筑业	第三产业
1950年						
1951年	123.34	105.60	173.74	195.57	114.67	121.18
1952年	117.25	111.55	131.06	136.52	105.81	115.98
1953年	133.66	98.47	247.87	196.13	556.04	118.21
1954年	115.67	110.34	108.09	123.80	75.10	119.46
1955年	117.18	106.09	112.44	118.84	90.26	120.39
1956年	125.65	112.22	140.59	137.08	156.56	122.24
1957年	105.63	93.57	98.58	100.05	92.74	109.67
1958年	129.37	107.77	166.59	167.33	163.57	116.08
1959年	144.39	109.41	172.14	162.02	213.92	131.01
1960年	123.29	110.75	130.13	128.95	133.83	118.88
1961年	72.16	103.16	44.27	52.53	19.37	93.72
1962年	100.55	94.35	88.42	93.69	45.37	105.83
1963年	102.86	127.81	104.26	102.77	129.36	100.81
1964年	105.48	112.78	116.74	113.54	159.54	101.01
1965年	118.93	110.64	139.47	140.28	131.75	111.49
1966年	116.39	108.91	128.09	131.41	94.37	111.22
1967年	95.67	111.20	85.45	88.88	36.98	100.18
1968年	88.41	110.07	72.79	72.38	86.55	93.96
1969年	123.84	98.89	194.75	193.75	223.32	99.78
1970年	110.51	111.98	121.04	120.66	130.39	102.54
1971年	102.40	94.26	104.39	102.43	149.38	101.79
1972年	111.40	102.69	116.51	116.41	118.09	106.72
1973年	108.76	112.05	113.88	114.17	109.42	100.94
1974年	109.38	108.64	110.19	111.25	93.08	108.28

3-9 续表 单位：%

年份	国内生产总值	第一产业	第二产业			第三产业
				工业	建筑业	
1975年	108.99	111.72	111.54	111.76	107.35	104.28
1976年	107.81	108.67	107.48	108.47	87.60	108.15
1977年	112.19	116.65	113.53	114.02	101.19	108.82
1978年	109.95	99.32	110.78	108.28	180.93	111.28
1979年	123.91	107.58	140.94	141.11	139.12	104.88
1980年	105.27	99.21	107.38	107.66	104.32	103.09
1981年	108.17	93.00	101.52	101.17	105.43	125.28
1982年	106.53	126.85	107.56	105.70	127.75	100.72
1983年	111.42	92.56	112.07	113.18	102.16	115.23
1984年	98.88	106.67	94.21	92.23	113.76	104.89
1985年	121.59	95.12	125.91	121.36	162.50	120.84
1986年	108.36	113.76	108.91	107.00	120.39	106.61
1987年	113.36	112.01	114.72	115.89	108.45	111.49
1988年	112.57	92.10	112.25	118.95	74.10	116.75
1989年	108.67	105.60	100.84	101.28	96.90	121.20
1990年	109.52	102.70	111.60	106.54	159.91	107.68
1991年	108.01	104.44	105.26	104.36	111.00	111.36
1992年	112.56	114.93	109.61	111.24	99.86	114.98
1993年	131.28	116.42	132.30	130.47	144.48	132.77
1994年	120.03	125.29	115.04	115.94	109.65	123.77
1995年	116.27	111.12	116.83	115.91	122.71	116.54
1996年	114.30	109.86	110.25	107.98	123.88	118.32
1997年	112.32	109.92	108.54	106.46	119.42	115.58
1998年	113.03	106.06	108.90	106.12	121.93	116.91
1999年	111.42	111.32	109.52	107.55	117.55	112.72

3-10 市区各时期国内生产总值年均发展速度

（按可比价格计算） 单位：%

时　　期	国内生产总值	第一产业	第二产业			第三产业
				工业	建筑业	
恢复时期(1950-1952)	120.26	108.53	150.90	163.40	110.15	118.55
“一五”时期(1953-1957)	119.18	103.89	133.09	131.67	140.49	117.91
“二五”时期(1958-1962)	110.81	104.91	107.87	111.46	83.73	112.39
调整时期(1963-1965)	108.87	116.83	119.29	117.85	139.57	104.32
“三五”时期(1966-1970)	106.14	108.10	113.43	114.60	97.46	101.38
“四五”时期(1971-1975)	108.14	105.65	111.23	111.10	114.04	104.36
“五五”时期(1976-1980)	111.65	106.09	115.39	115.26	118.41	107.20
“六五”时期(1981-1985)	109.07	102.07	107.74	106.26	120.53	113.01
“七五”时期(1986-1990)	110.48	104.94	109.56	109.74	108.43	112.61
“八五”时期(1991-1995)	117.37	114.24	115.46	115.27	116.60	119.65
“九五”前四年(1995-1999)	112.76	109.27	109.30	107.02	120.67	115.86
1950年至1999年	111.81	107.15	115.22	115.50	113.57	111.19
1978年至1999年	112.53	107.04	111.67	110.88	116.63	114.10
1981年至1990年	119.77	103.50	108.64	107.99	114.32	112.81
1991年至1999年	115.30	112.00	112.68	111.53	118.39	117.95

3-11 邕宁县历年国内生产总值

（按当年价格计算） 单位：万元

年份	国内生产总值	第一产业	第二产业			第三产业
				工业	建筑业	
1950年	2 287	2 198	30	29	1	59
1951年	2 448	2 336	41	39	2	71
1952年	2 758	2 568	62	56	6	128
1953年	2 932	2 686	89	84	5	157
1954年	3 110	2 778	105	98	7	227
1955年	3 176	2 712	124	117	7	340
1956年	3 410	2 794	168	144	24	448
1957年	3 745	2 943	255	201	54	547
1958年	3 837	2 696	527	246	281	614
1959年	4 001	2 509	753	395	358	739
1960年	3 628	2 201	530	278	252	897
1961年	3 678	2 408	306	231	75	964
1962年	3 772	2 481	278	203	75	1 013
1963年	3 924	2 455	373	206	167	1 096
1964年	4 952	3 052	728	318	410	1 172
1965年	5 727	3 669	808	554	254	1 250
1966年	6 128	3 967	778	563	215	1 383
1967年	6 776	4 594	707	528	179	1 475
1968年	6 300	4 250	529	436	93	1 521
1969年	8 041	5 635	763	609	154	1 643
1970年	8 974	6 505	874	662	212	1 595
1971年	9 503	6 657	1 185	972	213	1 661
1972年	11 139	8 001	1 437	1 123	314	1 701
1973年	12 700	9 296	1 667	1 434	233	1 737
1974年	12 579	8 822	1 903	1 584	319	1 854

3-11 续表 单位:万元

年份	国内生产总值	第一产业	第二产业			第三产业
				工业	建筑业	
1975年	13 338	9 351	2 066	1 734	332	1 921
1976年	13 051	8 699	2 304	1 878	426	2 048
1977年	13 958	9 424	2 412	1 987	425	2 122
1978年	15 665	10 463	3 051	2 748	303	2 151
1979年	18 984	12 900	3 543	2 937	606	2 541
1980年	20 896	13 576	4 426	3 669	757	2 894
1981年	24 287	16 587	4 576	3 880	696	3 124
1982年	29 723	21 517	5 017	4 155	862	3 189
1983年	29 761	20 950	5 059	4 388	671	3 752
1984年	29 651	19 055	6 058	5 377	681	4 538
1985年	33 504	20 544	7 625	6 183	1 442	5 335
1986年	38 340	22 102	9 518	8 019	1 499	6 720
1987年	46 319	26 311	11 522	10 356	1 166	8 486
1988年	55 577	32 192	13 461	11 906	1 555	9 924
1989年	64 318	35 919	17 240	14 835	2 405	11 159
1990年	84 496	51 685	19 029	16 522	2 507	13 782
1991年	84 635	48 493	20 933	18 194	2 739	15 209
1992年	98 307	58 102	22 868	19 557	3 311	17 337
1993年	145 785	74 872	42 076	36 559	5 517	28 837
1994年	220 808	105 435	72 158	62 733	9 425	43 215
1995年	276 081	130 467	91 018	78 483	12 535	54 596
1996年	310 659	142 404	106 584	87 738	18 846	61 671
1997年	345 890	160 575	116 749	95 662	21 087	68 566
1998年	374 036	174 824	122 931	102 025	20 906	76 281
1999年	393 569	183 138	128 203	107 397	20 806	82 228

3-12 邕宁县历年国内生产总值构成

（按当年价格计算）　　单位：%

年　　份	国内生产总值	第一产业	第二产业			第三产业
				工业	建筑业	
1950年	100.00	96.11	1.31	1.27	0.04	2.58
1951年	100.00	95.42	1.68	1.60	0.08	2.90
1952年	100.00	93.11	2.25	2.03	0.22	4.64
1953年	100.00	91.61	3.04	2.87	0.17	5.35
1954年	100.00	89.32	3.38	3.15	0.23	7.30
1955年	100.00	85.39	3.90	3.68	0.22	10.71
1956年	100.00	81.93	4.93	4.22	0.71	13.14
1957年	100.00	78.58	6.81	5.37	1.44	14.61
1958年	100.00	70.26	13.74	6.41	7.33	16.00
1959年	100.00	62.71	18.82	9.87	8.95	18.47
1960年	100.00	60.67	14.61	7.66	6.95	24.72
1961年	100.00	65.47	8.32	6.28	2.04	26.21
1962年	100.00	65.77	7.37	5.38	1.99	26.86
1963年	100.00	62.56	9.51	5.25	4.26	27.93
1964年	100.00	61.63	14.70	6.42	8.28	23.67
1965年	100.00	64.06	14.11	9.67	4.44	21.83
1966年	100.00	64.73	12.70	9.19	3.51	22.57
1967年	100.00	67.80	10.43	7.79	2.64	21.77
1968年	100.00	67.46	8.40	6.92	1.48	24.14
1969年	100.00	70.08	9.49	7.57	1.92	20.43
1970年	100.00	72.49	9.74	7.38	2.36	17.77
1971年	100.00	70.05	12.47	10.23	2.24	17.48
1972年	100.00	71.83	12.90	10.08	2.82	15.27
1973年	100.00	73.20	13.12	11.29	1.83	13.68
1974年	100.00	70.13	15.13	12.59	2.54	14.74

单位：%

年份	国内生产总值	第一产业	第二产业			第三产业
				工业	建筑业	
1975年	100.00	70.11	15.49	13.00	2.49	14.40
1976年	100.00	66.66	17.65	14.39	3.26	15.69
1977年	100.00	67.52	17.28	14.24	3.04	15.20
1978年	100.00	66.79	19.48	17.54	1.94	13.73
1979年	100.00	67.95	18.66	15.47	3.19	13.39
1980年	100.00	64.97	21.18	17.56	3.62	13.85
1981年	100.00	68.30	18.84	15.97	2.87	12.86
1982年	100.00	72.39	16.88	13.98	2.90	10.73
1983年	100.00	70.39	17.00	14.75	2.25	12.61
1984年	100.00	64.27	20.43	18.13	2.30	15.30
1985年	100.00	61.32	22.76	18.46	4.30	15.92
1986年	100.00	57.65	24.82	20.91	3.91	17.53
1987年	100.00	56.80	24.88	22.36	2.52	18.32
1988年	100.00	57.92	24.22	21.42	2.80	17.86
1989年	100.00	55.85	26.80	23.06	3.74	17.35
1990年	100.00	61.17	22.52	19.55	2.97	16.31
1991年	100.00	57.30	24.73	21.50	3.23	17.97
1992年	100.00	59.10	23.26	19.89	3.37	17.64
1993年	100.00	51.36	28.86	25.08	3.78	19.78
1994年	100.00	47.75	32.68	28.41	4.27	19.57
1995年	100.00	47.26	32.97	28.43	4.54	19.77
1996年	100.00	45.84	34.31	28.24	6.07	19.85
1997年	100.00	46.42	33.76	27.66	6.10	19.82
1998年	100.00	46.74	32.87	27.28	5.59	20.39
1999年	100.00	46.53	32.58	27.29	5.29	20.89

3-13 邕宁县历年国内生产总值指数

（按可比价格计算，上年＝100） 单位：%

年份	国内生产总值	第一产业	第二产业	工业	建筑业	第三产业
1950年						
1951年	112.62	112.35	145.45	143.75	200.00	108.05
1952年	111.37	109.88	152.08	145.65	300.00	136.17
1953年	106.07	104.69	142.47	147.76	83.33	119.53
1954年	107.60	106.95	117.31	116.16	140.00	115.03
1955年	99.40	97.43	119.67	120.87	100.00	125.00
1956年	104.88	104.85	122.60	111.51	342.86	93.64
1957年	95.47	91.95	146.37	134.19	225.00	113.11
1958年	105.64	99.04	198.37	126.70	451.85	98.17
1959年	102.64	93.32	143.42	160.33	126.64	114.34
1960年	90.16	87.71	70.44	70.36	70.55	122.96
1961年	91.74	95.98	59.88	83.15	30.73	99.60
1962年	105.02	105.14	91.16	88.11	101.49	110.11
1963年	106.72	99.00	132.46	102.00	222.06	119.93
1964年	126.35	124.30	190.14	150.00	244.37	108.26
1965年	118.31	119.83	112.44	173.53	61.79	117.95
1966年	106.59	108.54	97.10	102.26	85.09	107.02
1967年	108.98	115.44	90.09	92.82	82.47	101.62
1968年	92.95	93.98	75.30	82.94	51.25	98.26
1969年	109.75	107.48	145.80	142.11	164.63	103.17
1970年	112.67	115.49	113.03	107.58	137.04	103.79
1971年	109.45	108.13	133.41	147.58	87.74	101.88
1972年	110.30	112.40	101.84	93.55	146.77	106.58
1973年	121.05	122.46	116.86	129.27	73.99	116.97
1974年	103.81	102.06	113.72	110.01	136.14	106.02

3-13 续表 单位:%

年份	国内生产总值	第一产业	第二产业			第三产业
				工业	建筑业	
1975年	106.55	106.06	108.91	109.92	104.00	107.22
1976年	96.79	93.06	111.99	108.89	127.97	103.73
1977年	110.30	109.20	103.91	104.86	99.73	120.47
1978年	111.90	113.73	105.66	109.63	87.40	108.93
1979年	112.13	111.89	113.60	104.57	195.30	111.16
1980年	108.89	106.03	116.78	116.76	116.85	110.04
1981年	115.93	122.66	102.77	105.13	91.35	107.84
1982年	115.04	119.68	109.95	107.39	124.21	100.67
1983年	98.73	93.80	104.37	109.32	80.51	117.31
1984年	101.50	93.65	114.31	116.96	96.99	118.67
1985年	103.94	99.23	126.53	115.60	212.71	90.70
1986年	109.77	104.83	114.67	119.14	95.48	119.64
1987年	107.06	102.60	112.18	119.67	72.06	112.94
1988年	99.03	93.90	99.43	97.84	113.56	113.86
1989年	107.14	112.47	105.17	102.33	126.96	96.82
1990年	115.31	118.29	106.68	107.63	100.81	120.92
1991年	98.03	92.63	106.23	105.77	109.25	106.99
1992年	114.77	118.54	110.10	111.41	101.72	108.95
1993年	123.49	110.44	143.43	145.78	127.03	141.95
1994年	122.16	110.13	145.89	145.23	151.17	122.02
1995年	112.82	113.42	112.68	109.94	133.83	111.57
1996年	105.83	97.33	115.69	111.31	143.45	110.61
1997年	109.62	108.12	111.43	111.13	112.92	109.75
1998年	110.72	108.43	114.17	118.23	94.54	109.54
1999年	109.46	107.66	112.72	114.24	103.56	107.26

3-14 邕宁县各时期国内生产总值年均发展速度

（按可比价格计算）　　单位：%

时　　期	国内生产总值	第一产业	第二产业	工业	建筑业	第三产业
恢复时期(1950-1952)	111.99	111.11	148.73	144.70	244.95	121.30
“一五”时期(1953-1957)	102.58	101.01	129.12	125.43	155.18	112.73
“二五”时期(1958-1962)	98.81	96.06	101.81	100.93	104.72	108.64
调整时期(1963-1965)	116.85	113.82	141.48	138.47	149.67	115.27
“三五”时期(1966-1970)	105.95	107.89	101.65	103.78	95.91	102.73
“四五”时期(1971-1975)	110.08	110.01	114.48	116.63	106.17	107.62
“五五”时期(1976-1980)	107.84	106.52	110.28	108.85	120.55	110.74
“六五”时期(1981-1985)	106.79	105.05	111.27	110.78	113.51	106.51
“七五”时期(1986-1990)	107.53	106.09	107.49	108.97	100.00	112.49
“八五”时期(1991-1995)	113.87	108.66	122.49	122.36	123.35	117.64
“九五”前四年(1995-1999)	108.89	105.28	113.49	113.69	112.22	109.28
1950年至1999年	107.60	105.85	115.04	114.74	119.18	110.54
1978年至1999年	109.37	106.56	113.71	113.52	115.19	111.43
1981年至1990年	107.16	105.57	109.36	109.87	106.54	109.46
1991年至1999年	111.63	107.14	118.41	118.43	118.27	113.85

3-15 武鸣县历年国内生产总值

（按当年价格计算）　　单位：万元

年　　份	国内生产总值	第一产业	第二产业			第三产业
				工业	建筑业	
1950年	1 243	1 074	54	54		115
1951年	1 415	1 202	65	65		148
1952年	1 692	1 427	88	83	5	177
1953年	1 865	1 563	128	126	2	174
1954年	2 196	1 704	209	204	5	283
1955年	2 274	1 744	251	244	7	279
1956年	2 233	1 704	232	213	19	297
1957年	2 273	1 737	248	219	29	288
1958年	2 403	1 747	260	188	72	396
1959年	3 262	2 001	666	509	157	595
1960年	3 429	1 778	844	598	246	807
1961年	2 795	1 730	546	398	148	519
1962年	2 831	2 007	333	216	117	491
1963年	3 326	2 324	326	192	134	676
1964年	3 548	2 310	464	266	198	774
1965年	4 632	3 110	564	320	244	958
1966年	5 287	3 615	690	518	172	982
1967年	5 329	3 705	702	565	137	922
1968年	5 058	3 580	717	654	63	761
1969年	6 194	4 054	1 156	939	217	984
1970年	6 802	4 319	1 364	1 043	321	1 119
1971年	8 821	6 166	1 555	1 285	270	1 100
1972年	9 649	6 588	1 929	1 661	268	1 132
1973年	11 060	7 181	2 479	2 160	319	1 400
1974年	11 737	7 490	2 818	2 440	378	1 429

3-15 续表

单位:万元

年 份	国内生产总值	第一产业	第二产业			第三产业
				工业	建筑业	
1975年	13 026	8 213	3 092	2 624	468	1 721
1976年	12 839	7 880	3 298	2 928	370	1 661
1977年	11 886	6 850	3 417	3 151	266	1 619
1978年	13 458	7 579	4 254	3 650	604	1 625
1979年	14 901	8 516	4 449	3 846	603	1 936
1980年	15 865	8 669	5 037	4 279	758	2 159
1981年	16 879	8 880	5 769	5 112	657	2 230
1982年	18 718	10 145	5 830	5 278	552	2 743
1983年	21 137	11 436	6 368	5 438	930	3 333
1984年	23 233	12 207	6 849	6 444	405	4 177
1985年	28 549	15 525	8 407	7 817	590	4 617
1986年	33 563	17 098	11 057	10 278	779	5 408
1987年	42 093	18 985	15 725	14 767	958	7 383
1988年	51 612	24 772	18 695	17 586	1 109	8 145
1989年	54 209	24 583	20 489	19 460	1 029	9 137
1990年	67 740	32 948	23 959	22 892	1 067	10 833
1991年	73 951	34 565	27 673	25 265	2 408	11 713
1992年	83 697	42 587	27 644	25 280	2 364	13 466
1993年	114 754	51 986	41 871	37 781	4 090	20 897
1994年	171 090	68 967	67 768	61 304	6 464	34 355
1995年	230 169	87 969	97 921	88 735	9 186	44 279
1996年	254 284	102 940	100 855	87 598	13 257	50 489
1997年	313 751	140 700	111 078	97 895	13 183	61 973
1998年	358 976	166 499	120 483	106 643	13 840	71 994
1999年	373 169	177 305	118 100	103 245	14 855	77 764

3-16 武鸣县历年国内生产总值构成

（按当年价格计算）　　单位：%

年　　份	国内生产总值	第一产业	第二产业	工业	建筑业	第三产业
1950年	100.00	86.40	4.34	4.34		9.26
1951年	100.00	84.95	4.59	4.59		10.46
1952年	100.00	84.34	5.20	4.90	0.30	10.46
1953年	100.00	83.81	6.86	6.76	0.10	9.33
1954年	100.00	77.60	9.52	9.29	0.23	12.88
1955年	100.00	76.69	11.04	10.73	0.31	12.27
1956年	100.00	76.31	10.39	9.54	0.85	13.30
1957年	100.00	76.42	10.91	9.63	1.28	12.67
1958年	100.00	72.70	10.82	7.82	3.00	16.48
1959年	100.00	61.34	20.42	15.60	4.82	18.24
1960年	100.00	51.85	24.61	17.44	7.17	23.54
1961年	100.00	61.90	19.53	14.24	5.29	18.57
1962年	100.00	70.89	11.76	7.63	4.13	17.35
1963年	100.00	69.87	9.80	5.77	4.03	20.33
1964年	100.00	65.11	13.08	7.50	5.58	21.81
1965年	100.00	67.14	12.18	6.91	5.27	20.68
1966年	100.00	68.38	13.05	9.80	3.25	18.57
1967年	100.00	69.53	13.17	10.60	2.57	17.30
1968年	100.00	70.78	14.18	12.93	1.25	15.04
1969年	100.00	65.45	18.66	15.16	3.50	15.89
1970年	100.00	63.50	20.05	15.33	4.72	16.45
1971年	100.00	69.90	17.63	14.57	3.06	12.47
1972年	100.00	68.28	19.99	17.21	2.78	11.73
1973年	100.00	64.93	22.41	19.53	2.88	12.66
1974年	100.00	63.81	24.01	20.79	3.22	12.18

3-16 续表 单位：%

年　　份	国内生产总值	第一产业	第二产业			第三产业
				工业	建筑业	
1975年	100.00	63.05	23.74	20.15	3.59	13.21
1976年	100.00	61.37	25.69	22.81	2.88	12.94
1977年	100.00	57.63	28.75	26.51	2.24	13.62
1978年	100.00	56.32	31.61	27.12	4.49	12.07
1979年	100.00	57.15	29.86	25.81	4.05	12.99
1980年	100.00	54.64	31.75	26.97	4.78	13.61
1981年	100.00	52.61	34.18	30.29	3.89	13.21
1982年	100.00	54.20	31.15	28.20	2.95	14.65
1983年	100.00	54.10	30.13	25.73	4.40	15.77
1984年	100.00	52.54	29.48	27.74	1.74	17.98
1985年	100.00	54.38	29.45	27.38	2.07	16.17
1986年	100.00	50.94	32.95	30.63	2.32	16.11
1987年	100.00	45.10	37.36	35.08	2.28	17.54
1988年	100.00	48.00	36.22	34.07	2.15	15.78
1989年	100.00	45.35	37.80	35.90	1.90	16.85
1990年	100.00	48.64	35.37	33.79	1.58	15.99
1991年	100.00	46.74	37.42	34.16	3.26	15.84
1992年	100.00	50.88	33.03	30.21	2.82	16.09
1993年	100.00	45.30	36.49	32.92	3.57	18.21
1994年	100.00	40.31	39.61	35.83	3.78	20.08
1995年	100.00	38.22	42.54	38.55	3.99	19.24
1996年	100.00	40.48	39.66	34.45	5.21	19.86
1997年	100.00	44.85	35.40	31.20	4.20	19.75
1998年	100.00	46.38	33.56	29.71	3.85	20.06
1999年	100.00	47.51	31.65	27.67	3.98	20.84

3-17 武鸣县历年国内生产总值指数

（按可比价格计算，上年＝100）　　单位：%

年份	国内生产总值	第一产业	第二产业	工业	建筑业	第三产业
1950年						
1951年	113.73	111.99	121.28	121.28		128.70
1952年	119.47	118.71	136.84	128.07		119.59
1953年	107.71	107.12	147.44	154.79	40.00	95.48
1954年	116.79	109.01	164.35	162.83	250.00	162.72
1955年	103.28	102.38	120.11	119.57	140.00	97.82
1956年	98.24	97.68	92.95	87.27	271.43	106.69
1957年	103.70	101.94	128.44	126.56	147.37	96.86
1958年	89.38	80.46	101.27	82.21	237.93	131.25
1959年	138.72	114.68	255.83	270.76	218.84	149.74
1960年	107.28	88.89	127.20	117.49	156.95	135.69
1961年	79.12	97.30	63.00	66.54	54.85	63.15
1962年	99.35	116.00	57.11	54.14	65.38	96.45
1963年	113.87	111.46	96.44	85.71	121.18	132.26
1964年	106.01	99.42	128.04	138.69	110.68	114.70
1965年	131.29	134.66	140.63	120.60	181.58	118.59
1966年	110.62	112.07	118.65	156.23	67.63	102.02
1967年	100.55	102.48	101.90	109.11	79.29	93.83
1968年	94.76	96.64	102.54	115.66	45.95	82.88
1969年	123.47	113.26	160.66	143.68	345.10	128.89
1970年	109.30	106.53	117.80	111.06	148.30	109.06
1971年	102.37	100.61	111.85	121.20	80.69	97.77
1972年	109.98	106.85	124.28	129.28	99.23	102.83
1973年	114.54	109.01	128.58	130.04	119.07	114.58
1974年	104.48	101.29	112.62	111.82	118.30	102.02

3-17 续表 单位:%

年份	国内生产总值	第一产业	第二产业			第三产业
				工业	建筑业	
1975年	110.39	109.64	109.64	107.54	123.76	115.13
1976年	96.94	93.09	105.21	110.25	75.67	95.31
1977年	93.76	86.93	103.87	107.60	71.98	97.37
1978年	113.26	110.65	122.40	115.84	206.15	100.36
1979年	109.90	112.94	102.92	104.25	95.82	116.00
1980年	104.00	101.52	107.75	107.33	110.17	104.86
1981年	104.42	102.56	107.92	114.06	73.22	103.06
1982年	111.71	116.22	101.40	103.27	84.86	120.49
1983年	110.00	110.52	103.96	97.94	168.58	120.59
1984年	103.97	99.73	101.83	111.80	39.67	121.47
1985年	106.48	102.95	123.24	123.33	121.59	90.88
1986年	116.86	108.68	131.79	131.65	134.20	111.29
1987年	119.27	104.82	132.25	133.58	108.95	130.61
1988年	99.59	98.89	101.66	101.66	101.61	96.22
1989年	104.09	107.41	103.71	104.48	87.35	97.00
1990年	115.20	117.72	111.93	112.35	101.21	117.41
1991年	104.55	98.93	111.94	106.78	222.68	105.31
1992年	112.21	119.94	103.92	104.92	93.69	109.61
1993年	120.63	105.82	133.19	130.52	164.02	138.90
1994年	125.80	106.60	137.95	138.51	132.79	145.56
1995年	119.76	114.00	127.29	129.44	106.70	114.55
1996年	109.50	110.09	109.57	107.08	138.37	108.33
1997年	117.32	127.10	110.69	112.04	98.53	115.16
1998年	112.18	118.34	108.82	109.49	102.04	107.54
1999年	106.61	112.34	99.43	98.23	112.64	110.24

3-18 武鸣县各时期国内生产总值年均发展速度

（按可比价格计算）　　单位：%

时　　期	国内生产总值	第一产业	第二产业	工业	建筑业	第三产业
恢复时期(1950-1952)	116.56	115.30	128.83	124.63		124.06
“一五”时期(1953-1957)	105.77	103.55	128.29	127.19	141.14	109.45
“二五”时期(1958-1962)	100.90	98.47	103.47	98.81	123.99	110.19
调整时期(1963-1965)	116.59	114.27	120.20	112.76	134.54	121.62
“三五”时期(1966-1970)	107.30	106.01	118.60	125.76	104.75	102.21
“四五”时期(1971-1975)	108.26	105.41	117.15	119.63	106.90	106.23
“五五”时期(1976-1980)	103.31	100.53	108.21	108.99	103.46	102.53
“六五”时期(1981-1985)	107.27	106.23	107.38	109.73	87.24	110.58
“七五”时期(1986-1990)	110.73	107.33	115.52	115.98	105.60	109.76
“八五”时期(1991-1995)	116.35	108.82	122.16	121.26	137.91	121.73
“九五”前四年(1995-1999)	111.33	116.79	107.03	106.58	111.88	110.28
1950年至1999年	108.62	106.45	115.03	114.98		110.37
1978年至1999年	110.94	109.14	112.39	112.84	108.43	112.85
1981年至1990年	108.99	106.78	111.37	112.81	95.98	110.17
1991年至1999年	114.09	112.29	115.19	114.50	125.67	116.50

3-19 总 产 出

（1999年，按当年价格计算） 单位：万元

指标名称	全市	市区	邕宁县	武鸣县
总产出	**6 055 614**	**4 411 702**	**852 311**	**791 601**
第一产业	**720 486**	**159 238**	**286 153**	**275 095**
第二产业	**2 809 650**	**1 997 635**	**427 345**	**384 670**
工业	2 091 044	1 402 799	357 990	330 255
建筑业	718 606	594 836	69 355	54 415
第三产业	**2 525 478**	**2 254 829**	**138 813**	**131 836**
农林牧渔服务业	13 248	10 489	1 482	1 277
地质勘查业、水利管理业	10 418	7 812	1 645	961
交通运输、仓储及邮电通信业	405 755	341 786	33 032	30 937
批发和零售贸易、餐饮业	744 712	658 108	49 005	37 599
金融保险业	239 610	223 916	4 396	11 298
房地产业	94 827	80 200	7 114	7 513
社会服务业	424 237	406 868	4 519	12 850
卫生、体育和社会福利业	106 281	96 377	4 148	5 756
教育、文艺和广播电影电视业	217 841	187 658	19 334	10 849
科学研究和综合技术服务业	77 062	75 216	918	928
国家机关、政党机关和社会团体	163 824	138 776	13 180	11 868
其他行业	27 663	27 623	40	

3-20 国内生产总值

（1999年，按当年价格计算） 单位：万元

指标名称	全市	市区	邕宁县	武鸣县
国内生产总值	**2 745 506**	**1 978 768**	**393 569**	**373 169**
第一产业	**463 683**	**103 240**	**183 138**	**177 305**
第二产业	**845 594**	**599 291**	**128 203**	**118 100**
工业	631 482	420 840	107 397	103 245
建筑业	214 112	178 451	20 806	14 855
第三产业	**1 436 229**	**1 276 237**	**82 228**	**77 764**
农林牧渔服务业	4 126	2 809	741	576
地质勘查业、水利管理业	6 381	4 805	905	671
交通运输、仓储及邮电通信业	243 772	209 983	17 811	15 978
批发和零售贸易、餐饮业	421 571	376 271	24 886	20 414
金融保险业	236 816	218 032	9 884	8 900
房地产业	51 101	37 881	6 071	7 149
社会服务业	180 918	171 039	2 169	7 710
卫生、体育和社会福利业	45 902	41 272	2 012	2 618
教育、文艺和广播电影电视业	116 225	97 660	10 971	7 594
科学研究和综合技术服务业	39 404	38 389	459	556
国家机关、政党机关和社会团体	74 107	62 221	6 288	5 598
其他行业	15 906	15 875	31	
人均国内生产总值(元)	**9 625**	**15 095**	**4 376**	**5 810**

3-21 国内生产总值构成

（1999年，按当年价格计算）　　单位：%

指标名称	全市	市区	邕宁县	武鸣县
国内生产总值	**100.00**	**100.00**	**100.00**	**100.00**
第一产业	**16.89**	**5.22**	**46.53**	**47.51**
第二产业	**30.80**	**30.29**	**32.58**	**31.65**
工业	23.00	21.27	27.29	27.67
建筑业	7.80	9.02	5.29	3.98
第三产业	**52.31**	**64.49**	**20.89**	**20.84**
农林牧渔服务业	0.15	0.14	0.19	0.15
地质勘查业、水利管理业	0.23	0.24	0.23	0.18
交通运输、仓储及邮电通信业	8.88	10.61	4.53	4.28
批发和零售贸易、餐饮业	15.35	19.02	6.32	5.47
金融保险业	8.63	11.02	2.51	2.38
房地产业	1.86	1.91	1.54	1.92
社会服务业	6.59	8.64	0.55	2.07
卫生、体育和社会福利业	1.67	2.09	0.51	0.70
教育、文艺和广播电影电视业	4.23	4.94	2.79	2.04
科学研究和综合技术服务业	1.44	1.94	0.12	0.15
国家机关、政党机关和社会团体	2.70	3.14	1.60	1.50
其他行业	0.58	0.80	0.01	

3-22 国内生产总值发展速度

(1999年,按可比价格计算,上年=100)　　单位:%

指标名称	全市	市区	邕宁县	武鸣县
国内生产总值	**110.49**	**111.42**	**109.46**	**106.61**
第一产业	**110.31**	**111.32**	**107.66**	**112.34**
第二产业	**108.46**	**109.52**	**112.72**	**99.43**
工业	106.94	107.55	114.24	98.23
建筑业	115.68	117.55	103.56	112.64
第三产业	**112.26**	**112.72**	**107.26**	**110.24**
农林牧渔服务业	104.43	109.81	103.20	85.34
地质勘查业、水利管理业	74.98	67.66	104.28	124.18
交通运输、仓储及邮电通信业	115.05	115.97	110.86	106.62
批发和零售贸易、餐饮业	111.34	111.21	111.11	113.98
金融保险业	103.37	104.61	85.43	96.35
房地产业	99.09	97.38	101.86	105.83
社会服务业	130.91	131.58	114.93	122.72
卫生、体育和社会福利业	115.23	115.62	117.51	108.02
教育、文艺和广播电影电视业	110.40	110.09	112.44	111.67
科学研究和综合技术服务业	115.60	115.88	107.17	105.70
国家机关、政党机关和社会团体	113.63	112.79	111.67	126.56
其他行业	115.96	115.84	225.00	
人均国内生产总值	**109.57**	**110.00**	**108.77**	**106.44**

3-23 国内生产总值使用表

（1999年，按当年价格计算）

指　标　名　称	绝对值（万元）				构　成（%）			
	全市	市区	邕宁	武鸣	全市	市区	邕宁	武鸣
支出法国内生产总值	**2 745 506**	**1 978 768**	**393 569**	**373 169**	**100.00**	**100.00**	**100.00**	**100.00**
最终消费	**1 525 155**	**946 917**	**281 149**	**297 089**	**55.55**	**47.85**	**71.44**	**79.61**
居民消费	1 202 220	741 841	251 697	208 682	43.79	37.49	63.95	55.92
农村居民消费	410 677	82 278	186 964	141 435	14.96	4.16	47.50	37.90
城镇居民消费	791 543	659 561	64 735	67 247	28.83	33.33	16.45	18.02
政府消费	322 935	205 076	29 452	88 407	11.76	10.36	7.48	23.69
资本形成总额	**897 903**	**709 403**	**112 420**	**76 080**	**32.70**	**35.85**	**28.56**	**20.39**
固定资本形成总额	891 388	736 217	94 309	60 862	32.47	37.21	23.96	16.31
存货增加	6 515	-26 814	18 111	15 218	0.24	-1.36	4.60	4.08
货物和服务净出口	**322 448**	**322 448**			**11.74**	**16.30**		
出口	1 864 867	1 864 867						
进口	1 542 419	1 542 419						

3-24 资本形成总额

（1999年，按当年价格计算）　　单位：万元

指　标　名　称	全　市	市　区	邕　宁	武　鸣
资本形成总额	**897 903**	**709 403**	**112 420**	**76 080**
固定资本形成总额	**891 388**	**736 217**	**94 309**	**60 862**
第一产业	16 345	8 883	4 295	3 167
第二产业	292 902	227 916	50 463	14 523
#工业	169 164	127 390	30 732	11 042
第三产业	582 141	499 418	39 551	43 172
存货增加	**6 515**	**-26 814**	**18 111**	**15 218**
第一产业	21 003	10 476	9 527	1 000
第二产业	8 189	-2 503	7 692	3 000
#工业	-9 676	-19 285	7 109	2 500
第三产业	-22 677	-34 787	892	11 218

3-25 全社会从业人员年末数

（1999年）　　单位:人

指标名称	全市	市区	邕宁	武鸣
全社会从业人员总计	**1 599 826**	**779 316**	**454 397**	**366 113**
第一产业	**809 959**	**186 520**	**361 229**	**262 210**
第二产业	**265 527**	**177 686**	**38 673**	**49 168**
工业	198 727	129 402	30 085	39 240
建筑业	66 800	48 284	8 588	9 928
第三产业	**524 340**	**415 110**	**54 495**	**54 735**
农林牧渔服务业	2 797	1 709	401	687
地质勘查业、水利管理业	3 951	2 414	930	607
交通运输、仓储及邮电通信业	54 690	39 492	7 669	7 529
批发和零售贸易、餐饮业	225 789	175 596	22 640	27 553
金融保险业	13 124	11 579	467	1 078
房地产业	6 526	6 233	175	118
社会服务业	66 862	62 173	2 609	2 080
卫生、体育和社会福利业	22 951	18 275	2 591	2 085
教育、文艺和广播电影电视业	62 509	40 426	12 706	9 377
科学研究和综合技术服务业	18 083	17 178	351	554
国家机关、政党机关和社会团体	35 538	28 554	3 917	3 067
其他行业	11 520	11 481	39	

四　人口、劳动力和职工工资

人口、劳动力和职工工资

1999年末，全市总人口285.87万人，比1998年增加1.24万人，增长率为0.44%，其中，市区人口131.36万人，比上年增加0.55万人，增长率为0.42%，两个县人口为154.51万元，比上年增加0.69万人，增长率为0.45%。全市人口出生率为10.17‰，死亡率为4.38‰，自然增长率为5.79‰，分别比上年下降0.69千分点、0.44千分点和0.25千分点。我市人口增速保持平衡增长。

非农业人口增速快于农业人口。农业人口与非农业人口之间的比例是反映一个地区城市化程度的重要标志之一。1999年，全市非农业人口为116.18万人，比上年增长1.66%；农业人口为169.69万人，比上年增长0.38%，非农业人口增速快于农业人口增速1.28个百分点。非农业人口占全市人口比重由上年的40.15%上升为40.64%。表明我市城市化程度逐年提高。

1999年，随着经济结构和所有制结构调整，企业进一步实施减负增效措施，我市单位从业人员比上年减少，就业结构发生了变化。1999年末，全市从业人员44.53万人，比上年减少1.18万人，减幅为2.59%。由于结构调整近年来，我市公有制单位从业人员减少，而其他各种经济类型单位从业人员人数不断增加，比重上升。1999年，国有、集体单位从业人员分别比上年减少2.85万人和0.2万人，减幅分别为8.18%和4.29%，其他各种经济类型单位从业人员增加1.86万人，增长29.45%，比重由1998年的13.8%上升到1999年的18.4%。

1999年，全市共有在岗职工43.49万人，比上年减少2.22万人，减幅4.87%。从行业看，我市在岗职工人数减少最多的是制造业，减少1.03万人，其次是批发和零售贸易、餐饮业减少0.51万人，第三是建筑业，减少0.38万人，第四是国家机关、社会团体减少0.23万人。

职工工资平稳增长。1999年，全市在岗职工工资总额35.31亿元，比上年增加1.82亿元，增长5.44%，全市在岗职工年平均工资8078元，比上年增长10.43%。

从经济类型看，人均工资最高的是国有单位职工，年人均工资为8303元，其次是其他经济类型单位职工，年人均工资为8142元，最低是城镇集体单位职工，年人均工资为6224元。

从行业分组看，在岗职工年平均工资在1万元以上的行业有电力、煤气及水的生产和供应业，年平均工资为16309元，比上年增长0.97%；金融、保险业，年平均工资为11451元，比上年增长15.82%；卫生、体育和社会福利业，年平均工资为10643元，比上年增长7.98%；其他行业，年平均工资为12554元，比上年增长16.24%。

4-1 历年人口

年　份	总户数（户）	总人口（人）			非农业人口（人）	人口自然增长率（‰）
			男	女		
1950年	203 312	887 405	438 013	449 392	157 630	
1951年	205 486	926 874	459 113	467 761	182 505	
1952年	210 656	961 075	483 403	477 672	208 113	
1953年	217 834	975 244	491 643	483 601	211 414	23.94
1954年	220 290	992 061	497 673	494 388	212 461	24.90
1955年	223 093	1 014 631	511 251	503 380	223 684	19.56
1956年	230 180	1 065 825	539 902	525 923	266 480	18.98
1957年	233 758	1 082 428	544 025	538 403	279 796	24.31
1958年	242 577	1 172 089	590 489	581 600	328 805	22.58
1959年	243 172	1 237 272	624 863	612 409	397 233	12.78
1960年	248 768	1 273 208	654 616	618 592	425 288	9.12
1961年	245 268	1 285 288	661 684	623 604	412 367	7.41
1962年	254 965	1 296 326	660 732	635 594	364 606	27.67
1963年	259 057	1 340 649	684 262	656 387	373 633	34.45
1964年	294 875	1 379 853	707 928	671 925	381 960	27.98
1965年	299 085	1 429 352	732 110	697 242	412 728	29.33
1966年	305 611	1 464 411	750 829	713 602	411 953	27.86
1967年	301 480	1 500 115	761 670	738 445	445 222	23.88
1968年	304 939	1 520 027	771 937	748 090	403 967	24.52
1969年	319 120	1 537 596	782 312	755 284	360 648	27.79
1970年	320 489	1 558 635	788 780	769 855	353 480	24.54
1971年	329 886	1 604 583	813 568	791 015	372 049	24.40
1972年	333 397	1 658 747	846 154	812 593	396 099	23.04
1973年	338 116	1 713 285	875 317	837 968	402 036	23.28

4-1 续表

年　份	总户数（户）	总人口（人）			非农业人口（人）	人口自然增长率（‰）
			男	女		
1974年	341 981	1 761 534	902 700	858 834	416 089	22.28
1975年	350 216	1 815 391	933 361	882 030	441 970	19.96
1976年	362 885	1 858 356	957 136	901 220	453 589	18.44
1977年	372 076	1 893 610	973 670	919 740	462 302	17.31
1978年	387 853	1 960 454	1 013 310	947 144	516 796	16.36
1979年	394 735	2 009 082	1 037 924	971 158	556 498	16.28
1980年	410 131	2 055 433	1 059 660	995 773	576 965	16.64
1981年	427 929	2 106 417	1 089 376	1 017 041	599 321	18.57
1982年	437 125	2 156 848	1 113 023	1 043 825	611 440	15.45
1983年	448 551	2 191 936	1 137 077	1 054 859	636 496	13.30
1984年	463 170	2 244 916	1 166 170	1 078 746	667 554	16.20
1985年	479 524	2 294 642	1 191 771	1 102 871	703 285	14.04
1986年	497 956	2 346 191	1 219 054	1 127 137	732 040	14.22
1987年	520 280	2 402 548	1 247 705	1 154 843	775 932	12.24
1988年	546 451	2 451 770	1 272 979	1 178 791	815 688	8.88
1989年	565 288	2 483 593	1 290 928	1 192 665	835 634	7.91
1990年	586 171	2 521 885	1 314 990	1 206 895	851 694	8.19
1991年	595 112	2 547 957	1 328 493	1 219 464	871 597	6.57
1992年	619 613	2 594 228	1 355 291	1 238 937	917 878	7.58
1993年	642 254	2 646 075	1 384 775	1 261 300	958 649	6.10
1994年	663 893	2 686 557	1 407 350	1 279 207	995 856	4.90
1995年	677 603	2 731 908	1 429 732	1 302 176	1 034 903	5.37
1996年	702 328	2 779 142	1 454 335	1 324 807	1 073 692	4.92
1997年	719 455	2 812 025	1 469 086	1 342 939	1 103 802	4.66
1998年	744 972	2 846 264	1 485 054	1 361 210	1 142 897	6.04
1999年	764 494	2 858 711	1 489 427	1 369 284	1 161 833	5.79

4-2 人口统计

(1999年)

指标名称	单位	全市	市区	邕宁县	武鸣县
总户数	**户**	**764 494**	**381 755**	**213 544**	**169 195**
总人口数	**人**	**2 858 711**	**1 313 621**	**902 351**	**642 739**
#城　　区	人	911 133	911 133		
男性人口	人	1 489 427	681 449	474 490	333 488
女性人口	人	1 369 284	632 172	427 861	309 251
农业人口	人	1 696 878	352 434	804 719	539 725
非农业人口	人	1 161 833	961 187	97 632	103 014
年平均人口	人	2 852 488	1 310 842	899 307	642 340
出生人数	人	29 003	12 892	10 360	5 751
出生率	‰	10.17	9.83	11.52	8.95
死亡人数	人	12 493	4 564	4 313	3 616
死亡率	‰	4.38	3.48	4.80	5.63
自然增长人数	人	16 509	8 327	6 047	2 135
自然增长率	‰	5.79	6.35	6.72	3.32
迁入人数	人	74 652	59 917	8 820	5 915
迁出人数	人	76 515	60 487	8 777	7 251
机械增长人数	人	12 447	5 559	6 089	799
机械增长率	‰	4.37	4.25	6.79	1.24

注:人口资料由公安部门提供。

4-3人口按民族分组统计

(1999年)

单位:人

指标名称	全市	市区	邕宁县	武鸣县
总　　计	2 858 711	1 313 621	902 351	642 739
壮　族	1 812 176	442 222	815 267	554 687
汉　族	1 015 279	844 382	84 320	86 577
瑶　族	15 821	12 470	2 071	1 280
苗　族	2 464	2 047	389	28
侗　族	2 063	1 955	84	24
仫佬族	2 290	2 213	44	33
毛南族	864	824	28	12
回　族	3 081	3 022	43	16
京　族	426	378	9	39
彝　族	182	170	8	4
水　族	343	311	29	3
仡佬族	38	32	6	
满　族	2 087	2 078	7	2
蒙古族	216	210	4	2
高山族	27	27		
土家族	435	418	9	8
朝鲜族	71	69	2	
白　族	124	118	3	3
藏　族	27	25	2	
黎　族	186	169	11	6
其他民族	510	480	15	15
#外国人加入中国籍	1	1		

4-4 户籍人口分派出所统计

(1999年)

指标名称	总户数(户)	总人口(人)			总人口中(人)	
		合计	男性	女性	农业人口	非农业人口
全市	**764 494**	**2 858 711**	**1 489 427**	**1 369 284**	**1 696 878**	**1 161 833**
市区	**381 755**	**1 313 621**	**681 449**	**632 172**	**352 434**	**961 187**
城区	**265 060**	**911 133**	**478 002**	**433 131**	**7 621**	**903 512**
兴宁区	**35 263**	**119 069**	**61 527**	**57 542**	**2 009**	**117 060**
朝阳所	11 075	37 213	18 793	18 420	40	37 173
兴宁所	5 587	18 229	8 841	9 388	31	18 198
解放所	4 379	13 942	6 971	6 971	150	13 792
公园所	6 127	21 441	11 268	10 173	53	21 388
邕武所	8 095	28 244	15 654	12 590	1 735	26 509
新城区	**85 904**	**284 063**	**145 474**	**138 589**	**4 091**	**279 972**
新城所	14 701	45 836	22 761	23 075		45 836
建政所	14 192	44 816	22 469	22 347		44 816
南环所	5 096	14 120	6 902	7 218		14 120
中山所	20 507	60 546	29 773	30 773	4 091	56 455
长岗所	8 065	49 519	28 946	20 573		49 519
星湖所	23 072	68 529	34 266	34 263		68 529
南湖所	271	697	357	340		697
城北区	**69 893**	**263 718**	**141 555**	**122 163**	**232**	**263 486**
衡阳所	21 721	66 623	34 368	32 255		66 623
北湖所	13 194	47 163	26 003	21 160		47 163
五里亭	12 176	59 242	34 485	24 757	232	59 010
西乡塘	6 096	38 088	20 204	17 884		38 088
唐山所	16 252	51 353	25 815	25 538		51 353
高新所	454	1 249	680	569		1 249
江南区	**39 906**	**134 477**	**73 905**	**60 572**	**2**	**134 475**
江南所	13 291	50 052	27 726	22 326		50 052
水上所	580	3 014	1 983	1 031		3 014
机场所	143	443	224	219		443
福建园	16 810	50 691	26 584	24 107	2	50 689
五一所	9 082	30 277	17 388	12 889		30 277
永新区	**34 094**	**109 806**	**55 541**	**54 265**	**1 287**	**108 519**
永新所	3 797	11 562	5 577	5 985	61	11 501

4-4 续表1

指标名称	总户数（户）	总人口(人)			总人口中(人)	
		合计	男性	女性	农业人口	非农业人口
华强所	6 586	20 216	10 086	10 130	28	20 188
新阳所	16 511	56 204	28 625	27 579	154	56 050
边阳所	7 200	21 824	11 253	10 571	1 044	20 780
郊　区	**116 695**	**402 488**	**203 447**	**199 041**	**344 813**	**57 675**
安吉镇	7 847	25 928	13 018	12 910	22 070	3 858
三塘镇	8 043	23 620	12 182	11 438	9 895	13 725
那洪镇	4 238	14 144	7 158	6 986	12 103	2 041
沙井镇	5 464	18 681	9 748	8 933	17 398	1 283
心圩镇	5 426	19 492	10 033	9 459	18 105	1 387
石埠镇	5 351	18 753	9 666	9 087	15 855	2 898
坛洛镇	16 891	59 762	30 759	29 003	50 441	9 321
江西镇	13 210	55 785	29 114	26 671	53 090	2 695
那龙镇	9 837	35 491	18 627	16 864	26 274	9 217
金陵镇	7 026	23 939	12 331	11 608	20 472	3 467
津头乡	7 611	19 877	8 679	11 198	17 394	2 483
亭子乡	7 365	21 763	9 836	11 927	20 693	1 070
上尧乡	7 731	22 475	10 167	12 308	19 512	2 963
双定乡	6 492	25 988	13 456	12 532	25 138	850
富庶乡	4 163	16 790	8 673	8 117	16 373	417
邕宁县	**213 544**	**902 351**	**474 490**	**427 861**	**804 719**	**97 632**
蒲庙镇	32 373	117 367	60 274	57 093	79 952	37 415
五塘镇	13 229	60 228	30 794	29 434	56 150	4 078
吴圩镇	14 948	62 126	33 351	28 775	44 353	17 773
苏圩镇	13 560	60 065	31 438	28 627	56 826	3 239
良庆镇	13 732	55 417	28 594	26 823	44 547	10 870
那马镇	5 951	24 184	13 079	11 105	22 841	1 343
那楼镇	14 300	64 328	33 672	30 656	62 540	1 788
刘圩镇	11 870	51 038	26 616	24 422	49 636	1 402
南阳镇	7 336	29 582	15 577	14 005	28 229	1 353
伶俐镇	7 562	31 411	16 582	14 829	28 355	3 056

4-4 续表2

指标名称	总户数（户）	总人口（人）			总人口中（人）	
		合计	男性	女性	农业人口	非农业人口
昆仑镇	6 763	25 578	13 631	11 947	24 592	986
大塘镇	10 112	42 310	23 085	19 225	38 841	3 469
四塘镇	6 047	25 877	13 496	12 381	22 811	3 066
那陈镇	7 500	31 419	17 598	13 821	30 159	1 260
南晓镇	8 012	39 489	22 090	17 399	38 163	1 326
新江乡	6 050	28 347	14 792	13 555	27 445	902
百济乡	8 706	40 555	20 719	19 836	39 642	913
中和乡	7 251	30 995	16 488	14 507	30 120	875
镇龙乡	4 595	21 114	11 124	9 990	20 878	236
长塘乡	7 640	35 888	18 649	17 239	34 516	1 372
延安乡	6 007	25 033	12 841	12 192	24 123	910
武鸣县	**169 195**	**642 739**	**333 488**	**309 251**	**539 725**	**103 014**
城厢镇	19 122	52 972	28 022	24 950	11 354	41 618
锣圩镇	11 298	47 120	24 216	22 904	43 675	3 445
陆斡镇	15 712	60 387	31 391	28 996	57 360	3 027
城东镇	10 399	39 421	20 492	18 929	37 898	1 523
太平镇	8 247	30 692	15 944	14 748	29 479	1 213
双桥镇	13 797	52 533	27 157	25 376	49 644	2 889
宁武镇	9 481	37 360	19 796	17 564	36 219	1 141
仙湖镇	8 960	38 936	20 072	18 864	37 712	1 224
府城镇	12 918	55 905	28 959	26 946	52 284	3 621
两江镇	10 389	42 097	21 605	20 492	40 319	1 778
罗波镇	9 301	36 170	18 730	17 440	34 461	1 709
灵马乡	8 910	41 161	21 399	19 762	40 273	888
马头乡	5 812	24 786	12 801	11 985	23 819	967
上江乡	1 813	7 158	3 977	3 181	6 912	246
甘圩乡	5 405	21 734	11 045	10 689	21 408	326
玉泉乡	3 619	15 349	7 939	7 410	15 006	343
东风农场	2 061	6 082	3 123	2 959	726	5 356
武鸣华侨农场	11 951	32 876	16 820	16 056	1 176	31 700

4-5 人口变动统计

(1999年)　　单位:人

指 标 名 称	出生人口数			死 亡 人口数	自然增 长人口数	迁 入 人口数	迁 出 人口数	机械增 长人口数
	合计	男	女					
全　市	**29 003**	**16 036**	**12 967**	**12 493**	**16 509**	**74 652**	**76 515**	**12 447**
市　区	**12 892**	**7 004**	**5 888**	**4 565**	**8 327**	**59 917**	**60 487**	**5 559**
城　区	**6 526**	**3 264**	**3 262**	**2 950**	**3 576**	**56 923**	**55 772**	**4 462**
兴宁区	**934**	**486**	**448**	**505**	**429**	**5 388**	**5 481**	**2 847**
朝阳所	257	135	122	156	101	1 469	1 644	-84
兴宁所	120	57	63	96	24	566	697	-112
解放所	114	65	49	89	25	336	699	-360
公园所	161	82	79	78	83	1 188	969	256
邕武所	282	147	135	86	196	1 829	1 472	3 147
新城区	**2 010**	**1 082**	**928**	**724**	**1 286**	**21 969**	**18 237**	**5 019**
新城所	348	179	169	123	225	1 602	1 293	543
建政所	340	171	169	121	219	2 211	1 353	1 077
南环所	94	56	38	72	22	285	472	-161
中山所	500	273	227	165	335	2 272	2 417	190
长岗所	195	109	86	101	94	10 015	9 823	277
星湖所	529	291	238	139	390	4 872	2 863	2 396
南湖所	4	3	1	3	1	712	16	697
城北区	**1 431**	**772**	**659**	**727**	**704**	**19 830**	**21 566**	**-3 638**
衡阳所	459	236	223	308	151	2 296	1 141	1 306
北湖所	319	169	150	134	185	4 682	2 996	1 871
五里亭	213	120	93	130	83	3 285	8 404	-5 036
西乡塘	93	59	34	42	51	4 907	6 509	-1 551
唐山所	336	182	154	112	224	3 412	2 507	-1 477
高新所	11	6	5	1	10	1 248	9	1 249
江南区	**919**	**497**	**422**	**387**	**532**	**5 673**	**6 602**	**-406**
江南所	340	181	159	149	191	2 648	3 135	-302
水上所	12	9	3	18	-6	71	98	-33
机场所	7	5	2	0	7	85	66	26
福建园	340	181	159	157	183	1 182	1 390	-25
五一所	220	121	99	63	157	1 687	1 913	-72
永新区	**1 232**	**427**	**805**	**607**	**625**	**4 063**	**3 886**	**640**
永新所	90	46	44	96	-6	263	494	-258

 单位:人

指标名称	出生人口数			死亡人口数	自然增长人口数	迁入人口数	迁出人口数	机械增长人口数
	合计	男	女					
华强所	132	78	54	126	6	493	902	-413
新阳所	870	238	632	237	633	2 644	1 956	1 191
边阳所	140	65	75	148	-8	663	534	120
郊　区	**6 366**	**3 740**	**2 626**	**1 615**	**4 751**	**2 994**	**4 715**	**1 097**
安吉镇	561	297	264	51	510	298	421	36
三塘镇	171	94	77	89	82	310	232	107
那洪镇	362	191	171	36	326	92	116	-60
沙井镇	444	253	191	97	347	149	284	-11
心圩镇	625	396	229	115	510	125	166	238
石埠镇	415	233	182	59	356	94	184	-35
坛洛镇	384	209	175	259	125	155	388	-125
江西镇	772	490	282	254	518	155	700	-35
那龙镇	252	138	114	101	151	272	404	19
金陵镇	211	127	84	69	142	406	480	75
津头乡	275	150	125	97	178	140	105	165
亭子乡	342	202	140	125	217	194	133	239
上尧乡	328	195	133	77	251	363	694	-80
双定乡	821	530	291	80	741	129	243	355
富庶乡	403	235	168	106	297	112	165	209
邕宁县	**10 360**	**5 761**	**4 599**	**4 313**	**6 047**	**8 820**	**8 777**	**6 089**
蒲庙镇	1 376	775	601	632	744	2 526	1 645	1 625
五塘镇	576	336	240	242	334	440	542	232
吴圩镇	586	329	257	232	354	547	648	253
苏圩镇	685	380	305	276	409	401	381	429
良庆镇	870	431	439	209	661	1 533	1 148	1 046
那马镇	300	176	124	115	185	19	144	60
那楼镇	828	428	400	320	508	547	474	581
刘圩镇	472	283	189	243	229	357	492	94
南阳镇	285	157	128	161	124	202	298	28
伶俐镇	368	204	164	188	180	129	238	71

4-5 续表2

单位：人

指标名称	出生人口数			死亡人口数	自然增长人口数	迁入人口数	迁出人口数	机械增长人口数
	合计	男	女					
昆仑镇	393	207	186	201	192	214	311	95
大塘镇	461	275	186	171	290	227	226	291
四塘镇	250	153	97	103	147	88	257	-22
那陈镇	328	196	132	185	143	212	187	168
南晓镇	387	208	179	167	220	109	208	121
新江乡	376	211	165	139	237	138	165	209
百济乡	490	268	222	157	333	232	340	225
中和乡	415	245	170	160	255	186	287	154
镇龙乡	261	140	121	96	165	203	184	184
长塘乡	367	183	184	177	190	328	308	210
延安乡	286	176	110	139	147	182	294	35
武鸣县	**5 751**	**3 271**	**2 480**	**3 616**	**2 135**	**5 915**	**7 251**	**799**
城厢镇	494	264	230	288	206	2389	1763	832
锣圩镇	388	222	166	349	39	54	444	-351
陆斡镇	452	255	197	324	128	253	595	-214
城东镇	289	155	134	213	76	297	592	-219
太平镇	337	196	141	186	151	230	431	-50
双桥镇	436	261	175	292	144	337	387	94
宁武镇	348	202	146	184	164	353	420	97
仙湖镇	282	156	126	193	89	120	201	8
府城镇	515	316	199	255	260	237	381	116
两江镇	297	155	142	317	-20	91	84	-13
罗波镇	351	192	159	209	142	55	199	-2
灵马乡	466	256	210	184	282	116	346	52
马头乡	204	118	86	177	27	207	176	58
上江乡	99	56	43	39	60	94	80	74
甘圩乡	364	214	150	90	274	193	196	271
玉泉乡	148	85	63	88	60	98	105	53
东风农场	56	35	21	29	27	73	63	37
武鸣华侨农场	225	133	92	199	26	718	788	-44

4-6 历年职工人数及劳动工资

年　份	职工人数(人)	职工工资总额(万元)	职工平均工资(元)
1950	4 645	157	338
1951	8 431	289	342
1952	17 685	680	384
1953	26 293	1 110	422
1954	32 879	1 480	450
1955	37 391	1 704	449
1956	58 074	2 725	469
1957	62 051	3 568	551
1958	92 314	3 842	510
1959	137 036	5 426	448
1960	157 394	7 136	435
1961	129 376	6 394	457
1962	115 719	6 132	502
1963	119 150	6 324	535
1964	130 593	6 875	549
1965	141 718	7 289	539
1966	153 671	7 765	507
1967	151 420	8 101	537
1968	153 844	7 965	518
1969	161 770	7 904	490
1970	161 218	7 930	516
1971	179 852	8 038	482
1972	190 458	9 248	499
1973	203 128	10 587	534

4-6 续表

年　份	职工人数(人)	职工工资总额(万元)	职工平均工资(元)
1974	222 128	11 592	547
1975	257 338	12 862	533
1976	273 204	13 809	531
1977	285 225	14 887	538
1978	316 466	17 231	654
1979	332 687	19 813	715
1980	348 858	24 735	684
1981	365 994	26 943	722
1982	393 866	30 422	763
1983	388 923	31 673	790
1984	393 707	37 673	969
1985	406 270	42 053	1 051
1986	441 427	55 807	1 292
1987	457 911	63 803	1 428
1988	474 252	78 020	1 685
1989	483 379	84 956	1 784
1990	473 944	98 238	2 111
1991	496 852	112 323	2 331
1992	505 474	135 093	2 720
1993	517 971	192 696	3 786
1994	511 592	250 214	4 976
1995	500 975	281 024	5 668
1996	504 483	300 874	6 009
1997	498 410	321 010	6 508
1998	457 129	334 839	7 315
1999	434 883	353 051	8 077

注:1.1998年以后职工人数为在岗职工人数,不含下岗职工。

2.1996年、1997年分别为492954人和471227人;工资总额分别为299402万元和317971万元。

4-7 市区城乡劳动力资源分配平衡表

(1999年) 单位:万人

指 标 名 称	城乡合计	城 镇	乡 村
年末劳动力资源总数	**88.33**	**63.02**	**25.31**
#当年新增加的劳动力资源	1.79	1.13	0.66
年末16岁以上全部人数	109.95	76.62	33.33
#不计入劳动力资源的人数	22.74	14.63	8.11
机械变动差额跨地区调整数(+、-)	1.12	1.03	0.09
经济活动人口	**76.80**	**46.85**	**29.95**
从业人员	**75.43**	**45.48**	**29.95**
按就业状况分组			
全部在岗职工	35.27	35.27	
再就业的离退休人员	0.12	0.12	
私营业主	0.35	0.35	
私营企业和个体从业人员	8.70	8.70	
乡镇企业从业人员	6.36		6.36
农村从业人员	23.59		23.59
其 他	1.04	1.04	
按经济类型分组			
国有经济	25.16	25.16	
集体经济	29.45	3.78	25.67
私营经济	3.73	2.95	0.78
个体经济	9.82	6.32	3.50
联营经济	0.06	0.06	
股份制经济	0.95	0.95	
外商投资经济	0.66	0.66	
港、澳、台投资经济	0.48	0.48	
其他经济	5.12	5.12	
按国民经济行业分组			
农、林、牧、渔业	21.35	0.96	20.39
采掘业	1.61	1.61	
制造业	14.52	10.57	3.95
电力、煤气及水的生产和供应业	0.42	0.42	
建筑业	5.91	4.90	1.01
地质勘探业、水利管理业	0.34	0.34	
交通运输、仓储及邮电通信业	3.38	2.30	1.08
批发和零售贸易、餐饮业	13.10	9.75	3.35
金融、保险业	1.14	1.14	
房地产业	0.61	0.61	
社会服务业	2.43	2.43	
卫生、体育和社会福利业	1.85	1.85	
教育、文化艺术和广播电影电视业	4.08	4.08	
科学研究和综合技术服务业	1.51	1.51	
国家机关、政党机关和社会团体	2.86	2.86	
其他行业	0.32	0.15	0.17
失业人员	1.37	1.37	
非经济活动人口	**19.09**	**17.81**	**1.28**
#16岁以上在校生	16.89	16.22	0.67
家务劳动者	2.20	1.59	0.61

4-8 全市从业人员年末人数

(1999年)　　　　单位:人

指标名称	单位数(个)	从业人员年末人数	女性	在岗职工	专业技术人员	其他从业人员	离开单位仍保留关系的职工	在岗职工年平均人数
总计	**5 953**	**445 303**	**180 189**	**434 883**	**116 961**	**10 420**	**47 079**	**437 070**
按国民经济行业分组								
农、林、牧、渔业	321	30 002	12 820	29 280	3 299	722	3 283	28 953
采掘业	39	7 838	2 224	7 831	1 230	7	2 085	7 999
制造业	751	105 314	45 352	104 633	13 517	681	23 060	106 466
电力、煤气及水的生产和供应业	23	5 818	1 987	5 808	1 589	10	185	5 783
建筑业	116	44 137	8 439	41 096	7 950	3 041	3 589	42 574
地质勘查业、水利管理业	93	3 515	863	3 503	1 213	12	684	3 517
交通运输、仓储及邮电通信业	128	21 650	7 059	20 486	4 056	1 164	3 173	20 561
批发和零售贸易、餐饮业	1 164	44 378	22 232	43 525	7 925	853	7 947	44 540
金融、保险业	99	12 950	6 108	12 841	6 597	109	43	12 788
房地产业	166	6 414	2 477	6 108	1 518	306	148	5 988
社会服务业	427	25 603	13 779	25 314	4 020	289	1 390	25 203
卫生、体育和社会福利业	156	21 489	12 304	21 095	13 271	394	89	21 031
教育、文艺和广播电影视业	1 198	61 341	27 185	59 387	40 768	1 954	566	58 413
科学研究和综合技术服务业	223	16 023	5 905	15 789	8 882	234	412	15 722
国家机关、政党机关和社会团体	976	35 538	10 033	34 964	42	574	299	34 463
其他行业	73	3 293	1 422	3 223	1 084	70	126	3 069
国有单位合计	**3 922**	**319 432**	**128 546**	**313 178**	**102 463**	**6 254**	**32 576**	**314 898**
按隶属关系分组								
中央	156	35 516	12 469	34 953	14 328	563	1 483	37 454
省、自治区、直辖市	891	122 279	49 721	120 294	39 636	1 985	8 205	119 761
地区	799	101 669	43 216	99 738	24 646	1 931	20 235	100 513
县及县以下	2 076	59 968	23 140	58 193	23 853	1 775	2 653	57 170
按企业、事业、机关分组								
企业	983	171 434	68 024	168 396	36 870	3 038	30 489	172 261
#地方	871	141 712	57 779	139 193	25 182	2 519	29 866	140 737
事业	2 023	113 068	50 726	110 388	64 834	2 680	1 789	108 714
#地方	1 992	109 739	49 501	107 072	62 667	2 667	1 130	105 287
机关	916	34 930	9 796	34 394	759	536	298	33 923
#地方	903	32 465	8 797	31 960	286	505	97	31 420
按国民经济行业分组								
农、林、牧、渔业	316	29 762	12 722	29 043	3 288	719	3 283	28 653
农业	92	25 160	11 107	24 532	1 672	628	2 932	24 435
林业	5	1 161	460	1 090	89	71	33	1 096
畜牧业	6	871	400	870	164	1	198	555

另附南铁资料:在岗职工年末人数14270人。

4-8 续表1

单位：人

指标名称	单位数（个）	从业人员年末人数	女性	在岗职工	专业技术人员	其他从业人员	离开单位仍保留关系的职工	在岗职工年平均人数
渔业	1	10	3	10	3			10
农、林、牧、渔服务业	212	2 560	752	2 541	1 360	19	120	2 557
采掘业	32	6 944	1 979	6 943	1 224	1	1 962	7 100
制造业	146	53 019	22 572	52 767	8 238	252	16 936	54 865
电力、煤气及水的生产和供应业	13	4 896	1 666	4 893	1 331	3	178	4 880
建筑业	29	18 069	4 271	17 085	4 962	984	973	18 803
地质勘查业、水利管理业	83	2 855	693	2 843	1 168	12	676	2 854
地质勘查业	7	1 605	422	1 601	805	4	663	1 651
水利管理业	76	1 250	271	1 242	363	8	13	1 203
交通运输、仓储及邮电通信业	90	17 165	5 138	16 696	3 401	469	2 341	16 674
公路运输业	16	7 045	2 224	7 041	902	4	1 081	6 985
水上运输业	3	1 594	324	1 594	315		1 015	1 595
交通运输辅助业	40	3 024	655	2 985	933	39	64	2 989
仓储业	15	683	288	671	135	12	161	681
邮电通信业	16	4 819	1 647	4 405	1 116	414	20	4 424
批发和零售贸易、餐饮业	394	19 997	8 862	19 534	4 993	463	3 615	19 775
#零售业	133	6 612	3 594	6 592	1 080	20	1 085	6 672
餐饮业	3	86	44	86	1			86
金融、保险业	68	10 122	4 748	10 114	5 964	8	26	10 056
金融业	61	9 812	4 650	9 804	5 774	8	24	9 739
保险业	7	310	98	310	190		2	317
房地产业	60	2 191	760	2 165	906	26	120	2 141
房地产开发与经营业	41	1 308	413	1 284	517	24	79	1 267
房地产管理业	15	804	330	803	365	1	41	775
房地产经纪与代理业	4	79	17	78	24	1		99
社会服务业	194	18 350	9 179	18 206	3 404	144	1 018	17 982
公共服务业	48	10 080	4 788	10 048	2 222	32	431	9 628
居民服务业	33	944	329	889	117	55	97	884
旅馆业	45	5 482	3 344	5 472	418	10	410	5 692
租赁服务业	3	102	50	101	22	1		101
旅游业	7	408	229	407	61	1	32	396
信息、咨询服务业	38	756	268	718	324	38	46	713
计算机应用服务业	4	153	47	153	106		2	150
其他社会服务业	16	425	124	418	134	7		418
卫生、体育和社会福利业	150	21 288	12 143	20 900	13 176	388	80	20 829
卫生	113	19 181	11 189	18 825	12 610	356	78	18 724

4-8 续表2　　单位:人

指标名称	单位数(个)	从业人员年末人数	女性	在岗职工	专业技术人员	其他从业人员	离开单位仍保留关系的职工	在岗职工年平均人数
体育	14	1 284	478	1 260	227	24		1 300
社会福利保障业	23	823	476	815	339	8	2	805
教育、文艺和广播电影视业	1 190	60 919	26 973	58 979	40 551	1 940	559	57 999
教育	1 029	53 484	24 110	51 833	35 880	1 651	251	50 939
文化艺术业	123	4 928	2 076	4 640	3 080	288	78	4 582
广播电影电视业	38	2 507	787	2 506	1 591	1	230	2 478
科学研究和综合技术服务业	215	15 931	5 873	15 707	8 859	224	412	15 641
科学研究业	101	8 497	3 303	8 408	4 332	89	222	8 456
综合技术服务业	114	7 434	2 570	7 299	4 527	135	190	7 185
国家机关、政党机关和社会团体	895	35 135	9 778	34 572	41	563	299	34 069
其他行业	47	2 789	1 189	2 731	957	58	98	2 577
城镇集体单位合计	**1 581**	**44 071**	**18 506**	**40 782**	**4 674**	**3 289**	**6 566**	**41 162**
按企业、事业、机关分组								
企业	1 393	42 363	17 731	39 114	4 348	3 249	6 539	39 487
事业	144	1 464	638	1 430	326	34	27	1 435
机关	44	244	137	238		6		240
按国民经济行业分组								
农、林、牧、渔业	1	50	39	50				50
采掘业	6	166	48	166	6		31	159
制造业	455	16 002	7 596	15 769	1 531	233	3 109	15 987
电力、煤气及水的生产和供应业	6	509	198	504	124	5		505
建筑业	54	6 223	984	4 247	792	1 976	350	4 052
地质勘查业、水利管理业	9	606	156	606				606
交通运输、仓储及邮电通信业	25	2 690	799	2 016	437	674	733	2 161
公路运输业	19	1 733	566	1 078	300	655	393	1 206
水上运输业	4	844	224	825	137	19	340	842
交通运输辅助业	2	113	9	113				113
批发和零售贸易、餐饮业	685	13 631	6 593	13 376	1 076	255	2 183	13 521
#零售业	384	6 172	2 597	6 079	308	93	1 003	6 093
餐饮业	60	1 443	967	1 440	29	3	123	1 477
金融、保险业	19	604	226	604	184			622
金融业	19	604	226	604	184			622
房地产业	23	925	352	886	49	39	17	905
房地产开发与经营业	21	697	273	659	39	38	17	676
房地产管理业	1	131	14	130	10	1		132
房地产经纪与代理业	1	97	65	97				97

单位：人

指标名称	单位数（个）	从业人员年末人数					离开单位仍保留关系的职工	在岗职工年平均人数
			女性	在岗职工	专业技术人员	其他从业人员		
社会服务业	202	1 495	878	1 437	146	58	106	1 466
居民服务业	23	134	74	134	10			136
旅馆业	27	618	459	618	18		18	644
租赁服务业	2	36	23	36			68	36
旅游业	1	5		5				5
娱乐服务业	6	63	39	59	6	4		60
信息、咨询服务业	131	369	118	317	64	52		317
计算机应用服务业	6	46	22	45	5	1	5	45
其他社会服务业	6	224	143	223	43	1	15	223
卫生、体育和社会福利业	4	111	76	105	76	6	9	107
卫生	3	107	74	101	76	6	9	103
社会福利保障业	1	4	2	4				4
教育、文艺和广播电影视业	8	422	212	408	217	14	7	414
教育	7	407	207	393	205	14	1	399
文化艺术业	1	15	5	15	12		6	15
科学研究和综合技术服务业	5	51	15	41	7	10		40
综合技术服务业	5	51	15	41	7	10		40
国家机关、政党机关和社会团体	59	322	188	311	1	11		313
其他行业	20	264	146	256	28	8	21	254
其他单位合计	**450**	**81 800**	**33 137**	**80 923**	**9 824**	**877**	**7 937**	**81 010**
按登记注册类型分组								
内资	280	64 787	24 439	64 090	7 740	697	6 649	64 275
股份合作	14	1 780	805	1 739	160	41	144	1 791
联营	5	398	211	396	21	2		433
#国有联营	2	198	61	198	15			261
集体联营	2	197	150	196	5	1		170
有限责任公司	185	52 196	18 717	51 704	6 323	492	4 968	51 312
#国有独资	60	43 961	15 131	43 730	5 464	231	4 720	43 108
股份有限公司	50	10 309	4 634	10 147	1 236	162	1 537	10 635
其他	26	104	72	104				104
港、澳、台商投资	64	7 889	3 906	7 813	789	76	350	7 689
外商投资	106	9 124	4 792	9 020	1 295	104	938	9 046
按企业、事业分组								
企业	450	81 800	33 137	80 923	9 824	877	7 937	81 010
按国民经济行业分组								
农、林、牧、渔业	4	190	59	187	11	3		250

4-8 续表4

单位：人

指标名称	单位数（个）	从业人员年末人数	女性	在岗职工	专业技术人员	其他从业人员	离开单位仍保留关系的职工	在岗职工年平均人数
采掘业	1	728	197	722		6	92	740
制造业	150	36 293	15 184	36 097	3 748	196	3 015	35 614
电力、煤气及水的生产和供应业	4	413	123	411	134	2	7	398
建筑业	33	19 845	3 184	19 764	2 196	81	2 266	19 719
地质勘查业、水利管理业	1	54	14	54	45		8	57
交通运输、仓储及邮电通信业	13	1 795	1 122	1 774	218	21	99	1 726
公路运输业	2	266	86	266	67		99	269
航空运输业	1	20	8	12		8		12
交通运输辅助业	1	44	16	38	30	6		36
邮电通信业	9	1 465	1 012	1 458	121	7		1 409
批发和零售贸易、餐饮业	85	10 750	6 777	10 615	1 856	135	2 149	11 244
#零售业	39	8 370	5 568	8 276	1 175	94	1 911	8 969
餐饮业	2	221	138	207		14		219
金融、保险业	12	2 224	1 134	2 123	449	101	17	2 110
金融业	2	1 553	798	1 552		1	12	1 539
保险业	10	671	336	571	449	100	5	571
房地产业	83	3 298	1 365	3 057	563	241	11	2 942
房地产开发与经营业	78	1 898	617	1 663	415	235	11	1 577
房地产管理业	5	1 400	748	1 394	148	6		1 365
社会服务业	31	5 758	3 722	5 671	470	87	266	5 755
公共服务业	4	129	22	90	37	39		84
居民服务业	2	40	27	40	27			40
旅馆业	8	5 040	3 445	5 037	263	3	266	5 132
租赁服务业	1	75	32	75	9			75
旅游业	1	50	27	11	4	39		18
娱乐服务业	4	152	94	151		1		162
信息、咨询服务业	4	115	26	114	81	1		112
计算机应用服务业	4	84	26	81	40	3		65
其他社会服务业	3	73	23	72	9	1		67
卫生、体育和社会福利业	2	90	85	90	19			95
卫生	1	23	21	23	19			23
社会福利保障业	1	67	64	67				72
科学研究和综合技术服务业	3	41	17	41	16			41
科学研究业	1	14	7	14	8			14
综合技术服务业	2	27	10	27	8			27
国家机关、政党机关和社会团体	22	81	67	81				81
其他行业	6	240	87	236	99	4	7	238

4-9 市区从业人员年末人数

(1999年) 单位:人

指标名称	单位数(个)	从业人员年末人数	女性	在岗职工	专业技术人员	其他从业人员	离开单位仍保留关系的职工	在岗职工年平均人数
总计	**4 131**	**362 925**	**149 098**	**352 677**	**94 912**	**10 248**	**40 561**	**355 355**
按国民经济行业分组								
农、林、牧、渔业	139	9 561	4 351	8 913	1 506	648	1 070	8 700
采掘业	17	6 130	1 671	6 124	967	6	1 776	6 179
制造业	660	91 738	39 897	91 087	12 074	651	20 686	92 711
电力、煤气及水的生产和供应	16	4 236	1 462	4 227	1 303	9	116	4 195
建筑业	109	43 122	8 242	40 081	7 768	3 041	3 504	41 632
地质勘查业、水利管理业	50	2 378	609	2 366	1 178	12	674	2 378
交通运输、仓储及邮电通信业	108	20 214	6 673	19 052	3 943	1 162	2 947	19 128
批发和零售贸易、餐饮业	942	37 473	19 455	36 652	7 293	821	6 896	37 622
金融、保险业	66	11 405	5 551	11 296	6 070	109	36	11 220
房地产业	154	6 140	2 356	5 841	1 449	299	148	5 721
社会服务业	401	24 310	13 169	24 021	3 781	289	1 351	23 950
卫生、体育和社会福利业	98	18 476	10 466	18 102	11 204	374	81	18 054
教育、文艺和广播电影视业	535	40 848	19 644	38 895	26 709	1 953	498	38 541
科学研究和综合技术服务业	175	15 146	5 630	14 913	8 588	233	409	14 852
国家机关、政党机关和社会团体	595	28 554	8 522	27 983	25	571	246	27 501
其他行业	66	3 194	1 400	3 124	1 054	70	123	2 971
国有单位合计	**2 291**	**251 572**	**103 208**	**245 427**	**82 051**	**6 145**	**27 626**	**247 548**
按隶属关系分组								
中央	132	32 848	11 564	32 287	13 827	561	1 303	34 755
省、自治区、直辖市	781	102 014	41 306	100 031	37 700	1 983	5 906	99 501
地区	790	100 958	42 925	99 028	24 554	1 930	20 196	99 809
县及县以下	588	15 752	7 413	14 081	5 970	1 671	221	13 483
按企业、事业、机关分组								
企业	666	138 345	54 816	135 390	33 794	2 955	25 695	139 009
#地方	575	111 205	45 453	108 767	22 560	2 438	25 252	110 098
事业	1 136	85 920	40 330	83 262	47 743	2 658	1 685	82 214
#地方	1 108	82 677	39 128	80 032	45 623	2 645	1 026	78 873
机关	489	27 307	8 062	26 775	514	532	246	26 325
#地方	476	24 842	7 063	24 341	41	501	45	23 822
按国民经济行业分组								
农、林、牧、渔业	138	9 415	4 301	8 767	1 506	648	1 070	8 491
农业	7	6 977	3 388	6 350	487	627	795	6 385
林业	3	93	48	91	33	2	1	91

4-9 续表1 单位:人

指标名称	单位数(个)	从业人员年末人数	女性	在岗职工	专业技术人员	其他从业人员	离开单位仍保留关系的职工	在岗职工年平均人数
畜牧业	5	823	374	822	149	1	168	506
农、林、牧、渔服务业	123	1 522	491	1 504	837	18	106	1 509
采掘业	10	5 236	1 426	5 236	961		1 653	5 280
制造业	118	48 041	20 780	47 789	7 823	252	15 504	49 629
电力、煤气及水的生产和供应业	7	3 399	1 167	3 397	1 084	2	109	3 377
建筑业	28	17 981	4 269	16 997	4 962	984	924	18 715
地质勘查业、水利管理业	49	2 324	595	2 312	1 133	12	666	2 321
地质勘查业	6	1 604	422	1 600	805	4	663	1 650
水利管理业	43	720	173	712	328	8	3	671
交通运输、仓储及邮电通信业	73	15 996	4 870	15 529	3 289	467	2 315	15 508
公路运输业	15	7 020	2 220	7 016	902	4	1 080	6 960
水上运输业	3	1 594	324	1 594	315		1 015	1 595
交通运输辅助业	31	2 500	577	2 461	869	39	54	2 463
仓储业	13	654	280	642	131	12	161	652
邮电通信业	11	4 228	1 469	3 816	1 072	412	5	3 838
批发和零售贸易、餐饮业	250	16 297	7 341	15 843	4 564	454	2 950	16 056
#零售业	36	4 236	2 587	4 225	817	11	677	4 280
餐饮业	1	33	20	33				33
金融、保险业	54	9 134	4 388	9 126	5 591	8	23	9 060
金融业	52	8 884	4 301	8 876	5 407	8	22	8 803
保险业	2	250	87	250	184		1	257
房地产业	54	2 060	719	2 034	849	26	120	2 010
房地产开发与经营业	37	1 194	382	1 170	469	24	79	1 153
房地产管理业	14	790	322	789	356	1	41	761
房地产经纪与代理业	3	76	15	75	24	1		96
社会服务业	169	17 070	8 581	16 926	3 165	144	979	16 742
公共服务业	36	9 529	4 587	9 497	2 086	32	429	9 091
居民服务业	28	810	278	755	95	55	97	752
旅馆业	41	5 178	3 124	5 168	411	10	395	5 398
租赁服务业	3	102	50	101	22	1		101
旅游业	5	241	141	240	46	1	10	243
信息、咨询服务业	38	756	268	718	324	38	46	713
计算机应用服务业	4	153	47	153	106		2	150
其他社会服务业	14	301	86	294	75	7		294
卫生、体育和社会福利业	92	18 275	10 305	17 907	11 109	368	72	17 852

4-9 续表2　　　　　　　　　　　　　　　　　　　　　　　　　　　　　　单位：人

指标名称	单位数（个）	从业人员年末人数	女性	在岗职工	专业技术人员	其他从业人员	离开单位仍保留关系的职工	在岗职工年平均人数
卫生	60	16 239	9 373	15 903	10 560	336	70	15 818
体育	12	1 240	467	1 216	220	24		1 256
社会福利保障业	20	796	465	788	329	8	2	778
教育、文艺和广播电影视业	527	40 426	19 432	38 487	26 492	1 939	491	38 127
教育	406	33 401	16 711	31 751	21 948	1 650	199	31 476
文化艺术业	89	4 747	2 008	4 459	3 002	288	78	4 402
广播电影电视业	32	2 278	713	2 277	1 542	1	214	2 249
科学研究和综合技术服务业	167	15 054	5 598	14 831	8 565	223	409	14 771
科学研究业	78	7 822	3 061	7 734	4 109	88	219	7 782
综合技术服务业	89	7 232	2 537	7 097	4 456	135	190	6 989
国家机关、政党机关和社会团体	514	28 151	8 267	27 591	24	560	246	27 107
其他行业	41	2 713	1 169	2 655	934	58	95	2 502
城镇集体单位合计	**1 443**	**37 791**	**16 186**	**34 526**	**4 073**	**3 325**	**5 558**	**34 903**
按企业、事业、机关分组								
企业	1 267	36 811	15 635	33 586	3 755	3 225	5 531	33 956
事业	132	736	414	702	318	34	27	707
机关	44	244	137	238		6		240
按国民经济行业分组								
采掘业	6	166	48	166	6		31	159
制造业	436	15 466	7 314	15 233	1 483	233	2 723	15 406
电力、煤气及水的生产和供应业	6	509	198	504	124	5		505
建筑业	48	5 296	789	3 320	610	1 976	314	3 198
交通运输、仓储及邮电通信业	23	2 427	684	1 753	437	674	533	1 898
公路运输业	19	1 733	566	1 078	300	655	393	1 206
水上运输业	3	591	112	572	137	19	140	589
交通运输辅助业	1	103	6	103				103
批发和零售贸易、餐饮业	607	10 426	5 337	10 194	873	232	1 797	10 322
#零售业	340	3 510	1 630	3 440	130	70	624	3 440
餐饮业	30	1 118	766	1 115	18	3	123	1 152
金融、保险业	1	56	33	56	30			60
金融业	1	56	33	56	30			60
房地产业	20	816	282	778	42	38	17	797
房地产开发与经营业	19	685	268	648	32	37	17	665
房地产管理业	1	131	14	130	10	1		132
社会服务业	201	1 482	866	1 424	146	58	106	1 453
居民服务业	23	134	74	134	10			136

指标名称	单位数(个)	从业人员年末人数	女性	在岗职工	专业技术人员	其他从业人员	离开单位仍保留关系的职工	在岗职工年平均人数
旅馆业	26	605	447	605	18		18	631
租赁服务业	2	36	23	36			68	36
旅游业	1	5		5				5
娱乐服务业	6	63	39	59	6	4		60
信息、咨询服务业	131	369	118	317	64	52		317
计算机应用服务业	6	46	22	45	5	1	5	45
其他社会服务业	6	224	143	223	43	1	15	223
卫生、体育和社会福利业	4	111	76	105	76	6	9	107
卫生	3	107	74	101	76	6	9	103
社会福利保障业	1	4	2	4				4
教育、文艺和广播电影视业	8	422	212	408	217	14	7	414
教育	7	407	207	393	205	14	1	399
文化艺术业	1	15	5	15	12		6	15
科学研究和综合技术服务业	5	51	15	41	7	10		40
综合技术服务业	5	51	15	41	7	10		40
国家机关、政党机关和社会团体	59	322	188	311	1	11		313
其他行业	19	241	144	233	21	8	21	231
其他单位合计	**397**	**73 562**	**29 704**	**72 724**	**8 788**	**838**	**7 377**	**72 904**
按登记注册类型分组								
内资	270	62 143	23 546	61 446	7 405	697	6 451	61 595
股份合作	9	631	305	590	22	41	18	608
联营	4	346	200	344	6	2		381
#国有联营	1	146	50	146				209
集体联营	2	197	150	196	5	1		170
有限责任公司	184	52 164	18 703	51 672	6 323	492	4 968	51 280
#国有独资	60	43 961	15 131	43 730	5 464	231	4 720	43 108
股份有限公司	47	8 898	4 266	8 736	1 054	162	1 465	9 222
其他	26	104	72	104				104
港、澳、台商投资	45	4 790	2 636	4 729	484	61	62	4 732
外商投资	82	6 629	3 522	6 549	899	80	864	6 577
按企业、事业分组								
企业	397	73 562	29 704	72 724	8 788	838	7 377	72 904
按国民经济行业分组								
农、林、牧、渔业	1	146	50	146				209
农业	1	146	50	146				209
采掘业	1	728	197	722		6	92	740

4-9 续表4 单位：人

指标名称	单位数（个）	从业人员年末人数	女性	在岗职工	专业技术人员	其他从业人员	离开单位仍保留关系的职工	在岗职工年平均人数
制造业	106	28 231	11 803	28 065	2 768	166	2 459	27 676
电力、煤气及水的生产和供应业	3	328	97	326	95	2	7	313
建筑业	33	19 845	3 184	19 764	2 196	81	2 266	19 719
地质勘查业	1	54	14	54	45		8	57
交通运输、仓储及邮电通信业	12	1 791	1 119	1 770	217	21	99	1 722
公路运输业	2	266	86	266	67		99	269
航空运输业	1	20	8	12		8		12
交通运输辅助业	1	44	16	38	30	6		36
邮电通信业	8	1 461	1 009	1 454	120	7		1 405
批发和零售贸易、餐饮业	85	10 750	6 777	10 615	1 856	135	2 149	11 244
#零售业	39	8 370	5 568	8 276	1 175	94	1 911	8 969
餐饮业	2	221	138	207		14		219
金融、保险业	11	2 215	1 130	2 114	449	101	13	2 100
金融业	2	1 553	798	1 552		1	12	1 539
保险业	9	662	332	562	449	100	1	561
房地产业	80	3 264	1 355	3 029	558	235	11	2 914
房地产开发与经营业	75	1 864	607	1 635	410	229	11	1 549
房地产管理业	5	1 400	748	1 394	148	6		1 365
社会服务业	31	5 758	3 722	5 671	470	87	266	5 755
公共服务业	4	129	22	90	37	39		84
居民服务业	2	40	27	40	27			40
旅馆业	8	5 040	3 445	5 037	263	3	266	5 132
租赁服务业	1	75	32	75	9			75
旅游业	1	50	27	11	4	39		18
娱乐服务业	4	152	94	151		1		162
信息、咨询服务业	4	115	26	114	81	1		112
计算机应用服务业	4	84	26	81	40	3		65
其他社会服务业	3	73	23	72	9	1		67
卫生、体育和社会福利业	2	90	85	90	19			95
卫生	1	23	21	23	19			23
社会福利保障业	1	67	64	67				72
科学研究和综合技术服务业	3	41	17	41	16			41
科学研究业	1	14	7	14	8			14
综合技术服务业	2	27	10	27	8			27
国家机关、政党机关和社会团体	22	81	67	81				81
其他行业	6	240	87	236	99	4	7	238

4-10 邕宁县从业人员年末人数

（1999年）　　　　单位：人

指标名称	单位数（个）	从业人员年末人数	女性	在岗职工	专业技术人员	其他从业人员	离开单位仍保留关系的职工	在岗职工年平均人数
总　　计	**957**	**40 199**	**15 123**	**40 046**	**12 617**	**153**	**2 559**	**40 158**
按国民经济行业分组								
农、林、牧、渔业	67	4 104	1 674	4 031	534	73	154	3 994
采掘业	20	1 569	532	1 568	259	1	264	1 681
制造业	60	7 999	3 376	7 970	1 064	29	1 139	8 015
电力、煤气及水的生产和供应业	5	1 081	364	1 081	183		61	1 101
建筑业	2	427	104	427	19		49	427
地质勘查业、水利管理业	33	530	98	530	35		10	532
交通运输、仓储及邮电通信业	12	782	228	782	68		208	781
批发和零售贸易、餐饮业	143	4 142	1 679	4 111	331	31	535	4 127
金融、保险业	8	467	148	467	53		5	468
房地产业	9	209	102	202	32	7		202
社会服务业	5	331	156	331	111		1	331
卫生、体育和社会福利业	27	1 579	988	1 570	1 020	9	8	1 559
教育、文艺和广播电影视业	362	12 706	4 716	12 705	8 757	1	68	12 652
科学研究和综合技术服务业	6	323	139	323	136		3	324
国家机关、政党机关和社会团体	196	3 917	815	3 915	1	2	51	3 931
其他行业	2	33	4	33	14		3	33
国有单位合计	**845**	**30 076**	**10 936**	**29 985**	**11 466**	**91**	**1 516**	**30 067**
按隶属关系分组								
中央	10	709	202	709	59		8	708
省、自治区、直辖市	51	5 130	2 118	5 128	939	2	240	5 213
地区	4	395	188	395	33		33	396
县及县以下	780	23 842	8 428	23 753	10 435	89	1 235	23 750
按企业、事业、机关分组								
企业	172	9 939	3 885	9 860	1 117	79	1 386	9 987
#地方	163	9 242	3 686	9 163	1 069	79	1 378	9 291
事业	481	16 245	6 241	16 235	10 348	10	79	16 172
#地方	480	16 233	6 238	16 223	10 337	10	79	16 160
机关	192	3 892	810	3 890	1	2	51	3 908
#地方	192	3 892	810	3 890	1	2	51	3 908
按国民经济行业分组								
农、林、牧、渔业	64	4 060	1 665	3 990	523	70	154	3 953
农业	29	2 983	1 360	2 982	244	1	92	2 945
林业	1	618	200	549		69	32	549

4-10 续表1

单位：人

指 标 名 称	单位数（个）	从业人员年末人数	女 性	在岗职工	专业技术人员	其他从业人员	离开单位仍保留关系的职工	在岗职工年平均人数
畜牧业	1	48	26	48	15		30	49
渔业	1	10	3	10	3			10
农、林、牧、渔服务业	32	401	76	401	261			400
采掘业	20	1 569	532	1 568	259	1	264	1 681
制造业	12	904	434	904	108		478	944
电力、煤气及水的生产和供应业	4	996	338	996	144		61	1 016
建筑业	1	88	2	88			49	88
水利管理业	33	530	98	530	35		10	532
交通运输、仓储及邮电通信业	9	515	110	515	67		8	514
公路运输业	1	25	4	25			1	25
交通运输辅助业	5	197	29	197	31			197
邮电通信业	3	293	77	293	36		7	292
批发和零售贸易、餐饮业	96	2 077	789	2 069	239	8	357	2 061
#零售业	86	1 725	658	1 717	187	8	295	1 709
餐饮业	2	53	24	53	1			53
金融、保险业	6	405	130	405	39		1	405
金融业	4	372	124	372	39			372
保险业	2	33	6	33			1	33
房地产业	3	66	22	66	20			66
房地产开发与经营业	2	63	20	63	20			63
房地产经纪与代理业	1	3	2	3				3
社会服务业	5	331	156	331	111		1	331
公共服务业	2	107	38	107	52			107
旅馆业	1	100	80	100			1	100
其他社会服务业	2	124	38	124	59			124
卫生、体育和社会福利业	27	1 579	988	1 570	1 020	9	8	1 559
卫生	26	1 570	984	1 561	1 017	9	8	1 550
社会福利保障业	1	9	4	9	3			9
教育、文艺和广播电影视业	362	12 706	4 716	12 705	8 757	1	68	12 652
教育	334	12 506	4 650	12 505	8 676	1	52	12 450
文化艺术业	25	79	29	79	50			79
广播电影电视业	3	121	37	121	31		16	123
科学研究和综合技术服务业	6	323	139	323	136		3	324
科学研究业	3	298	132	298	117		3	299
综合技术服务业	3	25	7	25	19			25
国家机关、政党机关和社会团体	196	3 917	815	3 915	1	2	51	3 931

4-10 续表2 单位：人

指 标 名 称	单位数（个）	从业人员年末人数					离开单位仍保留关系的职工	在岗职工年平均人数
			女性	在岗职工	专业技术人员	其他从业人员		
其他行业	1	10	2	10	7		3	10
城镇集体单位合计	**68**	**3 216**	**1 351**	**3 192**	**183**	**24**	**758**	**3 262**
按企业、事业、机关分组								
企业	65	3 094	1 283	3 070	175	24	758	3 140
事业	3	122	68	122	8			122
按国民经济行业分组								
制造业	13	364	158	364	44		380	410
建筑业	1	339	102	339	19			339
交通运输、仓储及邮电通信业	2	263	115	263			200	263
水上运输业	1	253	112	253			200	253
交通运输辅助业	1	10	3	10				10
批发和零售贸易、餐饮业	47	2 065	890	2 042	92	23	178	2 066
#零售业	19	1 560	623	1 537	67	23	171	1 558
餐饮业	24	287	179	287	11			287
金融业	1	53	14	53	14			53
房地产业	3	109	70	108	7	1		108
房地产开发与经营业	2	12	5	11	7	1		11
房地产经纪与代理业	1	97	65	97				97
其他行业	1	23	2	23	7			23
其他单位合计	**44**	**6 907**	**2 836**	**6 869**	**968**	**38**	**285**	**6 829**
按登记注册类型分组								
内资	9	2 592	882	2 592	320		198	2 628
股份合作	5	1 149	500	1 149	138		126	1 183
有限责任公司	1	32	14	32				32
股份有限公司	3	1 411	368	1 411	182		72	1 413
港、澳、台商投资	13	1 896	714	1 882	252	14	13	1 808
外商投资	22	2 419	1 240	2 395	396	24	74	2 393
按企业、事业分组								
企业	44	6 907	2 836	6 869	968	38	285	6 829
按国民经济行业分组								
渔业	3	44	9	41	11	3		41
制造业	35	6 731	2 784	6 702	912	29	281	6 661
电力、煤气及水的生产和供应业	1	85	26	85	39			85
邮电通信业	1	4	3	4	1			4
保险业	1	9	4	9			4	10
房地产开发与经营业	3	34	10	28	5	6		28

4-11 武鸣县从业人员年末人数

(1999年)

单位:人

指标名称	单位数(个)	从业人员年末人数	女性	在岗职工	专业技术人员	其他从业人员	离开单位仍保留关系的职工	在岗职工年平均人数
总　　计	**865**	**42 179**	**15 968**	**42 160**	**9 432**	**19**	**3 959**	**41 557**
按国民经济行业分组								
农、林、牧、渔业	115	16 337	6 795	16 336	1 259	1	2 059	16 259
采掘业	2	139	21	139	4		45	139
制造业	31	5 577	2 079	5 576	379	1	1 235	5 740
电力、煤气及水的生产和供应业	2	501	161	500	103	1	8	487
建筑业	5	588	93	588	163		36	515
地质勘查业、水利管理业	10	607	156	607				607
交通运输、仓储及邮电通信业	8	654	158	652	45	2	18	652
批发和零售贸易、餐饮业	79	2 763	1 098	2 762	301	1	516	2 791
金融、保险业	25	1 078	409	1 078	474		2	1 100
房地产业	3	65	19	65	37			65
社会服务业	21	962	454	962	128		38	922
卫生、体育和社会福利业	31	1 434	850	1 423	1 047	11		1 418
教育、文艺和广播电影视业	301	7 787	2 825	7 787	5 302			7 220
科学研究和综合技术服务业	42	554	136	553	158	1		546
国家机关、政党机关和社会团体	185	3 067	696	3 066	16	1	2	3 031
其他行业	5	66	18	66	16			65
国有单位合计	**786**	**37 784**	**14 402**	**37 766**	**8 946**	**18**	**3 434**	**37 283**
按隶属关系分组								
中央	14	1 959	703	1 957	442	2	172	1 991
省、自治区、直辖市	59	15 135	6 297	15 135	997		2 059	15 047
地区	5	316	103	315	59	1	6	308
县及县以下	708	20 374	7 299	20 359	7 448	15	1 197	19 937
按企业、事业、机关分组								
企业	145	23 150	9 323	23 146	1 959	4	3 408	23 265
#地方	133	21 265	8 640	21 263	1 553	2	3 236	21 348
事业	406	10 903	4 155	10 891	6 743	12	25	10 328
#地方	404	10 829	4 135	10 817	6 707	12	25	10 254
机关	235	3 731	924	3 729	244	2	1	3 690
#地方	235	3 731	924	3 729	244	2	1	3 690

单位：人

指 标 名 称	单位数（个）	从业人员年末人数	女 性	在岗职工	专业技术人员	其他从业人员	离开单位仍保留关系的职工	在岗职工年平均人数
按国民经济行业分组								
农、林、牧、渔业	114	16 287	6 756	16 286	1 259	1	2 059	16 209
农业	56	15 200	6 359	15 200	941		2 045	15 105
林业	1	450	212	450	56			456
农、林、牧、渔服务业	57	637	185	636	262	1	14	648
采掘业	2	139	21	139	4		45	139
制造业	16	4 074	1 358	4 074	307		954	4 292
电力、煤气及水的生产和供应业	2	501	161	500	103	1	8	487
地质勘查业	1	1		1				1
交通运输、仓储及邮电通信业	8	654	158	652	45	2	18	652
交通运输辅助业	4	327	49	327	33		10	329
仓储业	2	29	8	29	4			29
邮电通信业	2	298	101	296	8	2	8	294
批发和零售贸易、餐饮业	48	1 623	732	1 622	190	1	308	1 658
#零售业	11	651	349	650	76	1	113	683
金融、保险业	8	583	230	583	334		2	591
金融业	5	556	225	556	328		2	564
保险业	3	27	5	27	6			27
房地产业	3	65	19	65	37			65
房地产开发与经营业	2	51	11	51	28			51
房地产管理业	1	14	8	14	9			14
社会服务业	20	949	442	949	128		38	909
公共服务业	10	444	163	444	84		2	430
居民服务业	5	134	51	134	22			132
旅馆业	3	204	140	204	7		14	194
旅游业	2	167	88	167	15		22	153
卫生、体育和社会福利业	31	1 434	850	1 423	1 047	11		1 418
卫生	27	1 372	832	1 361	1 033	11		1 356
体育	2	44	11	44	7			44
社会福利保障业	2	18	7	18	7			18
教育、文艺和广播电影视业	301	7 787	2 825	7 787	5 302			7 220
教育	289	7 577	2 749	7 577	5 256			7 013

4-11 续表2

单位：人

指　标　名　称	单位数（个）	从业人员年末人　数	女　性	在　岗职　工	专业技术人员	其　他从　业人　员	离开单位仍保留关系的职工	在岗职工年平均人数
文化艺术业	9	102	39	102	28			101
广播电影电视业	3	108	37	108	18			106
科学研究和综合技术服务业	42	554	136	553	158	1		546
科学研究业	20	377	110	376	106	1		375
综合技术服务业	22	177	26	177	52			171
国家机关、政党机关和社会团体	185	3 067	696	3 066	16	1	2	3 031
其他行业	5	66	18	66	16			65
城镇集体单位合计	**70**	**3 064**	**969**	**3 064**	**418**		**250**	**2 997**
按企业、事业、机关分组								
企业	61	2 458	813	2 458	418		250	2 391
事业	9	606	156	606				606
按国民经济行业分组								
农、林、牧、渔服务业	1	50	39	50				50
制造业	6	172	124	172	4		6	171
土木工程建筑业	5	588	93	588	163		36	515
水利管理业	9	606	156	606				606
批发和零售贸易、餐饮业	31	1 140	366	1 140	111		208	1 133
#零售业	25	1 102	344	1 102	111		208	1 095
餐饮业	6	38	22	38				38
金融业	17	495	179	495	140			509
旅馆业	1	13	12	13				13
其他单位合计	**9**	**1 331**	**597**	**1 330**	**68**	**1**	**275**	**1 277**
按登记注册类型分组								
内资	1	52	11	52	15			52
联营	1	52	11	52	15			52
#国有联营	1	52	11	52	15			52
港、澳、台商投资	6	1 203	556	1 202	53	1	275	1 149
外商投资	2	76	30	76				76
按企业、事业分组								
企业	9	1 331	597	1 330	68	1	275	1 277
按国民经济行业分组								
制造业	9	1 331	597	1 330	68	1	275	1 277

4-12 全市从业人员劳动报酬

（1999年）

单位：万元

指标名称	从业人员劳动报酬	在岗职工工资总额	计时计件标准工资	其他人员报酬	离开单位仍保留关系的职工	在岗职工年平均工资（元）
总计	**358 050.0**	**353 051.1**	**210 352.3**	**4 998.9**	**7 666.0**	**8 077**
按国民经济行业分组						
农、林、牧、渔业	12 282.8	12 080.3	9 440.4	202.5	265.1	4 172
采掘业	3 938.3	3 935.3	3 133.5	3.0	308.7	4 920
制造业	76 555.0	76 036.3	49 551.3	518.7	3 738.0	7 142
电力、煤气及水的生产和供应业	9 444.6	9 431.5	3 698.8	13.1	79.0	16 309
建筑业	38 347.7	37 545.1	22 895.7	802.6	754.4	8 819
地质勘查业、水利管理业	2 697.5	2 689.5	1 962.0	8.0	238.7	7 647
交通运输、仓储及邮电通信业	19 678.4	19 109.2	9 737.9	569.2	519.1	9 294
批发和零售贸易、餐饮业	31 495.2	31 059.8	21 015.3	435.4	1 206.6	6 973
金融、保险业	14 744.7	14 643.3	6 058.1	101.4	13.4	11 451
房地产业	5 145.2	4 800.7	3 353.2	344.5	42.5	8 017
社会服务业	22 133.8	21 709.3	13 509.7	424.5	288.3	8 614
卫生、体育和社会福利业	22 653.5	22 382.6	11 548.6	270.9	3.4	10 643
教育、文艺和广播电影视业	46 957.9	46 307.9	25 353.8	650.0	77.7	7 928
科学研究和综合技术服务业	14 551.2	14 407.5	7 561.2	143.7	57.4	9 164
国家机关、政党机关和社会团体	33 459.7	33 060.0	19 572.1	399.7	50.0	9 593
其他行业	3 964.5	3 852.8	1 960.7	111.7	23.7	12 554
国有单位合计	**264 151.5**	**261 468.0**	**148 578.9**	**2 683.5**	**5 372.8**	**8 303**
按隶属关系分组						
中央	49 497.4	49 159.5	23 756.8	337.9	465.8	13 125
省、自治区、直辖市	95 952.0	94 899.6	52 836.0	1 052.4	1 346.6	7 924
地区	81 069.7	80 628.5	44 835.6	441.2	3 320.0	8 022
县及县以下	37 632.4	36 780.4	27 150.5	852.0	240.4	6 434
按企业、事业、机关分组						
企业	136 718.0	135 799.0	78 622.1	919.0	4 872.7	7 883
#地方	94 204.9	93 597.8	58 070.2	607.1	4 654.2	6 651
事业	94 669.0	93 288.5	50 789.4	1 380.5	449.1	8 581
#地方	90 854.6	89 481.9	48 728.5	1 372.7	215.2	8 499
机关	32 764.5	32 380.5	19 167.4	384.0	51.0	9 545
#地方	29 594.6	29 228.8	18 023.4	365.8	37.6	9 303
按国民经济行业分组						
农、林、牧、渔业	12 093.0	11 892.8	9 252.9	200.2	265.1	4 151
农业	8 997.4	8 847.6	7 114.0	149.8	211.5	3 621
林业	683.9	645.3	577.0	38.6	6.1	5 888
畜牧业	449.0	448.7	379.1	0.3	24.3	8 085

另附南铁资料：在岗职工工资总额18738.2万元。

4-12 续表1

单位:万元

指标名称	从业人员劳动报酬	在岗职工工资总额	计时计件标准工资	其他人员报酬	离开单位仍保留关系的职工	在岗职工年平均工资(元)
渔业	4.3	4.3	3.3			4 300
农、林、牧、渔服务业	1 958.4	1 946.9	1 179.5	11.5	23.2	7 614
采掘业	3 581.3	3 579.8	2 883.6	1.5	300.1	5 042
制造业	37 146.4	37 036.9	23 826.3	109.5	2 909.8	6 751
电力、煤气及水的生产和供应业	7 933.0	7 931.4	2 934.9	1.6	79.0	16 253
建筑业	19 062.7	18 947.2	9 760.4	115.5	183.7	10 077
地质勘查业、水利管理业	2 282.9	2 274.9	1 547.4	8.0	236.3	7 971
地质勘查业	1 402.5	1 398.7	990.2	3.8	236.3	8 472
水利管理业	880.4	876.2	557.2	4.2		7 283
交通运输、仓储及邮电通信业	15 389.4	15 135.0	7 845.0	254.4	427.7	9 077
公路运输业	4 988.8	4 986.6	2 561.3	2.2	244.9	7 139
水上运输业	656.6	656.6	505.4		95.5	4 117
交通运输辅助业	2 419.7	2 396.2	1 175.7	23.5	23.0	8 017
仓储业	478.0	473.7	364.9	4.3	54.8	6 956
邮电通信业	6 846.3	6 621.9	3 237.7	224.4	9.5	14 968
批发和零售贸易、餐饮业	15 462.5	15 343.1	9 929.4	119.4	465.8	7 759
#零售业	4 578.7	4 569.3	3 491.3	9.4	64.4	6 848
餐饮业	50.0	50.0	50.0			5 814
金融、保险业	12 510.8	12 508.4	4 675.2	2.4	8.0	12 439
金融业	12 164.5	12 162.1	4 514.9	2.4	5.4	12 488
保险业	346.3	346.3	160.3		2.6	10 924
房地产业	2 212.5	2 189.6	1 086.0	22.9	39.6	10 227
房地产开发与经营业	1 190.6	1 170.3	585.1	20.3	11.7	9 237
房地产管理业	915.6	914.7	446.4	0.9	27.9	11 803
房地产经纪与代理业	106.3	104.6	54.5	1.7		10 566
社会服务业	16 139.8	15 828.4	9 701.2	311.4	247.5	8 802
公共服务业	9 496.7	9 268.7	6 000.3	228.0	105.8	9 627
居民服务业	986.2	937.8	421.0	48.4	9.3	10 609
旅馆业	4 041.5	4 036.9	2 274.1	4.6	122.7	7 092
租赁服务业	98.1	97.7	53.0	0.4		9 673
旅游业	226.9	226.7	149.4	0.2	5.8	5 725
信息、咨询服务业	760.3	733.3	507.6	27.0	3.9	10 285
计算机应用服务业	153.5	153.5	50.7			10 233
其他社会服务业	376.6	373.8	245.1	2.8		8 943
卫生、体育和社会福利业	22 519.3	22 252.6	11 446.1	266.7	3.4	10 683
卫生	20 860.6	20 611.0	10 388.0	249.6	3.4	11 008

4-12 续表2

单位：万元

指标名称	从业人员劳动报酬	在岗职工工资总额		其他人员报酬	离开单位仍保留关系的职工	在岗职工年平均工资(元)
			计时计件标准工资			
体育	926.3	917.9	635.8	8.4		7 061
社会福利保障业	732.4	723.7	422.3	8.7		8 990
教育、文艺和广播电影视业	46 648.7	46 013.1	25 143.1	635.6	77.5	7 933
教育	38 897.9	38 446.4	22 033.1	451.5	46.3	7 548
文化艺术业	4 932.7	4 750.0	2 037.0	182.7	10.0	10 367
广播电影电视业	2 818.1	2 816.7	1 073.0	1.4	21.2	11 367
科学研究和综合技术服务业	14 477.4	14 339.6	7 522.3	137.8	57.4	9 168
科学研究业	7 108.8	7 060.4	3 973.0	48.4	40.6	8 350
综合技术服务业	7 368.6	7 279.2	3 549.3	89.4	16.8	10 131
国家机关、政党机关和社会团体	33 212.7	32 817.3	19 374.0	395.4	50.0	9 633
其他行业	3 479.1	3 377.9	1 651.1	101.2	21.9	13 108
城镇集体单位合计	**26 927.4**	**25 622.0**	**18 945.8**	**1 305.4**	**689.1**	**6 225**
按企业、事业、机关分组						
企业	25 760.8	24 486.2	17 993.8	1 274.6	689.1	6 201
事业	997.6	968.7	823.1	28.9		6 751
机关	169.0	167.1	128.9	1.9		6 963
按国民经济行业分组						
农、林、牧、渔业	29.7	29.7	29.7			5 940
采掘业	72.9	72.9	69.5		6.2	4 585
制造业	9 489.0	9 352.9	7 154.3	136.1	188.7	5 850
电力、煤气及水的生产和供应业	890.8	883.8	525.5	7.0		17 501
建筑业	3 249.4	2 658.6	1 829.6	590.8	16.5	6 561
地质勘查业、水利管理业	371.7	371.7	371.7			6 134
交通运输、仓储及邮电通信业	1 587.7	1 290.2	466.9	297.5	63.3	5 970
公路运输业	1 229.3	936.5	208.1	292.8	44.3	7 765
水上运输业	287.1	282.4	187.5	4.7	19.0	3 354
交通运输辅助业	71.3	71.3	71.3			6 310
批发和零售贸易、餐饮业	8 302.6	8 155.7	6 319.9	146.9	404.9	6 032
#零售业	2 868.4	2 829.8	2 433.9	38.6	164.8	4 644
餐饮业	718.9	716.9	683.0	2.0		4 854
金融、保险业	265.9	265.9	239.3			4 275
金融业	265.9	265.9	239.3			4 275
房地产业	688.1	633.6	495.4	54.5		7 001
房地产开发与经营业	514.6	460.7	342.6	53.9		6 815
房地产管理业	98.3	97.7	77.6	0.6		7 402
房地产经纪与代理业	75.2	75.2	75.2			7 753

4-12 续表3　　　　单位:万元

指　标　名　称	从业人员劳动报酬	在岗职工工资总额	计时计件标准工资	其他人员报酬	离开单位仍保留关系的职工	在岗职工年平均工资(元)
社会服务业	1 149.6	1 109.8	833.8	39.8	8.3	7 570
居民服务业	70.3	70.3	61.1			5 169
旅馆业	379.4	378.9	294.9	0.5	1.3	5 884
租赁服务业	20.2	20.2	15.4			5 611
旅游业	2.4	2.4	2.4			4 800
娱乐服务业	56.7	37.6	34.6	19.1		6 267
信息、咨询服务业	269.7	250.3	220.0	19.4		7 896
计算机应用服务业	31.3	30.9	30.9	0.4		6 867
其他社会服务业	319.6	319.2	174.5	0.4	7.0	14 314
卫生、体育和社会福利业	52.6	48.4	42.3	4.2		4 523
卫生	48.6	44.4	40.6	4.2		4 311
社会福利保障业	4.0	4.0	1.7			10 000
教育、文艺和广播电影视业	309.2	294.8	210.7	14.4	0.2	7 121
教育	296.8	282.4	200.9	14.4	0.2	7 078
文化艺术业	12.4	12.4	9.8			8 267
科学研究和综合技术服务业	33.8	27.9	16.6	5.9		6 975
综合技术服务业	33.8	27.9	16.6	5.9		6 975
国家机关、政党机关和社会团体	214.5	210.2	165.6	4.3		6 716
其他行业	219.9	215.9	175.0	4.0	1.0	8 500
其他单位合计	**66 971.1**	**65 961.1**	**42 827.6**	**1 010.0**	**1 604.1**	**8 142**
按登记注册类型分组						
内资	53 372.6	52 778.6	32 897.0	594.0	1 249.5	8 211
股份合作	1 183.9	1 161.4	821.9	22.5	23.6	6 485
联营	255.6	254.1	254.1	1.5		5 868
#国有联营	163.2	163.2	163.2			6 253
集体联营	89.5	88.7	88.7	0.8		5 218
有限责任公司	43 632.6	43 230.6	25 666.2	402.0	1 039.9	8 425
#国有独资	36 111.8	35 965.7	20 137.6	146.1	1 023.8	8 343
股份有限公司	8 256.6	8 088.6	6 110.9	168.0	186.0	7 606
其他	43.9	43.9	43.9			4 221
港、澳、台商投资	6 026.3	5 912.8	4 130.7	113.5	14.4	7 690
外商投资	7 572.2	7 269.7	5 799.9	302.5	340.2	8 036
按企业、事业分组						
企业	66 971.1	65 961.1	42 827.6	1 010.0	1 604.1	8 142
按国民经济行业分组						
农、林、牧、渔业	160.1	157.8	157.8	2.3		6 312

4-12 续表4

单位:万元

指标名称	从业人员劳动报酬	在岗职工工资总额		其他人员报酬	离开单位仍保留关系的职工	在岗职工年平均工资(元)
			计时计件标准工资			
采掘业	284.1	282.6	180.4	1.5	2.4	3 819
制造业	29 919.6	29 646.5	18 570.7	273.1	639.5	8 324
电力、煤气及水的生产和供应业	620.8	616.3	238.4	4.5		15 485
建筑业	16 035.6	15 939.3	11 305.7	96.3	554.2	8 083
地质勘查业、水利管理业	42.9	42.9	42.9		2.4	7 526
交通运输、仓储及邮电通信业	2 701.3	2 684.0	1 426.0	17.3	28.1	15 550
公路运输业	197.0	197.0	114.7		28.1	7 323
航空运输业	14.9	12.7	8.9	2.2		10 583
交通运输辅助业	82.9	80.3	24.1	2.6		22 306
邮电通信业	2 406.5	2 394.0	1 278.3	12.5		16 991
批发和零售贸易、餐饮业	7 730.1	7 561.0	4 766.0	169.1	335.9	6 724
#零售业	5 483.0	5 430.5	3 629.6	52.5	264.2	6 055
餐饮业	195.8	144.8	144.8	51.0		6 612
金融、保险业	1 968.0	1 869.0	1 143.6	99.0	5.4	8 858
金融业	1 219.2	1 217.8	706.0	1.4	4.6	7 913
保险业	748.8	651.2	437.6	97.6	0.8	11 405
房地产业	2 244.6	1 977.5	1 771.8	267.1	2.9	6 722
房地产开发与经营业	1 818.3	1 559.3	1 446.5	259.0	2.9	9 888
房地产管理业	426.3	418.2	325.3	8.1		3 064
社会服务业	4 844.4	4 771.1	2 974.7	73.3	32.5	8 290
公共服务业	114.1	83.8	70.9	30.3		9 976
居民服务业	23.0	23.0	23.0			5 750
旅馆业	4 259.3	4 232.5	2 626.0	26.8	32.5	8 247
租赁服务业	51.9	51.9	51.9			6 920
旅游业	23.3	10.5	10.5	12.8		5 833
娱乐服务业	82.5	81.3	81.3	1.2		5 019
信息、咨询服务业	167.2	166.2	52.5	1.0		14 839
计算机应用服务业	46.7	45.7	17.0	1.0		7 031
其他社会服务业	76.4	76.2	41.6	0.2		11 373
卫生、体育和社会福利业	81.6	81.6	60.2			8 589
卫生	26.4	26.4	10.4			11 478
社会福利保障业	55.2	55.2	49.8			7 667
科学研究和综合技术服务业	40.0	40.0	22.3			9 756
科学研究业	17.9	17.9	9.8			12 786
综合技术服务业	22.1	22.1	12.5			8 185
国家机关、政党机关和社会团体	32.5	32.5	32.5			4 012
其他行业	265.5	259.0	134.6	6.5	0.8	10 882

4-13 市区从业人员劳动报酬

（1999年）　　　　单位：万元

指标名称	从业人员劳动报酬	在岗职工工资总额	计时计件标准工资	其他人员报酬	离开单位仍保留关系的职工	在岗职工年平均工资（元）
总　　计	**311 856.6**	**307 003.8**	**175 050.3**	**4 852.8**	**7 059.4**	**8 639**
按国民经济行业分组						
农、林、牧、渔业	4 262.0	4 100.6	2 499.4	161.4	229.6	4 713
采掘业	3 099.9	3 098.5	2 357.4	1.5	246.0	5 015
制造业	67 214.9	66 755.2	41 825.7	459.8	3 448.3	7 200
电力、煤气及水的生产和供应	7 827.0	7 814.6	2 680.9	12.5	45.3	18 628
建筑业	37 995.5	37 193.0	25 585.8	802.5	754.3	8 934
地质勘查业、水利管理业	2 056.5	2 048.6	1 321.2	7.9	238.7	8 615
交通运输、仓储及邮电通信业	18 694.1	18 125.6	9 061.4	568.5	512.1	9 476
批发和零售贸易、餐饮业	28 274.3	27 844.6	18 164.8	429.7	1 088.1	7 401
金融、保险业	13 655.0	13 553.5	5 247.1	101.4	11.5	12 080
房地产业	4 909.2	4 583.5	3 145.9	325.8	42.5	8 012
社会服务业	21 326.4	20 902.1	12 908.5	424.4	283.4	8 727
卫生、体育和社会福利业	20 337.3	20 083.5	9 882.9	253.7	3.4	11 124
教育、文艺和广播电影视业	36 350.3	35 700.2	19 022.4	649.8	51.7	9 263
科学研究和综合技术服务业	13 981.8	13 838.4	7 107.6	143.4	57.3	9 318
国家机关、政党机关和社会团体	27 982.6	27 584.1	15 336.5	398.5	23.8	10 030
其他行业	3 889.7	3 778.0	1 903.1	111.7	23.4	12 716
国有单位合计	**226 758.2**	**224 137.4**	**120 806.6**	**2 620.8**	**4 939.8**	**9 054**
按隶属关系分组						
中央	47 222.5	46 885.5	22 141.5	337.0	343.2	13 490
省、自治区、直辖市	87 259.2	86 209.0	45 543.0	1 050.2	1 271.6	8 664
地区	80 657.4	80 216.6	44 486.2	440.9	3 319.3	8 037
县及县以下	11 618.8	10 826.1	8 635.9	792.5	5.7	8 029
按企业、事业、机关分组						
企业	120 414.3	119 539.1	65 273.9	875.2	4 497.8	8 599
#地方	80 087.8	79 523.6	46 271.2	564.2	4 401.9	7 223
事业	79 524.3	78 161.2	40 917.3	1 362.8	416.6	9 507
#地方	75 798.0	74 442.8	38 922.4	1 355.0	182.7	9 438
机关	26 819.4	26 437.0	14 615.4	382.6	25.4	10 043
#地方	23 649.7	23 285.3	13 471.4	364.4	12.0	9 775
按国民经济行业分组						
农、林、牧、渔业	4 121.8	3 960.4	2 359.2	161.4	229.6	4 664
农业	2 267.0	2 117.5	1 263.9	149.4	187.0	3 316
林业	96.9	96.4	28.1	0.5		10 593

4-13 续表1

单位:万元

指标名称	从业人员劳动报酬	在岗职工工资总额	计时计件标准工资	其他人员报酬	离开单位仍保留关系的职工	在岗职工年平均工资(元)
畜牧业	424.2	424.0	369.0	0.3	24.3	8 379
农、林、牧、渔服务业	1 333.7	1 322.5	698.2	11.2	18.3	8 764
采掘业	2 743.0	2 743.0	2 107.5		237.4	5 195
制造业	34 187.6	34 078.2	21 422.8	109.4	2 704.8	6 867
电力、煤气及水的生产和供应业	6 375.4	6 374.4	1 976.9	1.0	45.3	18 876
建筑业	19 004.6	18 889.2	9 702.4	115.4	183.6	10 093
地质勘查业、水利管理业	2 013.6	2 005.7	1 278.3	7.9	236.3	8 642
地质勘查业	1 401.3	1 397.5	989.2	3.8	236.3	8 470
水利管理业	612.3	608.1	289.1	4.2		9 063
交通运输、仓储及邮电通信业	14 416.8	14 163.0	7 180.1	253.8	420.7	9 133
公路运输业	4 970.1	4 967.9	2 545.8	2.2	244.9	7 138
水上运输业	656.6	656.6	505.4		95.5	4 117
交通运输辅助业	2 109.0	2 085.4	947.7	23.5	23.0	8 467
仓储业	459.7	455.4	347.8	4.3	54.8	6 985
邮电通信业	6 221.4	5 997.6	2 833.3	223.7	2.6	15 627
批发和零售贸易、餐饮业	13 474.7	13 357.4	8 191.1	117.3	436.2	8 319
#零售业	3 249.1	3 241.9	2 319.0	7.2	46.0	7 575
餐饮业	17.5	17.5	17.5			5 303
金融、保险业	11 655.2	11 652.8	4 071.9	2.4	6.1	12 862
金融业	11 365.7	11 363.2	3 958.4	2.4	4.7	12 908
保险业	289.5	289.5	113.5		1.4	11 265
房地产业	2 115.1	2 092.3	998.6	22.9	39.6	10 409
房地产开发与经营业	1 110.4	1 090.1	510.7	20.3	11.7	9 454
房地产管理业	901.0	900.1	436.0	0.9	27.9	11 828
房地产经纪与代理业	103.7	102.0	51.9	1.7		10 625
社会服务业	15 337.4	15 026.1	9 104.2	311.3	242.6	8 975
公共服务业	9 098.7	8 870.8	5 728.1	228.0	105.1	9 758
居民服务业	887.0	838.6	352.1	48.4	9.3	11 152
旅馆业	3 900.1	3 895.5	2 144.5	4.6	122.4	7 217
租赁服务业	98.1	97.7	53.0	0.4		9 673
旅游业	145.6	145.4	80.6	0.2	2.0	5 984
信息、咨询服务业	760.2	733.3	507.6	27.0	3.9	10 285
计算机应用服务业	153.5	153.5	50.7			10 233
其他社会服务业	294.0	291.2	187.7	2.8		9 905
卫生、体育和社会福利业	20 203.0	19 953.4	9 780.4	249.5	3.4	11 177

单位：万元

指 标 名 称	从业人员劳动报酬	在岗职工工资总额	计时计件标准工资	其他人员报酬	离开单位仍保留关系的职工	在岗职工年平均工资（元）
卫生	18 605.4	18 373.0	8 765.5	232.4	3.4	11 615
体育	893.4	885.0	613.9	8.4		7 046
社会福利保障业	704.2	695.5	401.0	8.7		8 940
教育、文艺和广播电影视业	36 041.0	35 405.4	18 811.7	635.4	51.5	9 286
教育	28 543.1	28 091.9	15 904.3	451.3	20.7	8 925
文化艺术业	4 815.6	4 632.9	1 946.3	182.7	10.0	10 525
广播电影电视业	2 682.0	2 680.6	961.2	1.4	20.7	11 919
科学研究和综合技术服务业	13 908.0	13 770.5	7 068.7	137.5	57.3	9 323
科学研究业	6 693.1	6 644.9	3 637.4	48.2	40.6	8 539
综合技术服务业	7 214.9	7 125.6	3 431.3	89.4	16.6	10 195
国家机关、政党机关和社会团体	27 735.6	27 341.4	15 138.4	394.2	23.8	10 086
其他行业	3 425.3	3 324.1	1 614.5	101.2	21.6	13 286
城镇集体单位合计	**24 388.4**	**23 087.4**	**16 618.4**	**1 301.0**	**599.6**	**6 615**
按企业、事业、机关分组						
企业	23 691.2	22 421.2	16 136.0	1 270.1	599.6	6 603
事业	528.0	499.1	353.5	28.9		7 059
机关	169.0	167.1	128.9	1.9		6 963
按国民经济行业分组						
采掘业	72.9	72.9	69.5		6.2	4 585
制造业	9 225.9	9 089.9	6 911.5	136.1	188.2	5 900
电力、煤气及水的生产和供应业	890.7	883.8	525.5	7.0		17 501
建筑业	2 955.3	2 364.5	1 577.7	590.8	16.5	7 394
交通运输、仓储及邮电通信业	1 580.0	1 282.5	459.2	297.5	63.3	6 757
公路运输业	1 229.4	936.5	208.1	292.8	44.3	7 765
水上运输业	282.9	278.2	183.3	4.7	19.0	4 723
交通运输辅助业	67.7	67.7	67.7			6 573
批发和零售贸易、餐饮业	7 069.6	6 926.3	5 207.7	143.3	315.9	6 710
#零售业	1 903.3	1 868.3	1 589.5	35.1	77.3	5 431
餐饮业	576.9	574.9	541.0	2.0		4 990
金融、保险业	36.0	36.0	36.0			6 000
金融业	36.0	36.0	36.0			6 000
房地产业	604.1	550.5	412.3	53.6		6 907
房地产开发与经营业	505.8	452.8	334.7	53.0		6 809
房地产管理业	98.3	97.7	77.6	0.6		7 402
社会服务业	1 144.6	1 104.9	829.7	39.8	8.3	7 604
居民服务业	70.3	70.3	61.1			5 169

4-13 续表3 单位:万元

指标名称	从业人员劳动报酬	在岗职工工资总额	计时计件标准工资	其他人员报酬	离开单位仍保留关系的职工	在岗职工年平均工资(元)
旅馆业	374.7	374.1	291.0	0.5	1.3	5 929
租赁服务业	20.2	20.2	15.4			5 611
旅游业	2.4	2.4	2.4			4 800
娱乐服务业	56.7	37.6	34.6	19.1		6 267
信息、咨询服务业	269.5	250.3	220.0	19.4		7 896
计算机应用服务业	31.3	30.9	30.9	0.4		6 867
其他社会服务业	319.7	319.2	174.5	0.4	7.0	14 314
卫生、体育和社会福利业	52.6	48.4	42.3	4.2		4 523
卫生	48.6	44.4	40.6	4.2		4 311
社会福利保障业	4.0	4.0	1.7			10 000
教育、文艺和广播电影视业	309.3	294.8	210.7	14.4	0.2	7 121
教育	296.8	282.4	200.9	14.4	0.2	7 078
文化艺术业	12.4	12.4	9.8			8 267
科学研究和综合技术服务业	33.8	27.9	16.5	5.9		6 975
综合技术服务业	33.8	27.9	16.5	5.9		6 975
国家机关、政党机关和社会团体	214.5	210.2	165.6	4.3		6 716
其他行业	198.9	194.9	154.0	4.0	1.0	8 437
其他单位合计	**60 710.0**	**59 779.0**	**37 625.3**	**931.0**	**1 520.0**	**8 200**
按登记注册类型分组						
内资	51 257.1	50 663.1	31 278.3	594.0	1 172.4	8 225
股份合作	468.9	446.4	407.3	22.5	1.8	7 342
联营	232.5	231.1	231.1	1.5		6 066
#国有联营	140.2	140.2	140.2			6 708
集体联营	89.4	88.7	88.7	0.8		5 218
有限责任公司	43 612.0	43 209.8	25 645.4	402.0	1 040.2	8 426
#国有独资	36 111.8	35 965.7	20 137.6	146.1	1 023.8	8 343
股份有限公司	6 900.0	6 732.1	4 950.8	168.0	130.5	7 300
其他	43.9	43.9	43.9			4 221
港、澳、台商投资	3 699.6	3 615.7	2 203.8	83.9	7.4	7 641
外商投资	5 753.4	5 500.3	4 143.3	253.1	340.2	8 363
按企业、事业分组						
企业	60 709.9	59 779.0	37 625.3	931.0	1 520.0	8 200
按国民经济行业分组						
农、林、牧、渔业	140.2	140.2	140.2			6 708
农业	140.2	140.2	140.2			6 708
采掘业	284.0	282.6	180.4	1.5	2.4	3 819

4-13 续表4 单位:万元

指标名称	从业人员劳动报酬	在岗职工工资总额	计时计件标准工资	其他人员报酬	离开单位仍保留关系的职工	在岗职工年平均工资(元)
制造业	23 801.4	23 587.1	13 491.4	214.3	555.3	8 523
电力、煤气及水的生产和供应业	560.9	556.4	178.5	4.5		17 776
建筑业	16 035.6	15 939.3	11 305.7	96.3	554.2	8 083
地质勘查业	42.9	42.9	42.9		2.4	7 526
交通运输、仓储及邮电通信业	2 697.3	2 680.1	1 422.1	17.2	28.1	15 564
公路运输业	197.0	197.0	114.7		28.1	7 323
航空运输业	14.9	12.7	8.9	2.2		10 583
交通运输辅助业	82.8	80.3	24.1	2.6		22 306
邮电通信业	2 402.6	2 390.1	1 274.4	12.5		17 011
批发和零售贸易、餐饮业	7 730.0	7 560.9	4 766.0	169.1	336.0	6 724
#零售业	5 483.0	5 430.5	3 629.6	52.5	264.2	6 055
餐饮业	195.7	144.8	144.8	51.0		6 612
金融、保险业	1 963.8	1 864.7	1 139.2	99.0	5.4	8 880
金融业	1 219.2	1 217.8	706.0	1.4	4.6	7 913
保险业	744.5	646.9	433.3	97.6	0.8	11 531
房地产业	2 190.0	1 940.7	1 735.0	249.3	2.9	6 660
房地产开发与经营业	1 763.7	1 522.5	1 409.7	241.2	2.9	9 829
房地产管理业	426.3	418.2	325.3	8.1		3 064
社会服务业	4 844.4	4 771.1	2 974.6	73.3	32.5	8 290
公共服务业	114.1	83.8	70.9	30.3		9 976
居民服务业	23.0	23.0	23.0			5 750
旅馆业	4 259.3	4 232.5	2 626.0	26.8	32.5	8 247
租赁服务业	51.9	51.9	51.9			6 920
旅游业	23.3	10.5	10.5	12.8		5 833
娱乐服务业	82.5	81.3	81.3	1.2		5 019
信息、咨询服务业	167.3	166.2	52.5	1.0		14 839
计算机应用服务业	46.7	45.7	17.0	1.0		7 031
其他社会服务业	76.4	76.2	41.6	0.2		11 373
卫生、体育和社会福利业	81.7	81.7	60.2			8 600
卫生	26.4	26.4	10.4			11 478
社会福利保障业	55.2	55.2	49.8			7 667
科学研究和综合技术服务业	40.0	40.0	22.4			9 756
科学研究业	17.9	17.9	9.8			12 786
综合技术服务业	22.1	22.1	12.5			8 185
国家机关、政党机关和社会团体	32.5	32.5	32.5			4 012
其他行业	265.5	259.0	134.6	6.5	0.8	10 882

4-14 邕宁县从业人员劳动报酬

(1999年)

单位:万元

指 标 名 称	从业人员劳动报酬	在岗职工工资总额	计时计件标准工资	其他人员报酬	离开单位仍保留关系的职工	在岗职工年平均工资(元)
总　　计	**24 065.9**	**23 933.1**	**19 178.9**	**132.8**	**296.3**	**5 960**
按国民经济行业分组						
农、林、牧、渔业	1 750.3	1 709.7	1 641.1	40.8	7.1	4 281
采掘业	793.5	792.0	742.3	1.5	48.9	4 711
制造业	5 900.7	5 843.0	4 993.0	57.7	128.9	7 290
电力、煤气及水的生产和供应业	1 045.9	1 045.9	850.0		30.3	9 500
建筑业	123.2	123.2	123.2			2 885
地质勘查业、水利管理业	268.1	268.1	268.1			5 039
交通运输、仓储及邮电通信业	521.2	521.2	387.1		3.4	6 673
批发和零售贸易、餐饮业	1 946.3	1 941.0	1 831.4	5.3	24.3	4 703
金融、保险业	428.8	428.8	376.7		1.2	9 162
房地产业	188.0	169.3	163.5	18.7		8 381
社会服务业	212.5	212.5	187.3		0.3	6 420
卫生、体育和社会福利业	1 167.7	1 159.8	760.0	7.8		7 439
教育、文艺和广播电影视业	6 588.5	6 588.3	4 390.4	0.2	26.1	5 207
科学研究和综合技术服务业	213.8	213.8	205.3			6 599
国家机关、政党机关和社会团体	2 888.5	2 887.7	2 230.6	0.8	25.5	7 346
其他行业	28.8	28.8	28.8		0.3	8 727
国有单位合计	**17 363.6**	**17 313.0**	**13 394.9**	**50.6**	**205.0**	**5 758**
按隶属关系分组						
中央	697.5	697.5	616.9		4.5	9 852
省、自治区、直辖市	2 896.7	2 894.5	2 380.2	2.2	51.5	5 552
地区	256.2	256.2	241.6			6 470
县及县以下	13 512.9	13 464.5	10 156.3	48.4	149.0	5 669
按企业、事业、机关分组						
企业	5 519.9	5 478.2	4 948.1	41.7	152.5	5 485
#地方	4 830.7	4 789.0	4 337.3	41.7	148.0	5 154
事业	8 972.7	8 964.7	6 231.1	8.0	27.0	5 543
#地方	8 964.4	8 956.4	6 225.0	8.0	27.0	5 542
机关	2 870.7	2 869.9	2 215.7	0.8	25.5	7 344
#地方	2 870.7	2 869.9	2 215.7	0.8	25.5	7 344
按国民经济行业分组						
农、林、牧、渔业	1 730.5	1 692.1	1 623.5	38.5	7.1	4 281
农业	1 106.7	1 106.3	1 091.3	0.4	1.0	3 757
林业	358.7	320.6	320.6	38.1	6.1	5 840

4-14 续表1 单位:万元

指 标 名 称	从业人员劳动报酬	在岗职工工资总额	计时计件标准工资	其他人员报酬	离开单位仍保留关系的职工	在岗职工年平均工资(元)
畜牧业	24.7	24.7	10.1			5 041
渔业	4.3	4.3	3.3			4 300
农、林、牧、渔服务业	236.3	236.3	198.3			5 908
采掘业	793.5	792.0	742.3	1.5	48.9	4 711
制造业	328.0	328.0	279.3		49.8	3 475
电力、煤气及水的生产和供应业	986.0	986.0	790.1		30.3	9 705
建筑业	58.0	58.0	58.0			6 591
水利管理业	268.1	268.1	268.1			5 039
交通运输、仓储及邮电通信业	509.5	509.5	375.4		3.4	9 912
公路运输业	18.7	18.7	15.5			7 480
交通运输辅助业	146.5	146.5	94.2			7 437
邮电通信业	344.3	344.3	265.8		3.4	11 791
批发和零售贸易、餐饮业	1 180.1	1 178.3	1 103.7	1.8	12.1	5 717
#零售业	999.6	997.8	932.4	1.8	12.1	5 839
餐饮业	32.5	32.5	32.5			6 132
金融、保险业	381.5	381.5	329.4		1.2	9 420
金融业	349.1	349.1	297.0			9 384
保险业	32.4	32.4	32.4		1.2	9 818
房地产业	49.4	49.4	43.6			7 485
房地产开发与经营业	46.7	46.7	40.9			7 413
房地产经纪与代理业	2.6	2.6	2.6			8 667
社会服务业	212.5	212.5	187.3		0.3	6 420
公共服务业	80.7	80.7	80.7			7 542
旅馆业	49.2	49.2	49.2		0.3	4 920
其他社会服务业	82.6	82.6	57.4			6 661
卫生、体育和社会福利业	1 167.7	1 159.8	760.0	7.8		7 439
卫生	1 158.2	1 150.4	754.6	7.8		7 422
社会福利保障业	9.5	9.5	5.4			10 556
教育、文艺和广播电影视业	6 588.5	6 588.3	4 390.4	0.2	26.1	5 207
教育	6 486.0	6 485.8	4 303.0	0.2	25.6	5 209
文化艺术业	43.9	43.9	36.6			5 557
广播电影电视业	58.6	58.6	50.8		0.5	4 764
科学研究和综合技术服务业	213.8	213.8	205.3			6 599
科学研究业	194.4	194.4	193.0			6 502
综合技术服务业	19.4	19.4	12.3			7 760
国家机关、政党机关和社会团体	2 888.5	2 887.7	2 230.6	0.8	25.5	7 346

4-14 续表2

单位：万元

指 标 名 称	从业人员劳动报酬	在岗职工工资总额	计时计件标准工资	其他人员报酬	离开单位仍保留关系的职工	在岗职工年平均工资（元）
其他行业	7.8	7.8	7.8		0.3	7 800
城镇集体单位合计	**1 184.2**	**1 179.8**	**1 135.2**	**4.4**	**12.3**	**3 617**
按企业、事业、机关分组						
企业	1 086.3	1 081.9	1 037.2	4.4	12.3	3 446
事业	97.9	97.9	97.9			8 025
按国民经济行业分组						
制造业	197.1	197.1	187.4		0.1	4 807
建筑业	65.2	65.2	65.2			1 923
交通运输、仓储及邮电通信业	7.8	7.8	7.8			297
水上运输业	4.2	4.2	4.2			166
交通运输辅助业	3.6	3.6	3.6			3 600
批发和零售贸易、餐饮业	766.2	762.7	727.7	3.5	12.2	3 692
#零售业	513.4	509.9	474.9	3.5	10.7	3 273
餐饮业	126.8	126.8	126.8			4 418
金融业	43.0	43.0	43.0			8 113
房地产业	84.0	83.1	83.1	0.9		7 694
房地产开发与经营业	8.8	7.9	7.9	0.9		7 182
房地产经纪与代理业	75.2	75.2	75.2			7 753
其他行业	21.0	21.0	21.0			9 130
其他单位合计	**5 518.1**	**5 440.3**	**4 648.8**	**77.8**	**79.0**	**7 966**
按登记注册类型分组						
内资	2 092.5	2 092.5	1 595.3		77.4	7 962
股份合作	715.2	715.2	414.3		21.8	6 046
有限责任公司	20.8	20.8	20.8			6 500
股份有限公司	1 356.5	1 356.5	1 160.1		55.5	9 600
港、澳、台商投资	1 657.0	1 628.6	1 436.0	28.4	1.6	9 008
外商投资	1 768.7	1 719.3	1 617.5	49.4		7 185
按企业、事业分组						
企业	5 518.1	5 440.3	4 648.8	77.8	79.0	7 966
按国民经济行业分组						
渔业	19.8	17.6	17.6	2.3		4 293
制造业	5 375.6	5 317.9	4 526.3	57.7	79.0	7 984
电力、煤气及水的生产和供应业	59.9	59.9	59.9			7 047
邮电通信业	3.9	3.9	3.9			9 750
保险业	4.3	4.3	4.3			4 300
房地产开发与经营业	54.6	36.8	36.8	17.8		13 143

4-15 武鸣县从业人员劳动报酬

（1999年）　　　　单位：万元

指标名称	从业人员劳动报酬	在岗职工工资总额	计时计件标准工资	其他人员报酬	离开单位仍保留关系的职工	在岗职工年平均工资（元）
总　计	**22 127.5**	**22 114.2**	**16 121.3**	**13.3**	**310.0**	**5 321**
按国民经济行业分组						
农、林、牧、渔业	6 270.1	6 269.8	5 299.8	0.3	28.4	3 856
采掘业	44.8	44.8	33.8		13.8	3 223
制造业	3 439.1	3 437.9	2 731.6	1.2	160.6	5 989
电力、煤气及水的生产和供应业	571.5	570.9	167.8	0.6	3.3	11 723
建筑业	228.5	228.5	186.4			4 437
地质勘查业、水利管理业	372.9	372.9	372.7			6 143
交通运输、仓储及邮电通信业	463.3	462.5	289.5	0.7	3.5	7 094
批发和零售贸易、餐饮业	1 274.6	1 274.2	1 019.5	0.4	94.4	4 565
金融、保险业	661.1	661.1	434.3		0.7	6 010
房地产业	48.1	48.1	43.9			7 400
社会服务业	594.7	594.7	413.4		4.5	6 450
卫生、体育和社会福利业	1 148.7	1 139.3	905.7	9.4		8 035
教育、文艺和广播电影视业	4 019.5	4 019.5	1 940.9			5 567
科学研究和综合技术服务业	355.7	355.4	248.3	0.3		6 509
国家机关、政党机关和社会团体	2 588.6	2 588.2	2 005.0	0.4	0.7	8 539
其他行业	46.0	46.0	28.8			7 077
国有单位合计	**20 030.7**	**20 018.6**	**14 377.1**	**12.1**	**227.8**	**5 369**
按隶属关系分组						
中央	1 577.4	1 576.7	998.2	0.7	117.9	7 919
省、自治区、直辖市	5 796.1	5 796.1	4 912.8		23.5	3 852
地区	155.9	155.7	107.8	0.3	0.7	5 055
县及县以下	12 500.9	12 489.8	8 358.3	11.1	85.7	6 265
按企业、事业、机关分组						
企业	10 783.8	10 782.1	8 399.8	1.7	222.2	4 634
#地方	9 286.3	9 285.3	7 461.5	1.0	104.2	4 349
事业	6 172.3	6 162.6	3 641.0	9.7	5.5	5 967
#地方	6 092.5	6 082.7	3 581.1	9.7	5.5	5 932
机关	3 074.2	3 073.6	2 336.3	0.6	0.1	8 330
#地方	3 074.2	3 073.6	2 336.3	0.6	0.1	8 330

4-15 续表1 单位:万元

指标名称	从业人员劳动报酬	在岗职工工资总额	计时计件标准工资	其他人员报酬	离开单位仍保留关系的职工	在岗职工年平均工资(元)
按国民经济行业分组						
农、林、牧、渔业	6 240.4	6 240.1	5 270.1	0.3	28.4	3 850
农业	5 623.8	5 623.8	4 758.8		23.5	3 723
林业	228.3	228.3	228.3			5 007
农、林、牧、渔服务业	388.4	388.1	283.0	0.3	4.9	5 989
采掘业	44.8	44.8	33.8		13.8	3 223
制造业	2 630.7	2 630.7	2 124.0		155.2	6 129
电力、煤气及水的生产和供应业	571.5	570.9	167.8	0.6	3.3	11 723
地质勘查业	1.2	1.2	1.0			12 000
交通运输、仓储及邮电通信业	463.3	462.5	289.5	0.7	3.5	7 094
交通运输辅助业	164.3	164.3	133.8			4 994
仓储业	18.3	18.3	17.1			6 310
邮电通信业	280.7	280.0	138.6	0.7	3.5	9 524
批发和零售贸易、餐饮业	807.8	807.4	634.8	0.4	17.6	4 870
#零售业	329.9	329.6	239.9	0.4	6.3	4 826
金融、保险业	474.2	474.2	274.0		0.7	8 024
金融业	449.8	449.8	259.5		0.7	7 975
保险业	24.4	24.4	14.4			9 037
房地产业	48.1	48.1	43.9			7 400
房地产开发与经营业	33.5	33.5	33.5			6 569
房地产管理业	14.6	14.6	10.4			10 429
社会服务业	589.9	589.9	409.5		4.5	6 490
公共服务业	317.2	317.2	191.5		0.7	7 377
居民服务业	99.2	99.2	68.9			7 515
旅馆业	92.2	92.2	80.4			4 753
旅游业	81.3	81.3	68.8		3.8	5 314
卫生、体育和社会福利业	1 148.7	1 139.3	905.7	9.4		8 035
卫生	1 097.1	1 087.6	867.9	9.4		8 021
体育	32.9	32.9	21.9			7 477
社会福利保障业	18.7	18.7	15.9			10 389
教育、文艺和广播电影视业	4 019.5	4 019.5	1 940.9			5 567
教育	3 868.7	3 868.7	1 825.8			5 516

单位:万元

指标名称	从业人员劳动报酬	在岗职工工资总额	计时计件标准工资	其他人员报酬	离开单位仍保留关系的职工	在岗职工年平均工资(元)
文化艺术业	73.2	73.2	54.1			7 248
广播电影电视业	77.5	77.5	61.0			7 311
科学研究和综合技术服务业	355.7	355.4	248.3	0.3		6 509
科学研究业	221.3	221.1	142.5	0.3		5 896
综合技术服务业	134.4	134.4	105.8			7 860
国家机关、政党机关和社会团体	2 588.6	2 588.2	2 005.0	0.4	0.7	8 539
其他行业	46.0	46.0	28.8			7 077
城镇集体单位合计	**1 354.0**	**1 354.0**	**1 191.2**		**76.8**	**4 518**
按企业、事业、机关分组						
企业	982.3	982.3	819.5		76.8	4 108
事业	371.7	371.7	371.7			6 134
按国民经济行业分组						
农、林、牧、渔服务业	29.7	29.7	29.7			5 940
制造业	65.6	65.6	54.6			3 836
土木工程建筑业	228.5	228.5	186.4			4 437
水利管理业	371.7	371.7	371.7			6 134
批发和零售贸易、餐饮业	466.8	466.8	384.7		76.8	4 120
#零售业	451.6	451.6	369.5		76.8	4 124
餐饮业	15.2	15.2	15.2			4 000
金融业	186.9	186.9	160.3			3 672
旅馆业	4.8	4.8	3.9			3 692
其他单位合计	**742.8**	**741.6**	**553.0**	**1.2**	**5.4**	**5 807**
按登记注册类型分组						
内资	23.0	23.0	23.0			4 423
联营	23.0	23.0	23.0			4 423
#国有联营	23.0	23.0	23.0			4 423
港、澳、台商投资	669.8	668.5	490.9	1.2	5.4	5 818
外商投资	50.1	50.1	39.1			6 592
按企业、事业分组						
企业	742.8	741.6	553.0	1.2	5.4	5 807
按国民经济行业分组						
制造业	742.8	741.6	553.0	1.2	5.4	5 807

4-16 全市职工人数变动情况

(1999年) 单位:人

指标名称	本年增加人数							
	合计	从农村招收	从城镇招收	录用的复员转业军人	录用的大、中专、技校毕业生	调入	由外省、自治区、直辖市调入	其他
总计	**27 872**	**6 731**	**4 319**	**737**	**5 528**	**5 740**	**245**	**4 817**
国有经济单位	17 732	2 994	1 746	555	4 087	4 717	186	3 633
按企事机关分组								
企业	10 831	2 758	1 222	213	1 755	2 332	65	2 551
#地方	6 504	684	933	157	1 315	894	52	2 521
事业	5 058	224	462	196	2 003	1 360	96	813
#地方	4 917	216	459	193	1 976	1 266	96	807
机关	1 843	12	62	146	329	1 025	25	269
#地方	1 758	12	62	142	307	971	25	264
城镇集体经济单位	2 670	1 293	362	38	507	128	12	342
其他经济类型单位	7 470	2 444	2 211	144	934	895	47	842

指标名称	本年减少人数							
	合计	离休退休退职	开除除名辞退	终止解除合同	保留劳动关系的职工	调出	调到外省、自治区、直辖市	其他
总计	**48 251**	**8 597**	**5 576**	**10 279**	**9 926**	**5 997**	**188**	**7 876**
国有经济单位	32 500	6 410	1 668	6 783	6 455	5 150	148	6 034
按企事机关分组								
企业	24 718	3 830	1 236	6 371	5 821	3 430	64	4 030
#地方	18 852	3 652	1 149	2 223	5 666	2 213	52	3 949
事业	6 152	2 087	403	279	626	923	66	1 834
#地方	5 534	1 960	394	252	260	841	65	1 827
机关	1 630	493	29	133	8	797	18	170
#地方	1 540	453	22	125	8	781	18	151
城镇集体经济单位	4 789	850	695	504	1 542	164	2	1 034
其他经济类型单位	10 962	1 337	3 213	2 992	1 929	683	38	808

4-17 市区职工人数变动情况

（1999年）

单位：人

指标名称	本年增加人数							
	合计	从农村招收	从城镇招收	录用的复员转业军人	录用的大、中专、技校毕业生	调入	由外省、自治区、直辖市调入	其他
总计	**24 436**	**5 775**	**3 963**	**641**	**4 503**	**5 025**	**241**	**4 529**
国有经济单位	15 764	2 898	1 666	481	3 294	4 037	182	3 388
按企事机关分组								
企业	10 248	2 691	1 162	183	1 594	2 250	64	2 368
#地方	6 007	640	889	129	1 179	832	51	2 338
事业	4 312	205	445	169	1 490	1 204	94	799
#地方	4 172	197	442	166	1 464	1 110	94	793
机关	1 204	2	59	129	210	583	24	221
#地方	1 119	2	59	125	188	529	24	216
城镇集体经济单位	2 529	1 233	352	38	460	109	12	337
其他经济类型单位	6 143	1 644	1 945	122	749	879	47	804

指标名称	本年减少人数							
	合计	离休退休退职	开除除名辞退	终止解除合同	保留劳动关系的职工	调出	调到外省、自治区、直辖市	其他
总计	**44 204**	**7 349**	**4 787**	**9 979**	**9 110**	**5 360**	**176**	**7 619**
国有经济单位	29 879	5 492	1 492	6 610	5 889	4 549	136	5 847
按企事机关分组								
企业	23 099	3 173	1 135	6 226	5 282	3 335	62	3 948
#地方	17 423	3 005	1 062	2 146	5 178	2 164	50	3 868
事业	5 626	1 859	333	257	600	769	60	1 808
#地方	5 010	1 733	324	230	234	688	59	1 801
机关	1 154	460	24	127	7	445	14	91
#地方	1 064	420	17	119	7	429	14	72
城镇集体经济单位	4 475	750	651	435	1 483	142	2	1 014
其他经济类型单位	9 850	1 107	2 644	2 934	1 738	669	38	758

4-18 邕宁县职工人数变动情况

（1999年）　　单位：人

指标名称	本年增加人数 合计	从农村招收	从城镇招收	录用的复员转业军人	录用的大、中专、技校毕业生	调入	由外省、自治区、直辖市调入	其他
总计	**2 379**	**824**	**300**	**67**	**745**	**359**	**1**	**84**
国有经济单位	1 125	62	44	45	596	333	1	45
按企事机关分组								
企业	164	54	35	9	28	26		12
#地方	115	31	22	8	24	18		12
事业	637	7	6	21	490	110	1	3
#地方	637	7	6	21	490	110	1	3
机关	324	1	3	15	78	197		30
#地方	324	1	3	15	78	197		30
城镇集体经济单位	49	3	10		18	17		1
其他经济类型单位	1 205	759	246	22	131	9		38

指标名称	本年减少人数 合计	离休退休退职	开除除名辞退	终止解除合同	保留劳动关系的职工	调出	调到外省、自治区、直辖市	其他
总计	**2 577**	**673**	**718**	**203**	**493**	**339**	**7**	**151**
国有经济单位	1 322	393	108	79	330	306	7	106
按企事机关分组								
企业	690	192	58	55	318	44	1	23
#地方	657	188	58	55	311	22	1	23
事业	391	190	46	22	11	103	4	19
#地方	391	190	46	22	11	103	4	19
机关	241	11	4	2	1	159	2	64
#地方	241	11	4	2	1	159	2	64
城镇集体经济单位	225	60	43	66	27	20		9
其他经济类型单位	1 030	220	567	58	136	13		36

4-19 武鸣县职工人数变动情况

(1999年)　　　　单位：人

指标名称	本年增加人数							
	合计	从农村招收	从城镇招收	录用的复员转业军人	录用的大、中专、技校毕业生	调入	由外省、自治区、直辖市调入	其他
总计	**1 057**	**132**	**56**	**29**	**280**	**356**	**3**	**204**
国有经济单位	843	34	36	29	197	347	3	200
按企事机关分组								
企业	419	13	25	21	133	56	1	171
#地方	382	13	22	20	112	44	1	171
事业	109	12	11	6	23	46	1	11
#地方	108	12	11	6	22	46	1	11
机关	315	9		2	41	245	1	18
#地方	315	9		2	41	245	1	18
城镇集体经济单位	92	57			29	2		4
其他经济类型单位	122	41	20		54	7		

指标名称	本年减少人数							
	合计	离休退休退职	开除除名辞退	终止解除合同	保留劳动关系的职工	调出	调到外省、自治区、直辖市	其他
总计	**1 470**	**575**	**71**	**97**	**323**	**298**	**5**	**106**
国有经济单位	1 299	525	68	94	236	295	5	81
按企事机关分组								
企业	929	465	43	90	221	51	1	59
#地方	772	459	29	22	177	27	1	58
事业	135	38	24		15	51	2	7
#地方	133	37	24		15	50	2	7
机关	235	22	1	4		193	2	15
#地方	235	22	1	4		193	2	15
城镇集体经济单位	89	40	1	3	32	2		11
其他经济类型单位	82	10	2		55	1		14

4-20 职工福利费用构成情况

（1999年）

单位：万元

指标名称	合计	集体福利设施集体福利事业补贴	医疗卫生费	文体宣传费	其他
总计	**28 034.0**	**7 848.7**	**13 279.5**	**1 119.6**	**5 786.2**
一、企业合计	**20 324.2**	**5 557.1**	**10 524.3**	**666.9**	**3 575.9**
按隶属关系分					
地区	16 794.8	4 574.8	8 596.6	517.1	3106.3
县及县以下	3 529.4	982.3	1 927.7	149.8	469.6
按注册类型分					
内资企业	19 469.8	5 128.2	10 312.4	649.5	3 379.7
国有企业	16 136.1	4 280.3	8 624.6	439.6	2 791.6
集体企业	2 301.6	608.9	1 097.2	121.3	474.2
其他企业	1 032.1	239.0	590.6	88.6	113.9
港、澳、台商投资企业	243.4	148.3	25.4	8.0	61.7
外商投资企业	611.0	280.6	186.5	9.4	134.5
二、事业合计	**5 838.8**	**1 518.6**	**2 404.3**	**275.4**	**1 640.5**
三、机关合计	**1 871.0**	**773.0**	**350.9**	**177.3**	**569.8**

注：本表数据不含中直、区直单位。

4-21 离休、退休、退职人数及保险福利费用构成情况

（1999年）

指标名称	离休、退休、退职人员年末数（人）				保险福利费用构成（万元）					
	合计	离休人员	退休人员	领取定期生活费的退职人员	合计	离休金	退休金	退职生活费	医疗卫生费	其他
总计	**85 930**	**2 352**	**81 420**	**2 158**	**47 929.6**	**2 086.5**	**35 283.5**	**656.5**	**7 505.8**	**2 397.3**
企业	**67 473**	**814**	**64 501**	**2 158**	**32 214.2**	**758.7**	**23 260.3**	**656.5**	**5 764.8**	**1 773.9**
内资企业	66 875	808	63 910	2 157	31 636.8	753.1	22 843.6	656.2	5 727.4	1 656.5
国有企业	49 716	675	**47 221**	1 820	24 968.1	629.3	18 110.5	453.7	4 711.9	1 062.7
集体企业	**16 202**	130	**15 742**	330	6 252.0	120.7	4 417.5	199.8	924.4	589.6
其他企业	957	3	947	7	416.7	3.1	**315.6**	2.7	91.1	4.2
港、澳、台商投资企业	54	2	51	1	27.9	1.8	22.4	0.3	2.4	1.0
外商投资企业	544	4	540		549.5	3.8	394.3		35.0	116.4
事业	**14 610**	**860**	**13 750**		**11 903.5**	**674.0**	**9 247.0**		**1 658.6**	**323.9**
机关	**3 847**	**678**	**3 169**		**3 811.9**	**653.8**	**2 776.2**		**82.4**	**299.5**

注：本表数据不含中直、区直单位。

五 农业

农 业

1999年，全市各级政府继续加大对农业的投入，克服严重干旱等不良自然灾害的影响，大力引进和扩大农业生产综合配套技术，稳妥调整产业和产品结构，农业综合生产能力进一步增强，农业生产在调整中稳步发展。全年实现农林牧渔业总产值72.05亿元，按可比价计算，比上年增长13.58%。其中农业产值47.77亿元，增长16.08%，林业产值1.49亿元，增长1.97%，牧业产值18.21亿元，增长8.72%，渔业产值4.57亿元，增长8.49%。农产品商品率不断提高，1999年，农林牧渔业商品产值53.84亿元，商品率为74.72%，比上年上升1.39个百分点。

农业在调整中发展。1999年，农业、林业、牧业、渔业各业产值占农林牧渔业总产值的比重由上年的65.37:2.03:26.86:5.74调整为66.31:2.08:25.27:6.34。农业、林业、渔业比重分别比上年上升0.94、0.05.0.6个百分点，而牧业下降1.59个百分点。

农业生产除粮食、甘蔗因种植面积减少而减产外，水果、蔬菜等生产有较大增长。1999年，全年粮食总产量达79.62万吨，甘蔗产量337.3万吨，油料、蔬菜、水果等主要农产品获得较好收成，产量分别为4.37万吨、106.88万吨，48.6万吨，分别增长2.3%、10.48%和22.72%。

林业生产保持发展。1999年，全年造林面积342公顷，迹地更新面积4425公顷，封山育林面积20917公顷，育苗面积53公顷，森林覆盖率达36.23%。

畜牧、水产生产保持稳定增长，增加了城乡市场农副产品有效供给。1999年，全年肉类总产量16.74万吨，比上年增长8.06%；当年肉猪出栏153.69万头，增长7.93%；家禽出栏2855.14万只，增长6.08%；牛奶产量0.62万吨，下降4.39%；水产品产量6.53万吨，增长7.78%。

农业机械化程度继续提高，农业生产条件不断改善。年末拥有农业机械总动力122.97万千瓦，比上年末增长8.36%，其中农用排灌动力机械16.06万千瓦.增长13.84%；全年化肥施用量(折纯量)15.02万吨，下降6.01%；有效灌溉面积9.63万公顷，增长0.36%；农村用电量2.36亿千瓦时，增长2.16%。农村社会基础设施不断完善。全市582个村，村村通汽车；通电话的村达98.11%，自来水受益村达87.28%。

乡镇企业稳定发展。1999年，全市乡镇企业实现企业营业收入168.62亿元，比上年增加22.02亿元，增长15.02%；完成总产值128.99亿元，比上年增加16.85亿元，增长15.02%；实缴税金3.27亿元，增长11.13%；实现利润6.66亿元，增长18.5%。

5-1 历年农业总产值

单位:万元

年　份	农业总产值（当年价）					
	合　计	种植业	林　业	畜牧业	副　业	渔　业
1950	5 596	3 785	75	814	718	204
1951	6 035	4 060	92	861	710	212
1952	6 810	4 568	117	1 191	718	217
1953	7 201	4 773	129	1 338	724	237
1954	7 642	4 910	167	1 565	749	251
1955	7 656	4 917	140	1 573	778	248
1956	7 828	4 955	252	1 593	774	253
1957	8 079	5 341	250	1 404	852	232
1958	7 853	5 339	336	1 130	833	215
1959	8 065	5 566	266	1 123	886	224
1960	7 402	5 202	297	833	862	208
1961	7 802	5 630	54	924	941	252
1962	8 298	5 801	33	1 281	1 028	155
1963	9 133	5 373	227	1 967	1 469	97
1964	10 239	6 447	136	2 016	1 459	181
1965	12 602	8 259	140	2 317	1 710	176
1966	14 144	9 719	484	2 031	1 711	200
1967	15 532	11 336	244	1 986	1 753	213
1968	15 135	10 722	250	2 032	1 878	253
1969	18 332	13 332	251	2 272	2 179	298
1970	20 466	14 859	498	2 556	2 270	284
1971	24 029	18 012	465	2 897	2 355	300
1972	27 220	20 711	336	3 342	2 552	279
1973	30 651	23 356	241	4 053	2 677	323

5-1 续表 单位:万元

年份	农业总产值(当年价)					
	合计	种植业	林业	畜牧业	副业	渔业
1974	30 992	23 237	403	4 324	2 702	327
1975	33 564	25 212	361	4 682	2 894	415
1976	33 011	24 758	362	4 883	2 569	440
1977	33 381	23 717	362	4 950	3 902	450
1978	36 029	25 540	447	5 228	4 256	558
1979	42 807	30 255	519	4 422	6 832	779
1980	44 588	31 178	788	4 326	7 494	802
1981	46 839	35 631	892	5 045	4 490	781
1982	56 865	40 666	981	8 216	5 901	1 101
1983	57 367	36 640	1 414	11 195	6 633	1 485
1984	60 113	36 879	1 142	12 109	8 376	1 607
1985	70 586	43 266	1 618	18 990	4 840	1 872
1986	78 390	49 427	1 794	19 138	5 601	2 430
1987	91 989	59 881	1 805	22 627	4 750	2 926
1988	116 437	73 400	2 027	32 509	4 576	3 925
1989	125 320	75 059	2 330	38 702	4 618	4 611
1990	169 865	111 699	2 681	42 149	6 551	6 785
1991	175 633	109 121	3 150	47 954	7 958	7 450
1992	210 826	133 273	5 048	54 433	8 203	9 869
1993	270 146	169 444	7 684	72 479	8 118	12 421
1994	372 063	246 897	7 906	95 979		21 281
1995	465 896	317 943	6 553	115 373		26 027
1996	533 484	352 786	8 056	141 505		31 137
1997	620 077	405 089	10 778	167 764		36 446
1998	684 870	447 697	13 885	183 967		39 321
1999	720 486	477 719	14 965	182 088		45 714

注:1994年后副业产值并入种植业。

5-2 历年农业总产值发展速度

（按可比价计算，以上年＝100）　　单位：%

年 份	合 计	种植业	林 业	畜牧业	副 业	渔 业
1951	107.79	107.18	111.76	117.07	101.13	102.54
1952	112.76	112.26	117.54	123.64	103.23	102.07
1953	104.92	103.71	112.69	111.58	99.40	108.10
1954	106.02	102.82	129.80	116.74	103.03	105.62
1955	100.12	100.16	84.69	100.39	103.06	99.29
1956	102.21	100.70	175.30	101.34	99.77	102.14
1957	98.81	103.42	100.69	83.86	103.09	87.76
1958	92.50	95.48	115.06	74.42	97.62	87.84
1959	99.51	101.65	74.16	94.29	103.21	96.41
1960	89.58	91.44	104.52	70.24	97.76	84.57
1961	98.01	100.55	19.05	101.51	99.49	118.24
1962	105.78	102.23	63.64	142.92	107.04	64.36
1963	103.50	87.00	632.14	144.94	138.88	47.11
1964	114.00	121.83	53.11	106.04	100.00	222.81
1965	125.21	130.42	96.81	120.01	114.73	98.43
1966	113.87	118.60	398.90	89.77	103.08	117.60
1967	109.42	116.24	52.89	96.85	101.09	106.12
1968	95.67	92.81	96.88	100.52	106.05	117.95
1969	108.84	111.50	95.70	101.75	102.85	109.78
1970	110.74	110.38	197.75	112.14	103.96	90.59
1971	101.70	104.62	73.71	98.72	92.91	101.09
1972	104.55	106.20	71.80	105.81	99.64	82.39
1973	109.77	110.26	71.77	116.78	102.61	103.42
1974	99.06	97.55	156.22	103.52	100.18	98.31

5-2 续表

单位：%

年份	合计	种植业	林业	畜牧业	副业	渔业
1975	107.13	107.38	93.31	107.52	105.95	112.02
1976	94.02	94.30	99.66	99.44	82.65	95.79
1977	98.15	94.57	94.86	99.69	128.80	103.60
1978	107.36	106.81	132.13	97.65	116.38	162.93
1979	111.48	109.06	119.71	96.89	140.06	131.88
1980	110.75	108.17	157.62	101.91	125.32	114.09
1981	96.66	106.44	96.89	93.52	58.53	84.62
1982	119.17	112.75	97.82	154.73	137.43	110.73
1983	98.67	94.44	134.82	114.47	100.02	105.81
1984	102.97	96.02	78.87	110.01	139.54	107.69
1985	103.62	102.68	99.45	119.69	84.21	102.38
1986	106.95	107.21	117.96	98.98	119.96	112.07
1987	105.76	106.91	109.21	107.74	91.09	117.19
1988	99.40	99.08	92.94	103.97	91.12	107.67
1989	109.02	111.47	114.72	107.66	91.61	102.58
1990	115.45	117.01	98.71	111.70	109.10	135.04
1991	99.75	94.42	102.74	114.90	105.40	105.83
1992	120.53	124.73	126.51	110.60	102.06	130.06
1993	113.18	112.40	125.61	113.31	98.68	133.00
1994	108.94	112.25	99.62	112.18		127.38
1995	109.20	108.95	84.59	110.43		118.33
1996	104.86	101.42	110.28	112.14		115.35
1997	113.43	114.62	109.44	110.31		114.36
1998	112.10	112.48	115.17	110.15		114.64
1999	113.58	116.08	101.97	108.72		108.49

5-3 历年农民人均纯收入及主要农产品产量

年　份	农民人均纯收入（元）	粮食产量（吨）	甘蔗产量（吨）	水果产量（吨）	猪牛羊肉产　量（吨）	水产品产量（吨）
1950	54	198 004	71 282	4 748	5 490	5 350
1951	56	214 698	70 939	4 764	5 899	5 506
1952	63	243 961	98 554	5 526	8 458	5 595
1953	61	254 298	112 374	5 864	9 485	6 080
1954	62	260 221	113 026	6 066	9 606	6 149
1955	60	264 304	107 041	6 774	9 261	6 289
1956	67	272 958	55 178	7 128	9 323	6 450
1957	68	265 773	66 900	7 064	8 606	6 375
1958	62	236 223	155 132	7 110	5 260	4 699
1959	56	251 636	107 510	8 359	4 464	4 661
1960	49	215 380	89 886	7 427	2 666	1 895
1961	56	230 414	51 125	8 528	4 474	2 398
1962	58	248 407	29 617	6 096	4 776	1 697
1963	51	203 270	71 379	5 959	10 258	1 651
1964	64	283 715	157 431	6 141	11 821	2 096
1965	66	319 410	298 784	8 908	15 915	3 241
1966	68	378 360	249 332	11 779	18 091	2 734
1967	70	414 680	347 739	7 726	16 873	3 125
1968	72	393 685	211 619	9 921	14 532	2 375
1969	70	418 290	276 020	10 497	17 622	2 262
1970	68	487 035	323 760	8 133	22 732	3 680
1971	74	491 015	290 101	14 572	15 442	4 252
1972	82	543 110	390 657	14 770	19 139	3 163
1973	87	604 530	465 002	27 937	20 934	3 580

5-3 续表

年　份	农民人均纯收入（元）	粮食产量（吨）	甘蔗产量（吨）	水果产量（吨）	猪牛羊肉产　量（吨）	水产品产量（吨）
1974	80	604 385	423 319	21 030	20 126	3 688
1975	81	637 565	389 189	32 961	23 637	4 043
1976	74	598 920	447 481	14 097	24 133	3 765
1977	76	551 930	472 427	14 351	23 102	3 985
1978	88	590 420	562 171	24 576	25 752	4 366
1979	105	659 859	686 832	27 007	27 097	4 811
1980	107	670 813	798 831	31 114	23 580	4 895
1981	135	648 769	972 163	41 783	21 541	5 371
1982	158	762 023	1 203 282	52 661	21 824	5 975
1983	239	714 558	1 037 726	45 116	28 596	6 325
1984	316	615 735	1 130 497	39 504	27 577	6 876
1985	367	551 860	1 339 141	53 925	29 885	6 939
1986	404	552 903	1 569 850	93 984	32 396	8 551
1987	461	590 276	1 633 498	115 847	35 854	9 790
1988	521	526 325	1 979 810	110 614	36 833	10 438
1989	574	624 509	1 958 128	105 346	39 659	10 705
1990	624	725 954	2 358 841	120 262	45 934	14 663
1991	683	548 210	2 559 124	140 926	53 082	15 383
1992	778	697 128	3 075 803	164 661	55 278	21 304
1993	949	744 101	3 413 703	213 470	61 211	26 550
1994	1 341	746 956	3 116 366	272 561	70 388	33 743
1995	1 627	779 251	2 908 195	316 342	77 774	39 509
1996	1 917	781 201	2 946 903	281 615	84 889	46 030
1997	2 235	801 830	3 267 654	377 862	95 439	53 290
1998	2 440	814 459	3 786 929	395 986	106 962	60 619
1999	2 589	796 159	3 373 039	485 971	115 648	65 333

5-4 农村基本情况及从业人员构成

(1999年)

指 标 名 称	单位	全 市	市 区	郊 区	邕宁县	武鸣县
农村基层组织						
乡镇个数	个	52	15	15	21	16
#镇个数	个	36	10	10	15	11
村民委员会	个	582	134	130	235	213
村民小组	个	12 148	2 111	2 096	6 988	3 049
农村社会基础设施						
通汽车村数	个	582	134	130	235	213
通电话村数	个	571	134	130	235	202
自来水受益村数	个	508	127	123	172	209
乡(镇)村户数	**万户**	**45.32**	**11.85**	**10.70**	**17.95**	**15.52**
乡(镇)村人口数	**万人**	**182.84**	**41.99**	**38.62**	**80.47**	**60.38**
乡(镇)村劳动力	**万人**	**105.68**	**24.80**	**22.98**	**47.76**	**33.12**
乡(镇)村从业人员	**万人**	**100.09**	**23.59**	**21.86**	**45.24**	**31.26**
#女性	万人	47.93	11.47	10.63	21.83	14.63
农林牧渔业从业人员	万人	78.57	17.81	16.64	35.73	25.03
种植业	万人	75.14	16.74	15.71	34.38	24.02
林 业	万人	0.35	0.01		0.18	0.16
牧 业	万人	1.60	0.38	0.31	0.78	0.44
渔 业	万人	1.48	0.68	0.62	0.39	0.41
工业从业人员	万人	1.70	0.76	0.57	0.45	0.49
建筑业从业人员	万人	2.01	0.21	0.17	0.81	0.99
交通运输、邮电通讯及仓储业从业人员	万人	1.62	0.36	0.34	0.62	0.64
批发.零售贸易业.餐饮业从业人员	万人	2.37	0.93	0.86	0.72	0.72
其他从业人员	万人	13.82	3.52	3.28	6.91	3.39
#外出从业人员	万人	8.89	0.81	0.75	5.41	2.67

5-5 农村社会总产值

(1999年)　　单位:万元

指标名称	全市	市区	郊区	邕宁县	武鸣县
农村社会总产值	**1 885 426**	**569 359**	**544 173**	**673 846**	**642 221**
农林牧渔总产值	**720 486**	**159 238**	**134 052**	**286 153**	**275 095**
农村非农行业产值合计	**1 164 940**	**410 121**	**410 121**	**387 693**	**367 126**
农村工业总产值	**616 593**	**223 110**	**223 110**	**157 879**	**235 604**
乡办工业产值	189 076	34 890	34 890	67 256	86 930
村办工业产值	48 041	45 582	45 582		2 459
村以下工业产值	379 476	142 638	142 638	90 623	146 215
农村建筑业总产值	**77 183**	**26 315**	**26 315**	**28 708**	**22 160**
建筑安装工程产值	77 163	26 315	26 315	28 708	22 140
兴建房屋产值	62 050	26 265	26 265	16 278	19 507
农田水利工程产值	4 208	50	50	1 525	2 633
其他建筑安装工程产值	10 905			10 905	
其他基本建设产值	20				20
#开垦荒地产值	20				20
农村运输业总产值	**15 3374**	**35 286**	**35 286**	**57 653**	**60 435**
乡办运输企业货运产值	846	398	398		448
村办运输企业货运产值	8 453	1 682	1 682		6 771
村以下运输企业货运产值	144 075	33 206	33 206	57 653	53 216
农村批发零售贸易.餐饮业总产值	**317 790**	**125 410**	**125 410**	**143 453**	**48 927**
批发零售贸易业产值	188 744	55 159	55 159	93 124	40 461
#农村供销社批发零售贸易产值	6 162	482	482	3 252	2 428
饮食业产值	129 046	70 251	70 251	50 329	8 466
#农村供销社产值	110				110
农林牧渔业商品产值	**538 366**	**124 205**	**103 346**	**203 713**	**210 448**

5-6 农林牧渔业总产值

（1999年）　　单位：万元

指标名称	南宁市		市区		郊区		邕宁县		武鸣县	
	1990年不变价	1999年现行价	1990年不变价	1999年现行价	1990年不变价	1999年现行价	1990年不变价	1999年现行价	1990年不变价	1999年现行价
农林牧渔业总产值	**445276**	**720486**	**111662**	**159238**	**93153**	**134052**	**164579**	**286153**	**169035**	**275095**
农业产值	**309266**	**477719**	**68847**	**91302**	**60914**	**84537**	**120728**	**202480**	**119691**	**183937**
种植业	298135	461824	68739	91057	60806	84292	117826	197434	111570	173333
主产品产值	288685	444593	67364	88524	59549	81957	114779	190964	106542	165105
粮食作物合计	43362	101176	6253	14027	6040	13560	20029	46917	17080	40232
经济作物合计	65262	91347	11520	14854	8255	11304	28158	37684	25584	38809
蔬菜.瓜类	46063	152696	11165	33659	11076	33644	23062	77823	11836	41214
茶.桑.果	127530	92143	37579	25097	33364	22566	39361	24023	50590	43023
其他种植业	6468	7231	847	887	814	883	4169	4517	1452	1827
副产品产值	9450	17231	1375	2533	1257	2335	3047	6470	5028	8228
粮食作物副产品	3223	8900	504	1342	493	1306	1333	4028	1386	3530
经济作物副产品	6227	8331	871	1191	764	1029	1714	2442	3642	4698
其他农业	11131	15895	108	245	108	245	2902	5046	8121	10604
采集野生植物	3235	7999	81	218	81	218	1340	3485	1814	4296
农民家庭兼营商品性工业	7896	7896	27	27	27	27	1562	1561	6307	6308
林业产值	**7626**	**14965**	**1718**	**1771**	**1097**	**732**	**3728**	**9209**	**2180**	**3985**
营林	1434	1751	397	403	54	50	623	866	414	482
林产品	3116	9553	315	744	35	57	1992	6285	809	2524
村及村以下竹木采伐	3076	3661	1006	624	1008	625	1113	2058	957	979
牧业产值	**101377**	**182088**	**31006**	**49048**	**23174**	**35278**	**33040**	**62519**	**37331**	**70521**
大小牲畜	59164	114444	12301	22766	7389	13954	17906	34570	28957	57108
大牲畜的繁殖.增长.增重	2961	3500	411	369	326	369	1013	1278	1537	1853
猪	56071	110187	11885	22372	7058	13560	16872	33188	27314	54627
羊	132	757	5	25	5	25	21	104	106	628
家禽的饲养	31505	51902	13601	17524	11912	15092	13447	25437	4457	8941
活的畜禽产品	6906	11481	5102	8753	3872	6230	970	1436	834	1292
其他动物及产品	3802	4261	2	5	1	2	717	1076	3083	3180
渔业产值	**27007**	**45714**	**10091**	**17117**	**7968**	**13505**	**7083**	**11945**	**9833**	**16652**

5-7 农林牧渔业增加值

（1999年） 单位:万元

指标名称	合计	农业	种植业	林业	牧业	渔业
全　市						
农业林牧渔业总产值(当年价格)	**720 486**	**477 719**	**461 824**	**14 965**	**182 088**	**45 714**
农林牧渔业中间消耗	**255 380**	**132 820**	**128 150**	**2 970**	**109 623**	**9 967**
物质消耗	248 592	128 869	124 234	2 841	106 993	9 889
用种量	21 351	18 382	18 382	1 083	1 886	
役畜用饲料.饲草	111 578	2 839	2 839		102 997	5 742
肥料	79 239	77 929	77 929	1 310		
燃料	8 258	7 349	6 968	32	787	90
农药	5 400	5 346	5 346	54		
农用塑料薄膜	2 202	2 202	2 202			
用电量	7 851	7 181	7 002	101	323	246
其他	12 713	7 641	3 566	261	1 000	3 811
劳务支出	6 788	3 951	3 916	129	2 630	78
农林牧渔业增加值	**465 106**	**344 899**	**333 674**	**11 995**	**72 465**	**35 747**
市　区						
农业林牧渔业总产值(当年价格)	**159 238**	**91 302**	**91 057**	**1 771**	**49 048**	**17 117**
农林牧渔业中间消耗	**55 998**	**25 222**	**25 162**	**108**	**26 468**	**4 200**
物质消耗	54 252	23 981	23 921	80	25 991	4 200
用种量	3 254	1 787	1 787	30	1 437	
役畜用饲料.饲草	28 786	279	279		24 349	4 158
肥料	15 801	15 779	15 779	22		
燃料	3 575	3 568	3 535	4	3	
农药	1 398	1 380	1 380	18		
农用塑料薄膜	320	320	320			
用电量	339	269	244	4	24	42
其他	779	599	597	2	178	
劳务支出	1 746	1 241	1 241	28	477	
农林牧渔业增加值	**103 240**	**66 080**	**65 895**	**1 663**	**22 580**	**12 917**
郊　区						
农业林牧渔业总产值(当年价格)	**134 052**	**84 537**	**84 292**	**732**	**35 278**	**13 505**
农林牧渔业中间消耗	**47 118**	**20 978**	**20 977**	**86**	**22 824**	**3 230**
物质消耗	45 541	19 752	19 751	67	22 492	3 230
用种量	2 621	1 467	1 467	27	1 127	
役畜用饲料.饲草	24 668	273	273		21 165	3 230
肥料	12 497	12 479	12 479	18		

5-7 续表

单位:万元

指标名称	合计	农业	种植业	林业	牧业	渔业
燃料	3 403	3 401	3 400	2		
农药	1 142	1 126	1 126	16		
农用塑料薄膜	289	289	289			
用电量	200	174	174	4	22	
其他	721	543	543		178	
劳务支出	1 577	1 226	1 226	19	332	
农林牧渔业增加值	**86 934**	**63 559**	**63 315**	**646**	**12 454**	**10 275**
邕宁县						
农业林牧渔业总产值(当年价格)	**286 153**	**202 480**	**197 434**	**9 209**	**62 519**	11 945
农林牧渔业中间消耗	**103 015**	**61 015**	**60 335**	**1 577**	**38 695**	**1 728**
物质消耗	101 917	60 141	59 496	1 553	38 543	1 680
用种量	10 461	8 847	8 847	1 199	415	
役畜用饲料.饲草	39 017	659	659		37 756	602
肥料	39 400	39 398	39 398	2		
燃料	2 870	2 740	2 706	28	12	90
农药	1 952	1 916	1 916	36		
农用塑料薄膜	1 392	1 392	1 392			
用电量	4 776	4 299	4 184	97	185	195
其他	2 049	890	394	191	175	793
劳务支出	1 098	874	839	24	152	48
农林牧渔业增加值	**183 138**	**141 465**	**137 099**	**7 632**	**23 824**	**10 217**
武鸣县						
农业林牧渔业总产值(当年价格)	**275 095**	**183 937**	**173 333**	**3 985**	**70 521**	**16 652**
农林牧渔业中间消耗	**97 790**	**51 735**	**47 805**	**1 433**	**40 781**	**3 841**
物质消耗	93 844	49 899	45 969	1 355	38 779	3 811
用种量	7 783	7 748	7 748	1	34	
役畜用饲料.饲草	39 895	1 701	1 701		37 212	982
肥料	29 390	28 104	28 104	1 286		
燃料	1 813	1 041	727		772	
农药	2 050	2 050	2 050			
农用塑料薄膜	490	490	490			
用电量	2 736	2 613	2 574		114	9
其他	9 687	6 152	2 575	68	647	2 820
劳务支出	3 946	1 836	1 836	78	2 002	30
农林牧渔业增加值	**177 305**	**132 202**	**125 528**	**2 552**	**29 740**	**12 811**

5-8 耕地增减变动情况

(1999年)　　单位:公顷

指 标 名 称	全 市	市 区		邕宁县	武鸣县
			郊 区		
年初实有耕地面积	**169 392**	**35 798**	**31 196**	**75 673**	**57 921**
水 田	89 271	14 485	13 637	49 686	25 100
旱 地	80 121	21 313	17 559	25 987	32 821
当年新增加的耕地面积	**1 771**	**58**	**19**	**214**	**1 499**
新 开 荒	1 448	14	2	210	1 224
基建还耕地	1	1			
其 他	322	43	17	4	275
当年减少的耕地面积	**905**	**488**	**435**	**155**	**262**
国家基建占地	139	52	29	87	
退耕还林、还牧	10	2			8
改 渔 塘	6	3	3		3
改 果 园	688	428	403	39	221
乡(镇)村集体基建占地	8			8	
农民个人建房占地	11	2		9	
因灾废弃及撩荒	42			12	30
其 他	1	1			
年末实有耕地面积	**170 258**	**35 368**	**30 780**	**75 732**	**59 158**
水田面积	88 784	14 139	13 297	49 631	25 014
旱 地	81 474	21 229	17 483	26 101	34 144

5-9 农作物播种面积和产量

（1999年）

指标名称	单位	全市	市区		邕宁县	武鸣县
				郊区		
农作物总播种面积	**公顷**	**375 466**	**70 333**	**65 961**	**171 503**	**133 630**
粮食播种面积	**公顷**	**171 695**	**26 752**	**25 989**	**81 487**	**63 456**
公顷产量	**公斤**	**4 637**	**4 270**	**4 246**	**4 487**	**4 984**
产　量	**吨**	**796 159**	**114 232**	**110 359**	**365 671**	**316 256**
春收播种面积	公顷	99				99
公顷产量	公斤	1 051				1 051
产　量	吨	104				104
夏收播种面积	公顷	84 817	12 788	12 400	39 572	32 457
公顷产量	公斤	5 361	4 902	4 893	5 006	5 975
产　量	吨	454 728	62 687	60 670	198 109	193 932
秋收播种面积	公顷	86 779	13 964	13 589	41 915	30 900
公顷产量	公斤	3 933	3 691	3 657	3 998	3 955
产　量	吨	341 327	51 545	49 689	167 562	122 220
稻谷播种面积	公顷	120 175	17 832	17 174	62 573	39 770
公顷产量	公斤	5 311	4 957	4 942	4 995	5 966
产　量	吨	638 236	88 399	84 870	312 553	237 284
早稻播种面积	公顷	56 502	8 206	7 886	29 578	18 718
公顷产量	公斤	6 081	5 742	5 744	5 538	7 088
产　量	吨	343 604	47 118	45 298	163 816	132 670
中稻播种面积	公顷	474				474
公顷产量	公斤	4 926				4 926
产　量	吨	2 335				2 335
晚稻播种面积	公顷	63 198	9 626	9 288	32 995	20 577
公顷产量	公斤	4 625	4 288	4 261	4 508	4 970
产　量	吨	292 293	41 281	39 572	148 737	102 275
小麦播种面积	公顷	99				99
公顷产量	公斤	1 051				1 051
产　量	吨	104				104
玉米播种面积	公顷	33 517	6 087	6 015	11 501	15 929
公顷产量	公斤	3 887	3 406	3 413	3 479	4 365
产　量	吨	130 276	20 732	20 529	40 010	69 534

5-9 续表1

指 标 名 称	单位	全 市	市 区	郊 区	邕宁县	武鸣县
高粱播种面积	公顷	130	7	7	117	6
公顷产量	公斤	1 885	2 143	2 143	1 863	2 000
产 量	吨	245	15	15	218	12
豆类播种面积	公顷	10 123	1 921	1 913	2 495	5 707
公顷产量	公斤	1 340	1 501	1 503	1 509	1 212
产 量	吨	13 568	2 883	2 875	3 766	6 919
大豆播种面积	公顷	8 952	1 592	1 589	1 813	5 547
公顷产量	公斤	1 341	1 565	1 565	1 498	1 226
产 量	吨	12 006	2 491	2 487	2 716	6 799
绿豆播种面积	公顷	1 066	328	324	578	160
公顷产量	公斤	1 167	1 192	1 198	1 268	750
产 量	吨	1 244	391	388	733	120
红薯播种面积	公顷	7 651	905	880	4 801	1 945
公顷产量	公斤	1 795	2 434	2 352	1 900	1 235
产 量	吨	13 730	2 203	2 070	9 124	2 403
经济作物播种面积	**公顷**	**104 692**	**20 011**	**16 738**	**41 341**	**43 340**
油料作物播种面积	公顷	22 025	4 202	4 139	9 273	8 550
公顷产量	公斤	1 985	2 052	2 059	2 060	1 871
产 量	吨	43 713	8 621	8 522	19 098	15 994
#花生播种面积	公顷	21 992	4 190	4 127	9 269	8 533
公顷产量	公斤	1 987	2 054	2 062	2 060	1 874
产 量	吨	43 691	8 608	8 509	19 094	15 989
芝麻播种面积	公顷	33	12	12	4	17
公顷产量	公斤	667	1 083	1 083	1 000	294
产 量	吨	22	13	13	4	5
麻类播种面积	公顷	142	26	26	116	
公顷产量	公斤	1 866	3 231	3 231	1 560	
产 量	吨	265	84	84	181	
#黄红麻播种面积	公顷	142	26	26	116	
公顷产量	公斤	1 866	3 231	3 231	1 560	
产 量	吨	265	84	84	181	

5-9 续表2

指 标 名 称	单位	全 市	市 区	郊 区	邕宁县	武鸣县
甘蔗播种面积	公顷	58 187	12 273	9 124	25 980	19 934
公顷产量	公斤	57 969	52 910	46 488	58 521	60 364
产 量	吨	3 373 039	649 359	424 161	1 520 386	1 203 294
糖蔗播种面积	公顷	57 430	12 147	9 000	25 477	19 806
公顷产量	公斤	57 794	52 695	46 108	58 286	60 289
产 量	吨	3 319 138	640 090	414 972	1 484 956	1 194 092
果蔗播种面积	公顷	757	126	124	503	128
公顷产量	公斤	71 203	73 563	74 105	70 437	71 891
产 量	吨	53 901	9 269	9 189	35 430	9 202
烟叶播种面积	公顷	900	47	47	2	851
公顷产量	公斤	1 807	1 766	1 766	1 500	1 810
产 量	吨	1 626	83	83	3	1 540
晒烟播种面积	公顷	166	47	47	1	118
公顷产量	公斤	1 735	1 766	1 766	1 000	1 729
产 量	吨	288	83	83	1	204
烤烟播种面积	公顷	734			1	733
公顷产量	公斤	1 823			2 000	1 823
产 量	吨	1 338			2	1 336
药材播种面积	公顷	658	40	40	612	6
木薯播种面积	公顷	21 006	2 824	2 786	5 206	12 976
公顷产量	公斤	7 573	5 700	5 685	6 016	8 606
产 量	吨	159 082	16 097	15 839	31 318	111 667
其他农作物播种面积	公顷	**99 079**	**23 570**	**23 234**	**48 675**	**26 834**
蔬菜播种面积	公顷	66 085	19 166	19 016	27 338	19 581
产 量	吨	1 068 847	303 518	301 522	447 986	317 343
果用瓜(西瓜、香瓜)	公顷	22 949	3 694	3 606	16 448	2 807
产 量	吨	358 405	51 945	51 164	246 539	59 921
青饲料	公顷	9 513	619	534	4 509	4 385
绿 肥	公顷	345			309	36
马 蹄	公顷	80	78	78	2	
其 他	公顷	107	13		69	25

5-10 茶叶和水果生产情况

(1999年)

指 标 名 称	单位	全 市	市 区		邕宁县	武鸣县
				郊 区		
茶叶合计	**吨**	**247**			**1**	**246**
红 毛 茶	吨	9				9
绿 毛 茶	吨	238			1	237
水果合计	**吨**	**485 971**	**162 580**	**142 899**	**122 509**	**200 882**
蕉 类	吨	240 046	128 150	125 595	21 070	90 826
# 香 蕉	吨	230 212	127 327	124 792	18 561	84 324
柚 子	吨	433	62	16	84	287
# 沙田柚	吨	166	25			141
柑 桔	吨	23 524	5 503	1 644	7 604	10 417
橙	吨	15 423	1 007	127	5 345	9 071
梨	吨	4 838	132	131	1 925	2 781
菠 萝	吨	64 257	10 010	165	38 978	15 269
龙 眼	吨	48 149	4 843	3 873	15 500	27 806
荔 枝	吨	22 896	3 846	2 891	14 992	4 058
芒 果	吨	25 835	6 773	6 257	6 872	12 190
枣 子(按鲜枣计算)	吨	11				11
柿 子(按鲜柿计算)	吨	1 372	104	102	956	312
葡 萄	吨	333	175	132	92	66
其他水果	吨	38 854	1 975	1 966	9 091	27 788
茶 园	**公顷**	**269**	**11**		**4**	**254**
#当年采摘面积	公顷	249			2	247
果 园	**公顷**	**57 745**	**13 122**	**9 929**	**23 804**	**20 819**
#香 蕉 园	公顷	11 090	6 227	6 077	1 412	3 451
柑桔橙园	公顷	3 628	599	228	1 683	1 346
梨 园	公顷	347	24	23	216	107
荔 枝 园	公顷	10264	1 112	637	7 976	1 176
菠 萝 园	公顷	3041	500	10	1 929	612
龙 眼 园	公顷	18636	2 257	1 065	7 210	9 169

5-11 林业生产情况

(1999年)

指 标 名 称	单位	全 市	市 区	郊 区	邕宁县	武鸣县
营林情况						
当年造林面积	公顷	342			329	13
按造林方式分						
人工造林(年末成活率85%以上)	公顷	342			329	13
按主要的林种用途分						
用 材 林	公顷	273			273	
#速生丰产林	公顷	233			233	
竹 林	公顷	19			19	
经 济 林	公顷	37			37	
特种用途林	公顷	13				13
当年迹地更新面积	公顷	4 425	1 805	1 779	1 212	1 408
#人工更新面积	公顷	4 425	1 805	1 779	1 212	1 408
封山育林面积	公顷	20 917	3 625	3 625	1 373	15 919
#本年新封面积	公顷	17 348	3 625	3 625	110	13 613
当年四旁零星植树(按实际成活株数)	万株	140.36	31.05	31.05	66.61	42.7
林木种籽采集量	吨	1			1	
育苗面积	公顷	53	30	27	15	8
#本年新育	公顷	30	14	13	9	7
当年苗木产量	万株	2 275.38	802.78	785.78	834.2	638.4
当年幼林抚育作业面积	公顷	26 418	13 486	13 414	6 408	6 524
成林抚育实际面积(包括间伐)	公顷	14 754	117	67	9 919	4 718
森林覆盖率	%	36.23	29.62	29.26	37.68	42.30
林产品产量(包括农户自用)						
油桐籽(籽:油=4:1)	吨	102	22	22	58	22
油茶籽(籽:油=5:1))	吨	13			3	10
松 脂	吨	17 948	2 065	2 065	10 321	5 562
竹笋干(鲜笋按1/3折干)	吨	575	96	96	324	155
板 栗	吨	149	66	66	7	76
八 角	吨	119				119
桂 油	吨	2	2	2		
安叶油	吨	135	1	1	8	126
云(木)耳	吨	10			7	3
村及村以下竹木采伐量						
木 材	立方米	58 664	22 000	22 000	16 692	19 972
篙 竹	万根	124.9			122.9	2
大杂竹	万根	101.8	15	15	53.8	33
小杂竹	吨	4 225			2 733	1 492

5-12 主要牲畜年末存栏情况

(1999年)

指 标 名 称	单位	全 市	市 区		邕宁县	武鸣县
				郊 区		
大牲畜总头数	头	**341 559**	**51 538**	**47 165**	**151 078**	**138 943**
# 从事农事劳役的	头	257 128	38 589	36 959	112 019	106 520
牛	头	337 628	51 354	46 981	150 282	135 992
#黄牛	头	69 812	3 089	2 827	38 442	28 281
水牛	头	265 302	46 483	44 118	111 840	106 979
良种及改良种乳牛	头	2 514	1 782	36		732
马	匹	3 931	184	184	796	2 951
猪	头	1 193 029	211 616	146 625	404 249	577 164
山 羊	只	34 728	1 437	1 437	4 494	28 797
家 禽	万只	1 185.97	335.06	279.21	580.38	270.53
鸡	万只	685.20	135.55	102.03	358.09	191.56
鸭	万只	486.09	199.51	177.18	208.92	77.66
鹅	万只	14.68			13.37	1.31
兔	万只	2.86			2.31	0.55

5-13 主要牲畜全年出栏情况

(1999年)

指 标 名 称	单位	全 市	市 区		邕宁县	武鸣县
				郊 区		
出售和自宰的牲畜						
当年出栏的肉用牛	头	40 176	4 039	3 358	8 191	27 946
当年出栏的肉猪	头	1 536 912	347 579	218 513	431 511	757 822
当年出栏的肉用羊	只	27 643	1 022	1 022	4 437	22 184
当年出栏的家禽	万只	2 855.14	1 074.89	939.08	1 292.37	487.88
鸡	万只	1 481.66	356.00	292.66	798.83	326.83
鸭	万只	1 352.91	718.85	646.41	474.85	159.21
鹅	万只	20.57	0.04	0.01	18.69	1.84
当年出栏的兔	万只	3.12	0.14		2.12	0.86

5-14 牧业主要产品产量

(1999年)　　单位:吨

指 标 名 称	全 市	市 区	郊 区	邕宁县	武鸣县
肉类总产量	**167 425**	**47 577**	**35 772**	**56 833**	**63 015**
牛肉产量	4 003	453	336	755	2 795
猪肉产量	111 235	25 343	16 397	33 658	52 234
羊肉产量	410	15	15	63	332
禽肉产量	51 456	21 763	19 024	22 300	7 393
鸡肉产量	22 640	5 447	4 413	12 712	4 481
鸭肉产量	28 249	16 314	14 610	9 069	2 866
鹅肉产量	567	2	1	519	46
兔肉产量	59	3		45	11
奶类产量	6 165	6 098	29	2	65
# 牛奶产量	6 165	6 098	29	2	65
蜂蜜产量	131	2	2	93	36
禽蛋产量	13 921	9 998	8 281	2 106	1 817
蚕茧产量	417			417	
# 桑蚕茧	417			417	

5-15 渔业生产情况

(1999年)

指 标 名 称	单位	全 市	市 区	郊 区	邕宁县	武鸣县
水产品总产量	**吨**	**65 333**	**24 846**	**19 801**	**16 752**	**23 735**
淡水产品产量	吨	65 333	24 846	19 801	16 752	23 735
淡水捕捞	吨	4 664	2 247	2 227	1 180	1 237
鱼 类	吨	3 502	1 343	1 323	1 090	1 069
虾蟹类	吨	107			61	46
贝 类	吨	1 029	904	904	29	96
其他类	吨	26				26
淡水养殖	吨	60 669	22 599	17 574	15 572	22 498
鱼 类	吨	60 289	22 487	17 516	15 354	22 448
虾蟹类	吨	345	112	58	183	50
贝 类	吨	35			35	
淡水养殖面积	**公顷**	**16 320**	**4 791**	**3 813**	**6 640**	**4 889**
池塘养殖	公顷	7 189	3 029	2 240	2 345	1 815
河沟养殖	公顷	460	47	40	368	45
山塘水库养殖	公顷	8 648	1 701	1 533	3 925	3 022
其他养殖	公顷	23	14		2	7

5-16 亚热带作物生产情况

(1999年)

指　标　名　称	单　位	全　市	郊　区	邕 宁 县	武 鸣 县
年末实有面积	公顷	552	9	106	437
收获面积	公顷	456	9	93	354
总产量	吨	1 351	43	319	989
#全民所有制					
年末实有面积	公顷	447	9	106	332
收获面积	公顷	385	9	93	283
总产量	吨	1 262	43	319	900

5-17 农村粮食分配情况

(1999年)　　单位:吨

指　标　名　称	全　市	郊　区	邕 宁 县	武 鸣 县
粮食总计	**768 670**	**108 870**	**346 860**	**312 940**
农民自产粮食	765 250	107 880	344 540	312 830
其他粮	3 290	970	2 320	
粮食分配	**68 770**	**9 700**	**32 770**	**26 300**
公粮	26 140	4 890	11 160	10 090
合同定购粮	36 100	4 050	16 920	15 130
议购粮	6 530	760	4 690	1 080
统筹粮	190	90		100
农民生产用粮	161 910	7 940	55 090	98 880
口粮	537 800	91 140	259 000	187 660
每人平均(公斤)	319	268	321	345

5-18 乡镇企业基本情况

(1999年)

指　标　名　称	单位	全　市	郊区	邕宁县	武鸣县
年末企业个数	个	47 584	15 121	18 463	14 000
年末企业人数	人	184 344	60 597	61 062	62 685
全年企业总收入	万元	1 686 247	582 472	533 349	570 426
全年企业总产值(现价)	万元	1 289 963	423 738	393 905	472 320
实交国家税金	万元	32 668	11 256	10 297	11 115
实现纯利润	万元	66 611	22 479	20 824	23 308

5-19 乡镇企业行业分布情况

(1999年)

指标名称	全市	郊区	邕宁县	武鸣县
企业个数(个)	**47 584**	**15 121**	**18 463**	**14 000**
农业企业	103		52	51
工业企业	8 095	2 443	3 214	2 438
建筑企业	472	159	99	214
交通运输企业	8 997	2 548	4 300	2 149
商业饮食业	22 192	7 353	7 843	6 996
服务企业	7 068	2 565	2 496	2 005
其他企业	657	53	457	147
企业人数(人)	**184 344**	**60 597**	**61 062**	**62 685**
农业企业	6 623		2 396	4 227
工业企业	73 173	23 225	21 269	28 679
建筑企业	6 691	4 438	1 028	1 225
交通运输企业	18 263	4 521	7 249	6 493
商业饮食业	55 661	20 183	20 671	14 807
服务企业	22 472	7 966	7 533	6 973
其他企业	1 461	264	916	281
企业总收入(万元)	**1 686 247**	**582 472**	**533 349**	**570 426**
农业企业	30 155		4 032	26 123
工业企业	543 603	205 125	146 083	192 395
建筑企业	47 069	24 704	13 088	9 277
交通运输企业	205 516	44 045	86 663	74 808
商业饮食业	649 927	220 408	223 102	206 417
服务企业	187 132	79 360	50 367	57 405
其他企业	22 845	8 830	10 014	4 001
企业总产值(现价、万元)	**1 289 963**	**423 738**	**393 905**	**472 320**
农业企业	36 647		6 212	30 435
工业企业	620 328	226 845	157 879	235 604
建筑企业	67 096	26 265	28 708	12 123
交通运输企业	163 086	35 286	57 584	70 216
商业饮食业	199 218	54 677	83 110	61 431
服务企业	179 159	70 251	50 398	58 510
其他企业	24 429	10 414	10 014	4 001

5-20 农业机械化情况

(1999年)

指标名称	单位	全市	市区		邕宁县	武鸣县
				郊区		
农业机械总动力合计	**千瓦**	**1 229 727**	**280 148**	**233 499**	**501 582**	**447 997**
柴油发动机动力	千瓦	1 048 791	221 367	186 142	425 376	402 048
汽油发动机动力	千瓦	45 233	17 410	14 377	26 661	1 162
电动机动力	千瓦	134 628	41 221	32 980	49 545	43 862
其他机械动力	千瓦	1 075	150			925
耕作机械						
大中型拖拉机	台	1 011	289	137	373	349
	千瓦	41 096	12 733	5 179	14 903	13 460
小型拖拉机	台	35 913	5 353	4 595	13 852	16 708
	千瓦	366 974	55 261	48 136	130 791	180 922
大中型拖拉机配套农具	部	1 345	453	196	439	453
小型拖拉机配套农具	部	26 781	6 696	6 636	9 953	10 132
农用排灌电动机	台	4 383	1 819	1 464	1 436	1 128
	千瓦	41 498	17 931	12 686	13 507	10 060
农用排灌柴油机	台	23 557	9 830	9 318	7 575	6 152
	千瓦	119 123	43 658	36 585	42 231	33 234
联合收割机	台	32	9	2	12	11
	千瓦	528	214	34	20	294
机动收割机	台	25			6	19
	千瓦	93			5	88
机动脱粒机	台	15 554	8 402	8 087	3 832	3 320
	千瓦	33 630	10 115	10 031	22 042	1 473
农用载重汽车	辆	3 314	770	663	1 441	1 103
	千瓦	307 389	75 459	64 032	129 740	102 190
农用运输车	辆	1 305	157	140	806	342
	千瓦	55 017	5 420	5 041	36 519	13 078
渔用机动船	艘	336	4	4	332	
	吨	222	4	4	218	
	千瓦	2 210	11	11	2 199	
农用水泵	台	27 074	11 816	11 411	8 112	7 146
喷灌机械	套	1 090	226	119	657	207
附报:当年机耕地面积	公顷	78 698	14 951	12 951	33 042	30 705

5-21 农村水电、化肥用量及灌溉情况

(1999年)

指标名称	单位	全市	市区	郊区	邕宁县	武鸣县
水电建设						
乡(镇)办水电站个数	个	4			1	3
装机容量	千瓦	1 095			320	775
发电量	千瓦小时	1 263 500			71 000	1 192 500
村和村民小组办水电站	个	21			11	10
装机容量	千瓦	1 774			360	1 414
发电量	千瓦小时	1 515 809			123 009	1 392 800
农村用电量	**万千瓦小时**	**23 550**	**8 280**	**7 772**	**8 915**	**6 355**
农用化肥施用量						
按实物量计算	吨	472 850	89 667	78 696	213 989	169 194
氮肥	吨	155 194	23 027	20 338	73 785	58 382
磷肥	吨	95 904	17 905	15 678	50 645	27 354
钾肥	吨	75 115	20 483	18 127	28 266	26 366
复合肥	吨	146 637	28 252	24 553	61 293	57 092
按折纯法计算	吨	150 159	26 479	22 454	67 826	55 854
氮肥	吨	40 995	5 276	4 068	22 875	12 844
磷肥	吨	14 686	2 247	1 881	8 610	3 829
钾肥	吨	38 378	9 347	8 157	16 112	12 919
复合肥	吨	56 100	9 609	8 348	20 229	26 262
农用塑料薄膜使用量	**吨**	**2 373**	**424**	**370**	**1 541**	**408**
#地膜使用量	吨	2 033	279	234	1 443	311
地膜覆盖面积	公顷	47 507	4 825	4 109	36 608	6 074
农用柴油使用量	**吨**	**23 185**	**7 705**	**7 431**	**7 057**	**8 423**
农药使用量(按实物量计算)	**吨**	**3 236**	**686**	**563**	**1 523**	**1 027**
灌溉情况						
有效灌溉面积	公顷	96 340	25 010	25 010	41 750	29 580
#实灌面积	公顷	68 520	11 000	11 000	31 940	25 580
旱涝保收面积	公顷	83 250	20 620	20 620	37 790	24 840
机电排灌面积	公顷	33 190	13 260	13 260	16 670	3 260
机电井	眼	552	140	140	137	275
泵站	个	328	21	21	21	286

5-22 农村经济收入分配和效益

(1999年) 单位:万元

指 标 名 称	南 宁 市	郊 区	邕宁县	武鸣县
农村经济总收入	**2 310 300**	**719 045**	**835 892**	**755 363**
# 出售产品收入	1 049 705	298 379	349 761	401 565
农林牧渔业收入	693 917	126 883	290 407	276 627
# 出售产品收入	523 833	93 539	203 678	226 616
农业	450 197	83 106	199 600	167 491
林业	10 940	188	7 944	2 808
牧业	190 953	30 706	69 987	90 260
渔业	41 827	12 883	12 876	16 068
工业	525 872	204 840	146 083	174 949
# 出售产品收入	525 872	204 840	146 083	174 949
建筑业	40 467	24 704	13 088	2 675
交通运输业	195 978	44 045	86 663	65 270
批发零贸易业.餐饮业	629 798	221 203	223 102	185 493
服务业	169 477	79 360	50 367	39 750
其他	54 791	18 010	26 182	10 599
农村经济总费用	**1 800 736**	**611 586**	**612 351**	**576 799**
农业总费用	322 894	70 436	110 386	142 072
# 固定资产折旧	18 543	3 706	812	14 025
非农业经济纯收入总额	1 477 842	541 150	501 965	434 727
# 固定资产折旧	63 808	34 306	21 148	8 354
农村经济纯收入总额	**509 564**	**107 459**	**223 541**	**178 564**
国家税收	51 007	13 738	17 159	20 110
集体提留	24 755	5 351	6 807	12 597
农村居民纯收入	433 802	88 370	199 575	145 857
附:参加分配的乡村人口(万人)	168	34	80	54
农村居民人均收入(元/人)	2 589	2 618	2 495	2 712

六 工 业

工　业

1999年，我市工业生产平稳发展，工业经济效益逐渐向好的方向转变，但效益下滑势头仍未得到根本扭转。全市工业企业克服各种困难，自觉按市场需求组织生产，加强市场营销力度，工业生产呈现平稳增长态势。全市完成工业总产值187.07亿元，比上年增长7.3%。其中乡及乡以上工业总产值142.29亿元，增长4.69%。全市独立核算工业企业经济效益综合指数为82.41%，比上年提高2.19个百分点。

我市工业经济发展的主要特点：

1、重工业增长速度持续快于轻工业。1999年，乡及乡以上重工业完成总产值57.42亿元，比上年增长7.55%；轻工业完成总产值84.87亿元，比上年增长2.79%。主要是受投资增长的拉动以及消费市场增长相对滞后的影响，重工业增长速度快于轻工业4.76个百分点。

2、私营企业和外商投资企业快速发展。1999年，私营企业完成工业总产值6.31亿元，比上年增加3.23亿元，增长98.99%；外商投资企业完成工业总产值13.23亿元，比上年增加4.95亿元，增长53.54%。增幅分别高出全市91.70和46.24个百分点。

3、大型工业企业骨干作用进一步增强。1999年，全市大型工业企业完成工业产值59.83亿元，比上年增长15.34%，占乡及乡以上工业产值比重由上年的39.46%上升至42.05%；全市中型工业企业完成工业总产值19.81亿元，比上年下降5.91%，占乡及乡以上工业总产值比重由上年的14.82%降为13.92%。

4、国有企业、外商投资企业工业产销率较高。1999年全市工业产销率为94.87%，比上年下降0.79个百分点，其中国有工业产销率为97.31%，外商投资企业产销率为97.3%，港澳台商投资企业产销为96.4%，均保持较高水平；而集体工业产销率为93.64%，有限责任公司产销率为90.07%，私营企业产销率94.18%，均低于全市94.87%的平均水平。

5、建材产量增幅较大。平板玻璃、水泥、铝材等产品产量分别比上年增长1.7倍，19.52%和19%。受市场制约，部分轻工产品出现不同程度下降。如糖（降11.2%），罐头（降13.6%）白酒（降56.9%），啤酒（降16.6%），电视机（降79.5%），电风扇（降15.3%），皮鞋（降21.9%）。

6、工业经济效益逐渐向好的方向恢复。1999年，全市乡及乡以上独立核算工业经济效益综合指数为82.41%，比上年上升2.19个百分点。在经济效益七项考核指标中，除资产负债率、产销率比上年略差外，其余的资产负债率（65.88%）、资产保值率（100.77%）、流动资产周转率（1.56次）、成本费用利润率（0.25%）、全员劳动生产率（29086元/人），等五项指标均好于上年。全市乡及乡以上独立核算工业实现利税总额10.35亿元，比上年下降4.56%，其中利润总额0.3亿元，扭转了上年利润负数的局面。亏损企业亏损额仍达4.19亿元，比上年增长0.14%，但亏损额增幅比上年缩小22.5个百分点，而亏损企业亏损面仍然较大，达42.74%，比上年扩大3.37个百分点。工业经济效益仍未走出低谷。

6-1 全市历年工业总产值

(按当年价格计算)　　单位:万元

年　份	全部工业总产值合　计	轻工业	重工业	#乡及乡以上工业总产值合　计	#国有工业	集体工业
1950	767	704	63	238	37	201
1951	1 389	1 264	125	375	117	258
1952	1 895	1 688	207	916	557	359
1953	3 593	3 094	499	1 529	1 087	442
1954	4 441	3 738	703	2 758	2 030	728
1955	5 297	4 431	866	4 240	3 150	1 090
1956	7 041	5 555	1 486	6 988	4 983	2 005
1957	7 256	6 054	1 202	6 160	4 310	1 850
1958	14 907	10 752	4 155	14 907	11 484	3 423
1959	24 570	16 350	8 220	24 570	18 979	5 591
1960	30 807	20 160	10 647	30 807	26 579	4 228
1961	16 531	10 952	5 579	15 316	12 984	2 332
1962	15 178	11 141	4 037	13 733	11 408	2 325
1963	15 981	11 236	4 745	14 020	11 482	2 538
1964	18 566	12 622	5 944	16 638	13 624	3 014
1965	26 370	17 413	8 957	23 595	19 842	3 753
1966	35 935	25 239	10 696	35 935	30 568	5 471
1967	31 308	20 810	10 498	31 308	26 452	4 856
1968	23 670	16 125	7 545	23 670	20 728	2 942
1969	43 788	28 953	14 835	43 788	37 762	6 026
1970	53 990	32 122	21 868	53 990	47 907	6 083
1971	54 736	29 681	25 055	54 736	48 581	6 155
1972	62 701	38 196	24 505	62 383	54 836	7 528
1973	72 651	44 262	28 389	72 325	63 467	8 837
1974	81 008	51 938	29 070	80 652	69 973	10 657

6-1 续表 单位:万元

年份	全部工业总产值			#乡及乡以上工业总产值		
	合计	轻工业	重工业	合计	国有工业	集体工业
1975	90 506	55 358	35 148	90 165	76 816	13 329
1976	99 094	61 054	38 040	98 751	83 324	15 406
1977	105 873	65 918	39 955	105 524	85 516	17 085
1978	111 437	68 785	42 652	110 979	91 689	18 287
1979	117 083	81 462	35 621	116 570	97 482	18 790
1980	129 920	94 843	35 077	128 638	106 710	21 401
1981	139 357	104 552	34 805	138 015	116 410	21 605
1982	151 193	111 051	40 142	149 691	126 303	23 388
1983	161 420	117 405	44 015	160 181	136 176	24 005
1984	175 129	128 549	46 580	172 022	144 307	27 715
1985	216 221	149 483	66 738	209 855	178 446	31 211
1986	247 582	169 834	77 748	236 722	204 570	31 570
1987	310 315	211 666	98 649	298 512	257 753	38 720
1988	404 796	279 480	125 316	387 247	332 131	51 458
1989	504 021	353 985	150 036	488 566	417 319	57 031
1990	549 256	382 516	166 740	528 855	453 624	59 995
1991	625 718	419 582	206 136	600 539	507 269	65 208
1992	740 112	487 356	252 756	700 243	579 918	82 273
1993	1 005 613	628 765	376 848	909 065	719 657	122 451
1994	1 341 785	812 033	529 752	1 171 195	888 611	164 083
1995(旧口径)	1 759 443	1 028 078	731 365	1 500 470	1 059 315	270 457
1995(新口径)	1 529 236	891 430	637 806	1 303 224	918 567	231 410
1996	1 581 367	933 535	647 832	1 339 026	848 099	307 245
1997	1 696 837	1 008 391	688 446	1 366 220	762 253	348 946
1998	1 824 639	1 090 345	734 294	1 418 302	739 942	358 305
1999	1 870 681	1 096 428	774 253	1 422 855	492 613	325 646

6-2 全市历年工业总产值发展速度

(按可比价计算，以上年=100)　　单位：%

年　份	全部工业总产值			#乡及乡以上工业总产值		
	合　计	轻工业	重工业	合　计	国有工业	集体工业
1950						
1951	179.98	178.26	200.00	160.90	367.57	124.89
1952	136.55	133.52	168.12	248.13	480.15	143.01
1953	185.75	179.18	240.09	164.31	191.73	120.54
1954	123.66	120.77	141.47	180.29	186.18	165.31
1955	119.15	118.45	122.84	154.01	154.91	151.41
1956	133.10	125.78	170.25	159.32	152.40	179.58
1957	102.98	108.76	81.31	102.45	104.18	98.15
1958	176.89	152.00	307.85	174.70	187.04	141.91
1959	164.82	151.73	198.83	164.82	163.68	168.80
1960	125.35	123.41	129.19	125.35	140.00	75.60
1961	53.70	54.34	52.51	53.13	52.25	58.66
1962	91.63	101.50	72.29	91.27	89.44	101.46
1963	101.71	97.42	113.54	101.69	100.26	108.79
1964	116.15	112.23	125.38	116.92	116.88	117.13
1965	142.07	138.43	149.77	142.77	146.59	125.44
1966	131.69	139.93	115.61	132.13	133.58	124.44
1967	87.14	82.39	98.39	87.14	86.56	90.48
1968	75.59	77.49	71.82	75.59	79.10	56.47
1969	185.01	179.58	196.61	185.01	180.45	219.80
1970	123.32	110.94	147.47	123.32	127.48	97.26
1971	103.65	113.60	85.04	99.12	98.92	100.81
1972	114.69	113.25	117.35	114.08	112.74	124.98
1973	116.62	115.86	117.98	116.70	116.47	118.32
1974	110.64	112.62	107.19	110.66	109.40	119.69

6-2 续表 单位：%

年份	全部工业总产值 合计	轻工业	重工业	#乡及乡以上工业总产值合计	国有工业	集体工业
1975	112.02	109.55	116.55	112.09	110.06	125.40
1976	109.04	109.63	108.01	109.08	108.02	115.16
1977	113.07	111.03	116.63	113.11	111.74	120.51
1978	108.26	105.55	112.78	108.28	108.33	108.02
1979	110.17	114.53	103.30	109.61	110.12	107.07
1980	113.67	122.91	97.57	113.88	113.15	117.65
1981	110.16	117.70	93.61	109.89	111.17	103.48
1982	109.34	108.01	113.02	109.32	109.36	109.11
1983	107.39	105.74	111.75	107.63	108.45	103.19
1984	107.53	110.64	99.78	107.45	106.38	113.53
1985	120.02	118.37	124.61	117.46	117.01	117.77
1986	107.97	108.66	106.16	107.06	108.51	99.20
1987	117.86	115.87	123.22	116.80	116.95	112.02
1988	116.17	116.74	114.71	115.83	114.27	122.15
1989	108.34	108.34	108.33	109.19	108.99	102.03
1990	106.97	106.52	108.14	108.58	107.88	105.43
1991	111.15	105.02	126.98	109.05	107.95	109.32
1992	117.18	117.92	115.58	117.62	114.77	117.77
1993	118.72	116.20	124.22	111.43	107.39	128.09
1994	117.75	111.27	130.97	120.71	107.19	132.19
1995	116.56	106.46	134.05	106.94	104.73	146.88
1996	101.09	102.40	99.29	101.22	91.45	132.14
1997	110.77	111.86	109.23	105.91	94.66	118.64
1998	109.72	110.14	109.12	106.12	101.28	99.17
1999	107.30	105.61	109.78	104.69	68.01	94.67

6-3 全部工业企业单位数

(1999年)　　单位:个

指标名称	全市	市区	邕宁县	武鸣县
总　　计	**9 938**	**4 496**	**2 672**	**2 770**
轻工业	6 617	3 408	1 553	1 656
重工业	3 321	1 088	1 119	1 114
乡及乡以上	1 280	840	198	242
按轻重工业分				
轻工业	703	486	74	143
重工业	577	354	124	99
按企业规模分				
大型企业	33	28	4	1
中型企业	49	39	5	5
小型企业	1 198	773	189	236
按经济类型分				
国有企业	294	209	25	60
集体企业	739	472	112	155
股份合作企业	19	11	8	
联营企业	11	7	2	2
有限责任公司	32	30	2	
股份有限公司	13	11	2	
私营企业	65	36	19	10
港澳台商投资企业	65	42	12	11
外商投资企业	42	22	16	4
城(镇)村及村以下工业	8 658	3 656	2 474	2 528
#集体工业	450	450		
私营个体工业	7 899	3 170	2 208	2 521
按统计口径分组				
国有及非国有500万元以上企业	**344**	**255**	**49**	**40**
按登记注册类型分组				
国有企业	187	146	19	22
集体企业	69	47	9	13
股份合作企业	6	2	4	
有限责任公司	15	15		
股份有限公司	8	6	2	
私营企业	14	11	3	
港澳台商投资企业	26	16	6	4
外商投资企业	19	12	6	1
按经济组织类型分组				
独资企业	**269**	**201**	**32**	**36**
国有企业	187	146	19	22

注:乡及乡以工业即为地方口径的工业;国有及非国有500万元以工业即为国家口径的工业。

6-3 续表 单位:个

指标名称	全市	市区	邕宁县	武鸣县
集体企业	69	47	9	13
私营独资企业	4	4		
港澳台商独资经营企业	7	4	2	1
外资企业	2		2	
合作、合伙企业	**12**	**6**	**6**	
股份合作企业	6	2	4	
港澳台资合作经营企业	3	2	1	
中外合作经营企业	3	2	1	
股份有限公司(内资)	**8**	**6**	**2**	
有限责任公司	**55**	**42**	**9**	**4**
国有独资公司	6	6		
私营有限责任公司	10	7	3	
港澳台合资经营企业	16	10	3	3
中外合资经营企业	14	10	3	1
其他有限责任公司	9	9		
总计中: 国有控股企业	216	167	27	22
总计中: 农村工业	24	11		13
总计中: 轻工业	201	156	22	23
重工业	143	99	27	17
总计中: 大型企业	32	27	4	1
中型企业	48	38	5	5
小型企业	264	190	40	34
500万元以下非国有工业	**9 374**	**4 120**	**2 617**	**2 637**
#轻工业	6 303	3 191	1 530	1 582
重工业	3 071	929	1 087	1 055
#集体企业	1 065	841	121	103
股份合作企业	17	13	4	
私营企业	172	28	68	76
联营企业	275	23	251	1
个体经营	7 758	3 157	2 156	2 445
外商及港澳台商投资企业	46	23	15	8
其他企业	41	35	2	4
#农村工业	7 314	2 149	2 546	2 619
附营工业	**220**	**121**	**6**	**93**
#轻工业	113	61	1	51
重工业	107	60	5	42

6-4 全部工业总产值

（1999年，按当年价格计算） 单位：万元

指 标 名 称	全 市	市 区	邕宁县	武鸣县
总 计	**1 870 680.5**	**1 321 271.8**	**286 606.9**	**262 801.8**
轻工业	1 096 427.6	868 265.6	124 795.9	103 366.1
重工业	774 252.9	453 006.2	161 811.0	159 435.7
乡及乡以上	1 422 854.6	1 081 887.2	198 838.6	142 128.8
按轻重工业分				
轻工业	848 651.6	693 263.7	92 191.0	63 196.9
重工业	574 203.0	388 623.5	106 647.6	78 931.9
按企业规模分				
大型企业	598 347.2	524 997.1	71 395.1	1 955.0
中型企业	198 096.5	159 688.6	19 030.5	19 377.4
小型企业	626 410.9	397 201.5	108 413.0	120 796.4
按经济类型分				
国有企业	492 613.9	445 650.3	14 083.3	32 880.3
集体企业	325 646.0	166 849.8	65 760.6	93 035.6
股份合作企业	17 877.8	8 957.1	8 920.7	
联营企业	2 156.6	1 360.7	620.2	175.7
有限责任公司	161 898.1	160 527.8	1 370.3	
股份有限公司	158 254.4	134 025.7	24 228.7	
私营企业	63 064.6	50 796.7	10 352.9	1 915.0
港澳台商投资企业	69 026.4	42 878.4	13 501.5	12 646.5
外商投资企业	132 316.8	70 840.7	60 000.4	1 475.7
城(镇)村及村以下工业	447 825.9	239 384.6	87 768.3	120 673.0
#集体工业	51 478.0	51 478.0		
私营个体工业	370 905.0	167 178.0	83 054.0	120 673.0
按统计口径分组				
国有及非国有500万元以上企业	**1 149 690.9**	**942 069.7**	**129 280.7**	**78 340.5**
按登记注册类型分组				
国有企业	442 186.0	405 050.6	8 647.5	28 487.9
集体企业	140 006.6	90 377.3	12 786.4	36 842.9
股份合作企业	12 334.2	4 233.7	8 100.5	
有限责任公司	157 493.1	157 493.1		
股份有限公司	157 354.3	133 125.6	24 228.7	
私营企业	52 299.0	46 097.4	6 201.6	
港澳台商投资企业	63 022.8	38 738.0	12 444.7	11 840.1
外商投资企业	124 994.9	66 954.0	56 871.3	1 169.6
按经济组织类型分组				
独资企业	**618 002.5**	**524 215.0**	**27 514.3**	**66 273.2**
国有企业	442 186.0	405 050.6	8 647.5	28 487.9

注：乡及乡以工业即为地方口径的工业；国有及非国有500万元以工业即为国家口径的工业。

6-4 续表 单位:万元

指标名称	全市	市区	邕宁县	武鸣县
集体企业	140 006.6	90 377.3	12 786.4	36 842.9
私营独资企业	24 669.3	24 669.3		
港澳台商独资经营企业	9 403.1	4 117.8	4 342.9	942.4
外资企业	1 737.5		1 737.5	
合作、合伙企业	**56 802.1**	**11 316.2**	**45 485.9**	
股份合作企业	12 334.2	4 233.7	8 100.5	
港澳台资合作经营企业	3 155.1	1 956.6	1 198.5	
中外合作经营企业	41 312.8	5 125.9	36 186.9	
股份有限公司(内资)	**157 354.3**	**133 125.6**	**24 228.7**	
有限责任公司	**317 532.0**	**273 412.9**	**32 051.8**	**12 067.3**
国有独资公司	143 305.3	143 305.3		
私营有限责任公司	27 629.7	21 428.1	6 201.6	
港澳台合资经营企业	50 464.6	32 663.6	6 903.3	10 897.7
中外合资经营企业	81 944.6	61 828.1	18 946.9	1 169.6
其他有限责任公司	14 187.8	14 187.8		
总计中: 国有控股企业	794 088.6	719 408.1	46 192.6	28 487.9
总计中: 农村工业	50 048.8	13 205.9		36 842.9
总计中: 轻工业	728 561.2	615 169.8	71 617.4	41 774.0
重工业	421 129.7	326 899.9	57 663.3	36 566.5
总计中: 大型企业	597 692.5	524 342.4	71 395.1	1 955.0
中型企业	197 874.3	159 466.4	19 030.5	19 377.4
小型企业	354 124.1	258 260.9	38 855.1	57 008.1
500万元以下非国有工业	**658 727.3**	**331 693.2**	**151 878.7**	**175 155.4**
#轻工业	340 806.0	231 939.1	52 975.2	55 891.7
重工业	317 921.3	99 754.1	98 903.5	119 263.7
#集体企业	230 232.0	124 085.1	52 936.4	53 210.5
股份合作企业	7 425.1	6 604.9	820.2	
私营企业	22 879.5	5 418.3	5 608.2	11 853.0
联营企业	11 372.6	5 904.3	5 402.6	65.7
个体经营	356 752.0	166 334.6	81 597.4	108 820.0
外商及港澳台商投资企业	10 256.4	5 116.0	4 143.6	996.8
其他企业	19 809.7	18 230.0	1 370.3	209.4
#农村工业	484 926.6	174 494.2	137 213.2	173 219.2
附营工业	**62 262.3**	**47 508.9**	**5 447.5**	**9 305.9**
#轻工业	27 060.4	21 156.7	203.3	5 700.4
重工业	35 201.9	26 352.2	5 244.2	3 605.5

6-5 全部工业总产值

（1999年，按1990年不变价格计算）　　单位：万元

指标名称	全市	市区	邕宁县	武鸣县
总　计	**1 604 491.9**	**1 172 597.2**	**214 138.3**	**217 756.4**
轻工业	939 869.9	761 284.6	88 896.5	89 688.8
重工业	664 622.0	411 312.6	125 241.8	128 067.6
乡及乡以上	1 226 478.6	960 149.1	148 562.2	117 767.3
按轻重工业分				
轻工业	722 450.6	605 305.2	65 092.4	52 053.0
重工业	504 028.0	354 843.9	83 469.8	65 714.3
按企业规模分				
大型企业	526 902.7	481 044.6	42 758.3	3 099.8
中型企业	180 245.9	145 098.6	17 347.6	17 799.7
小型企业	519 330.0	334 005.9	88 456.3	96 867.8
按经济类型分				
国有企业	430 480.4	395 440.6	8 677.6	26 362.2
集体企业	274 150.7	143 120.5	55 274.1	75 756.1
股份合作企业	17 476.1	8 790.1	8 686.0	
联营企业	1 785.6	1 131.2	518.5	135.9
有限责任公司	138 352.5	137 027.6	1 324.9	
股份有限公司	150 624.9	136 363.9	14 261.0	
私营企业	50 141.7	39 921.6	8 545.6	1 674.5
港澳台商投资企业	60 730.1	36 356.1	12 213.3	12 160.7
外商投资企业	102 736.6	61 997.5	39 061.2	1 677.9
城（镇）村及村以下工业	378 013.3	212 448.1	65 576.1	99 989.1
#集体工业	44 189.0	44 189.0		
私营个体工业	315 385.0	150 037.0	65 545.0	99 803.0
按统计口径分组				
国有及非国有500万元以上企业	**995 349.8**	**842 005.0**	**90 338.1**	**63 006.7**
按登记注册类型分组				
国有企业	395 183.4	366 681.8	4 930.7	23 570.9
集体企业	112 741.5	75 018.9	10 860.2	26 862.4
股份合作企业	12 520.9	4 531.3	7 989.6	
有限责任公司	133 995.5	133 995.5		
股份有限公司	149 728.8	135 467.8	14 261.0	
私营企业	41 217.9	36 045.3	5 172.6	
港澳台商投资企业	54 541.5	32 153.6	11 117.0	11 270.9
外商投资企业	95 420.3	58 110.8	36 007.0	1 302.5
按经济组织类型分组				
独资企业	**533 938.2**	**460 704.7**	**21 950.7**	**51 282.8**
国有企业	395 183.4	366 681.8	4 930.7	23 570.9

注：乡及乡以工业即为地方口径的工业；国有及非国有500万元以工业即为国家口径的工业。

单位:万元

指标名称	全市	市区	邕宁县	武鸣县
集体企业	112 741.5	75 018.9	10 860.2	26 862.4
私营独资企业	15 146.8	15 146.8		
港澳台商独资经营企业	9 120.2	3 857.2	4 413.5	849.5
外资企业	1 746.3		1 746.3	
合作、合伙企业	**40 483.4**	**10 484.2**	**29 999.2**	
股份合作企业	12 520.9	4 531.3	7 989.6	
港澳台资合作经营企业	3 790.1	1 875.4	1 914.7	
中外合作经营企业	24 172.4	4 077.5	20 094.9	
股份有限公司(内资)	**149 728.8**	**135 467.8**	**14 261.0**	
有限责任公司	**271 199.4**	**235 348.3**	**24 127.2**	**11 723.9**
国有独资公司	122 965.5	122 965.5		
私营有限责任公司	26 071.1	20 898.5	5 172.6	
港澳台合资经营企业	41 631.2	26 421.0	4 788.8	10 421.4
中外合资经营企业	69 501.6	54 033.3	14 165.8	1 302.5
其他有限责任公司	11 030.0	11 030.0		
总计中: 国有控股企业	712 028.3	659 140.1	29 317.3	23 570.9
总计中: 农村工业	34 479.6	7 617.2		26 862.4
总计中: 轻工业	619 267.4	538 058.9	47 222.9	33 985.6
重工业	376 082.4	303 946.1	43 115.2	29 021.1
总计中: 大型企业	526 251.9	480 393.8	42 758.3	3 099.8
中型企业	179 986.0	144 838.7	17 347.6	17 799.7
小型企业	289 111.9	216 772.5	30 232.2	42 107.2
500万元以下非国有工业	**565 102.5**	**297 067.2**	**120 034.8**	**148 000.5**
#轻工业	299 155.3	206 150.3	41 612.4	51 392.6
重工业	265 947.2	90 916.9	78 422.4	96 607.9
#集体企业	197 931.2	111 133.4	41 840.7	44 957.1
股份合作企业	6 563.5	5 915.3	648.2	
私营企业	19 300.6	4 852.6	4 432.2	10 015.8
联营企业	9 613.1	5 287.9	4 269.7	55.5
个体经营	305 408.6	148 969.3	64 486.4	91 952.9
外商及港澳台商投资企业	8 698.9	4 581.9	3 274.7	842.3
其他企业	17 586.6	16 326.8	1 082.9	176.9
#农村工业	411 086.8	156 277.0	108 439.6	146 370.2
附营工业	**44 039.6**	**33 525.0**	**3 765.4**	**6 749.2**
#轻工业	21 447.2	17 075.4	61.2	4 310.6
重工业	22 592.4	16 449.6	3 704.2	2 438.6

6-6 全市工业总产值分行业情况(地方口径)

(1999年) 单位:万元

指标名称	单位数(个)	工业总产值 1990年不变价	工业总产值 当年价	工业总产值 新产品	工业销售产值(当年价)	出口交货值
总计	**1 280**	**1 226 478.6**	**1 422 854.6**	**54 984.8**	**1 349 570.4**	**53 382.7**
按登记注册类型分组						
内资企业	1 173	1 063 011.9	1 221 511.4	53 151.6	1 154 388.8	34 262.9
国有企业	294	430 480.4	492 613.9	34 251.1	478 020.5	23 165.7
中央企业	10	25 765.5	30 800.6		30 341.9	988.9
地方企业	284	404 714.9	461 813.3	34 251.1	447 678.6	22 176.8
集体企业	739	274 150.7	325 646.0	1 229.0	304 970.7	3 213.8
股份合作企业	19	17 476.1	17 877.8	1 397.3	17 008.7	289.2
联营企业	11	1 785.6	2 156.6		2 123.1	
#国有联营企业	3	154.6	172.6		169.1	
集体联营企业	3	940.8	1 111.9		1 091.9	
有限责任公司	32	138 352.5	161 898.1	6 900.2	145 832.1	3 285.9
#国有独资公司	8	123 053.1	143 392.9	6 900.2	128 467.6	3 285.9
股份有限公司	13	150 624.9	158 254.4	9 374.0	146 967.5	2 222.6
私营企业	65	50 141.7	63 064.6		59 466.2	2 085.7
港、澳、台商投资企业	65	60 730.1	69 026.4	1 413.6	66 431.1	11 924.2
外商投资企业	42	102 736.6	132 316.8	419.6	128 750.5	7 195.6
按经济组织类型分组						
独资企业	1 085	735 279.0	858 938.9	35 566.9	823 169.6	30 589.7
#国有企业	294	430 480.4	492 613.9	34 251.1	478 020.5	23 165.7
集体企业	739	274 150.7	325 646.0	1 229.0	304 970.7	3 213.8
合作、合伙企业	53	52 546.8	71 258.6	1 397.3	67 864.9	2 517.7
股份有限公司	13	150 624.9	158 254.4	9 374.0	146 967.5	2 222.6
有限责任公司	129	288 027.9	334 402.7	8 646.6	311 568.4	18 052.7
总计中:亏损企业	456	313 577.3	346 391.5	12 386.8	328 122.3	13 270.4
国有控股企业	346	751 107.4	848 222.3	53 084.6	806 256.2	32 362.3
农村工业	217	96 207.6	122 174.9		110 142.6	287.1
总计中:轻工业	703	722 450.6	848 651.6	20 987.3	802 645.0	25 588.3
以农产品为原料	513	601 239.0	719 450.7	16 187.5	680 657.0	21 426.4
以非农产品为原料	190	121 211.6	129 200.9	4 799.8	121 988.0	4 161.9
重工业	577	504 028.0	574 203.0	33 997.5	546 925.4	27 794.4
采掘工业	48	38 182.1	46 277.0		40 042.1	21.1
原料工业	136	194 280.3	232 226.5	11 678.2	227 073.9	7 804.4
加工工业	393	271 565.6	295 699.5	22 319.3	279 809.4	19 968.9
总计中:特大型企业	1	106 284.8	100 537.3		91 399.7	154.7
大一型企业	8	124 660.2	141 755.5	9 820.3	140 600.6	10 584.5
大二型企业	24	295 957.7	356 054.4	34 996.4	337 220.8	12 125.3
中一型企业	22	97 764.6	105 147.7	835.2	101 544.7	7 023.5

6-6 续表 单位:万元

指标名称	单位数(个)	工业总产值			工业销售产值(当年价)	
		1990年不变价	当年价	新产品		出口交货值
中二型企业	27	82 481.3	92 948.8	2 294.3	86 137.2	3 675.0
小型企业	1 198	519 330.0	626 410.9	7 038.6	592 667.4	19 819.7
按工业行业大类分						
煤炭采选业	6	3 356.4	4 952.7		5 146.4	
黑色金属矿采选业	4	474.4	577.2		595.2	
有色金属矿采选业	9	6 109.9	7 438.6		2 448.9	
非金属矿采选业	26	22 840.0	26 028.0		24 395.8	
木材及竹材采运业	5	8 807.2	11 761.9		11 583.9	841.8
食品加工业	97	282 280.0	357 696.2	1 241.6	339 999.2	2 456.6
食品制造业	94	77 831.2	87 014.6	11 825.6	86 020.9	9 899.5
饮料制造业	34	41 333.8	52 732.9	47.2	51 300.8	988.9
烟草加工业	3	77 251.1	93 013.3		80 877.9	
纺织业	18	26 261.8	25 264.3		23 610.0	342.2
服装及其他纤维制品制造业	31	8 101.5	9 022.7	332.8	9 029.7	3 490.4
皮革、毛皮、羽绒及其制品业	13	1 688.0	1 815.7		1 399.0	9.0
木材加工及竹、藤、棕、草制品业	46	27 942.6	32 509.6		30 826.0	1 810.5
家具制造业	19	4 428.2	4 784.3		4 505.9	126.0
造纸及纸制品业	67	30 561.8	32 842.9		32 396.9	1 250.4
印刷业	99	30 599.0	36 308.9		34 152.8	
文教体育用品制造业	4	221.0	234.1		224.2	
石油加工及炼焦业	6	1 889.3	2 007.6		1 786.0	
化学原料及化学制品制造业	87	84 371.2	97 607.1	5 032.2	94 487.2	2 560.8
医药制造业	38	37 782.7	35 761.7	3 140.3	31 103.2	1 424.2
化学纤维制造业	2	3 236.7	3 216.4		3 591.7	
橡胶制品业	8	15 298.3	12 334.3	4 213.0	11 546.6	551.4
塑料制品业	54	29 244.9	25 851.5	172.0	24 522.8	3 148.7
非金属矿物制品业	151	94 429.0	118 075.6	820.4	112 486.4	2 601.3
黑色金属冶炼及压延加工业	6	2 267.7	2 632.3		2 499.4	
有色金属冶炼及压延加工业	5	40 786.3	40 512.4	5 950.1	40 329.6	2 346.1
金属制品业	78	30 949.8	37 406.3	7.1	36 247.1	395.7
普通机械制造业	45	40 619.1	46 554.2	2 920.1	43 207.6	8 564.5
专用设备制造业	38	42 220.0	49 469.4	15 158.0	48 283.8	8 003.9
交通运输设备制造业	83	59 368.0	57 086.8	3 624.0	55 903.7	494.0
电气机械及器材制造业	32	35 370.2	35 487.3	413.6	32 006.2	42.3
电子及通信设备制造业	12	22 218.4	18 045.6	86.8	16 103.5	1 963.1
仪器仪表及文化、办公用机械制造业	6	1 526.2	1 002.5		1 238.1	71.4
其他制造业	15	4 970.7	3 558.4		3 692.3	
电力、蒸汽、热水的生产和供应业	22	23 217.4	36 359.8		36 232.3	
自来水的生产和供应业	16	6 544.3	15 805.8		15 717.1	

6-7 市区工业总产值分行业情况(地方口径)

(1999年) 单位:万元

指标名称	单位数(个)	工业总产值			工业销售产值(当年价)	出口交货值
		1990年不变价	当年价	新产品		
总计	**840**	**960 149.1**	**1 081 887.2**	**45 371.4**	**1 030 632.6**	**41 552.0**
按登记注册类型分组						
内资企业	776	861 795.5	968 168.1	43 876.6	917 830.2	27 710.6
国有企业	209	395 440.6	445 650.3	34 251.1	432 854.3	22 242.6
中央企业	9	25 715.6	30 750.7		30 292.0	988.9
地方企业	200	369 725.0	414 899.6	34 251.1	402 562.3	21 253.7
集体企业	472	143 120.5	166 849.8	1 229.0	161 821.4	1 415.5
股份合作企业	11	8 790.1	8 957.1	1 397.3	8 623.8	289.2
联营企业	7	1 131.2	1 360.7		1 356.4	
#国有联营企业	2	106.9	106.9		102.6	
集体联营企业	2	710.4	841.9		841.9	
有限责任公司	30	137 027.6	160 527.8	6 900.2	144 481.5	3 285.9
#国有独资公司	8	123 053.1	143 392.9	6 900.2	128 467.6	3 285.9
股份有限公司	11	136 363.9	134 025.7	99.0	121 736.0	154.7
私营企业	36	39 921.6	50 796.7		46 956.8	322.7
港、澳、台商投资企业	42	36 356.1	42 878.4	1 162.0	42 369.8	8 474.0
外商投资企业	22	61 997.5	70 840.7	332.8	70 432.6	5 367.4
按经济组织类型分组						
独资企业	708	560 205.8	644 103.6	35 480.1	625 959.1	25 371.2
#国有企业	209	395 440.6	445 650.3	34 251.1	432 854.3	22 242.6
集体企业	472	143 120.5	166 849.8	1 229.0	161 821.4	1 415.5
合作、合伙企业	29	17 205.0	19 219.4	1 397.3	18 622.7	1 069.4
股份有限公司	11	136 363.9	134 025.7	99.0	121 736.0	154.7
有限责任公司	92	246 374.4	284 538.5	8 395.0	264 314.8	14 956.7
总计中:亏损企业	333	245 487.4	263 303.4	12 386.8	251 399.2	11 479.0
国有控股企业	249	691 376.9	763 411.6	43 809.6	722 780.7	27 965.2
农村工业	78	15 339.9	23 544.2		22 332.2	287.1
总计中:轻工业	486	605 305.2	693 263.7	11 460.7	653 801.8	21 018.8
以农产品为原料	346	497 547.4	580 016.4	6 912.5	546 586.6	17 878.6
以非农产品为原料	140	107 757.8	113 247.3	4 548.2	107 215.2	3 140.2
重工业	354	354 843.9	388 623.5	33 910.7	376 830.8	20 533.2
采掘工业	21	11 932.4	15 149.1		15 200.2	21.1
原料工业	42	122 427.7	135 723.5	11 678.2	134 742.6	2 891.6
加工工业	291	220 483.8	237 750.9	22 232.5	226 888.0	17 620.5
总计中:特大型企业	1	106 284.8	100 537.3		91 399.7	154.7
大一型企业	7	116 257.8	130 776.0	9 820.3	130 571.9	10 584.5
大二型企业	20	258 502.0	293 683.8	25 721.4	275 516.2	10 057.4
中一型企业	21	92 773.2	98 724.3	835.2	95 595.7	7 023.5

单位：万元

指标名称	单位数（个）	工业总产值 1990年不变价	工业总产值 当年价	工业总产值 新产品	工业销售产值（当年价）	出口交货值
中二型企业	18	52 325.4	60 964.3	2 294.3	55 994.2	1 488.9
小型企业	773	334 005.9	397 201.5	6 700.2	381 554.9	12 243.0
按工业行业大类分						
煤炭采选业	4	2 804.4	4 207.1		4 296.9	
黑色金属矿采选业	2	416.5	485.3		485.3	
有色金属矿采选业	1	251.9	262.5		262.2	
非金属矿采选业	12	3 090.7	2 938.3		2 724.6	
木材及竹材采运业	2	5 368.9	7 255.9		7 431.2	21.1
食品加工业	64	234 386.6	288 989.0	990.0	274 775.1	2 393.9
食品制造业	40	53 604.3	52 332.3	2 550.6	52 356.8	9 196.9
饮料制造业	18	33 404.7	42 502.6	47.2	41 636.7	988.9
烟草加工业	2	77 201.2	92 963.4		80 828.0	
纺织业	13	25 691.0	24 802.7		23 342.0	342.2
服装及其他纤维制品制造业	24	5 755.2	6 295.9	332.8	6 328.7	2 093.3
皮革、毛皮、羽绒及其制品业	10	1 620.0	1 728.4		1 340.6	
木材加工及竹、藤、棕、草制品业	19	13 412.3	14 921.8		14 434.2	1 810.5
家具制造业	11	3 233.7	3 490.6		3 363.0	
造纸及纸制品业	37	10 890.4	11 634.0		11 224.2	
印刷业	91	29 879.6	35 488.0		33 417.1	
文教体育用品制造业	3	160.2	171.5		172.5	
石油加工及炼焦业	4	1 295.0	1 413.3		1 159.0	
化学原料及化学制品制造业	46	50 184.8	55 353.5	5 032.2	53 803.5	512.5
医药制造业	32	36 354.7	34 140.1	3 140.3	29 589.0	1 424.2
化学纤维制造业	2	3 236.7	3 216.4		3 591.7	
橡胶制品业	8	15 298.3	12 334.3	4 213.0	11 546.6	551.4
塑料制品业	41	23 659.5	21 011.4	172.0	20 013.1	2 127.0
非金属矿物制品业	67	37 034.9	46 413.3	820.4	44 900.8	590.5
黑色金属冶炼及压延加工业	4	1 901.8	2 043.3		1 990.4	
有色金属冶炼及压延加工业	5	40 786.3	40 512.4	5 950.1	40 329.6	2 346.1
金属制品业	65	27 224.6	33 171.5	7.1	32 438.5	395.7
普通机械制造业	40	35 847.2	40 911.6	2 920.1	39 479.4	8 179.2
专用设备制造业	32	40 362.3	47 394.5	15 158.0	46 146.6	7 970.9
交通运输设备制造业	76	58 242.9	55 961.7	3 624.0	54 789.9	494.0
电气机械及器材制造业	32	35 370.2	35 487.3	413.6	32 006.2	42.3
电子及通信设备制造业	9	19 154.6	15 742.5		13 748.3	
仪器仪表及文化、办公用机械制造业	5	1 511.4	981.4		1 207.1	71.4
其他制造业	13	4 905.1	3 481.6		3 626.0	
电力、蒸汽、热水的生产和供应业	3	20 936.8	28 577.3		28 577.3	
自来水的生产和供应业	3	5 670.4	13 270.5		13 270.5	

6-8 邕宁县工业总产值分行业情况(地方口径)

(1999年) 单位:万元

指标名称	单位数(个)	工业总产值 1990年不变价	工业总产值 当年价	工业总产值 新产品	工业销售产值(当年价)	出口交货值
总计	**198**	**148 562.2**	**198 838.6**	**9 613.4**	**189 741.9**	**11 215.7**
按登记注册类型分组						
内资企业	170	97 287.7	125 336.7	9 275.0	120 222.7	5 937.3
国有企业	25	8 677.6	14 083.3		13 125.7	820.7
#地方企业	25	8 677.6	14 083.3		13 125.7	820.7
集体企业	112	55 274.1	65 760.6		60 875.7	1 798.3
股份合作企业	8	8 686.0	8 920.7		8 384.9	
联营企业	2	518.5	620.2		590.2	
#集体联营企业	1	230.4	270.0		250.0	
有限责任公司	2	1 324.9	1 370.3		1 350.6	
股份有限公司	2	14 261.0	24 228.7	9 275.0	25 231.5	2 067.9
私营企业	19	8 545.6	10 352.9		10 664.1	1 250.4
港、澳、台商投资企业	12	12 213.3	13 501.5	251.6	12 803.0	3 450.2
外商投资企业	16	39 061.2	60 000.4	86.8	56 716.2	1 828.2
按经济组织类型分组						
独资企业	152	71 304.1	87 128.8	86.8	81 100.9	5 116.1
#国有企业	25	8 677.6	14 083.3		13 125.7	820.7
集体企业	112	55 274.1	65 760.6		60 875.7	1 798.3
合作、合伙企业	20	34 017.9	50 481.9		47 778.1	935.7
股份有限公司	2	14 261.0	24 228.7	9 275.0	25 231.5	2 067.9
有限责任公司	24	28 979.2	36 999.2	251.6	35 631.4	3 096.0
总计中:亏损企业	78	43 460.5	52 303.8		47 593.7	1 791.4
国有控股企业	37	33 528.6	52 124.7	9 275.0	51 608.5	4 294.7
农村工业	16	7 973.3	9 199.8		8 936.6	
总计中:轻工业	74	65 092.4	92 191.0	9 526.6	89 089.2	4 056.9
以农产品为原料	51	55 313.5	81 472.9	9 275.0	79 222.7	3 035.2
以非农产品为原料	23	9 778.9	10 718.1	251.6	9 866.5	1 021.7
重工业	124	83 469.8	106 647.6	86.8	100 652.7	7 158.8
采掘工业	11	8 005.3	9 840.3		9 430.7	
原料工业	55	57 314.8	76 843.7		73 547.8	4 810.4
加工工业	58	18 149.7	19 963.6	86.8	17 674.2	2 348.4
总计中:大一型企业	1	8 402.4	10 979.5		10 028.7	
大二型企业	3	34 355.9	60 415.6	9 275.0	59 590.5	2 067.9

指 标 名 称	单位数(个)	工业总产值			工业销售产值(当年价)	出口交货值
		1990年不变价	当年价	新产品		
中一型企业	1	4 991.4	6 423.4		5 949.0	
中二型企业	4	12 356.2	12 607.1		12 395.7	2 186.1
小型企业	189	88 456.3	108 413.0	338.4	101 778.0	6 961.7
按工业行业大类分						
煤炭采选业	2	552.0	745.6		849.5	
黑色金属矿采选业	1	15.6	21.0		28.0	
非金属矿采选业	8	7 437.7	9 073.7		8 553.2	
木材及竹材采运业	2	3 405.8	4 481.4		4 128.1	820.7
食品加工业	11	30 821.0	49 467.6	251.6	46 402.0	62.7
食品制造业	11	7 073.8	12 627.5	9 275.0	13 381.0	190.0
饮料制造业	4	774.8	825.5		766.2	
纺织业	2	147.5	152.8		47.1	
服装及其他纤维制品制造业	3	1 891.8	2 272.3		2 260.5	1 397.1
皮革、毛皮、羽绒及其制品业	2	40.0	51.3		22.4	9.0
木材加工及竹、藤、棕、草制品业	10	10 061.2	12 534.3		11 595.8	
家具制造业	4	753.3	816.7		743.9	126.0
造纸及纸制品业	15	15 259.9	16 716.9		16 895.4	1 250.4
印刷业	3	386.4	421.1		343.0	
文教体育用品制造业	1	60.8	62.6		51.7	
石油加工及炼焦业	2	594.3	594.3		627.0	
化学原料及化学制品制造业	26	21 769.0	25 260.4		24 777.3	1 945.9
医药制造业	2	348.1	370.3		251.7	
塑料制品业	6	4 095.8	3 377.0		3 066.8	1 021.7
非金属矿物制品业	50	30 977.0	41 715.4		40 154.4	2 010.8
黑色金属冶炼及压延加工业	1	310.0	430.0		350.0	
金属制品业	8	1 597.5	2 017.8		1 625.8	
普通机械制造业	5	4 771.9	5 642.6		3 728.2	385.3
专用设备制造业	4	151.1	167.2		169.5	33.0
交通运输设备制造业	3	587.4	587.4		587.4	
电子及通信设备制造业	2	3 056.9	2 296.2	86.8	2 348.7	1 963.1
仪器仪表及文化、办公用机械制造业	1	14.8	21.1		31.0	
其他制造业	1	6.8	6.8		6.9	
电力、蒸汽、热水的生产和供应业	4	1 252.3	4 950.5		4 827.5	
自来水的生产和供应业	3	267.2	1 049.6		1 049.6	

6-9 武鸣县工业总产值分行业情况(地方口径)

(1999年) 单位:万元

指标名称	单位数(个)	工业总产值		工业销售产值(当年价)	出口交货值
		1990年不变价	当年价		
总计	**242**	**117 767.3**	**142 128.8**	**129 195.9**	**615.0**
按登记注册类型分组					
内资企业	227	103 928.7	128 006.6	116 335.9	615.0
国有企业	60	26 362.2	32 880.3	32 040.5	102.4
中央企业	1	49.9	49.9	49.9	
地方企业	59	26 312.3	32 830.4	31 990.6	102.4
集体企业	155	75 756.1	93 035.6	82 273.6	
联营企业	2	135.9	175.7	176.5	
#国有联营企业	1	47.7	65.7	66.5	
私营企业	10	1 674.5	1 915.0	1 845.3	512.6
港、澳、台商投资企业	11	12 160.7	12 646.5	11 258.3	
外商投资企业	4	1 677.9	1 475.7	1 601.7	
按经济组织类型分组					
独资企业	225	103 769.1	127 706.5	116 109.6	102.4
#国有企业	60	26 362.2	32 880.3	32 040.5	102.4
集体企业	155	75 756.1	93 035.6	82 273.6	
合作、合伙企业	4	1 323.9	1 557.3	1 464.1	512.6
有限责任公司	13	12 674.3	12 865.0	11 622.2	
总计中:亏损企业	45	24 629.4	30 784.3	29 129.4	
国有控股企业	60	26 201.9	32 686.0	31 867.0	102.4
农村工业	123	72 894.4	89 430.9	78 873.8	
总计中:轻工业	143	52 053.0	63 196.9	59 754.0	512.6
以农产品为原料	116	48 378.1	57 961.4	54 847.7	512.6
以非农产品为原料	27	3 674.9	5 235.5	4 906.3	
重工业	99	65 714.3	78 931.9	69 441.9	102.4
采掘工业	16	18 244.4	21 287.6	15 411.2	
原料工业	39	14 537.8	19 659.3	18 783.5	102.4
加工工业	44	32 932.1	37 985.0	35 247.2	
总计中:大二型企业	1	3 099.8	1 955.0	2 114.1	

单位:万元

指标名称	单位数(个)	工业总产值 1990年不变价	工业总产值 当年价	工业销售产值(当年价)	出口交货值
中二型企业	5	17 799.7	19 377.4	17 747.3	
小型企业	236	96 867.8	120 796.4	109 334.5	615.0
按工业行业大类分					
黑色金属矿采选业	1	42.3	70.9	81.9	
有色金属矿采选业	8	5 858.0	7 176.1	2 186.7	
非金属矿采选业	6	12 311.6	14 016.0	13 118.0	
木材及竹材采运业	1	32.5	24.6	24.6	
食品加工业	22	17 072.4	19 239.6	18 822.1	
食品制造业	43	17 153.1	22 054.8	20 283.1	512.6
饮料制造业	12	7 154.3	9 404.8	8 897.9	
烟草加工业	1	49.9	49.9	49.9	
纺织业	3	423.3	308.8	220.9	
服装及其他纤维制品制造业	4	454.5	454.5	440.5	
皮革、毛皮、羽绒及其制品业	1	28.0	36.0	36.0	
木材加工及竹、藤、棕、草制品业	17	4 469.1	5 053.5	4 796.0	
家具制造业	4	441.2	477.0	399.0	
造纸及纸制品业	15	4 411.5	4 492.0	4 277.3	
印刷业	5	333.0	399.8	392.7	
化学原料及化学制品制造业	15	12 417.4	16 993.2	15 906.4	102.4
医药制造业	4	1 079.9	1 251.3	1 262.5	
塑料制品业	7	1 489.6	1 463.1	1 442.9	
非金属矿物制品业	34	26 417.1	29 946.9	27 431.2	
黑色金属冶炼及压延加工业	1	55.9	159.0	159.0	
金属制品业	5	2 127.7	2 217.0	2 182.8	
专用设备制造业	2	1 706.6	1 907.7	1 967.7	
交通运输设备制造业	4	537.7	537.7	526.4	
电子及通信设备制造业	1	6.9	6.9	6.5	
其他制造业	1	58.8	70.0	59.4	
电力、蒸汽、热水的生产和供应业	15	1 028.3	2 832.0	2 827.5	
自来水的生产和供应业	10	606.7	1 485.7	1 397.0	

6-10 主要工业产品产量

（1999年）

产品名称	单位	全市	市区	邕宁县	武鸣县
原煤	吨	488 625	339 179	149 446	
木材	立方米	191 853	84 120	62 676	45 057
大米	吨	318 369	48 221	194 749	75 399
配混合饲料	吨	798 779	645 735	138 905	14 139
食用植物油	吨	10 140	5 129	937	4 074
机制糖	吨	487 803	423 077	10 832	53 894
糖果	吨	358	358		
罐头	吨	7 511	5 945	132	1 434
味精	吨	12 474	12 474		
酱油	吨	7 247	6 836		411
淀粉	吨	123 311	9 073	26 886	87 352
白酒	吨	25 854		14 169	11 685
啤酒	吨	66 831	66 831		
软饮料	吨	74 020	72 992		1 028
卷烟	箱	312 000	312 000		
纱	吨	15 042	15 042		
布	万米	1 752.09	1 711.00	29.72	11.37
轻革	平方米	175 619	175 619		
皮鞋	万双	1.82	1.82		
锯材	立方米	23 112			23 112
人造板	立方米	164 638	78 810	85 828	
家具	件	242 189	74 491	151 200	16 498
木制家具	件	223 456	55 758	151 200	16 498
钢木家具	件	14 227	14 227		
软体家具（包括床垫、沙发）	件	3 565	3 565		
机制纸	吨	52 941	28 662	22 633	1 646
机制纸板	吨	4 633	4 633		
纸制品	吨	11 494	10 866	628	
石油沥青	吨	9 836	9 836		
硫酸（折100%）	吨	10 496		10 496	
盐酸（含量31%以上）	吨	50 146	50 146		
氢氧化钠（烧碱）（折100%）	吨	61 162	61 162		
碳化钙（电石）（折300升/千克）	吨	1 377	1 377		
合成氨	吨	29 502	1 930		27 572
农用氮、磷、钾化学肥料总计（折纯）	吨	18 943			18 943
氮肥（折含N 100%）	吨	18 943			18 943
化学农药	吨	5 245	5 245		
冰醋酸	吨	2 876	2 876		
塑料树脂及共聚物	吨	14 018	14 018		
松香	吨	16 330	1 117	12 313	2 900
肥皂	吨	1 477	1 477		
合成洗涤剂	吨	1 569	1 569		
化学纤维	吨	11 916	11 916		

6-10 续表

产品名称	单位	全市	市区	邕宁县	武鸣县
轮胎外胎	条	274 204	274 204		
胶鞋	万双	772.40	772.40		
塑料制品	吨	18 171	17 387		784
水泥	万吨	214.82	45.70	126.99	42.13
水泥排水管	吨	2 014 984	2 014 984		
水泥预制构件	立方米	20 645	6 787	13 008	850
砖(折标准砖)	万块	116 913.25	72 875.61	23 143.00	20 894.64
平板玻璃	重量箱	1 852 738	1 852 738		
日用玻璃制品	吨	37 911	37 911		
钢	吨	1 355	1 355		
十种有色金属	吨	26 131	26 131		
铅	吨	6 876	6 876		
锑	吨	3 836	3 836		
铝	吨	15 398	15 398		
铝材	吨	7 109	7 109		
铸铁管	吨	4 579	4 579		
日用精铝制品	吨	576	576		
焊条	吨	5 000	5 000		
内燃机	万千瓦	77.27	77.27		
矿山设备	吨	934	934		
小型拖拉机	台	85 884	85 406		478
摩托车	辆	20 462	20 462		
民用钢质船舶	综合吨	3 000	3 000		
发电设备	千瓦	67 460	67 460		
交流电动机	千瓦	5 729	5 729		
变压器	千伏安	141 260	141 260		
电力电缆	公里	5 890	5 890		
通讯电缆	公里	1 019	1 019		
电线	公里	38 949	38 949		
钢芯铝绞线	吨	7 129	7 129		
电风扇	台	199 149	199 149		
灯具	万只	173.37	173.37		
微型电子计算机	部	11 730	11 730		
电子元件	万只	4 643.04	2.04	4 641.00	
彩色电视机	部	4 106	4 106		
黑白电视机	部	10 328	10 328		
台秤	台	7 870	7 870		
表	只	232 699	232 699		
伞	把	161 641	161 641		
发电量	万千瓦小时	43 918.34	31 900.23	6 291.00	5 727.11
火电	万千瓦小时	36 280.23	31 900.23	4 380.00	
水电	万千瓦小时	7 638.11		1 911.00	5 727.11
供电量	万千瓦小时	750 294.40	702 044.00	29 664.00	18 586.40
自来水生产量	万吨	25 807.16	23 329.16	1 018.00	1 460.00

6-11 全市独立核算工业企业主要财务状况表(地方口径)

(1999年)　　单位:万元

指　标　名　称	单位数(个)	亏损企业	工业总产值(1990年不变价)	工业总产值(当年价)	工业销售产值(当年价)	工业增加值(当年价)
总　　计	**1 053**	**450**	**1 188 229.9**	**1 368 798.7**	**1 298 586.3**	**447 120.1**
按登记注册类型分组						
内资企业	959	398	1 025 267.8	1 167 846.5	1 103 671.9	386 075.0
国有企业	210	98	399 163.6	446 878.5	434 852.9	137 081.6
中央企业	8	6	23 494.7	25 358.0	25 164.0	24 439.5
地方企业	202	92	375 668.9	421 520.5	409 688.9	112 642.1
集体企业	636	255	269 659.2	319 947.8	299 608.4	98 611.6
股份合作企业	18	5	17 468.1	17 870.2	17 001.1	6 106.9
联营企业	9	3	1 697.4	2 046.6	2 013.1	735.8
#国有联营企业	3	3	154.6	172.6	169.1	48.0
集体联营企业	2		940.8	1 111.9	1 091.9	374.1
有限责任公司	29	15	138 279.0	161 824.6	145 758.6	70 363.5
#国有独资公司	8	6	123 053.1	143 392.9	128 467.6	64 316.6
股份有限公司	12	3	150 624.9	158 254.4	146 967.5	53 377.6
私营企业	45	19	48 375.6	61 024.4	57 470.3	19 798.0
港、澳、台商投资企业	55	25	60 252.5	68 662.4	66 190.9	21 458.1
外商投资企业	39	27	102 709.6	132 289.8	128 723.5	39 587.0
按经济组织类型分组						
独资企业	880	369	698 653.9	806 679.4	773 807.8	247 503.1
#国有企业	210	98	399 163.6	446 878.5	434 852.9	137 081.6
集体企业	636	255	269 659.2	319 947.8	299 608.4	98 611.6
合作、合伙企业	47	19	51 232.3	69 695.5	66 397.3	21 857.6
股份有限公司	12	3	150 624.9	158 254.4	146 967.5	53 377.6
有限责任公司	114	59	287 718.8	334 169.4	311 413.7	124 381.8
总计中：亏损企业	450	450	313 573.5	346 387.2	328 026.2	94 739.0
国有控股企业	260	121	719 981.7	802 719.9	763 300.6	270 825.0
农村工业	197	66	96 178.9	122 133.1	110 100.8	37 551.0
总计中：轻工业	585	260	703 952.9	825 245.7	779 779.0	270 808.1
以农产品为原料	428	181	585 800.0	699 561.0	661 260.8	227 049.8
以非农产品为原料	157	79	118 152.9	125 684.7	118 518.2	43 758.3
重工业	468	190	484 277.0	543 553.0	518 807.3	176 312.0
采掘工业	41	16	32 142.6	38 219.2	31 858.9	12 362.2
原料工业	105	34	188 680.6	224 142.3	219 655.4	86 665.9
加工工业	322	140	263 453.8	281 191.5	267 293.0	77 283.9
总计中：特大型企业	1		106 284.8	100 537.3	91 399.7	33 722.5
大一型企业	8	5	124 660.2	141 755.5	140 600.6	52 612.4
大二型企业	24	7	295 957.7	356 054.4	337 220.8	121 944.0
中一型企业	22	12	97 764.6	105 147.7	101 544.7	33 151.7

指标名称	单位数(个)	亏损企业	工业总产值(1990年不变价)	工业总产值(当年价)	工业销售产值(当年价)	工业增加值(当年价)
中二型企业	27	11	82 481.3	92 948.8	86 137.2	23 829.2
小型企业	971	415	481 081.3	572 355.0	541 683.3	181 860.3
按工业行业大类分						
煤炭采选业	6	3	3 356.4	4 952.7	5 146.4	2 167.5
黑色金属矿采选业	4	2	474.4	577.2	595.2	176.6
有色金属矿采选业	6		6 109.9	7 438.6	2 448.9	2 311.7
非金属矿采选业	24	10	22 169.4	25 226.1	23 643.8	7 698.8
木材及竹材采运业	1	1	32.5	24.6	24.6	7.6
食品加工业	77	27	277 823.9	350 594.8	331 709.7	98 095.5
食品制造业	79	24	76 085.7	84 799.4	83 999.6	23 280.6
饮料制造业	27	15	41 117.9	52 510.1	51 101.3	13 902.6
烟草加工业	3	1	77 251.1	93 013.3	80 877.9	52 096.9
纺织业	13	9	26 071.0	25 148.6	23 568.1	6 886.0
服装及其他纤维制品制造业	28	14	8 086.5	9 007.7	9 014.7	3 714.2
皮革、毛皮、羽绒及其制品业	13	9	1 688.0	1 815.7	1 399.0	418.8
木材加工及竹、藤、棕、草制品业	35	10	27 424.4	31 890.7	30 253.7	10 514.8
家具制造业	17	6	4 428.2	4 784.3	4 505.9	1 679.2
造纸及纸制品业	54	27	29 417.5	31 697.0	31 392.7	9 681.7
印刷业	81	34	23 172.4	27 466.2	26 515.6	10 206.7
文教体育用品制造业	4	2	221.0	234.1	224.2	84.2
石油加工及炼焦业	5		1 558.8	1 677.1	1 782.9	398.5
化学原料及化学制品制造业	80	29	83 314.7	96 194.2	93 063.1	26 113.7
医药制造业	34	10	37 437.5	35 394.1	30 697.5	13 928.9
化学纤维制造业	2	1	3 236.7	3 216.4	3 591.7	796.2
橡胶制品业	6	2	15 298.3	12 334.3	11 546.6	4 196.1
塑料制品业	44	23	28 508.4	24 995.7	23 661.3	6 588.1
非金属矿物制品业	125	66	92 577.3	113 552.4	109 043.8	39 202.5
黑色金属冶炼及压延加工业	4	1	2 211.8	2 473.3	2 340.4	907.7
有色金属冶炼及压延加工业	5	2	40 786.3	40 512.4	40 329.6	11 356.7
金属制品业	65	32	27 876.0	30 895.2	30 005.5	8 881.3
普通机械制造业	40	18	39 324.3	45 055.0	41 452.6	13 047.5
专用设备制造业	33	15	41 498.0	48 210.0	47 977.3	7 106.0
交通运输设备制造业	64	24	57 489.9	55 371.9	54 195.3	16 859.8
电气机械及器材制造业	28	15	35 191.6	35 311.6	31 799.3	8 296.1
电子及通信设备制造业	8	5	22 211.5	18 038.7	16 097.0	4 716.2
仪器仪表及文化、办公用机械制造业	4	4	1 517.3	993.6	1 229.2	292.6
其他制造业	9	6	3 954.8	2 500.8	2 672.7	863.9
电力、蒸汽、热水的生产和供应业	10		22 762.2	35 085.1	34 962.1	30 489.6
自来水的生产和供应业	15	3	6 544.3	15 805.8	15 717.1	10 155.3

6-11 续表1 单位:万元

指 标 名 称	资 产 合 计	流动资产小计	存货	产成品	流动资产年平均余额	长期投资	固定资产小计
总 计	**2 489 588.6**	**931 624.2**	**315 943.8**	**134 153.3**	**803 107.9**	**60 692.7**	**1 339 712.6**
按登记注册类型分组							
内资企业	2 051 284.4	810 032.9	268 495.1	114 962.5	691 218.6	59 368.1	1 109 634.7
国有企业	1 231 155.3	425 944.1	115 452.9	58 554.7	359 614.4	42 689.6	721 952.5
中央企业	268 329.7	78 417.6	2 558.0	511.9	15 591.0	34.7	188 928.9
地方企业	962 825.6	347 526.5	112 894.9	58 042.8	344 023.4	42 654.9	533 023.6
集体企业	271 019.0	127 487.6	50 588.5	27 544.1	121 537.7	3 275.9	121 707.1
股份合作企业	24 158.4	9 920.2	2 504.7	1 494.2	10 286.1	189.1	11 123.0
联营企业	1 280.9	685.8	96.3	10.7	431.7		565.2
#国有联营企业	307.2	183.8	38.9	7.5	183.2		123.3
集体联营企业	421.9	171.6	16.0				221.8
有限责任公司	270 284.7	123 703.2	69 093.3	17 192.6	119 180.8	10 468.1	131 411.6
#国有独资公司	255 190.0	113 772.2	64 131.7	15 709.5	111 259.2	10 228.2	127 079.4
股份有限公司	212 820.9	101 489.9	22 492.5	7 747.5	63 542.7	2 263.8	106 745.4
私营企业	40 565.2	20 802.1	8 266.9	2 418.7	16 625.2	481.6	16 129.9
港、澳、台商投资企业	147 627.9	62 471.1	23 519.9	10 043.1	58 032.9	836.7	56 231.9
外商投资企业	290 676.3	59 120.2	23 928.8	9 147.7	53 856.4	487.9	173 846.0
按经济组织类型分组							
独资企业	1 553 856.6	579 797.2	178 358.0	90 568.9	500 705.6	46 379.5	860 237.1
#国有企业	1 231 155.3	425 944.1	115 452.9	58 554.7	359 614.4	42 689.6	721 952.5
集体企业	271 019.0	127 487.6	50 588.5	27 544.1	121 537.7	3 275.9	121 707.1
合作、合伙企业	72 307.8	28 982.8	9 696.3	3 442.3	34 958.6	536.8	33 237.0
股份有限公司	212 820.9	101 489.9	22 492.5	7 747.5	63 542.7	2 263.8	106 745.4
有限责任公司	650 603.3	221 354.3	105 397.0	32 394.6	203 901.0	11 512.6	339 493.1
总计中: 亏损企业	944 187.4	295 835.3	122 139.1	64 453.9	289 819.3	21 711.0	546 022.2
国有控股企业	1 835 505.7	683 515.2	215 591.3	87 481.8	572 742.0	56 066.5	1 005 953.2
农村工业	86 053.6	26 942.0	12 351.5	6 532.2	26 632.3	318.1	53 669.6
总计中: 轻工业	1 257 257.3	500 452.5	190 234.5	74 480.3	461 934.8	32 165.6	639 422.9
以农产品为原料	967 015.2	402 110.1	145 134.4	48 272.1	362 776.8	26 839.1	469 464.4
以非农产品为原料	290 242.1	98 342.4	45 100.1	26 208.2	99 158.0	5 326.5	169 958.5
重工业	1 232 331.3	431 171.7	125 709.3	59 673.0	341 173.1	28 527.1	700 289.7
采掘工业	64 062.6	17 174.0	3 749.9	2 689.8	14 443.2	966.9	41 166.1
原料工业	673 489.0	184 711.2	39 375.6	18 061.6	104 019.1	8 168.2	444 947.3
加工工业	494 779.7	229 286.5	82 583.8	38 921.6	222 710.8	19 392.0	214 176.3
总计中: 特大型企业	109 335.6	59 210.1	6 514.4	441.4	23 357.8		50 026.2
大一型企业	607 073.6	159 949.1	25 880.2	9 537.3	88 126.8	12 280.2	402 617.7
大二型企业	607 212.7	236 837.5	104 417.9	32 007.9	239 971.1	25 760.2	313 214.8
中一型企业	231 345.9	75 543.3	28 683.4	16 657.9	72 390.6	1 806.3	148 635.7

续表1.1　　　　单位：万元

指标名称	资产合计	流动资产小计			流动资产年平均余额	长期投资	固定资产小计
			存货				
				产成品			
中二型企业	179 074.4	70 172.3	28 356.5	16 013.8	74 408.1	3 561.4	89 780.9
小型企业	755 546.4	329 911.9	122 091.4	59 495.0	304 853.5	17 284.6	335 437.3
按工业行业大类分							
煤炭采选业	35 732.1	7 858.1	1 062.0	462.1	6 493.7	455.5	27 084.0
黑色金属矿采选业	3 025.4	1 275.7	539.6	486.2	1 281.9	377.4	1 319.2
有色金属矿采选业	675.2	340.1	8.3	3.0	280.5	0.5	309.3
非金属矿采选业	19 825.6	7 355.5	2 124.8	1 738.5	6 102.0	133.5	11 956.3
木材及竹材采运业	4 804.3	344.6	15.2		285.1		497.3
食品加工业	282 721.2	137 880.9	29 173.7	7 224.3	106 864.4	5 959.3	125 624.5
食品制造业	196 895.6	69 881.5	24 417.9	12 920.8	65 494.8	12 795.9	88 706.9
饮料制造业	126 045.2	22 685.1	10 163.1	2 535.6	20 410.7	1 078.8	89 581.5
烟草加工业	110 728.1	69 715.1	44 676.4	5 372.8	77 178.7	4 049.0	36 912.1
纺织业	75 978.8	27 457.8	8 279.4	3 401.6	28 702.6	1 885.7	42 384.0
服装及其他纤维制品制造业	16 964.2	7 516.2	3 319.6	1 761.2	7 164.6	68.8	7 654.7
皮革、毛皮、羽绒及其制品业	10 082.9	2 819.5	1 534.6	1 045.7	2 361.7	6.8	5 181.3
木材加工及竹、藤、棕、草制品业	55 392.2	11 278.6	3 480.3	1 454.8	10 082.4	12.7	31 988.3
家具制造业	7 817.7	2 833.8	1 301.4	769.0	2 654.4	99.8	4 817.7
造纸及纸制品业	50 414.3	21 470.0	9 274.4	6 160.3	16 707.2	324.3	22 818.0
印刷业	49 551.3	20 237.7	5 654.2	2 767.7	17 170.3	191.7	28 516.5
文教体育用品制造业	514.3	235.3	130.5	40.5	255.1		149.0
石油加工及炼焦业	1 768.5	1 462.2	947.3	271.9	1 512.3		235.9
化学原料及化学制品制造业	155 439.8	60 621.5	18 908.0	9 090.4	50 679.4	6 833.3	84 056.5
医药制造业	75 618.0	34 409.0	11 694.1	6 880.4	32 081.6	1 538.4	35 927.3
化学纤维制造业	18 965.0	3 482.8	1 260.1	566.0	3 628.1	130.0	15 261.8
橡胶制品业	21 835.1	12 303.1	8 901.8	5 881.5	12 853.8	94.0	9 434.2
塑料制品业	40 556.0	17 353.5	6 790.0	3 675.9	16 283.2	874.4	18 749.0
非金属矿物制品业	293 982.5	68 598.5	24 402.4	14 632.8	66 315.3	9 235.4	188 152.8
黑色金属冶炼及压延加工业	5 480.2	4 557.9	1 964.3	1 112.4	2 943.6		917.5
有色金属冶炼及压延加工业	44 501.3	17 232.0	7 278.9	1 786.0	13 088.1	691.3	26 498.9
金属制品业	43 601.8	21 029.5	10 770.3	6 760.0	19 611.2	1 177.6	20 405.6
普通机械制造业	81 110.3	44 973.5	19 862.8	8 912.4	44 759.1	4 522.4	25 017.2
专用设备制造业	91 633.4	47 277.6	18 631.5	8 138.8	43 255.3	419.8	40 484.7
交通运输设备制造业	107 329.7	45 031.4	11 690.8	1 868.2	45 860.1	2 923.6	52 852.8
电气机械及器材制造业	56 997.3	31 201.2	11 966.4	6 711.5	28 127.9	1 546.4	22 022.6
电子及通信设备制造业	35 760.2	18 479.4	10 981.3	8 369.6	21 392.0	23.6	11 441.6
仪器仪表及文化、办公用机械制造业	6 543.9	2 932.5	1 959.4	1 048.0	3 880.8	362.6	3 209.5
其他制造业	5 170.1	2 387.8	690.4	303.4	2 402.1	642.5	2 127.7
电力、蒸汽、热水的生产和供应业	296 336.1	79 611.8	1 953.7		17 650.0	376.9	210 767.4
自来水的生产和供应业	59 791.0	7 493.5	134.9		7 293.9	1 860.8	46 649.0

6-11 续表2 单位:万元

指 标 名 称	固定资产原价	生产经营用	累计折旧	本年折旧	固定资产净值年平均余额	无形及递延资产合计
总 计	**1 593 768.7**	**1 230 087.2**	**411 750.6**	**66 306.6**	**1 015 625.6**	**77 026.7**
按登记注册类型分组						
内资企业	1 329 832.4	997 532.2	362 102.3	52 058.2	803 789.5	52 670.5
国有企业	817 154.5	633 485.5	205 735.8	27 442.2	459 831.2	33 490.0
中央企业	203 527.4	184 177.6	36 954.7	8 826.6	17 806.0	163.3
地方企业	613 627.1	449 307.9	168 781.1	18 615.6	442 025.2	33 326.7
集体企业	161 975.5	105 206.7	48 657.2	7 381.9	109 770.6	10 019.7
股份合作企业	17 455.1	15 059.3	6 571.4	1 128.2	13 468.7	273.0
联营企业	933.7	674.9	374.0	79.4	463.0	1.2
#国有联营企业	163.9	91.2	40.9	4.9	123.5	
集体联营企业	361.3	361.3	143.6	25.5	198.9	
有限责任公司	163 324.2	102 756.5	44 507.5	6 261.8	107 002.0	4 545.6
#国有独资公司	158 263.5	99 046.9	43 652.7	6 024.3	103 575.8	3 964.1
股份有限公司	150 216.8	125 653.3	52 069.1	8 437.0	100 512.4	2 317.7
私营企业	18 772.6	14 696.0	4 187.3	1 327.7	12 741.6	2 023.3
港、澳、台商投资企业	73 656.6	58 123.8	21 201.7	5 086.1	51 028.6	2 625.8
外商投资企业	190 279.7	174 431.2	28 446.6	9 162.3	160 807.5	21 730.4
按经济组织类型分组						
独资企业	998 493.2	749 008.1	258 404.4	36 103.1	584 321.7	46 443.2
#国有企业	817 154.5	633 485.5	205 735.8	27 442.2	459 831.2	33 490.0
集体企业	161 975.5	105 206.7	48 657.2	7 381.9	109 770.6	10 019.7
合作、合伙企业	47 714.0	40 063.8	15 733.0	2 760.9	33 615.3	2 212.7
股份有限公司	150 216.8	125 653.3	52 069.1	8 437.0	100 512.4	2 317.7
有限责任公司	397 344.7	315 362.0	85 544.1	19 005.6	297 176.2	26 053.1
总计中: 亏损企业	653 791.3	482 066.8	161 513.1	23 284.6	473 122.6	46 159.1
国有控股企业	1 177 870.9	898 109.5	313 668.4	46 082.6	706 599.1	48 848.0
农村工业	69 048.0	39 874.7	18 170.4	3 176.7	49 286.2	1 288.6
总计中: 轻工业	771 724.5	588 576.5	212 263.8	31 200.2	551 633.7	45 215.3
以农产品为原料	583 748.6	443 373.9	162 643.1	24 772.3	418 006.7	34 041.6
以非农产品为原料	187 975.9	145 202.6	49 620.7	6 427.9	133 627.0	11 173.7
重工业	822 044.2	641 510.7	199 486.8	35 106.4	463 991.9	31 811.4
采掘工业	47 975.5	26 118.5	10 085.6	812.8	38 552.0	4 310.4
原料工业	515 467.9	434 898.0	113 490.0	25 034.2	241 589.4	4 493.1
加工工业	258 600.8	180 494.2	75 911.2	9 259.4	183 850.5	23 007.9
总计中: 特大型企业	79 470.3	79 320.3	34 026.4	5 092.2	47 638.0	99.3
大一型企业	457 790.4	381 273.3	91 446.8	18 622.6	204 636.8	17 762.8
大二型企业	359 510.1	303 190.2	101 863.0	14 311.9	261 841.1	16 431.1
中一型企业	184 562.0	134 860.7	42 482.4	6 142.6	134 518.2	4 448.5

6-11 续表2.1 单位:万元

指 标 名 称	固定资产原价	生产经营用	累计折旧	本年折旧	固定资产净值年平均余额	无形及递延资产合计
中二型企业	117 411.5	91 432.2	39 043.0	5 744.1	81 347.5	1 527.8
小型企业	395 024.4	240 010.5	102 889.0	16 393.2	285 644.0	36 757.2
按工业行业大类分						
煤炭采选业	31 151.1	20 039.6	6 202.0	331.4	25 619.8	187.2
黑色金属矿采选业	1 111.1	684.8	280.2	17.6	901.9	
有色金属矿采选业	461.9	139.0	174.6	15.4	164.1	23.3
非金属矿采选业	14 739.2	5 255.1	3 413.9	447.7	11 425.1	137.5
木材及竹材采运业	512.2		14.9	0.7	441.1	3 962.4
食品加工业	181 095.4	164 103.5	68 009.8	10 812.0	119 498.1	3 996.2
食品制造业	101 422.2	39 005.9	27 257.3	3 582.3	73 052.8	12 784.7
饮料制造业	101 114.6	94 882.0	11 942.7	2 986.1	83 416.1	8 348.9
烟草加工业	44 684.4	36 835.4	11 944.6	1 447.3	31 053.1	6.4
纺织业	52 285.6	33 156.3	15 769.8	2 085.1	36 729.4	3 354.7
服装及其他纤维制品制造业	9 872.9	6 843.0	3 060.0	272.5	6 999.6	153.9
皮革、毛皮、羽绒及其制品业	6 391.1	3 817.5	1 900.4	124.1	4 576.8	2 061.9
木材加工及竹、藤、棕、草制品业	39 307.3	34 578.1	8 191.2	3 358.3	30 657.8	1 331.3
家具制造业	5 655.8	4 063.8	1 422.0	97.0	4 469.1	3.7
造纸及纸制品业	29 687.2	24 462.7	7 991.0	1 105.5	21 691.8	1 015.9
印刷业	33 876.2	26 917.0	9 488.8	1 615.8	22 846.8	472.8
文教体育用品制造业	259.9	188.4	126.1	6.0	127.7	63.8
石油加工及炼焦业	384.0	361.9	149.5	23.5	234.5	33.3
化学原料及化学制品制造业	103 286.4	77 051.0	27 604.8	4 202.7	64 560.4	1 532.5
医药制造业	27 748.1	19 187.4	7 267.2	1 007.5	24 020.4	2 344.0
化学纤维制造业	21 193.8	18 325.2	5 973.3	462.6	15 169.0	90.4
橡胶制品业	13 379.0	12 683.1	4 612.6	500.4	8 808.7	3.8
塑料制品业	23 226.6	12 163.8	5 020.7	892.3	17 404.9	1 195.2
非金属矿物制品业	226 685.7	173 435.8	52 583.5	10 475.9	169 829.8	12 854.6
黑色金属冶炼及压延加工业	1 311.7	469.8	437.0	49.6	952.4	
有色金属冶炼及压延加工业	31 471.2	30 097.0	6 221.2	1 011.8	25 489.1	79.1
金属制品业	25 157.4	19 293.3	6 620.7	564.7	17 761.9	794.9
普通机械制造业	33 102.4	22 845.0	12 261.8	994.5	20 881.0	5 329.2
专用设备制造业	50 400.1	39 030.6	18 489.8	906.1	31 600.8	3 391.1
交通运输设备制造业	45 751.9	21 196.1	10 655.3	1 333.3	35 298.2	5 405.5
电气机械及器材制造业	29 954.4	21 808.0	9 712.3	1 245.0	20 145.4	1 259.9
电子及通信设备制造业	13 737.3	12 608.6	2 710.3	216.5	11 773.5	973.0
仪器仪表及文化、办公用机械制造业	5 818.0	4 236.1	2 705.5	172.6	2 156.7	29.9
其他制造业	3 254.1	1 445.6	1 135.2	234.5	2 150.8	12.0
电力、蒸汽、热水的生产和供应业	229 921.3	201 179.5	45 657.8	10 754.0	34 728.4	188.3
自来水的生产和供应业	54 357.2	47 697.3	14 742.8	2 954.3	38 988.6	3 605.4

单位:万元

指标名称	负债合计	流动负债	长期负债	所有者权益合计	实收资本	国家资本	集体资本
总计	**1 640 031.8**	**1 118 737.8**	**493 341.7**	**849 788.8**	**551 657.0**	**299 604.3**	**53 228.7**
按登记注册类型分组							
内资企业	1 392 499.9	958 315.4	416 688.1	659 016.5	357 850.7	248 177.8	46 684.9
国有企业	841 154.5	514 955.9	321 847.1	390 000.8	178 423.9	168 482.3	2 271.6
中央企业	265 641.2	73 948.1	191 561.7	2 688.5	1 427.9	1 427.9	
地方企业	575 513.3	441 007.8	130 285.4	387 312.3	176 996.0	167 054.4	2 271.6
集体企业	200 826.7	155 801.7	38 203.8	70 424.1	62 617.5	3 450.3	36 702.1
股份合作企业	13 493.0	6 405.0	972.0	10 665.4	8 165.0	3 708.7	3 180.0
联营企业	673.3	586.8	86.5	607.6	481.6	109.5	192.7
#国有联营企业	190.6	190.6		116.6	85.3	49.5	
集体联营企业	260.9	223.2	37.7	161.0	123.5		112.7
有限责任公司	189 648.7	159 768.5	29 840.2	80 636.2	43 731.7	38 662.1	902.7
#国有独资公司	181 065.9	152 739.5	28 286.4	74 124.1	38 799.8	38 629.1	170.7
股份有限公司	124 734.9	104 569.8	20 165.1	88 086.0	53 222.2	33 764.9	2 956.1
私营企业	21 968.8	16 227.7	5 573.4	18 596.4	11 208.8		479.7
港、澳、台商投资企业	86 968.5	72 942.6	9 392.1	60 659.4	43 399.0	6 795.1	3 419.5
外商投资企业	160 563.4	87 479.8	67 261.5	130 112.9	150 407.3	44 631.4	3 124.3
按经济组织类型分组							
独资企业	1 071 208.8	692 456.3	366 216.7	482 879.6	258 926.8	171 932.6	38 973.7
#国有企业	841 154.5	514 955.9	321 847.1	390 000.8	178 423.9	168 482.3	2 271.6
集体企业	200 826.7	155 801.7	38 203.8	70 424.1	62 617.5	3 450.3	36 702.1
合作、合伙企业	39 012.1	25 195.4	3 980.3	33 295.7	26 764.3	4 942.6	4 524.9
股份有限公司	124 734.9	104 569.8	20 165.1	88 086.0	53 222.2	33 764.9	2 956.1
有限责任公司	405 076.0	296 516.3	102 979.6	245 527.5	212 743.7	88 964.2	6 774.0
总计中:亏损企业	672 796.6	475 586.9	179 155.5	271 390.8	253 355.3	124 857.2	17 785.2
国有控股企业	1 233 863.9	823 137.4	405 891.4	601 641.8	319 135.3	258 733.7	7 628.0
农村工业	68 702.0	51 275.0	16 736.3	17 351.6	19 917.7	120.7	6 222.4
总计中:轻工业	778 545.6	606 332.7	153 234.8	478 943.5	355 341.0	202 669.8	29 481.4
以农产品为原料	601 854.4	479 403.0	104 594.0	365 160.8	277 261.1	156 671.1	19 013.7
以非农产品为原料	176 691.2	126 929.7	48 640.8	113 782.7	78 079.9	45 998.7	10 467.7
重工业	861 486.2	512 405.1	340 106.9	370 845.3	196 316.0	96 934.5	23 747.3
采掘工业	31 645.0	21 702.6	9 938.4	32 417.6	8 696.8	7 090.0	898.7
原料工业	537 912.0	260 209.1	275 100.3	135 577.0	75 309.0	30 526.1	2 596.6
加工工业	291 929.2	230 493.4	55 068.2	202 850.7	112 310.2	59 318.4	20 252.0
总计中:特大型企业	57 455.6	57 371.6	84.0	51 880.0	22 400.0	16 800.0	
大一型企业	480 747.4	216 023.1	263 879.4	126 326.2	107 258.2	57 432.1	
大二型企业	346 624.3	272 581.6	74 028.9	260 588.4	136 875.6	112 263.8	1 535.0
中一型企业	148 388.7	104 193.6	44 195.1	82 957.2	55 897.0	30 479.6	4 902.9

指标名称	负债合计			所有者权益合计	实收资本		
		流动负债	长期负债			国家资本	集体资本
中二型企业	120 716.0	87 142.1	19 961.3	58 358.4	39 034.6	19 685.6	3 686.6
小型企业	486 099.8	381 425.8	91 193.0	269 678.6	190 191.6	62 943.2	43 104.2
按工业行业大类分							
煤炭采选业	15 693.3	10 242.6	5 450.7	20 038.8	5 827.6	5 818.0	9.6
黑色金属矿采选业	2 373.1	753.2	1 615.9	652.3	403.6	303.3	64.8
有色金属矿采选业	245.4	245.4		429.8	277.3	68.2	150.6
非金属矿采选业	12 715.2	10 243.4	2 471.8	7 110.4	1 803.5	574.7	673.7
木材及竹材采运业	618.0	218.0	400.0	4 186.3	384.8	325.8	
食品加工业	156 230.7	140 096.8	9 966.1	126 490.5	66 188.2	39 648.9	4 782.2
食品制造业	145 154.1	93 040.8	51 913.3	51 741.5	35 962.6	20 999.7	2 928.0
饮料制造业	64 070.1	53 144.9	10 461.7	61 975.1	85 743.1	35 344.3	982.9
烟草加工业	81 382.5	80 767.9	614.6	29 345.6	23 817.3	23 344.8	77.6
纺织业	51 523.2	36 366.1	11 437.9	24 455.6	13 895.2	11 883.3	269.7
服装及其他纤维制品制造业	10 578.0	6 776.8	3 755.0	6 386.2	5 709.0	1 789.6	2 543.4
皮革、毛皮、羽绒及其制品业	7 344.9	6 405.1	939.8	2 738.0	3 919.3	2 073.8	1 602.7
木材加工及竹、藤、棕、草制品业	45 600.6	15 464.2	29 454.9	9 791.6	10 455.5	537.4	554.6
家具制造业	4 830.1	3 588.4	1 219.2	2 987.6	905.0	452.0	266.8
造纸及纸制品业	32 173.9	24 097.7	4 811.8	18 240.4	14 432.8	3 679.6	2 356.6
印刷业	28 521.5	19 199.7	8 541.4	21 029.8	14 400.8	10 956.8	1 475.0
文教体育用品制造业	235.2	193.8	41.4	279.1	151.6		92.6
石油加工及炼焦业	1 498.4	1 498.4		270.1	341.4		81.6
化学原料及化学制品制造业	105 980.8	84 140.4	19 949.3	49 459.0	25 654.7	16 207.4	5 030.5
医药制造业	44 473.8	38 008.1	3 505.6	31 144.2	19 419.9	12 284.1	2 607.1
化学纤维制造业	17 221.6	14 043.5	3 178.1	1 743.4	4 114.7	3 863.1	10.6
橡胶制品业	11 979.8	10 936.7	1 043.1	9 855.3	3 674.7	3 610.4	64.3
塑料制品业	23 627.0	17 830.0	4 825.8	17 160.8	15 123.1	2 507.9	2 615.5
非金属矿物制品业	185 397.8	125 024.2	59 443.2	108 584.7	59 413.2	23 307.7	1 901.1
黑色金属冶炼及压延加工业	5 215.2	5 206.2		265.0	387.2		41.5
有色金属冶炼及压延加工业	22 630.3	17 895.1	4 735.2	21 871.0	7 948.8	7 507.1	115.4
金属制品业	30 352.8	24 384.4	5 968.3	13 249.2	10 058.9	1 560.7	5 383.6
普通机械制造业	52 431.6	40 708.8	11 707.7	28 678.7	14 803.7	9 745.5	901.7
专用设备制造业	59 291.8	48 794.2	10 496.6	32 341.6	21 108.5	15 303.8	692.8
交通运输设备制造业	69 430.4	52 554.7	16 196.0	37 899.3	31 994.2	13 639.1	5 903.1
电气机械及器材制造业	36 678.4	32 144.9	4 532.5	20 318.9	13 211.3	6 246.7	4 258.4
电子及通信设备制造业	23 290.5	17 304.8	1 131.4	12 469.7	9 902.6	5 457.7	1 866.4
仪器仪表及文化、办公用机械制造业	3 472.1	2 101.3	1 370.8	3 071.8	2 657.0	596.1	1 882.1
其他制造业	3 900.8	3 930.5	-29.7	1 269.3	1 397.9	928.1	101.2
电力、蒸汽、热水的生产和供应业	269 522.6	78 357.3	190 875.5	26 813.5	8 133.1	2 432.7	209.4
自来水的生产和供应业	14 346.3	3 029.5	11 316.8	45 444.7	18 034.9	16 606.0	731.6

6-11 续表4　　单位:万元

指标名称					产品销售收入	产品销售成本	产品销售费用
	法人资本	个人资本	港澳台资本	外商资本			
总计	**49 166.0**	**36 201.4**	**26 927.2**	**86 529.4**	**1 253 780.7**	**1 026 171.2**	**50 202.0**
按登记注册类型分组							
内资企业	25 931.4	35 373.7	1 011.9	671.0	1 071 893.7	880 022.1	40 450.2
国有企业	4 357.3	1 912.8	838.9	561.0	455 727.2	376 903.6	19 483.8
中央企业					26 256.8	20 627.4	67.9
地方企业	4 357.3	1 912.8	838.9	561.0	429 470.4	356 276.2	19 415.9
集体企业	10 692.6	11 662.5		110.0	263 864.0	234 349.3	9 357.2
股份合作企业	64.0	1 042.1	170.2		13 487.6	10 498.9	1 001.7
联营企业	10.8	165.8	2.8		1 601.2	1 307.2	13.8
#国有联营企业		33.0	2.8		168.5	146.7	1.0
集体联营企业	10.8				649.0	541.5	0.4
有限责任公司	1 608.3	2 558.6			139 346.7	90 824.6	2 441.7
#国有独资公司					123 814.2	78 411.9	1 529.6
股份有限公司	7 840.0	8 661.2			144 134.7	120 046.0	5 832.4
私营企业	1 358.4	9 370.7			53 732.3	46 092.5	2 319.6
港、澳、台商投资企业	9 572.1	661.4	21 872.5	1 078.4	63 960.9	51 083.6	3 486.2
外商投资企业	13 662.5	166.3	4 042.8	84 780.0	117 926.1	95 065.5	6 265.6
按经济组织类型分组							
独资企业	16 366.7	15 126.1	13 241.3	3 286.4	755 585.3	641 938.1	30 247.8
#国有企业	4 357.3	1 912.8	838.9	561.0	455 727.2	376 903.6	19 483.8
集体企业	10 692.6	11 662.5		110.0	263 864.0	234 349.3	9 357.2
合作、合伙企业	5 992.7	3 192.4	2 202.4	5 909.3	58 506.6	46 008.6	1 945.6
股份有限公司	7 840.0	8 661.2			144 134.7	120 046.0	5 832.4
有限责任公司	18 966.6	9 221.7	11 483.5	77 333.7	295 554.1	218 178.5	12 176.2
总计中：亏损企业	17 336.7	11 732.3	8 551.2	73 092.7	283 836.8	257 661.7	12 131.6
国有控股企业	19 791.4	11 522.7	4 577.1	16 882.4	774 424.9	615 795.9	29 414.0
农村工业	7 402.4	6 172.2			89 369.0	82 475.0	2 461.8
总计中：轻工业	15 434.5	25 204.7	16 009.5	66 541.1	746 146.2	602 833.5	28 291.0
以农产品为原料	12 848.7	19 386.6	10 029.0	59 312.0	646 752.3	522 991.6	22 956.5
以非农产品为原料	2 585.8	5 818.1	5 980.5	7 229.1	99 393.9	79 841.9	5 334.5
重工业	33 731.5	10 996.7	10 917.7	19 988.3	507 634.5	423 337.7	21 911.0
采掘工业	401.1	307.0			22 917.4	19 393.5	569.6
原料工业	22 937.4	4 297.5	797.8	14 153.6	217 954.2	181 894.6	9 603.1
加工工业	10 393.0	6 392.2	10 119.9	5 834.7	266 762.9	222 049.6	11 738.3
总计中：特大型企业		5 600.0			90 597.1	78 551.1	1 325.8
大一型企业	6 386.9	1 237.3	-1 930.9	44 132.8	133 622.5	114 136.3	3 461.8
大二型企业	8 958.8	3 537.4	858.8	9 721.8	348 891.8	257 121.1	11 424.9
中一型企业	3 202.8		2 425.0	14 886.7	93 810.6	79 681.5	4 839.5

6-11 续表4.1

单位:万元

指标名称					产品销售收入		
	法人资本	个人资本	港澳台资本	外商资本		产品销售成本	产品销售费用
中二型企业	8 081.1	3 301.4	3 331.9	948.0	88 881.1	75 628.2	3 839.4
小型企业	22 536.4	22 525.3	22 242.4	16 840.1	497 977.6	421 053.0	25 310.6
按工业行业大类分							
煤炭采选业					4 252.8	3 807.5	89.1
黑色金属矿采选业	35.5				235.9	192.2	
有色金属矿采选业	51.5	7.0			2 460.9	1 921.7	114.3
非金属矿采选业	255.1	300.0			15 930.7	13 471.8	366.1
木材及竹材采运业	59.0				37.1	0.3	0.1
食品加工业	4 655.6	9 965.9	3 114.0	4 021.6	338 499.4	295 599.2	8 712.7
食品制造业	2 027.5	2 234.2	927.4	6 845.8	78 227.4	64 031.6	4 735.0
饮料制造业	1 677.4	1 305.0		46 433.5	42 082.8	36 008.4	4 231.0
烟草加工业		394.9			80 864.4	39 319.5	292.0
纺织业		1 316.3	425.9		23 919.4	20 855.6	425.5
服装及其他纤维制品制造业	351.8	16.3	672.2	335.7	8 496.6	7 498.3	371.5
皮革、毛皮、羽绒及其制品业	182.9	10.0	40.0	9.9	1 254.4	1 492.6	60.2
木材加工及竹、藤、棕、草制品业	7 276.4	1 795.3	-1 841.0	2 132.8	30 513.6	24 589.3	902.3
家具制造业	125.0	61.2			3 828.3	2 847.2	229.9
造纸及纸制品业	2 206.7	3 482.2	1 042.2	1 665.5	29 887.7	25 863.2	879.8
印刷业	194.6	224.4	1 550.0		23 670.8	18 725.6	692.8
文教体育用品制造业	59.0				221.2	185.0	5.5
石油加工及炼焦业	199.4	60.4			1 831.8	1 630.6	77.9
化学原料及化学制品制造业	746.4	1 714.7	464.1	1 491.6	88 313.4	79 108.7	2 718.9
医药制造业	1 382.4	1 359.3	1 787.0		28 596.1	17 946.6	4 391.9
化学纤维制造业	241.0				3 839.6	3 747.7	6.1
橡胶制品业					9 667.9	8 946.3	366.1
塑料制品业	1 778.5	1 078.9	6 401.3	741.0	20 217.0	17 499.0	832.1
非金属矿物制品业	13 988.7	3 303.5	4 984.5	11 927.7	107 741.9	91 994.4	5 000.5
黑色金属冶炼及压延加工业	87.9	257.8			2 084.0	1 830.9	21.9
有色金属冶炼及压延加工业	46.6	161.2		118.5	38 700.6	33 111.2	553.3
金属制品业	539.3	969.5	70.0	1 535.8	22 309.9	19 706.9	855.0
普通机械制造业	486.9	2 651.0		1 018.6	42 051.8	33 934.0	1 844.7
专用设备制造业	3 102.6	1 720.7	288.6		48 755.1	40 260.5	3 186.6
交通运输设备制造业	2 405.2	294.1	2 995.2	6 757.5	46 901.9	37 113.5	1 960.6
电气机械及器材制造业	674.4	537.9		1 493.9	27 889.1	23 182.3	1 069.3
电子及通信设备制造业		6.8	2 571.7		15 703.6	13 253.4	591.9
仪器仪表及文化、办公用机械制造业	3.6	175.2			1 205.7	1 116.2	7.1
其他制造业		302.5	66.1		2 741.3	2 012.9	183.2
电力、蒸汽、热水的生产和供应业	4 107.2	15.8	1 368.0		45 196.4	33 876.0	4 285.3
自来水的生产和供应业	217.9	479.4			15 650.2	9 491.1	141.8

6-11 续表5 单位:万元

指标名称	产品销售税金及附加	产品销售利润	其它业务利润	管理费用	税金	财产保险费	劳动待业保险费
总计	**42 059.0**	**118 399.0**	**8 617.4**	**102 427.6**	**6 600.9**	**1 932.3**	**18 968.2**
按登记注册类型分组							
内资企业	39 865.1	102 824.3	7 657.8	87 950.9	4 753.1	1 809.5	18 671.9
国有企业	2 476.4	55 691.7	5 005.6	49 405.3	2 873.1	1 324.1	12 552.7
中央企业	455.5	5 105.9	84.5	772.0	26.6	7.9	152.3
地方企业	2 020.9	50 585.8	4 921.1	48 633.3	2 846.5	1 316.2	12 400.4
集体企业	2 303.8	11 460.9	1 699.6	13 519.0	615.5	153.7	1 481.6
股份合作企业	125.8	1 313.3	145.2	1 102.8	41.4	44.6	218.1
联营企业	25.5	248.2	10.2	154.4	2.4		2.1
#国有联营企业	0.4	20.4		30.5	2.0		2.1
集体联营企业	5.9	98.5	0.1	66.2			
有限责任公司	33 145.9	12 929.6	830.4	9 944.0	585.8	78.4	2 991.9
#国有独资公司	32 929.3	10 943.4	821.8	8 746.2	575.4	75.6	2 975.0
股份有限公司	1 162.0	17 094.1	-67.0	10 920.9	608.2	143.2	1 391.1
私营企业	625.7	4 086.5	33.8	2 904.5	26.7	65.5	34.4
港、澳、台商投资企业	289.0	5 865.5	441.5	4 480.9	51.7	48.6	217.8
外商投资企业	1 904.9	9 709.2	518.1	9 995.8	1 796.1	74.2	78.5
按经济组织类型分组							
独资企业	5 084.2	69 129.0	6 872.2	65 607.2	3 506.4	1 504.8	14 052.1
#国有企业	2 476.4	55 691.7	5 005.6	49 405.3	2 873.1	1 324.1	12 552.7
集体企业	2 303.8	11 460.9	1 699.6	13 519.0	615.5	153.7	1 481.6
合作、合伙企业	169.3	6 826.1	480.5	3 830.5	1 599.1	86.7	253.4
股份有限公司	1 162.0	17 094.1	-67.0	10 920.9	608.2	143.2	1 391.1
有限责任公司	35 643.5	25 349.8	1 331.7	22 069.0	887.2	197.6	3 271.6
总计中:亏损企业	3 698.0	4 457.1	4 291.5	33 554.4	1 606.6	532.4	6 885.0
国有控股企业	37 132.7	88 175.7	5 988.0	73 800.2	4 159.2	1 625.2	17 215.8
农村工业	1 024.8	1 814.4	112.9	2 497.5	53.8		
总计中:轻工业	38 513.8	67 989.2	4 334.4	57 227.8	3 762.7	1 200.4	9 243.2
以农产品为原料	37 290.9	57 076.8	3 101.0	44 935.2	3 214.4	890.0	6 882.6
以非农产品为原料	1 222.9	10 912.4	1 233.4	12 292.6	548.3	310.4	2 360.6
重工业	3 545.2	50 409.8	4 283.0	45 199.8	2 838.2	731.9	9 725.0
采掘工业	285.1	1 517.7	130.4	2 105.2	5.5	36.2	684.8
原料工业	1 406.9	21 854.5	1 076.6	15 494.2	906.2	185.4	3 275.8
加工工业	1 853.2	27 037.6	3 076.0	27 600.4	1 926.5	510.3	5 764.4
总计中:特大型企业	873.4	9 846.8	41.4	6 937.4	329.7	48.1	998.7
大一型企业	2 162.2	13 358.2	1 484.3	12 328.9	534.5	76.3	2 997.0
大二型企业	33 767.3	43 463.0	937.5	28 618.7	2 958.8	1 057.5	6 381.4
中一型企业	242.9	9 046.7	914.8	9 582.8	457.5	102.6	2 118.6

6-11 续表5.1　　　　单位:万元

指标名称	产品销售税金及附加	产品销售利润	其它业务利润	管理费用	税金	财产保险费	劳动待业保险费
中二型企业	311.3	8 538.6	540.5	7 576.5	766.3	244.6	1 574.5
小型企业	4 701.9	34 145.7	4 698.9	37 383.3	1 554.1	403.2	4 898.0
按工业行业大类分							
煤炭采选业	29.9	311.3	111.2	1 322.8	3.9	35.3	537.8
黑色金属矿采选业	0.4	43.1	3.5	69.7	1.6		10.6
有色金属矿采选业	11.7	254.2	8.2	90.1		0.9	7.6
非金属矿采选业	239.5	876.0	-2.5	576.9			86.9
木材及竹材采运业	3.6	33.1	10.0	45.7			41.9
食品加工业	1 653.8	27 926.8	738.6	17 104.5	2 112.3	302.3	1 891.6
食品制造业	468.0	8 574.7	115.4	6 415.0	218.5	177.1	593.4
饮料制造业	1 683.4	-334.8	229.9	4 159.8	57.7	62.6	61.3
烟草加工业	32 723.0	8 529.8	91.8	3 572.6	119.0	64.9	931.6
纺织业	138.4	2 465.6	717.4	3 884.9	213.3	67.0	1 383.2
服装及其他纤维制品制造业	63.0	476.7	408.1	977.5	46.6	8.6	288.2
皮革、毛皮、羽绒及其制品业	4.1	-304.2	117.6	326.1	17.6	3.7	74.5
木材加工及竹、藤、棕、草制品业	101.2	4 685.0	251.7	1 530.6	34.9	15.3	94.0
家具制造业	43.0	651.2	70.4	601.3	27.4	8.5	179.3
造纸及纸制品业	170.1	2 501.5	97.7	2 050.4	115.3	99.7	324.9
印刷业	184.2	4 034.9	472.2	3 755.4	120.7	73.2	841.0
文教体育用品制造业	11.4	19.2	44.0	54.6	4.3	0.7	22.9
石油加工及炼焦业	1.2	122.1	5.6	91.2	1.6	2.0	4.5
化学原料及化学制品制造业	500.0	4 976.4	895.4	6 559.2	452.4	43.6	1 744.3
医药制造业	280.3	5 606.8	66.2	4 042.0	110.7	66.9	773.7
化学纤维制造业	36.6	49.2	113.2	509.1	0.5	2.7	244.3
橡胶制品业	37.4	318.1	80.1	328.6	84.8	23.7	143.1
塑料制品业	35.8	1 411.5	258.8	2 007.1	29.1	55.0	173.8
非金属矿物制品业	821.8	6 753.7	1 135.8	10 740.5	594.8	173.2	1 689.6
黑色金属冶炼及压延加工业	11.5	219.6	2.3	92.8	7.2		
有色金属冶炼及压延加工业	161.3	4 823.4	84.9	3 213.8	212.7	57.5	565.4
金属制品业	125.2	1 530.0	250.6	2 024.3	185.7	18.1	359.8
普通机械制造业	622.0	4 612.6	423.5	4 838.7	241.4	47.8	1 253.9
专用设备制造业	77.0	5 222.6	318.3	5 683.4	267.7	197.5	1 810.2
交通运输设备制造业	889.4	4 790.3	619.0	5 363.3	167.9	26.6	758.4
电气机械及器材制造业	97.2	3 302.2	403.1	3 453.0	789.8	87.7	647.0
电子及通信设备制造业	28.4	1 483.7	-0.6	1 414.7	21.3	10.6	106.3
仪器仪表及文化、办公用机械制造业	8.0	61.1	424.6	784.2	31.4	3.2	259.2
其他制造业	112.2	208.4	32.5	245.2	23.8	8.2	66.2
电力、蒸汽、热水的生产和供应业	559.0	6 337.3	-23.4	1 485.2	76.6	11.4	341.1
自来水的生产和供应业	126.0	5 825.9	42.3	3 013.4	208.4	176.8	656.7

6-11 续表6 单位:万元

指标名称	财务费用	利息支出	营业利润	利润总额	亏损企业亏损额	利税总额
总计	**41 155.1**	**38 896.2**	**-3 468.2**	**2 991.1**	**41 921.0**	**103 530.6**
按登记注册类型分组						
内资企业	32 716.2	30 156.7	-4 698.8	3 617.2	28 001.0	94 505.2
国有企业	15 856.2	15 464.5	-2 076.4	-1 661.8	14 373.9	22 204.0
中央企业	-137.3	-152.5	4 711.3	4 517.3	351.4	9 045.2
地方企业	15 993.5	15 617.0	-6 787.7	-6 179.1	14 022.5	13 158.8
集体企业	4 755.0	2 893.6	-2 516.1	-2 356.2	7 551.5	7 881.9
股份合作企业	185.4	167.8	87.8	47.3	157.8	805.5
联营企业	24.0	7.5	100.7	72.3	14.7	190.6
#国有联营企业	4.6	4.6	-14.7	-14.7	14.7	-11.8
集体联营企业	16.4	0.6	36.7	8.7		64.3
有限责任公司	5 755.5	5 727.8	-1 871.5	-185.9	3 730.6	42 263.5
#国有独资公司	5 519.7	5 502.8	-2 500.9	-708.0	3 518.3	41 251.5
股份有限公司	5 809.6	5 597.9	727.5	7 008.6	1 340.9	19 012.8
私营企业	330.5	297.6	849.2	692.9	831.6	2 146.9
港、澳、台商投资企业	2 901.1	2 572.4	2 904.4	3 579.7	1 649.4	6 786.3
外商投资企业	5 537.8	6 167.1	-1 673.8	-4 205.8	12 270.6	2 239.1
按经济组织类型分组						
独资企业	21 475.5	18 896.9	-3 962.9	-3 787.9	23 048.7	31 104.6
#国有企业	15 856.2	15 464.5	-2 076.4	-1 661.8	14 373.9	22 204.0
集体企业	4 755.0	2 893.6	-2 516.1	-2 356.2	7 551.5	7 881.9
合作、合伙企业	829.9	786.1	4 514.7	4 104.7	1 120.5	5 449.6
股份有限公司	5 809.6	5 597.9	727.5	7 008.6	1 340.9	19 012.8
有限责任公司	13 040.1	13 615.3	-4 747.5	-4 334.3	16 410.9	47 963.6
总计中: 亏损企业	18 358.3	17 113.7	-35 899.5	-41 921.0	41 921.0	-25 233.9
国有控股企业	28 836.1	28 781.7	-2 959.6	5 471.8	22 236.8	86 103.3
农村工业	1 794.9	237.6	-1 613.4	-1 788.2	3 498.2	1 609.1
总计中: 轻工业	23 324.4	21 786.3	-113.1	3 515.4	26 546.2	77 437.7
以农产品为原料	18 351.4	17 229.4	2 127.1	6 130.1	20 158.7	73 604.3
以非农产品为原料	4 973.0	4 556.9	-2 240.2	-2 614.7	6 387.5	3 833.4
重工业	17 830.7	17 109.9	-3 355.1	-524.3	15 374.8	26 092.9
采掘工业	389.4	157.6	-839.7	-204.7	576.9	810.0
原料工业	10 464.1	10 542.2	-56.1	1 031.9	6 968.1	16 500.5
加工工业	6 977.2	6 410.1	-2 459.3	-1 351.5	7 829.8	8 782.4
总计中: 特大型企业	2 440.6	2 412.6	510.2	6 362.0		15 503.1
大一型企业	7 190.7	7 836.4	-4 654.4	-6 006.0	11 425.4	4 010.5
大二型企业	12 464.9	12 415.7	6 343.6	6 734.2	5 982.4	57 533.3
中一型企业	3 810.7	3 789.9	-2 664.5	-1 318.1	4 556.0	3 075.3

6-11 续表6.1

单位:万元

指标名称	财务费用	利息支出	营业利润	利润总额	亏损企业亏损额	利税总额
中二型企业	4 812.3	4 685.3	-2 836.1	-1 430.6	2 583.4	3 004.0
小型企业	10 435.9	7 756.3	-167.0	-1 350.4	17 373.8	20 404.4
按工业行业大类分						
煤炭采选业	61.2	58.7	-977.8	-254.4	299.2	37.2
黑色金属矿采选业	10.9	4.1	-34.0	-8.2	11.7	3.0
有色金属矿采选业	19.8	-0.2	69.7	102.9		179.4
非金属矿采选业	284.8	82.3	116.5	-32.9	253.9	598.9
木材及竹材采运业	12.7	12.7	-14.1	-12.1	12.1	-8.5
食品加工业	5 418.7	5 292.8	10 080.7	15 305.3	1 748.4	28 390.5
食品制造业	4 839.8	4 438.3	-2 456.0	-2 191.6	4 094.8	2 098.3
饮料制造业	1 618.5	1 601.7	-5 744.6	-8 810.2	10 325.6	-5 257.6
烟草加工业	2 849.3	2 849.3	2 358.4	3 052.3	164.9	43 133.1
纺织业	1 569.4	1 472.9	-2 069.2	-1 056.0	1 101.0	265.2
服装及其他纤维制品制造业	133.1	113.8	-173.0	-146.6	256.0	331.9
皮革、毛皮、羽绒及其制品业	279.1	33.4	-517.5	-788.4	794.9	-747.2
木材加工及竹、藤、棕、草制品业	2 696.3	3 289.1	886.0	890.3	82.8	3 002.3
家具制造业	132.9	111.5	-3.6	9.8	21.6	211.1
造纸及纸制品业	584.8	493.6	54.9	-70.6	677.3	1 409.2
印刷业	525.7	478.4	241.7	511.6	498.9	2 242.9
文教体育用品制造业	8.6	8.6	0.7	-0.8	3.0	18.0
石油加工及炼焦业	14.1	14.1	23.4	22.4		49.3
化学原料及化学制品制造业	3 248.2	3 075.2	-3 398.8	-2 997.1	3 878.7	143.8
医药制造业	1 054.0	999.1	975.1	859.1	410.1	3 428.6
化学纤维制造业	508.9	508.9	-855.2	-835.1	835.1	-424.1
橡胶制品业	414.5	412.6	-344.6	-294.7	302.9	123.1
塑料制品业	700.4	405.9	21.1	118.1	548.7	967.9
非金属矿物制品业	5 093.5	4 156.1	-4 736.3	-5 463.3	6 826.9	1 620.6
黑色金属冶炼及压延加工业	222.0	222.0	12.1	3.2	2.2	118.7
有色金属冶炼及压延加工业	1 156.5	1 154.7	589.4	86.7	148.6	2 073.3
金属制品业	657.1	532.3	-796.4	-852.2	970.1	34.8
普通机械制造业	370.3	352.2	-192.1	-242.4	713.1	1 112.0
专用设备制造业	1 735.4	1 722.8	-1 846.2	-1 777.0	2 596.9	-1 334.5
交通运输设备制造业	1 814.8	1 796.6	-218.5	737.7	2 439.6	4 765.9
电气机械及器材制造业	943.1	902.6	-484.1	-476.9	749.8	643.1
电子及通信设备制造业	827.8	806.8	-259.1	-249.6	589.1	-128.2
仪器仪表及文化、办公用机械制造业	52.3	52.0	-333.4	-243.0	243.0	-142.0
其他制造业	188.6	188.3	-192.9	-249.9	310.1	-128.3
电力、蒸汽、热水的生产和供应业	587.5	615.5	4 411.8	5 577.0		10 862.8
自来水的生产和供应业	520.5	637.5	2 337.7	2 767.7	10.0	3 836.1

6-11 续表7 单位:万元

指标名称	本年应付工资总额	本年应付福利费总额	本年应交增值税	进项税额	销项税额	全部从业人员年平均数(人)
总计	**105 605.6**	**14 920.2**	**58 480.5**	**92 299.3**	**137 863.4**	**153 723**
按登记注册类型分组						
内资企业	93 887.5	13 443.9	51 022.9	78 348.9	117 229.3	140 727
国有企业	48 946.0	8 299.7	21 389.4	42 400.1	54 886.3	71 001
中央企业	4 162.4	1 097.0	4 072.4	239.6	352.7	2 059
地方企业	44 783.6	7 202.7	17 317.0	42 160.5	54 533.6	68 942
集体企业	23 841.8	2 226.4	7 934.3	9 918.6	15 617.6	39 590
股份合作企业	1 448.2	149.0	632.4	621.9	1 169.9	2 417
联营企业	231.4	16.1	92.8	47.4	111.1	422
#国有联营企业	9.5	0.4	2.5			66
集体联营企业	95.8		49.7	47.4	97.1	187
有限责任公司	5 981.6	1 151.0	9 303.5	12 993.8	21 901.6	13 208
#国有独资公司	5 257.1	1 064.6	9 030.2	12 042.3	20 759.9	11 677
股份有限公司	11 463.9	1 388.2	10 842.2	10 240.9	20 709.7	10 823
私营企业	1 974.6	213.5	828.3	2 126.2	2 833.1	3 266
港、澳、台商投资企业	4 631.1	592.7	2 917.6	5 157.1	7 400.8	6 614
外商投资企业	7 087.0	883.6	4 540.0	8 793.3	13 233.3	6 382
按经济组织类型分组						
独资企业	74 555.4	10 704.0	29 808.3	53 456.3	72 084.3	113 137
#国有企业	48 946.0	8 299.7	21 389.4	42 400.1	54 886.3	71 001
集体企业	23 841.8	2 226.4	7 934.3	9 918.6	15 617.6	39 590
合作、合伙企业	3 900.2	420.8	1 175.6	1 303.7	2 276.5	5 727
股份有限公司	11 463.9	1 388.2	10 842.2	10 240.9	20 709.7	10 823
有限责任公司	15 686.1	2 407.2	16 654.4	27 298.4	42 792.9	24 036
总计中:亏损企业	38 594.6	4 799.8	12 989.1	27 359.0	38 877.5	63 736
国有控股企业	69 270.1	11 357.8	43 498.8	68 409.8	102 146.1	98 065
农村工业	6 380.4	378.6	2 372.5	595.1	1 440.6	17 418
总计中:轻工业	56 377.1	7 929.6	35 408.5	50 440.9	80 702.3	79 768
以农产品为原料	45 215.6	5 857.4	30 183.3	40 929.0	67 622.3	60 619
以非农产品为原料	11 161.5	2 072.2	5 225.2	9 511.9	13 080.0	19 149
重工业	49 228.5	6 990.6	23 072.0	41 858.4	57 161.1	73 955
采掘工业	3 768.5	386.9	729.6	368.9	785.5	10 423
原料工业	19 917.2	2 699.0	14 061.7	19 402.2	28 246.5	22 348
加工工业	25 542.8	3 904.7	8 280.7	22 087.3	28 129.1	41 184
总计中:特大型企业	8 081.0	916.4	8 267.7	7 379.4	15 616.4	6 531
大一型企业	14 652.2	2 012.9	7 854.3	13 668.0	18 138.5	16 765
大二型企业	20 708.4	3 827.0	17 031.8	29 607.1	43 330.4	28 136
中一型企业	9 155.6	1 093.4	4 150.5	6 991.7	10 900.5	14 399

6-11 续表7.1 单位:万元

指标名称	本年应付工资总额	本年应付福利费总额	本年应交增值税	进项税额	销项税额	全部从业人员年平均数(人)
中二型企业	8 061.1	1 622.3	4 123.3	7 266.5	11 272.8	13 676
小型企业	44 947.3	5 448.2	17 052.9	27 386.6	38 604.8	74 216
按工业行业大类分						
煤炭采选业	1 814.6	252.9	261.7	246.2	368.6	4 132
黑色金属矿采选业	64.1	7.5	10.8	13.2	24.0	240
有色金属矿采选业	591.7	5.1	64.8	21.0	55.7	944
非金属矿采选业	1 193.9	110.1	392.3	88.5	337.2	4 987
木材及竹材采运业	104.2	11.3				120
食品加工业	14 865.0	1 891.0	11 431.4	13 909.2	24 299.8	15 677
食品制造业	5 828.8	772.4	3 821.9	6 193.6	8 265.3	11 681
饮料制造业	3 421.2	348.0	1 869.2	4 405.4	6 111.9	3 535
烟草加工业	1 513.7	517.5	7 357.8	6 386.0	13 743.8	3 180
纺织业	4 753.0	651.8	1 182.8	3 243.2	4 401.4	7 319
服装及其他纤维制品制造业	1 985.9	253.9	415.5	507.1	894.1	3 928
皮革、毛皮、羽绒及其制品业	284.3	47.9	37.1	137.8	164.7	953
木材加工及竹、藤、棕、草制品业	1 290.3	112.1	2 010.8	2 369.0	4 283.7	2 751
家具制造业	599.2	64.7	158.3	73.1	111.2	1 053
造纸及纸制品业	2 570.8	427.9	1 309.7	2 724.3	3 993.7	5 000
印刷业	7 733.6	489.1	1 547.1	2 008.5	3 400.7	5 804
文教体育用品制造业	48.0	5.0	7.4	1.1	5.5	93
石油加工及炼焦业	53.1	17.9	25.7	296.2	321.9	112
化学原料及化学制品制造业	6 107.2	831.1	2 640.9	6 746.1	8 941.9	9 583
医药制造业	3 575.7	1 151.4	2 289.2	2 830.4	3 454.0	5 043
化学纤维制造业	492.3	69.1	374.4	306.5	680.5	801
橡胶制品业	761.3	177.9	380.4	1 251.3	1 615.9	2 377
塑料制品业	1 578.4	178.0	814.0	2 035.7	2 797.4	3 108
非金属矿物制品业	13 839.1	1 848.3	6 262.1	6 146.3	11 716.9	20 694
黑色金属冶炼及压延加工业	242.7	6.8	104.0	144.5	248.5	316
有色金属冶炼及压延加工业	3 106.1	415.5	1 825.3	4 752.3	6 449.5	2 712
金属制品业	1 916.9	250.5	761.8	2 688.5	3 376.1	3 851
普通机械制造业	4 239.5	506.4	732.4	3 852.9	4 483.0	7 234
专用设备制造业	4 013.8	631.8	365.5	6 221.7	6 408.2	7 677
交通运输设备制造业	4 025.1	1 047.4	3 138.8	5 290.2	6 845.9	6 305
电气机械及器材制造业	3 115.3	422.5	1 022.8	3 696.6	4 696.5	4 501
电子及通信设备制造业	1 067.6	138.4	93.0	190.1	294.3	1 612
仪器仪表及文化、办公用机械制造业	571.2	66.2	93.0	74.0	214.7	1 054
其他制造业	277.5	38.8	9.4	56.3	58.7	700
电力、蒸汽、热水的生产和供应业	5 525.4	825.8	4 726.8	3 392.5	3 864.5	2 954
自来水的生产和供应业	2 435.1	328.2	942.4		933.7	1 692

6-12 市区独立核算工业企业主要财务状况表(地方口径)

(1999年) 单位:万元

指标名称	单位数(个)	亏损企业	工业总产值(1990年不变价)	工业总产值(当年价)	工业销售产值(当年价)	工业增加值(当年价)
总计	**712**	**327**	**932 415.0**	**1 042 584.7**	**993 594.6**	**341 008.5**
按登记注册类型分组						
内资企业	658	300	834 375.2	929 140.9	881 025.0	307 198.4
国有企业	164	71	370 458.1	409 463.7	398 870.9	122 290.6
中央企业	7	5	23 444.8	25 308.1	25 114.1	24 419.4
地方企业	157	66	347 013.3	384 155.6	373 756.8	97 871.2
集体企业	415	198	140 855.8	164 215.5	159 231.3	51 275.5
股份合作企业	10	2	8 782.1	8 949.5	8 616.2	3 152.5
联营企业	6	2	1 131.2	1 360.7	1 356.4	520.0
#国有联营企业	2	2	106.9	106.9	102.6	25.0
集体联营企业	1		710.4	841.9	841.9	300.4
有限责任公司	27	14	136 954.1	160 454.3	144 408.0	69 869.5
#国有独资公司	8	6	123 053.1	143 392.9	128 467.6	64 316.6
股份有限公司	10	3	136 363.9	134 025.7	121 736.0	43 568.8
私营企业	26	10	39 830.0	50 671.5	46 806.2	16 521.5
港、澳、台商投资企业	35	15	36 069.3	42 630.1	42 164.0	13 349.6
外商投资企业	19	12	61 970.5	70 813.7	70 405.6	20 460.5
按经济组织类型分组						
独资企业	596	274	532 628.3	604 990.2	589 111.4	183 061.2
#国有企业	164	71	370 458.1	409 463.7	398 870.9	122 290.6
集体企业	415	198	140 855.8	164 215.5	159 231.3	51 275.5
合作、合伙企业	26	11	17 166.7	19 147.9	18 552.7	6 925.3
股份有限公司	10	3	136 363.9	134 025.7	121 736.0	43 568.8
有限责任公司	80	39	246 256.1	284 420.9	264 194.5	107 453.2
总计中:亏损企业	327	327	245 483.6	263 299.1	251 303.1	69 502.1
国有控股企业	201	89	666 377.5	727 198.0	688 769.3	241 547.8
农村工业	76	43	15 339.9	23 544.2	22 332.2	7 198.9
总计中:轻工业	420	199	591 179.3	675 761.5	636 396.5	225 263.8
以农产品为原料	302	134	485 300.9	564 476.0	531 222.1	186 454.2
以非农产品为原料	118	65	105 878.4	111 285.5	105 174.4	38 809.6
重工业	292	128	341 235.7	366 823.2	357 198.1	115 744.7
采掘工业	18	11	5 892.9	7 091.3	7 017.0	3 218.9
原料工业	38	13	122 065.2	135 356.0	134 707.4	53 172.7
加工工业	236	104	213 277.6	224 375.9	215 473.7	59 353.1
总计中:特大型企业	1		106 284.8	100 537.3	91 399.7	33 722.5
大一型企业	7	4	116 257.8	130 776.0	130 571.9	48 596.6
大二型企业	20	7	258 502.0	293 683.8	275 516.2	101 455.1
中一型企业	21	11	92 773.2	98 724.3	95 595.7	30 843.1

单位:万元

指标名称	单位数(个)	亏损企业	工业总产值(1990年不变价)	工业总产值(当年价)	工业销售产值(当年价)	工业增加值(当年价)
中二型企业	18	7	52 325.4	60 964.3	55 994.2	14 210.4
小型企业	645	298	306 271.8	357 899.0	344 516.9	112 180.8
按工业行业大类分						
煤炭采选业	4	2	2 804.4	4 207.1	4 296.9	1 885.0
黑色金属矿采选业	2	1	416.5	485.3	485.3	144.9
有色金属矿采选业	1		251.9	262.5	262.2	116.7
非金属矿采选业	11	8	2 420.1	2 136.4	1 972.6	1 072.3
食品加工业	58	21	230 636.4	283 441.8	268 031.5	78 884.2
食品制造业	36	13	53 436.0	51 984.4	52 011.3	11 934.2
饮料制造业	15	10	33 404.7	42 502.6	41 636.7	11 858.1
烟草加工业	2		77 201.2	92 963.4	80 828.0	52 076.8
纺织业	9	5	25 691.0	24 802.7	23 334.5	6 803.6
服装及其他纤维制品制造业	22	10	5 755.2	6 295.9	6 328.7	2 827.2
皮革、毛皮、羽绒及其制品业	10	7	1 620.0	1 728.4	1 340.6	390.6
木材加工及竹、藤、棕、草制品业	16	6	13 226.3	14 707.4	14 269.9	4 407.6
家具制造业	10	5	3 233.7	3 490.6	3 363.0	1 226.2
造纸及纸制品业	28	17	9 839.4	10 605.8	10 330.5	2 956.5
印刷业	77	33	22 692.4	26 937.7	26 065.2	10 040.5
文教体育用品制造业	3	1	160.2	171.5	172.5	60.5
石油加工及炼焦业	3		964.5	1 082.8	1 155.9	215.1
化学原料及化学制品制造业	43	16	49 924.7	55 131.2	53 626.4	14 023.5
医药制造业	30	8	36 293.4	34 078.8	29 500.8	13 499.9
化学纤维制造业	2	1	3 236.7	3 216.4	3 591.7	796.2
橡胶制品业	6	2	15 298.3	12 334.3	11 546.6	4 196.1
塑料制品业	35	17	23 659.5	21 011.4	20 013.1	5 548.6
非金属矿物制品业	55	37	36 135.9	43 093.0	42 604.1	14 895.4
黑色金属冶炼及压延加工业	3	1	1 901.8	2 043.3	1 990.4	778.7
有色金属冶炼及压延加工业	5	2	40 786.3	40 512.4	40 329.6	11 356.7
金属制品业	55	27	24 426.0	27 157.8	26 564.1	7 654.8
普通机械制造业	35	14	34 552.4	39 412.4	37 724.4	11 308.1
专用设备制造业	27	12	39 640.3	46 135.1	45 840.1	6 636.7
交通运输设备制造业	58	23	56 401.9	54 283.9	53 118.6	16 471.3
电气机械及器材制造业	28	15	35 191.6	35 311.6	31 799.3	8 296.1
电子及通信设备制造业	6	4	19 154.6	15 742.5	13 748.3	4 027.3
仪器仪表及文化、办公用机械制造业	3	3	1 502.5	972.5	1 198.2	283.8
其他制造业	8	5	3 948.0	2 494.0	2 665.8	861.2
电力、蒸汽、热水的生产和供应业	3		20 936.8	28 577.3	28 577.3	24 733.1
自来水的生产和供应业	3	1	5 670.4	13 270.5	13 270.5	8 741.0

6-12 续表1 单位:万元

指标名称	资产合计	流动资产小计	存货	产成品	流动资产年平均余额	长期投资	固定资产小计
总计	**1 996 164.2**	**773 245.8**	**259 112.4**	**104 142.5**	**646 301.2**	**56 141.3**	**1 068 281.1**
按登记注册类型分组							
内资企业	1 714 732.1	697 457.3	231 964.6	94 981.2	581 784.5	54 887.2	916 673.4
国有企业	1 110 158.3	385 973.1	105 626.9	52 427.1	320 209.8	40 049.5	651 110.5
中央企业	260 699.5	71 890.4	2 506.6	511.9	9 063.8	34.7	187 876.6
地方企业	849 458.8	314 082.7	103 120.3	51 915.2	311 146.0	40 014.8	463 233.9
集体企业	149 533.5	87 850.3	36 192.3	18 778.3	83 188.6	2 849.2	54 296.3
股份合作企业	7 264.5	4 489.2	1 530.5	842.1	4 771.9	132.9	2 458.3
联营企业	985.6	558.0	58.6	8.7	299.9		397.7
#国有联营企业	160.4	89.0	23.1	7.4	88.2		71.3
集体联营企业	399.1	171.6	16.0				199.0
有限责任公司	268 872.4	123 030.1	68 972.1	17 170.6	118 600.8	10 468.1	130 808.7
#国有独资公司	255 190.0	113 772.2	64 131.7	15 709.5	111 259.2	10 228.2	127 079.4
股份有限公司	152 034.1	79 988.7	12 763.4	3 968.9	43 754.2	906.0	69 339.1
私营企业	25 883.7	15 567.9	6 820.8	1 785.5	10 959.3	481.5	8 262.8
港、澳、台商投资企业	77 194.5	36 108.8	11 946.7	3 919.8	31 318.5	799.2	30 217.2
外商投资企业	204 237.6	39 679.7	15 201.1	5 241.5	33 198.2	454.9	121 390.5
按经济组织类型分组							
独资企业	1 281 610.3	488 702.7	147 963.4	71 910.6	410 714.9	43 270.2	710 277.8
#国有企业	1 110 158.3	385 973.1	105 626.9	52 427.1	320 209.8	40 049.5	651 110.5
集体企业	149 533.5	87 850.3	36 192.3	18 778.3	83 188.6	2 849.2	54 296.3
合作、合伙企业	31 848.3	14 245.3	4 850.2	2 030.7	14 520.3	480.6	14 484.2
股份有限公司	152 034.1	79 988.7	12 763.4	3 968.9	43 754.2	906.0	69 339.1
有限责任公司	530 671.5	190 309.1	93 535.4	26 232.3	177 311.8	11 484.5	274 180.0
总计中: 亏损企业	734 763.5	240 610.3	98 739.3	49 602.8	231 126.2	19 294.7	421 164.7
国有控股企业	1 611 556.6	607 742.0	191 966.0	75 728.3	500 560.3	52 009.4	882 836.5
农村工业	17 781.9	9 020.3	4 066.2	1 790.0	8 754.4	235.1	7 854.8
总计中: 轻工业	1 048 178.3	417 868.2	159 877.0	59 782.6	378 480.0	30 451.4	536 462.3
以农产品为原料	788 132.1	328 773.0	117 882.7	35 526.6	288 238.6	25 177.0	381 673.6
以非农产品为原料	260 046.2	89 095.2	41 994.3	24 256.0	90 241.4	5 274.4	154 788.7
重工业	947 985.9	355 377.6	99 235.4	44 359.9	267 821.2	25 689.9	531 818.8
采掘工业	38 546.5	10 457.2	2 502.0	1 846.8	8 956.7	891.6	26 846.9
原料工业	489 386.4	139 346.4	24 478.6	8 837.7	62 810.7	7 765.2	326 894.3
加工工业	420 053.0	205 574.0	72 254.8	33 675.4	196 053.8	17 033.1	178 077.6
总计中: 特大型企业	109 335.6	59 210.1	6 514.4	441.4	23 357.8		50 026.2
大一型企业	586 863.8	157 044.1	25 383.4	9 121.1	85 713.9	12 280.2	388 564.7
大二型企业	525 070.7	207 311.4	91 492.6	27 962.8	210 106.1	24 402.4	263 804.1
中一型企业	205 172.6	72 937.2	27 642.3	16 228.3	69 278.0	1 806.3	126 898.5

单位:万元

指标名称	资产合计	流动资产小计	存货	产成品	流动资产年平均余额	长期投资	固定资产小计
中二型企业	122 801.5	54 582.4	23 212.6	12 453.4	56 079.6	3 497.4	56 404.7
小型企业	446 920.0	222 160.6	84 867.1	37 935.5	201 765.8	14 155.0	182 582.9
按工业行业大类分							
煤炭采选业	30 597.1	7 177.1	1 008.4	444.6	5 709.8	435.9	22 806.5
黑色金属矿采选业	1 453.4	812.8	362.1	321.7	816.5	322.2	265.4
有色金属矿采选业	205.6	136.3	7.9	2.6	144.5		69.3
非金属矿采选业	6 290.4	2 331.0	1 123.6	1 077.9	2 285.9	133.5	3 705.7
食品加工业	230 603.4	114 894.8	20 696.4	4 253.7	80 173.6	5 946.6	103 417.8
食品制造业	135 143.4	44 375.5	12 655.8	6 524.8	40 892.4	11 434.0	56 202.5
饮料制造业	113 540.1	18 780.4	8 389.9	2 181.1	17 090.1	1 063.7	81 239.2
烟草加工业	103 097.9	63 187.9	44 625.0	5 372.8	70 651.5	4 049.0	35 859.8
纺织业	68 295.6	26 111.8	7 581.7	2 927.4	27 296.9	1 885.5	36 977.4
服装及其他纤维制品制造业	14 956.1	6 075.0	2 803.3	1 671.9	5 866.6	68.6	7 167.6
皮革、毛皮、羽绒及其制品业	8 896.3	2 482.4	1 338.2	910.0	2 016.5	6.8	4 368.5
木材加工及竹、藤、棕、草制品业	29 194.3	6 442.7	2 225.3	551.3	6 148.1	7.0	13 942.1
家具制造业	6 177.1	1 852.0	835.5	371.4	1 681.6	99.8	4 167.4
造纸及纸制品业	19 884.6	11 353.3	6 390.7	4 573.6	7 559.2	52.5	7 603.7
印刷业	48 187.2	19 762.3	5 362.8	2 494.5	16 687.6	191.5	27 632.6
文教体育用品制造业	365.6	224.1	121.7	35.2	227.7		141.5
石油加工及炼焦业	1 228.9	1 046.3	758.8	116.2	1 109.3		165.0
化学原料及化学制品制造业	119 214.0	44 856.2	13 434.4	5 853.9	34 598.8	6 757.0	66 671.5
医药制造业	74 595.9	33 642.3	11 405.9	6 614.3	31 438.5	1 538.4	35 673.8
化学纤维制造业	18 965.0	3 482.8	1 260.1	566.0	3 628.1	130.0	15 261.8
橡胶制品业	21 835.1	12 303.1	8 901.8	5 881.5	12 853.8	94.0	9 434.2
塑料制品业	25 757.2	12 487.4	4 527.0	2 202.5	12 204.0	866.6	10 956.1
非金属矿物制品业	145 193.9	37 918.0	12 022.8	7 150.6	36 739.9	6 835.0	93 422.0
黑色金属冶炼及压延加工业	3 809.6	3 128.2	1 287.0	852.4	2 943.6		676.6
有色金属冶炼及压延加工业	44 501.3	17 232.0	7 278.9	1 786.0	13 088.1	691.3	26 498.9
金属制品业	36 586.1	18 693.1	9 212.4	5 752.1	17 577.3	1 177.4	15 869.9
普通机械制造业	75 089.3	42 222.0	18 249.0	8 349.4	41 701.1	4 522.3	22 980.9
专用设备制造业	85 380.9	44 474.3	16 950.8	7 825.3	40 661.3	417.5	37 539.0
交通运输设备制造业	106 153.4	44 571.6	11 647.0	1 868.2	45 432.3	2 923.6	52 291.4
电气机械及器材制造业	56 997.3	31 201.2	11 966.4	6 711.5	28 127.9	1 546.4	22 022.6
电子及通信设备制造业	28 334.8	17 121.0	10 180.5	7 568.8	17 152.5	23.6	10 213.5
仪器仪表及文化、办公用机械制造业	6 464.6	2 887.8	1 938.4	1 027.0	3 880.8	362.6	3 184.2
其他制造业	5 167.3	2 385.9	688.9	302.3	2 400.2	642.5	2 126.8
电力、蒸汽、热水的生产和供应业	273 295.4	71 973.3	1 794.3		10 018.4	70.0	195 703.7
自来水的生产和供应业	50 706.1	5 619.9	79.7		5 496.8	1 846.5	42 022.2

6-12 续表2 单位:万元

指标名称	固定资产原价	生产经营用	累计折旧	本年折旧	固定资产净值年平均余额	无形及递延资产合计
总计	**1 265 480.8**	**1 012 038.3**	**332 410.6**	**50 478.7**	**767 416.5**	**57 343.1**
按登记注册类型分组						
内资企业	1 094 353.1	851 203.8	299 021.3	41 720.3	631 988.5	37 918.7
国有企业	741 394.8	590 761.1	186 044.7	25 281.9	404 114.1	27 695.8
中央企业	202 145.0	183 177.6	36 624.6	8 781.6	16 753.7	158.1
地方企业	539 249.8	407 583.5	149 420.1	16 500.3	387 360.4	27 537.7
集体企业	74 740.2	52 861.0	25 303.6	3 413.4	47 653.3	2 751.0
股份合作企业	3 119.4	2 123.6	872.8	103.1	2 327.0	119.0
联营企业	649.4	640.4	257.1	58.6	411.1	1.2
#国有联营企业	91.2	91.2	20.2	4.8	71.6	
集体联营企业	326.8	326.8	131.9	22.0	198.9	
有限责任公司	162 630.3	102 157.4	44 385.0	6 215.8	106 407.6	4 409.3
#国有独资公司	158 263.5	99 046.9	43 652.7	6 024.3	103 575.8	3 964.1
股份有限公司	102 115.8	94 940.7	39 783.0	5 828.8	63 583.6	1 796.4
私营企业	9 703.2	7 719.6	2 375.1	818.7	7 491.8	1 146.0
港、澳、台商投资企业	42 778.2	39 503.9	15 858.9	3 245.3	26 948.0	1 705.0
外商投资企业	128 349.5	121 330.6	17 530.4	5 513.1	108 480.0	17 719.4
按经济组织类型分组						
独资企业	821 760.9	648 369.8	212 662.4	29 131.2	455 859.6	31 654.3
#国有企业	741 394.8	590 761.1	186 044.7	25 281.9	404 114.1	27 695.8
集体企业	74 740.2	52 861.0	25 303.6	3 413.4	47 653.3	2 751.0
合作、合伙企业	18 391.5	13 477.6	5 133.8	779.9	13 568.4	979.3
股份有限公司	102 115.8	94 940.7	39 783.0	5 828.8	63 583.6	1 796.4
有限责任公司	323 212.6	255 250.2	74 831.4	14 738.8	234 404.9	22 913.1
总计中：亏损企业	506 088.8	368 725.5	126 922.5	15 880.6	358 024.4	32 782.5
国有控股企业	1 035 778.3	814 555.0	278 001.1	40 110.5	598 947.3	42 117.0
农村工业	10 394.5	9 041.2	3 033.2	564.7	7 445.8	621.6
总计中：轻工业	638 547.1	508 051.0	174 166.3	23 968.7	453 929.5	38 825.9
以农产品为原料	469 182.2	371 581.2	128 467.1	18 435.3	334 081.3	30 860.4
以非农产品为原料	169 364.9	136 469.8	45 699.2	5 533.4	119 848.2	7 965.5
重工业	626 933.7	503 987.3	158 244.3	26 510.0	313 487.0	18 517.2
采掘工业	32 961.5	20 231.7	7 299.7	603.6	25 942.4	297.5
原料工业	376 896.8	326 125.2	84 381.1	18 303.9	135 133.7	1 197.7
加工工业	217 075.4	157 630.4	66 563.5	7 602.5	152 410.9	17 022.0
总计中：特大型企业	79 470.3	79 320.3	34 026.4	5 092.2	47 638.0	99.3
大一型企业	440 906.9	365 205.8	88 372.3	17 339.2	190 582.9	16 447.2
大二型企业	294 972.4	256 040.9	85 144.5	10 727.5	213 870.8	15 039.8
中一型企业	161 461.8	112 855.7	41 119.4	5 148.6	112 641.5	3 526.4

6-12 续表2.1 单位:万元

指 标 名 称	固定资产原价	生产经营用	累计折旧	本年折旧	固定资产净值年平均余额	无形及递延资产合计
中二型企业	75 086.6	56 828.5	24 509.9	3 509.7	50 624.4	1 012.1
小型企业	213 582.8	141 787.1	59 238.1	8 661.5	152 058.9	21 218.3
按工业行业大类分						
煤炭采选业	27 567.3	17 855.0	5 333.5	253.1	22 892.0	177.4
黑色金属矿采选业	355.8	160.4	128.6	8.0	32.5	
有色金属矿采选业	144.2	139.0	74.9	9.9	74.6	
非金属矿采选业	4 894.2	2 077.3	1 762.7	332.6	2 943.3	120.1
食品加工业	143 706.7	129 272.3	52 399.0	7 746.7	92 163.8	2 773.3
食品制造业	61 771.2	31 816.7	17 840.7	1 903.8	44 619.2	11 633.7
饮料制造业	90 713.3	86 418.8	9 179.0	2 297.3	76 006.7	8 153.2
烟草加工业	43 302.0	35 835.4	11 614.5	1 402.3	30 000.8	1.2
纺织业	48 400.7	30 382.5	14 381.1	1 984.8	34 231.0	3 320.6
服装及其他纤维制品制造业	9 198.4	6 571.9	2 872.4	237.6	6 541.9	74.3
皮革、毛皮、羽绒及其制品业	5 504.0	3 323.3	1 819.0	117.9	3 772.1	2 038.6
木材加工及竹、藤、棕、草制品业	17 673.6	17 389.9	4 347.0	1 911.1	15 104.8	
家具制造业	4 937.5	3 474.6	1 270.4	75.0	3 830.4	
造纸及纸制品业	11 365.3	8 345.2	3 921.6	438.4	6 935.6	553.4
印刷业	32 816.9	25 929.5	9 281.1	1 604.1	22 455.2	468.3
文教体育用品制造业	245.4	174.9	119.1	2.7	120.3	
石油加工及炼焦业	296.8	280.7	131.8	17.2	164.4	17.6
化学原料及化学制品制造业	83 120.9	63 597.4	23 636.4	3 531.7	49 068.5	864.8
医药制造业	27 493.4	19 187.4	7 195.3	1 002.5	23 827.4	2 342.1
化学纤维制造业	21 193.8	18 325.2	5 973.3	462.6	15 169.0	90.4
橡胶制品业	13 379.0	12 683.1	4 612.6	500.4	8 808.7	3.8
塑料制品业	13 863.0	11 206.1	3 363.2	479.7	9 680.9	826.5
非金属矿物制品业	111 728.7	81 249.8	26 874.5	4 943.0	80 524.3	6 623.5
黑色金属冶炼及压延加工业	1 012.2	469.8	378.4	45.6	653.4	
有色金属冶炼及压延加工业	31 471.2	30 097.0	6 221.2	1 011.8	25 489.1	79.1
金属制品业	20 346.8	14 879.1	5 610.2	370.7	14 741.0	736.6
普通机械制造业	30 082.7	21 936.1	11 277.9	831.9	18 850.8	4 776.2
专用设备制造业	46 893.6	38 185.6	17 603.5	796.8	29 497.7	2 889.9
交通运输设备制造业	45 117.3	20 859.0	10 543.0	1 357.7	34 794.2	5 250.4
电气机械及器材制造业	29 954.4	21 808.0	9 712.3	1 245.0	20 145.4	1 259.9
电子及通信设备制造业	12 190.4	11 061.7	2 391.5	191.5	9 835.2	973.0
仪器仪表及文化、办公用机械制造业	5 783.5	4 201.6	2 696.3	172.6	2 156.7	29.9
其他制造业	3 250.4	1 441.9	1 132.4	234.5	2 149.9	12.0
电力、蒸汽、热水的生产和供应业	217 209.8	198 753.7	43 247.9	10 284.8	25 683.7	157.8
自来水的生产和供应业	48 496.4	42 648.4	13 464.3	2 673.4	34 452.0	1 095.5

指标名称	负债合计	流动负债	长期负债	所有者权益合计	实收资本	国家资本	集体资本
总计	**1 297 131.8**	**886 374.8**	**404 025.0**	**699 264.4**	**456 681.0**	**270 742.4**	**44 093.1**
按登记注册类型分组							
内资企业	1 156 692.1	791 859.0	360 286.6	558 272.0	302 683.4	224 328.0	39 063.0
国有企业	757 076.5	453 262.0	303 311.3	353 081.8	165 893.1	156 009.1	2 271.6
中央企业	258 702.1	67 084.6	191 486.1	1 997.4	1 083.1	1 083.1	
地方企业	498 374.4	386 177.4	111 825.2	351 084.4	164 810.0	154 926.0	2 271.6
集体企业	103 976.8	83 232.4	16 741.1	45 788.5	44 561.5	3 284.9	30 932.9
股份合作企业	3 774.2	3 756.5	17.7	3 490.3	3 065.6	800.3	2 044.0
联营企业	525.0	438.5	86.5	460.6	378.4	106.7	180.7
#国有联营企业	80.9	80.9		79.5	79.7	46.7	
集体联营企业	260.9	223.2	37.7	138.2	100.7		100.7
有限责任公司	189 293.0	159 462.8	29 790.2	79 579.6	43 193.7	38 662.1	649.7
#国有独资公司	181 065.9	152 739.5	28 286.4	74 124.1	38 799.8	38 629.1	170.7
股份有限公司	87 508.8	81 279.1	6 229.7	64 525.3	40 412.4	25 464.9	2 956.1
私营企业	14 537.8	10 427.7	4 110.1	11 345.9	5 178.7		28.0
港、澳、台商投资企业	36 347.4	30 944.0	4 503.6	40 847.1	25 861.8	3 499.9	2 128.4
外商投资企业	104 092.3	63 571.8	39 234.8	100 145.3	128 135.8	42 914.5	2 901.7
按经济组织类型分组							
独资企业	873 323.4	546 576.8	322 179.1	408 518.7	216 407.8	159 294.0	33 204.5
#国有企业	757 076.5	453 262.0	303 311.3	353 081.8	165 893.1	156 009.1	2 271.6
集体企业	103 976.8	83 232.4	16 741.1	45 788.5	44 561.5	3 284.9	30 932.9
合作、合伙企业	17 425.4	14 965.2	2 460.2	14 422.9	15 519.0	1 756.8	3 367.4
股份有限公司	87 508.8	81 279.1	6 229.7	64 525.3	40 412.4	25 464.9	2 956.1
有限责任公司	318 874.2	243 553.7	73 156.0	211 797.5	184 341.8	84 226.7	4 565.1
总计中:亏损企业	497 867.8	372 373.4	123 391.7	236 895.7	223 268.9	119 126.6	16 566.0
国有控股企业	1 080 733.6	708 399.9	371 346.9	530 823.0	285 558.7	235 049.3	7 041.7
农村工业	12 174.5	10 970.7	1 203.8	5 607.4	6 404.3		2 919.5
总计中:轻工业	635 877.2	508 473.3	122 109.9	412 532.9	309 825.1	188 235.8	24 608.7
以农产品为原料	472 685.3	389 920.4	78 560.0	315 446.8	243 280.0	143 216.3	15 516.0
以非农产品为原料	163 191.9	118 552.9	43 549.9	97 086.1	66 545.1	45 019.5	9 092.7
重工业	661 254.6	377 901.5	281 915.1	286 731.5	146 855.9	82 506.6	19 484.4
采掘工业	16 495.3	11 190.5	5 304.8	22 051.2	6 384.8	5 918.0	326.9
原料工业	398 720.8	163 140.4	234 847.0	90 665.6	45 841.6	22 160.9	1 889.7
加工工业	246 038.5	203 570.6	41 763.3	174 014.7	94 629.5	54 427.7	17 267.8
总计中:特大型企业	57 455.6	57 371.6	84.0	51 880.0	22 400.0	16 800.0	
大一型企业	458 606.7	209 931.8	248 061.4	128 257.1	109 189.1	57 432.1	
大二型企业	298 952.1	240 762.6	58 189.3	226 118.6	118 339.6	101 583.7	1 535.0
中一型企业	132 959.7	98 953.4	34 006.3	72 212.9	45 152.7	30 188.5	4 902.9

指标名称	负债合计	流动负债	长期负债	所有者权益合计	实收资本	国家资本	集体资本
中二型企业	77 067.6	62 892.1	14 015.5	45 733.9	29 173.6	16 247.4	1 659.2
小型企业	272 090.1	216 463.3	49 668.5	175 061.9	132 426.0	48 490.7	35 996.0
按工业行业大类分							
煤炭采选业	12 097.6	8 786.9	3 310.7	18 499.5	5 325.1	5 325.1	
黑色金属矿采选业	1 499.7	249.6	1 250.1	-46.3	118.5	18.2	64.8
有色金属矿采选业	137.4	137.4		68.2	40.0		40.0
非金属矿采选业	2 760.6	2 016.6	744.0	3 529.8	901.2	574.7	222.1
食品加工业	126 022.3	118 413.8	7 465.6	104 581.1	50 871.9	34 301.4	2 930.0
食品制造业	94 587.7	58 740.1	35 806.9	40 555.7	28 665.3	16 489.5	1 942.7
饮料制造业	50 280.9	43 468.6	6 584.3	63 259.2	85 189.3	35 015.9	976.1
烟草加工业	74 443.4	73 904.4	539.0	28 654.5	23 472.5	23 000.0	77.6
纺织业	46 150.3	34 757.2	11 393.0	22 145.3	12 987.5	11 400.5	270.7
服装及其他纤维制品制造业	9 435.9	5 659.0	3 734.7	5 520.2	4 870.3	1 789.6	2 107.5
皮革、毛皮、羽绒及其制品业	6 657.1	5 779.3	877.8	2 239.2	3 463.5	2 073.8	1 234.0
木材加工及竹、藤、棕、草制品业	20 304.3	6 923.1	12 937.6	8 890.0	9 770.7	531.9	141.0
家具制造业	3 323.5	2 178.9	1 134.1	2 853.6	946.7	452.0	379.5
造纸及纸制品业	14 129.3	12 228.9	1 900.4	5 755.3	6 729.4	1 383.0	1 698.6
印刷业	27 906.5	18 787.0	8 339.1	20 280.7	14 253.7	10 817.8	1 470.1
文教体育用品制造业	235.2	193.8	41.4	130.4	92.6		92.6
石油加工及炼焦业	1 058.9	1 058.9		170.0	242.7		81.6
化学原料及化学制品制造业	82 330.7	64 167.2	18 163.4	36 883.3	17 332.8	13 982.9	1 567.2
医药制造业	43 832.5	37 581.1	3 291.3	30 763.4	19 208.0	12 232.1	2 508.0
化学纤维制造业	17 221.6	14 043.5	3 178.1	1 743.4	4 114.7	3 863.1	10.6
橡胶制品业	11 979.8	10 936.7	1 043.1	9 855.3	3 674.7	3 610.4	64.3
塑料制品业	15 886.6	12 643.0	2 372.6	10 102.4	8 450.8	2 262.2	2 441.7
非金属矿物制品业	75 620.4	48 294.8	27 107.6	69 573.5	30 536.5	15 613.1	2 582.7
黑色金属冶炼及压延加工业	3 632.5	3 623.5		177.1	299.3		41.5
有色金属冶炼及压延加工业	22 630.3	17 895.1	4 735.2	21 871.0	7 948.8	7 507.1	115.4
金属制品业	26 550.3	22 200.8	4 349.5	10 036.0	7 827.0	1 668.0	5 307.4
普通机械制造业	48 920.0	38 222.5	10 683.5	26 169.3	12 525.4	9 512.1	901.7
专用设备制造业	56 112.3	45 781.7	10 329.6	29 268.6	19 258.3	14 930.6	692.8
交通运输设备制造业	68 850.1	51 990.5	16 180.6	37 303.3	31 537.2	13 277.3	5 873.9
电气机械及器材制造业	36 678.4	32 144.9	4 532.5	20 318.9	13 211.3	6 246.7	4 258.4
电子及通信设备制造业	18 436.8	17 304.8	1 131.4	9 898.0	7 330.9	5 457.7	1 866.4
仪器仪表及文化、办公用机械制造业	3 465.9	2 095.1	1 370.8	2 998.7	2 583.9	596.1	1 882.1
其他制造业	3 900.1	3 929.8	-29.7	1 267.2	1 395.8	928.1	99.1
电力、蒸汽、热水的生产和供应业	258 733.9	68 560.4	189 883.7	14 561.5	5 609.0		136.8
自来水的生产和供应业	11 319.0	1 675.9	9 643.1	39 387.1	15 895.7	15 881.5	14.2

指标名称	法人资本	个人资本	港澳台资本	外商资本	产品销售收入	产品销售成本	产品销售费用
总计	**39 403.4**	**20 485.6**	**14 832.3**	**67 124.2**	**960 927.3**	**783 518.0**	**35 082.8**
按登记注册类型分组							
内资企业	17 713.5	20 069.0	838.9	671.0	857 514.4	699 700.9	28 145.9
国有企业	4 342.6	1 869.9	838.9	561.0	408 409.0	341 552.4	13 637.8
中央企业					25 896.3	20 306.3	54.2
地方企业	4 342.6	1 869.9	838.9	561.0	382 512.7	321 246.1	13 583.6
集体企业	6 611.7	3 622.0		110.0	142 962.2	124 739.5	6 299.8
股份合作企业	60.0	161.3			5 075.2	3 634.8	809.2
联营企业		91.0			1 044.4	802.9	1.2
#国有联营企业		33.0			101.9	89.1	
集体联营企业					499.0	395.6	
有限责任公司	1 323.3	2 558.6			138 018.8	89 711.2	2 435.0
#国有独资公司					123 814.2	78 411.9	1 529.6
股份有限公司	4 460.2	7 531.2			118 736.8	102 265.1	2 830.5
私营企业	915.7	4 235.0			43 268.0	36 995.0	2 132.4
港、澳、台商投资企业	8 456.9	250.3	11 165.8	360.5	40 583.5	31 808.0	2 096.3
外商投资企业	13 233.0	166.3	2 827.6	66 092.7	62 829.4	52 009.1	4 840.6
按经济组织类型分组							
独资企业	11 936.1	6 204.1	4 790.1	979.0	578 764.7	490 824.5	20 732.5
#国有企业	4 342.6	1 869.9	838.9	561.0	408 409.0	341 552.4	13 637.8
集体企业	6 611.7	3 622.0		110.0	142 962.2	124 739.5	6 299.8
合作、合伙企业	5 918.9	540.2	1 142.6	2 793.1	13 231.2	10 928.2	1 017.3
股份有限公司	4 460.2	7 531.2			118 736.8	102 265.1	2 830.5
有限责任公司	17 088.2	6 210.1	8 899.6	63 352.1	250 194.6	179 500.2	10 502.5
总计中：亏损企业	16 222.4	7 875.4	5 472.5	58 006.0	219 372.7	200 374.2	9 524.4
国有控股企业	15 256.5	9 492.1	3 291.6	15 427.5	688 916.1	552 152.2	19 949.7
农村工业	2 850.4	634.4			20 555.7	19 137.3	404.5
总计中：轻工业	13 672.7	15 536.2	6 506.6	61 265.1	615 615.9	494 743.0	22 842.8
以农产品为原料	11 732.0	12 342.5	5 397.7	55 075.5	528 844.5	424 256.4	18 384.3
以非农产品为原料	1 940.7	3 193.7	1 108.9	6 189.6	86 771.4	70 486.6	4 458.5
重工业	25 730.7	4 949.4	8 325.7	5 859.1	345 311.4	288 775.0	12 240.0
采掘工业	122.9	17.0			5 422.6	4 764.1	232.8
原料工业	16 843.5	831.2	1 368.0	2 748.3	126 827.6	109 683.0	1 917.3
加工工业	8 764.3	4 101.2	6 957.7	3 110.8	213 061.2	174 327.9	10 089.9
总计中：特大型企业		5 600.0			90 597.1	78 551.1	1 325.8
大一型企业	6 386.9	1 237.3		44 132.8	124 395.5	107 212.2	3 256.4
大二型企业	5 579.0	2 407.4	628.9	6 605.6	289 101.7	213 211.1	7 799.5
中一型企业	3 202.8		2 425.0	4 433.5	87 764.8	74 170.5	4 674.5

6-12 续表4.1 单位：万元

指标名称					产品销售收入		
	法人资本	个人资本	港澳台资本	外商资本		产品销售成本	产品销售费用
中二型企业	8 081.1	323.6	1 914.3	948.0	58 254.6	49 868.6	2 315.2
小型企业	16 153.6	10 917.3	9 864.1	11 004.3	310 813.6	260 504.5	15 711.4
按工业行业大类分							
煤炭采选业					3 476.5	3 142.0	76.7
黑色金属矿采选业	35.5				96.8	84.4	
有色金属矿采选业					228.2	200.3	18.1
非金属矿采选业	87.4	17.0			1 621.1	1 337.4	138.0
食品加工业	4 646.1	7 996.6	927.3	70.5	278 209.4	247 482.8	7 133.2
食品制造业	1 906.8	551.3	927.4	6 847.6	50 530.7	40 762.1	2 927.4
饮料制造业	1 500.1	1 263.7		46 433.5	37 896.1	31 027.8	4 037.2
烟草加工业		394.9			80 503.9	38 998.4	278.3
纺织业		1 316.3			23 469.2	20 353.9	423.0
服装及其他纤维制品制造业	231.8	16.3	417.4	307.7	5 746.3	5 251.8	115.6
皮革、毛皮、羽绒及其制品业	115.7		40.0		1 186.0	1 436.6	50.2
木材加工及竹、藤、棕、草制品业	6 549.5	325.6	89.9	2 132.8	15 450.5	12 550.6	562.7
家具制造业	101.0	14.2			2 793.4	2 009.7	187.6
造纸及纸制品业	1 736.7	240.8	254.1	1 416.2	8 576.2	7 372.8	203.1
印刷业	191.4	224.4	1 550.0		23 228.8	18 346.4	691.8
文教体育用品制造业					169.1	140.4	5.1
石油加工及炼焦业	150.7	10.4			1 243.9	1 091.8	69.0
化学原料及化学制品制造业	336.8	1 137.9		308.0	50 885.9	45 405.3	1 831.2
医药制造业	1 365.4	1 315.5	1 787.0		27 451.4	17 160.0	4 279.2
化学纤维制造业	241.0				3 839.6	3 747.7	6.1
橡胶制品业					9 667.9	8 946.3	366.1
塑料制品业	1 778.5	570.0	657.4	741.0	16 932.4	14 888.1	557.4
非金属矿物制品业	7 763.9	353.1	3 726.7	497.0	39 734.0	34 618.9	1 276.5
黑色金属冶炼及压延加工业		257.8			1 724.0	1 497.9	16.9
有色金属冶炼及压延加工业	46.6	161.2		118.5	38 700.6	33 111.2	553.3
金属制品业	518.3	263.3	70.0		19 287.7	16 796.2	716.9
普通机械制造业	398.1	1 713.5			38 381.6	31 019.0	1 656.1
专用设备制造业	2 518.3	1 116.6			46 332.6	38 295.0	3 119.3
交通运输设备制造业	2 405.2	272.3	2 951.0	6 757.5	45 825.3	36 260.0	1 943.0
电气机械及器材制造业	674.4	537.9		1 493.9	27 889.1	23 182.3	1 069.3
电子及通信设备制造业		6.8			13 931.9	11 849.4	570.4
仪器仪表及文化、办公用机械制造业		105.7			1 174.2	1 098.0	7.1
其他制造业		302.5	66.1		2 734.2	2 006.2	183.2
电力、蒸汽、热水的生产和供应业	4 104.2		1 368.0		28 738.6	23 925.4	13.4
自来水的生产和供应业					13 270.2	8 121.9	0.4

指标名称	产品销售税金及附加	产品销售利润	其它业务利润	管理费用	税金	财产保险费	劳动待业保险费
总计	**39 925.2**	**98 229.1**	**8 046.3**	**86 531.9**	**4 528.3**	**1 627.0**	**17 284.4**
按登记注册类型分组							
内资企业	37 812.0	89 570.0	7 548.5	76 946.3	4 278.8	1 570.6	17 051.6
国有企业	2 204.2	50 286.8	4 889.9	44 296.9	2 721.7	1 235.4	11 374.3
中央企业	454.8	5 081.0	84.5	590.8	26.6	7.9	152.3
地方企业	1 749.4	45 205.8	4 805.4	43 706.1	2 695.1	1 227.5	11 222.0
集体企业	859.7	9 908.0	1 550.8	10 944.4	530.0	125.3	1 427.1
股份合作企业	83.9	547.3	125.4	499.4	13.6	8.0	103.5
联营企业	19.0	221.3	10.2	130.0	2.4		
#国有联营企业	0.3	12.5		14.7	2.0		
集体联营企业	4.9	98.5	0.1	65.5			
有限责任公司	33 137.7	12 733.2	830.4	9 909.6	585.5	78.1	2 991.9
#国有独资公司	32 929.3	10 943.4	821.8	8 746.2	575.4	75.6	2 975.0
股份有限公司	915.8	12 725.4	110.4	9 059.8	418.7	108.9	1 124.0
私营企业	591.7	3 148.0	31.4	2 106.2	6.9	14.9	30.8
港、澳、台商投资企业	211.7	5 967.9	347.6	2 910.3	47.2	21.0	168.5
外商投资企业	1 901.5	2 691.2	150.2	6 675.3	202.3	35.4	64.3
按经济组织类型分组							
独资企业	3 300.2	62 014.9	6 441.9	56 728.7	3 253.6	1 363.8	12 814.2
#国有企业	2 204.2	50 286.8	4 889.9	44 296.9	2 721.7	1 235.4	11 374.3
集体企业	859.7	9 908.0	1 550.8	10 944.4	530.0	125.3	1 427.1
合作、合伙企业	110.8	1 174.9	248.8	1 256.8	18.0	18.2	130.3
股份有限公司	915.8	12 725.4	110.4	9 059.8	418.7	108.9	1 124.0
有限责任公司	35 598.4	22 313.9	1 245.2	19 486.6	838.0	136.1	3 215.9
总计中：亏损企业	3 227.0	4 999.6	4 017.4	28 145.7	1 515.5	468.8	6 203.0
国有控股企业	36 576.5	78 224.9	6 015.7	65 563.7	3 787.8	1 459.6	15 618.4
农村工业	129.5	884.4	-0.1	1 024.8	13.6		
总计中：轻工业	37 465.6	58 670.1	3 991.7	50 522.5	2 062.6	1 002.4	8 710.7
以农产品为原料	36 339.9	49 213.6	2 866.8	39 485.5	1 558.4	740.8	6 410.3
以非农产品为原料	1 125.7	9 456.5	1 124.9	11 037.0	504.2	261.6	2 300.4
重工业	2 459.6	39 559.0	4 054.6	36 009.4	2 465.7	624.6	8 573.7
采掘工业	43.0	382.7	101.1	1 417.3	3.9	31.6	519.2
原料工业	884.1	14 291.2	983.4	9 481.0	569.8	96.7	2 519.3
加工工业	1 532.5	24 885.1	2 970.1	25 111.1	1 892.0	496.3	5 535.2
总计中：特大型企业	873.4	9 846.8	41.4	6 937.4	329.7	48.1	998.7
大一型企业	2 162.2	11 260.7	1 484.3	11 919.0	514.2	76.3	2 997.0
大二型企业	33 521.1	34 568.4	903.0	25 078.9	1 215.4	989.8	6 098.1
中一型企业	242.9	8 676.9	867.7	9 222.2	457.5	102.6	2 118.6

6-12 续表5.1 单位:万元

指标名称	产品销售税金及附加	产品销售利润	其它业务利润	管理费用	税金	财产保险费	劳动待业保险费
中二型企业	186.0	5 884.7	514.8	5 642.9	710.4	158.1	1 301.9
小型企业	2 939.6	27 991.6	4 235.1	27 731.5	1 301.1	252.1	3 770.1
按工业行业大类分							
煤炭采选业	22.9	234.9	95.4	1 119.1	3.9	30.7	446.5
黑色金属矿采选业		12.4		11.8			
有色金属矿采选业	0.8	9.0	8.2	20.5		0.9	0.8
非金属矿采选业	19.3	126.4	-2.5	265.9			71.9
食品加工业	1 314.5	22 028.7	522.9	14 567.5	542.5	254.0	1 817.9
食品制造业	192.8	6 647.7	206.7	5 461.4	191.7	167.3	569.2
饮料制造业	1 492.3	1 338.8	196.3	4 056.1	57.1	60.6	41.0
烟草加工业	32 722.3	8 504.9	91.8	3 391.4	119.0	64.9	931.6
纺织业	138.1	2 551.3	686.0	3 652.9	201.1	66.2	1 183.7
服装及其他纤维制品制造业	53.2	325.4	407.8	789.8	42.2	7.9	284.8
皮革、毛皮、羽绒及其制品业	2.1	-304.6	103.4	313.2	17.2	3.7	74.3
木材加工及竹、藤、棕、草制品业	65.4	2 267.0	227.7	1 060.6	14.6	3.6	94.0
家具制造业	32.3	563.8	70.4	562.2	27.4	8.5	179.3
造纸及纸制品业	50.5	790.0	65.3	887.6	81.1	13.6	195.6
印刷业	181.0	3 986.4	472.2	3 695.3	118.5	71.7	819.4
文教体育用品制造业	6.9	16.7	44.0	52.2	4.3	0.7	22.9
石油加工及炼焦业	0.7	82.4	3.3	54.6	1.4	0.7	4.5
化学原料及化学制品制造业	276.9	3 312.7	890.3	5 171.2	394.7	22.4	1 563.1
医药制造业	270.4	5 375.5	66.1	3 844.4	110.7	66.9	773.7
化学纤维制造业	36.6	49.2	113.2	509.1	0.5	2.7	244.3
橡胶制品业	37.4	318.1	80.1	328.6	84.8	23.7	143.1
塑料制品业	30.7	1 405.0	163.3	1 749.7	28.8	55.0	173.4
非金属矿物制品业	345.5	3 490.5	1 044.1	6 323.4	390.1	122.7	1 186.4
黑色金属冶炼及压延加工业	7.5	201.7	1.3	89.8	5.2		
有色金属冶炼及压延加工业	161.3	4 823.4	84.9	3 213.8	212.7	57.5	565.4
金属制品业	120.0	1 579.3	215.2	1 880.5	184.3	18.1	359.8
普通机械制造业	587.1	4 612.3	357.8	4 437.2	237.9	43.9	1 219.5
专用设备制造业	69.7	4 843.8	318.3	5 344.4	255.3	191.5	1 741.8
交通运输设备制造业	882.6	4 592.4	618.4	5 205.7	167.1	26.3	752.6
电气机械及器材制造业	97.2	3 302.2	403.1	3 453.0	789.8	87.7	647.0
电子及通信设备制造业	28.4	1 483.7	-0.6	1 213.3	21.3	10.6	106.3
仪器仪表及文化、办公用机械制造业	8.0	61.1	424.6	767.2	30.2	3.2	259.2
其他制造业	112.2	208.0	32.5	244.4	23.8	8.2	65.8
电力、蒸汽、热水的生产和供应业	475.5	4 324.2	1.4	177.3			146.6
自来水的生产和供应业	83.1	5 064.8	33.4	2 616.8	169.1	131.6	599.0

指标名称	财务费用	利息支出	营业利润	利润总额	亏损企业亏损额	利税总额
总计	**30 540.8**	**30 292.8**	**-5 690.1**	**2 751.5**	**31 575.3**	**90 110.3**
按登记注册类型分组						
内资企业	26 282.5	25 530.1	-3 157.0	6 549.4	20 225.5	86 449.3
国有企业	14 121.8	13 749.1	-1 220.1	-296.9	11 755.3	20 363.2
中央企业	-136.4	-151.6	4 711.3	4 682.2	186.5	9 199.2
地方企业	14 258.2	13 900.7	-5 931.4	-4 979.1	11 568.8	11 164.0
集体企业	2 067.7	1 803.1	-1 040.9	294.3	2 759.1	6 192.5
股份合作企业	80.8	67.2	9.0	44.9	21.6	457.3
联营企业	19.4	2.9	82.1	71.6	2.2	167.6
#国有联营企业			-2.2	-2.2	2.2	0.6
集体联营企业	16.4	0.6	16.7	6.7		59.6
有限责任公司	5 753.1	5 725.4	-2 034.3	-348.7	3 727.9	41 994.3
#国有独资公司	5 519.7	5 502.8	-2 500.9	-708.0	3 518.3	41 251.5
股份有限公司	4 032.7	4 001.7	174.4	6 004.2	1 340.9	15 574.8
私营企业	207.0	180.7	872.8	780.0	618.5	1 699.6
港、澳、台商投资企业	1 506.1	1 336.1	2 696.2	4 153.6	625.5	6 583.5
外商投资企业	2 752.2	3 426.6	-5 229.3	-7 951.5	10 724.3	-2 922.5
按经济组织类型分组						
独资企业	16 492.4	15 649.7	-1 628.4	559.8	14 969.4	27 657.4
#国有企业	14 121.8	13 749.1	-1 220.1	-296.9	11 755.3	20 363.2
集体企业	2 067.7	1 803.1	-1 040.9	294.3	2 759.1	6 192.5
合作、合伙企业	403.1	372.2	-319.7	-269.8	494.3	609.1
股份有限公司	4 032.7	4 001.7	174.4	6 004.2	1 340.9	15 574.8
有限责任公司	9 612.6	10 269.2	-3 916.4	-3 542.7	14 770.7	46 269.0
总计中:亏损企业	12 532.1	11 926.0	-28 293.8	-31 575.3	31 575.3	-18 775.4
国有控股企业	25 017.4	25 210.1	-2 799.7	5 817.4	19 295.5	80 192.6
农村工业	301.8	195.3	-442.3	-247.9	396.9	661.2
总计中:轻工业	20 009.8	19 225.1	-3 691.3	493.7	22 286.8	69 148.3
以农产品为原料	15 548.7	15 016.7	-965.2	3 383.5	16 115.5	66 270.5
以非农产品为原料	4 461.1	4 208.4	-2 726.1	-2 889.8	6 171.3	2 877.8
重工业	10 531.0	11 067.7	-1 998.8	2 257.8	9 288.5	20 962.0
采掘工业	85.6	74.4	-1 049.0	-361.9	412.7	3.6
原料工业	5 213.9	5 861.8	781.1	2 724.3	3 168.9	12 214.6
加工工业	5 231.5	5 131.5	-1 730.9	-104.6	5 706.9	8 743.8
总计中:特大型企业	2 440.6	2 412.6	510.2	6 362.0		15 503.1
大一型企业	5 480.3	6 126.0	-4 654.4	-5 983.5	11 402.9	3 311.0
大二型企业	10 385.6	10 520.0	1 052.7	886.7	5 982.4	49 252.2
中一型企业	3 024.5	3 012.5	-1 934.6	-632.2	3 870.1	3 342.6

指标名称	财务费用	利息支出	营业利润	利润总额	亏损企业亏损额	利税总额
中二型企业	3 248.6	3 123.3	-2 405.5	-471.4	1 062.4	1 768.4
小型企业	5 961.2	5 098.4	1 741.5	2 589.9	9 257.5	16 933.0
按工业行业大类分						
煤炭采选业	35.6	34.6	-854.1	-122.2	164.9	112.5
黑色金属矿采选业	4.1	4.1	-3.5	-3.5	3.6	-4.8
有色金属矿采选业	-0.2	-0.2	-3.1	0.9		6.4
非金属矿采选业	46.1	35.9	-188.3	-237.1	244.2	-110.5
食品加工业	4 845.7	4 787.4	4 644.5	10 028.6	1 437.4	21 704.0
食品制造业	3 235.0	3 173.6	-1 935.0	-2 012.7	3 173.4	541.0
饮料制造业	1 469.3	1 507.2	-3 990.3	-6 782.6	8 273.7	-3 511.5
烟草加工业	2 850.2	2 850.2	2 358.4	3 217.2		43 287.1
纺织业	1 469.7	1 373.2	-1 866.0	-815.8	860.8	483.3
服装及其他纤维制品制造业	111.4	100.9	-171.8	-108.2	215.6	340.4
皮革、毛皮、羽绒及其制品业	275.3	32.6	-520.3	-787.8	793.3	-750.8
木材加工及竹、藤、棕、草制品业	922.0	1 543.4	520.5	577.6	15.7	1 766.1
家具制造业	110.8	109.9	-37.0	-17.9	21.2	157.2
造纸及纸制品业	297.0	276.8	-301.0	-443.5	494.5	-61.7
印刷业	509.4	462.1	264.0	527.6	482.8	2 230.2
文教体育用品制造业	7.8	7.8	0.7	-0.1	2.3	11.2
石油加工及炼焦业	12.1	12.1	20.0	19.3		40.6
化学原料及化学制品制造业	2 422.7	2 398.8	-3 331.9	-3 084.6	3 464.5	-1 059.2
医药制造业	1 011.8	986.7	837.6	833.3	386.9	3 310.5
化学纤维制造业	508.9	508.9	-855.2	-835.1	835.1	-424.1
橡胶制品业	414.5	412.6	-344.6	-294.7	302.9	123.1
塑料制品业	462.7	274.0	58.6	192.9	445.4	973.5
非金属矿物制品业	1 199.3	1 054.5	-2 738.6	-2 212.9	2 358.8	815.9
黑色金属冶炼及压延加工业	104.1	104.1	9.1	2.2	2.2	113.7
有色金属冶炼及压延加工业	1 156.5	1 154.7	589.4	86.7	148.6	2 073.3
金属制品业	521.7	470.7	-539.4	-574.6	689.7	221.9
普通机械制造业	348.7	330.6	186.8	193.8	276.6	1 466.6
专用设备制造业	1 683.7	1 671.1	-1 834.1	-1 773.8	2 560.8	-1 416.9
交通运输设备制造业	1 800.5	1 788.5	-255.3	718.5	2 439.4	4 686.3
电气机械及器材制造业	943.1	902.6	-484.1	-476.9	749.8	643.1
电子及通信设备制造业	600.2	594.0	-259.1	-38.9	181.9	82.5
仪器仪表及文化、办公用机械制造业	52.3	52.0	-333.4	-239.1	239.1	-140.6
其他制造业	188.6	188.3	-192.5	-249.5	309.7	-128.3
电力、蒸汽、热水的生产和供应业	560.3	595.3	3 737.4	4 911.9		9 084.9
自来水的生产和供应业	359.9	493.8	2 121.5	2 552.5	0.5	3 443.4

6-12 续表7 单位:万元

指 标 名 称	本年应付工资总 额	本年应付福利费总额	本 年应 交增值税	进 项税 额	销 项税 额	全部从业人员年平均数(人)
总 计	**84 329.4**	**12 478.1**	**47 433.6**	**78 780.5**	**116 807.0**	**114 256**
按登记注册类型分组						
内资企业	76 996.6	11 586.0	42 087.9	68 488.1	101 883.2	107 081
国有企业	43 512.0	7 500.0	18 455.9	37 527.0	48 479.6	62 259
中央企业	4 111.4	1 090.0	4 062.2	188.4	291.3	2 006
地方企业	39 400.6	6 410.0	14 393.7	37 338.6	48 188.3	60 253
集体企业	16 442.8	1 694.2	5 038.5	8 620.7	13 072.8	19 718
股份合作企业	540.2	60.9	328.5	276.0	527.6	1 025
联营企业	181.0	10.2	77.0	47.4	109.4	306
#国有联营企业	8.7	0.3	2.5			48
集体联营企业	87.4		48.0	47.4	95.4	167
有限责任公司	5 831.3	1 130.9	9 205.3	12 865.7	21 675.5	13 050
#国有独资公司	5 257.1	1 064.6	9 030.2	12 042.3	20 759.9	11 677
股份有限公司	9 266.6	1 075.0	8 654.8	7 837.2	16 403.8	8 713
私营企业	1 222.7	114.8	327.9	1 314.1	1 614.5	2 010
港、澳、台商投资企业	2 696.1	343.1	2 218.2	3 310.5	4 885.4	3 219
外商投资企业	4 636.7	549.0	3 127.5	6 981.9	10 038.4	3 956
按经济组织类型分组						
独资企业	60 650.1	9 261.0	23 797.4	46 576.0	62 276.7	82 973
#国有企业	43 512.0	7 500.0	18 455.9	37 527.0	48 479.6	62 259
集体企业	16 442.8	1 694.2	5 038.5	8 620.7	13 072.8	19 718
合作、合伙企业	1 879.6	219.7	768.1	957.8	1 632.5	3 254
股份有限公司	9 266.6	1 075.0	8 654.8	7 837.2	16 403.8	8 713
有限责任公司	12 533.1	1 922.4	14 213.3	23 409.5	36 494.0	19 316
总计中: 亏损企业	32 089.1	3 899.1	9 572.9	23 174.5	31 848.5	51 053
国有控股企业	60 472.7	9 992.1	37 798.7	60 415.9	90 137.7	85 242
农村工业	1 811.0	104.1	779.6	507.6	1 282.6	3 842
总计中: 轻工业	48 654.8	7 084.4	31 189.0	45 396.8	72 694.2	64 522
以农产品为原料	38 517.5	5 151.5	26 547.1	36 345.3	60 518.0	47 497
以非农产品为原料	10 137.3	1 932.9	4 641.9	9 051.5	12 176.2	17 025
重工业	35 674.6	5 393.7	16 244.6	33 383.7	44 112.8	49 734
采掘工业	2 039.9	305.8	322.5	268.0	379.3	4 521
原料工业	12 942.2	1 814.9	8 606.2	12 255.4	17 303.7	13 065
加工工业	20 692.5	3 273.0	7 315.9	20 860.3	26 429.8	32 148
总计中: 特大型企业	8 081.0	916.4	8 267.7	7 379.4	15 616.4	6 531
大一型企业	14 333.7	1 969.6	7 132.3	12 806.5	16 555.0	16 485
大二型企业	17 521.8	3 390.1	14 844.4	27 203.4	39 024.5	25 289
中一型企业	8 601.0	1 039.5	3 731.9	6 382.5	9 872.7	13 903

6-12 续表7.1 单位:万元

指标名称	本年应付工资总额	本年应付福利费总额	本年应交增值税	进项税额	销项税额	全部从业人员年平均数(人)
中二型企业	5 726.1	1 298.5	2 053.8	4 860.9	6 801.1	8 990
小型企业	30 065.8	3 864.0	11 403.5	20 147.8	28 937.3	43 058
按工业行业大类分						
煤炭采选业	1 533.7	215.2	211.8	231.2	304.2	3 455
黑色金属矿采选业	15.6	1.7	-1.3	10.6	9.3	51
有色金属矿采选业	6.4	1.5	4.7	21.0	25.7	14
非金属矿采选业	484.2	87.4	107.3	5.2	40.1	1 001
食品加工业	12 549.2	1 665.5	10 360.9	12 967.8	22 618.3	12 830
食品制造业	4 006.4	565.3	2 360.9	4 368.7	5 614.4	7 119
饮料制造业	3 099.2	322.7	1 778.8	4 398.4	6 100.6	2 894
烟草加工业	1 462.7	510.5	7 347.6	6 334.8	13 682.4	3 127
纺织业	4 673.0	649.9	1 161.0	3 181.7	4 325.2	6 401
服装及其他纤维制品制造业	1 623.2	208.8	395.4	463.0	830.1	3 289
皮革、毛皮、羽绒及其制品业	269.6	47.0	34.9	136.8	163.0	924
木材加工及竹、藤、棕、草制品业	585.4	52.7	1 123.1	1 419.1	2 499.4	1 023
家具制造业	540.3	58.1	142.8	52.3	81.1	866
造纸及纸制品业	872.7	211.8	331.3	1 044.7	1 361.3	1 928
印刷业	7 651.9	480.4	1 521.6	1 982.6	3 349.8	5 591
文教体育用品制造业	43.3	5.0	4.4	1.1	5.5	84
石油加工及炼焦业	50.2	15.4	20.6	200.5	221.1	83
化学原料及化学制品制造业	4 236.4	613.1	1 748.5	5 645.4	6 989.7	6 718
医药制造业	3 475.2	1 144.7	2 206.8	2 812.5	3 425.4	4 609
化学纤维制造业	492.3	69.1	374.4	306.5	680.5	801
橡胶制品业	761.3	177.9	380.4	1 251.3	1 615.9	2 377
塑料制品业	1 261.2	139.6	749.9	1 766.5	2 470.2	2 234
非金属矿物制品业	7 079.1	916.9	2 683.3	3 431.1	6 253.4	10 072
黑色金属冶炼及压延加工业	189.7	4.3	104.0	144.5	248.5	256
有色金属冶炼及压延加工业	3 106.1	415.5	1 825.3	4 752.3	6 449.5	2 712
金属制品业	1 754.3	228.3	676.5	2 470.5	3 116.2	3 411
普通机械制造业	3 982.2	469.3	685.7	3 540.3	4 185.4	6 797
专用设备制造业	3 567.7	568.8	287.2	5 963.2	6 080.0	7 105
交通运输设备制造业	3 904.3	1 030.9	3 085.2	5 290.2	6 845.9	6 167
电气机械及器材制造业	3 115.3	422.5	1 022.8	3 696.6	4 696.5	4 501
电子及通信设备制造业	634.0	138.4	93.0	190.1	294.3	781
仪器仪表及文化、办公用机械制造业	570.2	66.0	90.5	71.5	209.7	1 043
其他制造业	274.1	38.7	9.0	56.3	58.7	692
电力、蒸汽、热水的生产和供应业	4 355.3	653.3	3 697.5	572.2	1 147.9	1 957
自来水的生产和供应业	2 103.7	281.9	807.8		807.8	1 343

6-13 邕宁县独立核算工业企业主要财务状况表(地方口径)

(1999年) 单位:万元

指标名称	单位数(个)	亏损企业	工业总产值(1990年不变价)	工业总产值(当年价)	工业销售产值(当年价)	工业增加值(当年价)
总计	**192**	**78**	**144 796.8**	**193 391.1**	**184 657.1**	**64 233.3**
按登记注册类型分组						
内资企业	164	61	93 522.3	119 889.2	115 137.9	41 517.5
国有企业	20	15	4 992.7	8 717.5	8 113.2	5 396.7
#地方企业	20	15	4 992.7	8 717.5	8 113.2	5 396.7
集体企业	111	33	55 193.6	65 678.9	60 803.4	19 394.3
股份合作企业	8	3	8 686.0	8 920.7	8 384.9	2 954.4
联营企业	2		518.5	620.2	590.2	192.8
#集体联营企业	1		230.4	270.0	250.0	73.7
有限责任公司	2	1	1 324.9	1 370.3	1 350.6	494.0
股份有限公司	2		14 261.0	24 228.7	25 231.5	9 808.8
私营企业	19	9	8 545.6	10 352.9	10 664.1	3 276.5
港、澳、台商投资企业	12	6	12 213.3	13 501.5	12 803.0	4 107.9
外商投资企业	16	11	39 061.2	60 000.4	56 716.2	18 607.9
按经济组织类型分组						
独资企业	146	58	67 538.7	81 681.3	76 016.1	26 807.2
#国有企业	20	15	4 992.7	8 717.5	8 113.2	5 396.7
集体企业	111	33	55 193.6	65 678.9	60 803.4	19 394.3
合作、合伙企业	20	7	34 017.9	50 481.9	47 778.1	14 909.3
股份有限公司	2		14 261.0	24 228.7	25 231.5	9 808.8
有限责任公司	24	13	28 979.2	36 999.2	35 631.4	12 708.0
总计中:亏损企业	78	78	43 460.5	52 303.8	47 593.7	17 259.1
国有控股企业	32	19	29 843.7	46 758.9	46 596.0	19 859.9
农村工业	16	3	7 973.3	9 199.8	8 936.6	2 618.3
总计中:轻工业	73	31	65 031.2	91 987.7	88 885.9	28 364.6
以农产品为原料	50	21	55 252.3	81 269.6	79 019.4	25 040.0
以非农产品为原料	23	10	9 778.9	10 718.1	9 866.5	3 324.6
重工业	119	47	79 765.6	101 403.4	95 771.2	35 868.7
采掘工业	11	3	8 005.3	9 840.3	9 430.7	2 815.1
原料工业	50	18	53 610.6	71 599.5	68 666.3	26 847.5
加工工业	58	26	18 149.7	19 963.6	17 674.2	6 206.1
总计中:大一型企业	1	1	8 402.4	10 979.5	10 028.7	4 015.8
大二型企业	3		34 355.9	60 415.6	59 590.5	20 055.1

6-13 续表 单位:万元

指标名称	单位数(个)	亏损企业	工业总产值(1990年不变价)	工业总产值(当年价)	工业销售产值(当年价)	工业增加值(当年价)
中一型企业	1	1	4 991.4	6 423.4	5 949.0	2 308.6
中二型企业	4	2	12 356.2	12 607.1	12 395.7	4 058.2
小型企业	183	74	84 690.9	102 965.5	96 693.2	33 795.6
按工业行业大类分						
煤炭采选业	2	1	552.0	745.6	849.5	282.5
黑色金属矿采选业	1		15.6	21.0	28.0	6.8
非金属矿采选业	8	2	7 437.7	9 073.7	8 553.2	2 525.8
食品加工业	10	3	30 759.8	49 264.3	46 198.7	14 225.7
食品制造业	11	5	7 073.8	12 627.5	13 381.0	4 757.9
饮料制造业	4	2	774.8	825.5	766.2	249.8
纺织业	2	2	147.5	152.8	47.1	49.7
服装及其他纤维制品制造业	3	2	1 891.8	2 272.3	2 260.5	789.5
皮革、毛皮、羽绒及其制品业	2	2	40.0	51.3	22.4	16.7
木材加工及竹、藤、棕、草制品业	10	3	10 061.2	12 534.3	11 595.8	4 589.2
家具制造业	4	1	753.3	816.7	743.9	260.8
造纸及纸制品业	15	3	15 259.9	16 716.9	16 895.4	5 217.0
印刷业	3		386.4	421.1	343.0	121.7
文教体育用品制造业	1	1	60.8	62.6	51.7	23.7
石油加工及炼焦业	2		594.3	594.3	627.0	183.4
化学原料及化学制品制造业	26	11	21 769.0	25 260.4	24 777.3	7 053.4
医药制造业	2	2	348.1	370.3	251.7	121.8
塑料制品业	6	3	4 095.8	3 377.0	3 066.8	822.7
非金属矿物制品业	50	21	30 977.0	41 715.4	40 154.4	15 122.9
黑色金属冶炼及压延加工业	1		310.0	430.0	350.0	129.0
金属制品业	8	3	1 597.5	2 017.8	1 625.8	612.5
普通机械制造业	5	4	4 771.9	5 642.6	3 728.2	1 739.4
专用设备制造业	4	3	151.1	167.2	169.5	64.2
交通运输设备制造业	3	1	587.4	587.4	587.4	207.1
电子及通信设备制造业	2	1	3 056.9	2 296.2	2 348.7	688.9
仪器仪表及文化、办公用机械制造业	1	1	14.8	21.1	31.0	8.8
其他制造业	1	1	6.8	6.8	6.9	2.7
电力、蒸汽、热水的生产和供应业	2		1 034.4	4 269.4	4 146.4	3 865.5
自来水的生产和供应业	3		267.2	1 049.6	1 049.6	494.2

6-13 续表1 单位:万元

指标名称	资产合计	流动资产小计	存货	产成品	流动资产年平均余额	长期投资	固定资产小计
总计	**316 703.4**	**100 240.8**	**36 772.0**	**18 342.4**	**100 425.6**	**1 855.0**	**167 762.9**
按登记注册类型分组							
内资企业	184 329.4	64 869.2	20 461.5	10 244.0	61 811.4	1 822.0	102 119.9
国有企业	33 861.8	9 730.4	2 297.4	1 293.6	8 867.3	64.6	23 847.1
#地方企业	33 861.8	9 730.4	2 297.4	1 293.6	8 867.3	64.6	23 847.1
集体企业	56 544.6	22 266.3	5 871.6	3 862.6	21 358.7	343.3	23 616.3
股份合作企业	16 893.9	5 431.0	974.2	652.1	5 514.2	56.2	8 664.7
联营企业	148.5	33.0	21.9	1.9	36.8		115.5
#集体联营企业	22.8						22.8
有限责任公司	1 412.3	673.1	121.2	22.0	580.0		602.9
股份有限公司	60 786.8	21 501.2	9 729.1	3 778.6	19 788.5	1 357.8	37 406.3
私营企业	14 681.5	5 234.2	1 446.1	633.2	5 665.9	0.1	7 867.1
港、澳、台商投资企业	52 233.2	18 029.8	9 073.9	5 232.5	19 463.5		17 235.0
外商投资企业	80 140.8	17 341.8	7 236.6	2 865.9	19 150.7	33.0	48 408.0
按经济组织类型分组							
独资企业	119 251.3	42 914.4	14 255.4	8 905.4	41 897.8	437.9	58 999.8
#国有企业	33 861.8	9 730.4	2 297.4	1 293.6	8 867.3	64.6	23 847.1
集体企业	56 544.6	22 266.3	5 871.6	3 862.6	21 358.7	343.3	23 616.3
合作、合伙企业	40 312.7	14 642.7	4 830.3	1 411.5	20 343.3	56.2	18 700.8
股份有限公司	60 786.8	21 501.2	9 729.1	3 778.6	19 788.5	1 357.8	37 406.3
有限责任公司	96 352.6	21 182.5	7 957.2	4 246.9	18 396.0	3.1	52 656.0
总计中：亏损企业	131 148.6	33 531.8	15 970.3	10 382.9	36 407.4	151.1	77 338.9
国有控股企业	136 667.1	45 437.8	16 080.9	6 919.4	41 549.4	1 481.6	76 069.8
农村工业	4 304.8	1 067.7	131.9	86.2	1 394.9		2 407.8
总计中：轻工业	124 241.2	49 732.5	20 644.3	8 505.2	50 200.2	1 466.4	57 144.4
以农产品为原料	98 060.1	42 125.9	17 755.0	6 642.4	42 651.4	1 415.3	43 928.0
以非农产品为原料	26 181.1	7 606.6	2 889.3	1 862.8	7 548.8	51.1	13 216.4
重工业	192 462.2	50 508.3	16 127.7	9 837.2	50 225.4	388.6	110 618.5
采掘工业	11 800.3	3 550.5	289.1	227.5	3 499.5	19.8	7 830.2
原料工业	145 546.9	36 370.7	11 846.1	7 099.5	32 068.5	88.4	89 451.7
加工工业	35 115.0	10 587.1	3 992.5	2 510.2	14 657.4	280.4	13 336.6
总计中：大一型企业	20 209.8	2 905.0	496.8	416.2	2 412.9		14 053.0
大二型企业	75 192.4	28 618.4	12 717.1	3 968.5	29 118.4	1 357.8	43 822.9

6-13 续表1.1

单位:万元

指标名称	资产合计	流动资产小计			流动资产年平均余额	长期投资	固定资产小计
			存货				
				产成品			
中一型企业	26 173.3	2 606.1	1 041.1	429.6	3 112.6		21 737.2
中二型企业	21 167.0	5 050.3	1 536.0	1 053.5	7 435.5	56.3	11 104.1
小型企业	173 960.9	61 061.0	20 981.0	12 474.6	58 346.2	440.9	77 045.7
按工业行业大类分							
煤炭采选业	5 135.0	681.0	53.6	17.5	783.9	19.6	4 277.5
黑色金属矿采选业	580.0	160.7	30.9	23.2	163.5	0.2	419.1
非金属矿采选业	6 085.3	2 708.8	204.6	186.8	2 552.1		3 133.6
食品加工业	35 184.9	15 909.7	6 866.0	2 149.4	18 767.5		14 529.8
食品制造业	35 058.2	17 270.5	7 441.6	2 615.2	15 987.8	1 333.9	15 722.1
饮料制造业	3 293.7	1 033.3	389.8	117.2	550.5	15.1	2 020.1
纺织业	1 790.7	578.9	314.7	96.7	411.7	0.2	1 191.1
服装及其他纤维制品制造业	1 200.1	735.4	304.8	21.9	653.2		386.6
皮革、毛皮、羽绒及其制品业	1 133.6	317.1	195.4	134.7	330.2		780.8
木材加工及竹、藤、棕、草制品业	22 269.5	3 982.4	716.2	571.6	3 460.1	5.7	14 986.9
家具制造业	1 395.7	850.1	423.6	355.3	828.7		541.8
造纸及纸制品业	18 277.0	5 586.3	1 615.0	975.8	5 277.2	66.1	8 379.0
印刷业	1 080.1	372.2	238.6	223.4	370.0		707.9
文教体育用品制造业	148.7	11.2	8.8	5.3	27.4		7.5
石油加工及炼焦业	539.6	415.9	188.5	155.7	403.0		70.9
化学原料及化学制品制造业	17 212.0	7 130.4	2 021.2	1 481.5	7 309.1	76.3	7 875.2
医药制造业	764.8	527.5	286.1	264.0	500.3		235.4
塑料制品业	14 087.3	4 531.4	2 077.0	1 400.4	3 725.8	7.8	7 416.2
非金属矿物制品业	111 462.4	25 469.9	9 746.5	5 745.2	24 781.2	316.5	65 771.8
黑色金属冶炼及压延加工业	1 670.6	1 429.7	677.3	260.0			240.9
金属制品业	2 735.8	376.4	190.8	65.2	630.8	0.2	2 258.7
普通机械制造业	6 021.0	2 751.5	1 613.8	563.0	3 058.0	0.1	2 036.3
专用设备制造业	2 544.3	927.0	266.1	90.5	733.2		1 246.1
交通运输设备制造业	364.5	288.1	22.4		265.5		76.4
电子及通信设备制造业	7 425.4	1 358.4	800.8	800.8	4 239.5		1 228.1
仪器仪表及文化、办公用机械制造业	79.3	44.7	21.0	21.0			25.3
其他制造业	2.8	1.9	1.5	1.1	1.9		0.9
电力、蒸汽、热水的生产和供应业	13 072.9	3 964.6	20.6		3 793.7		9 108.3
自来水的生产和供应业	6 088.2	825.8	34.8		819.8	13.3	3 088.6

6-13 续表2 单位:万元

指 标 名 称	固定资产原价	生产经营用	累计折旧	本年折旧	固定资产净值年平均余额	无形及递延资产合计
总 计	**207 191.1**	**144 422.0**	**47 612.8**	**11 148.4**	**160 281.7**	**13 045.3**
按登记注册类型分组						
内资企业	129 079.3	84 485.5	34 122.7	6 189.2	94 509.0	8 439.7
国有企业	25 879.0	9 826.5	5 689.5	530.7	18 786.3	153.8
#地方企业	25 879.0	9 826.5	5 689.5	530.7	18 786.3	153.8
集体企业	30 788.7	23 400.7	8 417.6	1 449.5	21 808.0	6 597.0
股份合作企业	14 335.7	12 935.7	5 698.6	1 025.1	11 141.7	154.0
联营企业	211.6	34.5	96.2	20.7		
#集体联营企业	34.5	34.5	11.7	3.5		
有限责任公司	693.9	599.1	122.5	46.0	594.4	136.3
股份有限公司	48 101.0	30 712.6	12 286.1	2 608.2	36 928.8	521.3
私营企业	9 069.4	6 976.4	1 812.2	509.0	5 249.8	877.3
港、澳、台商投资企业	20 470.2	9 770.7	3 713.7	1 506.6	16 583.0	695.3
外商投资企业	57 641.6	50 165.8	9 776.4	3 452.6	49 189.7	3 910.3
按经济组织类型分组						
独资企业	70 178.5	38 622.8	16 748.0	2 799.1	51 053.5	8 476.8
#国有企业	25 879.0	9 826.5	5 689.5	530.7	18 786.3	153.8
集体企业	30 788.7	23 400.7	8 417.6	1 449.5	21 808.0	6 597.0
合作、合伙企业	29 249.8	26 586.2	10 578.5	1 980.9	19 995.0	1 233.4
股份有限公司	48 101.0	30 712.6	12 286.1	2 608.2	36 928.8	521.3
有限责任公司	59 661.8	48 500.4	8 000.2	3 760.2	52 304.4	2 813.8
总计中: 亏损企业	94 272.9	71 623.9	21 805.1	5 478.3	74 687.8	8 234.3
国有控股企业	92 139.2	50 656.6	21 645.0	4 342.4	70 669.1	1 090.6
农村工业	2 712.1	2 230.7	349.9	105.4	1 907.8	
总计中: 轻工业	75 120.0	43 856.3	21 201.2	4 492.9	54 832.1	5 225.9
以农产品为原料	59 191.1	36 957.3	18 053.4	3 728.3	42 937.2	2 379.4
以非农产品为原料	15 928.9	6 899.0	3 147.8	764.6	11 894.9	2 846.5
重工业	132 071.1	100 565.7	26 411.6	6 655.5	105 449.6	7 819.4
采掘工业	7 352.1	5 678.6	1 134.9	140.6	5 869.4	26.2
原料工业	108 523.0	87 890.3	21 315.3	5 788.0	87 880.9	2 766.4
加工工业	16 196.0	6 996.8	3 961.4	726.9	11 699.3	5 026.8
总计中: 大一型企业	16 883.5	16 067.5	3 074.5	1 283.4	14 053.9	1 315.6
大二型企业	58 462.2	41 073.8	16 230.7	3 390.5	43 602.6	1 389.3

单位:万元

指标名称	固定资产原价		累计折旧		固定资产净值年平均余额	无形及递延资产合计
		生产经营用		本年折旧		
中一型企业	23 100.2	22 005.0	1 363.0	994.0	21 876.7	922.1
中二型企业	17 373.2	16 641.2	6 600.1	1 262.0	13 499.6	17.6
小型企业	91 372.0	48 634.5	20 344.5	4 218.5	67 248.9	9 400.7
按工业行业大类分						
煤炭采选业	3 583.8	2 184.6	868.5	78.3	2 727.8	9.8
黑色金属矿采选业	435.0	316.2	15.9	5.3	281.7	
非金属矿采选业	3 333.3	3 177.8	250.5	57.0	2 859.9	16.4
食品加工业	23 399.8	22 295.2	8 876.4	1 835.0	16 455.4	1 222.9
食品制造业	19 738.0	2 746.1	5 468.3	1 180.5	14 675.4	680.9
饮料制造业	1 823.9	291.1	408.7	30.1	1 423.4	189.2
纺织业	1 239.4	1 102.2	315.1	23.3	917.6	20.5
服装及其他纤维制品制造业	450.7	255.5	64.1	26.0	355.4	78.1
皮革、毛皮、羽绒及其制品业	854.1	494.2	73.4	3.2	780.7	23.3
木材加工及竹、藤、棕、草制品业	18 316.5	17 184.0	3 576.4	1 391.8	14 968.4	1 316.3
家具制造业	586.5	489.4	114.7	12.3	542.7	3.7
造纸及纸制品业	10 748.0	9 448.6	2 757.4	610.5	7 987.7	177.1
印刷业	806.5	763.4	108.3	3.4	234.0	
文教体育用品制造业	14.5	13.5	7.0	3.3	7.4	63.8
石油加工及炼焦业	87.2	81.2	17.7	6.3	70.1	15.7
化学原料及化学制品制造业	8 541.9	7 218.9	1 244.9	276.5	6 569.6	128.3
医药制造业	231.1		66.4	2.7	174.5	1.9
塑料制品业	8 941.4	822.5	1 588.1	401.9	7 358.3	368.7
非金属矿物制品业	82 015.3	67 022.1	18 117.7	4 498.0	65 662.3	5 640.9
黑色金属冶炼及压延加工业	299.5		58.6	4.0	299.0	
金属制品业	2 449.4	2 095.9	238.0	24.1	1 344.5	15.4
普通机械制造业	3 019.7	908.9	983.9	162.6	2 030.2	553.0
专用设备制造业	1 271.3	483.6	60.0	43.4	504.2	371.2
交通运输设备制造业	83.3	27.9	46.0	4.7	35.1	
电子及通信设备制造业	1 546.9	1 546.9	318.8	25.0	1 938.3	
仪器仪表及文化、办公用机械制造业	34.5	34.5	9.2			
其他制造业	3.7	3.7	2.8		0.9	
电力、蒸汽、热水的生产和供应业	9 639.0	74.0	1 347.7	281.7	7 066.4	
自来水的生产和供应业	3 696.9	3 340.1	608.3	157.5	3 010.8	2 148.2

6-13 续表3　　单位:万元

指 标 名 称	负债合计	流动负债	长期负债	所有者权益合计	实收资本	国家资本	集体资本
总　　计	**210 071.1**	**136 288.2**	**57 125.4**	**106 632.3**	**64 011.7**	**15 869.3**	**5 183.6**
按登记注册类型分组							
内资企业	116 377.3	81 118.6	26 858.0	67 952.1	33 449.0	15 303.6	4 597.3
国有企业	19 197.3	14 693.5	4 493.6	14 664.5	4 092.1	4 093.5	
#地方企业	19 197.3	14 693.5	4 493.6	14 664.5	4 092.1	4 093.5	
集体企业	42 409.8	34 341.6	5 961.4	14 134.8	4 782.0	1.7	2 744.6
股份合作企业	9 718.8	2 648.5	954.3	7 175.1	5 099.4	2 908.4	1 136.0
联营企业	38.6	38.6		109.9	97.6		12.0
#集体联营企业				22.8	22.8		12.0
有限责任公司	355.7	305.7	50.0	1 056.6	538.0		253.0
股份有限公司	37 226.1	23 290.7	13 935.4	23 560.7	12 809.8	8 300.0	
私营企业	7 431.0	5 800.0	1 463.3	7 250.5	6 030.1		451.7
港、澳、台商投资企业	39 950.1	33 555.4	2 674.3	12 283.1	11 404.1		363.7
外商投资企业	53 743.7	21 614.2	27 593.1	26 397.1	19 158.6	565.7	222.6
按经济组织类型分组							
独资企业	78 152.9	60 239.7	14 494.1	41 098.4	20 344.4	4 095.2	2 744.6
#国有企业	19 197.3	14 693.5	4 493.6	14 664.5	4 092.1	4 093.5	
集体企业	42 409.8	34 341.6	5 961.4	14 134.8	4 782.0	1.7	2 744.6
合作、合伙企业	21 477.0	10 120.5	1 520.1	18 835.7	11 239.7	3 183.0	1 157.5
股份有限公司	37 226.1	23 290.7	13 935.4	23 560.7	12 809.8	8 300.0	
有限责任公司	73 215.1	42 637.3	27 175.8	23 137.5	19 617.8	291.1	1 281.5
总计中：亏损企业	102 727.6	52 927.1	37 791.3	28 421.0	20 895.1	1 683.3	69.1
国有控股企业	88 139.9	67 627.4	20 502.3	48 527.2	25 132.3	15 301.9	586.3
农村工业	3 081.8	2 883.8	107.0	1 223.0	447.3		442.1
总计中：轻工业	71 162.7	47 001.1	14 817.6	53 078.5	33 091.1	9 166.3	3 062.2
以农产品为原料	59 283.9	39 437.7	10 502.4	38 776.2	22 272.6	8 575.4	1 832.7
以非农产品为原料	11 878.8	7 563.4	4 315.2	14 302.3	10 818.5	590.9	1 229.5
重工业	138 908.4	89 287.1	42 307.8	53 553.8	30 920.6	6 703.0	2 121.4
采掘工业	7 800.0	5 086.8	2 713.2	4 000.3	1 003.7	588.3	444.2
原料工业	108 888.5	73 492.6	33 526.7	36 658.4	22 128.8	6 083.9	-155.6
加工工业	22 219.9	10 707.7	6 067.9	12 895.1	7 788.1	30.8	1 832.8
总计中：大一型企业	22 140.7	6 091.3	15 818.0	-1 930.9	-1 930.9		
大二型企业	43 602.1	29 666.7	13 935.4	31 590.3	16 200.6	8 574.6	

6-13 续表3.1 单位:万元

指标名称	负债合计	流动负债	长期负债	所有者权益合计	实收资本	国家资本	集体资本
中一型企业	15 429.0	5 240.2	10 188.8	10 744.3	10 744.3	291.1	
中二型企业	13 339.3	3 532.5	63.3	7 827.7	5 949.8	815.0	1 100.0
小型企业	115 560.0	91 757.5	17 119.9	58 400.9	33 047.9	6 188.6	4 083.6
按工业行业大类分							
煤炭采选业	3 595.7	1 455.7	2 140.0	1 539.3	502.5	492.9	9.6
黑色金属矿采选业	280.3	259.3	21.0	299.7	95.4	95.4	
非金属矿采选业	3 924.0	3 371.8	552.2	2 161.3	405.8		434.6
食品加工业	19 438.9	12 448.2	965.8	15 746.0	10 592.1	3 214.6	1 366.1
食品制造业	24 778.3	16 018.6	8 696.2	10 279.9	4 987.1	4 049.9	86.8
饮料制造业	2 279.6	1 800.0	311.9	1 014.1	95.5	204.8	-109.3
纺织业	1 592.8	1 537.9	44.9	197.9	197.9	198.9	-1.0
服装及其他纤维制品制造业	488.9	488.9		711.2	671.7		416.9
皮革、毛皮、羽绒及其制品业	687.8	625.8	62.0	445.8	445.8		368.7
木材加工及竹、藤、棕、草制品业	23 235.4	7 174.2	15 823.3	-965.9	-1 077.3	5.5	385.5
家具制造业	1 408.3	1 335.2	61.1	-12.6	-139.7		-195.7
造纸及纸制品业	8 507.3	5 256.3	438.6	9 769.7	5 001.3	816.7	602.8
印刷业	388.9	251.1	137.8	691.2	93.1	85.0	4.9
文教体育用品制造业				148.7	59.0		
石油加工及炼焦业	439.5	439.5		100.1	98.7		
化学原料及化学制品制造业	11 112.7	9 089.7	143.4	6 099.3	4 816.2	521.3	2 466.2
医药制造业	613.7	410.0	203.7	151.1	151.1	52.0	99.1
塑料制品业	7 149.1	4 706.7	2 442.2	6 938.2	6 535.3	184.0	98.5
非金属矿物制品业	79 666.5	57 356.6	21 716.2	31 795.9	20 887.5	4 818.3	-1 613.2
黑色金属冶炼及压延加工业	1 582.7	1 582.7		87.9	87.9		
金属制品业	2 050.9	1 042.0	1 008.8	684.9	-19.5	-765.6	52.9
普通机械制造业	3 511.6	2 486.3	1 024.2	2 509.4	2 278.3	233.4	
专用设备制造业	871.1	871.1		1 673.2	1 477.0		
交通运输设备制造业	238.3	237.6		126.2	79.4		14.2
电子及通信设备制造业	4 853.7			2 571.7	2 571.7		
仪器仪表及文化、办公用机械制造业	6.2	6.2		73.1	73.1		
其他制造业	0.7	0.7		2.1	2.1		2.1
电力、蒸汽、热水的生产和供应业	5 426.3	5 043.8	382.5	7 646.6	1 337.6	1 307.3	30.3
自来水的生产和供应业	1 941.9	992.3	949.6	4 146.3	1 705.1	354.9	663.6

6-13 续表4 单位:万元

指标名称	法人资本	个人资本	港澳台资本	外商资本	产品销售收入	产品销售成本	产品销售费用
总计	**5 110.6**	**10 181.1**	**10 075.0**	**17 592.1**	**185 494.2**	**148 195.0**	**10 779.1**
按登记注册类型分组							
内资企业	3 607.9	9 770.0	170.2		120 022.7	97 139.3	8 762.1
国有企业	-44.3	42.9			14 922.3	9 165.6	4 288.9
#地方企业	-44.3	42.9			14 922.3	9 165.6	4 288.9
集体企业	-470.1	2 505.8			59 007.7	52 671.1	1 073.3
股份合作企业	4.0	880.8	170.2		8 412.4	6 864.1	192.5
联营企业	10.8	74.8			490.2	446.7	11.6
#集体联营企业	10.8				150.0	145.9	0.4
有限责任公司	285.0				1 327.9	1 113.4	6.7
股份有限公司	3 379.8	1 130.0			25 397.9	17 780.9	3 001.9
私营企业	442.7	5 135.7			10 464.3	9 097.5	187.2
港、澳、台商投资企业	1 073.2	411.1	9 115.5	440.6	11 949.9	9 665.6	687.2
外商投资企业	429.5		789.3	17 151.5	53 521.6	41 390.1	1 329.8
按经济组织类型分组							
独资企业	-179.4	3 387.3	8 238.6	2 058.1	81 235.9	67 025.1	5 874.1
#国有企业	-44.3	42.9			14 922.3	9 165.6	4 288.9
集体企业	-470.1	2 505.8			59 007.7	52 671.1	1 073.3
合作、合伙企业	73.8	2 652.2	1 057.0	3 116.2	45 208.8	35 022.8	927.3
股份有限公司	3 379.8	1 130.0			25 397.9	17 780.9	3 001.9
有限责任公司	1 836.4	3 011.6	779.4	12 417.8	33 651.6	28 366.2	975.8
总计中:亏损企业	-62.2	3 739.7	2 191.6	13 273.6	46 055.7	38 837.4	1 293.7
国有控股企业	4 475.9	2 030.6	1 282.7	1 454.9	53 046.3	37 400.5	7 906.2
农村工业	1.0	4.2			7 624.5	7 047.7	74.0
总计中:轻工业	895.8	6 894.6	8 073.5	4 998.7	87 691.7	69 437.7	3 401.9
以农产品为原料	381.2	4 322.2	3 201.9	3 959.2	78 529.7	62 558.6	2 755.5
以非农产品为原料	514.6	2 572.4	4 871.6	1 039.5	9 162.0	6 879.1	646.4
重工业	4 214.8	3 286.5	2 001.5	12 593.4	97 802.5	78 757.3	7 377.2
采掘工业	-28.8				9 866.4	8 223.7	186.8
原料工业	3 488.7	1 876.7	-570.2	11 405.3	71 898.7	56 457.4	6 878.5
加工工业	754.9	1 409.8	2 571.7	1 188.1	16 037.4	14 076.2	311.9
总计中:大一型企业			-1 930.9		9 227.0	6 924.1	205.4
大二型企业	3 379.8	1 130.0		3 116.2	57 676.0	42 150.1	3 578.6

指 标 名 称					产品销售收入		
	法人资本	个人资本	港澳台资本	外商资本		产品销售成本	产品销售费用
中一型企业				10 453.2	6 045.8	5 511.0	165.0
中二型企业		2 977.8	1 057.0		12 075.5	10 318.8	114.6
小型企业	1 730.8	6 073.3	10 948.9	4 022.7	100 469.9	83 291.0	6 715.5
按工业行业大类分							
煤炭采选业					776.3	665.5	12.4
黑色金属矿采选业					57.2	42.9	
非金属矿采选业	-28.8				9 032.9	7 515.3	174.4
食品加工业	8.0	81.0	1 971.3	3 951.1	44 764.5	34 520.1	958.1
食品制造业	-77.8	930.0		-1.8	13 893.1	10 826.0	1 380.8
饮料制造业					929.9	475.2	4.8
纺织业					263.7	306.1	0.5
服装及其他纤维制品制造业			254.8		2 275.5	1 926.3	163.9
皮革、毛皮、羽绒及其制品业	67.2			9.9	22.4	29.0	
木材加工及竹、藤、棕、草制品业	0.9	461.7	-1 930.9		10 781.6	8 178.6	215.2
家具制造业	24.0	32.0			772.0	656.8	17.7
造纸及纸制品业	346.8	3 235.0			16 773.9	14 723.5	242.2
印刷业	3.2				334.6	278.4	1.0
文教体育用品制造业	59.0				52.1	44.6	0.4
石油加工及炼焦业	48.7	50.0			587.9	538.8	8.9
化学原料及化学制品制造业	368.6	173.0	103.5	1 183.6	22 942.7	21 249.3	340.4
医药制造业					189.7	148.3	12.1
塑料制品业		508.9	5 743.9		2 740.6	2 090.1	273.4
非金属矿物制品业	3 289.8	1 934.0	1 027.9	11 430.7	38 291.5	30 858.6	2 439.7
黑色金属冶炼及压延加工业	87.9				360.0	333.0	5.0
金属制品业	21.0	672.2			1 290.4	1 264.0	3.6
普通机械制造业	88.8	937.5		1 018.6	3 670.2	2 915.0	188.6
专用设备制造业	584.3	604.1	288.6		396.9	312.1	2.9
交通运输设备制造业		21.0	44.2		587.3	480.8	0.5
电子及通信设备制造业			2 571.7		1 771.7	1 404.0	21.5
仪器仪表及文化、办公用机械制造业	3.6	69.5			31.5	18.2	
其他制造业					7.1	6.7	
电力、蒸汽、热水的生产和供应业					10 850.2	5 891.4	4 185.7
自来水的生产和供应业	215.4	471.2			1 046.8	496.4	125.4

单位：万元

指标名称	产品销售税金及附加	产品销售利润	其它业务利润	管理费用	税金	财产保险费	劳动待业保险费
总计	**1 042.4**	**14 512.2**	**414.8**	**10 322.8**	**1 968.2**	**267.5**	**1 033.1**
按登记注册类型分组							
内资企业	1 019.2	7 986.3	-38.4	6 085.0	377.0	205.3	988.2
国有企业	94.8	948.9	107.7	1 573.2	77.4	55.3	553.1
#地方企业	94.8	948.9	107.7	1 573.2	77.4	55.3	553.1
集体企业	587.7	748.8	9.1	1 206.0	62.2	28.2	49.8
股份合作企业	41.9	766.0	19.8	603.4	27.8	36.6	114.6
联营企业	6.4	19.0		8.6			
#集体联营企业	1.0			0.7			
有限责任公司	8.2	196.4		34.4	0.3	0.3	
股份有限公司	246.2	4 368.7	-177.4	1 861.1	189.5	34.3	267.1
私营企业	34.0	938.5	2.4	798.3	19.8	50.6	3.6
港、澳、台商投资企业	19.8	-728.0	97.1	1 032.6	3.7	23.4	36.7
外商投资企业	3.4	7 253.9	356.1	3 205.2	1 587.5	38.8	8.2
按经济组织类型分组							
独资企业	693.8	1 774.9	281.9	3 833.3	155.5	107.4	607.9
#国有企业	94.8	948.9	107.7	1 573.2	77.4	55.3	553.1
集体企业	587.7	748.8	9.1	1 206.0	62.2	28.2	49.8
合作、合伙企业	58.4	5 643.3	231.7	2 557.9	1 581.1	68.5	121.0
股份有限公司	246.2	4 368.7	-177.4	1 861.1	189.5	34.3	267.1
有限责任公司	44.0	2 725.3	78.6	2 070.5	42.1	57.3	37.1
总计中：亏损企业	275.2	1 252.8	235.9	3 680.3	61.3	57.7	479.0
国有控股企业	378.7	5 486.9	-35.7	4 685.5	297.4	132.2	970.0
农村工业	56.5	158.0		145.7	19.0		
总计中：轻工业	341.1	8 689.3	213.1	4 675.4	1 645.4	181.7	379.6
以农产品为原料	284.6	7 884.5	114.3	3 879.3	1 605.1	144.0	346.6
以非农产品为原料	56.5	804.8	98.8	796.1	40.3	37.7	33.0
重工业	701.3	5 822.9	201.7	5 647.4	322.8	85.8	653.5
采掘工业	95.4	368.1	19.3	397.0	1.6	4.6	116.9
原料工业	375.8	5 411.3	89.1	4 187.5	309.3	76.3	489.0
加工工业	230.1	43.5	93.3	1 062.9	11.9	4.9	47.6
总计中：大一型企业		2 097.5		409.9	20.3		
大二型企业	246.2	8 890.2	34.5	3 450.8	1 742.7	66.2	271.7

6-13 续表5.1 单位:万元

指标名称			其它业务利润	管理费用			
	产品销售税金及附加	产品销售利润			税金	财产保险费	劳动待业保险费
中一型企业		369.8	47.1	360.6			
中二型企业	37.4	1 060.3	19.9	842.0	33.5	84.3	116.4
小型企业	758.8	2 094.4	313.3	5 259.5	171.7	117.0	645.0
按工业行业大类分							
煤炭采选业	7.0	76.4	15.8	203.7		4.6	91.3
黑色金属矿采选业	0.4	13.8	3.5	34.0	1.6		10.6
非金属矿采选业	88.0	277.9		159.3			15.0
食品加工业	6.1	5 019.5	215.0	2 089.4	1 559.6	48.3	6.3
食品制造业	155.6	1 505.6	-194.8	507.0	0.9	9.8	0.8
饮料制造业	2.8	11.0	29.9	35.0			5.4
纺织业	0.3	-43.2	31.4	209.2	0.2	0.8	199.5
服装及其他纤维制品制造业	9.0	176.3	1.8	136.5	2.3	0.5	3.4
皮革、毛皮、羽绒及其制品业		-6.6	14.2	9.9	0.4		0.2
木材加工及竹、藤、棕、草制品业	9.8	2 358.5		437.0	20.3	11.7	
家具制造业	7.5	33.0		10.1			
造纸及纸制品业	107.3	1 432.2	19.9	887.0	34.1	84.6	116.4
印刷业	2.3	42.8		41.2	2.2		14.5
文教体育用品制造业	4.5	2.5		2.4			
石油加工及炼焦业	0.5	39.7	2.3	36.6	0.2	1.3	
化学原料及化学制品制造业	169.6	332.0	1.0	475.7	34.2	20.0	39.7
医药制造业	1.7	23.4	0.1	36.8			
塑料制品业	2.0	-6.1	95.5	243.4	0.3		0.4
非金属矿物制品业	334.5	1 965.4	85.9	3 234.8	201.7	47.9	381.9
黑色金属冶炼及压延加工业	4.0	17.9	1.0	3.0	2.0		
金属制品业	4.5	1.8	23.4	42.4			
普通机械制造业	34.9	0.3	65.7	401.5	3.5	3.9	34.4
专用设备制造业	5.8	72.6		108.2	6.3		
交通运输设备制造业	5.6	99.6		94.2			0.1
电子及通信设备制造业				201.4			
仪器仪表及文化、办公用机械制造业				17.0	1.2		
其他制造业		0.4		0.8			0.4
电力、蒸汽、热水的生产和供应业	42.9	706.6		539.8	61.7		82.3
自来水的生产和供应业	35.8	358.9	3.2	125.5	35.5	34.1	30.5

指标名称	财务费用	利息支出	营业利润	利润总额	亏损企业亏损额	利税总额
总计	**7 011.9**	**6 460.9**	**4 131.6**	**2 621.7**	**5 111.7**	**10 579.2**
按登记注册类型分组						
内资企业	3 440.2	3 077.7	86.3	-587.8	2 999.7	5 658.5
国有企业	241.2	239.6	-499.2	-645.8	964.7	272.2
#地方企业	241.2	239.6	-499.2	-645.8	964.7	272.2
集体企业	1 191.6	1 022.0	-216.7	-1 037.7	1 683.0	848.2
股份合作企业	104.6	100.6	78.8	2.4	136.2	348.2
联营企业			31.1	13.2		35.4
#集体联营企业			20.0	2.0		4.7
有限责任公司	2.4	2.4	162.8	162.8	2.7	269.2
股份有限公司	1 776.9	1 596.2	553.1	1 004.4		3 438.0
私营企业	123.5	116.9	-23.6	-87.1	213.1	447.3
港、澳、台商投资企业	850.9	696.8	200.9	-901.9	931.4	-545.3
外商投资企业	2 720.8	2 686.4	3 844.4	4 111.4	1 180.6	5 466.0
按经济组织类型分组						
独资企业	1 988.7	1 697.6	-748.5	-2 102.3	3 291.3	869.9
#国有企业	241.2	239.6	-499.2	-645.8	964.7	272.2
集体企业	1 191.6	1 022.0	-216.7	-1 037.7	1 683.0	848.2
合作、合伙企业	422.2	409.3	4 846.9	4 387.0	613.7	4 852.9
股份有限公司	1 776.9	1 596.2	553.1	1 004.4		3 438.0
有限责任公司	2 824.1	2 757.8	-519.9	-667.4	1 206.7	1 418.4
总计中: 亏损企业	4 135.6	4 003.3	-2 928.9	-5 111.7	5 111.7	-2 403.0
国有控股企业	2 320.9	2 091.2	209.7	386.0	1 274.9	4 354.5
农村工业	39.3	5.1	69.1	57.6	8.2	176.4
总计中: 轻工业	2 364.8	2 211.3	4 974.5	4 864.3	1 025.4	7 385.9
以农产品为原料	1 951.4	1 881.8	4 735.8	4 736.9	848.2	6 829.0
以非农产品为原料	413.4	329.5	238.7	127.4	177.2	556.9
重工业	4 647.1	4 249.6	-842.9	-2 242.6	4 086.3	3 193.3
采掘工业	85.8	66.9	49.0	-21.1	144.0	351.8
原料工业	4 128.7	3 833.4	-316.9	-916.7	2 323.3	3 603.7
加工工业	432.6	349.3	-575.0	-1 304.8	1 619.0	-762.2
总计中: 大一型企业	1 710.4	1 710.4		-22.5	22.5	699.5
大二型企业	1 865.4	1 681.8	5 286.5	5 843.0		8 276.6

6-13 续表6.1 单位:万元

指标名称	财务费用	利息支出	营业利润	利润总额	亏损企业亏损额	利税总额
中一型企业	786.2	777.4	-729.9	-685.9	685.9	-267.3
中二型企业	364.1	362.8	187.3	-322.7	519.6	355.8
小型企业	2 285.8	1 928.5	-612.3	-2 190.2	3 883.7	1 514.6
按工业行业大类分						
煤炭采选业	25.6	24.1	-123.7	-132.2	134.3	-75.3
黑色金属矿采选业			-16.6	3.4		9.1
非金属矿采选业	60.2	42.8	189.3	107.7	9.7	418.0
食品加工业	383.2	368.5	5 100.7	4 943.7	155.1	5 007.6
食品制造业	1 210.5	1 197.2	-367.0	15.9	175.7	1 142.2
饮料制造业	77.0	73.7	-71.0	-241.6	243.3	-234.5
纺织业	70.0	70.0	-150.5	-150.5	150.5	-142.5
服装及其他纤维制品制造业	6.2	-1.0	36.3	-2.9	2.9	8.3
皮革、毛皮、羽绒及其制品业	0.8	0.8	-1.2	-1.6	1.6	-0.4
木材加工及竹、藤、棕、草制品业	1 745.0	1 745.0	244.6	176.8	66.1	1 022.0
家具制造业	2.4	0.1	23.0	21.3	0.4	39.1
造纸及纸制品业	198.6	166.3	404.2	437.5	7.2	1 365.2
印刷业	6.0	6.0	1.2	0.1		17.0
文教体育用品制造业	0.8	0.8		-0.7	0.7	6.8
石油加工及炼焦业	2.0	2.0	3.4	3.1		8.7
化学原料及化学制品制造业	203.2	134.2	-81.2	-259.2	344.6	294.4
医药制造业	12.4	12.4	-10.5	-23.2	23.2	-10.8
塑料制品业	201.3	127.5	-5.9	-43.2	71.7	18.9
非金属矿物制品业	2 286.3	1 991.6	-928.3	-1 865.9	2 809.2	1 168.1
黑色金属冶炼及压延加工业	117.9	117.9	3.0	1.0		5.0
金属制品业	15.9	9.2	-7.8	-28.4	31.2	7.0
普通机械制造业	21.6	21.6	-378.9	-436.2	436.5	-354.6
专用设备制造业	0.2	0.2	-36.0	-32.8	36.1	-12.7
交通运输设备制造业			15.5	9.7	0.2	49.6
电子及通信设备制造业	227.6	212.8		-210.7	407.2	-210.7
仪器仪表及文化、办公用机械制造业				-3.9	3.9	-1.4
其他制造业			-0.4	-0.4	0.4	
电力、蒸汽、热水的生产和供应业	0.5	0.5	189.5	235.5		833.6
自来水的生产和供应业	136.7	136.7	99.9	99.4		201.5

6-13 续表7 单位:万元

指标名称	本年应付工资总额	本年应付福利费总额	本年应交增值税	进项税额	销项税额	全部从业人员年平均数(人)
总计	**12 277.1**	**1 512.8**	**6 915.1**	**9 650.5**	**14 808.6**	**19 170**
按登记注册类型分组						
内资企业	8 742.3	1 010.9	5 227.1	7 176.8	10 690.2	14 815
国有企业	1 622.9	223.1	823.2	2 228.9	1 882.0	3 033
#地方企业	1 622.9	223.1	823.2	2 228.9	1 882.0	3 033
集体企业	3 062.3	261.9	1 298.2	1 258.1	2 413.6	6 768
股份合作企业	908.0	88.1	303.9	345.9	642.3	1 392
联营企业	49.6	5.8	15.8		1.7	98
#集体联营企业	8.4		1.7		1.7	20
有限责任公司	150.3	20.1	98.2	128.1	226.1	158
股份有限公司	2 197.3	313.2	2 187.4	2 403.7	4 305.9	2 110
私营企业	751.9	98.7	500.4	812.1	1 218.6	1 256
港、澳、台商投资企业	1 163.1	177.9	336.8	894.2	1 200.7	2 078
外商投资企业	2 371.7	324.0	1 351.2	1 579.5	2 917.7	2 277
按经济组织类型分组						
独资企业	5 693.3	592.1	2 278.4	4 153.9	5 084.7	11 271
#国有企业	1 622.9	223.1	823.2	2 228.9	1 882.0	3 033
集体企业	3 062.3	261.9	1 298.2	1 258.1	2 413.6	6 768
合作、合伙企业	2 019.8	201.0	407.5	345.9	644.0	2 455
股份有限公司	2 197.3	313.2	2 187.4	2 403.7	4 305.9	2 110
有限责任公司	2 366.7	406.5	2 041.8	2 747.0	4 774.0	3 334
总计中：亏损企业	4 264.6	596.0	2 433.5	3 257.6	5 457.0	7 529
国有控股企业	4 985.5	789.0	3 589.8	5 349.7	7 483.7	7 096
农村工业	274.7	10.1	62.3	58.5	104.5	611
总计中：轻工业	4 443.0	537.1	2 180.5	3 519.7	5 557.5	7 133
以农产品为原料	3 724.4	425.0	1 807.5	3 067.8	4 789.1	5 777
以非农产品为原料	718.6	112.1	373.0	451.9	768.4	1 356
重工业	7 834.1	975.7	4 734.6	6 130.8	9 251.1	12 037
采掘工业	681.6	54.8	277.5	100.4	368.9	1 868
原料工业	5 030.4	648.5	4 144.6	5 653.2	8 413.3	5 767
加工工业	2 122.1	272.4	312.5	377.2	468.9	4 402
总计中：大一型企业	318.5	43.3	722.0	861.5	1 583.5	280
大二型企业	3 011.8	410.4	2 187.4	2 403.7	4 305.9	2 581

6-13 续表7.1 单位:万元

指标名称	本年应付工资总额	本年应付福利费总额	本年应交增值税	进项税额	销项税额	全部从业人员年平均数(人)
中一型企业	554.6	53.9	418.6	609.2	1 027.8	496
中二型企业	1 046.5	126.8	641.1	901.3	1 542.4	1 969
小型企业	7 345.7	878.4	2 946.0	4 874.8	6 349.0	13 844
按工业行业大类分						
煤炭采选业	280.9	37.7	49.9	15.0	64.4	677
黑色金属矿采选业	15.4	2.9	5.3	2.1	7.4	78
非金属矿采选业	385.3	14.2	222.3	83.3	297.1	1 113
食品加工业	1 414.8	155.5	57.8	390.0	439.9	1 606
食品制造业	678.6	96.7	970.7	1 537.5	2 441.4	1 197
饮料制造业	91.5	10.8	4.3	7.0	11.3	180
纺织业	61.9	0.8	7.7	50.0	50.6	203
服装及其他纤维制品制造业	265.7	37.1	2.2	24.9	27.0	343
皮革、毛皮、羽绒及其制品业	13.2	0.4	1.2	1.0	1.7	22
木材加工及竹、藤、棕、草制品业	494.6	54.1	835.4	947.9	1 780.3	543
家具制造业	49.1	4.6	10.3	19.8	30.1	134
造纸及纸制品业	1 249.7	157.8	820.4	1 094.7	1 914.5	2 116
印刷业	52.9	4.9	14.6	18.6	32.7	116
文教体育用品制造业	4.7		3.0			9
石油加工及炼焦业	2.9	2.5	5.1	95.7	100.8	29
化学原料及化学制品制造业	716.6	56.8	384.0	494.2	876.5	1 237
医药制造业	36.1	5.2	10.7	17.9	28.6	79
塑料制品业	260.1	32.2	60.1	266.4	323.7	679
非金属矿物制品业	4 438.2	647.4	2 699.5	2 219.8	4 510.7	6 303
黑色金属冶炼及压延加工业	53.0	2.5				60
金属制品业	88.8	3.0	30.9	15.5	21.4	305
普通机械制造业	257.3	37.1	46.7	312.6	297.6	437
专用设备制造业	132.7	18.3	14.3	37.4	43.1	118
交通运输设备制造业	80.4	10.3	34.3			57
电子及通信设备制造业	433.6					831
仪器仪表及文化、办公用机械制造业	1.0	0.2	2.5	2.5	5.0	11
其他制造业	3.4	0.1	0.4			8
电力、蒸汽、热水的生产和供应业	576.8	97.1	555.2	1 996.7	1 436.8	507
自来水的生产和供应业	137.9	22.6	66.3		66.0	172

6-14 武鸣县独立核算工业企业主要财务状况表(地方口径)

(1999年) 单位:万元

指标名称	单位数(个)	亏损企业	工业总产值(1990年不变价)	工业总产值(当年价)	工业销售产值(当年价)	工业增加值(当年价)
总计	**149**	**45**	**111 018.1**	**132 822.9**	**120 334.6**	**41 878.3**
按登记注册类型分组						
内资企业	137	37	97 370.3	118 816.4	107 509.0	37 359.1
国有企业	26	12	23 712.8	28 697.3	27 868.8	9 394.3
中央企业	1	1	49.9	49.9	49.9	20.1
地方企业	25	11	23 662.9	28 647.4	27 818.9	9 374.2
集体企业	110	24	73 609.8	90 053.4	79 573.7	27 941.8
联营企业	1	1	47.7	65.7	66.5	23.0
#国有联营企业	1	1	47.7	65.7	66.5	23.0
港、澳、台商投资企业	8	4	11 969.9	12 530.8	11 223.9	4 000.6
外商投资企业	4	4	1 677.9	1 475.7	1 601.7	518.6
按经济组织类型分组						
独资企业	138	37	98 486.9	120 007.9	108 680.3	37 634.7
#国有企业	26	12	23 712.8	28 697.3	27 868.8	9 394.3
集体企业	110	24	73 609.8	90 053.4	79 573.7	27 941.8
合作、合伙企业	1	1	47.7	65.7	66.5	23.0
有限责任公司	10	7	12 483.5	12 749.3	11 587.8	4 220.6
总计中:亏损企业	45	45	24 629.4	30 784.3	29 129.4	7 977.8
国有控股企业	27	13	23 760.5	28 763.0	27 935.3	9 417.3
农村工业	105	20	72 865.7	89 389.1	78 832.0	27 733.8
总计中:轻工业	92	30	47 742.4	57 496.5	54 496.6	17 179.7
以农产品为原料	76	26	45 246.8	53 815.4	51 019.3	15 555.6
以非农产品为原料	16	4	2 495.6	3 681.1	3 477.3	1 624.1
重工业	57	15	63 275.7	75 326.4	65 838.0	24 698.6
采掘工业	12	2	18 244.4	21 287.6	15 411.2	6 328.2
原料工业	17	3	13 004.8	17 186.8	16 281.7	6 645.7
加工工业	28	10	32 026.5	36 852.0	34 145.1	11 724.7

6-14 续表

单位:万元

指标名称	单位数(个)	亏损企业	工业总产值(1990年不变价)	工业总产值(当年价)	工业销售产值(当年价)	工业增加值(当年价)
总计中: 大二型企业	1		3 099.8	1 955.0	2 114.1	433.8
中二型企业	5	2	17 799.7	19 377.4	17 747.3	5 560.6
小型企业	143	43	90 118.6	111 490.5	100 473.2	35 883.9
按工业行业大类分						
黑色金属矿采选业	1	1	42.3	70.9	81.9	24.9
有色金属矿采选业	5		5 858.0	7 176.1	2 186.7	2 195.0
非金属矿采选业	5		12 311.6	14 016.0	13 118.0	4 100.7
木材及竹材采运业	1	1	32.5	24.6	24.6	7.6
食品加工业	9	3	16 427.7	17 888.7	17 479.5	4 985.6
食品制造业	32	6	15 575.9	20 187.5	18 607.3	6 588.5
饮料制造业	8	3	6 938.4	9 182.0	8 698.4	1 794.7
烟草加工业	1	1	49.9	49.9	49.9	20.1
纺织业	2	2	232.5	193.1	186.5	32.7
服装及其他纤维制品制造业	3	2	439.5	439.5	425.5	97.5
皮革、毛皮、羽绒及其制品业	1		28.0	36.0	36.0	11.5
木材加工及竹、藤、棕、草制品业	9	1	4 136.9	4 649.0	4 388.0	1 518.0
家具制造业	3		441.2	477.0	399.0	192.2
造纸及纸制品业	11	7	4 318.2	4 374.3	4 166.8	1 508.2
印刷业	1	1	93.6	107.4	107.4	44.5
化学原料及化学制品制造业	11	2	11 621.0	15 802.6	14 659.4	5 036.8
医药制造业	2		796.0	945.0	945.0	307.2
塑料制品业	3	3	753.1	607.3	581.4	216.8
非金属矿物制品业	20	8	25 464.4	28 744.0	26 285.3	9 184.2
金属制品业	2	2	1 852.5	1 719.6	1 815.6	614.0
专用设备制造业	2		1 706.6	1 907.7	1 967.7	405.1
交通运输设备制造业	3		500.6	500.6	489.3	181.4
电力、蒸汽、热水的生产和供应业	5		791.0	2 238.4	2 238.4	1 891.0
自来水的生产和供应业	9	2	606.7	1 485.7	1 397.0	920.1

6-14 续表1 单位:万元

指标名称	资产合计	流动资产小计	存货	产成品	流动资产年平均余额	长期投资	固定资产小计
总计	**176 721.0**	**58 137.6**	**20 059.4**	**11 668.4**	**56 381.1**	**2 696.4**	**103 668.6**
按登记注册类型分组							
内资企业	152 222.9	47 706.4	16 069.0	9 737.3	47 622.7	2 658.9	90 841.4
国有企业	87 135.2	30 240.6	7 528.6	4 834.0	30 537.3	2 575.5	46 994.9
中央企业	7 630.2	6 527.2	51.4		6 527.2		1 052.3
地方企业	79 505.0	23 713.4	7 477.2	4 834.0	24 010.1	2 575.5	45 942.6
集体企业	64 940.9	17 371.0	8 524.6	4 903.2	16 990.4	83.4	43 794.5
联营企业	146.8	94.8	15.8	0.1	95.0		52.0
#国有联营企业	146.8	94.8	15.8	0.1	95.0		52.0
港、澳、台商投资企业	18 200.2	8 332.5	2 499.3	890.8	7 250.9	37.5	8 779.7
外商投资企业	6 297.9	2 098.7	1 491.1	1 040.3	1 507.5		4 047.5
按经济组织类型分组							
独资企业	152 995.0	48 180.1	16 139.2	9 752.9	48 092.9	2 671.4	90 959.5
#国有企业	87 135.2	30 240.6	7 528.6	4 834.0	30 537.3	2 575.5	46 994.9
集体企业	64 940.9	17 371.0	8 524.6	4 903.2	16 990.4	83.4	43 794.5
合作、合伙企业	146.8	94.8	15.8	0.1	95.0		52.0
有限责任公司	23 579.2	9 862.7	3 904.4	1 915.4	8 193.2	25.0	12 657.1
总计中:亏损企业	78 275.3	21 693.2	7 429.5	4 468.2	22 285.7	2 265.2	47 518.6
国有控股企业	87 282.0	30 335.4	7 544.4	4 834.1	30 632.3	2 575.5	47 046.9
农村工业	63 966.9	16 854.0	8 153.4	4 656.0	16 483.0	83.0	43 407.0
总计中:轻工业	84 837.8	32 851.8	9 713.2	6 192.5	33 254.6	247.8	45 816.2
以农产品为原料	80 823.0	31 211.2	9 496.7	6 103.1	31 886.8	246.8	43 862.8
以非农产品为原料	4 014.8	1 640.6	216.5	89.4	1 367.8	1.0	1 953.4
重工业	91 883.2	25 285.8	10 346.2	5 475.9	23 126.5	2 448.6	57 852.4
采掘工业	13 715.8	3 166.3	958.8	615.5	1 987.0	55.5	6 489.0
原料工业	38 555.7	8 994.1	3 050.9	2 124.4	9 139.9	314.6	28 601.3
加工工业	39 611.7	13 125.4	6 336.5	2 736.0	11 999.6	2 078.5	22 762.1

6-14 续表1.1 单位:万元

指标名称	资产合计	流动资产小计	存货	产成品	流动资产年平均余额	长期投资	固定资产小计
总计中:大二型企业	6 949.6	907.7	208.2	76.6	746.6		5 587.8
中二型企业	35 105.9	10 539.6	3 607.9	2 506.9	10 893.0	7.7	22 272.1
小型企业	134 665.5	46 690.3	16 243.3	9 084.9	44 741.5	2 688.7	75 808.7
按工业行业大类分							
黑色金属矿采选业	992.0	302.2	146.6	141.3	301.9	55.0	634.7
有色金属矿采选业	469.6	203.8	0.4	0.4	136.0	0.5	240.0
非金属矿采选业	7 449.9	2 315.7	796.6	473.8	1 264.0		5 117.0
木材及竹材采运业	4 804.3	344.6	15.2		285.1		497.3
食品加工业	16 932.9	7 076.4	1 611.3	821.2	7 923.3	12.7	7 676.9
食品制造业	26 694.0	8 235.5	4 320.5	3 780.8	8 614.6	28.0	16 782.3
饮料制造业	9 211.4	2 871.4	1 383.4	237.3	2 770.1		6 322.2
烟草加工业	7 630.2	6 527.2	51.4		6 527.2		1 052.3
纺织业	5 892.5	767.1	383.0	377.5	994.0		4 215.5
服装及其他纤维制品制造业	808.0	705.8	211.5	67.4	644.8	0.2	100.5
皮革、毛皮、羽绒及其制品业	53.0	20.0	1.0	1.0	15.0		32.0
木材加工及竹、藤、棕、草制品业	3 928.4	853.5	538.8	331.9	474.2		3 059.3
家具制造业	244.9	131.7	42.3	42.3	144.1		108.5
造纸及纸制品业	12 252.7	4 530.4	1 268.7	610.9	3 870.8	205.7	6 835.3
印刷业	284.0	103.2	52.8	49.8	112.7	0.2	176.0
化学原料及化学制品制造业	19 013.8	8 634.9	3 452.4	1 755.0	8 771.5		9 509.8
医药制造业	257.3	239.2	2.1	2.1	142.8		18.1
塑料制品业	711.5	334.7	186.0	73.0	353.4		376.7
非金属矿物制品业	37 326.2	5 210.6	2 633.1	1 737.0	4 794.2	2 083.9	28 959.0
金属制品业	4 279.9	1 960.0	1 367.1	942.7	1 403.1		2 277.0
专用设备制造业	3 708.2	1 876.3	1 414.6	223.0	1 860.8	2.3	1 699.6
交通运输设备制造业	811.8	171.7	21.4		162.3		485.0
电力、蒸汽、热水的生产和供应业	9 967.8	3 673.9	138.8		3 837.9	306.9	5 955.4
自来水的生产和供应业	2 996.7	1 047.8	20.4		977.3	1.0	1 538.2

6-14 续表2

单位:万元

指 标 名 称	固定资产原价	生产经营用	累计折旧	本年折旧	固定资产净值年平均余额	无形及递延资产合计
总 计	**121 096.8**	**73 626.9**	**31 727.2**	**4 679.5**	**87 927.4**	**6 638.3**
按登记注册类型分组						
内资企业	106 400.0	61 842.9	28 958.3	4 148.7	77 292.0	6 312.1
国有企业	49 880.7	32 897.9	14 001.6	1 629.6	36 930.8	5 640.4
中央企业	1 382.4	1 000.0	330.1	45.0	1 052.3	5.2
地方企业	48 498.3	31 897.9	13 671.5	1 584.6	35 878.5	5 635.2
集体企业	56 446.6	28 945.0	14 936.0	2 519.0	40 309.3	671.7
联营企业	72.7		20.7	0.1	51.9	
#国有联营企业	72.7		20.7	0.1	51.9	
港、澳、台商投资企业	10 408.2	8 849.2	1 629.1	334.2	7 497.6	225.5
外商投资企业	4 288.6	2 934.8	1 139.8	196.6	3 137.8	100.7
按经济组织类型分组						
独资企业	106 553.8	62 015.5	28 994.0	4 172.8	77 408.6	6 312.1
#国有企业	49 880.7	32 897.9	14 001.6	1 629.6	36 930.8	5 640.4
集体企业	56 446.6	28 945.0	14 936.0	2 519.0	40 309.3	671.7
合作、合伙企业	72.7		20.7	0.1	51.9	
有限责任公司	14 470.3	11 611.4	2 712.5	506.6	10 466.9	326.2
总计中: 亏损企业	53 429.6	41 717.4	12 785.5	1 925.7	40 410.4	5 142.3
国有控股企业	49 953.4	32 897.9	14 022.3	1 629.7	36 982.7	5 640.4
农村工业	55 941.4	28 602.8	14 787.3	2 506.6	39 932.6	667.0
总计中: 轻工业	58 057.4	36 669.2	16 896.3	2 738.6	42 872.1	1 163.5
以农产品为原料	55 375.3	34 835.4	16 122.6	2 608.7	40 988.2	801.8
以非农产品为原料	2 682.1	1 833.8	773.7	129.9	1 883.9	361.7
重工业	63 039.4	36 957.7	14 830.9	1 940.9	45 055.3	5 474.8
采掘工业	7 661.9	208.2	1 651.0	68.6	6 740.2	3 986.7
原料工业	30 048.1	20 882.5	7 793.6	942.3	18 574.8	529.0
加工工业	25 329.4	15 867.0	5 386.3	930.0	19 740.3	959.1

6-14 续表2.1

单位:万元

指标名称	固定资产原价	生产经营用	累计折旧	本年折旧	固定资产净值年平均余额	无形及递延资产合计
总计中: 大二型企业	6 075.5	6 075.5	487.8	193.9	4 367.7	2.0
中二型企业	24 951.7	17 962.5	7 933.0	972.4	17 223.5	498.1
小型企业	90 069.6	49 588.9	23 306.4	3 513.2	66 336.2	6 138.2
按工业行业大类分						
黑色金属矿采选业	320.3	208.2	135.7	4.3	587.7	
有色金属矿采选业	317.7		99.7	5.5	89.5	23.3
非金属矿采选业	6 511.7		1 400.7	58.1	5 621.9	1.0
木材及竹材采运业	512.2		14.9	0.7	441.1	3 962.4
食品加工业	13 988.9	12 536.0	6 734.4	1 230.3	10 878.9	
食品制造业	19 913.0	4 443.1	3 948.3	498.0	13 758.2	470.1
饮料制造业	8 577.4	8 172.1	2 355.0	658.7	5 986.0	6.5
烟草加工业	1 382.4	1 000.0	330.1	45.0	1 052.3	5.2
纺织业	2 645.5	1 671.6	1 073.6	77.0	1 580.8	13.6
服装及其他纤维制品制造业	223.8	15.6	123.5	8.9	102.3	1.5
皮革、毛皮、羽绒及其制品业	33.0		8.0	3.0	24.0	
木材加工及竹、藤、棕、草制品业	3 317.2	4.2	267.8	55.4	584.6	15.0
家具制造业	131.8	99.8	36.9	9.7	96.0	
造纸及纸制品业	7 573.9	6 668.9	1 312.0	56.6	6 768.5	285.4
印刷业	252.8	224.1	99.4	8.3	157.6	4.5
化学原料及化学制品制造业	11 623.6	6 234.7	2 723.5	394.5	8 922.3	539.4
医药制造业	23.6		5.5	2.3	18.5	
塑料制品业	422.2	135.2	69.4	10.7	365.7	
非金属矿物制品业	32 941.7	25 163.9	7 591.3	1 034.9	23 643.2	590.2
金属制品业	2 361.2	2 318.3	772.5	169.9	1 676.4	42.9
专用设备制造业	2 235.2	361.4	826.3	65.9	1 598.9	130.0
交通运输设备制造业	551.3	309.2	66.3	-29.1	468.9	155.1
电力、蒸汽、热水的生产和供应业	3 072.5	2 351.8	1 062.2	187.5	1 978.3	30.5
自来水的生产和供应业	2 163.9	1 708.8	670.2	123.4	1 525.8	361.7

6-14 续表3 单位:万元

指标名称	负债合计	流动负债	长期负债	所有者权益合计	实收资本	国家资本	集体资本
总计	**132 828.9**	**96 074.8**	**32 191.3**	**43 892.1**	**30 964.3**	**12 992.6**	**3 952.0**
按登记注册类型分组							
内资企业	119 430.5	85 337.8	29 543.5	32 792.4	21 718.3	8 546.2	3 024.6
国有企业	64 880.7	47 000.4	14 042.2	22 254.5	8 438.7	8 379.7	
中央企业	6 939.1	6 863.5	75.6	691.1	344.8	344.8	
地方企业	57 941.6	40 136.9	13 966.6	21 563.4	8 093.9	8 034.9	
集体企业	54 440.1	38 227.7	15 501.3	10 500.8	13 274.0	163.7	3 024.6
联营企业	109.7	109.7		37.1	5.6	2.8	
#国有联营企业	109.7	109.7		37.1	5.6	2.8	
港、澳、台商投资企业	10 671.0	8 443.2	2 214.2	7 529.2	6 133.1	3 295.2	927.4
外商投资企业	2 727.4	2 293.8	433.6	3 570.5	3 112.9	1 151.2	
按经济组织类型分组							
独资企业	119 732.5	85 639.8	29 543.5	33 262.5	22 174.6	8 543.4	3 024.6
#国有企业	64 880.7	47 000.4	14 042.2	22 254.5	8 438.7	8 379.7	
集体企业	54 440.1	38 227.7	15 501.3	10 500.8	13 274.0	163.7	3 024.6
合作、合伙企业	109.7	109.7		37.1	5.6	2.8	
有限责任公司	12 986.7	10 325.3	2 647.8	10 592.5	8 784.1	4 446.4	927.4
总计中:亏损企业	72 201.2	50 286.4	17 972.5	6 074.1	9 191.3	4 047.3	1 150.1
国有控股企业	64 990.4	47 110.1	14 042.2	22 291.6	8 444.3	8 382.5	
农村工业	53 445.7	37 420.5	15 425.5	10 521.2	13 066.1	120.7	2 860.8
总计中:轻工业	71 505.7	50 858.3	16 307.3	13 332.1	12 424.8	5 267.7	1 810.5
以农产品为原料	69 885.2	50 044.9	15 531.6	10 937.8	11 708.5	4 879.4	1 665.0
以非农产品为原料	1 620.5	813.4	775.7	2 394.3	716.3	388.3	145.5
重工业	61 323.2	45 216.5	15 884.0	30 560.0	18 539.5	7 724.9	2 141.5
采掘工业	7 349.7	5 425.3	1 920.4	6 366.1	1 308.3	583.7	127.6
原料工业	30 302.7	23 576.1	6 726.6	8 253.0	7 338.6	2 281.3	862.5
加工工业	23 670.8	16 215.1	7 237.0	15 940.9	9 892.6	4 859.9	1 151.4

指 标 名 称	负债合计			所有者权益合计			
		流动负债	长期负债		实收资本	国家资本	集体资本
总计中：大二型企业	4 070.1	2 152.3	1 904.2	2 879.5	2 335.4	2 105.5	
中二型企业	30 309.1	20 717.5	5 882.5	4 796.8	3 911.2	2 623.2	927.4
小型企业	98 449.7	73 205.0	24 404.6	36 215.8	24 717.7	8 263.9	3 024.6
按工业行业大类分							
黑色金属矿采选业	593.1	244.3	344.8	398.9	189.7	189.7	
有色金属矿采选业	108.0	108.0		361.6	237.3	68.2	110.6
非金属矿采选业	6 030.6	4 855.0	1 175.6	1 419.3	496.5		17.0
木材及竹材采运业	618.0	218.0	400.0	4 186.3	384.8	325.8	
食品加工业	10 769.5	9 234.8	1 534.7	6 163.4	4 724.2	2 132.9	486.1
食品制造业	25 788.1	18 282.1	7 410.2	905.9	2 310.2	460.3	898.5
饮料制造业	11 509.6	7 876.3	3 565.5	-2 298.2	458.3	123.6	116.1
烟草加工业	6 939.1	6 863.5	75.6	691.1	344.8	344.8	
纺织业	3 780.1	71.0		2 112.4	709.8	283.9	
服装及其他纤维制品制造业	653.2	628.9	20.3	154.8	167.0		19.0
皮革、毛皮、羽绒及其制品业				53.0	10.0		
木材加工及竹、藤、棕、草制品业	2 060.9	1 366.9	694.0	1 867.5	1 762.1		28.1
家具制造业	98.3	74.3	24.0	146.6	98.0		83.0
造纸及纸制品业	9 537.3	6 612.5	2 472.8	2 715.4	2 702.1	1 479.9	55.2
印刷业	226.1	161.6	64.5	57.9	54.0	54.0	
化学原料及化学制品制造业	12 537.4	10 883.5	1 642.5	6 476.4	3 505.7	1 703.2	997.1
医药制造业	27.6	17.0	10.6	229.7	60.8		
塑料制品业	591.3	480.3	11.0	120.2	137.0	61.7	75.3
非金属矿物制品业	30 110.9	19 372.8	10 619.4	7 215.3	7 989.2	2 876.3	931.6
金属制品业	1 751.6	1 141.6	610.0	2 528.3	2 251.4	658.3	23.3
专用设备制造业	2 308.4	2 141.4	167.0	1 399.8	373.2	373.2	
交通运输设备制造业	342.0	326.6	15.4	469.8	377.6	361.8	15.0
电力、蒸汽、热水的生产和供应业	5 362.4	4 753.1	609.3	4 605.4	1 186.5	1 125.4	42.3
自来水的生产和供应业	1 085.4	361.3	724.1	1 911.3	434.1	369.6	53.8

6-14 续表4　　单位：万元

指标名称	法人资本	个人资本	港澳台资本	外商资本	产品销售收入	产品销售成本	产品销售费用
总计	**4 652.0**	**5 534.7**	**2 019.9**	**1 813.1**	**107 359.2**	**94 458.2**	**4 340.1**
按登记注册类型分组							
内资企业	4 610.0	5 534.7	2.8		94 356.6	83 181.9	3 542.2
国有企业	59.0				32 395.9	26 185.6	1 557.1
中央企业					360.5	321.1	13.7
地方企业	59.0				32 035.4	25 864.5	1 543.4
集体企业	4 551.0	5 534.7			61 894.1	56 938.7	1 984.1
联营企业			2.8		66.6	57.6	1.0
#国有联营企业			2.8		66.6	57.6	1.0
港、澳、台商投资企业	42.0		1 591.2	277.3	11 427.5	9 610.0	702.7
外商投资企业			425.9	1 535.8	1 575.1	1 666.3	95.2
按经济组织类型分组							
独资企业	4 610.0	5 534.7	212.6	249.3	95 584.7	84 088.5	3 641.2
#国有企业	59.0				32 395.9	26 185.6	1 557.1
集体企业	4 551.0	5 534.7			61 894.1	56 938.7	1 984.1
合作、合伙企业			2.8		66.6	57.6	1.0
有限责任公司	42.0		1 804.5	1 563.8	11 707.9	10 312.1	697.9
总计中：亏损企业	1 176.5	117.2	887.1	1 813.1	18 408.4	18 450.1	1 313.5
国有控股企业	59.0		2.8		32 462.5	26 243.2	1 558.1
农村工业	4 551.0	5 533.6			61 188.8	56 290.0	1 983.3
总计中：轻工业	866.0	2 773.9	1 429.4	277.3	42 838.6	38 652.8	2 046.3
以农产品为原料	735.5	2 721.9	1 429.4	277.3	39 378.1	36 176.6	1 816.7
以非农产品为原料	130.5	52.0			3 460.5	2 476.2	229.6
重工业	3 786.0	2 760.8	590.5	1 535.8	64 520.6	55 805.4	2 293.8
采掘工业	307.0	290.0			7 628.4	6 405.7	150.0
原料工业	2 605.2	1 589.6			19 227.9	15 754.2	807.3
加工工业	873.8	881.2	590.5	1 535.8	37 664.3	33 645.5	1 336.5

6-14 续表4.1 单位:万元

指标名称	法人资本	个人资本	港澳台资本	外商资本	产品销售收入	产品销售成本	产品销售费用
总计中:大二型企业			229.9		2 114.1	1 759.9	46.8
中二型企业			360.6		18 551.0	15 440.8	1 409.6
小型企业	4 652.0	5 534.7	1 429.4	1 813.1	86 694.1	77 257.5	2 883.7
按工业行业大类分							
黑色金属矿采选业					81.9	64.9	
有色金属矿采选业	51.5	7.0			2 232.7	1 721.4	96.2
非金属矿采选业	196.5	283.0			5 276.7	4 619.1	53.7
木材及竹材采运业	59.0				37.1	0.3	0.1
食品加工业	1.5	1 888.3	215.4		15 525.5	13 596.3	621.4
食品制造业	198.5	752.9			13 803.6	12 443.5	426.8
饮料制造业	177.3	41.3			3 256.8	4 505.4	189.0
烟草加工业					360.5	321.1	13.7
纺织业			425.9		186.5	195.6	2.0
服装及其他纤维制品制造业	120.0			28.0	474.8	320.2	92.0
皮革、毛皮、羽绒及其制品业		10.0			46.0	27.0	10.0
木材加工及竹、藤、棕、草制品业	726.0	1 008.0			4 281.5	3 860.1	124.4
家具制造业		15.0			262.9	180.7	24.6
造纸及纸制品业	123.2	6.4	788.1	249.3	4 537.6	3 766.9	434.5
印刷业					107.4	100.8	
化学原料及化学制品制造业	41.0	403.8	360.6		14 484.8	12 454.1	547.3
医药制造业	17.0	43.8			955.0	638.3	100.6
塑料制品业					544.0	520.8	1.3
非金属矿物制品业	2 935.0	1 016.4	229.9		29 716.4	26 516.9	1 284.3
金属制品业		34.0		1 535.8	1 731.8	1 646.7	134.5
专用设备制造业					2 025.6	1 653.4	64.4
交通运输设备制造业		0.8			489.3	372.7	17.1
电力、蒸汽、热水的生产和供应业	3.0	15.8			5 607.6	4 059.2	86.2
自来水的生产和供应业	2.5	8.2			1 333.2	872.8	16.0

指标名称	产品销售税金及附加	产品销售利润	其它业务利润	管理费用	税金	财产保险费	劳动待业保险费
总　　计	**1 091.4**	**5 657.7**	**156.3**	**5 572.9**	**104.4**	**37.8**	**650.7**
按登记注册类型分组							
内资企业	1 033.9	5 268.0	147.7	4 919.6	97.3	33.6	632.1
国有企业	177.4	4 456.0	8.0	3 535.2	74.0	33.4	625.3
中央企业	0.7	24.9		181.2			
地方企业	176.7	4 431.1	8.0	3 354.0	74.0	33.4	625.3
集体企业	856.4	804.1	139.7	1 368.6	23.3	0.2	4.7
联营企业	0.1	7.9		15.8			2.1
＃国有联营企业	0.1	7.9		15.8			2.1
港、澳、台商投资企业	57.5	625.6	-3.2	538.0	0.8	4.2	12.6
外商投资企业		-235.9	11.8	115.3	6.3		6.0
按经济组织类型分组							
独资企业	1 090.2	5 339.2	148.4	5 045.2	97.3	33.6	630.0
＃国有企业	177.4	4 456.0	8.0	3 535.2	74.0	33.4	625.3
集体企业	856.4	804.1	139.7	1 368.6	23.3	0.2	4.7
合作、合伙企业	0.1	7.9		15.8			2.1
有限责任公司	1.1	310.6	7.9	511.9	7.1	4.2	18.6
总计中：亏损企业	195.8	-1 795.3	38.2	1 728.4	29.8	5.9	203.0
国有控股企业	177.5	4 463.9	8.0	3 551.0	74.0	33.4	627.4
农村工业	838.8	772.0	113.0	1 327.0	21.2		
总计中：轻工业	707.1	629.8	129.6	2 029.9	54.7	16.3	152.9
以农产品为原料	666.4	-21.3	119.9	1 570.4	50.9	5.2	125.7
以非农产品为原料	40.7	651.1	9.7	459.5	3.8	11.1	27.2
重工业	384.3	5 027.9	26.7	3 543.0	49.7	21.5	497.8
采掘工业	146.7	766.9	10.0	290.9			48.7
原料工业	147.0	2 152.0	4.1	1 825.7	27.1	12.4	267.5
加工工业	90.6	2 109.0	12.6	1 426.4	22.6	9.1	181.6

指标名称	产品销售税金及附加	产品销售利润	其它业务利润	管理费用	税金	财产保险费	劳动待业保险费
总计中：大二型企业		4.4		89.0	0.7	1.5	11.6
中二型企业	87.9	1 593.6	5.8	1 091.6	22.4	2.2	156.2
小型企业	1 003.5	4 059.7	150.5	4 392.3	81.3	34.1	482.9
按工业行业大类分							
黑色金属矿采选业		16.9		23.9			
有色金属矿采选业	10.9	245.2		69.6			6.8
非金属矿采选业	132.2	471.7		151.7			
木材及竹材采运业	3.6	33.1	10.0	45.7			41.9
食品加工业	333.2	878.6	0.7	447.6	10.2		67.4
食品制造业	119.6	421.4	103.5	446.6	25.9		23.4
饮料制造业	188.3	-1 684.6	3.7	68.7	0.6	2.0	14.9
烟草加工业	0.7	24.9		181.2			
纺织业		-42.5		22.8	12.0		
服装及其他纤维制品制造业	0.8	-25.0	-1.5	51.2	2.1	0.2	
皮革、毛皮、羽绒及其制品业	2.0	7.0		3.0			
木材加工及竹、藤、棕、草制品业	26.0	59.5	24.0	33.0			
家具制造业	3.2	54.4		29.0			
造纸及纸制品业	12.3	279.3	12.5	275.8	0.1	1.5	12.9
印刷业	0.9	5.7		18.9		1.5	7.1
化学原料及化学制品制造业	53.5	1 331.7	4.1	912.3	23.5	1.2	141.5
医药制造业	8.2	207.9		160.8			
塑料制品业	3.1	12.6		14.0			
非金属矿物制品业	141.8	1 297.8	5.8	1 182.3	3.0	2.6	121.3
金属制品业	0.7	-51.1	12.0	101.4	1.4		
专用设备制造业	1.5	306.2		230.8	6.1	6.0	68.4
交通运输设备制造业	1.2	98.3	0.6	63.4	0.8	0.3	5.7
电力、蒸汽、热水的生产和供应业	40.6	1 306.5	-24.8	768.1	14.9	11.4	112.2
自来水的生产和供应业	7.1	402.2	5.7	271.1	3.8	11.1	27.2

6-14 续表6　　单位:万元

指标名称	财务费用	利息支出	营业利润	利润总额	亏损企业亏损额	利税总额
总计	**3 602.4**	**2 142.5**	**-1 909.7**	**-2 382.1**	**5 234.0**	**2 841.1**
按登记注册类型分组						
内资企业	2 993.5	1 548.9	-1 628.1	-2 344.4	4 775.8	2 397.4
国有企业	1 493.2	1 475.8	-357.1	-719.1	1 653.9	1 568.6
中央企业	-0.9	-0.9		-164.9	164.9	-154.0
地方企业	1 494.1	1 476.7	-357.1	-554.2	1 489.0	1 722.6
集体企业	1 495.7	68.5	-1 258.5	-1 612.8	3 109.4	841.2
联营企业	4.6	4.6	-12.5	-12.5	12.5	-12.4
#国有联营企业	4.6	4.6	-12.5	-12.5	12.5	-12.4
港、澳、台商投资企业	544.1	539.5	7.3	328.0	92.5	748.1
外商投资企业	64.8	54.1	-288.9	-365.7	365.7	-304.4
按经济组织类型分组						
独资企业	2 994.4	1 549.6	-1 586.0	-2 245.4	4 788.0	2 577.3
#国有企业	1 493.2	1 475.8	-357.1	-719.1	1 653.9	1 568.6
集体企业	1 495.7	68.5	-1 258.5	-1 612.8	3 109.4	841.2
合作、合伙企业	4.6	4.6	-12.5	-12.5	12.5	-12.4
有限责任公司	603.4	588.3	-311.2	-124.2	433.5	276.2
总计中：亏损企业	1 690.6	1 184.4	-4 676.8	-5 234.0	5 234.0	-4 055.5
国有控股企业	1 497.8	1 480.4	-369.6	-731.6	1 666.4	1 556.2
农村工业	1 453.8	37.2	-1 240.2	-1 597.9	3 093.1	771.5
总计中：轻工业	949.8	349.9	-1 396.3	-1 842.6	3 234.0	903.5
以农产品为原料	851.3	330.9	-1 643.5	-1 990.3	3 195.0	504.8
以非农产品为原料	98.5	19.0	247.2	147.7	39.0	398.7
重工业	2 652.6	1 792.6	-513.4	-539.5	2 000.0	1 937.6
采掘工业	218.0	16.3	160.3	178.3	20.2	454.6
原料工业	1 121.5	847.0	-520.3	-775.7	1 475.9	682.2
加工工业	1 313.1	929.3	-153.4	57.9	503.9	800.8

指标名称	财务费用	利息支出	营业利润	利润总额	亏损企业亏损额	利税总额
总计中：大二型企业	213.9	213.9	4.4	4.5		4.5
中二型企业	1 199.6	1 199.2	-617.9	-636.5	1 001.4	879.8
小型企业	2 188.9	729.4	-1 296.2	-1 750.1	4 232.6	1 956.8
按工业行业大类分						
黑色金属矿采选业	6.8		-13.9	-8.1	8.1	-1.3
有色金属矿采选业	20.0		72.8	102.0		173.0
非金属矿采选业	178.5	3.6	115.5	96.5		291.4
木材及竹材采运业	12.7	12.7	-14.1	-12.1	12.1	-8.5
食品加工业	189.8	136.9	335.5	333.0	155.9	1 678.9
食品制造业	394.3	67.5	-154.0	-194.8	745.7	415.1
饮料制造业	72.2	20.8	-1 683.3	-1 786.0	1 808.6	-1 511.6
烟草加工业	-0.9	-0.9		-164.9	164.9	-154.0
纺织业	29.7	29.7	-52.7	-89.7	89.7	-75.6
服装及其他纤维制品制造业	15.5	13.9	-37.5	-35.5	37.5	-16.8
皮革、毛皮、羽绒及其制品业	3.0		4.0	1.0		4.0
木材加工及竹、藤、棕、草制品业	29.3	0.7	120.9	135.9	1.0	214.2
家具制造业	19.7	1.5	10.4	6.4		14.8
造纸及纸制品业	89.2	50.5	-48.3	-64.6	175.6	105.7
印刷业	10.3	10.3	-23.5	-16.1	16.1	-4.3
化学原料及化学制品制造业	622.3	542.2	14.3	346.7	69.6	908.6
医药制造业	29.8		148.0	49.0		128.9
塑料制品业	36.4	4.4	-31.6	-31.6	31.6	-24.5
非金属矿物制品业	1 607.9	1 110.0	-1 069.4	-1 384.5	1 658.9	-363.4
金属制品业	119.5	52.4	-249.2	-249.2	249.2	-194.1
专用设备制造业	51.5	51.5	23.9	29.6		95.1
交通运输设备制造业	14.3	8.1	21.3	9.5		30.0
电力、蒸汽、热水的生产和供应业	26.7	19.7	484.9	429.6		944.3
自来水的生产和供应业	23.9	7.0	116.3	115.8	9.5	191.2

6-14 续表7 单位:万元

指标名称	本年应付工资总额	本年应付福利费总额	本年应交增值税	进项税额	销项税额	全部从业人员年平均数(人)
总计	**8 999.1**	**929.3**	**4 131.8**	**3 868.3**	**6 247.8**	**20 297**
按登记注册类型分组						
内资企业	8 148.6	847.0	3 707.9	2 684.0	4 655.9	18 831
国有企业	3 811.1	576.6	2 110.3	2 644.2	4 524.7	5 709
中央企业	51.0	7.0	10.2	51.2	61.4	53
地方企业	3 760.1	569.6	2 100.1	2 593.0	4 463.3	5 656
集体企业	4 336.7	270.3	1 597.6	39.8	131.2	13 104
联营企业	0.8	0.1				18
#国有联营企业	0.8	0.1				18
港、澳、台商投资企业	771.9	71.7	362.6	952.4	1 314.7	1 317
外商投资企业	78.6	10.6	61.3	231.9	277.2	149
按经济组织类型分组						
独资企业	8 212.0	850.9	3 732.5	2 726.4	4 722.9	18 893
#国有企业	3 811.1	576.6	2 110.3	2 644.2	4 524.7	5 709
集体企业	4 336.7	270.3	1 597.6	39.8	131.2	13 104
合作、合伙企业	0.8	0.1				18
有限责任公司	786.3	78.3	399.3	1 141.9	1 524.9	1 386
总计中:亏损企业	2 240.9	304.7	982.7	926.9	1 572.0	5 154
国有控股企业	3 811.9	576.7	2 110.3	2 644.2	4 524.7	5 727
农村工业	4 294.7	264.4	1 530.6	29.0	53.5	12 965
总计中:轻工业	3 279.3	308.1	2 039.0	1 524.4	2 450.6	8 113
以农产品为原料	2 973.7	280.9	1 828.7	1 515.9	2 315.2	7 345
以非农产品为原料	305.6	27.2	210.3	8.5	135.4	768
重工业	5 719.8	621.2	2 092.8	2 343.9	3 797.2	12 184
采掘工业	1 047.0	26.3	129.6	0.5	37.3	4 034
原料工业	1 944.6	235.6	1 310.9	1 493.6	2 529.5	3 516
加工工业	2 728.2	359.3	652.3	849.8	1 230.4	4 634

6-14 续表7.1 单位:万元

指标名称	本年应付工资总额	本年应付福利费总额	本年应交增值税	进项税额	销项税额	全部从业人员年平均数(人)
总计中: 大二型企业	174.8	26.5				266
中二型企业	1 288.5	197.0	1 428.4	1 504.3	2 929.3	2 717
小型企业	7 535.8	705.8	2 703.4	2 364.0	3 318.5	17 314
按工业行业大类分						
黑色金属矿采选业	33.1	2.9	6.8	0.5	7.3	111
有色金属矿采选业	585.3	3.6	60.1		30.0	930
非金属矿采选业	324.4	8.5	62.7			2 873
木材及竹材采运业	104.2	11.3				120
食品加工业	901.0	70.0	1 012.7	551.4	1 241.6	1 241
食品制造业	1 143.8	110.4	490.3	287.4	209.5	3 365
饮料制造业	230.5	14.5	86.1			461
烟草加工业	51.0	7.0	10.2	51.2	61.4	53
纺织业	18.1	1.1	14.1	11.5	25.6	715
服装及其他纤维制品制造业	97.0	8.0	17.9	19.2	37.0	296
皮革、毛皮、羽绒及其制品业	1.5	0.5	1.0			7
木材加工及竹、藤、棕、草制品业	210.3	5.3	52.3	2.0	4.0	1 185
家具制造业	9.8	2.0	5.2	1.0		53
造纸及纸制品业	448.4	58.3	158.0	584.9	717.9	956
印刷业	28.8	3.8	10.9	7.3	18.2	97
化学原料及化学制品制造业	1 154.2	161.2	508.4	606.5	1 075.7	1 628
医药制造业	64.4	1.5	71.7			355
塑料制品业	57.1	6.2	4.0	2.8	3.5	195
非金属矿物制品业	2 321.8	284.0	879.3	495.4	952.8	4 319
金属制品业	73.8	19.2	54.4	202.5	238.5	135
专用设备制造业	313.4	44.7	64.0	221.1	285.1	454
交通运输设备制造业	40.4	6.2	19.3			81
电力、蒸汽、热水的生产和供应业	593.3	75.4	474.1	823.6	1 279.8	490
自来水的生产和供应业	193.5	23.7	68.3		59.9	177

6-15 全市国有控股独立核算工业企业主要财务状况指标(地方口径)

(1999年) 单位:万元

指 标 名 称	单位数(个)	亏损企业	工业总产值(1990年不变价)	工业总产值(当年价)	工业销售产值(当年价)	工业增加值(当年价)
总 计	**260**	**121**	**719 981.7**	**802 719.9**	**763 300.6**	**270 825.0**
总计中：亏损企业	121	121	172 500.2	172 677.9	164 431.1	42 438.4
总计中：中央企业	9	6	99 671.4	117 041.9	104 699.3	76 026.2
地方企业	251	115	620 310.3	685 678.0	658 601.3	194 798.8
总计中：轻工业	151	66	441 802.5	495 502.2	464 480.9	172 222.6
以农产品为原料	118	46	380 051.9	428 189.9	398 994.3	147 427.2
以非农产品为原料	33	20	61 750.6	67 312.3	65 486.6	24 795.4
重工业	109	55	278 179.2	307 217.7	298 819.7	98 602.4
采掘工业	14	9	6 217.2	7 243.3	7 208.5	3 230.9
原料工业	19	6	125 067.5	142 769.7	141 361.6	59 634.5
加工工业	76	40	146 894.5	157 204.7	150 249.6	35 737.0
总计中：特大型企业	1		106 284.8	100 537.3	91 399.7	33 722.5
大一型企业	6	3	106 746.9	111 348.6	111 740.0	42 957.9
大二型企业	22	7	272 763.0	317 912.5	300 747.7	111 263.9
中一型企业	18	10	71 009.4	78 703.6	75 477.2	25 594.0
中二型企业	17	6	61 478.2	66 586.1	61 037.9	15 405.3
小型企业	196	95	101 699.4	127 631.8	122 898.1	41 881.4
按工业行业大类分						
煤炭采选业	5	3	3 257.9	4 817.7	4 911.4	2 125.7
黑色金属矿采选业	3	1	441.4	544.2	562.2	164.8
有色金属矿采选业	1		239.2	287.1	292.7	54.1
非金属矿采选业	4	4	2 246.2	1 569.7	1 417.6	878.7
木材及竹材采运业	1	1	32.5	24.6	24.6	7.6
食品加工业	20	5	177 991.9	205 671.7	191 391.3	56 253.3
食品制造业	21	6	54 212.8	57 499.7	58 130.2	15 043.1

6-15 续表 单位:万元

指 标 名 称	单位数(个)	亏损企业	工业总产值(1990年不变价)	工业总产值(当年价)	工业销售产值(当年价)	工业增加值(当年价)
饮料制造业	8	6	5 012.8	4 817.0	5 083.4	1 221.3
烟草加工业	2	1	76 226.6	91 733.8	79 585.2	51 606.8
纺织业	8	6	25 429.4	24 646.5	22 986.0	6 798.1
服装及其他纤维制品制造业	5	1	4 217.5	4 381.7	4 355.5	1 759.8
皮革、毛皮、羽绒及其制品业	5	3	786.2	790.7	596.3	170.2
木材加工及竹、藤、棕、草制品业	3	1	9 028.4	10 120.7	9 950.0	2 931.2
家具制造业	3	1	1 357.9	1 463.4	1 523.1	588.5
造纸及纸制品业	6	4	4 721.9	5 020.9	5 268.2	1 620.8
印刷业	25	7	15 462.4	18 779.5	18 046.2	7 390.7
化学原料及化学制品制造业	11	5	40 459.3	45 589.2	46 104.3	10 123.4
医药制造业	20	6	26 837.0	24 730.4	21 944.6	9 266.8
化学纤维制造业	1	1	2 785.8	2 765.5	3 140.8	655.5
橡胶制品业	2	1	14 970.5	11 991.4	11 209.2	4 059.2
塑料制品业	8	4	6 410.0	6 164.9	5 976.7	1 441.9
非金属矿物制品业	23	16	44 195.6	56 969.9	55 766.5	19 635.9
有色金属冶炼及压延加工业	3		39 660.1	39 083.8	38 880.5	10 798.9
金属制品业	6	6	2 998.1	3 179.2	3 131.9	956.2
普通机械制造业	8	4	24 075.9	26 622.0	26 664.0	6 393.0
专用设备制造业	12	6	36 937.5	43 178.2	43 155.2	5 234.9
交通运输设备制造业	22	11	29 401.8	29 099.5	28 133.7	7 396.0
电气机械及器材制造业	9	6	23 938.9	23 167.6	19 175.4	4 364.1
电子及通信设备制造业	4	2	19 086.4	15 668.8	13 677.2	4 002.3
仪器仪表及文化、办公用机械制造业	1	1	40.4	40.4	45.1	13.0
其他制造业	1	1	243.5	229.1	258.0	59.5
电力、蒸汽、热水的生产和供应业	4		21 206.6	27 252.6	27 152.6	27 982.0
自来水的生产和供应业	5	1	6 069.3	14 818.5	14 761.0	9 827.7

6-15 续表1　　　　　　　　　　　　　　　　　　　　　　　　　　　单位:万元

指标名称	资产合计	流动资产小计	存货	产成品	流动资产年平均余额	长期投资	固定资产小计
总　　计	**1 835 505.7**	**683 515.2**	**215 591.3**	**87 481.8**	**572 742.0**	**56 066.5**	**1 005 953.2**
总计中:亏损企业	604 926.5	194 625.5	71 750.8	39 112.6	192 368.1	19 634.8	348 562.0
总计中:中央企业	369 829.7	140 666.6	47 058.0	5 868.9	85 527.4	3 594.7	224 619.9
地方企业	1 465 676.0	542 848.6	168 533.3	81 612.9	487 214.6	52 471.8	781 333.3
总计中:轻工业	909 071.4	375 842.1	133 095.2	48 057.2	349 387.7	30 067.7	456 016.5
以农产品为原料	696 987.0	312 312.9	104 225.6	31 012.7	284 143.8	26 086.3	319 946.5
以非农产品为原料	212 084.4	63 529.2	28 869.6	17 044.5	65 243.9	3 981.4	136 070.0
重工业	926 434.3	307 673.1	82 496.1	39 424.6	223 354.3	25 998.8	549 936.7
采掘工业	49 859.6	11 893.5	2 860.6	2 169.8	10 269.2	966.7	32 640.2
原料工业	538 084.9	144 611.1	24 474.6	11 677.2	68 278.8	7 634.9	363 919.9
加工工业	338 489.8	151 168.5	55 160.9	25 577.6	144 806.3	17 397.2	153 376.6
总计中:特大型企业	109 335.6	59 210.1	6 514.4	441.4	23 357.8		50 026.2
大一型企业	501 596.9	153 899.7	23 457.6	8 837.1	80 613.9	12 280.2	317 953.1
大二型企业	585 857.5	228 812.6	101 221.7	31 741.4	229 894.6	25 760.2	301 210.4
中一型企业	181 917.3	60 047.6	23 190.8	14 556.2	59 595.9	1 735.2	116 825.6
中二型企业	117 171.7	54 703.1	21 658.6	12 474.6	56 324.6	3 118.6	56 065.5
小型企业	339 626.7	126 842.1	39 548.2	19 431.1	122 955.2	13 172.3	163 872.4
按工业行业大类分							
煤炭采选业	35 379.5	7 855.5	1 059.4	459.5	6 325.5	455.5	26 881.1
黑色金属矿采选业	2 942.2	1 262.5	539.2	486.2	1 243.1	377.4	1 249.2
有色金属矿采选业	195.5	111.6			106.0	0.5	60.1
非金属矿采选业	6 538.1	2 319.3	1 246.8	1 224.1	2 309.5	133.3	3 952.5
木材及竹材采运业	4 804.3	344.6	15.2		285.1		497.3
食品加工业	224 693.7	109 495.8	16 483.6	4 169.7	79 449.1	5 921.8	102 788.1
食品制造业	165 593.1	58 817.8	19 483.4	9 096.1	54 870.2	12 714.5	70 012.8

6-15 续表1.1 单位:万元

指标名称	资产合计	流动资产小计			流动资产年平均余额	长期投资	固定资产小计
			存货				
				产成品			
饮料制造业	13 174.0	4 885.0	1 391.0	266.0	4 940.0	1 043.9	7 223.3
烟草加工业	109 130.2	68 776.2	44 551.4	5 357.0	76 463.6	3 560.0	36 743.3
纺织业	74 207.7	26 692.4	7 924.0	3 221.7	27 951.1	1 885.6	41 395.0
服装及其他纤维制品制造业	7 283.7	3 345.4	917.5	461.2	2 915.3	57.7	3 735.6
皮革、毛皮、羽绒及其制品业	7 694.6	1 936.6	1 176.3	847.4	1 764.5	1.8	4 018.8
木材加工及竹、藤、棕、草制品业	27 915.2	5 496.0	1 991.4	575.6	5 308.4		13 637.3
家具制造业	4 431.9	1 144.1	515.2	242.7	974.6	35.0	3 195.0
造纸及纸制品业	16 304.1	4 206.0	1 313.5	1 010.5	4 450.3	286.7	11 372.5
印刷业	43 256.1	16 961.4	4 641.7	2 400.2	14 289.4	150.8	25 673.3
化学原料及化学制品制造业	116 081.2	39 111.5	11 124.1	5 458.4	28 688.1	6 709.0	69 379.9
医药制造业	60 311.4	26 498.0	8 405.0	5 273.0	26 580.1	1 538.4	31 016.8
化学纤维制造业	18 904.0	3 437.1	1 231.3	565.5	3 582.4	130.0	15 246.5
橡胶制品业	21 659.3	12 174.8	8 868.6	5 868.7	12 726.4	94.0	9 390.5
塑料制品业	12 043.5	6 165.4	2 142.0	1 383.6	6 169.2	662.4	4 367.4
非金属矿物制品业	195 466.6	42 359.1	15 835.9	9 974.9	41 411.1	7 662.9	127 499.3
有色金属冶炼及压延加工业	39 886.5	13 242.4	4 718.6	1 619.4	12 610.0	691.3	25 873.7
金属制品业	9 584.4	3 842.1	1 597.0	543.8	3 950.4	250.3	5 224.9
普通机械制造业	65 805.0	35 845.3	15 933.8	7 086.6	35 293.3	4 437.7	20 821.5
专用设备制造业	85 155.2	43 866.1	17 417.3	7 539.7	40 371.5	385.2	38 076.1
交通运输设备制造业	62 018.4	19 359.4	6 276.8	655.0	19 061.0	2 631.1	33 994.2
电气机械及器材制造业	41 386.3	22 675.1	7 253.6	3 912.1	19 998.9	1 546.3	15 760.0
电子及通信设备制造业	28 264.5	17 077.7	10 174.8	7 568.8	17 107.4	23.5	10 186.6
仪器仪表及文化、办公用机械制造业	703.6	184.1	112.4	14.6	176.4	332.0	187.4
其他制造业	2 848.2	1 158.4	437.4	199.8	1 241.1	162.5	1 527.3
电力、蒸汽、热水的生产和供应业	276 346.5	75 631.0	713.1		13 079.7	336.9	200 191.3
自来水的生产和供应业	55 497.2	7 237.5	100.0		7 049.3	1 848.5	44 774.6

6-15 续表2 单位：万元

指 标 名 称	固定资产原价	生产经营用	累计折旧	本年折旧	固定资产净值年平均余额	无形及递延资产合计
总　　计	**1 177 870.9**	**898 109.5**	**313 668.4**	**46 082.6**	**706 599.1**	**48 848.0**
总计中：亏损企业	415 144.6	273 407.2	113 419.1	13 404.9	286 810.7	25 835.5
总计中：中央企业	246 609.2	219 792.8	48 491.6	10 151.3	47 792.4	163.3
地方企业	931 261.7	678 316.7	265 176.8	35 931.3	658 806.7	48 684.7
总计中：轻工业	543 857.0	399 123.1	162 442.7	21 254.0	380 049.9	28 166.2
以农产品为原料	397 889.1	279 763.9	123 089.6	16 406.0	275 537.8	21 135.4
以非农产品为原料	145 967.9	119 359.2	39 353.1	4 848.0	104 512.1	7 030.8
重工业	634 013.9	498 986.4	151 225.7	24 828.6	326 549.2	20 681.8
采掘工业	37 861.7	22 872.7	8 392.9	685.6	29 997.7	4 305.8
原料工业	409 795.5	348 262.5	86 249.4	19 109.4	165 149.3	1 454.5
加工工业	186 356.7	127 851.2	56 583.4	5 033.6	131 402.2	14 921.5
总计中：特大型企业	79 470.3	79 320.3	34 026.4	5 092.2	47 638.0	99.3
大一型企业	365 687.7	290 205.8	83 764.7	15 994.2	125 582.9	8 681.9
大二型企业	343 073.4	286 753.5	97 430.6	13 335.7	250 799.6	15 561.1
中一型企业	143 854.8	96 633.2	33 518.8	4 015.1	103 489.2	3 304.7
中二型企业	67 217.8	50 109.4	20 872.6	2 183.0	45 956.6	1 293.3
小型企业	178 566.9	95 087.3	44 055.3	5 462.4	133 132.8	19 907.7
按工业行业大类分						
煤炭采选业	30 935.8	19 824.3	6 189.6	326.1	25 430.3	187.2
黑色金属矿采选业	1 073.3	647.0	274.2	16.0	869.4	
有色金属矿采选业	102.5		42.4	2.5	60.5	23.3
非金属矿采选业	5 237.9	2 401.4	1 871.8	340.3	3 196.4	132.9
木材及竹材采运业	512.2		14.9	0.7	441.1	3 962.4
食品加工业	145 411.8	129 849.8	54 487.6	7 886.0	92 427.4	2 370.9
食品制造业	77 402.7	26 105.0	20 732.4	2 550.6	57 395.4	11 907.5

单位:万元

指标名称	固定资产原价	生产经营用	累计折旧	本年折旧	固定资产净值年平均余额	无形及递延资产合计
饮料制造业	8 818.9	3 993.1	2 408.2	279.5	6 387.0	9.8
烟草加工业	44 464.2	36 615.2	11 867.0	1 369.7	31 038.7	5.2
纺织业	51 127.8	32 136.1	15 338.4	2 035.5	36 008.2	3 338.1
服装及其他纤维制品制造业	4 680.7	3 030.8	1 277.1	137.5	3 727.5	80.9
皮革、毛皮、羽绒及其制品业	5 042.7	2 810.3	1 707.0	76.7	3 417.3	1 725.0
木材加工及竹、藤、棕、草制品业	17 388.7	17 125.9	4 358.5	1 899.0	14 906.6	
家具制造业	3 542.7	2 282.2	836.0	45.7	2 895.4	
造纸及纸制品业	13 693.6	11 081.9	2 855.1	228.3	11 045.0	289.0
印刷业	29 433.0	22 872.8	7 825.2	1 275.8	20 769.9	465.4
化学原料及化学制品制造业	86 239.7	64 975.9	24 416.0	3 501.7	51 389.9	858.4
医药制造业	22 571.9	16 522.6	6 549.7	793.4	19 642.6	1 003.0
化学纤维制造业	21 170.9	18 311.4	5 965.7	460.2	15 153.7	90.4
橡胶制品业	13 276.0	12 584.0	4 553.3	494.2	8 766.0	
塑料制品业	6 110.2	4 750.5	1 976.3	202.8	3 996.5	496.7
非金属矿物制品业	150 680.4	113 591.8	33 152.6	6 523.3	113 620.1	5 897.7
有色金属冶炼及压延加工业	30 398.4	29 095.2	5 745.9	970.8	24 890.6	79.1
金属制品业	7 499.5	5 591.8	2 454.0	120.0	5 129.8	123.5
普通机械制造业	27 372.8	19 386.7	10 606.6	602.3	16 427.8	4 698.6
专用设备制造业	47 627.8	37 944.1	18 058.7	721.3	30 132.3	2 827.6
交通运输设备制造业	26 844.1	8 034.7	6 066.6	431.4	20 572.1	4 993.0
电气机械及器材制造业	21 342.6	14 862.5	7 060.1	663.9	14 485.1	665.2
电子及通信设备制造业	12 148.6	11 026.2	2 376.6	190.1	9 807.7	973.0
仪器仪表及文化、办公用机械制造业	228.7	66.0	71.7	6.2	175.4	
其他制造业	1 992.9	1 329.6	474.4	44.3	1 552.6	
电力、蒸汽、热水的生产和供应业	211 461.5	183 330.4	37 758.4	9 052.7	23 650.0	187.2
自来水的生产和供应业	52 036.4	45 930.3	14 296.4	2 834.1	37 190.8	1 457.0

单位:万元

指标名称	负债合计	流动负债	长期负债	所有者权益合计	实收资本	国家资本	集体资本
总计	**1 233 863.9**	**823 137.4**	**405 891.4**	**601 641.8**	**319 135.3**	**258 733.7**	**7 628.0**
总计中:亏损企业	444 173.0	322 810.9	117 386.8	160 753.5	110 869.3	88 189.4	476.2
总计中:中央企业	339 141.2	147 398.1	191 611.7	30 688.5	24 427.9	24 427.9	
地方企业	894 722.7	675 739.3	214 279.7	570 953.3	294 707.4	234 305.8	7 628.0
总计中:轻工业	569 878.4	452 897.5	112 725.0	339 193.0	205 062.1	168 500.1	4 294.1
以农产品为原料	440 887.6	360 765.9	75 866.0	256 099.4	152 055.2	122 531.1	4 101.6
以非农产品为原料	128 990.8	92 131.6	36 859.0	83 093.6	53 006.9	45 969.0	192.5
重工业	663 985.5	370 239.9	293 166.4	262 448.8	114 073.2	90 233.6	3 333.9
采掘工业	21 654.9	12 894.4	8 756.5	28 204.7	7 349.2	7 090.0	235.5
原料工业	445 450.0	199 885.1	244 991.4	92 634.9	45 061.7	30 018.0	
加工工业	196 880.6	157 460.4	39 418.5	141 609.2	61 662.3	53 125.6	3 098.4
总计中:特大型企业	57 455.6	57 371.6	84.0	51 880.0	22 400.0	16 800.0	
大一型企业	425 543.6	181 339.6	243 590.5	76 053.3	36 189.1	26 432.1	
大二型企业	336 178.2	264 053.3	72 124.7	249 679.3	131 149.4	109 883.7	1 535.0
中一型企业	118 662.2	88 088.0	30 574.2	63 255.1	36 246.6	30 188.5	3 020.8
中二型企业	84 885.5	68 555.2	12 621.1	32 286.2	18 779.4	17 431.9	135.3
小型企业	211 138.8	163 729.7	46 896.9	128 487.9	74 370.8	57 997.5	2 936.9
按工业行业大类分							
煤炭采选业	15 391.8	9 941.1	5 450.7	19 987.7	5 818.0	5 818.0	
黑色金属矿采选业	2 304.8	684.9	1 615.9	637.4	368.1	303.3	64.8
有色金属矿采选业	108.0	108.0		87.5	68.2	68.2	
非金属矿采选业	3 232.3	1 942.4	1 289.9	3 305.8	710.1	574.7	170.7
木材及竹材采运业	618.0	218.0	400.0	4 186.3	384.8	325.8	
食品加工业	119 057.8	113 761.8	5 153.1	105 635.9	51 335.5	39 374.3	1 083.6
食品制造业	118 337.0	74 599.3	43 662.5	47 256.1	30 631.8	20 841.5	1 575.0

指标名称	负债合计	流动负债	长期负债	所有者权益合计	实收资本	国家资本	集体资本
饮料制造业	7 963.4	6 956.5	778.9	5 210.6	5 790.6	3 410.9	
烟草加工业	80 439.1	80 313.5	125.6	28 691.1	23 344.8	23 344.8	
纺织业	50 980.5	35 823.4	11 437.9	23 227.2	12 869.7	11 599.4	
服装及其他纤维制品制造业	3 246.9	2 371.9	874.9	4 036.8	2 309.6	1 789.6	265.2
皮革、毛皮、羽绒及其制品业	6 330.3	5 474.8	855.5	1 364.3	2 208.2	2 013.8	117.3
木材加工及竹、藤、棕、草制品业	19 685.6	6 457.4	12 784.6	8 229.6	9 057.1	537.4	
家具制造业	2 017.0	1 254.7	762.3	2 414.9	509.0	452.0	
造纸及纸制品业	12 119.9	8 785.5	3 244.4	4 184.2	2 970.6	2 506.9	
印刷业	24 624.7	16 411.9	8 212.6	18 631.4	12 499.9	10 888.6	
化学原料及化学制品制造业	79 809.9	60 519.7	19 290.1	36 271.3	15 990.4	15 990.4	
医药制造业	35 620.4	33 880.3	1 740.0	24 691.0	13 532.0	12 095.1	1 060.5
化学纤维制造业	17 165.2	14 009.0	3 156.2	1 738.8	4 104.1	3 863.1	
橡胶制品业	11 877.8	10 834.7	1 043.1	9 781.5	3 610.4	3 610.4	
塑料制品业	6 149.1	5 602.5	546.4	5 894.4	4 424.5	2 434.8	233.8
非金属矿物制品业	122 106.8	82 990.0	39 116.8	73 359.8	27 387.4	20 598.5	150.0
有色金属冶炼及压延加工业	21 377.3	16 912.1	4 465.2	18 509.2	7 625.6	7 507.1	
金属制品业	7 248.7	5 333.7	1 915.0	2 335.7	951.7	872.4	
普通机械制造业	42 577.7	32 301.8	10 275.9	23 227.3	9 745.5	9 745.5	
专用设备制造业	56 380.4	45 938.3	10 442.1	28 774.8	18 633.3	15 303.8	61.5
交通运输设备制造业	41 214.9	30 088.9	11 125.9	20 803.5	17 756.7	10 596.4	1 006.5
电气机械及器材制造业	27 887.4	23 880.6	4 005.9	13 498.9	6 638.3	6 246.7	
电子及通信设备制造业	18 389.1	17 257.1	1 131.4	9 875.4	7 296.8	5 457.7	1 839.1
仪器仪表及文化、办公用机械制造业	72.7	39.5	33.2	630.9	595.8	595.8	
其他制造业	2 416.4	2 502.3	-85.9	431.8	928.1	928.1	
电力、蒸汽、热水的生产和供应业	264 245.9	73 710.0	190 406.0	12 100.6	2 432.7	2 432.7	
自来水的生产和供应业	12 867.1	2 231.8	10 635.3	42 630.1	16 606.0	16 606.0	

6-15 续表4 单位:万元

指标名称	法人资本	个人资本	港澳台资本	外商资本	产品销售收入	产品销售成本	产品销售费用
总　　计	**19 791.4**	**11 522.7**	**4 577.1**	**16 882.4**	**774 424.9**	**615 795.9**	**29 414.0**
总计中：亏损企业	4 675.2	3 802.5	490.8	13 235.2	150 531.0	137 048.9	5 096.2
总计中：中央企业					105 026.8	58 413.4	241.9
地方企业	19 791.4	11 522.7	4 577.1	16 882.4	669 398.1	557 382.5	29 172.1
总计中：轻工业	5 786.1	9 816.8	3 205.0	13 460.0	471 749.3	368 200.9	14 497.6
以农产品为原料	5 481.2	9 736.8	2 754.1	7 450.4	415 038.7	322 392.9	12 595.3
以非农产品为原料	304.9	80.0	450.9	6 009.6	56 710.6	45 808.0	1 902.3
重工业	14 005.3	1 705.9	1 372.1	3 422.4	302 675.6	247 595.0	14 916.4
采掘工业	14.7	9.0			5 867.8	5 198.9	105.2
原料工业	10 669.9	654.0	1 027.9	2 691.9	147 653.3	119 131.4	8 098.0
加工工业	3 320.7	1 042.9	344.2	730.5	149 154.5	123 264.7	6 713.2
总计中：特大型企业		5 600.0			90 597.1	78 551.1	1 325.8
大一型企业	6 386.9	1 237.3		2 132.8	110 117.6	94 602.7	1 442.8
大二型企业	8 958.8	3 537.4	628.9	6 605.6	314 499.6	230 992.0	10 801.4
中一型企业	1 487.3		1 550.0		66 170.6	57 522.5	2 625.4
中二型企业	63.9	377.3	210.0	561.0	66 201.8	55 205.0	3 327.2
小型企业	2 894.5	770.7	2 188.2	7 583.0	126 838.2	98 922.6	9 891.4
按工业行业大类分							
煤炭采选业					4 111.4	3 683.0	87.9
黑色金属矿采选业					209.6	168.4	
有色金属矿采选业					292.7	232.0	
非金属矿采选业	-44.3	9.0			1 217.0	1 115.2	17.2
木材及竹材采运业	59.0				37.1	0.3	0.1
食品加工业	3 666.4	5 660.0	716.3	834.9	209 856.0	183 986.9	5 265.3
食品制造业	178.0	1 379.3	52.4	6 605.6	57 811.3	45 944.5	3 921.1

单位:万元

指标名称	法人资本	个人资本	港澳台资本	外商资本	产品销售收入	产品销售成本	产品销售费用
饮料制造业	1 409.6	970.1			4 753.3	3 659.0	285.5
烟草加工业					79 130.5	38 107.1	187.7
纺织业		1 270.3			23 358.9	20 266.1	400.5
服装及其他纤维制品制造业			254.8		4 367.3	3 691.0	171.2
皮革、毛皮、羽绒及其制品业	67.2			9.9	614.2	609.4	23.2
木材加工及竹、藤、棕、草制品业	6 386.9			2 132.8	10 852.2	9 007.5	24.1
家具制造业	57.0				1 500.0	967.8	134.1
造纸及纸制品业		377.3	86.4		5 313.9	4 421.2	87.9
印刷业	3.3	58.0	1 550.0		17 304.6	13 345.2	395.3
化学原料及化学制品制造业					43 974.7	39 176.6	1 030.1
医药制造业	99.7	21.8	254.9		20 045.3	13 496.9	2 464.5
化学纤维制造业	241.0				3 772.3	3 694.0	
橡胶制品业					9 369.5	8 660.5	364.6
塑料制品业	694.7		500.2	561.0	5 806.8	4 749.1	338.3
非金属矿物制品业	4 346.9	654.0	1 027.9	610.1	53 198.9	42 464.9	3 582.2
有色金属冶炼及压延加工业				118.5	37 595.9	32 093.1	488.6
金属制品业		9.3	70.0		2 299.3	2 008.2	96.9
普通机械制造业					27 042.9	22 788.3	389.5
专用设备制造业	2 234.4	1 033.6			43 964.9	36 578.7	2 832.9
交通运输设备制造业		80.0	64.2	6 009.6	21 950.6	18 441.5	1 187.3
电气机械及器材制造业	391.6				17 973.3	14 868.8	828.1
电子及通信设备制造业					13 868.0	11 817.4	546.9
仪器仪表及文化、办公用机械制造业					39.0	37.2	0.3
其他制造业					290.3	247.4	7.9
电力、蒸汽、热水的生产和供应业					37 748.3	26 413.4	4 254.8
自来水的生产和供应业					14 754.9	9 055.3	

6-15 续表5　　　　　　　　　　　　　　　　　　　　　　　　　　　　　　　单位:万元

指标名称	产品销售税金及附加	产品销售利润	其它业务利润	管理费用	税金	财产保险费	劳动待业保险费
总　　计	**37 132.7**	**88 175.7**	**5 988.0**	**73 800.2**	**4 159.2**	**1 625.2**	**17 215.8**
总计中：亏损企业	1 384.9	4 437.7	3 252.6	22 151.3	1 240.3	442.9	6 270.4
总计中：中央企业	33 164.5	13 206.9	34.5	4 026.0	131.2	72.8	1 082.5
地方企业	3 968.2	74 968.8	5 953.5	69 774.2	4 028.0	1 552.4	16 133.3
总计中：轻工业	35 568.0	51 602.7	2 573.8	40 124.7	1 828.2	1 037.3	8 284.8
以农产品为原料	34 687.1	44 508.1	1 958.0	32 339.7	1 421.8	752.4	6 415.8
以非农产品为原料	880.9	7 094.6	615.8	7 785.0	406.4	284.9	1 869.0
重工业	1 564.7	36 573.0	3 414.2	33 675.5	2 331.0	587.9	8 931.0
采掘工业	57.9	503.5	122.2	1 684.8	5.5	35.3	671.4
原料工业	1 042.9	18 033.0	933.1	12 257.1	821.6	122.1	3 006.7
加工工业	463.9	18 036.5	2 358.9	19 733.6	1 503.9	430.5	5 252.9
总计中：特大型企业	873.4	9 846.8	41.4	6 937.4	329.7	48.1	998.7
大一型企业	730.4	12 837.7	1 402.5	9 479.8	514.2	76.3	2 997.0
大二型企业	33 767.3	38 937.1	725.6	26 940.0	1 404.9	1 024.1	6 365.2
中一型企业	237.3	5 785.4	622.7	7 459.2	413.6	95.6	1 849.3
中二型企业	281.2	7 369.2	378.3	6 054.6	728.2	174.7	1 459.4
小型企业	1 243.1	13 399.5	2 817.5	16 929.2	768.6	206.4	3 546.2
按工业行业大类分							
煤炭采选业	29.6	308.8	111.2	1 309.3	3.9	35.3	537.8
黑色金属矿采选业	0.4	40.6	3.5	67.1	1.6		10.6
有色金属矿采选业	2.1	58.6		44.5			6.8
非金属矿采选业	22.2	62.4	-2.5	218.2			74.3
木材及竹材采运业	3.6	33.1	10.0	45.7			41.9
食品加工业	1 175.5	19 154.7	495.9	12 630.4	554.2	244.9	1 866.3
食品制造业	328.8	7 612.5	-2.4	5 391.4	167.2	174.6	536.0

6-15 续表5.1

单位:万元

指标名称	产品销售税金及附加	产品销售利润	其它业务利润	管理费用	税金	财产保险费	劳动待业保险费
饮料制造业	36.2	361.4	123.1	634.3	35.9	59.8	50.3
烟草加工业	32 709.7	8 125.9	-50.0	3 435.2	104.6	64.9	930.2
纺织业	136.1	2 534.4	567.0	3 780.5	206.5	65.5	1 308.7
服装及其他纤维制品制造业	41.9	463.0	107.2	535.4	7.2	5.2	177.3
皮革、毛皮、羽绒及其制品业	1.5	-19.9	117.6	257.4	16.8	2.9	74.1
木材加工及竹、藤、棕、草制品业	50.5	1 770.1	227.7	618.5	14.2	3.6	93.5
家具制造业	19.3	378.8	23.7	325.6	12.4	7.7	148.8
造纸及纸制品业	32.1	681.7	40.9	746.8	55.2	40.4	201.7
印刷业	105.8	3 458.0	460.3	2 993.0	99.8	67.9	794.7
化学原料及化学制品制造业	162.6	3 605.4	653.6	4 832.8	391.0	3.1	1 678.6
医药制造业	155.5	3 875.5	40.9	3 017.8	106.4	61.0	744.6
化学纤维制造业	36.1	42.2	113.4	498.5		2.7	244.3
橡胶制品业	35.6	308.8	80.1	321.0	84.3	23.7	143.1
塑料制品业	14.1	655.5	81.9	652.3	13.0	51.4	135.1
非金属矿物制品业	347.2	5 511.7	1 030.3	8 235.1	576.4	150.3	1 632.8
有色金属冶炼及压延加工业	155.8	4 807.0	84.9	3 096.5	210.4	57.5	553.7
金属制品业	33.8	115.6	82.3	509.6	28.4	8.3	131.8
普通机械制造业	84.9	3 273.5	315.7	3 470.6	222.4	41.2	1 213.3
专用设备制造业	22.9	4 530.3	302.7	5 111.8	250.6	197.3	1 793.6
交通运输设备制造业	686.8	547.9	413.7	2 877.3	113.7	15.2	555.2
电气机械及器材制造业	69.0	2 198.6	343.6	2 389.0	588.7	41.8	528.1
电子及通信设备制造业	27.3	1 476.4	-0.6	1 199.6	21.3	10.6	106.3
仪器仪表及文化、办公用机械制造业		1.5	174.2	190.3	5.8		
其他制造业	1.7	33.3	26.0	134.3	13.4	1.2	56.9
电力、蒸汽、热水的生产和供应业	512.7	6 560.8	-24.5	1 289.2	76.6	11.4	194.5
自来水的生产和供应业	91.4	5 607.6	36.6	2 941.2	177.3	175.8	650.9

6-15 续表6

单位：万元

指标名称	财务费用	利息支出	营业利润	利润总额	亏损企业亏损额	利税总额
总计	**28 836.1**	**28 781.7**	**-2 959.6**	**5 471.8**	**22 236.8**	**86 103.3**
总计中：亏损企业	11 312.9	10 782.2	-21 263.0	-22 236.8	22 236.8	-13 050.9
总计中：中央企业	2 712.7	2 697.5	6 658.3	7 267.3	351.4	51 749.2
地方企业	26 123.4	26 084.2	-9 617.9	-1 795.5	21 885.4	34 354.1
总计中：轻工业	18 662.0	18 247.4	-762.0	5 966.1	12 772.9	69 881.8
以农产品为原料	14 923.5	14 519.6	1 475.5	8 395.0	7 418.9	68 138.6
以非农产品为原料	3 738.5	3 727.8	-2 237.5	-2 428.9	5 354.0	1 743.2
重工业	10 174.1	10 534.3	-2 197.6	-494.3	9 463.9	16 221.5
采掘工业	117.0	108.0	-1 197.7	-512.6	560.8	-69.0
原料工业	5 688.6	6 082.2	2 476.4	3 120.0	4 113.1	14 701.1
加工工业	4 368.5	4 344.1	-3 476.3	-3 101.7	4 790.0	1 589.4
总计中：特大型企业	2 440.6	2 412.6	510.2	6 362.0		15 503.1
大一型企业	4 447.2	5 043.8	313.1	1 734.0	3 685.4	8 885.4
大二型企业	12 162.5	12 116.2	1 605.8	1 891.1	5 982.4	52 690.2
中一型企业	2 781.4	2 779.7	-2 964.4	-1 901.1	3 658.4	910.4
中二型企业	3 130.3	2 969.6	-1 310.9	-787.6	1 623.0	2 525.5
小型企业	3 874.1	3 459.8	-1 113.4	-1 826.6	7 287.6	5 588.7
按工业行业大类分						
煤炭采选业	59.8	58.7	-978.8	-256.5	299.2	33.5
黑色金属矿采选业	7.4	0.6	-30.4	-4.6	8.1	4.7
有色金属矿采选业			14.1	2.0		34.1
非金属矿采选业	37.1	36.0	-188.5	-241.4	241.4	-132.8
木材及竹材采运业	12.7	12.7	-14.1	-12.1	12.1	-8.5
食品加工业	4 758.7	4 729.3	3 831.3	9 016.9	1 196.4	20 932.2
食品制造业	4 197.2	4 193.1	-1 950.7	-1 738.1	2 986.2	1 534.2

6-15 续表6.1 单位:万元

指标名称	财务费用	利息支出	营业利润	利润总额	亏损企业亏损额	利税总额
饮料制造业	287.7	282.4	-446.3	-656.2	669.5	-383.7
烟草加工业	2 849.1	2 849.1	1 947.0	2 585.1	164.9	42 550.0
纺织业	1 553.3	1 456.7	-2 032.6	-993.6	1 019.9	288.4
服装及其他纤维制品制造业	8.5	2.3	26.4	32.8	40.3	217.4
皮革、毛皮、羽绒及其制品业	248.8	6.9	-146.3	-409.1	409.5	-383.8
木材加工及竹、藤、棕、草制品业	910.5	1 543.4	511.5	526.0	42.7	1 501.7
家具制造业	76.7	76.6	0.2	-8.5	8.7	98.0
造纸及纸制品业	157.6	150.0	-170.7	-202.2	292.3	203.3
印刷业	467.3	471.5	389.8	664.9	282.5	1 991.6
化学原料及化学制品制造业	2 578.0	2 561.4	-3 154.4	-2 875.5	3 137.8	-1 276.9
医药制造业	869.2	852.3	109.1	306.1	318.0	2 112.9
化学纤维制造业	509.0	509.0	-851.5	-835.1	835.1	-430.0
橡胶制品业	412.5	411.7	-344.7	-294.9	300.4	103.8
塑料制品业	85.3	82.7	181.5	256.2	80.8	514.5
非金属矿物制品业	2 562.3	2 201.9	-2 794.3	-2 583.2	3 506.3	1 921.8
有色金属冶炼及压延加工业	1 130.7	1 128.9	716.1	235.3		2 086.8
金属制品业	157.4	157.3	-406.6	-471.1	471.1	-299.7
普通机械制造业	328.4	327.1	-209.5	-178.7	243.1	375.0
专用设备制造业	1 710.5	1 710.3	-1 989.3	-1 903.3	2 519.0	-1 632.2
交通运输设备制造业	1 107.7	1 098.9	-1 617.1	-1 775.5	2 006.2	465.5
电气机械及器材制造业	747.9	740.3	-586.2	-591.2	655.3	33.6
电子及通信设备制造业	600.2	594.0	-252.7	-32.6	175.6	84.7
仪器仪表及文化、办公用机械制造业			-14.2	-13.9	13.9	-7.3
其他制造业	170.1	170.1	-245.1	-300.0	300.0	-298.3
电力、蒸汽、热水的生产和供应业	-165.3	-167.3	5 432.8	5 487.3		10 138.9
自来水的生产和供应业	399.8	533.8	2 304.6	2 736.5	0.5	3 729.9

6-15 续表7 单位:万元

指标名称	本年应付工资总额	本年应付福利费总额	本年应交增值税	进项税额	销项税额	全部从业人员年平均数(人)
总　　计	**69 270.1**	**11 357.8**	**43 498.8**	**68 409.8**	**102 146.1**	**98 065**
总计中：亏损企业	22 327.8	3 314.2	7 801.0	17 329.5	24 364.8	42 897
总计中：中央企业	4 370.1	1 432.3	11 317.4	6 385.5	13 743.6	4 914
地方企业	64 900.0	9 925.5	32 181.4	62 024.3	88 402.5	93 151
总计中：轻工业	35 942.7	6 103.6	28 347.7	37 470.6	62 174.6	53 242
以农产品为原料	28 191.0	4 425.8	25 056.5	31 958.1	54 844.9	41 016
以非农产品为原料	7 751.7	1 677.8	3 291.2	5 512.5	7 329.7	12 226
重工业	33 327.4	5 254.2	15 151.1	30 939.2	39 971.5	44 823
采掘工业	2 428.7	352.5	385.7	258.3	431.9	5 354
原料工业	15 023.5	2 081.4	10 538.2	15 197.5	20 858.2	15 009
加工工业	15 875.2	2 820.3	4 227.2	15 483.4	18 681.4	24 460
总计中：特大型企业	8 081.0	916.4	8 267.7	7 379.4	15 616.4	6 531
大一型企业	12 483.7	1 765.5	6 421.0	11 039.0	14 108.9	15 315
大二型企业	19 719.1	3 703.3	17 031.8	29 607.1	43 330.4	27 399
中一型企业	7 337.0	912.7	2 574.2	4 066.6	6 515.0	12 454
中二型企业	6 042.4	1 340.9	3 031.9	5 322.7	8 221.1	10 068
小型企业	15 606.9	2 719.0	6 172.2	10 995.0	14 354.3	26 298
按工业行业大类分						
煤炭采选业	1 809.8	252.6	260.4	244.1	365.2	4 094
黑色金属矿采选业	60.6	7.5	8.9	13.2	22.1	232
有色金属矿采选业	21.9	3.1	30.0		30.0	31
非金属矿采选业	432.2	78.0	86.4	1.0	14.6	877
木材及竹材采运业	104.2	11.3				120
食品加工业	11 756.9	1 579.5	10 739.8	13 333.6	23 373.3	11 638
食品制造业	4 316.6	658.6	2 943.5	5 738.5	7 502.2	7 748

6-15 续表7.1　　　　单位:万元

指标名称	本年应付工资总额	本年应付福利费总额	本年应交增值税	进项税额	销项税额	全部从业人员年平均数(人)
饮料制造业	589.9	66.6	236.3	228.5	441.5	1 264
烟草加工业	258.7	342.3	7 255.2	6 197.1	13 452.3	2 908
纺织业	4 641.8	637.6	1 145.9	3 191.1	4 313.1	7 115
服装及其他纤维制品制造业	919.8	116.3	142.7	173.0	313.3	1 440
皮革、毛皮、羽绒及其制品业	231.7	43.8	23.8	77.5	99.6	756
木材加工及竹、藤、棕、草制品业	389.8	38.8	925.2	1 059.0	1 959.6	578
家具制造业	361.0	41.5	87.2			551
造纸及纸制品业	664.2	137.8	373.4	530.6	896.3	1 322
印刷业	2 857.2	386.6	1 220.9	1 550.7	2 726.2	4 111
化学原料及化学制品制造业	4 435.4	664.0	1 436.0	4 909.4	6 115.5	6 609
医药制造业	3 012.7	1 097.4	1 651.3	2 444.2	2 563.0	4 034
化学纤维制造业	481.1	67.4	369.0	300.5	669.1	783
橡胶制品业	727.3	174.0	363.1	1 238.0	1 595.2	2 298
塑料制品业	513.3	66.5	244.2	614.7	823.0	880
非金属矿物制品业	8 534.6	1 292.1	4 157.8	4 628.6	8 694.0	10 535
有色金属冶炼及压延加工业	3 019.2	405.6	1 695.7	4 607.3	6 174.9	2 330
金属制品业	437.0	53.3	137.6	239.2	376.8	1 060
普通机械制造业	3 035.5	403.2	468.8	2 884.5	3 320.2	5 600
专用设备制造业	3 528.5	570.7	248.2	5 994.0	6 104.9	6 942
交通运输设备制造业	1 939.7	683.6	1 554.2	2 661.4	3 210.3	3 630
电气机械及器材制造业	2 412.2	325.2	555.8	2 493.8	3 037.5	3 415
电子及通信设备制造业	612.2	135.4	90.0	190.1	294.3	741
仪器仪表及文化、办公用机械制造业	71.0	9.0	6.6	5.0	6.6	112
其他制造业	113.2	31.8		53.5	49.7	434
电力、蒸汽、热水的生产和供应业	4 629.1	660.0	4 138.9	2 807.7	2 699.8	2 304
自来水的生产和供应业	2 351.8	316.7	902.0		902.0	1 573

6-16 全市集体独立核算工业企业主要财务状况表(地方口径)

(1999年) 单位:万元

指标名称	单位数(个)	亏损企业	工业总产值(1990年不变价)	工业总产值(当年价)	工业销售产值(当年价)	工业增加值(当年价)
总计	**636**	**255**	**269 659.2**	**319 947.8**	**299 608.4**	**98 611.6**
总计中:亏损企业	255	255	72 558.8	86 592.2	80 576.5	25 228.7
总计中:农村工业	192	64	94 707.8	119 023.3	107 033.3	36 561.3
总计中:轻工业	336	144	123 575.9	149 765.0	143 905.9	44 895.6
以农产品为原料	243	100	99 894.3	123 626.1	119 343.1	36 932.3
以非农产品为原料	93	44	23 681.6	26 138.9	24 562.8	7 963.3
重工业	300	111	146 083.3	170 182.8	155 702.5	53 716.0
采掘工业	27	7	26 160.9	31 280.1	24 961.7	9 203.5
原料工业	69	18	44 023.6	54 104.6	51 819.7	17 667.3
加工工业	204	86	75 898.8	84 798.1	78 921.1	26 845.2
总计中:中一型企业	1	1	1 124.6	689.0	897.8	137.2
中二型企业	3	1	3 628.3	3 410.1	3 479.7	1 100.7
小型企业	632	253	264 906.3	315 848.7	295 230.9	97 373.7
按工业行业大类分						
煤炭采选业	1		98.5	135.0	235.0	41.8
黑色金属矿采选业	2	1	416.5	485.3	485.3	144.9
有色金属矿采选业	5		5 870.7	7 151.5	2 156.2	2 257.6
非金属矿采选业	19	6	19 775.2	23 508.3	22 085.2	6 759.2
食品加工业	36	14	47 924.8	62 181.4	60 510.5	18 137.9
食品制造业	49	12	16 534.6	21 231.9	19 846.2	6 902.7
饮料制造业	15	8	7 699.8	10 111.3	9 639.6	2 091.3
烟草加工业	1		1 024.5	1 279.5	1 292.7	490.1
纺织业	3	2	327.7	270.0	315.4	45.6
服装及其他纤维制品制造业	18	9	2 027.3	2 675.0	2 799.7	997.4

6-16 续表

单位：万元

指 标 名 称	单位数（个）	亏损企业	工业总产值（1990年不变价）	工业总产值（当年价）	工业销售产值（当年价）	工业增加值（当年价）
皮革、毛皮、羽绒及其制品业	6	5	760.5	883.7	651.3	213.9
木材加工及竹、藤、棕、草制品业	27	5	8 065.6	8 862.5	8 347.0	2 920.1
家具制造业	14	5	3 070.3	3 320.9	2 982.8	1 090.7
造纸及纸制品业	34	15	10 240.3	11 331.1	10 995.1	3 506.0
印刷业	53	27	6 684.5	7 489.7	7 302.4	2 406.1
文教体育用品制造业	3	1	160.2	171.5	172.5	60.5
石油加工及炼焦业	2		293.4	411.7	449.8	74.4
化学原料及化学制品制造业	58	17	32 116.3	37 357.7	35 638.2	10 577.0
医药制造业	7	1	5 236.5	4 539.5	3 879.1	1 896.6
化学纤维制造业	1		450.9	450.9	450.9	140.7
橡胶制品业	4	1	327.8	342.9	337.4	136.9
塑料制品业	22	13	3 904.9	3 672.6	3 604.6	1 059.0
非金属矿物制品业	89	43	33 646.2	40 581.2	37 466.1	13 897.0
黑色金属冶炼及压延加工业	4	1	2 211.8	2 473.3	2 340.4	907.7
有色金属冶炼及压延加工业	1	1	280.9	667.8	688.3	296.8
金属制品业	54	23	19 480.2	21 580.8	20 842.4	5 893.3
普通机械制造业	24	11	9 979.5	11 180.4	9 018.4	3 487.8
专用设备制造业	15	7	3 126.4	3 506.6	3 381.2	960.0
交通运输设备制造业	29	9	16 121.0	15 685.7	15 705.0	5 529.9
电气机械及器材制造业	17	8	8 674.2	9 714.8	9 147.5	3 182.8
电子及通信设备制造业	2	2	68.2	73.7	71.1	25.0
仪器仪表及文化、办公用机械制造业	1	1	1 124.6	689.0	897.8	137.2
其他制造业	5	5	218.0	228.1	225.0	69.1
电力、蒸汽、热水的生产和供应业	5		1 242.4	4 715.2	4 692.2	1 947.0
自来水的生产和供应业	10	2	475.0	987.3	956.1	327.6

指标名称	资产合计	流动资产小计	存货	产成品	流动资产年平均余额	长期投资	固定资产小计
总计	**271 019.0**	**127 487.6**	**50 588.5**	**27 544.1**	**121 537.7**	**3 275.9**	**121 707.1**
总计中：亏损企业	111 828.1	52 196.1	25 118.1	14 030.7	53 346.3	1 355.3	49 774.0
总计中：农村工业	84 334.1	26 023.2	11 982.7	6 350.9	25 767.9	318.1	52 904.4
总计中：轻工业	122 004.4	54 372.9	24 931.9	13 302.5	51 111.8	1 750.2	57 079.4
以农产品为原料	83 163.8	35 751.8	15 290.3	7 054.5	32 479.1	646.8	40 792.9
以非农产品为原料	38 840.6	18 621.1	9 641.6	6 248.0	18 632.7	1 103.4	16 286.5
重工业	149 014.6	73 114.7	25 656.6	14 241.6	70 425.9	1 525.7	64 627.7
采掘工业	15 437.3	5 955.4	1 236.8	829.7	4 812.4	322.4	8 710.1
原料工业	51 296.9	22 256.5	7 274.9	4 519.6	21 595.4	190.6	26 195.2
加工工业	82 280.4	44 902.8	17 144.9	8 892.3	44 018.1	1 012.7	29 722.4
总计中：中一型企业	4 903.3	2 408.7	1 747.1	970.2	3 397.2	29.7	2 464.9
中二型企业	9 480.5	2 685.9	1 882.0	1 489.0	2 916.3	100.0	6 694.6
小型企业	256 635.2	122 393.0	46 959.4	25 084.9	115 224.2	3 146.2	112 547.6
按工业行业大类分							
煤炭采选业	352.6	2.6	2.6	2.6	168.2		202.9
黑色金属矿采选业	1 453.4	812.8	362.1	321.7	816.5	322.2	265.4
有色金属矿采选业	479.7	228.5	8.3	3.0	174.5		249.2
非金属矿采选业	13 151.6	4 911.5	863.8	502.4	3 653.2	0.2	7 992.6
食品加工业	18 114.0	8 539.5	3 122.7	363.2	7 089.2	25.0	7 288.4
食品制造业	21 766.9	6 362.6	3 202.5	2 544.8	7 133.8	35.0	14 190.4
饮料制造业	11 571.0	4 088.3	1 877.1	469.6	3 816.6	30.6	6 608.0
烟草加工业	1 597.9	938.9	125.0	15.8	715.1	489.0	168.8
纺织业	746.5	484.8	342.2	173.6	508.2	0.1	258.6
服装及其他纤维制品制造业	3 684.3	2 064.6	1 355.1	729.7	2 092.3	0.4	1 548.1

6-16 续表1.1 单位:万元

指标名称	资产合计	流动资产小计	存货	产成品	流动资产年平均余额	长期投资	固定资产小计
皮革、毛皮、羽绒及其制品业	2 183.0	717.7	264.0	139.8	433.4	5.0	1 122.4
木材加工及竹、藤、棕、草制品业	6 633.3	2 320.5	883.3	463.0	1 911.4	5.7	4 248.8
家具制造业	3 385.8	1 689.7	786.2	526.3	1 679.8	64.8	1 622.7
造纸及纸制品业	10 210.0	5 892.5	2 590.5	1 561.6	5 580.3	12.5	3 729.7
印刷业	5 362.8	3 037.1	944.5	367.5	2 789.6	40.9	2 178.5
文教体育用品制造业	365.6	224.1	121.7	35.2	227.7		141.5
石油加工及炼焦业	188.1	125.1	67.1	11.0	185.8		60.6
化学原料及化学制品制造业	21 357.4	11 672.4	4 592.9	2 363.0	13 052.7	49.8	7 947.6
医药制造业	7 920.9	3 821.2	1 404.2	852.1	2 279.4		3 528.5
化学纤维制造业	61.0	45.7	28.8	0.5	45.7		15.3
橡胶制品业	175.8	128.3	33.2	12.8	127.4		43.7
塑料制品业	3 928.3	2 333.1	853.6	438.9	1 968.4	0.3	1 460.7
非金属矿物制品业	46 300.0	15 281.2	4 712.7	3 052.1	15 176.9	797.6	23 942.4
黑色金属冶炼及压延加工业	5 480.2	4 557.9	1 964.3	1 112.4	2 943.6		917.5
有色金属冶炼及压延加工业	598.4	471.0	95.4	93.0	478.1		127.4
金属制品业	27 698.6	14 650.5	7 730.6	5 280.8	13 812.8	927.3	11 490.6
普通机械制造业	7 225.3	4 924.5	2 693.2	1 227.7	5 066.8	84.7	1 609.0
专用设备制造业	2 670.6	2 000.8	803.9	430.3	1 646.2	10.1	528.8
交通运输设备制造业	24 816.6	13 987.1	2 529.8	842.4	13 654.3	292.5	10 413.9
电气机械及器材制造业	10 508.4	6 975.5	4 321.8	2 629.6	6 646.0	0.1	3 210.7
电子及通信设备制造业	70.3	43.3	5.7		45.1	0.1	26.9
仪器仪表及文化、办公用机械制造业	4 903.3	2 408.7	1 747.1	970.2	3 397.2	29.7	2 464.9
其他制造业	73.9	59.4	19.1	7.5	53.4		10.8
电力、蒸汽、热水的生产和供应业	1 689.7	1 430.2	98.6		1 923.5	40.0	217.4
自来水的生产和供应业	4 293.8	256.0	34.9		244.6	12.3	1 874.4

6-16 续表2

单位:万元

指标名称	固定资产原价	生产经营用	累计折旧	本年折旧	固定资产净值年平均余额	无形及递延资产合计
总　　计	**161 975.5**	**105 206.7**	**48 657.2**	**7 381.9**	**109 770.6**	**10 019.7**
总计中：亏损企业	70 595.1	54 370.3	24 412.1	3 192.6	46 306.1	6 123.5
总计中：农村工业	68 048.1	38 919.1	17 910.6	3 100.4	48 517.7	1 253.1
总计中：轻工业	77 124.1	53 632.6	22 684.4	3 878.8	54 021.1	4 592.2
以农产品为原料	55 320.5	38 140.3	15 991.7	3 235.8	40 164.1	2 003.4
以非农产品为原料	21 803.6	15 492.3	6 692.7	643.0	13 857.0	2 588.8
重工业	84 851.4	51 574.1	25 972.8	3 503.1	55 749.5	5 427.5
采掘工业	10 420.6	3 357.2	1 806.4	131.4	8 551.0	4.6
原料工业	36 026.4	24 405.9	11 444.1	1 399.9	22 189.0	246.9
加工工业	38 404.4	23 811.0	12 722.3	1 971.8	25 009.5	5 176.0
总计中：中一型企业	4 832.5	3 538.2	2 434.1	156.6	1 444.5	
中二型企业	8 025.7	4 287.3	1 749.5	267.7	6 223.0	
小型企业	149 117.3	97 381.2	44 473.6	6 957.6	102 103.1	10 019.7
按工业行业大类分						
煤炭采选业	215.3	215.3	12.4	5.3	189.5	
黑色金属矿采选业	355.8	160.4	128.6	8.0	32.5	
有色金属矿采选业	359.4	139.0	132.2	12.9	103.6	
非金属矿采选业	9 490.1	2 842.5	1 533.2	105.2	8 225.4	4.6
食品加工业	11 695.0	10 902.7	4 527.1	999.6	10 128.1	104.0
食品制造业	16 752.4	5 771.4	3 555.5	646.3	11 351.3	623.9
饮料制造业	9 379.3	8 281.9	2 368.3	671.6	6 673.9	250.8
烟草加工业	220.2	220.2	77.6	77.6	14.4	1.2
纺织业	424.5	286.9	218.0	17.4	200.7	3.0
服装及其他纤维制品制造业	1 956.6	1 627.2	529.7	29.3	1 264.9	71.2

6-16 续表2.1

单位:万元

指标名称	固定资产原价	生产经营用	累计折旧	本年折旧	固定资产净值年平均余额	无形及递延资产合计
皮革、毛皮、羽绒及其制品业	1 293.5	952.3	178.2	46.5	1 119.5	336.9
木材加工及竹、藤、棕、草制品业	4 977.3	1 326.9	746.2	172.6	1 650.2	15.7
家具制造业	2 113.1	1 781.6	586.0	51.3	1 573.7	3.7
造纸及纸制品业	5 984.4	5 148.0	2 493.1	338.2	3 763.2	25.6
印刷业	3 648.5	3 249.5	1 529.5	316.4	1 876.6	7.4
文教体育用品制造业	245.4	174.9	119.1	2.7	120.3	
石油加工及炼焦业	126.3	110.2	65.7	2.3	60.4	2.4
化学原料及化学制品制造业	9 724.1	7 594.4	1 934.3	439.2	7 061.1	124.6
医药制造业	3 594.5	1 469.4	368.2	92.9	3 426.1	570.5
化学纤维制造业	22.9	13.8	7.6	2.4	15.3	
橡胶制品业	103.0	99.1	59.3	6.2	42.7	3.8
塑料制品业	1 924.2	1 104.8	677.3	51.4	1 200.0	134.2
非金属矿物制品业	34 176.4	22 916.4	13 543.0	1 608.5	21 235.8	4 727.8
黑色金属冶炼及压延加工业	1 311.7	469.8	437.0	49.6	952.4	
有色金属冶炼及压延加工业	255.8	184.8	131.3	1.5	125.5	
金属制品业	14 070.8	10 271.9	3 391.5	282.3	10 796.1	579.7
普通机械制造业	2 203.8	1 844.7	696.1	57.2	1 799.9	31.1
专用设备制造业	830.8	650.2	319.1	99.8	464.0	70.9
交通运输设备制造业	12 189.8	6 679.0	3 558.2	618.6	8 226.3	78.9
电气机械及器材制造业	4 772.4	3 198.8	1 687.9	273.5	2 628.3	94.6
电子及通信设备制造业	41.8	35.5	14.9	1.4	27.5	
仪器仪表及文化、办公用机械制造业	4 832.5	3 538.2	2 434.1	156.6	1 444.5	
其他制造业	51.2	50.8	40.4	1.4	9.6	3.7
电力、蒸汽、热水的生产和供应业	311.9	127.2	110.2	16.0	169.5	1.1
自来水的生产和供应业	2 320.8	1 767.0	446.4	120.2	1 797.8	2 148.4

单位：万元

指标名称	负债合计			所有者权益合计			
		流动负债	长期负债		实收资本		
						国家资本	集体资本
总计	**200 826.7**	**155 801.7**	**38 203.8**	**70 424.1**	**62 617.5**	**3 450.3**	**36 702.1**
总计中：亏损企业	102 229.6	77 013.3	22 594.0	9 598.5	23 914.4	3 300.7	14 111.6
总计中：农村工业	67 593.5	50 166.5	16 736.3	16 740.6	19 290.9	120.7	6 022.4
总计中：轻工业	93 226.9	67 746.2	20 775.2	29 009.3	30 468.4	1 014.5	20 353.7
以农产品为原料	67 497.1	48 925.3	14 125.8	15 666.7	19 318.9	1 003.5	11 927.4
以非农产品为原料	25 729.8	18 820.9	6 649.4	13 342.6	11 149.5	11.0	8 426.3
重工业	107 599.8	88 055.5	17 428.6	41 414.8	32 149.1	2 435.8	16 348.4
采掘工业	11 354.7	8 922.7	2 432.0	4 082.6	1 370.2	18.2	728.0
原料工业	41 060.7	36 572.7	3 098.0	10 236.2	8 414.1	8.0	2 154.4
加工工业	55 184.4	42 560.1	11 898.6	27 096.0	22 364.8	2 409.6	13 466.0
总计中：中一型企业	2 960.5	1 615.6	1 344.9	1 942.8	1 882.1		1 882.1
中二型企业	8 269.9	3 978.4	4 291.5	1 210.6	3 213.2	2 253.7	635.9
小型企业	189 596.3	150 207.7	32 567.4	67 270.7	57 522.2	1 196.6	34 184.1
按工业行业大类分							
煤炭采选业	301.5	301.5		51.1	9.6		9.6
黑色金属矿采选业	1 499.7	249.6	1 250.1	-46.3	118.5	18.2	64.8
有色金属矿采选业	137.4	137.4		342.3	209.1		150.6
非金属矿采选业	9 416.1	8 234.2	1 181.9	3 735.5	1 033.0		503.0
食品加工业	12 364.3	10 475.7	1 886.8	5 749.7	5 020.9		2 596.2
食品制造业	20 647.5	14 108.0	6 478.2	1 119.4	2 529.9	0.2	1 343.5
饮料制造业	12 700.7	9 123.6	3 509.3	-1 129.7	1 735.9	933.4	583.9
烟草加工业	943.4	454.4	489.0	654.5	472.5		77.6
纺织业	439.7	439.7		306.8	287.7		241.7
服装及其他纤维制品制造业	2 217.3	2 076.8	136.5	1 467.0	1 297.7		971.6

单位:万元

指标名称	负债合计	流动负债	长期负债	所有者权益合计	实收资本	国家资本	集体资本
皮革、毛皮、羽绒及其制品业	950.5	891.2	59.3	1 232.5	1 551.1		1 485.4
木材加工及竹、藤、棕、草制品业	3 430.7	2 571.9	852.3	3 202.6	2 948.7		554.6
家具制造业	2 813.1	2 333.7	456.9	572.7	396.0		266.8
造纸及纸制品业	7 922.4	6 710.2	643.8	2 287.6	2 551.9	1.7	2 055.6
印刷业	3 625.7	2 554.4	291.1	1 737.1	1 797.6	68.2	1 374.3
文教体育用品制造业	235.2	193.8	41.4	130.4	92.6		92.6
石油加工及炼焦业	108.1	108.1		80.0	92.7		81.6
化学原料及化学制品制造业	14 391.9	12 649.0	348.0	6 965.5	4 777.8	8.0	3 660.9
医药制造业	4 745.3	1 550.9	234.4	3 175.6	2 825.1		1 546.6
化学纤维制造业	56.4	34.5	21.9	4.6	10.6		10.6
橡胶制品业	102.0	102.0		73.8	64.3		64.3
塑料制品业	3 748.6	2 378.6	1 260.0	411.5	1 552.1	54.4	999.0
非金属矿物制品业	33 237.5	25 006.0	7 412.6	13 062.5	9 878.9	112.5	1 751.1
黑色金属冶炼及压延加工业	5 215.2	5 206.2		265.0	387.2		41.5
有色金属冶炼及压延加工业	483.0	483.0		115.4	115.4		115.4
金属制品业	20 425.0	16 771.6	3 653.3	7 273.6	5 715.2		5 231.6
普通机械制造业	5 764.5	5 421.6	328.9	1 460.8	1 236.9		811.7
专用设备制造业	1 669.2	1 613.7	54.5	1 001.4	769.4		692.8
交通运输设备制造业	17 822.5	12 851.7	4 970.1	6 994.1	7 102.8	2 253.7	4 616.6
电气机械及器材制造业	7 634.7	7 108.0	526.6	2 873.7	2 411.1		1 806.7
电子及通信设备制造业	47.7	47.7		22.6	34.1		27.3
仪器仪表及文化、办公用机械制造业	2 960.5	1 615.6	1 344.9	1 942.8	1 882.1		1 882.1
其他制造业	93.8	53.6	40.2	-19.9	52.0		49.5
电力、蒸汽、热水的生产和供应业	1 196.4	1 146.1	50.3	493.3	228.2		209.4
自来水的生产和供应业	1 479.2	797.7	681.5	2 814.6	1 428.9		731.6

指标名称	法人资本	个人资本	产品销售收入	产品销售成本	产品销售费用
总计	**10 692.6**	**11 662.5**	**263 864.0**	**234 349.3**	**9 357.2**
总计中:亏损企业	4 712.8	1 679.3	64 335.1	61 497.6	2 375.1
总计中:农村工业	7 278.5	5 869.3	86 765.2	80 228.3	2 393.0
总计中:轻工业	2 944.6	6 155.6	119 909.1	107 772.4	5 159.0
以农产品为原料	2 266.1	4 121.9	99 179.2	91 416.3	3 322.1
以非农产品为原料	678.5	2 033.7	20 729.9	16 356.1	1 836.9
重工业	7 748.0	5 506.9	143 954.9	126 576.9	4 198.2
采掘工业	326.0	298.0	16 964.0	14 178.1	450.0
原料工业	3 313.5	2 828.2	46 150.9	41 560.4	975.3
加工工业	4 108.5	2 380.7	80 840.0	70 838.4	2 772.9
总计中:中一型企业			879.9	839.1	4.0
中二型企业		323.6	2 874.7	2 078.6	90.0
小型企业	10 692.6	11 338.9	260 109.4	231 431.6	9 263.2
按工业行业大类分					
煤炭采选业			141.4	124.5	1.2
黑色金属矿采选业	35.5		96.8	84.4	
有色金属矿采选业	51.5	7.0	2 168.2	1 689.7	114.3
非金属矿采选业	239.0	291.0	14 557.6	12 279.5	334.5
食品加工业	119.6	2 305.1	54 859.9	50 854.0	1 574.9
食品制造业	422.3	763.9	14 393.0	13 110.6	463.4
饮料制造业	177.3	41.3	4 055.4	5 228.1	264.7
烟草加工业		394.9	1 733.9	1 212.4	104.3
纺织业		46.0	292.8	315.9	21.0
服装及其他纤维制品制造业	309.8	16.3	2 417.7	2 116.3	106.3

6-16 续表4.1

单位:万元

指标名称	法人资本	个人资本	产品销售收入	产品销售成本	产品销售费用
皮革、毛皮、羽绒及其制品业	55.7	10.0	495.3	757.1	33.0
木材加工及竹、藤、棕、草制品业	735.9	1 658.2	8 226.2	7 119.2	284.0
家具制造业	68.0	61.2	2 328.3	1 879.4	95.8
造纸及纸制品业	322.2	172.4	10 409.8	9 133.0	266.4
印刷业	191.3	163.8	5 698.2	4 834.5	297.0
文教体育用品制造业			169.1	140.4	5.1
石油加工及炼焦业	0.7	10.4	449.8	385.7	25.7
化学原料及化学制品制造业	389.2	719.7	33 449.0	30 647.4	913.5
医药制造业	526.1	752.4	3 669.3	1 501.7	1 220.3
化学纤维制造业			67.3	53.7	6.1
橡胶制品业			298.4	285.8	1.5
塑料制品业	3.0	495.7	3 713.3	3 476.9	48.2
非金属矿物制品业	5 708.8	2 196.5	39 623.2	36 432.3	1 042.6
黑色金属冶炼及压延加工业	87.9	257.8	2 084.0	1 830.9	21.9
有色金属冶炼及压延加工业			688.3	465.2	64.7
金属制品业	254.3	229.3	17 223.9	15 002.3	581.3
普通机械制造业	291.7	133.5	8 756.2	7 689.9	309.6
专用设备制造业	41.6	35.0	3 137.4	2 655.9	170.9
交通运输设备制造业	157.5	75.0	14 612.2	11 218.1	569.0
电气机械及器材制造业	282.8	321.6	7 290.5	5 996.0	215.6
电子及通信设备制造业		6.8	63.9	32.0	23.5
仪器仪表及文化、办公用机械制造业			879.9	839.1	4.0
其他制造业		2.5	227.7	210.6	0.6
电力、蒸汽、热水的生产和供应业	3.0	15.8	4 690.8	4 311.0	30.5
自来水的生产和供应业	217.9	479.4	895.3	435.8	141.8

单位:万元

指标名称			其它业务利润	管理费用			
	产品销售税金及附加	产品销售利润			税金	财产保险费	劳动待业保险费
总计	**2 303.8**	**11 460.9**	**1 699.6**	**13 519.0**	**615.5**	**153.7**	**1 481.6**
总计中:亏损企业	631.6	-1 718.8	690.1	4 936.8	265.1	46.8	515.0
总计中:农村工业	1 012.4	1 538.5	112.9	2 283.7	53.8		
总计中:轻工业	1 064.0	4 460.4	1 158.2	6 273.3	266.9	41.3	810.4
以农产品为原料	858.5	2 238.0	725.6	3 839.9	143.2	24.2	351.8
以非农产品为原料	205.5	2 222.4	432.6	2 433.4	123.7	17.1	458.6
重工业	1 239.8	7 000.5	541.4	7 245.7	348.6	112.4	671.2
采掘工业	223.1	963.6	8.2	376.2		0.9	13.4
原料工业	355.0	1 454.5	63.7	1 769.8	51.1	50.2	253.1
加工工业	661.7	4 582.4	469.5	5 099.7	297.5	61.3	404.7
总计中:中一型企业	5.6	31.2	228.4	528.9	17.8	2.3	218.7
中二型企业	16.2	689.9	48.9	641.3	27.3	10.8	102.7
小型企业	2 282.0	10 739.8	1 422.3	12 348.8	570.4	140.6	1 160.2
按工业行业大类分							
煤炭采选业	0.3	2.5		13.5			
黑色金属矿采选业		12.4		11.8			
有色金属矿采选业	9.6	195.6	8.2	45.6		0.9	0.8
非金属矿采选业	213.2	753.1		305.3			12.6
食品加工业	262.4	1 855.7	3.1	1 128.9	2.2	1.9	14.4
食品制造业	138.1	272.9	117.6	452.3	40.9		7.2
饮料制造业	201.1	-1 715.8	8.4	81.1	0.2	0.2	0.1
烟草加工业	13.3	403.9	141.8	137.4	14.4		1.4
纺织业	2.3	-46.4	150.4	93.2	6.8	1.5	74.5
服装及其他纤维制品制造业	16.5	125.3	218.2	326.6	27.5	3.4	106.9

6-16 续表5.1 单位:万元

指标名称			其它业务利润	管理费用			
	产品销售税金及附加	产品销售利润			税金	财产保险费	劳动待业保险费
皮革、毛皮、羽绒及其制品业	2.6	-297.6		58.0	0.3	0.8	0.3
木材加工及竹、藤、棕、草制品业	49.7	542.3	24.0	213.5	0.1	11.7	0.5
家具制造业	23.7	272.4	46.7	275.7	15.0	0.8	30.5
造纸及纸制品业	103.2	607.7	44.3	574.6	21.5	9.8	89.9
印刷业	72.8	470.4	11.8	683.7	20.9	5.3	46.3
文教体育用品制造业	6.9	16.7	44.0	52.2	4.3	0.7	22.9
石油加工及炼焦业	0.7	37.7	3.3	22.9	1.4	0.7	0.9
化学原料及化学制品制造业	263.8	842.3	242.0	1 116.0	44.4	32.9	55.6
医药制造业	38.4	859.7	27.2	497.3		2.6	19.6
化学纤维制造业	0.5	7.0	-0.2	10.6	0.5		
橡胶制品业	1.8	9.3		7.6	0.5		
塑料制品业	14.0	166.7	6.0	193.1	3.3		14.4
非金属矿物制品业	352.8	406.9	21.8	1 343.2	16.7	10.2	24.4
黑色金属冶炼及压延加工业	11.5	219.6	2.3	92.8	7.2		
有色金属冶炼及压延加工业	5.5	152.9		105.5	2.3		11.7
金属制品业	79.6	1 512.7	156.3	1 403.7	155.9	9.8	228.0
普通机械制造业	97.1	296.2	37.6	658.2	14.2	0.1	18.5
专用设备制造业	31.2	279.4	11.3	302.6	6.6	0.2	16.5
交通运输设备制造业	165.1	1 715.2	72.3	1 653.7	49.8	11.0	191.8
电气机械及器材制造业	28.1	1 050.5	59.4	858.8	100.6	45.9	118.8
电子及通信设备制造业	1.1	7.3		13.7			
仪器仪表及文化、办公用机械制造业	5.6	31.2	228.4	528.9	17.8	2.3	218.7
其他制造业	10.4	6.1	6.6	22.4	9.1		4.9
电力、蒸汽、热水的生产和供应业	46.3	170.8	1.1	162.4			143.7
自来水的生产和供应业	34.6	218.3	5.7	72.2	31.1	1.0	5.8

6-16 续表6 单位:万元

指标名称	财务费用	利息支出	营业利润	利润总额	亏损企业亏损额	利税总额
总　　计	**4 755.0**	**2 893.6**	**-2 516.1**	**-2 356.2**	**7 551.5**	**7 881.9**
总计中：亏损企业	2 194.6	1 535.2	-6 878.8	-7 551.5	7 551.5	-4 747.5
总计中：农村工业	1 730.3	190.8	-1 610.9	-1 795.0	3 488.3	1 517.5
总计中：轻工业	1 873.3	1 060.6	-1 780.1	-1 820.3	4 319.3	2 488.4
以农产品为原料	1 244.8	562.4	-1 560.8	-1 590.8	3 816.6	1 577.5
以非农产品为原料	628.5	498.2	-219.3	-229.5	502.7	910.9
重工业	2 881.7	1 833.0	-736.0	-535.9	3 232.2	5 393.5
采掘工业	273.0	50.2	351.0	300.9	16.1	848.3
原料工业	1 338.5	1 003.2	-216.0	-892.2	1 621.7	1 268.8
加工工业	1 270.2	779.6	-871.0	55.4	1 594.4	3 276.4
总计中：中一型企业	32.3	32.0	-301.6	-211.7	211.7	-144.1
中二型企业	187.7	187.5	-90.2	-99.8	107.1	35.9
小型企业	4 535.0	2 674.1	-2 124.3	-2 044.7	7 232.7	7 990.1
按工业行业大类分						
煤炭采选业	1.4		1.0	2.1		3.7
黑色金属矿采选业	4.1	4.1	-3.5	-3.5	3.6	-4.8
有色金属矿采选业	19.8	-0.2	55.6	100.9		145.3
非金属矿采选业	247.7	46.3	297.9	201.4	12.5	704.1
食品加工业	119.2	60.7	636.8	735.5	62.8	1 606.1
食品制造业	436.2	56.2	-332.0	-387.2	908.5	236.4
饮料制造业	143.7	83.3	-1 790.8	-1 913.8	1 938.6	-1 601.5
烟草加工业	0.2	0.2	411.4	467.2		583.1
纺织业	13.1	13.2	-2.3	-28.1	28.4	-3.5
服装及其他纤维制品制造业	97.0	84.6	-60.8	-20.5	45.7	154.0

指标名称	财务费用	利息支出	营业利润	利润总额	亏损企业亏损额	利税总额
皮革、毛皮、羽绒及其制品业	23.7	20.0	-376.3	-379.2	380.2	-369.5
木材加工及竹、藤、棕、草制品业	72.6	35.3	382.5	396.1	3.3	741.1
家具制造业	56.2	34.9	-3.8	18.3	12.9	113.1
造纸及纸制品业	245.6	169.0	-115.2	-132.2	222.9	334.3
印刷业	41.4	5.8	-164.3	-160.0	216.4	188.6
文教体育用品制造业	7.8	7.8	0.7	-0.1	2.3	11.2
石油加工及炼焦业	11.6	11.6	6.5	6.5		17.4
化学原料及化学制品制造业	290.0	146.1	-131.5	-179.7	535.6	749.2
医药制造业	132.5	102.6	428.0	276.5	11.2	696.4
化学纤维制造业	-0.1	-0.1	-3.7			5.9
橡胶制品业	2.0	0.9	0.1	0.2	2.5	19.3
塑料制品业	96.7	63.0	-109.5	-85.2	93.8	-9.4
非金属矿物制品业	1 196.3	659.9	-990.9	-1 444.4	1 837.0	139.1
黑色金属冶炼及压延加工业	222.0	222.0	12.1	3.2	2.2	118.7
有色金属冶炼及压延加工业	25.8	25.8	21.6	-0.3	0.3	64.0
金属制品业	439.6	322.6	-129.6	-138.9	236.1	485.3
普通机械制造业	28.9	12.8	-321.1	-339.3	389.0	-35.0
专用设备制造业	24.8	12.4	-9.3	-28.5	44.1	97.1
交通运输设备制造业	447.9	440.7	-197.7	694.9	235.8	1 756.8
电气机械及器材制造业	145.1	112.2	106.1	89.1	88.2	421.1
电子及通信设备制造业			-6.4	-6.3	6.3	-2.2
仪器仪表及文化、办公用机械制造业	32.3	32.0	-301.6	-211.7	211.7	-144.1
其他制造业	0.9	0.9	-10.6	-10.1	10.1	3.5
电力、蒸汽、热水的生产和供应业	8.3	3.3	151.4	89.7		550.9
自来水的生产和供应业	120.7	103.7	33.1	31.2	9.5	106.2

6-16 续表7

单位：万元

指标名称	本年应付工资总额	本年应付福利费总额	本年应交增值税	进项税额	销项税额	全部从业人员年平均数(人)
总计	**23 841.8**	**2 226.4**	**7 934.3**	**9 918.6**	**15 617.6**	**39 590**
总计中：亏损企业	10 225.1	773.5	2 172.4	4 117.0	5 766.3	12 825
总计中：农村工业	6 204.7	367.8	2 300.1	505.3	1 278.4	17 143
总计中：轻工业	12 407.5	961.5	3 244.7	4 003.1	6 062.0	16 023
以农产品为原料	10 338.4	720.3	2 309.8	1 940.7	3 170.2	11 685
以非农产品为原料	2 069.1	241.2	934.9	2 062.4	2 891.8	4 338
重工业	11 434.3	1 264.9	4 689.6	5 915.5	9 555.6	23 567
采掘工业	1 343.9	34.2	324.3	117.0	340.4	5 087
原料工业	3 275.9	407.4	1 806.0	1 754.4	3 249.2	5 435
加工工业	6 814.5	823.3	2 559.3	4 044.1	5 966.0	13 045
总计中：中一型企业	448.4	54.0	62.0	45.0	159.7	821
中二型企业	436.2	79.3	119.5	336.2	472.2	683
小型企业	22 957.2	2 093.1	7 752.8	9 537.4	14 985.7	38 086
按工业行业大类分						
煤炭采选业	4.8	0.3	1.3	2.1	3.4	38
黑色金属矿采选业	15.6	1.7	-1.3	10.6	9.3	51
有色金属矿采选业	569.8	2.0	34.8	21.0	25.7	913
非金属矿采选业	753.7	30.2	289.5	83.3	302.0	4 085
食品加工业	1 227.6	79.2	608.2	110.7	393.1	2 019
食品制造业	1 096.1	66.0	485.5	70.8	163.7	3 445
饮料制造业	352.4	27.1	111.2	7.0	11.5	537
烟草加工业	1 255.0	175.2	102.6	188.9	291.5	272
纺织业	88.4	12.3	22.3	40.6	62.7	148
服装及其他纤维制品制造业	446.5	54.2	158.0	169.6	300.5	1 106

6-16 续表7.1

单位:万元

指标名称	本年应付工资总额	本年应付福利费总额	本年应交增值税	进项税额	销项税额	全部从业人员年平均数(人)
皮革、毛皮、羽绒及其制品业	41.1	3.8	7.1	58.6	61.7	175
木材加工及竹、藤、棕、草制品业	470.3	29.1	295.3	224.4	450.7	1 574
家具制造业	238.2	23.2	71.1	73.1	111.2	502
造纸及纸制品业	783.7	169.9	363.3	646.7	978.7	1 879
印刷业	4 768.1	102.5	275.8	410.4	579.1	1 488
文教体育用品制造业	43.3	5.0	4.4	1.1	5.5	84
石油加工及炼焦业	19.4	4.4	10.2	75.9	86.1	44
化学原料及化学制品制造业	1 274.4	108.6	665.1	673.6	1 141.0	2 087
医药制造业	297.0	30.0	381.5	69.3	335.4	740
化学纤维制造业	11.2	1.7	5.4	6.0	11.4	18
橡胶制品业	34.0	3.9	17.3	13.3	20.7	79
塑料制品业	279.1	29.6	61.8	443.4	496.0	630
非金属矿物制品业	3 588.9	362.3	1 230.7	490.4	1 166.4	8 487
黑色金属冶炼及压延加工业	242.7	6.8	104.0	144.5	248.5	316
有色金属冶炼及压延加工业	72.4	9.2	58.8	58.1	116.9	80
金属制品业	1 350.7	188.2	544.6	2 233.7	2 733.2	2 592
普通机械制造业	876.7	64.2	207.2	892.7	1 088.4	1 137
专用设备制造业	295.2	34.8	94.4	172.7	239.1	541
交通运输设备制造业	1 346.2	292.0	896.8	1 275.5	2 085.6	1 927
电气机械及器材制造业	656.3	89.4	303.9	917.9	1 212.6	1 025
电子及通信设备制造业	21.8	3.0	3.0			40
仪器仪表及文化、办公用机械制造业	448.4	54.0	62.0	45.0	159.7	821
其他制造业	28.7	4.5	3.2			80
电力、蒸汽、热水的生产和供应业	760.8	146.6	414.9	287.7	694.6	511
自来水的生产和供应业	83.3	11.5	40.4		31.7	119

6-17 全市三资独立核算工业企业主要财务状况表(地方口径)

(1999年)　　单位:万元

指 标 名 称	单位数(个)	亏损企业	工业总产值(1990年不变价)	工业总产值(当年价)	工业销售产值(当年价)	工业增加值(当年价)
总　　计	**94**	**52**	**162 962.1**	**200 952.2**	**194 914.4**	**61 045.1**
总计中: 亏损企业	52	52	54 858.8	69 148.0	66 723.1	21 758.3
总计中: 港、澳、台商投资企业	55	25	60 252.5	68 662.4	66 190.9	21 458.1
外商投资企业	39	27	102 709.6	132 289.8	128 723.5	39 587.0
总计中: 国有控股企业	21	9	37 527.0	44 630.1	43 787.0	12 572.1
总计中: 轻工业	58	34	100 911.2	130 576.8	126 126.4	38 568.1
以农产品为原料	42	26	82 216.3	112 667.3	109 078.2	33 254.2
以非农产品为原料	16	8	18 694.9	17 909.5	17 048.2	5 313.9
重工业	36	18	62 050.9	70 375.4	68 788.0	22 477.0
原料工业	14	7	32 352.7	42 975.5	40 990.0	13 207.2
加工工业	22	11	29 698.2	27 399.9	27 798.0	9 269.8
总计中: 大一型企业	3	2	26 139.7	39 575.9	37 947.4	12 360.9
大二型企业	3	1	26 324.5	40 196.2	38 663.0	11 034.4
中一型企业	4	1	29 921.2	29 887.4	29 134.7	8 978.0
中二型企业	5	3	10 334.4	15 095.7	14 120.1	4 943.7
小型企业	79	45	70 242.3	76 197.0	75 049.2	23 728.1
按工业行业大类分						
食品加工业	8	1	29 646.6	52 304.8	50 032.1	15 484.8
食品制造业	6	4	7 554.3	7 313.4	7 684.1	1 409.4
饮料制造业	2	1	26 166.8	34 323.9	33 260.0	9 988.1
纺织业	1	1	183.9	102.1	136.7	14.5
服装及其他纤维制品制造业	5	4	3 409.4	3 862.3	3 780.3	1 622.5
皮革、毛皮、羽绒及其制品业	2	2	46.3	57.1	36.7	18.7
木材加工及竹、藤、棕、草制品业	5	4	18 106.8	21 626.5	20 593.5	7 225.6
造纸及纸制品业	8	6	7 792.1	7 736.3	7 419.5	2 155.7
印刷业	1		4 290.6	4 132.3	3 965.0	1 557.5
石油加工及炼焦业	1		671.1	671.1	706.1	140.7
化学原料及化学制品制造业	6	4	6 517.5	8 314.6	7 275.4	2 867.1
医药制造业	8	4	3 703.3	3 491.4	2 969.4	1 339.9
塑料制品业	9	5	10 325.9	9 480.5	9 081.3	3 200.1
非金属矿物制品业	11	7	16 844.3	19 636.9	19 030.2	6 882.3
有色金属冶炼及压延加工业	1		3 360.5	3 663.5	3 659.7	206.7
金属制品业	2	2	1 655.0	1 591.4	1 764.9	475.0
普通机械制造业	1	1	300.0	318.7	385.3	95.6
专用设备制造业	1	1	25.6	33.0	33.0	10.0
交通运输设备制造业	10	4	16 330.5	14 311.3	14 035.1	4 330.3
电气机械及器材制造业	1		2 486.7	2 350.8	3 423.7	702.8
电子及通信设备制造业	2	1	3 056.9	2 296.2	2 348.7	688.9
其他制造业	2		174.8	216.8	176.4	68.3
电力、蒸汽、热水的生产和供应业	1		313.2	3 117.3	3 117.3	560.6

6-17 续表1 单位:万元

指标名称	资产合计	流动资产小计	存货	产成品	流动资产年平均余额	长期投资	固定资产小计
总计	**438 304.2**	**121 591.3**	**47 448.7**	**19 190.8**	**111 889.3**	**1 324.6**	**230 077.9**
总计中:亏损企业	247 837.6	46 395.3	23 748.8	12 152.7	43 891.8	773.9	153 300.1
总计中:港、澳、台商投资企业	147 627.9	62 471.1	23 519.9	10 043.1	58 032.9	836.7	56 231.9
外商投资企业	290 676.3	59 120.2	23 928.8	9 147.7	53 856.4	487.9	173 846.0
总计中:国有控股企业	121 567.2	33 484.1	11 587.4	4 283.6	29 235.9	373.6	45 029.4
总计中:轻工业	241 808.6	68 499.5	29 152.9	12 228.6	59 636.8	502.2	127 344.2
以农产品为原料	200 446.3	55 336.4	22 812.5	9 594.9	47 211.8	406.3	106 677.4
以非农产品为原料	41 362.3	13 163.1	6 340.4	2 633.7	12 425.0	95.9	20 666.8
重工业	196 495.6	53 091.8	18 295.8	6 962.2	52 252.5	822.4	102 733.7
原料工业	130 673.2	25 477.7	9 243.4	3 007.1	23 335.6	342.7	73 645.9
加工工业	65 822.4	27 614.1	9 052.4	3 955.1	28 916.9	479.7	29 087.8
总计中:大一型企业	131 047.6	9 910.0	3 638.2	756.6	11 216.0		97 593.0
大二型企业	47 134.9	13 037.8	4 145.3	919.3	13 224.4		16 296.4
中一型企业	52 861.0	16 916.5	4 679.1	1 307.1	12 507.0	41.4	33 653.5
中二型企业	40 515.1	10 246.5	4 112.9	1 676.7	12 843.3	342.7	20 175.4
小型企业	166 745.6	71 480.5	30 873.2	14 531.1	62 098.6	940.5	62 359.6
按工业行业大类分							
食品加工业	30 589.6	17 699.5	7 884.9	2 430.2	19 798.5	317.2	10 397.4
食品制造业	33 873.5	9 437.1	2 432.2	1 668.2	6 353.0	46.4	7 771.7
饮料制造业	97 376.2	10 433.3	4 110.2	774.9	8 701.4		75 210.3
纺织业	932.7	205.6	8.7	3.2	180.3		713.5
服装及其他纤维制品制造业	6 839.7	2 601.5	1 294.9	570.3	2 583.6	10.7	2 641.1
皮革、毛皮、羽绒及其制品业	214.6	123.6	106.2	59.7	140.6		55.3
木材加工及竹、藤、棕、草制品业	46 344.6	7 267.7	1 791.2	472.6	6 510.7	7.0	27 015.6
造纸及纸制品业	16 863.3	8 406.0	4 649.7	3 313.3	4 031.5	25.0	3 807.8
印刷业	8 335.7	3 829.5	933.6	175.6	3 109.5		4 308.3
石油加工及炼焦业	1 040.8	921.2	691.7	105.2	923.5		104.4
化学原料及化学制品制造业	12 673.8	6 653.5	1 863.8	708.2	6 066.5	74.5	4 801.2
医药制造业	6 157.7	3 709.2	2 194.9	1 050.4	3 614.5	15.9	1 301.7
塑料制品业	20 283.6	7 888.6	2 920.4	1 637.3	7 022.9		9 887.1
非金属矿物制品业	81 058.0	19 066.1	6 828.2	3 207.5	15 775.9	777.9	45 689.3
有色金属冶炼及压延加工业	1 201.4	846.0	439.1		672.6		276.3
金属制品业	4 602.3	2 265.6	1 585.4	1 084.4	1 872.6		2 197.1
普通机械制造业	2 066.1	825.6	268.1	205.3	478.6		758.5
专用设备制造业	475.4	177.1	125.5		179.3		298.3
交通运输设备制造业	36 484.5	13 701.5	4 922.8	700.0	15 483.4	50.0	18 209.0
电气机械及器材制造业	4 877.8	1 367.3	320.0	127.6	1 309.7		3 016.4
电子及通信设备制造业	7 425.4	1 358.4	800.8	800.8	4 239.5		1 228.1
其他制造业	287.6	256.8	134.4	96.1	194.4		30.8
电力、蒸汽、热水的生产和供应业	18 299.9	2 550.6	1 142.0		2 646.8		10 358.7

6-17 续表2

单位:万元

指标名称	固定资产原价	生产经营用	累计折旧	本年折旧	固定资产净值年平均余额	无形及递延资产合计
总计	**263 936.3**	**232 555.0**	**49 648.3**	**14 248.4**	**211 836.1**	**24 356.2**
总计中:亏损企业	162 351.8	143 151.5	20 816.7	6 744.3	136 557.7	21 018.3
总计中:港、澳、台商投资企业	73 656.6	58 123.8	21 201.7	5 086.1	51 028.6	2 625.8
外商投资企业	190 279.7	174 431.2	28 446.6	9 162.3	160 807.5	21 730.4
总计中:国有控股企业	44 831.2	34 073.7	9 913.8	3 902.5	37 630.7	8 951.6
总计中:轻工业	141 003.8	124 930.7	23 905.3	5 334.7	110 710.8	19 198.7
以农产品为原料	126 372.3	119 267.7	20 418.8	4 630.8	99 525.3	15 450.3
以非农产品为原料	14 631.5	5 663.0	3 486.5	703.9	11 185.5	3 748.4
重工业	122 932.5	107 624.3	25 743.0	8 913.7	101 125.3	5 157.5
原料工业	92 139.9	81 631.2	20 222.8	7 122.1	75 163.3	2 496.4
加工工业	30 792.6	25 993.1	5 520.2	1 791.6	25 962.0	2 661.1
总计中:大一型企业	108 104.7	107 069.5	11 355.7	4 465.2	93 270.6	9 080.9
大二型企业	21 595.3	21 016.3	5 299.0	1 389.2	15 741.9	5 916.7
中一型企业	41 017.7	38 829.6	7 364.2	2 258.5	34 023.6	1 341.7
中二型企业	30 805.4	26 025.5	11 599.4	2 223.4	19 948.6	216.9
小型企业	62 413.2	39 614.1	14 030.0	3 912.1	48 851.4	7 800.0
按工业行业大类分						
食品加工业	15 668.5	13 785.7	5 327.5	1 113.4	9 574.0	1 110.6
食品制造业	11 567.9	10 924.5	3 825.6	797.5	8 156.3	5 163.1
饮料制造业	82 198.2	81 888.8	6 987.9	1 979.9	69 705.5	7 987.0
纺织业	713.5	713.5	210.4	32.0	503.0	13.6
服装及其他纤维制品制造业	3 558.9	2 315.0	1 306.4	130.3	2 352.9	79.9
皮革、毛皮、羽绒及其制品业	60.1	0.9	5.2	3.4	54.8	23.3
木材加工及竹、藤、棕、草制品业	32 928.3	32 112.3	6 760.1	3 123.5	28 302.7	1 315.6
造纸及纸制品业	5 307.7	4 499.1	1 499.9	157.0	3 308.0	538.1
印刷业	5 143.0	4 140.3	834.7	287.6	4 439.1	197.9
石油加工及炼焦业	170.5	170.5	66.1	14.9	104.0	15.2
化学原料及化学制品制造业	5 326.8	3 167.6	812.9	194.7	4 517.3	367.2
医药制造业	1 848.1	1 519.2	606.7	113.6	1 021.9	379.3
塑料制品业	12 500.3	3 813.3	2 659.1	525.8	9 769.5	376.9
非金属矿物制品业	51 875.0	41 405.2	7 234.8	3 177.7	44 341.7	2 235.5
有色金属冶炼及压延加工业	491.1	443.5	214.8	36.6	277.8	79.1
金属制品业	2 408.4	2 315.5	899.6	167.8	1 518.7	42.9
普通机械制造业	869.1		110.6	33.4	740.1	388.0
专用设备制造业	309.6		11.3	5.5	226.4	
交通运输设备制造业	7 438.6	6 306.1	1 179.2	346.8	7 052.4	3 548.9
电气机械及器材制造业	3 792.7	3 700.0	953.1	296.4	2 993.1	494.1
电子及通信设备制造业	1 546.9	1 546.9	318.8	25.0	1 938.3	
其他制造业	65.2	65.2	34.4	0.3	29.7	
电力、蒸汽、热水的生产和供应业	18 147.9	17 721.9	7 789.2	1 685.3	10 908.9	

指标名称	负债合计			所有者权益合计			
		流动负债	长期负债		实收资本	国家资本	集体资本
总　　计	**247 531.9**	**160 422.4**	**76 653.6**	**190 772.3**	**193 806.3**	**51 426.5**	**6 543.8**
总计中：亏损企业	140 800.1	79 004.3	56 362.3	107 037.5	134 438.0	43 109.7	1 714.7
总计中：港、澳、台商投资企业	86 968.5	72 942.6	9 392.1	60 659.4	43 399.0	6 795.1	3 419.5
外商投资企业	160 563.4	87 479.8	67 261.5	130 112.9	150 407.3	44 631.4	3 124.3
总计中：国有控股企业	79 969.8	46 186.6	33 339.6	41 597.4	42 757.0	14 018.3	586.3
总计中：轻工业	119 501.5	82 318.4	33 357.2	122 307.1	136 770.1	46 592.1	3 014.7
以农产品为原料	97 252.4	70 627.6	23 659.9	103 193.9	116 427.6	41 592.1	1 632.5
以非农产品为原料	22 249.1	11 690.8	9 697.3	19 113.2	20 342.5	5 000.0	1 382.2
重工业	128 030.4	78 104.0	43 296.4	68 465.2	57 036.2	4 834.4	3 529.1
原料工业	91 951.3	51 816.7	39 051.9	38 721.9	31 755.4	768.4	
加工工业	36 079.1	26 287.3	4 244.5	29 743.3	25 280.8	4 066.0	3 529.1
总计中：大一型企业	73 274.3	39 999.4	32 599.9	57 773.3	79 588.8	31 000.0	
大二型企业	28 289.3	13 857.5	14 418.2	18 845.6	16 736.1	6 784.4	
中一型企业	29 350.6	17 074.6	12 276.0	23 510.4	22 728.3	3 701.1	
中二型企业	19 605.2	12 676.2	3 048.7	20 909.9	13 171.3		1 815.4
小型企业	97 012.5	76 814.7	14 310.8	69 733.1	61 581.8	9 941.0	4 728.4
按工业行业大类分							
食品加工业	14 909.0	13 726.9	1 182.1	15 680.6	6 908.6	274.6	72.6
食品制造业	22 322.9	8 662.6	13 596.8	11 550.6	14 120.7	4 717.4	
饮料制造业	40 640.0	35 148.2	5 491.8	56 736.2	77 524.0	31 000.0	
纺织业	71.0	71.0		861.7	709.8	283.9	
服装及其他纤维制品制造业	5 409.7	2 624.0	2 743.6	1 430.0	2 609.8		1 559.9
皮革、毛皮、羽绒及其制品业	82.7	82.7		131.9	177.1	60.0	
木材加工及竹、藤、棕、草制品业	40 539.8	11 735.8	28 129.0	5 804.8	6 919.4		
造纸及纸制品业	9 422.0	6 312.4	503.6	7 441.3	5 549.9	1 257.5	
印刷业	2 584.6	2 584.6		5 751.1	4 960.0	3 410.0	
石油加工及炼焦业	950.8	950.8		90.0	150.0		
化学原料及化学制品制造业	8 963.8	8 156.5	311.2	3 710.0	3 449.3	209.0	927.4
医药制造业	2 642.8	2 400.8	242.0	3 514.9	3 420.4	801.7	
塑料制品业	10 611.8	7 470.4	2 280.4	9 671.8	8 935.8	784.0	1 330.5
非金属矿物制品业	56 094.4	42 608.8	13 467.0	24 963.6	24 946.2	2 596.7	150.0
有色金属冶炼及压延加工业	600.4	600.4		601.0	386.8	268.3	
金属制品业	1 756.2	1 353.5	402.7	2 846.1	2 427.4	821.6	
普通机械制造业	1 047.5	579.1	467.3	1 018.6	1 018.6		
专用设备制造业	51.7	51.7		423.7	288.6		
交通运输设备制造业	18 653.5	10 573.7	7 400.9	17 831.0	17 030.3	4 941.8	
电气机械及器材制造业	1 032.8	1 032.8		3 845.0	4 111.9		2 451.7
电子及通信设备制造业	4 853.7			2 571.7	2 571.7		
其他制造业	210.5	194.5	16.0	77.1	117.8		51.7
电力、蒸汽、热水的生产和供应业	4 080.3	3 501.2	419.2	14 219.6	5 472.2		

6-17 续表4 单位:万元

指标名称	法人资本	个人资本	港澳台资本	外商资本	产品销售收入	产品销售成本	产品销售费用
总计	**23 234.6**	**827.7**	**25 915.3**	**85 858.4**	**181 887.0**	**146 149.1**	**9 751.8**
总计中:亏损企业	7 591.3	661.4	8 378.2	72 982.7	56 769.3	48 842.8	4 224.2
总计中:港、澳、台商投资企业	9 572.1	661.4	21 872.5	1 078.4	63 960.9	51 083.6	3 486.2
外商投资企业	13 662.5	166.3	4 042.8	84 780.0	117 926.1	95 065.5	6 265.6
总计中:国有控股企业	7 684.5	411.1	3 735.4	16 321.4	41 951.0	33 744.5	1 675.8
总计中:轻工业	5 252.4	162.2	15 207.6	66 541.1	116 434.0	90 960.9	8 246.6
以农产品为原料	4 576.8	87.1	9 227.1	59 312.0	103 190.9	80 375.3	7 134.5
以非农产品为原料	675.6	75.1	5 980.5	7 229.1	13 243.1	10 585.6	1 112.1
重工业	17 982.2	665.5	10 707.7	19 317.3	65 453.0	55 188.2	1 505.2
原料工业	15 734.5	411.1	797.8	14 043.6	39 379.8	34 016.7	689.9
加工工业	2 247.7	254.4	9 909.9	5 273.7	26 073.2	21 171.5	815.3
总计中:大一型企业	6 386.9		-1 930.9	44 132.8	33 483.5	27 663.1	2 036.8
大二型企业			229.9	9 721.8	36 565.3	28 801.0	803.6
中一型企业	1 715.5		2 425.0	14 886.7	30 806.0	24 295.4	2 265.4
中二型企业	8 017.2		2 951.7	387.0	12 348.9	11 911.5	379.1
小型企业	7 115.0	827.7	22 239.6	16 730.1	68 683.3	53 478.1	4 266.9
按工业行业大类分							
食品加工业	227.7		2 312.1	4 021.6	47 641.7	34 466.3	1 646.4
食品制造业	1 630.1		927.4	6 845.8	7 718.6	7 294.3	476.4
饮料制造业	90.5			46 433.5	30 171.7	24 387.0	3 663.2
纺织业			425.9		136.7	164.9	1.8
服装及其他纤维制品制造业	42.0		672.2	335.7	3 632.4	3 306.5	241.9
皮革、毛皮、羽绒及其制品业	67.2		40.0	9.9	35.2	38.7	0.8
木材加工及竹、藤、棕、草制品业	6 540.5	87.1	-1 841.0	2 132.8	20 983.8	16 352.1	602.0
造纸及纸制品业	1 584.7		1 042.2	1 665.5	6 652.2	5 588.7	477.5
印刷业			1 550.0		4 045.9	2 975.5	55.3
石油加工及炼焦业	150.0				794.1	706.1	43.3
化学原料及化学制品制造业	357.2		464.1	1 491.6	7 251.4	6 278.3	446.9
医药制造业	756.6	75.1	1 787.0		2 743.8	1 499.8	690.1
塑料制品业	450.0		6 191.3	180.0	6 781.3	5 565.7	377.5
非金属矿物制品业	4 986.2	411.1	4 984.5	11 817.7	17 447.8	15 218.9	520.8
有色金属冶炼及压延加工业				118.5	3 659.7	3 525.2	
金属制品业			70.0	1 535.8	1 767.1	1 748.0	116.0
普通机械制造业				1 018.6	247.1	173.0	54.1
专用设备制造业			288.6		30.2	27.0	0.7
交通运输设备制造业	2 247.7	88.1	2 995.2	6 757.5	12 838.4	9 817.0	278.6
电气机械及器材制造业		166.3		1 493.9	2 568.9	2 286.6	21.8
电子及通信设备制造业			2 571.7		1 771.7	1 404.0	21.5
其他制造业			66.1		210.0	173.9	15.2
电力、蒸汽、热水的生产和供应业	4 104.2		1 368.0		2 757.3	3 151.6	

指标名称	产品销售税金及附加	产品销售利润	其它业务利润	管理费用	税金	财产保险费	劳动待业保险费
总计	**2 193.9**	**15 574.7**	**959.6**	**14 476.7**	**1 847.8**	**122.8**	**296.3**
总计中:亏损企业	1 955.9	-1 420.1	329.5	7 107.6	129.5	55.2	110.1
总计中:港、澳、台商投资企业	289.0	5 865.5	441.5	4 480.9	51.7	48.6	217.8
外商投资企业	1 904.9	9 709.2	518.1	9 995.8	1 796.1	74.2	78.5
总计中:国有控股企业	466.0	3 331.0	166.3	3 887.0	67.9	39.6	132.4
总计中:轻工业	2 024.9	9 574.5	667.7	10 647.7	1 690.5	95.6	161.4
以农产品为原料	1 610.8	10 074.7	567.4	8 812.0	1 657.8	87.0	139.5
以非农产品为原料	414.1	-500.2	100.3	1 835.7	32.7	8.6	21.9
重工业	169.0	6 000.2	291.9	3 829.0	157.3	27.2	134.9
原料工业	50.0	3 241.6	77.5	1 992.8	26.4	20.1	81.0
加工工业	119.0	2 758.6	214.4	1 836.2	130.9	7.1	53.9
总计中:大一型企业	1 476.8	2 306.8	81.8	3 199.5	20.3		
大二型企业		3 847.0	211.9	2 515.1	1 556.4	51.1	20.7
中一型企业		4 245.2	97.7	1 912.1	47.0	7.0	52.1
中二型企业		45.9	113.2	594.5	0.1	11.4	10.6
小型企业	717.1	5 129.8	455.0	6 255.5	224.0	53.3	212.9
按工业行业大类分							
食品加工业	168.9	7 599.9	327.2	2 780.0	1 554.6	56.2	23.6
食品制造业	0.3	-52.4	0.2	1 315.1	12.5	20.2	61.9
饮料制造业	1 431.8	689.7	98.4	3 333.4	16.2	2.6	2.6
纺织业		-42.5		10.8			
服装及其他纤维制品制造业	7.8	42.6	82.7	240.0	14.2	0.5	7.0
皮革、毛皮、羽绒及其制品业		-5.8	14.2	18.5	0.9		0.3
木材加工及竹、藤、棕、草制品业	45.2	3 979.7		874.8	20.6		
造纸及纸制品业		514.1	11.6	412.3	27.3	1.5	31.5
印刷业		1 015.1	34.0	317.4	20.9	2.3	1.5
石油加工及炼焦业		44.7		31.7			3.6
化学原料及化学制品制造业	3.1	317.5	-0.2	422.7	15.0	4.8	8.8
医药制造业	0.3	384.3	2.5	423.8	5.1	5.7	14.0
塑料制品业	3.7	453.7	94.4	761.9	9.9	3.0	1.7
非金属矿物制品业	105.7	-161.9	83.7	1 499.7	1.7	18.2	64.4
有色金属冶炼及压延加工业		83.1		52.5		4.4	33.0
金属制品业		-140.6	9.7	99.0	22.9		8.1
普通机械制造业		20.0	65.7	105.5	2.4	2.9	1.6
专用设备制造业		-0.1		2.5			
交通运输设备制造业	425.4	1 177.2	135.6	1 333.4	23.1	0.5	28.0
电气机械及器材制造业		31.5		179.3	100.5		0.1
电子及通信设备制造业				201.4			
其他制造业	1.7	19.2	-0.1	27.4			1.7
电力、蒸汽、热水的生产和供应业		-394.3		33.6			2.9

6-17 续表6

单位:万元

指标名称	财务费用	利息支出	营业利润	利润总额	亏损企业亏损额	利税总额
总　　计	**8 438.9**	**8 739.5**	**1 230.6**	**-626.1**	**13 920.0**	**9 025.4**
总计中：亏损企业	5 105.2	5 044.9	-9 673.0	-13 920.0	13 920.0	-8 982.5
总计中：港、澳、台商投资企业	2 901.1	2 572.4	2 904.4	3 579.7	1 649.4	6 786.3
外商投资企业	5 537.8	6 167.1	-1 673.8	-4 205.8	12 270.6	2 239.1
总计中：国有控股企业	1 515.6	2 095.2	754.0	679.0	2 969.1	2 811.4
总计中：轻工业	2 730.5	2 464.1	1 611.5	-1 045.5	11 164.7	4 288.6
以农产品为原料	1 928.5	1 927.1	2 534.7	-307.1	10 062.8	3 874.1
以非农产品为原料	802.0	537.0	-923.2	-738.4	1 101.9	414.5
重工业	5 708.4	6 275.4	-380.9	419.4	2 755.3	4 736.8
原料工业	4 403.1	5 017.6	-1 499.4	-453.9	1 127.0	2 408.6
加工工业	1 305.3	1 257.8	1 118.5	873.3	1 628.3	2 328.2
总计中：大一型企业	3 616.0	4 298.0	-4 404.1	-7 176.6	7 740.0	-3 406.5
大二型企业	341.0	335.1	3 183.9	3 141.7	1 701.4	3 141.7
中一型企业	1 064.0	1 045.0	1 266.2	1 468.2	685.9	3 214.3
中二型企业	1 431.3	1 465.9	-1 543.3	-540.1	740.9	84.6
小型企业	1 986.6	1 595.5	2 727.9	2 480.7	3 051.8	5 991.3
按工业行业大类分						
食品加工业	361.2	348.3	7 272.9	7 324.5	12.6	7 531.7
食品制造业	226.3	206.6	-1 655.1	-1 680.9	1 816.3	-1 290.4
饮料制造业	1 090.8	1 139.9	-3 636.1	-6 369.1	7 717.5	-3 451.8
纺织业	1.7	1.7	-52.7	-52.7	52.7	-38.6
服装及其他纤维制品制造业	33.8	26.9	-115.1	-170.0	170.0	-54.8
皮革、毛皮、羽绒及其制品业	0.9	0.8		-5.6	5.6	-1.7
木材加工及竹、藤、棕、草制品业	2 585.7	3 215.8	550.4	526.6	36.8	2 214.0
造纸及纸制品业	113.1	106.8	48.9	-41.6	145.6	73.3
印刷业	67.0	66.8	664.7	673.5		905.3
石油加工及炼焦业	0.5	0.5	13.5	12.8		23.2
化学原料及化学制品制造业	320.5	312.7	-99.6	94.2	163.2	528.9
医药制造业	60.7	55.1	102.1	125.3	97.0	371.4
塑料制品业	485.1	225.5	116.2	104.5	178.1	588.5
非金属矿物制品业	1 519.0	1 443.9	-1 155.6	-1 723.7	1 760.2	-501.6
有色金属冶炼及压延加工业	-1.1	-1.1	83.1	78.7		158.1
金属制品业	62.3	59.9	-248.5	-271.8	271.8	-214.0
普通机械制造业	-3.5	-3.5	-16.3	-16.3	16.3	-16.3
专用设备制造业				-0.1	0.1	-0.1
交通运输设备制造业	517.2	515.0	513.8	928.9	1 069.0	2 022.1
电气机械及器材制造业	49.9	49.9	0.4	31.5		193.9
电子及通信设备制造业	227.6	212.8		-210.7	407.2	-210.7
其他制造业	-24.3	-24.3	16.0	15.9		22.0
电力、蒸汽、热水的生产和供应业	744.5	779.5	-1 172.4			173.0

6-17 续表7 单位:万元

指标名称	本年应付工资总额	本年应付福利费总额	本年应交增值税	进项税额	销项税额	全部从业人员年平均数(人)
总计	**11 718.1**	**1 476.3**	**7 457.6**	**13 950.4**	**20 634.1**	**12 996**
总计中:亏损企业	6 125.3	882.3	2 981.6	6 056.3	8 897.6	6 872
总计中:港、澳、台商投资企业	4 631.1	592.7	2 917.6	5 157.1	7 400.8	6 614
外商投资企业	7 087.0	883.6	4 540.0	8 793.3	13 233.3	6 382
总计中:国有控股企业	2 795.2	488.7	1 666.4	3 273.6	4 877.7	3 075
总计中:轻工业	7 797.6	912.6	3 309.2	7 630.8	10 680.1	8 062
以农产品为原料	6 877.1	782.8	2 570.4	6 476.6	8 819.9	6 612
以非农产品为原料	920.5	129.8	738.8	1 154.2	1 860.2	1 450
重工业	3 920.5	563.7	4 148.4	6 319.6	9 954.0	4 934
原料工业	2 067.1	268.0	2 812.5	3 899.0	6 662.9	2 410
加工工业	1 853.4	295.7	1 335.9	2 420.6	3 291.1	2 524
总计中:大一型企业	2 310.7	256.2	2 293.3	3 489.8	5 726.0	1 615
大二型企业	1 698.5	236.4		156.6	156.6	1 077
中一型企业	1 618.6	161.4	1 746.1	3 352.1	4 929.6	1 341
中二型企业	1 052.4	132.2	624.7	1 044.2	1 668.9	1 796
小型企业	5 037.9	690.1	2 793.5	5 907.7	8 153.0	7 167
按工业行业大类分						
食品加工业	1 501.8	196.3	38.3	464.9	497.1	895
食品制造业	1 118.2	158.9	390.2	461.1	682.7	798
饮料制造业	2 371.4	240.1	1 485.5	3 766.4	5 219.2	1 555
纺织业	8.1	1.1	14.1	11.5	25.6	25
服装及其他纤维制品制造业	849.3	116.8	107.4	152.4	260.8	1 660
皮革、毛皮、羽绒及其制品业	13.7	0.3	3.9	2.5	4.4	21
木材加工及竹、藤、棕、草制品业	572.4	53.0	1 642.2	1 881.4	3 496.7	752
造纸及纸制品业	486.2	29.5	114.9	844.8	958.6	789
印刷业	248.4	34.7	231.8	472.0	703.8	217
石油加工及炼焦业	30.8	11.0	10.4	124.6	135.0	39
化学原料及化学制品制造业	309.5	47.4	431.6	503.7	921.6	506
医药制造业	333.1	37.1	245.8	213.9	447.1	531
塑料制品业	390.5	49.2	480.3	379.0	824.1	912
非金属矿物制品业	1 758.9	335.3	1 116.4	1 371.9	2 465.5	2 095
有色金属冶炼及压延加工业	132.7	23.7	79.4	544.9	623.7	137
金属制品业	73.1	9.8	57.8	271.1	326.5	89
普通机械制造业	41.5	5.2		8.3	2.7	31
专用设备制造业	23.4	3.1		5.1		30
交通运输设备制造业	814.7	96.0	667.8	1 895.1	2 125.0	839
电气机械及器材制造业	43.9	7.5	162.4	275.9	436.7	53
电子及通信设备制造业	433.6					831
其他制造业	27.4	1.1	4.4	2.8	7.2	52
电力、蒸汽、热水的生产和供应业	135.5	19.2	173.0	297.1	470.1	139

6-18 全市独立核算工业企业主要财务状况指标(国家口径)

(1999年)　　单位:万元

指标名称	单位数(个)	亏损企业	工业总产值(1990年不变价)	工业总产值(当年价)	工业销售产值(当年价)	工业增加值(当年价)
总　　计	**344**	**139**	**995 349.8**	**1 149 690.9**	**1 094 975.2**	**378 007.1**
按登记注册类型分组						
内资企业	299	123	845 388.0	961 673.2	912 389.8	321 412.5
国有企业	187	85	395 183.4	442 186.0	430 106.3	134 906.2
中央企业	6	5	22 881.7	24 745.0	24 551.0	23 413.5
地方企业	181	80	372 301.7	417 441.0	405 555.3	111 492.7
集体企业	69	24	112 741.5	140 006.6	133 351.9	42 662.0
股份合作企业	6	1	12 520.9	12 334.2	11 597.4	4 352.0
有限责任公司	15	7	133 995.5	157 493.1	141 525.9	68 806.8
#国有独资公司	6	4	122 965.5	143 305.3	128 381.0	64 305.2
股份有限公司	8	1	149 728.8	157 354.3	146 171.8	53 715.4
私营企业	14	5	41 217.9	52 299.0	49 636.5	16 970.1
港、澳、台商投资企业	26	5	54 541.5	63 022.8	61 041.6	19 403.2
外商投资企业	19	11	95 420.3	124 994.9	121 543.8	37 191.4
按经济组织类型分组						
独资企业	269	114	533 938.2	618 002.5	598 555.9	187 967.0
#国有企业	187	85	395 183.4	442 186.0	430 106.3	134 906.2
集体企业	69	24	112 741.5	140 006.6	133 351.9	42 662.0
合作、合伙企业	12	5	40 483.4	56 802.1	54 178.3	17 537.2
股份有限公司	8	1	149 728.8	157 354.3	146 171.8	53 715.4
有限责任公司	55	19	271 199.4	317 532.0	296 069.2	118 787.5
总计中: 亏损企业	139	139	256 750.6	283 583.6	269 381.3	76 076.6
国有控股企业	216	93	712 028.3	794 088.6	754 916.7	268 083.1
农村工业	24	6	34 479.6	50 048.8	47 342.3	14 595.9
总计中: 轻工业	201	77	619 267.4	728 561.2	688 177.4	240 187.1
以农产品为原料	157	56	528 867.5	633 920.9	598 599.5	206 026.9
以非农产品为原料	44	21	90 399.9	94 640.3	89 577.9	34 160.2
重工业	143	62	376 082.4	421 129.7	406 797.8	137 820.0
采掘工业	12	7	6 388.9	7 435.5	7 389.7	3 286.9
原料工业	40	18	158 519.1	189 719.6	186 896.5	76 010.5
加工工业	91	37	211 174.4	223 974.6	212 511.6	58 522.6
总计中: 特大型企业	1		106 284.8	100 537.3	91 399.7	33 722.5
大一型企业	8	5	124 660.2	141 755.5	140 600.6	52 612.4
大二型企业	23	6	295 306.9	355 399.7	336 662.2	122 366.0
中一型企业	22	12	97 764.6	105 147.7	101 544.7	33 151.7
中二型企业	26	10	82 221.4	92 726.6	85 915.0	23 727.3

单位：万元

指标名称	单位数（个）	亏损企业	工业总产值（1990年不变价）	工业总产值（当年价）	工业销售产值（当年价）	工业增加值（当年价）
小型企业	264	106	289 111.9	354 124.1	338 853.0	112 427.2
按工业行业大类分						
煤炭采选业	5	3	3 257.9	4 817.7	4 911.4	2 125.7
黑色金属矿采选业	1		15.6	21.0	28.0	6.8
有色金属矿采选业	1		239.2	287.1	292.7	54.1
非金属矿采选业	5	4	2 876.2	2 309.7	2 157.6	1 100.3
食品加工业	48	15	265 261.5	335 432.7	317 286.2	93 495.7
食品制造业	25	5	65 359.5	72 022.3	72 506.9	19 385.6
饮料制造业	11	7	37 870.4	48 801.1	47 564.0	12 786.6
烟草加工业	1		76 176.7	91 683.9	79 535.3	51 586.7
纺织业	7	5	25 353.3	24 570.4	22 914.2	6 783.7
服装及其他纤维制品制造业	6	2	4 897.4	5 142.8	5 088.9	2 111.8
皮革、毛皮、羽绒及其制品业	4	2	751.2	744.9	581.0	155.9
木材加工及竹、藤、棕、草制品业	8	3	21 313.5	25 207.1	23 893.6	8 365.6
家具制造业	4	1	1 801.0	1 950.8	2 006.4	736.8
造纸及纸制品业	13	6	18 006.7	19 105.6	18 979.8	5 835.2
印刷业	21	7	14 674.5	17 421.5	16 673.2	6 741.7
石油加工及炼焦业	2		1 213.8	1 213.8	1 281.5	307.4
化学原料及化学制品制造业	21	11	55 392.8	64 369.8	62 720.9	16 839.2
医药制造业	23	5	34 061.0	32 004.5	27 855.2	12 568.2
化学纤维制造业	1	1	2 785.8	2 765.5	3 140.8	655.5
橡胶制品业	2	1	14 970.5	11 991.4	11 209.2	4 059.2
塑料制品业	9	2	19 817.6	16 781.3	15 681.1	4 165.3
非金属矿物制品业	27	19	67 216.5	84 348.4	81 438.0	29 396.3
黑色金属冶炼及压延加工业	1		1 372.9	1 422.7	1 395.9	582.9
有色金属冶炼及压延加工业	4	1	39 941.0	39 751.6	39 568.8	11 095.7
金属制品业	11	8	12 502.0	13 305.8	13 411.4	3 432.1
普通机械制造业	10	5	29 748.2	34 538.7	31 300.7	9 672.1
专用设备制造业	14	4	38 782.6	45 182.6	45 143.7	6 689.8
交通运输设备制造业	23	9	50 585.3	48 433.3	47 309.9	13 742.0
电气机械及器材制造业	14	6	33 702.7	33 627.0	30 330.7	7 764.3
电子及通信设备制造业	6	3	22 143.3	17 965.0	16 025.9	4 691.2
仪器仪表及文化、办公用机械制造业	2	2	1 165.0	729.4	942.9	150.2
其他制造业	2	1	3 562.0	2 055.9	2 271.3	726.5
电力、蒸汽、热水的生产和供应业	6		22 340.8	34 349.1	34 249.1	30 240.5
自来水的生产和供应业	6	1	6 191.4	15 336.5	15 279.0	9 956.5

6-18 续表1 单位:万元

指标名称	资产合计	流动资产小计			流动资产年平均余额	长期投资	固定资产小计
			存货				
				产成品			
总计	**2 220 342.4**	**817 083.1**	**273 419.0**	**113 472.8**	**696 734.0**	**54 060.9**	**1 221 119.5**
按登记注册类型分组							
内资企业	1 818 566.0	710 246.7	232 773.2	97 659.9	600 583.8	52 799.5	1 005 577.5
国有企业	1 191 882.4	413 264.7	114 019.2	57 799.8	345 869.8	38 354.8	703 746.0
中央企业	260 270.6	71 519.1	2 471.6	511.9	8 997.6	34.7	187 819.0
地方企业	931 611.8	341 745.6	111 547.6	57 287.9	336 872.2	38 320.1	515 927.0
集体企业	119 988.0	57 828.4	24 265.4	13 636.4	58 142.7	1 059.7	54 758.4
股份合作企业	21 016.5	8 869.3	2 126.6	1 329.9	9 084.5	188.2	9 234.8
有限责任公司	260 979.7	120 492.6	68 451.4	17 041.9	116 546.6	10 468.1	128 831.3
#国有独资公司	249 212.1	112 645.2	63 903.4	15 700.9	110 070.8	10 228.2	125 566.4
股份有限公司	200 330.1	96 520.3	19 549.5	6 308.6	59 023.8	2 248.6	99 854.6
私营企业	24 369.3	13 271.4	4 361.1	1 543.3	11 916.4	480.1	9 152.4
港、澳、台商投资企业	135 167.9	55 667.3	20 326.7	8 635.2	49 997.9	831.7	52 225.1
外商投资企业	266 608.5	51 169.1	20 319.1	7 177.7	46 152.3	429.7	163 316.9
按经济组织类型分组							
独资企业	1 348 344.8	488 518.4	146 880.6	75 120.0	417 619.0	39 782.5	770 600.1
#国有企业	1 191 882.4	413 264.7	114 019.2	57 799.8	345 869.8	38 354.8	703 746.0
集体企业	119 988.0	57 828.4	24 265.4	13 636.4	58 142.7	1 059.7	54 758.4
合作、合伙企业	60 649.3	25 066.4	8 120.2	3 121.9	30 278.8	530.9	27 000.3
股份有限公司	200 330.1	96 520.3	19 549.5	6 308.6	59 023.8	2 248.6	99 854.6
有限责任公司	611 018.2	206 978.0	98 868.7	28 922.3	189 812.4	11 498.9	323 664.5
总计中:亏损企业	794 563.5	232 514.6	95 591.4	52 543.6	227 129.9	16 540.4	485 090.3
国有控股企业	1 768 479.2	660 684.8	209 517.4	84 288.1	549 123.6	51 390.4	974 922.3
农村工业	36 307.6	10 438.9	5 819.7	2 615.6	12 801.6		23 178.5
总计中:轻工业	1 142 058.7	443 895.9	169 023.2	62 898.1	411 181.3	30 999.9	592 952.5
以农产品为原料	884 260.4	361 877.9	130 977.0	40 149.4	327 999.3	26 203.6	436 156.4
以非农产品为原料	257 798.3	82 018.0	38 046.2	22 748.7	83 182.0	4 796.3	156 796.1
重工业	1 078 283.7	373 187.2	104 395.8	50 574.7	285 552.7	23 061.0	628 167.0
采掘工业	42 719.5	10 459.5	2 337.1	1 706.8	8 916.9	589.5	31 326.8
原料工业	643 299.1	171 607.6	34 002.8	16 857.3	96 322.9	8 152.5	430 053.4
加工工业	392 265.1	191 120.1	68 055.9	32 010.6	180 312.9	14 319.0	166 786.8
总计中:特大型企业	109 335.6	59 210.1	6 514.4	441.4	23 357.8		50 026.2
大一型企业	607 073.6	159 949.1	25 880.2	9 537.3	88 126.8	12 280.2	402 617.7
大二型企业	594 928.1	232 053.7	101 514.0	30 581.0	235 653.0	25 745.0	306 344.4
中一型企业	231 345.9	75 543.3	28 683.4	16 657.9	72 390.6	1 806.3	148 635.7
中二型企业	176 665.5	69 988.5	28 344.6	16 001.9	74 122.3	3 561.4	87 555.8

单位:万元

指标名称	资产合计	流动资产小计	存货	产成品	流动资产平均余额	长期投资	固定资产小计
小型企业	500 993.7	220 338.4	82 482.4	40 253.3	203 083.5	10 668.0	225 939.7
按工业行业大类分							
煤炭采选业	35 379.5	7 855.5	1 059.4	459.5	6 325.5	455.5	26 881.1
黑色金属矿采选业	580.0	160.7	30.9	23.2	163.5	0.2	419.1
有色金属矿采选业	195.5	111.6			106.0	0.5	60.1
非金属矿采选业	6 564.5	2 331.7	1 246.8	1 224.1	2 321.9	133.3	3 966.5
食品加工业	275 610.8	134 368.5	28 360.3	6 961.8	103 619.4	5 959.1	122 222.6
食品制造业	178 146.3	62 937.7	20 744.3	10 097.1	59 541.0	12 755.8	78 157.6
饮料制造业	121 210.7	20 146.3	9 189.8	2 058.9	18 659.0	1 048.2	88 261.8
烟草加工业	101 500.0	62 249.0	44 500.0	5 357.0	69 936.4	3 560.0	35 691.0
纺织业	74 176.7	26 667.8	7 907.1	3 214.3	27 927.3	1 885.6	41 388.6
服装及其他纤维制品制造业	11 405.6	4 203.5	1 392.4	845.3	3 858.8	57.7	5 492.6
皮革、毛皮、羽绒及其制品业	7 567.6	1 899.7	1 144.1	837.2	1 715.2	1.8	3 964.4
木材加工及竹、藤、棕、草制品业	50 602.4	9 653.6	2 658.8	1 100.8	8 984.5	7.0	28 892.3
家具制造业	5 711.0	1 490.5	677.8	247.5	1 311.0	91.5	4 071.2
造纸及纸制品业	34 758.7	15 579.7	6 589.9	4 437.1	11 281.6	314.1	17 842.1
印刷业	41 299.5	15 759.8	4 514.8	2 375.1	13 650.5	150.8	24 918.4
石油加工及炼焦业	1 476.6	1 304.9	861.5	260.9	1 264.4		141.5
化学原料及化学制品制造业	132 587.0	48 527.0	15 422.2	7 843.9	37 947.5	6 778.8	75 153.0
医药制造业	66 505.3	29 689.4	9 491.4	5 653.6	28 770.7	1 538.4	32 426.7
化学纤维制造业	18 904.0	3 437.1	1 231.3	565.5	3 582.4	130.0	15 246.5
橡胶制品业	21 659.3	12 174.8	8 868.6	5 868.7	12 726.4	94.0	9 390.5
塑料制品业	29 742.2	12 283.4	4 956.2	2 921.9	11 633.6	874.1	13 259.2
非金属矿物制品业	237 990.4	56 300.9	20 517.5	12 221.8	50 722.7	4 250.4	159 020.7
黑色金属冶炼及压延加工业	3 606.6	2 960.5	1 187.9	828.0	2 813.6		646.1
有色金属冶炼及压延加工业	40 484.9	13 713.4	4 814.0	1 712.4	13 088.1	691.3	26 001.1
金属制品业	25 467.9	11 500.1	6 934.7	4 772.8	11 035.8	772.4	12 960.8
普通机械制造业	70 458.5	39 099.0	17 288.5	7 813.7	38 584.0	4 437.7	22 203.9
专用设备制造业	75 229.0	40 487.1	15 046.5	6 472.4	37 166.1	393.0	31 952.5
交通运输设备制造业	96 063.8	40 767.2	10 251.8	1 599.9	39 458.7	2 868.0	46 371.0
电气机械及器材制造业	53 765.0	29 388.2	11 070.9	6 144.2	26 626.9	1 546.3	20 911.3
电子及通信设备制造业	35 689.9	18 436.1	10 975.6	8 369.6	21 346.9	23.5	11 414.7
仪器仪表及文化、办公用机械制造业	5 606.9	2 592.8	1 859.5	984.8	3 573.6	361.7	2 652.3
其他制造业	4 808.6	2 071.6	536.9	199.8	2 154.3	642.5	2 086.1
电力、蒸汽、热水的生产和供应业	296 084.2	79 525.0	1 953.7		17 602.5	376.9	210 603.3
自来水的生产和供应业	59 503.5	7 409.0	133.9		7 234.2	1 860.8	46 448.9

指 标 名 称	固定资产原价	生产经营用	累计折旧	本年折旧	固定资产净值年平均余额	无形及递延资产合计
总 计	**1 450 850.8**	**1 148 787.1**	**378 369.1**	**61 481.8**	**912 651.2**	**59 617.9**
按登记注册类型分组						
内资企业	1 205 096.7	926 525.6	332 819.8	47 989.4	715 667.5	36 761.6
国有企业	796 257.4	624 837.3	202 086.7	27 082.6	442 369.0	29 483.5
中央企业	202 087.4	183 122.7	36 593.3	8 773.0	16 727.4	158.1
地方企业	594 170.0	441 714.6	165 493.4	18 309.6	425 641.6	29 325.4
集体企业	79 471.6	59 099.9	28 327.6	4 338.1	53 037.7	3 196.0
股份合作企业	15 245.2	13 785.2	6 057.7	1 086.8	12 016.9	152.1
有限责任公司	159 922.6	100 404.9	43 595.0	6 170.4	104 533.7	1 187.5
#国有独资公司	156 091.4	97 695.5	42 953.9	6 013.9	102 061.5	772.2
股份有限公司	143 479.3	119 978.3	50 015.5	8 348.0	95 608.2	1 702.5
私营企业	10 720.6	8 420.0	2 737.3	963.5	8 102.0	1 040.0
港、澳、台商投资企业	67 488.4	53 099.8	18 809.6	4 659.1	47 271.5	1 984.5
外商投资企业	178 265.7	169 161.7	26 739.7	8 833.3	149 712.2	20 871.8
按经济组织类型分组						
独资企业	889 999.7	690 833.7	233 407.6	32 323.2	506 505.1	34 200.5
#国有企业	796 257.4	624 837.3	202 086.7	27 082.6	442 369.0	29 483.5
集体企业	79 471.6	59 099.9	28 327.6	4 338.1	53 037.7	3 196.0
合作、合伙企业	39 936.4	34 712.4	13 952.8	2 436.8	29 343.4	1 537.8
股份有限公司	143 479.3	119 978.3	50 015.5	8 348.0	95 608.2	1 702.5
有限责任公司	377 435.4	303 262.7	80 993.2	18 373.8	281 194.5	22 177.1
总计中: 亏损企业	578 868.8	435 669.3	141 488.5	20 631.8	419 624.2	30 102.9
国有控股企业	1 141 735.3	879 328.3	305 337.3	45 414.2	678 593.8	40 970.5
农村工业	33 448.4	27 022.7	10 541.7	2 067.9	24 600.9	479.3
总计中: 轻工业	712 905.5	549 133.3	197 254.6	28 806.9	510 708.3	42 244.2
以农产品为原料	541 336.5	415 055.9	151 921.8	22 862.8	387 833.9	31 906.8
以非农产品为原料	171 569.0	134 077.4	45 332.8	5 944.1	122 874.4	10 337.4
重工业	737 945.3	599 653.8	181 114.5	32 674.9	401 942.9	17 373.7
采掘工业	36 728.2	22 558.9	8 122.7	675.2	28 982.9	343.4
原料工业	498 423.5	427 327.0	111 174.4	24 562.5	232 054.6	3 926.1
加工工业	202 793.6	149 767.9	61 817.4	7 437.2	140 905.4	13 104.2
总计中: 特大型企业	79 470.3	79 320.3	34 026.4	5 092.2	47 638.0	99.3
大一型企业	457 790.4	381 273.3	91 446.8	18 622.6	204 636.8	17 762.8
大二型企业	352 798.8	297 541.4	99 824.1	14 225.9	256 949.5	15 815.9
中一型企业	184 562.0	134 860.7	42 482.4	6 142.6	134 518.2	4 448.5
中二型企业	115 296.9	90 086.9	38 849.6	5 744.1	79 426.3	1 527.8

6-18 续表2.1　　　　单位:万元

指标名称	固定资产原价	生产经营用	累计折旧	本年折旧	固定资产净值年平均余额	无形及递延资产合计
小型企业	260 932.4	165 704.5	71 739.8	11 654.4	189 482.4	19 963.6
按工业行业大类分						
煤炭采选业	30 935.8	19 824.3	6 189.6	326.1	25 430.3	187.2
黑色金属矿采选业	435.0	316.2	15.9	5.3	281.7	
有色金属矿采选业	102.5		42.4	2.5	60.5	23.3
非金属矿采选业	5 254.9	2 418.4	1 874.8	341.3	3 210.4	132.9
食品加工业	176 877.9	161 119.5	67 185.7	10 635.0	116 105.1	3 810.2
食品制造业	89 414.1	32 920.0	24 732.9	3 109.9	64 194.6	12 100.6
饮料制造业	98 925.7	93 790.5	11 476.5	2 915.1	81 803.8	7 996.8
烟草加工业	43 081.8	35 615.2	11 536.9	1 324.7	29 986.4	
纺织业	51 120.2	32 128.5	15 337.2	2 035.0	36 001.5	3 338.1
服装及其他纤维制品制造业	6 663.2	4 281.0	1 891.1	164.5	5 109.9	81.2
皮革、毛皮、羽绒及其制品业	4 983.5	2 810.3	1 702.2	73.5	3 362.9	1 701.7
木材加工及竹、藤、棕、草制品业	35 973.6	34 143.2	7 945.9	3 297.9	30 053.2	1 331.3
家具制造业	4 786.9	3 340.6	1 211.8	71.4	3 739.4	
造纸及纸制品业	23 005.2	18 529.0	6 003.4	788.7	16 620.9	811.3
印刷业	28 187.0	22 409.3	7 334.3	1 192.8	20 365.3	465.4
石油加工及炼焦业	222.4	218.7	80.9	19.6	141.5	30.2
化学原料及化学制品制造业	93 127.5	69 643.1	26 157.7	3 781.1	56 492.4	1 349.1
医药制造业	23 868.7	17 034.7	6 725.6	893.1	20 537.4	2 036.9
化学纤维制造业	21 170.9	18 311.4	5 965.7	460.2	15 153.7	90.4
橡胶制品业	13 276.0	12 584.0	4 553.3	494.2	8 766.0	
塑料制品业	16 100.3	8 032.2	3 168.8	698.5	12 426.0	1 040.6
非金属矿物制品业	191 677.3	160 801.0	44 100.1	9 244.9	144 500.2	4 753.7
黑色金属冶炼及压延加工业	966.9	424.5	363.5	42.3	622.4	
有色金属冶炼及压延加工业	30 654.2	29 280.0	5 877.2	972.3	25 016.1	79.1
金属制品业	16 146.0	12 677.1	4 399.5	393.8	11 823.5	234.5
普通机械制造业	29 110.3	21 124.2	10 962.2	784.2	17 899.8	4 716.0
专用设备制造业	41 787.2	32 432.4	16 159.3	752.2	25 846.1	2 336.3
交通运输设备制造业	38 720.1	15 387.8	9 404.6	1 158.3	29 045.4	5 016.8
电气机械及器材制造业	28 638.6	20 973.0	9 495.2	1 199.8	19 168.7	1 179.5
电子及通信设备制造业	13 695.5	12 573.1	2 695.4	215.1	11 746.0	973.0
仪器仪表及文化、办公用机械制造业	5 061.2	3 604.2	2 505.8	162.8	1 619.9	
其他制造业	3 137.7	1 329.6	1 060.4	232.8	2 111.5	8.3
电力、蒸汽、热水的生产和供应业	229 712.2	201 105.5	45 597.1	10 750.8	34 621.3	188.3
自来水的生产和供应业	54 030.5	47 604.6	14 616.2	2 942.1	38 787.4	3 605.2

指标名称	负债合计	流动负债	长期负债	所有者权益合计	实收资本	国家资本	集体资本
总计	**1 464 961.3**	**990 381.6**	**456 778.0**	**755 381.1**	**475 558.9**	**285 929.1**	**26 974.2**
按登记注册类型分组							
内资企业	1 236 182.3	842 410.0	382 333.8	582 383.7	297 047.0	237 639.7	21 407.3
国有企业	816 478.0	493 987.6	318 143.0	375 404.4	173 731.3	164 238.7	1 881.6
中央企业	258 330.8	66 713.3	191 486.1	1 939.8	1 025.5	1 025.5	
地方企业	558 147.2	427 274.3	126 656.9	373 464.6	172 705.8	163 213.2	1 881.6
集体企业	97 180.1	79 116.6	17 035.5	22 807.9	19 394.0	0.2	12 704.7
股份合作企业	10 775.0	4 688.6	63.3	10 241.5	8 135.5	4 555.0	2 853.0
有限责任公司	184 963.0	156 749.4	28 173.6	76 016.7	41 196.0	37 799.6	569.7
#国有独资公司	177 408.3	150 628.7	26 739.6	71 803.8	37 967.3	37 796.6	170.7
股份有限公司	111 849.6	96 095.4	15 754.2	88 480.5	47 520.6	31 046.2	2 956.1
私营企业	14 936.6	11 772.4	3 164.2	9 432.7	7 069.6		442.2
港、澳、台商投资企业	81 193.7	67 549.8	9 089.0	53 974.2	36 634.0	4 248.1	3 042.6
外商投资企业	147 585.3	80 421.8	65 355.2	119 023.2	141 877.9	44 041.3	2 524.3
按经济组织类型分组							
独资企业	935 131.2	588 879.1	339 682.4	413 213.6	207 569.6	164 238.9	14 586.3
#国有企业	816 478.0	493 987.6	318 143.0	375 404.4	173 731.3	164 238.7	1 881.6
集体企业	97 180.1	79 116.6	17 035.5	22 807.9	19 394.0	0.2	12 704.7
合作、合伙企业	33 123.1	20 976.8	2 402.8	27 526.2	22 103.7	5 521.4	3 741.0
股份有限公司	111 849.6	96 095.4	15 754.2	88 480.5	47 520.6	31 046.2	2 956.1
有限责任公司	384 857.4	284 430.3	98 938.6	226 160.8	198 365.0	85 122.6	5 690.8
总计中：亏损企业	566 900.8	398 248.4	153 738.2	227 662.7	207 719.8	113 519.7	5 210.3
国有控股企业	1 185 756.5	787 533.7	393 391.8	582 722.7	305 616.3	249 938.1	6 863.2
农村工业	38 492.1	28 350.0	10 082.0	-2 184.5	4 737.9	0.2	2 252.1
总计中：轻工业	700 148.3	547 324.5	142 423.7	441 910.4	320 559.5	196 360.4	14 724.9
以农产品为原料	543 308.1	436 578.4	96 390.8	340 952.3	254 637.2	151 869.7	9 452.9
以非农产品为原料	156 840.2	110 746.1	46 032.9	100 958.1	65 922.3	44 490.7	5 272.0
重工业	764 813.0	443 057.1	314 354.3	313 470.7	154 999.4	89 568.7	12 249.3
采掘工业	19 020.8	12 259.2	6 761.6	23 698.7	6 709.7	6 556.3	188.7
原料工业	522 805.5	246 919.6	273 953.2	120 493.6	65 906.6	30 309.1	435.9
加工工业	222 986.7	183 878.3	33 639.5	169 278.4	82 383.1	52 703.3	11 624.7
总计中：特大型企业	57 455.6	57 371.6	84.0	51 880.0	22 400.0	16 800.0	
大一型企业	480 747.4	216 023.1	263 879.4	126 326.2	107 258.2	57 432.1	
大二型企业	333 813.2	264 181.4	69 618.0	261 114.9	131 300.2	109 580.9	1 535.0
中一型企业	148 388.7	104 193.6	44 195.1	82 957.2	55 897.0	30 479.6	4 902.9
中二型企业	115 846.7	86 171.8	16 062.3	60 818.8	36 780.9	17 431.9	3 686.6

6-18 续表3.1 单位:万元

指 标 名 称	负债合计	流动负债	长期负债	所有者权益合计	实收资本	国家资本	集体资本
小型企业	328 709.7	262 440.1	62 939.2	172 284.0	121 922.6	54 204.6	16 849.7
按工业行业大类分							
煤炭采选业	15 391.8	9 941.1	5 450.7	19 987.7	5 818.0	5 818.0	
黑色金属矿采选业	280.3	259.3	21.0	299.7	95.4	95.4	
有色金属矿采选业	108.0	108.0		87.5	68.2	68.2	
非金属矿采选业	3 240.7	1 950.8	1 289.9	3 323.8	728.1	574.7	188.7
食品加工业	151 002.4	135 475.3	9 361.1	124 608.4	64 795.6	39 404.9	4 354.9
食品制造业	128 737.7	80 579.1	48 023.4	49 408.6	32 619.4	20 157.9	1 537.2
饮料制造业	61 310.1	51 003.6	10 078.4	59 900.6	84 056.1	34 400.8	458.0
烟草加工业	73 500.0	73 450.0	50.0	28 000.0	23 000.0	23 000.0	
纺织业	50 980.5	35 823.4	11 437.9	23 196.2	12 836.7	11 599.4	
服装及其他纤维制品制造业	6 289.2	3 389.6	2 899.5	5 116.4	3 533.9	1 789.6	1 153.2
皮革、毛皮、羽绒及其制品业	6 280.4	5 424.9	855.5	1 287.2	2 131.1	2 013.8	117.3
木材加工及竹、藤、棕、草制品业	43 291.6	13 624.0	28 992.6	7 310.8	8 112.1	537.4	400.8
家具制造业	3 018.8	1 996.2	1 022.6	2 692.2	747.3	452.0	237.1
造纸及纸制品业	21 997.8	18 180.7	3 727.1	12 760.9	10 694.5	3 189.8	771.8
印刷业	24 212.7	16 073.2	8 139.3	17 086.8	11 505.2	9 951.9	
石油加工及炼焦业	1 337.9	1 337.9		138.7	198.7		
化学原料及化学制品制造业	90 512.1	69 964.0	19 580.1	42 074.9	20 694.1	15 990.4	2 351.7
医药制造业	38 997.0	35 967.7	3 029.2	27 508.3	15 757.2	11 695.4	1 060.5
化学纤维制造业	17 165.2	14 009.0	3 156.2	1 738.8	4 104.1	3 863.1	
橡胶制品业	11 877.8	10 834.7	1 043.1	9 781.5	3 610.4	3 610.4	
塑料制品业	16 951.2	13 336.2	3 553.8	12 791.0	10 191.2	1 578.1	1 097.3
非金属矿物制品业	157 519.0	107 892.6	49 612.8	80 471.4	45 467.9	21 394.0	-1 812.1
黑色金属冶炼及压延加工业	3 497.1	3 497.1		109.5	229.3		
有色金属冶炼及压延加工业	21 860.3	17 395.1	4 465.2	18 624.6	7 741.0	7 507.1	115.4
金属制品业	16 400.5	11 942.5	4 458.0	9 067.4	5 676.4	1 756.9	2 292.3
普通机械制造业	45 897.9	35 622.0	10 275.9	24 560.6	11 034.3	9 745.5	
专用设备制造业	44 775.3	38 708.1	6 067.2	30 453.7	13 380.4	12 620.9	106.7
交通运输设备制造业	60 483.7	48 216.1	11 667.6	35 580.1	25 185.7	11 011.0	4 777.0
电气机械及器材制造业	34 577.3	30 660.9	3 915.5	19 187.7	11 978.2	6 082.2	3 248.8
电子及通信设备制造业	23 242.8	17 257.1	1 131.4	12 447.1	9 868.5	5 457.7	1 839.1
仪器仪表及文化、办公用机械制造业	3 033.2	1 655.1	1 378.1	2 573.7	2 477.9	595.8	1 882.1
其他制造业	3 596.5	3 682.4	-85.9	1 212.1	1 228.1	928.1	
电力、蒸汽、热水的生产和供应业	269 422.1	78 256.8	190 875.5	26 662.1	8 041.7	2 432.7	136.8
自来水的生产和供应业	14 172.4	2 867.1	11 305.3	45 331.1	17 952.2	16 606.0	659.6

单位:万元

指标名称	法人资本	个人资本	港澳台资本	外商资本	产品销售收入	产品销售成本	产品销售费用
总计	**34 598.9**	**23 611.9**	**21 686.0**	**82 758.8**	**1 076 974.8**	**872 438.4**	**43 089.8**
按登记注册类型分组							
内资企业	13 285.4	23 034.5	1 009.1	671.0	905 583.4	734 634.7	34 408.4
国有企业	4 298.3	1 912.8	838.9	561.0	450 988.3	373 023.0	19 308.0
中央企业					25 333.2	19 800.2	54.2
地方企业	4 298.3	1 912.8	838.9	561.0	425 655.1	353 222.8	19 253.8
集体企业	1 597.9	4 981.2		110.0	118 133.9	106 128.9	4 235.7
股份合作企业	4.0	553.3	170.2		11 363.2	8 603.3	918.2
有限责任公司	823.1	2 003.6			135 241.6	87 491.6	2 226.0
#国有独资公司					123 735.7	78 340.3	1 521.5
股份有限公司	5 818.2	7 700.1			143 430.7	119 368.6	5 779.4
私营企业	743.9	5 883.5			46 425.7	40 019.3	1 941.1
港、澳、台商投资企业	9 209.4	411.1	19 163.7	559.1	58 727.9	47 320.1	2 690.4
外商投资企业	12 104.1	166.3	1 513.2	81 528.7	112 663.5	90 483.6	5 991.0
按经济组织类型分组							
独资企业	6 741.4	7 317.0	12 975.5	1 710.5	601 176.7	506 588.2	24 702.0
#国有企业	4 298.3	1 912.8	838.9	561.0	450 988.3	373 023.0	19 308.0
集体企业	1 597.9	4 981.2		110.0	118 133.9	106 128.9	4 235.7
合作、合伙企业	5 250.1	553.3	2 118.5	4 919.4	50 349.4	39 115.4	1 683.4
股份有限公司	5 818.2	7 700.1			143 430.7	119 368.6	5 779.4
有限责任公司	16 789.2	8 041.5	6 592.0	76 128.9	282 018.0	207 366.2	10 925.0
总计中:亏损企业	8 679.4	5 546.3	4 766.6	69 997.5	234 438.7	212 896.8	9 819.8
国有控股企业	17 733.8	10 461.3	3 916.9	16 703.0	766 397.8	609 101.9	29 000.9
农村工业	137.8	2 347.8			37 976.0	37 608.7	578.9
总计中:轻工业	11 797.6	19 764.9	12 385.7	65 526.0	668 754.7	536 381.1	24 533.9
以农产品为原料	10 696.5	16 885.5	7 255.7	58 476.9	589 933.2	473 729.6	20 401.0
以非农产品为原料	1 101.1	2 879.4	5 130.0	7 049.1	78 821.5	62 651.5	4 132.9
重工业	22 801.3	3 847.0	9 300.3	17 232.8	408 220.1	336 057.3	18 555.9
采掘工业	-44.3	9.0			6 728.3	5 916.3	189.1
原料工业	19 282.6	1 771.9	465.0	13 642.1	189 219.0	155 652.2	9 033.8
加工工业	3 563.0	2 066.1	8 835.3	3 590.7	212 272.8	174 488.8	9 333.0
总计中:特大型企业		5 600.0			90 597.1	78 551.1	1 325.8
大一型企业	6 386.9	1 237.3	-1 930.9	44 132.8	133 622.5	114 136.3	3 461.8
大二型企业	7 027.4	2 576.3	858.8	9 721.8	348 432.0	256 600.7	11 391.6
中一型企业	3 202.8		2 425.0	14 886.7	93 810.6	79 681.5	4 839.5
中二型企业	8 081.1	3 301.4	3 331.9	948.0	88 666.5	75 461.9	3 838.7

单位:万元

指 标 名 称					产品销售收入		
	法人资本	个人资本	港澳台资本	外商资本		产品销售成本	产品销售费用
小型企业	9 900.7	10 896.9	17 001.2	13 069.5	321 846.1	268 006.9	18 232.4
按工业行业大类分							
煤炭采选业					4 111.4	3 683.0	87.9
黑色金属矿采选业					57.2	42.9	
有色金属矿采选业					292.7	232.0	
非金属矿采选业	-44.3	9.0			2 267.0	1 958.4	101.2
食品加工业	4 465.1	9 497.4	3 051.7	4 021.6	325 380.7	283 985.4	8 247.5
食品制造业	1 859.0	1 584.7	875.0	6 605.6	67 495.4	54 677.1	4 176.4
饮料制造业	1 500.1	1 263.7		46 433.5	38 592.1	33 059.1	3 964.5
烟草加工业					78 770.0	37 786.0	174.0
纺织业		1 237.3			23 287.8	20 195.8	400.5
服装及其他纤维制品制造业			591.1		4 972.6	4 346.4	217.5
皮革、毛皮、羽绒及其制品业					598.9	588.3	23.2
木材加工及竹、藤、棕、草制品业	6 470.4	460.1	-1 889.4	2 132.8	24 331.9	19 279.5	707.1
家具制造业	57.0	1.2			2 057.9	1 400.0	169.6
造纸及纸制品业	1 588.7	3 230.6	497.4	1 416.2	18 124.4	15 446.2	540.7
印刷业	3.3		1 550.0		15 899.0	12 289.9	363.8
石油加工及炼焦业	198.7				1 332.8	1 203.7	52.1
化学原料及化学制品制造业		951.9	360.6	1 039.5	59 748.4	52 979.7	1 787.2
医药制造业	1 139.8	1 051.8	809.7		26 179.9	16 679.7	3 700.2
化学纤维制造业	241.0				3 772.3	3 694.0	
橡胶制品业					9 369.5	8 660.5	364.6
塑料制品业	1 275.5	500.0	5 179.3	561.0	13 770.6	11 426.5	734.1
非金属矿物制品业	8 656.7	854.0	4 984.5	11 390.8	81 503.1	68 301.6	4 264.0
黑色金属冶炼及压延加工业		229.3			1 215.4	1 022.2	1.1
有色金属冶炼及压延加工业				118.5	38 284.2	32 558.3	553.3
金属制品业		91.4		1 535.8	12 111.9	10 852.8	427.9
普通机械制造业	88.8	1 200.0			32 236.7	25 885.5	1 286.9
专用设备制造业	545.3	107.5			45 840.3	37 718.7	2 981.0
交通运输设备制造业	1 568.8	82.9	1 736.4	6 009.6	40 012.6	31 937.9	1 602.0
电气机械及器材制造业	665.4	487.9		1 493.9	26 741.0	22 189.4	1 028.5
电子及通信设备制造业			2 571.7		15 639.7	13 221.4	568.4
仪器仪表及文化、办公用机械制造业					918.9	876.3	4.3
其他制造业		300.0			2 303.6	1 628.4	167.4
电力、蒸汽、热水的生产和供应业	4 104.2		1 368.0		44 484.8	33 434.4	4 268.2
自来水的生产和供应业	215.4	471.2			15 270.1	9 197.4	124.7

6-18 续表5 单位:万元

指标名称	产品销售税金及附加	产品销售利润	其它业务利润	管理费用	税金	财产保险费	劳动待业保险费
总计	**40 366.0**	**109 037.8**	**6 615.0**	**90 409.6**	**6 143.2**	**1 856.4**	**18 051.8**
按登记注册类型分组							
内资企业	38 204.1	93 903.1	5 747.9	77 533.1	4 351.1	1 741.4	17 804.6
国有企业	2 442.4	55 106.5	4 443.0	48 219.2	2 776.2	1 303.4	12 342.1
中央企业	453.8	5 025.0	84.5	587.4	26.6	7.9	152.3
地方企业	1 988.6	50 081.5	4 358.5	47 631.8	2 749.6	1 295.5	12 189.8
集体企业	830.8	4 546.9	520.8	6 184.8	371.1	109.7	1 004.4
股份合作企业	106.6	1 200.4	47.7	896.4	31.8	42.7	153.9
有限责任公司	33 074.0	12 448.3	789.6	9 509.6	580.0	76.9	2 958.3
#国有独资公司	32 906.5	10 967.4	781.1	8 626.9	570.1	74.7	2 941.4
股份有限公司	1 157.8	17 124.7	-66.2	10 571.0	574.2	143.2	1 313.5
私营企业	592.5	3 476.3	13.0	2 152.1	17.8	65.5	32.4
港、澳、台商投资企业	278.0	5 687.8	447.3	3 596.1	27.6	44.8	182.8
外商投资企业	1 883.9	9 446.9	419.8	9 280.4	1 764.5	70.2	64.4
按经济组织类型分组							
独资企业	3 562.5	61 410.2	5 060.1	56 385.5	3 153.8	1 436.2	13 357.1
#国有企业	2 442.4	55 106.5	4 443.0	48 219.2	2 776.2	1 303.4	12 342.1
集体企业	830.8	4 546.9	520.8	6 184.8	371.1	109.7	1 004.4
合作、合伙企业	106.6	6 086.2	372.8	3 028.7	1 587.0	84.8	176.7
股份有限公司	1 157.8	17 124.7	-66.2	10 571.0	574.2	143.2	1 313.5
有限责任公司	35 539.1	24 416.7	1 248.3	20 424.4	828.2	192.2	3 204.5
总计中: 亏损企业	3 227.2	3 731.7	3 511.4	27 795.1	1 359.9	484.4	6 401.7
国有控股企业	37 070.2	87 479.0	5 358.4	71 818.7	3 996.9	1 602.4	16 867.0
农村工业	413.7	-946.9	29.1	750.4	22.2		
总计中: 轻工业	37 857.3	63 000.6	3 420.3	51 031.7	3 577.8	1 158.5	8 760.1
以农产品为原料	36 809.1	53 786.4	2 407.1	40 521.3	3 074.4	855.7	6 536.3
以非农产品为原料	1 048.2	9 214.2	1 013.2	10 510.4	503.4	302.8	2 223.8
重工业	2 508.7	46 037.2	3 194.7	39 377.9	2 565.4	697.9	9 291.7
采掘工业	74.3	546.4	112.2	1 625.2	5.5	35.3	636.5
原料工业	1 218.0	21 234.1	1 025.6	14 834.8	868.3	178.2	3 256.8
加工工业	1 216.4	24 256.7	2 056.9	22 917.9	1 691.6	484.4	5 398.4
总计中: 特大型企业	873.4	9 846.8	41.4	6 937.4	329.7	48.1	998.7
大一型企业	2 162.2	13 358.2	1 484.3	12 328.9	534.5	76.3	2 997.0
大二型企业	33 767.2	43 557.0	938.3	28 329.3	2 924.8	1 057.5	6 303.8
中一型企业	242.9	9 046.7	914.8	9 582.8	457.5	102.6	2 118.6
中二型企业	306.6	8 495.7	540.0	7 471.2	766.3	244.6	1 574.5

6-18 续表5.1 单位:万元

指标名称	产品销售税金及附加	产品销售利润	其它业务利润	管理费用	税金	财产保险费	劳动待业保险费
小型企业	3 013.7	24 733.4	2 696.2	25 760.0	1 130.4	327.3	4 059.2
按工业行业大类分							
煤炭采选业	29.6	308.8	111.2	1 309.3	3.9	35.3	537.8
黑色金属矿采选业	0.4	13.8	3.5	34.0	1.6		10.6
有色金属矿采选业	2.1	58.6		44.5			6.8
非金属矿采选业	42.2	165.2	-2.5	237.4			81.3
食品加工业	1 636.3	27 229.3	689.2	16 545.2	2 107.7	297.2	1 849.6
食品制造业	398.5	7 917.4	34.2	5 721.3	197.4	167.0	576.0
饮料制造业	1 545.2	-387.9	221.5	4 071.9	57.4	62.4	61.2
烟草加工业	32 709.0	8 101.0	-50.0	3 254.0	104.6	64.9	930.2
纺织业	136.0	2 533.7	567.0	3 779.6	206.5	65.5	1 308.7
服装及其他纤维制品制造业	41.9	366.6	206.8	573.2	7.3	5.2	180.5
皮革、毛皮、羽绒及其制品业	1.5	-14.1	103.4	247.9	16.4	2.9	73.9
木材加工及竹、藤、棕、草制品业	59.2	4 286.1	227.7	1 135.1	34.5	15.3	93.5
家具制造业	27.0	461.3	59.4	436.4	27.4	8.5	179.3
造纸及纸制品业	71.9	1 971.7	72.0	1 475.8	101.4	94.5	299.2
印刷业	100.6	3 144.4	448.3	2 792.7	97.9	67.4	786.0
石油加工及炼焦业	0.3	76.7		60.5	0.2	1.3	3.6
化学原料及化学制品制造业	299.4	4 486.1	661.1	5 732.0	405.0	23.8	1 720.7
医药制造业	269.1	5 309.1	57.2	3 598.3	109.8	66.0	762.2
化学纤维制造业	36.1	42.2	113.4	498.5		2.7	244.3
橡胶制品业	35.6	308.8	80.1	321.0	84.3	23.7	143.1
塑料制品业	14.1	1 166.1	177.3	1 600.8	16.9	52.1	134.0
非金属矿物制品业	492.3	6 123.1	642.0	9 243.7	490.0	166.5	1 570.2
黑色金属冶炼及压延加工业	5.2	186.9	1.3	81.1	5.2		
有色金属冶炼及压延加工业	161.3	4 959.9	84.9	3 202.0	212.7	57.5	565.4
金属制品业	32.3	798.8	148.2	1 136.7	146.1	15.2	246.3
普通机械制造业	532.5	3 662.2	320.2	3 894.6	224.7	44.8	1 232.0
专用设备制造业	44.8	5 095.7	307.8	5 102.3	220.7	197.3	1 728.7
交通运输设备制造业	743.8	3 760.8	504.2	4 173.3	136.5	22.8	705.0
电气机械及器材制造业	89.0	3 196.2	384.4	3 319.9	782.5	87.3	639.3
电子及通信设备制造业	27.3	1 476.4	-0.6	1 401.0	21.3	10.6	106.3
仪器仪表及文化、办公用机械制造业	5.6	32.7	402.6	719.2	23.6	2.3	218.7
其他制造业	100.1	183.1	26.0	195.4	14.7	8.2	59.6
电力、蒸汽、热水的生产和供应业	552.8	6 222.7	-23.4	1 466.5	76.6	11.4	341.1
自来水的生产和供应业	123.0	5 794.4	36.6	3 004.5	208.4	176.8	656.7

指标名称	财务费用	利息支出	营业利润	利润总额	亏损企业亏损额	利税总额
总计	**37 406.3**	**36 494.0**	**-1 159.3**	**6 836.6**	**35 094.4**	**99 779.4**
按登记注册类型分组						
内资企业	29 253.4	27 988.6	-3 187.4	5 984.6	22 760.1	89 874.1
国有企业	15 504.3	15 122.6	-1 823.8	-1 082.9	13 521.6	21 731.2
中央企业	-141.5	-151.6	4 663.8	4 665.5	186.5	8 344.6
地方企业	15 645.8	15 274.2	-6 487.6	-5 748.4	13 335.1	13 386.6
集体企业	2 441.3	1 836.6	-2 361.8	-1 725.0	4 749.2	3 350.9
股份合作企业	148.2	134.4	98.5	67.3	112.4	733.9
有限责任公司	5 690.3	5 663.6	-1 889.2	-219.7	3 550.3	41 983.2
#国有独资公司	5 459.9	5 443.0	-2 338.5	-545.6	3 355.9	41 389.8
股份有限公司	5 222.4	5 010.8	1 696.0	7 940.7	399.0	19 923.2
私营企业	246.9	220.6	1 092.9	1 004.2	427.6	2 151.7
港、澳、台商投资企业	2 808.5	2 515.7	3 252.8	4 469.2	727.1	7 315.5
外商投资企业	5 344.4	5 989.7	-1 224.7	-3 617.2	11 607.2	2 589.8
按经济组织类型分组						
独资企业	18 760.5	17 474.4	-3 328.0	-1 932.3	18 657.3	26 530.3
#国有企业	15 504.3	15 122.6	-1 823.8	-1 082.9	13 521.6	21 731.2
集体企业	2 441.3	1 836.6	-2 361.8	-1 725.0	4 749.2	3 350.9
合作、合伙企业	740.4	722.9	4 552.6	4 199.0	883.9	5 167.9
股份有限公司	5 222.4	5 010.8	1 696.0	7 940.7	399.0	19 923.2
有限责任公司	12 683.0	13 285.9	-4 079.9	-3 370.8	15 154.2	48 158.0
总计中:亏损企业	16 006.0	15 255.6	-30 205.9	-35 094.4	35 094.4	-20 736.4
国有控股企业	27 689.7	27 650.8	-1 347.9	7 418.1	19 945.5	86 836.1
农村工业	665.6	91.7	-2 292.7	-2 199.3	2 952.9	-651.4
总计中:轻工业	21 574.0	20 689.7	847.7	5 071.5	23 230.8	75 582.4
以农产品为原料	17 016.6	16 404.5	3 004.1	7 405.7	17 535.8	72 391.4
以非农产品为原料	4 557.4	4 285.2	-2 156.4	-2 334.2	5 695.0	3 191.0
重工业	15 832.3	15 804.3	-2 007.0	1 765.1	11 863.6	24 197.0
采掘工业	110.5	94.7	-1 099.8	-422.5	540.6	33.9
原料工业	10 176.7	10 380.0	-260.4	983.5	6 658.2	15 743.6
加工工业	5 545.1	5 329.6	-646.8	1 204.1	4 664.8	8 419.5
总计中:特大型企业	2 440.6	2 412.6	510.2	6 362.0		15 503.1
大一型企业	7 190.7	7 836.4	-4 654.4	-6 006.0	11 425.4	4 010.5
大二型企业	11 877.8	11 828.6	7 314.9	7 669.1	5 047.5	58 468.1
中一型企业	3 810.7	3 789.9	-2 664.5	-1 318.1	4 556.0	3 075.3
中二型企业	4 767.0	4 640.0	-2 728.9	-1 323.5	2 476.3	3 089.1

6-18 续表6.1 单位:万元

指标名称	财务费用	利息支出	营业利润	利润总额	亏损企业亏损额	利税总额
小型企业	7 319.5	5 986.5	1 063.4	1 453.1	11 589.2	15 633.3
按工业行业大类分						
煤炭采选业	59.8	58.7	-978.8	-256.5	299.2	33.5
黑色金属矿采选业			-16.6	3.4		9.1
有色金属矿采选业			14.1	2.0		34.1
非金属矿采选业	50.7	36.0	-118.5	-171.4	241.4	-42.8
食品加工业	5 293.8	5 189.1	9 988.7	15 262.2	1 533.8	28 196.2
食品制造业	4 267.0	4 129.6	-2 064.5	-1 683.0	3 350.3	2 085.5
饮料制造业	1 474.8	1 518.4	-5 721.9	-8 664.5	10 155.1	-5 362.0
烟草加工业	2 850.0	2 850.0	1 947.0	2 750.0		42 704.0
纺织业	1 553.3	1 456.7	-2 032.4	-993.4	1 019.7	287.8
服装及其他纤维制品制造业	21.5	15.2	-21.2	-58.2	131.3	126.4
皮革、毛皮、羽绒及其制品业	248.0	6.1	-146.3	-408.7	409.1	-384.1
木材加工及竹、藤、棕、草制品业	2 674.3	3 288.4	746.9	755.2	68.7	2 701.5
家具制造业	110.0	109.9	-25.7	-7.6	8.7	130.1
造纸及纸制品业	389.1	357.5	145.0	69.8	309.2	1 074.5
印刷业	466.5	468.8	265.3	545.4	282.5	1 818.0
石油加工及炼焦业	2.5	2.5	14.7	13.8		28.4
化学原料及化学制品制造业	2 986.0	2 963.0	-3 357.9	-2 819.8	3 402.2	-297.3
医药制造业	936.4	915.2	928.7	890.0	301.9	3 202.1
化学纤维制造业	509.0	509.0	-851.5	-835.1	835.1	-430.0
橡胶制品业	412.5	411.7	-344.7	-294.9	300.4	103.8
塑料制品业	511.1	254.2	330.5	413.5	229.1	1 101.0
非金属矿物制品业	4 664.2	3 931.7	-4 281.9	-4 524.9	5 607.3	1 575.2
黑色金属冶炼及压延加工业	104.1	104.1	3.0	1.2		74.6
有色金属冶炼及压延加工业	1 156.5	1 154.7	737.7	235.0	0.3	2 150.8
金属制品业	420.4	417.2	-611.3	-630.5	638.9	-149.2
普通机械制造业	332.6	331.3	-210.0	-179.2	573.1	824.9
专用设备制造业	1 129.7	1 129.4	-828.3	-773.2	1 581.8	-428.7
交通运输设备制造业	1 688.7	1 684.2	-78.7	1 073.2	2 003.4	3 803.9
电气机械及器材制造业	936.4	898.6	-469.1	-456.4	703.0	612.0
电子及通信设备制造业	827.8	806.8	-252.7	-243.3	582.8	-126.0
仪器仪表及文化、办公用机械制造业	32.3	32.0	-315.8	-225.6	225.6	-151.4
其他制造业	212.0	211.7	-198.3	-255.7	300.0	-153.8
电力、蒸汽、热水的生产和供应业	582.0	615.0	4 320.6	5 547.2		10 814.6
自来水的生产和供应业	503.3	637.3	2 324.6	2 756.6	0.5	3 812.7

6-18 续表7 单位：万元

指标名称	本年应付工资总额	本年应付福利费总额	本年应交增值税	进项税额	销项税额	全部从业人员年平均数(人)
总计	**84 656.8**	**12 658.7**	**52 576.8**	**85 808.7**	**128 065.8**	**117 493**
按登记注册类型分组						
内资企业	74 395.7	11 478.5	45 685.4	72 380.9	108 408.1	107 211
国有企业	47 631.3	7 659.8	20 371.7	42 145.3	54 507.8	68 818
中央企业	4 000.8	601.3	3 225.3	188.4	291.3	1 896
地方企业	43 630.5	7 058.5	17 146.4	41 956.9	54 216.5	66 922
集体企业	7 543.9	1 062.8	4 245.1	5 133.9	8 529.6	11 587
股份合作企业	983.6	128.3	560.0	526.7	1 017.7	1 879
有限责任公司	5 677.8	1 122.3	9 128.9	12 620.7	21 392.4	12 637
#国有独资公司	5 202.1	1 058.6	9 028.9	12 042.3	20 759.2	11 487
股份有限公司	11 175.2	1 347.1	10 824.7	10 147.0	20 609.9	10 288
私营企业	1 383.9	158.2	555.0	1 807.3	2 350.7	2 002
港、澳、台商投资企业	3 707.9	457.4	2 568.3	4 817.8	6 786.9	4 842
外商投资企业	6 553.2	722.8	4 323.1	8 610.0	12 870.8	5 440
按经济组织类型分组						
独资企业	56 433.5	8 836.6	24 900.1	48 195.2	64 228.0	82 034
#国有企业	47 631.3	7 659.8	20 371.7	42 145.3	54 507.8	68 818
集体企业	7 543.9	1 062.8	4 245.1	5 133.9	8 529.6	11 587
合作、合伙企业	2 750.9	332.3	862.3	1 109.2	1 901.4	3 948
股份有限公司	11 175.2	1 347.1	10 824.7	10 147.0	20 609.9	10 288
有限责任公司	14 297.2	2 142.7	15 989.7	26 357.3	41 326.5	21 223
总计中：亏损企业	27 982.4	3 907.9	11 130.8	24 073.6	34 347.0	49 380
国有控股企业	67 282.7	10 532.5	42 347.8	67 845.0	101 375.8	94 296
农村工业	2 194.9	182.6	1 134.2	362.1	737.1	4 273
总计中：轻工业	44 561.2	6 999.1	32 653.6	46 294.8	74 651.4	64 435
以农产品为原料	34 982.3	5 087.0	28 176.6	38 615.7	63 935.4	49 029
以非农产品为原料	9 578.9	1 912.1	4 477.0	7 679.1	10 716.0	15 406
重工业	40 095.6	5 659.6	19 923.2	39 513.9	53 414.4	53 058
采掘工业	2 538.5	343.6	382.1	247.2	417.2	5 440
原料工业	18 635.5	2 620.1	13 542.1	18 782.7	27 284.6	18 973
加工工业	18 921.6	2 695.9	5 999.0	20 484.0	25 712.6	28 645
总计中：特大型企业	8 081.0	916.4	8 267.7	7 379.4	15 616.4	6 531
大一型企业	14 652.2	2 012.9	7 854.3	13 668.0	18 138.5	16 765
大二型企业	20 437.9	3 789.1	17 031.8	29 517.8	43 252.2	27 651
中一型企业	9 155.6	1 093.4	4 150.5	6 991.7	10 900.5	14 399
中二型企业	7 936.2	1 593.2	4 106.0	7 256.5	11 236.3	13 460

6-18 续表7.1　　　　单位:万元

指标名称	本年应付工资总额	本年应付福利费总额	本年应交增值税	进项税额	销项税额	全部从业人员年平均数(人)
小型企业	24 393.9	3 253.7	11 166.5	20 995.3	28 921.9	38 687
按工业行业大类分						
煤炭采选业	1 809.8	252.6	260.4	244.1	365.2	4 094
黑色金属矿采选业	15.4	2.9	5.3	2.1	7.4	78
有色金属矿采选业	21.9	3.1	30.0		30.0	31
非金属矿采选业	691.4	85.0	86.4	1.0	14.6	1 237
食品加工业	14 191.4	1 822.4	11 297.7	13 810.8	24 105.6	14 423
食品制造业	4 981.0	701.5	3 370.0	5 893.3	7 740.2	8 837
饮料制造业	3 151.2	329.9	1 757.3	4 398.4	6 100.4	3 111
烟草加工业	207.7	335.3	7 245.0	6 145.9	13 390.9	2 855
纺织业	4 639.1	637.6	1 145.2	3 191.1	4 313.1	7 107
服装及其他纤维制品制造业	1 184.6	153.4	142.7	276.5	416.8	2 085
皮革、毛皮、羽绒及其制品业	221.3	43.8	23.1	76.7	98.6	741
木材加工及竹、藤、棕、草制品业	920.7	98.6	1 887.1	2 140.4	3 983.2	1 350
家具制造业	470.6	54.3	110.7	0.2	0.4	731
造纸及纸制品业	1 707.4	254.0	932.8	2 171.1	3 098.0	3 117
印刷业	2 639.4	356.6	1 172.0	1 471.6	2 600.9	3 881
石油加工及炼焦业	30.8	13.1	14.3	212.3	226.6	63
化学原料及化学制品制造业	5 307.5	776.9	2 223.1	6 261.2	8 126.5	7 963
医药制造业	3 232.3	1 121.0	2 043.0	2 759.6	3 258.4	4 173
化学纤维制造业	481.1	67.4	369.0	300.5	669.1	783
橡胶制品业	727.3	174.0	363.1	1 238.0	1 595.2	2 298
塑料制品业	1 052.0	123.8	673.4	1 271.5	1 935.1	1 777
非金属矿物制品业	10 400.2	1 474.8	5 607.8	5 930.6	11 186.9	12 969
黑色金属冶炼及压延加工业	148.2	0.8	68.2	140.2	208.4	179
有色金属冶炼及压延加工业	3 091.6	414.8	1 754.5	4 665.4	6 291.8	2 410
金属制品业	1 092.6	162.9	449.0	1 600.1	2 049.0	2 127
普通机械制造业	3 393.5	449.4	471.6	3 186.2	3 624.7	6 002
专用设备制造业	3 442.9	558.6	299.7	6 058.8	6 223.0	6 724
交通运输设备制造业	2 752.6	400.0	1 986.9	5 136.1	6 588.4	4 557
电气机械及器材制造业	2 964.3	407.4	979.4	3 551.5	4 524.5	4 188
电子及通信设备制造业	1 045.8	135.4	90.0	190.1	294.3	1 572
仪器仪表及文化、办公用机械制造业	519.4	63.0	68.6	50.0	166.3	933
其他制造业	221.4	33.2	1.8	53.5	51.5	568
电力、蒸汽、热水的生产和供应业	5 488.5	823.9	4 714.6	3 379.9	3 847.7	2 878
自来水的生产和供应业	2 411.9	327.3	933.1		933.1	1 651

七　运输、邮电

运输、邮电

1999年，我市交通运输业在货源紧、竞争激烈中求发展，邮电业在竞争中上水平。交通运输、邮电通信业基础设施继续加强，全年用于交通运输、邮电通信的设施建设投资达9.17亿元。

运输能力进一步增强，1999年，全市拥有民用汽车50614辆，比上年增长36.3%，其中载客汽车25081辆，比上年增加6961辆，普通和专用载货汽车24284辆，增加6228辆；全市拥有民用运输机动船562艘，泊位45个。全市拥有邮电局(所)116处，电话交换机总容量达57.78万门，比上年增长10.39%。

客运量呈恢复性增长。1999年，全市社会各类运输企业完成客运量5130万人次，比上年增长2.07%；其中铁路375万人次，下降2.34%；公路4704万人次，增长2.42%；民航36万人次，下降2.7%；水运15万人次，增长25%。

受消费市场制约货运量下降。1999年，全市社会货运量3293万吨，比上年下降5.1%，其中铁路187万吨，下降8.33%；公路2976万吨，下降4.98%；民航1万吨，与上年持平；水运129万吨，下降3%。全市内河港口货物吞吐量67.82万吨，下降24.24%。

邮政、电信业务有了新发展，1999年，全市完成邮电业务总量13.39亿元，比上年增长18.58%。其中，邮政和电信业务总量分别为0.62亿元和12.76亿元，分别增长32.29%和17.99%。

电信业务快速发展。随着邮政和电信业务的分家，改变以住两家业务交叉经营的局面，而中国联通和移动通信公司的成立，又打破了电信部门独家经营的局面，促使电信业竞相发展。1999年，新增电话交换机5.44万门，新增移动电话用户5.85万户，使年末电话机达64.57万部，其中移动电话达17.58万部，电话普及率从上年的每百人拥有电话14.16部上升到22.59部。计算机互联网用户迅速发展，从上年的0.33万户上升到1.02万户。

邮政部门也在提高服务质量中求发展，1999年，发往国内外的函件4877.21万件；包件35.36万件，增长6.22%；邮政特快专递54.53万件，增长28.34%；订销报纸和杂志累计分别达9517.28万份和812.65万份，分别增长12.13%和10.03%。

7-1 历年交通邮电情况

年　份	邮电业务总量（万元）	年末电话机数（部）	客运量（万人）	货运量（万吨）
1950	53	174	1.65	8.03
1951	94	348	2.99	11.35
1952	138	592	5.40	29.81
1953	191	935	9.77	79.84
1954	167	1 271	17.68	97.11
1955	206	1 613	31.99	86.57
1956	222	2 113	57.88	130.68
1957	257	2 196	104.73	127.63
1958	347	2 682	129.59	145.44
1959	372	4 930	134.38	268.83
1960	465	5 497	139.36	403.57
1961	363	5 768	144.51	117.43
1962	337	4 349	303.76	154.50
1963	351	4 651	761.00	107.84
1964	369	4 891	847.00	187.94
1965	381	4 859	1 061.80	215.25
1966	385	5 226	1 402.08	230.72
1967	338	5 233	1 038.45	139.75
1968	260	4 443	658.96	108.57
1969	292	4 336	1 432.65	186.87
1970	271	4 273	2 038.57	195.74
1971	226	4 577	2 489.81	202.74
1972	259	4 839	3 229.49	229.49
1973	280	5 222	3 660.75	235.93

注:邮电业务总量1950年－1970年为1957年不变价,1971－1980年为1970年不变价,1981－1990年为1980年不变价,1991年起为1990年不变价。

7-1 续表

年 份	邮电业务总量（万元）	年末电话机数（部）	客运量（万人）	货运量（万吨）
1974	311	5 727	4 067.79	253.45
1975	337	6 537	4 194.90	256.36
1976	364	6 506	4 688.45	267.11
1977	387	7 178	5 544.92	307.42
1978	420	7 691	5 771.00	346.50
1979	467	8 403	6 028.80	308.10
1980	487	9 195	6 114.40	313.40
1981	679	10 476	6 237.40	292.70
1982	777	11 444	6 112.90	351.50
1983	875	12 388	6 101.10	361.10
1984	967	13 724	6 135.00	532.40
1985	1 211	17 277	6 117.00	1 213.00
1986	1 384	20 423	6 597.00	2 811.00
1987	1 709	24 171	6 743.00	2 921.00
1988	1 990	28 145	5 732.00	2 807.00
1989	2 311	33 663	6 338.00	2 548.00
1990	5 219	37 131	3 908.00	1 863.00
1991	6 854	47 878	2 625.00	2 226.00
1992	9 807	60 333	2 896.00	2 589.00
1993	16 745	87 174	2 545.00	2 908.00
1994	29 695	140 004	3 835.00	3 457.00
1995	47 626	228 940	4 545.00	3 341.00
1996	65 478	248 387	4 959.00	3 413.00
1997	86 853	361 554	5 445.00	3 450.00
1998	112 896	403 001	5 026.00	3 470.00
1999	133 877	469 940	5 130.00	3 293.00

7-2 全市民用车辆拥有量

(1999年)

指 标 名 称	单 位	总 计	
			私 人
民用汽车	**辆**	**50 614**	**14 006**
载客汽车	辆	25 081	7 433
载客量	客位	344 688	83 471
#大 型	辆	2 685	255
载客量	客位	143 431	8 049
#小轿车	辆	22 396	7 178
普通载货汽车	辆	23 637	6 419
载重量	吨位	74 586	21 001
#大 型	辆	11 029	3 320
载重量	吨位	61 592	17 751
专用载货汽车	辆	647	63
载重量	吨位	3 808	315
其他专用汽车	辆	871	75
特种汽车	辆	378	16
轮胎式拖拉机	**辆**	**42 563**	**41 197**
#手扶拖拉机	辆	41 898	40 838
摩托车	**辆**	**281 122**	**205 617**
#两轮摩托车	辆	268 021	200 540
其他机动车	**辆**	**1 464**	**403**
载货挂车	**辆**	**650**	**186**

7-3 全市民用运输船舶拥有量

(1999年)

指标名称	单位	总计	交通部门	私人
机动船	艘	562	94	300
载客量	客位	2 904	324	1 908
净载重量	吨位	30 995	24 588	2 271
总功率	千瓦	26 888	10 961	5 225
客货船	艘	107	2	98
载客量	客位	2 904	324	1 908
净载重量	吨位	10	10	
货船	艘	418	87	202
净载重量	吨位	30 985	24 578	2 271
拖船	艘	37	5	
驳船	艘	42	18	
净载重量	吨位	3 103	2 640	

7-4 全市全社会客货运输量

（1999年）

指标名称	客运量（万人）	旅客周转量（万人公里）	货运量（万吨）	货物周转量（万吨公里）
总　　计	**5 130**		**3 293**	
公路运输合计	**4 704**	**389 397**	**2 976**	**247 008**
#独立核算运输企业	2 199	265 874	1 055	39 676
#交通部门	2 199	265 874	495	31 317
个体及联户	1 021	40 958	948	111 243
水上运输合计	**15**	**432**	**129**	**35 440**
#独立核算运输企业	1	119	102	33 577
#交通部门	1	119	59	26 111
个体及联户	12	195	27	1 863
铁路(发送)运输量合计	**375**		**187**	
#国家铁路	373		181	
地方铁路	2		6	
民航(发送)运输量合计	**36**		**1**	
#直属	36		1	

7-5 全市独立核算运输企业主要运输工具及设备

（1999年）

指标名称	单位	总计	按经济类型分		
			国有经济	集体经济	其他经济
运输车辆					
营运汽车	辆	5 745	1 417	4 328	
载客汽车	辆	1 581	1 052	529	
#大　型	辆	1 138	814	324	
载客量	客位	54 145	37 634	16 511	
#大　型	客位	46 420	33 033	13 387	
普通载货汽车	辆	4 088	329	3 759	
#大　型	辆	2 033	181	1 852	
载重量	吨位	12 357	1 066	11 291	
#大　型	吨位	10 933	965	9 968	
专用载货汽车	辆	76	36	40	
载重量	吨位	582	397	185	
载货挂车	辆	16	16		
运输船舶					
机动船	艘	95	28	60	7
载客量	客位	610	384	190	36
净载重量	吨位	28 067	7 709	15 145	5 213
总　功　率	千瓦	15 216	3 798	5 888	5 530
客货船	艘	5	2	2	1
载客量	客位	610	384	190	36
净载重量	吨位	10	10		
功　率	千瓦	729	396	134	199
货船	艘	87	23	58	6
净载重量	吨位	28 057	7 699	15 145	5 213
功　率	千瓦	13 928	2 843	5 754	5 331
拖船	艘	3	3		
功　率	千瓦	559	559		
驳船	艘	10	10		
净载重量	吨位	1 600	1 600		
港口设备					
码头长度	米	2 591	2 084	507	
#生产用	米	2 591	2 084	507	
泊位个数	个	45	30	15	
#生产用	个	45	30	15	
仓库总面积	平方米	10 119	9 619	500	
堆场总面积	平方米	70 799	56 439	14 360	

7-6 全市独立核算交通运输企业财务状况

（1999年）　　　　单位：万元

指　标　名　称	总　计	按　经　济　类　型　分			按专业类型分	
		国有经济	集体经济	其他经济	公路运输	水上运输
企业单位数　（个）	20	5	12	3	9	11
#亏损企业　（个）	9	2	5	2	1	8
资本金合计	20 915.50	14 676.00	4 636.80	1 602.70	12 722.80	8 192.70
流动资产合计	25 946.90	15 578.90	8 709.20	1 658.80	20 442.00	5 504.90
#存　货	1 539.40	1 286.00	249.30	4.10	1 373.50	165.90
长期投资	3 532.80	2 451.70	835.10	246.00	2 280.70	1 252.10
固定资产合计	67 931.00	55 300.10	10 099.80	2 531.10	54 813.80	13 117.20
固定资产原价合计	83 512.50	67 885.80	12 903.00	2 723.70	66 047.70	17 464.80
#生产经营用	63 192.00	52 973.30	9 702.90	515.80	52 443.10	10 748.90
累计折旧	24 626.20	19 042.50	5 210.40	373.30	19 885.60	4 740.60
#本年折旧	6 507.50	4 719.20	1 558.50	229.80	5 704.20	803.30
无形及递延资产合计	10 380.80	9 736.90	629.80	14.10	10 326.10	54.70
#无形资产	8 951.10	8 591.90	359.20		8 951.10	
资产合计	107 791.80	83 067.70	20 274.10	4 450.00	87 862.90	19 928.90
流动负债合计	46 892.70	32 179.70	13 835.70	877.30	40 496.30	6 396.40
长期负债合计	14 717.70	12 069.10	1 048.60	1 600.00	9 422.00	5 295.70
负债合计	62 239.70	44 248.90	15 513.50	2 477.30	49 918.40	12 321.30
所有者权益合计	43 936.10	37 509.50	4 629.80	1 796.80	36 504.90	7 431.20
#股本	70.00		70.00		70.00	
营运业务收入	27 059.60	15 956.20	9 841.80	1 261.60	23 174.40	3 885.20
营运业务成本	14 415.30	6 683.50	7 361.90	369.90	11 620.10	2 795.20
营运费用	164.80			164.80		164.80
营运税金及附加	852.90	514.30	298.20	40.40	748.60	104.30
营运业务利润	6 078.60	3 217.10	2 175.00	686.50	5 257.80	820.80
管理费用	8 029.70	5 103.30	2 306.30	620.10	6 299.00	1 730.70
#税金	337.40	304.40	33.00		261.70	75.70
财产保险费	5.90	1.80	4.10		4.80	1.10
劳动、待业保险金	3 058.90	2 088.50	970.40		2 482.80	576.10
财务费用	541.50	329.10	89.90	122.50	258.40	283.10
#利息支出	560.60	449.80	110.80		380.90	179.70
营业利润	-441.20	-89.40	-189.90	-161.90	311.60	-752.80
利润总额（亏损为-）	-365.00	-86.30	-116.80	-161.90	338.50	-703.50
应交所得税	155.20	130.60	24.60		155.20	
应付利润	4.40		4.40		4.40	
#已分配股利	4.40		4.40		4.40	
本年应付工资总额	4 792.80	2 605.70	2 017.40	169.70	3 642.50	1 150.30
本年应付福利费总额	984.10	718.90	259.00	6.20	846.70	137.40

7-7 邮电事业基本情况

（1999年）

指 标 名 称	单 位	全 市	市 区	邕宁县	武鸣县
邮政局（所）总数	处	116	70	27	19
电信自办营业网点总数	个	22	17	3	2
电信租用营业网点总数	个	1		1	
电信业务委代办点总数	个	33		18	15
邮路总长度（单程）	公里	22 999	22 741	143	115
长话业务电路总数	路	29 555	29 555		
公众电报用电路	路	28	26	1	1
电话线路光缆长度	皮长公里	586	111	291	184
电话交换机已装机总容量	门	577 777	510 589	41 772	25 416
年末实有电话机数	部	469 940	420 224	30 410	19 306
#移动电话	部	175 777	166 903	4 274	4 600
邮电业务总量（1990年价）	万元	133 877	125 160	5 008	3 709
国内外邮政业务					
函件	万件	4 877.21	4 566.34	191.61	119.26
#国际	万件	21.55	20.17	0.37	1.01
包件	万件	35.36	32.40	2.13	0.83
#国际	万件	0.21	0.21		
汇票	万张	83.54	68.31	11.36	3.87
特快专递	万件	54.53	52.59	1.37	0.57
#国际	万件	1.59	1.57	0.02	
报纸累计份数	万份	9 517.28	8 271.94	732.11	513.23
杂志累计份数	万份	812.65	762.29	28.51	21.85
国内外电信业务					
公众电报	万张	17.54	13.36	2.83	1.35
#国际	万张	0.02	0.02		
传真	万张	2.83	2.74		0.09
#国际	万张	0.10	0.10		
长途电话	万次	10 297.23	9 724.56	410.77	161.90
#国际	万次	37.46	36.16	0.91	0.39
港澳台长途电话	万次	46.09	43.28	1.64	1.17

八　固定资产投资

固定资产投资

1999年，我市继续加大对投资总量的调控力度，固定资产保持平稳增长。全市完成固定资产投资75.99亿元，比上年增长10.15%，但增幅比上年回落2.21个百分点。全年新增固定资产48.05亿元，比上年下降9.89%。固定资产交付使用率为63.2%，低于上年77.3%的水平。房屋施工建筑面积751.34万平方米，比上年下降2.57%；房屋竣工面积338.76万平方米，增长32.81%，竣工率为45.1%，高于上年33.1%的水平。

固定资产投资的主要特点：1、第一产业和第三产业投资比重下降，第二产业投资比重上升。当年投资额中，一、二、三产业分别完成投资0.98亿元、21.05亿元、53.97亿元，占固定资产投资额比重分别为1.28%、27.70%、71.02%。与上年相比，一、三产业比重分别下降0.27和4.76个百分点，而第二产业比重上升5.04个百分点。2、基本建设投资增速放慢，更新改造投资加快，房地产开发投资低位徘徊。全年完成基本建设投资43.89亿元，比上年增长7.9%，增幅比上年回落12.19个百分点；更新改造投资12.29亿元，比上年增长9.2%，改变了上年下降局面；房地产开发投资14.63亿元，比上年仅增长1.07%；3、国有经济投资仍占主导地位，集体经济和其他经济的投资增长速度加快。国有经济完成投资50.94亿元，占固定资产投资的67.03%；集体经济和其他经济分别完成投资3.04亿元和22亿元，分别比上年增长70.14%和35.46%；4、在资金来源中，以自筹资金和集资为主。全市建设到位资金89.12亿元。其中自筹资金42.84亿元，集资资金9.08亿元，分别占到位资金的48.84%和10.19%。

1999年，全市在建项目1086个，全部建成投产项目603个，投产率为55.52%。固定资产竣工投产后，提高了生产能力，带动了社会效益。新增电解铝生产能力4000吨/年、输电线路长度65.98公里、变电设备能力22万千瓦伏安、程控交换机3.4万线/年、高等院校学生席位1800个、中等学校学生席位3050个、小学校学生席位3668个、城市自来水管道16.25公里、城市道路扩建面积48.38万平方米、城市防洪堤3.8公里。

1999年，全市重点建设项目23个，完成投资11.70亿元。其中农业、水利项目2个，完成投资10379万元；工业项目4个，完成投资36630万元；基础设施、房地产项目10个，完成投资59601万元；科教、文、卫、邮电项目7个，完成投资10399万元。完成投资占全市总投资的15.4%，比重比上年高0.64个百分点。

受经济环境的制约，房地产开发施工、竣工面积，商品房销售面积、销售额均有不同程度下降。全年房屋施工面积206.43万平方米，比上年下降32.34%，其中本年新开工房屋面积75.6万平方米，比上年下降14.19%；竣工房屋面积58.14万平方米，比上年下降40.66%。全年商品房实际销售面积53.06万平方米，比上年下降25.61%，商品房实际销售额10.53亿元，比上年下降18.36%。商品房空置面积减少。年末商品房空置面积为39.67万平方米，比上年的54.88万平方米减少15.21万平方米。

8-1 历年固定资产投资情况

单位:万元

年　份	全社会固定资产投资额	固定资产投资额	基本建设投资额	更新改造投资额	新增固定资产投资额
1950	312	312	312		
1951	367	367	367		
1952	458	456	456		
1953	2 165	2 157	2 157		
1954	1 569	1 539	1 539		
1955	1 531	1 503	1 503		
1956	3 023	2 894	2 894		
1957	2 870	2 596	2 596		
1958	5 880	4 662	4 662		
1959	11 159	9 832	9 832		
1960	12 575	11 714	11 714		
1961	3 638	3 318	3 318		
1962	2 106	1 867	1 867		
1963	3 159	2 701	2 701		
1964	5 409	4 182	3 682		
1965	5 578	4 577	4 577		3 476
1966	4 825	4 094	4 094		3 057
1967	2 610	1 956	1 956		2 020
1968	1 851	1 463	1 463		1 233
1969	3 735	3 135	3 135		2 644
1970	4 729	3 923	3 923		3 836
1971	5 363	4 405	4 405		2 954
1972	6 834	5 842	5 842		2 233
1973	7 151	6 292	6 292		3 742
1974	7 586	6 248	6 248		4 198

8-1 续表

单位:万元

年份	全社会固定资产投资额	固定资产投资额	基本建设投资额	更新改造投资额	新增固定资产投资额
1975	8 865	7 525	7 525		3858
1976	9 109	8 424	8 424		6643
1977	9 224	8 582	8 582		5217
1978	17 731	10 743	11 365	5 521	6772
1979	24 696	23 901	11 898	11 998	9002
1980	16 704	14 560	14 379	1 699	12713
1981	13 390	13 115	11 571	1 537	9535
1982	16 537	14 326	13 136	1 190	11765
1983	19 644	18 695	13 707	3 954	9886
1984	23 924	22 864	12 125	9 084	20131
1985	44 590	38 447	22 939	13 077	25868
1986	59 292	47 569	26 545	18 249	37857
1987	67 975	59 092	26 526	30 130	52193
1988	91 450	82 364	31 563	44 821	64369
1989	73 920	66 787	27 831	34 158	64217
1990	75 907	60 046	26 469	25 375	61328
1991	84 364	70 739	36 109	27 999	75259
1992	113 593	96 412	50 458	33 261	59784
1993	236 508	219 395	104 494	52 818	123995
1994	339 036	310 598	142 976	78 149	191587
1995	563 515	432 100	193 808	103 241	247895
1996	643 874	525 891	266 140	108 814	330844
1997	747 843	613 987	338 771	122 562	379500
1998	823 561	689 875	406 818	112 524	533250
1999	880 793	759 931	438 954	122 874	48 493

8-2 固定资产投资

(1999年)　　　　单位:万元

指 标 名 称	全 市	市 区	邕宁县	武鸣县
本年完成投资	**613 657**	**522 615**	**63 430**	**27 612**
投资额按登记注册类型分				
内资	568 374	490 619	51 071	26 684
国有	479 385	431 497	27 893	19 995
集体	27 564	18 753	8 811	
国有联营	1 276			1 276
集体联营	50	50		
国有与集体联营	1 455			1 455
其他联营	95			95
国有独资公司	7 773	7 693		80
其他有限责任公司	22 907	15 785	4 957	2 165
股份有限公司	21 173	11 909	8 514	750
私营个体	1 300	1 300		
其他	5 396	3 632	896	868
港澳台商投资	28 171	15 553	11 690	928
合资经营	16 323	7 416	7 979	928
合作经营	7 564	7 564		
独资	4 284	573	3 711	
外商投资	17 112	16 443	669	
合资经营	16 812	16 143	669	
独资	300	300		
投资额按隶属关系分				
中央	152 335	146 184	3 814	2 337
自治区	132 775	126 839	5 001	935
市	237 870	234 267	2 527	1 076
县	43 241	5 647	19 099	18 495
其他	47 436	9 678	32 989	4 769
投资额按建设性质分				
新建	203 599	170 341	30 736	2 522
扩建	174 691	130 542	29 500	14 649
改建	87 781	76 635	915	10 231
单纯建造生活设施	122 505	121 026	1 479	
迁建	1 113	283	800	30
单纯购置	23 968	23 788		180
投资额按项目规模分				
基建大中型	31 943	27 401	4 542	
基建小型	407 011	351 321	44 458	11 232
更改限上项目	17 007	17 007		
其他	105 867	93 485	4 650	7 732

注:不含房地产业。

8-3 全市固定资产投资完成情况

（1999年）

指　标　名　称	单　位	合　计	基本建设	更新改造	其他投资
本年完成投资	**万元**	**613 657**	**438 954**	**122 874**	**51 829**
#住宅	万元	158 210	149 327	2 889	5 994
投资额按构成分					
建筑工程	万元	386 486	345 819	11 760	28 907
安装工程	万元	22 083	9 446	10 450	2 187
设备工器具购置	万元	147 215	37 249	94 777	15 189
其他费用	万元	57 873	46 440	5 887	5 546
#土地购置费	万元	13 122	11 163		1 959
更新改造设备、工器具购置中用于更新的	万元	15 338		15 338	
更新改造本年完成投资用途					
增产	万元	32 546		32 546	
节约能源	万元	7 872		7 872	
增加品种	万元	778		778	
提高产品质量	万元	11 098		11 098	
三废治理	万元	2 283		2 283	
其他	万元	68 297		68 297	
本年新增固定资产	万元	405 947	292 923	73 136	39 888
本年施工房屋面积	平方米	5 449 143	4 879 698	147 559	421 886
#住宅	平方米	3 011 370	2 790 957	80 541	139 872
本年竣工房屋面积	平方米	2 806 280	2 516 111	94 154	196 015
#住宅	平方米	2 157 648	2 013 865	58 144	85 639
本年竣工房屋价值	万元	214 764	196 032	6 136	12 596
#住宅	万元	154 303	145 901	3 422	4 980
施工项目个数	个	1 086	685	210	191
#本年新开工	个	505	255	123	127
本年投产项目个数	个	603	361	116	126
本年资金来源合计	万元	689 704	499 672	135 584	54 448
上年末结余资金	万元	81 994	67 752	12 719	1 523
本年资金来源小计	万元	607 710	431 920	122 865	52 925
国家预算内资金	万元	21 964	19 910	680	1 374
国内贷款	万元	84 481	60 034	20 314	4 133
利用外资	万元	16 366	9 036	6 199	1 131
自筹资金	万元	367 669	239 285	93 313	35 071
其他资金来源	万元	117 230	103 655	2 359	11 216
#集资	万元	85 503	80 157	1 502	3 844
本年各项应付款合计	万元	32 346	23 360	1 502	7 484

注：不含房地产业。

8-4 市区固定资产投资完成情况

(1999年)

指标名称	单位	合计	基本建设	更新改造	其他投资
本年完成投资	**万元**	**522 615**	**378 722**	**110 492**	**33 401**
#住宅	万元	145 976	137 849	2 808	5 319
投资额按构成分					
建筑工程	万元	334 012	306 829	10 103	17 080
安装工程	万元	15 937	8 129	6 469	1 339
设备工器具购置	万元	121 104	20 563	88 118	12 423
其他费用	万元	51 562	43 201	5 802	2 559
#土地购置费	万元	10 818	9 484		1 334
更新改造设备、工器具购置中用于更新的	万元	13 450		13 450	
更新改造本年完成投资用途					
增产	万元	32 286		32 286	
节约能源	万元	2 985		2 985	
增加品种	万元	160		160	
提高产品质量	万元	10 188		10 188	
三废治理	万元	1 051		1 051	
其他	万元	63 822		63 822	
本年新增固定资产	万元	333 988	242 940	66 740	24 308
本年施工房屋面积	平方米	4 924 253	4 417 959	132 923	373 371
#住宅	平方米	2 764 046	2 555 340	79 321	129 385
本年竣工房屋面积	平方米	2 434 472	2 190 864	85 562	158 046
#住宅	平方米	1 967 661	1 833 625	57 644	76 392
本年竣工房屋价值	万元	191 981	176 221	5 673	10 087
#住宅	万元	143 275	135 501	3 394	4 380
施工项目个数	个	835	515	181	139
#本年新开工	个	385	169	108	108
本年投产项目个数	个	450	262	99	89
本年资金来源合计	万元	598 864	438 981	122 774	37 109
上年末结余资金	万元	77 790	63 703	12 614	1 473
本年资金来源小计	万元	521 074	375 278	110 160	35 636
国家预算内资金	万元	20 273	19 159	560	554
国内贷款	万元	73 822	54 665	16 064	3 093
利用外资	万元	7 874	2 506	4 237	1 131
自筹资金	万元	316 035	206 204	86 966	22 865
其他资金来源	万元	103 070	92 744	2 333	7 993
# 集资	万元	78 478	73 523	1 481	3 474
本年各项应付款合计	万元	23 473	15 972	1 229	6 272

注:不含房地产业。

8-5 邕宁县固定资产投资完成情况

（1999年）

指标名称	单位	合计	基本建设	更新改造	其他投资
本年完成投资	**万元**	**63 430**	**49 000**	**4 650**	**9 780**
#住宅	万元	7 148	6 392	81	675
投资额按构成分					
建筑工程	万元	37 497	30 568	1 207	5 722
安装工程	万元	678	491	38	149
设备工器具购置	万元	21 677	16 065	3 378	2 234
其他费用	万元	3 578	1 876	27	1 675
#土地购置费	万元	1 652	1 027		625
更新改造设备、工器具购置中用于更新的	万元	713		713	
更新改造本年完成投资用途					
增产	万元	235		235	
增加品种	万元	618		618	
提高产品质量	万元	264		264	
三废治理	万元	974		974	
其他	万元	2 559		2 559	
本年新增固定资产	万元	51 484	40 873	2 547	8 064
本年施工房屋面积	平方米	356 586	296 216	12 580	47 790
#住宅	平方米	155 590	143 883	1 220	10 487
本年竣工房屋面积	平方米	260 210	216 306	6 660	37 244
#住宅	平方米	122 746	112 999	500	9 247
本年竣工房屋价值	万元	15 648	12 810	366	2 472
#住宅	万元	7 028	6 400	28	600
施工项目个数	个	146	113	12	21
#本年新开工	个	53	42	5	6
本年投产项目个数	个	79	62	5	12
本年资金来源合计	万元	64 049	49 646	4 573	9 830
上年末结余资金	万元	4 007	3 852	105	50
本年资金来源小计	万元	60 042	45 794	4 468	9 780
国家预算内资金	万元	214	214		
国内贷款	万元	6 111	4 957	214	940
利用外资	万元	7 915	6 505	1 410	
自筹资金	万元	38 835	28 472	2 818	7 545
其他资金来源	万元	6 967	5 646	26	1 295
#集资	万元	2 919	2 883	21	15
本年各项应付款合计	万元	6 927	6 642	273	12

注：不含房地产业。

8-6 武鸣县固定资产投资完成情况

（1999年）

指 标 名 称	单 位	合 计	基本建设	更新改造	其他投资
本年完成投资	**万元**	**27 612**	**11 232**	**7 732**	**8 648**
＃住宅	万元	5 086	5 086		
投资额按构成分					
建筑工程	万元	14 977	8 422	450	6 105
安装工程	万元	5 468	826	3 943	699
设备工器具购置	万元	4 434	621	3 281	532
其他费用	万元	2 733	1 363	58	1 312
＃土地购置费	万元	652	652		
更新改造设备、工器具购置中用于更新的	万元	1 175		1 175	
更新改造本年完成投资用途					
增产	万元	25		25	
节约能源	万元	4 887		4 887	
提高产品质量	万元	646		646	
三废治理	万元	258		258	
其他	万元	1 916		1 916	
本年新增固定资产	万元	20 475	9 110	3 849	7 516
本年施工房屋面积	平方米	168 304	165 523	2 056	725
＃住宅	平方米	91 734	91 734		
本年竣工房屋面积	平方米	111 598	108 941	1 932	725
＃住宅	平方米	67 241	67 241		
本年竣工房屋价值	万元	7 135	7 001	97	37
＃住宅	万元	4 000	4 000		
施工项目个数	个	105	57	17	31
＃本年新开工	个	67	44	10	13
本年投产项目个数	个	74	37	12	25
本年资金来源合计	万元	26 791	11 045	8 237	7 509
上年末结余资金	万元	197	197		
本年资金来源小计	万元	26 594	10 848	8 237	7 509
国家预算内资金	万元	1 477	537	120	820
国内贷款	万元	4 548	412	4 036	100
利用外资	万元	577	25	552	
自筹资金	万元	12 799	4 609	3 529	4 661
其他资金来源	万元	7 193	5 265		1 928
＃集资	万元	4 106	3 751		355
本年各项应付款合计	万元	1 946	746		1 200

注：不含房地产业。

8-7 市属固定资产投资完成情况

(1999年)

指标名称	单位	合计	基本建设	更新改造	其他投资
本年完成投资	**万元**	**237 870**	**170 912**	**42 687**	**24 271**
#住宅	万元	50 493	44 627	1 628	4 238
投资额按构成分					
建筑工程	万元	153 611	131 548	6 606	15 457
安装工程	万元	8 479	4 976	2 488	1 015
设备工器具购置	万元	47 262	11 218	29 828	6 216
其他费用	万元	28 518	23 170	3 765	1 583
#土地购置费	万元	2 869	2 412		457
更新改造设备、工器具购置中用于更新的	万元	10 217		10 217	
更新改造本年完成投资用途					
增产	万元	26 863		26 863	
节约能源	万元	2 063		2 063	
增加品种	万元	674		674	
提高产品质量	万元	2 763		2 763	
三废治理	万元	687		687	
其他	万元	9 637		9 637	
本年新增固定资产	万元	131 237	88 950	25 749	16 538
本年施工房屋面积	平方米	1 857 883	1 501 608	53 527	302 748
#住宅	平方米	967 695	828 719	32 210	106 766
本年竣工房屋面积	平方米	866 640	698 009	38 999	129 632
#住宅	平方米	689 034	587 261	32 210	69 563
本年竣工房屋价值	万元	62 834	52 254	2 504	8 076
#住宅	万元	47 271	41 575	1 856	3 840
施工项目个数	个	401	233	58	110
#本年新开工	个	207	95	25	87
本年投产项目个数	个	223	122	32	69
本年资金来源合计	万元	283 278	203 703	52 409	27 166
上年末结余资金	万元	39 810	30 271	8 066	1 473
本年资金来源小计	万元	243 468	173 432	44 343	25 693
国家预算内资金	万元	11 495	10 411	560	524
国内贷款	万元	60 258	47 414	10 966	1 878
利用外资	万元	5 121	534	4 237	350
自筹资金	万元	131 583	84 405	27 814	19 364
其他资金来源	万元	35 011	30 668	766	3 577
#集资	万元	28 174	24 547	714	2 913
本年各项应付款合计	万元	17 159	10 651	1 045	5 463

注:不含房地产业。

8-8 固定资产投资额按国民经济行业分

（1999年）　　单位：万元

行　　业	全　市	市　区	邕宁县	武鸣县
合　　计	**613 657**	**522 615**	**63 430**	**27 612**
农、林、牧、渔业	9 830	5 301	2 652	1 877
采掘业	865	660	205	
制造业	128 543	95 268	28 911	4 364
#制糖	8 844	6 420	1 138	1 286
电力、煤气及水的生产和供应业	30 817	24 530	2 125	4 162
建筑业	50 233	48 013	555	1 665
地质勘查业、水利管理业	15 051	12 706	243	2 102
交通运输、仓储及邮电通信业	91 694	87 067	1 882	2 745
批发和零售贸易、餐饮业	22 696	18 061	4 023	612
金融、保险业	29 729	29 595	54	80
房地产业	20 313	20 026	220	67
社会服务业	66 413	56 424	4 768	5 221
卫生、体育和社会福利业	11 835	11 398	161	276
教育、文化艺术及广播电影电视	52 921	48 456	3 558	907
科学研究和综合技术服务业	11 585	11 585		
国家机关、政党机关和社会团体	68 658	51 176	13 948	3 534
其他行业	2 474	2 349	125	

8-9 本年新增固定资产按国民经济行业分

（1999年）　　单位：万元

行　　业	合　计	市　区	邕宁县	武鸣县
总　　计	**405 947**	**333 988**	**51 484**	**20 475**
农、林、牧、渔业	7 850	4 305	2 273	1 272
采掘业	969	747	222	
制造业	97 863	68 693	24 926	4 244
#制糖	7 858	5 434	1 138	1 286
电力、煤气及水的生产和供应业	29 957	29 857	70	30
建筑业	13 783	12 118		1 665
地质勘查业、水利管理业	4 494	2 411	76	2 007
交通运输、仓储及邮电通信业	42 600	38 376	1 647	2 577
批发和零售贸易、餐饮业	10 884	9 351	1 273	260
金融、保险业	9 683	9 603		80
房地产业	16 645	15 970	608	67
社会服务业	48 707	38 858	5 523	4 326
卫生、体育和社会福利业	11 337	10 990	161	186
教育、文化艺术及广播电影电视	50 290	46 148	3 364	778
科学研究和综合技术服务业	9 165	9 165		
国家机关、政党机关和社会团体	49 312	34 988	11 341	2 983
其他行业	2 408	2 408		

8-10 农村集体固定资产投资

（1999年）　　　　单位：万元

指标名称	本年完成投资	建筑工程	安装工程	设备购置	其他	本年新增固定资产	施工面积（平方米）	竣工面积（平方米）
本年投资完成额	**29 986**	**21 661**	**520**	**4 231**	**3 574**	**29 330**	**106 970**	**91 518**
投资额按建设性质分								
新　建	22 799	17 692	150	1 393	3 564	21 994	56 741	42 425
扩　建	4 132	1 841	209	2 072	10	4 762	38 732	37 706
改　建	3 023	2 122	161	740		2 542	11 497	11 387
其　他	32	6		26		32		
投资额按国民经济行业分								
农、林、牧、渔业	2 648	1 148	10	200	1 290	2 490	45 000	45 000
黑色金属矿采选业	25			25		25		
有色金属矿采选业	500	300	45	145	10	500	1 500	1 500
非金属矿采选业	20				20	20		
食品加工业	2 696	1 600	209	860	27	2 566	3 480	3 480
食品制造业	159	90	1	64	4	100	840	
木材加工及竹、藤、棕、草制品业	370	270		100		290	300	300
家具制造业	30	30				30		
造纸及纸制品业	925	300	3	598	24	925	2 000	2 000
化学原料及化学制品制造业	940	473	5	401	61	940	5 400	5 400
医药制造业	250	61	2	130	57	250	1 300	1 300
塑料制品业	400	400				400		
非金属矿物制品业	1 784	628	135	947	74	1 784	12 000	12 000
有色金属冶炼及压延加工业	30	30				30		
金属制品业	193	193				193		
其他制造业	557	131	60	336	30	557	2 100	2 100
自来水的生产和供应业	60	10		50		60		
建筑业	1 816	430			1 386	1 816	5 700	5 700
交通运输、仓储及邮电通信业	6	6				6		
批发和零售贸易、餐饮业	5 544	5 045	50	220	229	5 315	18 200	3 588
社会服务业	7 436	7 386		50		7 436		
其他行业	3 597	3 130		105	362	3 597	9 150	9 150

8-11 城镇和工矿区私人建房情况

（1999年）

指标名称	城镇、工矿区个数（个）	本年竣工房屋建筑面积（平方米）	住宅	本年竣工房屋价值（万元）	住宅	建房户数（户）
总　　计	**38**	**643 808**	**610 390**	**24 368**	**23 212**	**3 434**
#农业户建房		425 495	403 636	11 324	10 512	2 327
市	1	13 354	13 354	665	665	81
县城	2	121 842	121 842	3 915	3 915	659
#农业户建房		67 824	67 824	2 060	2 060	393
镇	35	508 612	475 194	19 788	18 632	2 694
#农业户建房		357 671	335 812	9 264	8 452	1 934

8-12 全年新增生产能力

(1999年)

指 标 名 称	单 位	总 计	基本建设	更新改造	其它投资
电解铝	吨/年	4 000.00		4 000.00	
输电线路长度	公里	65.98	65.98		
变电设备能力	万千伏安	22.00	22.00		
纤维板	万立方米/年	10.00	10.00		
程控交换机	万线/年	3.40		3.40	
高等院校:学生席位	个	1 800	1 800		
建筑面积	平方米	3 040	3 040		
中等学校:学生席位	个	3 050	2 570		480
建筑面积	平方米	9 811	6 982		2 829
小学校:学生席位	个	3 668	2 928		740
建筑面积	平方米	13 372	10 883		2 489
其他院校:学生席位	个	1 050	1 050		
建筑面积	平方米	3 534	3 534		
宾馆、旅馆、招待所客房数	间	150	150		
建筑面积	平方米	6 000.00	6 000.00		
城市自来水管道长度	公里	16.25		16.25	
城市公共交通车辆购置	辆	89		89	
城市道路扩建长度	公里	21.37	21.37		
城市道路扩建面积	万平方米	48.38	48.38		
城市排水管道铺设长度	公里	17.80	17.80		
城市防洪堤长度	公里	3.80	3.80		

8-13 房地产开发投资

（1999年）　　　　单位：万元

指标名称	全市	市区	邕宁县	武鸣县
本年完成投资额	**146 274**	**138 842**	**5 259**	**2 173**
投资额按登记注册类型分				
内资	69 584	63 165	4 246	2 173
国有	30 030	26 640	1 470	1 920
集体	2 882	2 851	31	
国有独资公司	1 312	1 312		
其他有限责任公司	9 729	8 118	1 358	253
股份有限公司	5 600	5 409	191	
私营独资	3 000	3 000		
私营合伙	2 350	2 350		
私营有限责任公司	12 045	12 045		
私营股份有限公司	2 636	1 440	1 196	
港澳台投资	38 359	37 796	563	
合资经营	31 875	31 312	563	
合作经营	2 916	2 916		
独资	2 783	2 783		
股份有限	785	785		
外商投资	38 331	37 881	450	
合资经营	36 854	36 404	450	
合作经营	1 477	1 477		
投资额按隶属关系分				
中央	4 033	4 033		
自治区	41 713	40 733	980	
市	51 511	48 817	2 694	
县	3 965	1 792		2 173
其他	45 052	43 467	1 585	

8-14 房地产开发投资完成情况

(1999年)

指 标 名 称	单 位	合 计	市 区	邕宁县	武鸣县
本年完成投资额	**万元**	**146 274**	**138 842**	**5 259**	**2 173**
#商品房建设投资额	万元	97 892	96 977	22	893
土地开发投资额	万元	6 876	2 903	2 731	1 242
投资额按构成分					
建筑工程	万元	81 424	77 234	3 297	893
安装工程	万元	5 119	5 117	2	
设备工器具购置	万元	2 166	2 166		
其他费用	万元	57 565	54 325	1 960	1 280
#土地购置费	万元	34 787	33 412	1 375	
投资额按工程用途分					
住宅	万元	62 241	61 413	12	816
#安居工程	万元	8 691	8 691		
办公楼	万元	13 793	13 779	14	
商业营业用房	万元	7 290	7 213		77
其他	万元	62 950	56 437	5 233	1 280
本年新增固定资产	万元	74 546	71 620	1 034	1 892
本年购置土地面积	平方米	500 088	357 198	142 890	
本年资金来源合计	万元	201 538	194 267	5 477	1 794
上年末结余资金	万元	33 145	32 794	169	182
本年资金来源小计	万元	168 393	161 473	5 308	1 612
国内贷款	万元	44 585	42 707	1 600	278
利用外资	万元	5 845	5 333	512	
自筹资金	万元	60 777	56 833	3 115	829
其他资金来源	万元	57 186	56 600	81	505
本年各项应付款合计	万元	19 573	18 331	580	662
竣工房屋住宅套数合计	套	4 546	4 472		74

8-14 续表

指标名称	单位	合计	市区	邕宁县	武鸣县
#安居工程套数	套	1 442	1 442		
施工房屋面积	平方米	2 064 272	2 050 412	2 460	11 400
#住宅	平方米	1 406 573	1 397 473	1 000	8 100
#安居工程	平方米	220 454	220 454		
本年新开工房屋面积	平方米	756 009	756 009		
#住宅	平方米	659 235	659 235		
#安居工程	平方米	86 861	86 861		
竣工房屋面积	平方米	581 365	573 265		8 100
#住宅	平方米	453 065	444 965		8 100
#安居工程	平方米	118 514	118 514		
竣工房屋价值	万元	49 528	49 028		500
住宅	万元	30 624	30 124		500
#安居工程	万元	6 564	6 564		
商品房实际销售面积	平方米	530 589	527 089		3 500
#个人	平方米	386 186	382 686		3 500
住宅	平方米	431 959	428 459		3 500
#安居工程	平方米	115 646	115 646		
商品房空置面积	平方米	396 739	385 739		11 000
住宅	平方米	268 689	257 689		11 000
#安居工程	平方米	9 509	9 509		
办公楼	平方米	24 490	24 490		
商业营业用房	平方米	76 908	76 908		
其他	平方米	26 652	26 652		
商品房实际销售额	万元	105 332	104 949		383
#个人	万元	62 749	62 366		383
住宅	万元	75 327	74 944		383
#安居工程	万元	10 200	10 200		

8-15 房地产开发经营情况

(1999年)　　单位:万元

指 标 名 称	全 市	市 区	邕宁县	武鸣县
实收资本合计	**3 170 814**	**3 162 485**	**5 679**	**2 650**
年末资产负债情况				
资产总计	898 763	885 377	8 096	5 290
固定资产累计折旧	9 772	9 670	54	48
#本年折旧	1 260	1 253	2	5
负债总计	799 994	790 474	5 484	4 036
所有者权益合计	98 769	94 903	2 612	1 254
土地转让收入	10 673	9 117	76	1 480
商品房屋销售收入	109 815	109 433		382
#销售给个人	51 195	50 813		382
房屋出租收入	1 422	1 407		15
其他收入	369	215	4	150
经营成本	98 268	96 899	50	1 319
销售费用	2 837	2 791	4	42
经营税金及附加	5 604	5 547	9	48
其他业务利润	346	345		1
管理费用及财务费用	24 449	24 279	43	127
投资收益及营业外收入	1 704	1 704		
营业外支出	315	270	25	20
利润总额	-7 144	-7 565	-51	472

8-16 建筑业企业生产情况

（1999年） 单位：万元

指标名称	企业个数（个）	建筑业总产值				
		合计	建筑工程	安装工程	房屋构筑物修理	非标准设备制造
总计	**271**	**502 739.8**	**462 589.2**	**32 383.4**	**7 267.2**	**500.0**
#一、二级企业	74	439 558.8	412 292.2	23 148.4	3 668.2	450.0
国有及国有控股	199	444 269.8	417 707.9	24 156.7	1 955.2	450.0
按登记注册类型分组						
内资企业	264	500 743.5	460 642.9	32 383.4	7 217.2	500.0
国有企业	82	419 243.6	396 449.7	20 610.7	1 733.2	450.0
集体企业	63	52 051.5	40 025.4	7 626.3	4 349.8	50.0
联营企业	1	154.8	130.0	14.8	10.0	
有限责任公司	90	14 667.4	11 106.7	3 388.7	172.0	
股份有限公司	12	8 362.5	8 205.2	157.3		
私营企业	16	6 263.7	4 725.9	585.6	952.2	
港、澳、台商投资企业	5	1 290.3	1 290.3			
合资经营企业	2	1 207.0	1 207.0			
合作经营企业	3	83.3	83.3			
外商投资企业	2	706.0	656.0		50.0	
中外合资经营企业	2	706.0	656.0		50.0	
按国民经济行业分组						
土木工程建筑业	181	433 487.2	422 535.0	4 886.2	5 737.0	329.0
房屋	112	220 612.8	214 400.5	666.8	5 495.5	50.0
矿山	2	320.8	320.8			
铁路公路隧道桥梁	34	155 831.6	155 042.4	771.0	18.2	
堤坝电站码头	7	42 474.7	39 578.7	2 617.0		279.0
其他土木工程	26	14 247.3	13 192.6	831.4	223.3	
线路管道设备安装业	45	63 478.0	35 852.0	27 165.0	290.0	171.0
线路管道安装业	31	48 589.6	33 732.5	14 567.1	290.0	
设备安装业	14	14 888.4	2 119.5	12 597.9		171.0
装修装饰业	45	5 774.6	4 202.2	332.2	1 240.2	

8—16 续表1

单位:个

指标名称	竣工产值(万元)	施工个数	本年新开工	投标承包	工程竣工个数	优良工程个数
总　计	**483 294.0**	**3 317**	**1 782**	**1 107**	**2 085**	**928**
#一、二级企业	436 525.8	2 370	1 212	1 018	1 458	777
国有及国有控股	433 899.0	2 569	1 315	957	1 534	695
按登记注册类型分组						
内资企业	481 136.7	3 313	1 782	1 105	2 081	928
国有企业	413 704.7	2 277	1 143	906	1 346	681
集体企业	46 673.4	706	445	148	527	229
联营企业		4				
有限责任公司	11 818.7	219	128	40	121	9
股份有限公司	6 218.3	69	44	9	63	5
私营企业	2 721.6	38	22	2	24	4
港、澳、台商投资企业	1 451.3	4		2	4	
合资经营企业	1 368.0	2		2	2	
合作经营企业	83.3	2			2	
外商投资企业	706.0					
中外合资经营企业	706.0					
按国民经济行业分组						
土木工程建筑业	437 644.5	2 552	1 292	1 057	1 592	611
房　屋	217 371.8	1 736	839	853	1 070	470
矿　山	240.8	18	10		15	
铁路公路隧道桥梁	137 878.6	306	160	110	173	56
堤坝电站码头	68 772.3	283	139	74	204	74
其他土木工程	13 381.0	209	144	20	130	11
线路管道设备安装业	39 569.1	765	490	50	493	317
线路管道安装业	27 800.8	543	401	46	366	272
设备安装业	11 768.3	222	89	4	127	45
装修装饰业	6 080.4					

8-16 续表2　　单位:万平方米

指标名称	房屋施工面积	本年新开工	投标承包	房屋竣工面积	优良工程竣工面积
总　计	**661.8**	**255.1**	**351.6**	**320.4**	**159.8**
#一、二级企业	541.0	212.4	334.1	256.6	141.5
国有及国有控股	549.6	207.8	313.8	254.4	134.4
按登记注册类型分组					
内资企业	661.2	255.1	351.0	319.8	159.8
国有企业	513.6	195.3	298.2	233.2	130.2
集体企业	102.0	46.3	37.1	62.3	24.1
联营企业	0.9				
有限责任公司	23.6	7.8	13.0	10.9	2.3
股份有限公司	11.9	4.8	2.0	9.8	1.9
私营企业	9.3	0.9	0.7	3.7	1.3
港、澳、台商投资企业	0.6		0.6	0.6	
合资经营企业	0.6		0.6	0.6	
按国民经济行业分组					
土木工程建筑业	659.0	254.1	351.2	319.5	159.1
房　屋	588.1	231.8	331.7	279.3	145.4
铁路公路隧道桥梁	25.2	9.6	10.4	12.1	2.4
堤坝电站码头	27.9	7.4	7.2	16.1	10.2
其他土木工程	17.9	5.2	2.0	12.0	1.1
线路管道设备安装业	2.7	1.0	0.4	0.9	0.7
线路管道安装业	2.7	1.0	0.4	0.9	0.7

8-16 续表3

指标名称	自有机械设备年末总台数（台）	自有机械设备年末总功率（万千瓦）	自有机械设备净值（万元）	平均人数（万人）	企业总产值（万元）	年末拖欠工程款（万元）
总计	**25 599**	**76.0**	**83 575.9**	**8.8**	**527 893.2**	**124 665.1**
#一、二级企业	17 602	59.1	72 299.2	7.6	462 046.7	116 958.4
国有及国有控股	18 086	68.1	75 357.3	7.8	467 579.6	116 834.6
按登记注册类型分组						
内资企业	25 558	75.8	83 453.3	8.8	525 891.9	124 283.1
国有企业	15 545	53.9	68 112.2	7.2	438 653.2	113 543.9
集体企业	6 693	7.1	6 677.6	0.9	53 841.7	7 280.0
联营企业	200	0.2	11.0	0.0	154.8	110.0
有限责任公司	2 085	11.6	4 370.8	0.3	14 682.4	2 132.0
股份有限公司	415	2.4	2 751.7	0.2	12 242.7	776.7
私营企业	620	0.6	1 530.0	0.1	6 317.1	440.5
港、澳、台商投资企业	11	0.1	107.6		1 295.3	306.0
合资经营企业					1 212.0	118.0
合作经营企业	11	0.1	107.6		83.3	188.0
外商投资企业	30		15.0		706.0	76.0
中外合资经营企业	30		15.0		706.0	76.0
按国民经济行业分组						
土木工程建筑业	23 194	70.6	76 982.5	7.9	453 208.4	116 233.1
房屋	12 361	25.6	15 754.0	4.6	231 368.8	70 148.6
矿山	89	0.2	98.2	0.0	320.8	117.6
铁路公路隧道桥梁	4 415	18.2	24 162.7	2.2	158 546.7	32 674.2
堤坝电站码头	4 964	24.3	33 723.7	0.7	48 462.7	6 479.9
其他土木工程	1 365	2.4	3 243.9	0.3	14 509.4	6 812.8
线路管道设备安装业	2 071	4.7	5 940.9	0.8	68 851.7	7 753.9
线路管道安装业	1 301	3.4	4 969.8	0.6	53 273.6	127.5
设备安装业	770	1.2	971.1	0.3	15 578.1	7 626.4
装修装饰业	334	0.7	652.5	0.1	5 833.1	678.1

8-17 建筑企业财务状况

（1999年）　　单位：万元

指 标 名 称	年末资产负债				
	流动资产合计	存货	长期投资	固定资产合计	固定资产原价合计
总 计	**753 771.1**	**239 003.3**	**85 425.5**	**675 283.9**	**765 625.0**
#一、二级企业	642 594.9	207 791.1	79 550.1	652 580.2	737 908.6
国有及国有控股	684 551.3	209 419.5	82 575.8	658 141.2	744 262.8
按登记注册类型分组					
内资企业	749 444.7	238 636.9	85 425.5	675 110.8	765 063.1
国有企业	578 683.5	186 866.5	11 333.8	137 851.5	217 777.0
集体企业	61 870.6	28 148.4	2 649.7	14 573.6	18 556.5
联营企业	377.4		200.0	34.7	55.3
有限责任公司	47 706.7	10 287.4	63 667.9	510 767.0	512 496.4
股份有限公司	53 834.7	11 899.2	7 574.1	9 349.6	13 427.5
私营企业	6 971.8	1 435.4		2 534.4	2 750.4
港、澳、台商投资企业	3 078.8	84.8		143.1	499.4
合资经营企业	2 655.7	55.6		35.5	76.2
合作经营企业	423.1	29.2		107.6	423.2
外商投资企业	1 247.6	281.6		30.0	62.5
中外合资经营企业	1 247.6	281.6		30.0	62.5
按国民经济行业分组					
土木工程建筑业	631 096.7	194 612.2	79 698.1	649 649.3	735 499.5
房 屋	329 821.3	117 628.3	10 615.7	45 416.0	67 283.6
矿 山	943.2	70.6		377.2	436.2
铁路公路隧道桥梁	205 635.8	51 532.7	61 506.4	546 888.0	585 010.5
堤坝电站码头	68 177.6	14 394.3	5 464.1	48 545.4	72 815.2
其他土木工程	26 518.8	10 986.3	2 111.9	8 422.7	9 954.0
线路管道设备安装业	110 016.9	40 810.1	5 727.4	23 270.8	27 044.4
线路管道安装业	52 747.9	14 653.6	5 295.7	20 758.2	22 444.8
设备安装业	57 269.0	26 156.5	431.7	2 512.6	4 599.6
装修装饰业	12 657.5	3 581.0		2 363.8	3 081.1

8-17 续表1　　　　单位:万元

指标名称	年末资产负债				
	累计折旧	本年折旧	无形及递延资产合计	无形资产	资产合计
总计	**98 769.7**	**13 839.4**	**30 253.0**	**27 152.6**	**1 573 213.0**
#一、二级企业	92 420.6	12 768.3	28 583.8	26 337.4	1 428 919.0
国有及国有控股	93 507.4	13 211.5	29 732.7	26 845.4	1 482 218.0
按登记注册类型分组					
内资企业	98 380.9	13 779.9	30 197.1	27 152.6	1 567 982.0
国有企业	85 090.9	11 840.5	9 290.9	8 060.8	763 476.5
集体企业	4 743.0	518.7	512.2	307.2	80 819.9
联营企业	20.6	1.2			612.1
有限责任公司	1 739.6	430.7	18 876.3	18 427.1	641 145.8
股份有限公司	6 288.1	880.8	1 509.6	357.5	72 365.5
私营企业	498.7	108.0	8.1		9 562.4
港、澳、台商投资企业	356.3	51.5	55.9		3 446.8
合资经营企业	40.7	13.2	55.9		2 747.1
合作经营企业	315.6	38.3			699.7
外商投资企业	32.5	8.0			1 784.0
中外合资经营企业	32.5	8.0			1 784.0
按国民经济行业分组					
土木工程建筑业	90 429.1	12 325.4	28 454.8	26 667.6	1 414 503.
房　屋	25 615.7	3 311.2	2 414.2	1 784.5	396 565.8
矿　山	69.0	18.4			1 320.8
铁路公路隧道桥梁	38 349.6	6 278.7	19 663.7	18 607.1	843 243.2
堤坝电站码头	24 269.9	2 406.2	6 036.5	5 954.0	134 107.8
其他土木工程	2 124.9	310.9	340.4	322.0	39 266.1
线路管道设备安装业	7 569.2	1 414.9	1 511.7	485.0	142 865.3
线路管道安装业	5 293.0	1 171.2	1 493.5	477.0	81 371.2
设备安装业	2 276.2	243.7	18.2	8.0	61 494.1
装修装饰业	771.4	99.1	286.5		15 844.0

8—17 续表2 单位:万元

指标名称	年末资产负债				
	流动负债合计	长期负债合计	负债合计	所有者权益合计	实收资本合计
总计	**674 764.7**	**81 563.8**	**756 328.5**	**816 884.5**	**720 120.3**
#一、二级企业	591 546.4	78 472.1	670 018.5	758 900.5	684 135.3
国有及国有控股	612 588.8	81 169.0	693 757.8	788 460.8	695 162.9
按登记注册类型分组					
内资企业	672 689.1	81 562.6	754 251.7	813 730.5	717 400.8
国有企业	527 484.0	47 882.5	575 366.5	188 110.0	97 508.6
集体企业	56 767.9	388.5	57 156.4	23 663.5	20 537.9
联营企业	405.2		405.2	206.9	205.5
有限责任公司	34 921.4	20 862.0	55 783.4	585 362.4	584 499.9
股份有限公司	48 107.8	12 423.3	60 531.1	11 834.4	10 434.9
私营企业	5 002.8	6.3	5 009.1	4 553.3	4 214.0
港、澳、台商投资企业	987.1	1.2	988.3	2 458.5	2 458.5
合资经营企业	667.8		667.8	2 079.3	2 079.3
合作经营企业	319.3	1.2	320.5	379.2	379.2
外商投资企业	1 088.5		1 088.5	695.5	261.0
中外合资经营企业	1 088.5		1 088.5	695.5	261.0
按国民经济行业分组					
土木工程建筑业	555 614.6	80 010.4	635 625.0	778 878.7	691 556.0
房屋	298 236.7	23 508.8	321 745.5	74 820.3	52 070.6
矿山	372.5		372.5	948.3	800.6
铁路公路隧道桥梁	163 901.8	37 315.8	201 217.6	642 025.6	602 613.2
堤坝电站码头	69 510.3	17 089.2	86 599.5	47 508.3	29 399.3
其他土木工程	23 593.3	2 096.6	25 689.9	13 576.2	6 672.3
线路管道设备安装业	108 163.8	1 361.2	109 525.0	33 340.3	24 753.8
线路管道安装业	53 062.6	-122.4	52 940.2	28 431.0	20 658.1
设备安装业	55 101.2	1 483.6	56 584.8	4 909.3	4 095.7
装修装饰业	10 986.3	192.2	11 178.5	4 665.5	3 810.5

8-17 续表3

单位:万元

指标名称	损益及分配					
	工程结算收入	工程结算成本	工程结算税金及附加	工程结算利润	其他业务收入	其他业务利润
总计	**525 061.0**	**468 473.9**	**13 092.3**	**43 494.8**	**27 747.0**	**2 320.5**
#一、二级企业	475 229.3	424 354.5	11 343.3	39 531.5	26 441.4	2 026.7
国有及国有控股	482 557.2	431 165.8	11 611.9	39 779.5	26 717.2	1 870.9
按登记注册类型分组						
内资企业	524 734.3	468 249.7	13 082.4	43 402.2	27 740.5	2 352.7
国有企业	463 793.6	414 439.4	10 975.2	38 379.0	21 731.6	1 311.6
集体企业	38 598.4	33 879.6	1 344.0	3 374.8	1 021.2	446.4
联营企业	154.7	148.0	5.5	1.2		
有限责任公司	12 169.8	10 832.9	410.8	926.1	57.7	25.0
股份有限公司	6 267.1	5 669.3	216.0	381.8	4 921.4	566.5
私营企业	3 750.7	3 280.5	130.9	339.3	8.6	3.2
港、澳、台商投资企业	222.3	133.0	8.8	80.5	6.5	-32.2
合资经营企业	142.7	80.1	5.6	57.0		
合作经营企业	79.6	52.9	3.2	23.5	6.5	-32.2
外商投资企业	104.4	91.2	1.1	12.1		
中外合资经营企业	104.4	91.2	1.1	12.1		
按国民经济行业分组						
土木工程建筑业	469 427.5	424 394.2	11 341.3	33 692.0	18 271.0	2 417.6
房屋	258 976.1	237 197.8	8 436.4	13 341.9	11 331.7	1 205.9
矿山	283.8	193.3	4.1	86.4		
铁路公路隧道桥梁	162 246.1	147 609.1	1 193.4	13 443.6	2 303.6	708.7
堤坝电站码头	37 870.2	30 731.1	1 382.2	5 756.9	4 319.6	406.6
其他土木工程	10 051.3	8 662.9	325.2	1 063.2	316.1	96.4
线路管道设备安装业	51 359.0	40 326.6	1 625.1	9 407.3	9 416.6	-137.1
线路管道安装业	40 798.8	32 072.8	1 323.0	7 403.0	8 612.7	-317.2
设备安装业	10 560.2	8 253.8	302.1	2 004.3	803.9	180.1
装修装饰业	4 274.5	3 753.1	125.9	395.5	59.4	40.0

8-17 续表4 单位:万元

指标名称	损益及分配				
	管理费用	税金	财务费用	利息支出	营业利润
总计	**38 486.4**	**853.5**	**3 869.9**	**3 121.7**	**3 459.0**
#一、二级企业	34 376.0	786.2	3 625.5	2 994.5	3 556.7
国有及国有控股	35 400.0	749.7	3 879.8	3 177.6	2 370.6
按登记注册类型分组					
内资企业	38 340.9	853.5	3 870.5	3 121.6	3 543.5
国有企业	31 787.3	725.7	2 971.3	2 322.9	4 932.0
集体企业	2 816.8	96.2	-13.2	-49.9	1 017.6
联营企业	7.2	5.5		-6.0	-6.0
有限责任公司	1 270.1	3.1	-36.3	7.8	-282.7
股份有限公司	2 197.1	20.9	945.4	846.8	-2 194.2
私营企业	262.4	2.1	3.3		76.8
港、澳、台商投资企业	133.5		-0.7	-0.1	-84.5
合资经营企业	100.0		-0.9	-0.1	-42.1
合作经营企业	33.5		0.2		-42.4
外商投资企业	12.0		0.1	0.2	
中外合资经营企业	12.0		0.1	0.2	
按国民经济行业分组					
土木工程建筑业	30 239.0	695.6	3 795.1	3 000.4	2 075.5
房屋	14 056.4	479.5	2 447.6	2 234.1	-1 956.2
矿山	42.7		0.6	1.0	43.1
铁路公路隧道桥梁	9 661.9	127.2	1 017.9	535.2	3 472.5
堤坝电站码头	5 352.4	58.2	206.2	119.8	604.9
其他土木工程	1 125.6	30.7	122.8	110.3	-88.8
线路管道设备安装业	7 742.1	147.1	18.9	64.5	1 509.2
线路管道安装业	5 911.9	79.9	-183.5	-135.7	1 357.4
设备安装业	1 830.2	67.2	202.4	200.2	151.8
装修装饰业	505.3	10.8	55.9	56.8	-125.7

8-17 续表5 单位:万元

指标名称	损益及分配			本年应付工资总额	本年应付福利费总额
	利润总额	应交所得税	应付利润		
总 计	**2 078.8**	**2 612.9**	**445.5**	**83 344.0**	**8 989.7**
＃一、二级企业	1 781.6	2 394.0	336.1	75 265.8	8 178.8
国有及国有控股	919.0	2 313.6	65.4	76 209.1	8 159.7
按登记注册类型分组					
内资企业	2 159.7	2 612.7	445.5	82 954.4	8 981.2
国有企业	5 048.2	2 236.0	33.3	72 194.8	7 918.8
集体企业	1 055.4	281.5	342.7	6 373.0	772.4
联营企业	-6.0			48.0	
有限责任公司	-123.9	76.5	32.1	2 127.7	126.6
股份有限公司	-3 924.4	0.9		1 497.0	105.8
私营企业	110.4	17.8	37.4	713.9	57.6
港、澳、台商投资企业	-80.9			346.2	8.3
合资经营企业	-38.5			323.0	8.3
合作经营企业	-42.4			23.2	
外商投资企业		0.2		43.4	0.2
中外合资经营企业		0.2		43.4	0.2
按国民经济行业分组					
土木工程建筑业	678.9	2 170.4	113.9	71 251.9	7 623.5
房 屋	-3 836.4	387.8	43.5	36 473.3	3 381.6
矿 山	42.5	12.6	28.7	56.5	7.1
铁路公路隧道桥梁	4 209.4	1 612.1	1.4	23 997.5	3 117.5
堤坝电站码头	329.1	92.8	15.2	8 903.5	916.2
其他土木工程	-65.7	65.1	25.1	1 821.1	201.1
线路管道设备安装业	1 523.9	431.1	319.9	11 017.2	1 321.1
线路管道安装业	1 423.9	387.7	313.8	8 287.0	1 057.4
设备安装业	100.0	43.4	6.1	2 730.2	263.7
装修装饰业	-124.0	11.4	11.7	1 074.9	45.1

8-17 续表6 单位:万元

指 标 名 称	建筑业增加值	亏损企业个数(个)	从业人员劳动报酬	职工工资总额
总 计	**126 428.1**	**70**	**79 601.6**	**75 320.0**
#一、二级企业	115 468.2	25	71 103.3	67 067.2
国有及国有控股	115 627.8	46	72 376.3	68 340.9
按登记注册类型分组				
内资企业	126 051.0	67	79 212.0	75 203.3
国有企业	111 987.3	22	68 309.5	64 783.1
集体企业	9 972.6	19	6 463.4	6 249.6
联营企业	54.5	1	48.0	48.0
有限责任公司	2 751.2	13	2 146.2	1 955.3
股份有限公司	512.2	8	1 531.0	1 485.8
私营企业	773.2	4	713.9	681.5
港、澳、台商投资企业	325.2	2	346.2	73.3
合资经营企业	302.9	1	323.0	50.1
合作经营企业	22.3	1	23.2	23.2
外商投资企业	51.9	1	43.4	43.4
中外合资经营企业	51.9	1	43.4	43.4
按国民经济行业分组				
土木工程建筑业	108 626.3	57	67 368.9	63 531.9
房 屋	51 664.4	39	33 539.1	30 493.3
矿 山	133.2	1	73.5	73.5
铁路公路隧道桥梁	39 000.0	8	22 685.1	22 295.8
堤坝电站码头	15 401.1		8 710.0	8 707.6
其他土木工程	2 427.6	9	2 361.2	1 961.7
线路管道设备安装业	16 837.9	7	11 141.8	10 994.5
线路管道安装业	12 607.1	4	8 405.1	8 265.2
设备安装业	4 230.8	3	2 736.7	2 729.3
装修装饰业	963.9	6	1 090.9	793.6

九　城市公用事业、环境保护

城市公用事业,环境保护

1999年,南宁市城市基础设施建设进一步加强,城市综合服务功能日益完善。全年市政工程建设投入7.29亿元,公用设施(公交、煤气)建设投入1.1亿元,自来水建设投入0.27亿元,园林绿化建设投入0.45亿元。

城市路桥建设不断发展,年内建成了民族大道凤岭段,三岸段等城市道路,北环道秀厢路中段、沙井大道、竹溪路南段、厢竹路北段,南站西路正加紧施工。年末城市道路总长度700公里,比上年增加3公里;城市道路总面积689.64万平方米,比上年增加6.1万平方米;人均道路面积7.17平方米。年末城市桥梁67座,其中立交桥4座。年末路灯共有2.01万盏,比上年增加765盏。

城市公共交通事业稳步发展。市区新辟公交线路2条,新增运营车辆89辆,新建公交候车停194座,公交线网进一步优化,市区交运营路线达32条,客运量达15290万人次,比上年增加217万人次。每万人拥有公共交通车辆1.78标台。

园林绿地建设有新的进展。1999年末,南宁市园林绿地面积达3125公顷,其中公共绿地面积718.98公顷,分别比上年增加66公顷和36.17公顷;人均公共绿地面积7.48平方米,比上年增加0.32平方米;建成区绿地覆盖率达36.41%。

供水、供气继续上升。全年城市新铺设供水管道85公里,日供水能力89.2万吨,全年供水总量25453万吨,用水普及率达100%。城市液化石油气供气总量3.79万吨,比上年增长6.16%,用气人口达90.98万人,增长5.79%,城市气化率达94.62%。

城市居民居住水平有所提高。1999年,市区实有住宅居住面积813.16万平方米、比上年增加74.72万平方米,人均住宅居住面积8.46平方米,比上年增加0.47平方米。

城市环境卫生有所改观。全年清扫街道面积758.57万平方米,清运生活垃圾及粪便24.35万吨,年末公共厕所有254座,环卫机械车辆达157台。对居民生活垃圾采用上门收运方式,减少了环境污染,使市容环境卫生不断改观。

环境保护工作进一步加强,环境质量不断改善。全市完成环境污染治理项目34个,总投资1855万元。市区烟尘控制区面积79.61平方公里,烟尘控制区覆盖率为84.4%,噪声达标面积55.77平方公里,噪音达标区覆盖率为59.12%。工业“三废”处理达到国家城市环境综合治理考核标准,工业废水处理率达87.03%,工业废气处理率达90.13%,工业固体废物综合利用率达84.98%。

9-1 市政建设情况

指　标　名　称	单　位	1999年	1998年	1997年	1996年
年末实有道路长度	公里	700	697	599	571
年末实有道路面积	万平方米	689.64	683.54	621.34	558.44
下水道总长度	公里	508.37	491.93	400	362
防洪堤长度	公里	40.36	37.84	37.84	37.84
年末实有桥梁	座	67	67	66	65
年末路灯盏数	盏	20 091	19 326	15 773	13 762
城市污水量	万吨	20 362	21 940	23 048	22 821
＃生活污水	万吨	14 170	14 436	18 314	17 759
人均拥有道路面积	平方米	7.17	7.16	6.74	6.24

9-2 城市园林绿化情况

指　标　名　称	单　位	1999年	1998年	1997年	1996年
园林绿化面积	公顷	3 125	3 059	2 910	2 857
建成区绿化覆盖面积	公顷	3 435	3 345	3 163	3 088
人均公共绿地面积	平方米	7.48	7.16	6.74	6.72
建成区绿化覆盖率	%	36.41	36.71	36.52	36.43
公园个数	个	13	13	13	13
公园面积	公顷	686.41	659.84	597.27	582
年游人量	万人次	575	682	763	713
植树数	万株	206	386	321	333
苗圃面积	公顷	51.55	51	44	45
苗圃年末职工人数	人	1 796	1 723	1 760	1 754

9-3 城市供气供水情况

指 标 名 称	单 位	1999年	1998年	1997年	1996年
液化石油气					
液化石油气供气总量	吨	37 910	34 900	33 830	31 482
#家庭用量	吨	37 910	34 900	33 830	31 482
家庭用液化石油气人口	万人	90.98	90.28	82.93	77.65
自来水					
自来水厂数	个	5	5	5	4
水厂综合生产能力	万吨/日	89.2	91.01	91.12	90.64
年末供水管道长度	公里	686	601	576	539
全年供水总量	万吨	25 453	27 425	28 810	28 527
#工业用水	万吨	6 063	8 304	9 101	9 918
生活用水	万吨	17 001	16 900	17 679	16 265
人均日生活用水量	升	408.19	410.73	392.38	437.80
生活用水人口	万人	114.11	112.73	123.44	101.78
#非农业用水人口	万人	96.12	95.41	92.12	89.49
用水普及率	%	100	100	100	100

9-4 城市公共交通情况

指标名称	单位	1999年	1998年	1997年	1996年
年末营运车辆数	辆	508	727	683	616
行驶里程	万车公里	2 660	2 402	2 031	1 726
客运总量	万人次	15 290	15 073	13 893	11 466
年末实有大小出租汽车	辆	3 741	3 732	3 714	3 700
年末公交职工人数	人	2 873	2 376	2 382	2 398

9-5 城市房屋建筑及居住情况

指标名称	单位	1999年	1998年	1997年	1996年
年末实有房屋建筑面积	万平方米	3 611	3 399	3 245	3 100
年末实有住宅建筑面积	万平方米	1 918	1 770	1 659	1 558
年末实有住宅使用面积	万平方米	1 318.29	1 206.83	1 123.02	1 047.46
年末实有住宅居住面积	万平方米	813.16	738.44	682.20	631.59
人均住宅使用面积	平方米	13.72	13.06	12.60	12.11
人均住宅居住面积	平方米	8.46	7.99	7.65	7.30

9-6 城市清洁卫生情况

指 标 名 称	单 位	1999年	1998年	1997年	1996年
清扫街道面积	万平方米	759	683	672	672
生活垃圾清运量	万吨	24.35	31.89	32.49	33
粪便清运量	万吨	4.80	5.90	6.74	6.73
公共厕所	座	254	254	254	254
环卫机械车辆数	辆	157	177	187	199
年末环卫职工人数	人	3 022	2 715	2 815	2 825

9-7 城市环境保护情况

指 标 名 称	单 位	1999年	1998年	1997年	1996年
工业废水排放量	万吨	4 239	4 463	4 734	5 062
#符合排放标准的工业废水量	万吨	2 612	2 771	2 968	3 138
工业废水处理量	万吨	3 689	3 641	4 315	4 209
工业废气排放量	万标立方米	1 210 382	1 084 127	1 104 884	1 169 561
二氧化硫排放量	吨	25 176	25 043	30 725	29 812
工业废气处理量	万标立方米	1 090 878	915 925	920 906	953 987
工业粉尘排放量	吨	2 461	3 172	2 497	2 980
工业粉尘回收量	吨	13 108	10 468	9 913	25 836
工业固体废物产生量	万吨	46	52	64	66
工业固体废物处理量	万吨	3	2	2	3
环境噪声达标区面积	平方公里	55.77	55.96	50.23	32.86

十　能源购进、消费与库存

能源消费与库存

1999年，我市随着工业生产的稳步发展，与工业发展相适应的主要能源消费需求增加。

在统计的10种主要能源消费中，比上年消费增加的有洗精煤、焦炭、汽油、煤油、柴油、燃料油、电力、其他燃料等8种，消费量比上年增幅较大的有汽油、增长72.48%，煤油、增长50%，柴油、增长37.43%；消费量比上年下降的有原煤、下降1.71%。

从工业企业主要能源的消费用向看，90%用于工业生产消费。全年全市工业生产消费原煤139.04万吨，比上年下降1.35%；洗精煤0.23万吨，比上年增长9.64%；焦炭2.42万吨，比上年增长5.24%；汽油0.46万吨，比上年增长87.59%；煤油54吨，比上年增长50%；柴油1.86万吨，比上年增长41.4%；燃料油3.37万吨，比上年增长72.54%；电力14.88亿千瓦时，比上年增长2.08%；其他燃料14.05万吨，比上年增长0.26%。

从行业消费看，原煤消费较大的行业是非金属矿物制品业、食品加工业、化学原料及化学制品制造业，分别占工业企业消费量的35%、14%和13%；洗精煤消费主要是非金属矿物制品业；焦炭消费主要是有色金属冶炼及压延加工业和化学原料及化学制品制造业，分别占总消费的30%和29%。汽油消费主要是食品加工业，占总消费的41%；煤油消费主要是电力、蒸汽、热水的生产和供应业，占总消费的48%；柴油消费主要是电力、蒸汽、热水的生产和供应业、食品加工业，分别占总消费的47%和18%；燃料油消费主要是非金属矿物制品业，占总消费的97%；电力消费是各工业行业生产必不可少的能源，而在我市工业行业消费电力最大的是食品加工业、化学原料及化学制品制造业、非金属矿物制品业、有色金属冶炼及压延加工业，分别占总消费的15%、17%、15%、18%。

工业企业主要能源库存上升。1999年，随着工业生产的发展，为保证生产的正常运行，使工业企业主要能源年末库存量出现上升的局面。在10种主要能源的库存中，除电力、其他燃料无库存外，其余的8种能源中有6种库存比年初上升，库存下降的只有原煤和柴油。

10-1 工业企业主要能源购进、消费与库存

(1999年)

指标名称	单位	购进量合计	消费量合计	工业生产消费	非工业生产消费	年末库存
全　市						
原煤	吨	1 356 003	1 390 571	1 390 436	135	58 943
洗精煤	吨	2 380	2 332	2 332		109
焦炭	吨	25 105	24 174	24 174		2 040
原油	吨	1 004	986	986		59
汽油	吨	4 912	4 838	4 594	244	240
煤油	吨	27	54	54		22
柴油	吨	18 776	18 577	18 572	5	1 136
燃料油	吨	35 389	33 730	33 730		8 784
电力	万千瓦时	128 092	150 402	148 782	1 620	
其他燃料	吨标准煤		140 542	140 542		
市　区						
原煤	吨	826 193	850 037	850 022	15	38 282
洗精煤	吨	2 380	2 332	2 332		109
焦炭	吨	25 025	24 073	24 073		2 032
原油	吨	1 004	986	986		59
汽油	吨	3 938	3 880	3 643	237	225
煤油	吨	15	16	16		
柴油	吨	16 534	16 528	16 528		1 027
燃料油	吨	35 389	33 730	33 730		8 784
电力	万千瓦时	102 887	119 488	117 917	1 571	
其他燃料	吨标准煤		124 995	124 995		
邕　宁						
原煤	吨	361 552	368 004	368 004		15 212
焦炭	吨	18	22	22		
汽油	吨	399	369	369		14
煤油	吨	12	38	38		22
柴油	吨	1 715	1 510	1 510		77
电力	万千瓦时	13 699	17 982	17 982		
武　鸣						
原煤	吨	168 258	172 530	172 410	120	5 449
焦炭	吨	62	79	79		8
汽油	吨	575	589	582	7	1
柴油	吨	527	539	534	5	32
电力	万千瓦时	11 506	12 932	12 883	49	
其他燃料	吨标准煤		15 547	15 547		

10-2 全市工业企业主要能源按行业消费量

(1999年)

指标名称	本年消费									
	原煤（吨）	洗精煤（吨）	焦炭（吨）	原油（吨）	汽油（吨）	煤油（吨）	柴油（吨）	燃料油（吨）	电力（万千瓦时）	其他燃料（吨标准煤）
合计	**1 390 571**	**2 332**	**24 174**	**986**	**4 838**	**54**	**18 577**	**33 730**	**150 402**	**140 542**
按工业行业大类分列										
煤炭采选业	19 879				168		194		2 107	
黑色金属矿采选业									11	
有色金属矿采选业									31	
非金属矿采选业					23		795		148	
食品加工业	194 398		5 823		2 003	3	3 329	30	22 915	140 542
食品制造业	135 608				218		162		6 819	
饮料制造业	32 969				59		64		1 493	
烟草加工业	12 415				115		95		1 546	
纺织业	9 844				26		19		6 639	
服装及其他纤维制品制造业	1 089				2				164	
皮革、毛皮、羽绒及其制品业	1 163								129	
木材加工及竹、藤、棕、草制品业	33 460				8		71		5 572	
家具制造业	744				25				109	
造纸及纸制品业	28 589				40	12	295		1 928	
印刷业					142	3	56		826	
石油加工及炼焦业	128			986					43	
化学原料及化学制品制造业	180 796		7 074		187		590	1 085	26 252	
医药制造业	29 019				142		18		1 086	
化学纤维制造业	7 398				8				1 750	
橡胶制品业	20 829				48		25		1 092	
塑料制品业					18		44		689	
非金属矿物制品业	481 401	2 332	7		571	5	1 559	32 597	23 220	
黑色金属冶炼及压延加工业			18						2 126	
有色金属冶炼及压延加工业	14 249		7 177		81	2	716		27 585	
金属制品业	1 054		74		74		650		733	
普通机械制造业	3 690		1 905		127	2	387	18	1 402	
专用设备制造业	3 081		2 089		168		479		1 877	
交通运输设备制造业	137		4		102		151		700	
电气机械及器材制造业	1 514		2		84		127		547	
电子及通信设备制造业	49		1		27		1		58	
仪器仪表及文化、办公用机械制造业					5	1			142	
其他制造业					2		6		11	
电力、蒸汽、热水的生产和供应业	177 068				260	26	8 690		3 786	
自来水的生产和供应业					105		54		6 866	

10-3 市区工业企业主要能源按行业消费量

（1999年）

指标名称	本年消费 原煤（吨）	洗精煤（吨）	焦炭（吨）	原油（吨）	汽油（吨）	煤油（吨）	柴油（吨）	燃料油（吨）	电力（万千瓦时）	其他燃料（吨标准煤）
合计	**850 037**	**2 332**	**24 073**	**986**	**3 880**	**16**	**16 528**	**33 730**	**119 488**	**124 995**
按工业行业大类分列										
煤炭采选业	11 739				145		160		1 856	
非金属矿采选业					20		794		87	
食品加工业	186 180		5 823		1 638	3	2 473	30	20 904	124 995
食品制造业	88 847				206		158		5 448	
饮料制造业	29 896				52		48		1 485	
烟草加工业	12 415				115		95		1 546	
纺织业	8 488				24		19		6 584	
服装及其他纤维制品制造业	1 089				2				164	
皮革、毛皮、羽绒及其制品业	1 163								129	
木材加工及竹、藤、棕、草制品业	9 777				7		1		3 093	
家具制造业	744				25				109	
造纸及纸制品业	8 649				20		279		683	
印刷业					135	3	52		807	
石油加工及炼焦业				986					43	
化学原料及化学制品制造业	111 072		7 071		120		385	1 085	21 289	
医药制造业	29 019				142		18		1 086	
化学纤维制造业	7 398				8				1 750	
橡胶制品业	20 829				48		25		1 092	
塑料制品业					13		37		425	
非金属矿物制品业	124 530	2 332	7		274	5	782	32 597	7 957	
黑色金属冶炼及压延加工业			18						2 126	
有色金属冶炼及压延加工业	14 249		7 177		81	2	716		27 585	
金属制品业	1 019		65		74		650		703	
普通机械制造业	1 085		1 895		115	2	385	18	1 386	
专用设备制造业	3 081		2 010		154		448		1 832	
交通运输设备制造业	137		4		102		151		690	
电气机械及器材制造业	1 514		2		84		127		547	
电子及通信设备制造业	49		1		27		1		58	
仪器仪表及文化、办公用机械制造业					5	1			142	
其他制造业					2		6		11	
电力、蒸汽、热水的生产和供应业	177 068				166		8 677		1 719	
自来水的生产和供应业					76		41		6 152	

10-4 邕宁县工业企业主要能源按行业消费量

(1999年)

指 标 名 称	本年消费					
	原 煤 （吨）	焦 炭 （吨）	汽 油 （吨）	煤 油 （吨）	柴 油 （吨）	电 力 （万千瓦时）
合　　计	**368 004**	**22**	**369**	**38**	**1 510**	**17 982**
按工业行业大类分列						
煤炭采选业	8 140		23		34	251
黑色金属矿采选业						11
非金属矿采选业			3		1	61
食品加工业			54		613	471
食品制造业	37 929		12			1 104
纺织业	1 356		2			35
木材加工及竹、藤、棕、草制品业	23 683				68	2 477
造纸及纸制品业	17 420		20	12	16	1 059
印刷业			7		4	12
石油加工及炼焦业	128					
化学原料及化学制品制造业	3 420	3	11		165	113
塑料制品业			5		7	264
非金属矿物制品业	273 288		167		596	11 591
金属制品业	35	9				20
普通机械制造业	2 605	10	12		2	16
电力、蒸汽、热水的生产和供应业			33	26		70
自来水的生产和供应业			20		4	427

10-5 武鸣县工业企业主要能源按行业消费量

(1999年)

指 标 名 称	本年消费					
	原 煤 （吨）	焦 炭 （吨）	汽 油 （吨）	柴 油 （吨）	电 力 （万千瓦时）	其他燃料 （吨标准煤）
合　　计	**172 530**	**79**	**589**	**539**	**12 932**	**15 547**
按工业行业大类分列						
有色金属矿采选业					31	
食品加工业	8 218		311	243	1 540	15 547
食品制造业	8 832			4	267	
饮料制造业	3 073		7	16	8	
纺织业					20	
木材加工及竹、藤、棕、草制品业			1	2	2	
造纸及纸制品业	2 520				186	
印刷业					7	
化学原料及化学制品制造业	66 304		56	40	4 850	
非金属矿物制品业	83 583		130	181	3 672	
金属制品业					10	
专用设备制造业		79	14	31	45	
交通运输设备制造业					10	
电力、蒸汽、热水的生产和供应业			61	13	1 997	
自来水的生产和供应业			9	9	287	

十一　商业、外贸
旅游、物价

商业、外贸、旅游、物价

1999年，南宁市消费品市场在扩大内需经济政策的影响下保持稳定增长，全市实现社会消费品零售总额137.14亿元，比上年增长6.61%，扣除价格因素，实际增长11.18%。

消费品市场运行的特点：1、农村零售增长快于城市零售增长。城市消费品零售总额117.74亿元，增长4.75%，县及县以下消费品零售额19.40亿元，增长20.83%，其中农村消费品零售额增长29.06%；2、私营、个体经济保持快速增长，比重上升。全年个体私营企业消费品零售总额达52.62亿元，比上年增长21.47%。占全市消费品零售额的比重由上年的33.7%上升到38.4%。3、货仓式超市成为商业市场的亮点。利客隆、大热门、华联等超市，其经营网点不断增加，商品销售规模不断扩大。4、餐饮业持续兴旺。全年餐饮业零售额为18.15亿元，比上年增长10.15%，增幅比全市消费品零售总额增幅高出3.54个百分点。5、集市贸易市场成交活跃。全年新建市场20个，全市共有成交额超亿元的大型集贸市场10个，全年城乡集市贸易成交额达72.59亿元，比上年增长10.39%。

对外经济发展困难。由于受亚洲金融危机余波的影响，1999年，我市商品出口、利用外资仍未走出低谷，全年海关进出口总值5.71亿美元，其中出口4.01亿美元。市属进出口总额8486万美元，比上年下降17.57%，其中出口6810万美元，比上年下降28.52%。全年新签利用外资协议合同51个，客商实际投资9797万美元，比上年下降34.83%，全年实际利用外资10010万美元，比上年下降54.78%。年末实有三资企业431个，建成投产或开业354个。

旅游业稳步发展。全年共接待各类旅游者799.5万人次，比上年增长7.23%，其中国际旅游者3.51万人次，比上年增长33.51%，来邕的外国游客中，居前5位的国家分别是越南、美国、日本、泰国、法国，全年旅游总收入40.79亿元，比上年增长18.47%，其中国际旅游收入4753万元，比上年增长9.57%。

市场价格总水平继续下降。1999年，南宁市城市居民消费价格总水平、城市商品零售价格总水平均比上年下降，这是连续两年以来出现价格总水平比上年下降。其中城市居民消费价格总水平比上年下降4.13%，城市商品零售价格总水平比上年下降4.11%。

11-1 历年商品销售总额和社会消费品零售总额

（1999年）　　单位：万元

年　份	商品销售总额	社会消费品零售总额	国　有	集　体
1950	3 760	3 331	92	--
1951	7 739	4 999	491	47
1952	10 202	5 633	1 636	274
1953	12 473	7 148	2 116	658
1954	18 363	8 370	3 586	1 577
1955	19 703	8 708	3 762	1 649
1956	23 221	11 251	4 931	5 752
1957	20 836	10 808	5 284	4 882
1958	29 470	12 083	7 034	4 549
1959	45 203	15 613	10 801	5 066
1960	48 435	18 156	13 953	4 712
1961	29 662	15 976	11 032	3 616
1962	30 526	15 978	7 209	6 940
1963	33 314	15 405	8 630	6 216
1964	34 261	15 253	9 079	5 737
1965	41 791	17 034	10 849	5 826
1966	23 384	18 351	11 243	6 748
1967	21 586	16 911	10 138	6 425
1968	18 682	14 342	8 175	6 308
1969	24 961	18 416	10 361	6 880
1970	25 376	19 193	9 818	7 170
1971	28 030	18 462	10 155	7 068
1972	31 780	19 792	11 438	7 059
1973	37 035	23 912	13 554	7 600
1974	40 169	25 737	14 684	7 919

11-1 续表 单位:万元

年份	商品销售总额	社会消费品零售总额	国有	集体
1975	44 657	28 440	21 020	7 019
1976	46 287	29 472	20 732	8 483
1977	49 074	31 991	22 321	9 380
1978	50 735	34 737	24 948	9 578
1979	58 174	40 151	27 316	11 141
1980	67 827	49 381	33 490	15 122
1981	70 028	55 028	35 193	18 372
1982	77 346	62 399	38 863	20 896
1983	85 462	69 314	43 031	21 405
1984	108 826	84 164	45 041	23 667
1985	180 035	117 249	52 709	39 831
1986	192 905	124 956	58 896	34 328
1987	278 652	151 615	69 528	34 080
1988	403 478	205 927	95 337	41 396
1989	506 027	237 944	104 953	48 855
1990	688 049	251 606	107 047	50 826
1991	1 183 943	306 330	144 112	33 864
1992	1 330 612	367 574	175 001	42 862
1993	1 858 423	520 934	222 837	81 102
1994	2 778 661	667 903	236 971	93 794
1995	2 393 263	839 856	269 775	116 482
1996	2 121 924	1 006 556	264 342	131 545
1997	2 555 047	1 153 593	229 969	207 941
1998	2 553 541	1 286 387	250 660	159 100
1999	2 629 390	1 371 382	256 691	181 271

11-2 社会消费品零售总额

(1999年) 单位:万元

指 标 名 称	全 市	市 区	邕宁县	武鸣县
社会消费品零售总额	**1 371 382**	**1 192 695**	**84 531**	**94 156**
按销售地区分				
市的零售额	1 177 423	1 177 423		
县的零售额	77 867		33 114	44 753
县以下的零售额	116 092	15 272	51 417	49 403
按经济类型分				
国有经济	256 691	232 153	12 546	11 992
集体经济	181 271	168 415	6 891	5 965
私营经济	56 928	56 928		
个体经济	469 281	368 844	49 003	51 434
联营经济	1 765	1 292	473	
股份制经济	98 318	96 537	245	1 536
外商投资经济	974	974		
港澳台投资经济	7 301	7 206	95	
其他经济	298 853	260 346	15 278	23 229
按行业分				
批发零售贸易业	845 114	753 036	37 878	54 200
餐饮业	181 460	153 752	16 982	10 726
#个体餐饮业	132 560	107 689	15 180	9 691
制造业	37 292	18 992	12 910	5 390
农业生产者	301 380	261 579	16 761	23 040
其他	6 136	5 336		800
补充资料				
居民购买住房	20 330	18 771	1 559	
全社会商品销售总额	2 629 390	2 407 722	104 634	117 034
#批零业商品销售总额	2 284 581	2 121 814	74 963	87 804
餐饮业营业收入	183 782	154 704	18 133	10 945

11-3 城乡集市贸易成交额

（1999年）　　单位：万元

指标名称	全市	市区	郊区	邕宁县	武鸣县
合　　计	**725 905**	**539 509**	**79 923**	**39 490**	**66 983**
粮食类	132 678	118 922	5 579	2 241	5 936
油脂类	33 607	27 336	3 272	757	2 242
棉烟麻类	652	61	187		404
肉禽蛋品类	193 065	110 559	44 892	17 728	19 886
水产品类	38 688	27 086	4 529	1 947	5 126
蔬菜类	143 718	124 777	5 251	7 795	5 895
干鲜果类	70 737	49 015	10 243	2 923	8 556
日用杂品类	2 481	1 488	355	291	347
柴草类	370			84	286
饲料农具种苗类	3 861	285	653	218	2 705
牲畜类	5 598		3 604	670	1 324
家禽幼畜类	23 908	15 169	1 264	3 525	3 950
工业品类	74 741	64 166	94	1 311	9 170
废旧物品类	461	43			418
其他类	1 340	602			738

11-4 城乡集市贸易成交数量

(1999年)　　单位:吨

指标名称	全市	市区	郊区	邕宁县	武鸣县
大米	18 4786	145 389	19 170	8 622	11 605
黄豆	87 079	83 001	970	253	2 855
绿豆	67 776	64 003	936	270	2 567
花生	2 271	1 208	336	26	701
花生米	7 414	5 485	1 242	152	535
芝麻	1 957	1 822	35	19	81
猪肉(去骨)	67 926	26 626	21 214	9 499	10 587
牛肉(去骨)	15 172	8 109	5 396	713	954
羊肉(去骨)	2 648	2 315	84	50	199
鸡蛋	9 348	5 384	2 630	412	922
鸭蛋	8 127	4 925	1 776	478	948
家禽	24 114	14 083	4 215	3 069	2 747
水产品	48 129	31 793	5 980	2774	7 582
蔬菜	357 491	174 281	31 572	105 285	46 353
#鲜菜类	325 905	143 816	31 077	105 031	45 981
干鲜菜类	31 586	30 465	495	254	372
干鲜果类	229 086	110 098	48 537	20 947	49 504
梨	17 583	11 066	2 263	1 024	3 230
西瓜	12 706	6 231	1 955	920	3 600
香蕉	50 973	4 765	35 952	2 387	7 869

11-5 全市限额以上批发、零售贸易业商品购进、库存总额

(1999年) 单位:万元

指标名称	法人企业数(个)	活动单位数(个)	购进总额	进口	年末库存总额
总计	**148**	**152**	**1 153 729.9**	**48 330.5**	**155 431.3**
#国有及国有控股	87	90	864 537.9	18 767.1	89 493.0
按登记注册类型分组					
内资企业	147	150	1 151 648.2	48 330.5	154 968.7
国有企业	89	91	837 413.4	19 813.5	88 365.8
集体企业	24	24	157 991.9	28 517.0	22 228.5
股份合作企业	3	3	18 256.1		21 386.1
联营企业	1	1	1 402.1		94.7
有限责任公司	13	14	45 210.9		10 597.8
股份有限公司	8	8	69 699.5		8 366.8
私营企业	9	9	21 674.3		3 929.0
港、澳、台商投资企业	1	2	2 081.7		462.6
按国民经济行业分组					
食品、饮料、烟草批发业	18	18	203 572.1	715.1	10 794.0
棉、麻、土畜产品批发业	5	5	33 310.0	986.2	1 746.5
纺织品、服装和鞋帽批发业	6	6	23 034.5	11 544.2	5 174.2
日用百货批发业	1	1	1 617.2		895.3
日用杂品批发业	3	3	27 789.0	33.9	531.8
药品及医疗器械批发业	3	3	26 075.8		5 168.6
能源批发业	4	4	60 523.5		2 055.3
化工材料批发业	4	4	28 244.0	4 830.2	6 362.1
建筑材料批发业	1	1	18 051.2		1 629.6
矿产品批发业	3	3	10 183.4	830.0	5 676.6
金属材料批发业	2	2	2 097.4	—	908.8
机械、电子设备批发业	6	7	48 216.7	68.5	1 823.9
汽车、摩托车及零配件批发业	6	6	81 014.5	774.3	9 284.3
再生物资回收批发业	1	1	1 908.0		55.0
工艺美术批发业	1	1			
图书报刊批发业	3	3	80 658.0	13.7	209.1
农业生产资料批发业	11	11	158 621.2	28 517.0	20 888.7
其他类未包括的批发业	3	3	47 569.9		7 795.6
食品、饮料和烟草零售业	8	8	35 819.0		24 196.9
日用百货零售业	19	22	113 946.4		20 124.0
纺织品、服装和鞋帽零售业	3	3	17 561.0		9 619.3
日用杂品零售业	2	2	3 181.4		185.2
五金、交电、化工零售业	7	7	22 710.8		5 593.2
药品及医疗器械零售业	5	5	27 191.9		5 624.2
图书报刊零售业	3	3	19 240.4	17.4	1 701.0
其他零售业	20	20	61 592.6		7 388.1

11-6 市区限额以上批发、零售贸易业商品购进、库存总额

（1999年） 单位：万元

指标名称	法人企业数（个）	活动单位数（个）	购进总额	进口	年末库存总额
总计	**131**	**135**	**1 116 549.2**	**48 330.5**	**151 583.5**
#国有及国有控股	72	75	840 871.9	18 767.1	86 827.6
按登记注册类型分组					
内资企业	130	133	1 114 467.5	48 330.5	151 120.9
国有企业	76	78	815 927.4	19 813.5	86 087.0
集体企业	22	22	144 477.2	28 517.0	21 046.1
股份合作企业	3	3	18 256.1		21 386.1
联营企业	1	1	1 402.1		94.7
有限责任公司	13	14	45 210.9		10 597.8
股份有限公司	6	6	67 519.5		7 980.2
私营企业	9	9	21 674.3		3 929.0
港、澳、台商投资企业	1	2	2 081.7		462.6
按国民经济行业分组					
食品、饮料、烟草批发业	13	13	192 520.3	715.1	9 890.3
棉、麻、土畜产品批发业	5	5	33 310.0	986.2	1 746.5
纺织品、服装和鞋帽批发业	6	6	23 034.5	11 544.2	5 174.2
日用百货批发业	1	1	1 617.2		895.3
日用杂品批发业	3	3	27 789.0	33.9	531.8
药品及医疗器械批发业	3	3	26 075.8		5 168.6
能源批发业	3	3	60 184.6		2 001.2
化工材料批发业	4	4	28 244.0	4 830.2	6 362.1
建筑材料批发业	1	1	18 051.2		1 629.6
矿产品批发业	3	3	10 183.4	830.0	5 676.6
金属材料批发业	2	2	2 097.4		908.8
机械、电子设备批发业	6	7	48 216.7	68.5	1 823.9
汽车、摩托车及零配件批发业	6	6	81 014.5	774.3	9 284.3
再生物资回收批发业	1	1	1 908.0		55.0
工艺美术批发业	1	1			
图书报刊批发业	3	3	80 658.0	13.7	209.1
农业生产资料批发业	9	9	145 106.5	28 517.0	19 706.3
其他类未包括的批发业	3	3	47 569.9		7 795.6
食品、饮料和烟草零售业	7	7	34 619.0		24 056.9
日用百货零售业	15	18	109 186.4		19 214.4
纺织品、服装和鞋帽零售业	3	3	17 561.0		9 619.3
日用杂品零售业	2	2	3 181.4		185.2
五金、交电、化工零售业	5	5	21 186.6		5 168.8
药品及医疗器械零售业	4	4	26 531.8		5 441.6
图书报刊零售业	3	3	19 240.4	17.4	1 701.0
其他零售业	19	19	57 461.6		7 337.1

11-7 邕宁县、武鸣县限额以上批发、零售贸易业商品购进、库存总额

(1999年)　　单位:万元

指 标 名 称	法人企业数（个）	活动单位数（个）	购进总额	年末库存总额
邕宁县				
总　　计	**8**	**8**	**17 381.7**	**2 185.9**
#国有及国有控股	7	7	8 390.0	1 114.7
按登记注册类型分组				
内资企业	8	8	17 381.7	2 185.9
国有企业	7	7	8 390.0	1 114.7
集体企业	1	1	8 991.7	1 071.2
按国民经济行业分组				
食品、饮料、烟草批发业	4	4	6 794.8	569.7
能源批发业	1	1	338.9	54.1
农业生产资料批发业	1	1	8 991.7	1 071.2
日用百货零售业	1	1	740.0	302.0
五金、交电、化工零售业	1	1	516.3	188.9
武鸣县				
总　　计	**9**	**9**	**19 799.0**	**1 661.9**
#国有及国有控股	8	8	15 276.0	1 550.7
按登记注册类型分组				
内资企业	9	9	19 799.0	1 661.9
国有企业	6	6	13 096.0	1 164.1
集体企业	1	1	4 523.0	111.2
股份有限公司	2	2	2 180.0	386.6
按国民经济行业分组				
食品、饮料、烟草批发业	1	1	4 257.0	334.0
农业生产资料批发业	1	1	4 523.0	111.2
食品、饮料和烟草零售业	1	1	1 200.0	140.0
日用百货零售业	3	3	4 020.0	607.6
五金、交电、化工零售业	1	1	1 007.9	235.5
药品及医疗器械零售业	1	1	660.1	182.6
其他零售业	1	1	4 131.0	51.0

11-8 全市限额以上批发、零售贸易业商品销售总额

(1999年)　　　　单位:万元

指 标 名 称	销售总额合计	批 发	出 口	零 售
总　　计	**1 351 074.1**	**990 690.0**	**187 152.5**	**360 384.1**
#国有及国有控股	983 684.9	766 395.5	144 211.8	217 289.4
按登记注册类型分组				
内资企业	1 348 287.9	990 690.0	187 152.5	357 597.9
国有企业	963 885.6	791 864.6	178 470.1	172 021.0
集体企业	175 938.4	146 287.0	1 395.8	29 651.4
股份合作企业	19 378.7	933.9		18 444.8
联营企业	1 307.4	15.5		1 291.9
有限责任公司	60 069.5	16 485.1	4 978.6	43 584.4
股份有限公司	97 210.7	31 595.6	2 308.0	65 615.1
私营企业	30 497.6	3 508.3		26 989.3
港、澳、台商投资企业	2 786.2			2 786.2
合作经营企业(港或澳、台资)	754.2			754.2
港、澳、台商独资经营企业	2 032.0			2 032.0
按国民经济行业分组				
食品、饮料、烟草批发业	221 248.8	209 853.6	3 003.7	11 395.2
棉、麻、土畜产品批发业	37 269.6	35 220.6	34 348.8	2 049.0
纺织品、服装和鞋帽批发业	61 030.9	61 030.9	55 582.6	
日用百货批发业	1 744.8	1 395.8	1 395.8	349.0
日用杂品批发业	29 168.8	23 964.5	1 668.6	5 204.3
药品及医疗器械批发业	30 831.8	19 521.2	4 802.3	11 310.6
能源批发业	79 657.5	59 448.4		20 209.1
化工材料批发业	24 681.7	24 681.7	11 188.4	
建筑材料批发业	22 276.0	21 836.8		439.2
矿产品批发业	56 777.7	56 777.7	56 777.7	
金属材料批发业	2 208.4	1 327.4		881.0
机械、电子设备批发业	46 602.5	46 504.6	11 954.1	97.9
汽车、摩托车及零配件批发业	79 336.6	53 955.1	1 457.5	25 381.5
再生物资回收批发业	2 119.0	525.2		1 593.8
工艺美术批发业	4 160.4	4 160.4	4 160.4	
图书报刊批发业	87 819.6	86 109.8	420.7	1 709.8
农业生产资料批发业	169 198.8	166 124.7	215.6	3 074.1
其他类未包括的批发业	42 515.5	42 515.5		
食品、饮料和烟草零售业	41 848.4	10 873.1	176.3	30 975.3
日用百货零售业	145 310.9	29 832.4		115 478.5
纺织品、服装和鞋帽零售业	17 031.1	327.4		16 703.7
日用杂品零售业	3 388.1	1 901.2		1 486.9
五金、交电、化工零售业	31 919.7	3 693.0		28 226.7
药品及医疗器械零售业	29 456.0	9 548.8		19 907.2
图书报刊零售业	18 339.7	4 702.0		13 637.7
其他零售业	65 131.8	14 858.2		50 273.6

11-9 市区限额以上批发、零售贸易业商品销售总额

（1999年）　　单位：万元

指标名称	销售总额合计	批发	出口	零售
总　计	**1 305 403.4**	**959 461.6**	**187 152.5**	**345 941.8**
# 国有及国有控股	952 355.5	749 480.1	144 211.8	202 875.4
按登记注册类型分组				
内资企业	1 302 617.2	959 461.6	187 152.5	343 155.6
国有企业	935 043.2	775 911.2	178 470.1	159 132.0
集体企业	161 597.1	131 974.0	1 395.8	29 623.1
股份合作企业	19 378.7	933.9		18 444.8
联营企业	1 307.4	15.5		1 291.9
有限责任公司	60 069.5	16 485.1	4 978.6	43 584.4
股份有限公司	94 723.7	30 633.6	2 308.0	64 090.1
私营企业	30 497.6	3 508.3		26 989.3
港、澳、台商投资企业	2 786.2			2 786.2
按国民经济行业分组				
食品、饮料、烟草批发业	208 553.3	198 533.5	3 003.7	10 019.8
棉、麻、土畜产品批发业	37 269.6	35 220.6	34 348.8	2 049.0
纺织品、服装和鞋帽批发业	61 030.9	61 030.9	55 582.6	
日用百货批发业	1 744.8	1 395.8	1 395.8	349.0
日用杂品批发业	29 168.8	23 964.5	1 668.6	5 204.3
药品及医疗器械批发业	30 831.8	19 521.2	4 802.3	11 310.6
能源批发业	75 549.1	57 349.4		18 199.7
化工材料批发业	24 681.7	24 681.7	11 188.4	
建筑材料批发业	22 276.0	21 836.8		439.2
矿产品批发业	56 777.7	56 777.7	56 777.7	
金属材料批发业	2 208.4	1 327.4		881.0
机械、电子设备批发业	46 602.5	46 504.6	11 954.1	97.9
汽车、摩托车及零配件批发业	79 336.6	53 955.1	1 457.5	25 381.5
再生物资回收批发业	2 119.0	525.2		1 593.8
工艺美术批发业	4 160.4	4 160.4	4 160.4	
图书报刊批发业	87 819.6	86 109.8	420.7	1 709.8
农业生产资料批发业	154 857.5	151 811.7	215.6	3 045.8
其他类未包括的批发业	42 515.5	42 515.5		
食品、饮料和烟草零售业	40 684.4	10 334.1	176.3	30 350.3
日用百货零售业	139 184.3	28 959.8		110 224.5
纺织品、服装和鞋帽零售业	17 031.1	327.4		16 703.7
日用杂品零售业	3 388.1	1 901.2		1 486.9
五金、交电、化工零售业	30 110.4	3 674.0		26 436.4
药品及医疗器械零售业	28 681.4	9 536.1		19 145.3
图书报刊零售业	18 339.7	4 702.0		13 637.7
其他零售业	60 480.8	12 805.2		47 675.6

11-10 邕宁县、武鸣县限额以上批发、零售贸易业商品销售总额

(1999年)

单位:万元

指标名称	销售总额	批发	零售
邕宁县			
总计	**22 893.4**	**18 025.3**	**4 868.1**
#国有及国有控股	13 842.7	8 974.6	4 868.1
按登记注册类型分组			
内资企业	22 893.4	18 025.3	4 868.1
国有企业	13 842.7	8 974.6	4 868.1
集体企业	9 050.7	9 050.7	
按国民经济行业分组			
食品、饮料、烟草批发业	7 995.5	6 620.1	1 375.4
能源批发业	4 108.4	2 099.0	2 009.4
农业生产资料批发业	9 050.7	9 050.7	
日用百货零售业	1 064.7	249.0	815.7
五金、交电、化工零售业	674.1	6.5	667.6
武鸣县			
总计	**22 777.3**	**13 203.1**	**9 574.2**
#国有及国有控股	17 486.7	7 940.8	9 545.9
按登记注册类型分组			
内资企业	22 777.3	13 203.1	9 574.2
国有企业	14 999.7	6 978.8	8 020.9
集体企业	5 290.6	5 262.3	28.3
股份有限公司	2 487.0	962.0	1 525.0
按国民经济行业分组			
食品、饮料、烟草批发业	4 700.0	4 700.0	
农业生产资料批发业	5 290.6	5 262.3	28.3
食品、饮料和烟草零售业	1 164.0	539.0	625.0
日用百货零售业	5 061.9	623.6	4 438.3
五金、交电、化工零售业	1 135.2	12.5	1 122.7
药品及医疗器械零售业	774.6	12.7	761.9
其他零售业	4 651.0	2 053.0	2 598.0

11-11 全市、市区限额以下批发、零售贸易业商品销售总额

(1999年)　　单位:万元

指标名称	全市			市区		
	销售额合计	批发	零售	销售额合计	批发	零售
总计	**933 508**	**448 778**	**484 730**	**816 411**	**409 317**	**407 095**
限额以下贸易企业	**527 539**	**365 581**	**161 958**	**488 211**	**341 875**	**146 336**
食品、饮料、烟草批发业	89 516	80 150	9 366	84 057	76 316	7 740
棉、麻、土畜产品批发业	2 804	2 804		2 804	2 804	
纺织品、服装和鞋帽批发业	19 445	19 445		19 445	19 445	
日用百货批发业	41 676	37 444	4 231	31 236	29 787	1 450
日用杂货批发业	8 246	7 406	840	7 922	7 406	517
五金、交电、化工批发业	18 794	16 471	2 323	18 794	16 471	2 323
药品及医疗器械批发业	10 087	4 042	6 045	9 450	3 829	5 621
能源批发业	22 926	13 299	9 627	22 926	13 299	9 627
化工材料批发业	10 940	10 940		10 940	10 940	
建筑材料批发业	1 901	1 313	590	1 197	1 197	
金属材料批发业	33 206	32 718	488	33 206	32 718	488
机械、电子设备批发业	14 784	14 496	287	14 784	14 496	287
汽车、摩托车及零配件批发业	23 945	14 803	9 142	23 945	14 803	9 142
工艺美术批发业	2 701	2 701		2 701	2 701	
图书报刊批发业	21 951	20 900	1 052	20 017	19 658	360
农业生产资料批发业	22 462	21 763	699	18 693	18 693	
其它类未包括的批发业	15 667	15 648	19	15 536	15 522	14
食品、饮料、烟草零售业	31 565	9 693	21 871	29 919	8 650	21 269
日用百货零售业	65 022	22 108	42 914	55 548	17 062	38 486
纺织品、服装和鞋帽零售业	7 099	103	6 996	6 992	103	6 889
日用杂货零售业	1 618	1 037	580	1 100	871	230
五金、交电、化工零售业	30 471	8 878	21 594	28 777	8 820	19 956
药品及医疗器械零售业	10 067	2 188	7 879	10 067	2 188	7 879
图书报刊零售业	5 692	1 180	4 512	3 793	47	3 746
其它零售业	14 956	4 052	10 904	14 364	4 052	10 312
个体商业	**405 968**	**83 197**	**322 771**	**328 201**	**67 442**	**260 759**

11-12 邕宁县、武鸣县限额以下批发、零售贸易业商品销售总额

(1999年)　　单位:万元

指标名称	邕宁县			武鸣县		
	销售额合计	批发	零售	销售额合计	批发	零售
总计	**52 069**	**19 060**	**33 099**	**650 26**	**20 401**	**44 626**
限额以下贸易企业	**21 281**	**12 755**	**8 526**	**18 047**		**7 097**
食品、饮料、烟草批发业	3 507	2 187	1 320	1 953	1 647	305
日用百货批发业	10 439	7 658	2 782			
日用杂货批发业				323		323
药品及医疗器械批发业	637	213	424			
建筑材料批发业	683	94	589	22	22	1
图书报刊批发业	1 934	1 242	692			
农业生产资料批发业	1 161	1 161		2 609	1 910	699
其它类未包括的批发业	131	126	5			
食品、饮料、烟草零售业	76		76	1 570	1 044	526
日用百货零售业	557	75	481	8 918	4 971	3 947
纺织品、服装和鞋帽零售业	107		107			
日用杂货零售业				517	167	351
五金、交电、化工零售业	1 091		1 091	604	58	546
图书报刊零售业	367		367	1 532	1 133	399
其它零售业	592		592			
个体商业	**30 788**	**6 305**	**24 483**	**46 979**	**9 450**	**37 529**

11-13 全市、市区限额以上批发、零售贸易业商品销售类值

（1999年） 单位：万元

指标名称	全市			市区		
	合计	批发	零售	合计	批发	零售
合计	**1 351 074**	**990 690**	**360 384**	**1 305 404**	**959 462**	**345 942**
食品类	140 555	95 708	44 847	137 412	94 357	43 055
#肉禽蛋类	18 767	9 941	8 826	17 828	9 941	7 887
饮料类	10 114	3 764	6 350	9 668	3 637	6 031
烟酒类	131 163	120 310	10 853	120 858	110 343	10 510
服装、鞋帽类	48 604	21 295	27 303	47 663	21 201	26 462
针、纺织品类	32 552	23 289	9 263	31 899	23 239	8 660
化装品类	14 790	5 812	8 978	14 649	5 809	8 840
金银珠宝类	4 464	1 115	3 349	4 464	1 115	3 349
日用品类	47 669	18 333	29 336	45 053	17 154	27 899
#洗涤日用品类	13 813	7 111	6 702	13 673	7 099	6 574
五金电料类	6 126	2 936	3 190	5 400	2 829	2 571
体育娱乐用品类	3 143	465	2 678	3 046	450	2 596
书报杂志类	96 091	82 994	13 097	96 091	82 994	13 097
电子出版物及音像制品类	846	13	833	846	13	833
家用电器和音响器材类	74 436	23 534	50 902	72 588	23 424	49 164
中西药品类	59 892	28 422	31 470	58 994	28 409	30 585
文化办公用品类	21 400	16 433	4 960	20 691	16 350	4 341
家具类	258		258	258		258
通信器材类	19 343	12 666	6 677	19 343	12 666	6 677
煤炭及制品类	3 937	2 989	948	3 937	2 989	948
木材及制品类	4 080	2 176	1 904	4 080	2 176	1 904
石油及制品类	105 035	80 864	24 171	96 323	76 759	19 564
化工材料类	167 704	167 086	618	154 472	153 854	618
黑色金属材料类	19 244	19 240	4	19 244	19 240	4
有色金属材料类	42 262	42 262		42 262	42 262	
建筑及装潢材料类	17 490	17 169	321	17 490	17 169	321
机电产品及设备类	174 531	111 284	63 247	174 457	111 237	63 220
#农机类	16 352	16 352		16 352	16 352	
种子饲料类	11 297	11 297		11 297	11 297	
棉麻土畜类	27 843	27 799	44	27 843	27 799	44
其他类	66 203	51 435	14 768	65 081	50 690	14 391
#生活消费品	7 312	5 227	2 085	10 308	5 122	5 186

11-14 邕宁县、武鸣县限额以上批发、零售贸易企业商品销售类值

(1999年)　　单位:万元

指标名称	合计	批发	零售
邕宁县			
合　　计	**22 893.0**	**18 025.0**	**4 868.0**
食品类	2 528.0	1 165.9	1 362.1
饮料类	16.0	8.0	8.0
烟酒类	5 093.0	5 085.0	8.0
服装、鞋帽	273.1	38.0	235.1
针、纺织品类	59.8	7.1	52.7
日用品类	419.1	61.5	357.6
五金、电料类	108.6	1.8	106.8
体育、娱乐用品类	52.5	15.1	37.4
家用电器和音响器材类	544.4	3.7	540.7
文化办公用品类	71.8	22.3	49.5
石油及制品类	4 108.4	2 099.0	2 009.4
化工材料	8 838.4	8 838.4	
其他	781.0	680.0	101.0
武鸣县			
合　　计	**22 777.3**	**13 203.1**	**9 574.2**
食品类	615.3	185.0	430.3
饮料类	430.2	118.7	311.5
烟酒类	5 217.3	4 882.0	335.3
服装、鞋帽类	668.0	56.1	611.9
针、纺织品类	593.5	42.9	550.6
化妆品类	140.9	3.0	137.9
日用品	2 197.5	1 118.4	1 079.1
五金、电料类	617.0	105.4	511.6
体育、娱乐用品类	44.9		44.5
家用电器和音响器材类	1 304.4	106.4	1 198.0
中西药品类	897.6	12.7	884.9
文化办公用品类	637.0	60.5	576.5
石油及制品类	4 603.8	2 005.8	2 598.0
化工材料类	4 394.4	4 394.4	
机电产品及设备类	74.2	47.2	27.0
其他类	341.3	64.2	277.1

11-15 全市限额以上批发、零售贸易业商品销售数量

(1999年)

指标名称	单位	合计	批发	零售
粮食	吨	24 577	6 500	18 077
食用植物油	吨	2 800	30	2 770
食糖	吨	263 863	261 615	2 248
服装	百件	66 401	42 507	23 894
电视机	台	124 593	59 751	64 842
组合音响	台	1 658	10	1 648
摄像机	台	236	1	235
录像机	台	45	5	40
影碟机	台	23 739	288	23 451
家用电冰箱	台	32 851	11 017	21 834
家用洗衣机	台	42 142	17 491	24 651
房间空调器	台	31 844	18 385	13 459
微波炉	台	13 981	1 390	12 591
微型计算机	台	6 023	208	5 815
普通电话机	部	43 296	11 858	31 438
移动电话机	部	19 252	2 694	16 558
寻呼机	部	48 470	33 196	15 274
煤炭	吨	221 100	187 518	33 582
木材	立方米	3 051	3 045	6
汽油	吨	162 156	120 792	41 364
柴油	吨	284 711	248 920	35 791
纯碱	吨	1 575	1 575	
烧碱	吨	687	687	
橡胶	吨	4 779	4 779	
化学肥料	吨	1 085 617	1 085 617	
农用薄膜	吨	29	29	
化学农药	吨	7 977	7 977	
钢材	吨	36 453	36 364	89
铜	吨	10	10	
铝	吨	1 105	1 105	
铅	吨	18 151	18 151	
锌	吨	6 241	6.241	
锡	吨	3 934	3 934	
铜材	吨	26	26	
铝材	吨	141	141	
水泥	吨	361 999	361 991	8
汽车	辆	8 266	6 513	1 753
#轿车	辆	1 478	618	860
摩托车	辆	92 274	17 814	74 460
拖拉机	台	5 750	5 750	

10-16 市区限额以上批发、零售贸易业商品销售数量

（1999年）　　单位：万元

指标名称	单位	合计	批发	零售
粮　　食	吨	22 194	5 660	16 534
食用植物油	吨	2 752	30	2 722
食　　糖	吨	259 720	257 529	2 191
服　　装	百件	65 669	42 457	23 212
电视机	台	121 634	59 669	61 965
组合音响	台	1 657	10	1 647
摄象机	台	236	1	235
录象机	台	44	5	39
影碟机	台	23 704	288	23 416
家用电冰箱	台	31 849	10 912	20 937
家用洗衣机	台	41 112	17 358	23 754
房间空调器	台	31 189	18 385	12 804
微波炉	台	13 981	1 390	12 591
微型计算机	台	6 023	208	5 815
普通电话	部	43 296	11 858	31 438
移动电话	部	19 252	2 694	16 558
寻呼机	部	48 470	33 196	15 274
煤　碳	吨	221 100	187 518	33 582
木　材	立方米	3 051	3 045	6
汽　油	吨	151 224	115 358	35 866
柴　油	吨	261 496	236 405	25 091
纯　碱	吨	1 575	1 575	
烧　碱	吨	687	687	
橡　胶	吨	4 779	4 779	
化学肥料	吨	970 478	970 478	
农用薄膜	吨	27	27	
化学农药	吨	7 954	7 954	
钢　材	吨	36 453	36 364	89
铜	吨	10	10	
铝	吨	1 105	1 105	
铅	吨	18 151	18 151	
锌	吨	6 241	6 241	
锡	吨	3 934	3 934	
铜　材	吨	26	26	
铝　材	吨	141	141	
水　泥	吨	361 999	361 991	8
汽　车	辆	8 266	6 513	1 753
＃轿车	辆	1 478	618	860
摩托车	辆	92 274	17 814	74 460
拖拉机	台	5 750	5 750	

11-17 邕宁县、武鸣县限额以上批发、零售贸易业商品销售数量

(1999年)

指标名称	单位	合计	批发	零售
邕宁县				
粮食	吨	2 383	840	1 543
食用植物油	吨	48		48
食糖	吨	3 736	3 736	
服装	百件	314	11	303
电视机	台	1 203	23	1 180
组合音响	台	1		1
录像机	台	1		1
家用电冰箱	台	295		295
家用洗衣机	台	160		160
房间空调器	台	580		580
汽油	吨	4 966	2 870	2 096
柴油	吨	11 186	6 253	4 933
化学肥料	吨	66 597	66 597	
农用薄膜	吨	2	2	
化学农药	吨	23	23	
武鸣县				
食糖	吨	407	350	57
服装	百件	418	39	379
电视机	台	1 756	59	1 697
影碟机	台	35		35
家用电冰箱	台	707	105	602
家用洗衣机	台	870	133	737
房间空调器	台	75		75
汽油	吨	5 966	2 564	3 402
柴油	吨	12 029	6 262	5 767
化学肥料	吨	48 847	48 542	305

11-18 全市限额以上批发、零售贸易业、餐饮业财务状况

(1999年)

单位:万元

指标名称	企业数(个)	亏损企业	年末资产负债					
			流动资产小计	存货	长期投资	固定资产小计	固定资产原价	生产经营用
批发、零售贸易企业总计	**148**	**76**	**652 730.3**	**151 147.9**	**51 560.7**	**270 199.1**	**275 171.2**	**198 667.6**
批发企业	**81**	**40**	**457 727.5**	**90 818.1**	**36 543.0**	**123 155.4**	**134 003.6**	**80 204.3**
#国有及国有控股	81	40	457 727.5	90 818.1	36 543.0	123 155.4	134 003.6	80 204.3
按登记注册类型分组								
内资企业	81	40	457 727.5	90 818.1	36 543.0	123 155.4	134 003.6	80 204.3
国有企业	62	30	385 162.8	69 337.6	31 322.5	92 903.1	102 430.5	62 790.5
集体企业	13	7	53 027.1	15 509.2	2 727.7	21 751.4	24 093.2	13 648.9
股份合作企业	1		86.0	1.8		106.8	137.6	137.6
有限责任公司	2	2	3 835.7	457.9	124.6	425.0	623.3	623.3
股份有限公司	3	1	15 615.9	5 511.6	2 368.2	7 969.1	6 719.0	3 004.0
按国民经济行业分组								
食品、饮料、烟草批发业	18	9	104 580.4	13 921.4	5 624.5	33 753.3	38 557.0	21 612.6
棉、麻、土畜产品批发业	5	4	33 987.6	3 949.5	9 402.6	4 296.3	5 729.5	2 711.4
纺织品、服装和鞋帽批发业	6	4	50 942.5	7 717.5	4 369.2	14 073.8	13 331.6	5 858.7
日用百货批发业	1		224.5	85.0				
日用杂品批发业	3	1	6 741.7	3 985.2	411.2	250.0	342.7	196.9
药品及医疗器械批发业	3	1	15 916.1	5 413.3	124.6	5 403.8	6 078.9	4 227.7
能源批发业	4		17 969.1	2 535.9	2 138.4	8 295.0	10 361.1	8 111.2
化工材料批发业	4	3	20 781.0	4 755.1	2 119.9	2 465.5	3 378.9	1 688.1
建筑材料批发业	1		4 066.6	1 629.6	627.8	165.7	283.6	
矿产品批发业	3	2	42 033.6	6 628.1	5 197.0	3 234.7	4 454.7	1 280.0
金属材料批发业	2	2	3 379.9	947.4	48.0	873.7	999.4	812.4
机械、电子设备批发业	6	3	25 427.8	4 059.0	1 167.7	4 659.4	4 414.1	2 548.1
汽车、摩托车及零配件批发业	6	2	27 882.7	7 338.1	2 015.5	12 120.0	13 007.8	10 993.4
再生物资回收批发业	1	1	360.1	45.7		668.2	1 046.9	
工艺美术批发业	1	1	4 701.7	305.2	314.3	1 346.1	322.4	127.8
图书报刊批发业	3		32 152.0	2 196.0	682.7	10 154.8	8 389.3	5 767.1
农业生产资料批发业	11	6	47 635.0	19 070.5	2 054.6	17 851.7	18 952.6	13 179.5
其他类未包括的批发业	3	1	18 945.2	6 235.6	245.0	3 543.4	4 353.1	1 089.4
零售企业	**67**	**36**	**195 002.8**	**60 329.8**	**15 017.7**	**147 043.7**	**141 167.6**	**118 463.3**
#国有及国有控股	28	19	117 812.7	42 079.1	8 480.2	107 936.9	102 744.8	85 717.4
按登记注册类型分组								
内资企业	66	35	194 612.2	60 321.2	15 017.7	146 996.5	140 961.5	118 463.3
国有企业	27	17	77 118.5	26 182.9	6 540.1	81 265.6	84 433.9	69 252.5
集体企业	11	3	9 428.0	1 705.1	20.2	4 610.6	3 301.2	1 798.2
股份合作企业	2	1	7 250.3	2 492.0	300.0	3 199.1	907.7	433.6
联营企业	1	1	761.9	108.4				

11-18 续表

单位:万元

指标名称	企业数(个)	亏损企业	流动资产小计	存货	长期投资	固定资产小计	固定资产原价	生产经营用
有限责任公司	11	7	53 244.8	10 889.9	6 197.3	29 733.3	32 185.7	29 481.4
股份有限公司	5	4	43 488.0	17 390.5	1 960.1	27 415.5	19 132.8	16 992.7
私营企业	9	2	3 320.7	1 552.4		772.4	1 000.2	504.9
港、澳、台商投资企业	1	1	390.6	8.6		47.2	206.1	
按国民经济行业分组								
食品、饮料和烟草零售业	8	5	19 225.1	5 519.3	653.8	19 318.5	19 143.7	13 959.3
日用百货零售业	19	12	86 785.8	30 770.5	8 183.0	71 622.7	63 010.3	54 331.4
纺织品、服装和鞋帽零售业	3	1	8 732.7	7 051.4	50.0	1 407.2	1 765.8	1 080.0
日用杂品零售业	2	2	6 146.7	124.9	20.2	2 915.9	1 218.6	632.0
五金、交电、化工零售业	7	5	32 504.8	6 013.3	4 996.3	10 238.3	9 862.4	9 437.8
药品及医疗器械零售业	5	3	12 263.6	4 010.0	67.1	5 066.2	6 703.2	5 338.4
图书报刊零售业	3	1	10 178.1	2 684.1	17.3	21 077.8	20 475.1	16 379.7
其他零售业	20	7	19 166.0	4 156.3	1 030.0	15 397.1	18 988.5	17 304.7
按经营方式分组								
连锁商店	7	4	40 382.2	14 066.0	669.9	30 041.6	30 461.0	25 960.7
非连锁商店	60	32	154 620.6	46 263.8	14 347.8	117 002.1	110 706.6	92 502.6
按零售业态分组								
百货商店	15	11	87 482.9	29 844.1	8 644.9	54 358.6	45 727.4	37 357.5
超级市场	6	3	28 916.7	11 412.9	469.6	24 553.4	23 336.0	21 347.4
专业(专卖)商店	16	7	24 840.4	9 006.8	236.1	25 219.3	26 058.8	19 433.8
其他	30	15	53 762.8	10 066.0	5 667.1	42 912.4	46 045.4	40 324.6
餐饮企业总计	**17**	**10**	**4 176.3**	**518.3**	**2 080.3**	**9 596.8**	**11 328.1**	**9 915.0**
#国有及国有控股	1		1 098.2	3.2	1 746.7	7 959.8	8 432.7	7 072.6
按登记注册类型分组								
内资企业	14	7	4 023.4	407.8	2 080.3	8 850.6	9 580.8	8 167.7
国有企业	1		1 098.2	3.2	1 746.7	7 959.8	8 432.7	7 072.6
集体企业	8	5	1 714.2	287.4	333.6	572.6	725.7	725.7
股份合作企业	1		31.6	12.3		36.1	59.6	59.6
有限责任公司	1		22.8	16.5		133.5	164.2	164.2
私营企业	3	2	1 156.6	88.4		148.6	198.6	145.6
港、澳、台商投资企业	2	2	33.5	6.4		362.7	1 034.4	1 034.4
外商投资企业	1	1	119.4	104.1		383.5	712.9	712.9
按国民经济行业分组								
正餐	16	9	4 054.0	396.1	2 080.3	9 596.8	11 323.6	9 910.5
其他餐饮业	1	1	122.3	122.2			4.5	4.5

指标名称	年末资产负债							
	累计折旧(个)	本年折旧	无形及递延资产小计	资产合计	流动负债小计	长期负债小计	负债合计	所有者权益合计
批发、零售贸易企业总计	**62 282.0**	**11 693.4**	**25 966.0**	**1 017 823.3**	**716 691.6**	**62 664.3**	**779 990.9**	**237 832.4**
批发企业	**32 644.5**	**5 680.0**	**9 088.9**	**636 464.8**	**521 971.9**	**36 847.4**	**559 405.5**	**77 059.3**
＃国有及国有控股	32 644.5	5 680.0	9 088.9	636 464.8	521 971.9	36 847.4	559 405.5	77 059.3
按登记注册类型分组								
内资企业	32 644.5	5 680.0	9 088.9	636 464.8	521 971.9	36 847.4	559 405.5	77 059.3
国有企业	24 860.3	3 739.2	8 360.5	522 585.6	429 374.1	30 103.1	460 063.4	62 522.2
集体企业	6 398.1	1 722.5	723.8	83 322.6	61 990.9	5 081.7	67 072.6	16 250.0
股份合作企业	31.5	1.5		192.8	60.4		60.4	132.4
有限责任公司	198.3	17.3		4 385.3	9 791.1	-1.1	9 790.0	-5 404.7
股份有限公司	1 156.3	199.5	4.6	25 978.5	20 755.4	1 663.7	22 419.1	3 559.4
按国民经济行业分组								
食品、饮料、烟草批发业	8 839.1	1 185.3	1 641.3	145 632.9	105 097.5	19 744.5	124 842.1	20 790.8
棉、麻、土畜产品批发业	1 553.6	213.2	421.4	48 881.7	43 293.4	-773.4	42 520.0	6 361.7
纺织品、服装和鞋帽批发业	3 311.9	520.8	166.1	70 136.8	59 880.0	2 893.1	62 773.1	7 363.7
日用百货批发业				224.5	194.3		194.3	30.2
日用杂品批发业	92.7	10.4	20.4	7 441.8	6 649.2	4.9	6 654.1	787.7
药品及医疗器械批发业	1 496.5	141.0	6.7	21 451.2	21 506.0	1 502.3	23 008.3	-1 557.1
能源批发业	3 347.8	380.6	1 247.8	29 651.4	17 374.2	2 996.5	20 370.7	9 280.7
化工材料批发业	913.4	126.8		26 082.9	24 742.0	622.5	25 364.5	718.4
建筑材料批发业	117.9			4 860.1	2 197.2	1 371.3	3 569.0	1 291.1
矿产品批发业	1 497.0	565.1	1 225.4	53 086.6	48 316.1	1 167.8	49 483.9	3 602.7
金属材料批发业	125.7	24.8	14.9	4 316.5	4 805.0	198.6	5 003.6	-687.1
机械、电子设备批发业	801.9	32.5	296.6	32 299.3	44 249.8	2 062.5	46 312.3	-14 013.0
汽车、摩托车及零配件批发业	1 947.9	219.8	487.8	42 625.6	29 902.0	1 744.3	31 646.3	10 979.3
再生物资回收批发业	455.2	298.1		1 028.3	896.0	176.2	1 072.2	-43.9
工艺美术批发业	78.7	78.7		6 362.1	10 831.8	380.6	11 212.4	-4 850.3
图书报刊批发业	1 329.5	225.9	1 402.1	44 391.7	35 068.5	77.8	35 731.9	8 659.8
农业生产资料批发业	5 894.5	1 488.9	2 090.9	75 124.8	49 935.9	2 469.7	52 405.6	22 719.2
其他类未包括的批发业	841.2	168.1	67.5	22 866.6	17 033.0	208.2	17 241.2	5 625.4
零售企业	**29 637.5**	**6 013.4**	**16 877.1**	**381 358.5**	**194 719.7**	**25 816.9**	**220 585.4**	**160 773.1**
＃国有及国有控股	20 492.4	4 744.2	9 967.4	245 149.3	130 751.8	19 166.8	149 918.6	95 230.7
按登记注册类型分组								
内资企业	29 478.6	5 949.3	16 870.0	380 913.6	194 475.2	25 816.9	220 340.9	160 572.7
国有企业	17 936.1	4 261.4	4 060.5	170 011.2	95 087.7	18 346.7	113 434.4	56 576.8
集体企业	763.7	70.3	115.7	14 175.7	9 327.3	2 429.5	11 805.6	2 370.1
股份合作企业	92.0	75.5	245.8	10 995.2	7 424.8		7 424.8	3 570.4
联营企业				761.9	66.9		66.9	695.0

11-18 续表1.1　　单位:万元

指标名称	年末资产负债							
	累计折旧(个)	本年折旧	无形及递延资产小计	资产合计	流动负债小计	长期负债小计	负债合计	所有者权益合计
有限责任公司	7 404.3	954.2	6 284.0	101 848.6	40 808.0	3 908.2	44 716.2	57 132.4
股份有限公司	2 754.7	503.8	6 164.0	79 027.9	39 017.9	998.5	40 016.4	39 011.5
私营企业	527.8	84.1		4 093.1	2 742.6	134.0	2 876.6	1 216.5
港、澳、台商投资企业	158.9	64.1	7.1	444.9	244.5		244.5	200.4
按国民经济行业分组								
食品、饮料和烟草零售业	3 937.5	1 513.3	1 334.3	40 531.7	21 624.5	1 191.6	22 816.1	17 715.6
日用百货零售业	12 351.4	1 130.5	12 344.8	179 255.5	100 112.5	12 727.0	112 888.3	66 367.2
纺织品、服装和鞋帽零售业	487.3	202.1	1 517.2	11 709.1	11 019.2		11 019.2	689.9
日用杂品零售业	331.3	14.1	7.9	9 090.8	6 373.0	2 358.5	8 731.5	359.3
五金、交电、化工零售业	2 062.1	333.5	1 244.4	48 983.9	24 172.1	761.2	24 933.3	24 050.6
药品及医疗器械零售业	1 759.8	275.9	250.8	18 283.4	9 759.9	1 530.6	11 290.5	6 992.9
图书报刊零售业	4 689.0	1 901.8	114.9	31 388.1	6 776.1	3 775.8	10 551.9	20 836.2
其他零售业	4 019.1	642.2	62.8	42 116.0	14 882.4	3 472.2	18 354.6	23 761.4
按经营方式分组								
连锁商店	6 329.7	1 126.8	1 449.7	72 857.5	39 388.9	2 849.2	42 238.1	30 619.4
非连锁商店	23 307.8	4 886.6	15 427.4	308 501.0	155 330.8	22 967.7	178 347.3	130 153.7
按零售业态分组								
百货商店	8 646.1	905.7	12 437.0	169 303.3	91 791.6	14 561.0	106 401.4	62 901.9
超级市场	4 790.7	681.1	1 603.2	55 857.0	31 607.5	1 722.3	33 329.8	22 527.2
专业(专卖)商店	6 540.4	2 046.8	330.4	51 261.9	18 602.8	4 218.2	22 821.0	28 440.9
其他	9 660.3	2 379.8	2 506.5	104 936.3	52 717.8	5 315.4	58 033.2	46 903.1
餐饮企业总计	**1 759.2**	**380.9**	**616.8**	**16 470.2**	**7 542.7**	**5.5**	**7 610.5**	**8 859.7**
#国有及国有控股	500.8	59.9	-74.7	10 730.0	2 017.7		2 017.7	8 712.3
按登记注册类型分组								
内资企业	758.1	195.5	181.5	15 135.8	5 517.1		5 579.4	9 556.4
国有企业	500.8	59.9	-74.7	10 730.0	2 017.7		2 017.7	8 712.3
集体企业	153.1	91.6	164.6	2 785.0	2 064.8		2 127.1	657.9
股份合作企业	23.5	10.3		67.7				67.7
有限责任公司	30.7	1.5		156.3				156.3
私营企业	50.0	32.2	91.6	1 396.8	1 434.6		1 434.6	-37.8
港、澳、台商投资企业	671.7	127.7	52.9	449.1	276.8	5.5	282.3	166.8
外商投资企业	329.4	57.7	382.4	885.3	1 748.8		1 748.8	-863.5
按国民经济行业分组								
正餐	1 754.7	380.4	616.8	16 347.9	7 503.3	5.5	7 571.1	8 776.8
其他餐饮业	4.5			122.3	39.4		39.4	82.9

11-18 续表2 单位:万元

指标名称	损益及分配							
	商品销售收入	商品销售收入净额	商品销售成本	经营费用	运杂及装卸费	商品销售税金及附加	商品销售利润	代购代销收入
批发、零售贸易企业总计	**1 314 658.0**	**1 286 596.3**	**1 181 300.5**	**54 818.3**	**13 185.3**	**3 155.5**	**47 322.0**	**1 183.8**
批发企业	**999 637.9**	**978 303.9**	**909 017.1**	**39 368.8**	**11 934.3**	**1 704.4**	**28 213.6**	**1 170.6**
#国有及国有控股	999 637.9	978 303.9	909 017.1	39 368.8	11 934.3	1 704.4	28 213.6	1 170.6
按登记注册类型分组								
内资企业	999 637.9	978 303.9	909 017.1	39 368.8	11 934.3	1 704.4	28 213.6	1 170.6
国有企业	810 691.7	789 357.7	731 888.7	32 360.5	8 738.6	1 373.2	23 735.3	986.3
集体企业	144 301.3	144 301.3	134 690.6	5 467.3	3 066.3	102.8	4 040.6	
股份合作企业	887.3	887.3	786.1	68.4		25.1	7.7	
有限责任公司	6 201.8	6 201.8	5 708.9	271.7	102.3	187.2	34.0	2.2
股份有限公司	37 555.8	37 555.8	35 942.8	1 200.9	26.6	16.1	396.0	182.0
按国民经济行业分组								
食品、饮料、烟草批发业	180 323.1	180 142.6	167 967.5	6 363.6	900.0	530.0	5 281.5	
棉、麻、土畜产品批发业	33 576.2	33 576.2	31 273.0	1 633.3	282.2	9.1	660.8	142.8
纺织品、服装和鞋帽批发业	72 886.5	72 886.5	68 021.2	2 423.6	470.6	11.0	2 430.7	210.5
日用百货批发业	1 245.7	1 245.7	1 143.6	84.2	54.2	1.0	16.9	
日用杂品批发业	32 002.9	32 002.9	30 612.5	1 255.6	51.0	5.3	129.5	
药品及医疗器械批发业	29 083.5	29 083.5	25 759.8	1 464.8	217.3	42.0	1 816.9	2.2
能源批发业	96 551.8	96 551.8	88 334.2	2 860.2	1 822.1	148.8	5 208.6	
化工材料批发业	26 344.9	26 344.9	25 039.3	1 084.5	526.4	10.6	210.5	128.9
建筑材料批发业	19 039.3	19 039.3	18 078.4	271.1	88.3		689.8	
矿产品批发业	50 270.0	49 866.9	45 179.5	4 261.6		270.4	155.4	530.1
金属材料批发业	2 320.9	2 320.9	2 265.6	40.8	10.7	1.2	13.3	
机械、电子设备批发业	39 528.2	39 528.2	36 784.8	2 111.9	1 235.4	7.1	624.4	153.9
汽车、摩托车及零配件批发业	80 977.2	80 977.2	77 815.6	1 523.7	745.9	26.0	1 611.9	
再生物资回收批发业	152.8	152.8	167.0	38.7	3.1	8.8	-61.7	
工艺美术批发业	5 949.0	5 949.0	5 437.4	382.2			129.4	1.8
图书报刊批发业	85 727.2	65 063.7	55 563.2	6 094.9	1 966.7	91.7	3 313.9	
农业生产资料批发业	193 117.9	193 046.0	181 728.9	6 654.6	3 545.3	30.9	4 631.6	
其他类未包括的批发业	50 540.8	50 525.8	47 845.6	819.5	15.1	510.5	1 350.2	
零售企业	**315 020.1**	**308 292.4**	**272 283.4**	**15 449.5**	**1 251.0**	**1 451.1**	**19 108.4**	**13.2**
#国有及国有控股	174 728.4	172 028.6	150 479.5	8 762.7	649.6	950.5	11 835.9	
按登记注册类型分组								
内资企业	313 283.3	306 555.6	270 651.9	15 287.2	1 251.0	1 451.1	19 165.4	13.2
国有企业	141 774.9	139 970.1	125 159.9	7 188.5	588.8	788.1	6 833.6	
集体企业	22 009.8	22 009.5	20 892.8	555.4	180.0	36.7	524.6	
股份合作企业	15 717.4	15 712.8	14 418.6	837.2	1.0	53.5	403.5	
联营企业	2 352.0	2 352.0	2 277.1	45.4	9.7	4.4	25.1	

11-18 续表2.1

单位:万元

指标名称	损益及分配							
	商品销售收入	商品销售收入净额	商品销售收入成本	经营费用	运杂及装卸费	商品销售税金及附加	商品销售利润	代购代销收入
有限责任公司	56 435.3	52 551.7	43 329.2	3 679.8	267.0	287.6	5 255.1	13.2
股份有限公司	47 996.8	46 996.8	39 615.1	2 128.5	130.1	181.3	5 071.9	
私营企业	26 997.1	26 962.7	24 959.2	852.4	74.4	99.5	1 051.6	
港、澳、台商投资企业	1 736.8	1 736.8	1 631.5	162.3			-57.0	
按国民经济行业分组								
食品、饮料和烟草零售业	35 567.4	35 562.8	33 244.4	1 961.6	153.6	105.9	250.9	
日用百货零售业	117 502.5	113 485.5	99 244.7	7 116.4	393.5	402.9	6 721.5	13.2
纺织品、服装和鞋帽零售业	15 221.8	14 836.8	11 918.3	939.8	11.1	57.4	1 921.3	
日用杂品零售业	2 222.4	2 222.1	2 165.4	87.9	7.1	15.5	-46.7	
五金、交电、化工零售业	34 984.4	33 984.4	28 232.9	1 323.8	127.0	184.4	4 243.3	
药品及医疗器械零售业	25 344.4	25 312.1	21 997.4	1 251.5	153.5	88.7	1 974.5	
图书报刊零售业	23 120.6	21 838.1	18 433.9	691.6	18.8	441.0	2 271.6	
其他零售业	61 056.6	61 050.6	57 046.4	2 076.9	386.4	155.3	1 772.0	
按经营方式分组								
连锁商店	85 241.1	85 162.8	76 405.9	4 653.4	423.7	235.7	3 867.8	
非连锁商店	229 779.0	223 129.6	195 877.5	10 796.1	827.3	1 215.4	15 240.6	13.2
按零售业态分组								
百货商店	82 406.8	78 142.4	65 278.4	5 439.5	237.2	367.4	7 057.1	
超级市场	69 397.0	68 077.3	61 374.1	3 874.2	185.2	193.2	2 635.8	
专业(专卖)商店	74 734.9	74 733.1	67 631.0	2 162.0	323.5	550.5	4 389.6	
其他	88 481.4	87 339.6	77 999.9	3 973.8	505.1	340.0	5 025.9	13.2
餐饮企业总计		**5 886.1**	**3 218.9**	**2 580.7**		**329.4**	**-242.9**	
#国有及国有控股		241.9	180.3	33.2		6.3	22.1	
按登记注册类型分组								
内资企业		5 102.3	2 851.0	1 832.1		289.4	129.8	
国有企业		241.9	180.3	33.2		6.3	22.1	
集体企业		2 906.9	1 690.2	1 012.4		197.9	6.4	
股份合作企业		398.0	207.0	159.2		22.7	9.1	
有限责任公司		564.0	287.6	239.7		32.2	4.5	
私营企业		991.5	485.9	387.6		30.3	87.7	
港、澳、台商投资企业		433.6	214.6	255.3		21.6	-57.9	
外商投资企业		350.2	153.3	493.3		18.4	-314.8	
按国民经济行业分组								
正餐		5 573.8	3 043.0	2 505.8		312.2	-287.2	
其他餐饮业		312.3	175.9	74.9		17.2	44.3	

单位:万元

指标名称	损益及分配							
	主营业务利润	其它业务利润	管理费用				财务费用	
				税金	财产保险	劳动待业保险		利息支出
批发、零售贸易企业总计	**48 505.8**	**10 590.4**	**48 012.2**	**2 067.9**	**606.6**	**5 976.0**	**24 858.9**	**22 457.2**
批发企业	**29 384.2**	**3 717.8**	**26 994.7**	**1 434.7**	**429.8**	**2 094.4**	**18 885.6**	**16 817.1**
#国有及国有控股	29 384.2	3 717.8	26 994.7	1 434.7	429.8	2 094.4	18 885.6	16 817.1
按登记注册类型分组								
内资企业	29 384.2	3 717.8	26 994.7	1 434.7	429.8	2 094.4	18 885.6	16 817.1
国有企业	24 721.6	2 731.5	21 598.8	1 106.8	385.7	1 679.9	13 623.3	12 803.9
集体企业	4 040.7	948.3	4 562.5	199.0	41.2	370.9	3 693.2	3 626.9
股份合作企业	7.7	25.0	20.1				1.0	1.0
有限责任公司	36.2	7.3	126.3		2.8	1.4	824.9	813.5
股份有限公司	578.0	5.7	687.0	128.4		41.9	743.2	-428.2
按国民经济行业分组								
食品、饮料、烟草批发业	5 281.8	1 352.9	5 585.4	214.4	202.7	663.2	3 921.5	3 895.8
棉、麻、土畜产品批发业	803.6	-400.6	1 207.4		19.8	79.4	2 208.8	2 154.2
纺织品、服装和鞋帽批发业	2 641.2	69.3	2 372.7	226.9	49.3	208.6	2 786.0	1 596.7
日用百货批发业	16.9		1.8				1.3	1.3
日用杂品批发业	129.5	1.9	169.2			11.2	108.5	95.6
药品及医疗器械批发业	1 819.1	33.9	1 469.5	15.9	2.8	1.4	1 142.4	1 056.6
能源批发业	5 208.6	98.1	3 583.4	19.1	32.7	79.8	543.7	553.7
化工材料批发业	339.4	34.2	691.5	10.9	13.1	103.9	1 697.7	1 695.8
建筑材料批发业	689.8	41.3	326.1	7.1			2.6	1.3
矿产品批发业	685.5	269.8	1 380.2	10.1	11.7	146.4	2 383.8	327.7
金属材料批发业	13.3	7.5	136.7	11.3	1.4	26.2	238.1	238.0
机械、电子设备批发业	778.3	289.1	896.0	53.9	14.9	163.1	-103.7	1 207.5
汽车、摩托车及零配件批发业	1 611.9	1 037.5	1 840.5	45.3	21.1	191.8	746.3	734.2
再生物资回收批发业	-61.7	160.6	219.6	41.8	1.0	57.9	54.2	54.2
工艺美术批发业	131.2	-15.9	197.7				774.4	895.3
图书报刊批发业	3 313.9	27.3	1 382.6	694.4	26.5	12.9	88.8	80.0
农业生产资料批发业	4 631.7	487.8	4 381.7	74.2	17.3	289.0	2 219.9	2 111.8
其他类未包括的批发业	1 350.2	223.1	1 152.7	9.3	15.5	59.2	71.3	117.4
零售企业	**19 121.6**	**6 872.6**	**21 017.5**	**633.2**	**176.8**	**3 881.6**	**5 973.3**	**5 640.1**
#国有及国有控股	11 835.9	2 266.3	13 339.1	426.3	81.6	2 687.2	4 679.3	4 325.1
按登记注册类型分组								
内资企业	19 178.6	6 872.6	20 896.7	633.2	176.6	3 881.3	5 974.3	5 640.1
国有企业	6 833.6	1 561.0	10 171.6	351.4	68.2	2 114.3	2 930.7	2 607.9
集体企业	524.6	425.6	691.9	28.6	4.6	87.4	112.9	91.8
股份合作企业	403.5	15.0	536.0	11.7		4.4	11.8	45.2
联营企业	25.1		33.3					

单位:万元

指标名称	损益及分配							
	主营业务利润	其它业务利润	管理费用	税金	财产保险	劳动待业保险	财务费用	利息支出
有限责任公司	5 268.3	4 105.9	5 786.5	154.4	86.3	1 088.7	998.9	1 051.0
股份有限公司	5 071.9	765.1	3 392.9	77.1	16.7	576.8	1 823.9	1 792.4
私营企业	1 051.6		284.5	10.0		9.5	95.8	51.5
港、澳、台商投资企业	-57.0		120.8				-1.0	
按国民经济行业分组								
食品、饮料和烟草零售业	250.9	485.9	2 438.5	66.5	14.9	605.9	638.2	558.2
日用百货零售业	6 734.7	1 719.0	8 141.6	297.3	77.8	1 706.4	4 162.0	3 911.5
纺织品、服装和鞋帽零售业	1 921.3	17.5	1 856.2	15.3	11.9	52.1	207.3	181.1
日用杂品零售业	-46.7	215.4	250.6	8.8	1.2	64.9	72.4	72.3
五金、交电、化工零售业	4 243.3	3 755.0	2 298.1	26.4	21.1	199.9	496.5	566.3
药品及医疗器械零售业	1 974.5	2.4	1 820.8	41.4	26.5	377.7	271.1	268.9
图书报刊零售业	2 271.6	419.3	2 877.6	116.8	2.1	686.8	-159.5	-154.9
其他零售业	1 772.0	258.1	1 334.1	60.7	21.3	187.9	285.3	236.7
按经营方式分组								
连锁商店	3 867.8	812.2	5 514.8	211.5	55.4	1 318.0	1 053.8	1 073.0
非连锁商店	15 253.8	6 060.4	15 502.7	421.7	121.4	2 563.6	4 919.5	4 567.1
按零售业态分组								
百货商店	7 057.1	1 141.0	7 128.3	152.1	52.1	1 029.6	3 576.5	3 323.9
超级市场	2 635.8	653.2	3 956.4	165.1	35.2	765.1	711.0	708.1
专业(专卖)商店	4 389.6	433.7	4 868.6	149.9	30.2	1 220.5	646.9	629.5
其他	5 039.1	4 644.7	5 064.2	166.1	59.3	866.4	1 038.9	978.6
餐饮业总计	-242.9		**393.0**	**61.0**	**5.8**	**11.0**	**108.3**	**32.8**
#国有及国有控股	22.1		-131.5	15.3	4.3	8.6	29.0	28.8
按登记注册类型分组								
内资企业	129.8		201.9	42.6	4.8	10.2	107.6	32.8
国有企业	22.1		-131.5	15.3	4.3	8.6	29.0	28.8
集体企业	6.4		120.3	14.4			39.1	4.0
股份合作企业	9.1		7.6					
有限责任公司	4.5		3.8					
私营企业	87.7		201.7	12.9		1.6	38.8	
港、澳、台商投资企业	-57.9		135.8					
外商投资企业			55.3	18.4	1.0			
按国民经济行业分组								
正餐			364.6	61.0	5.8	11.0	108.3	32.8
其他餐饮业			28.4					

11-18 续表4 单位:万元

指标名称	损益及分配			工资福利及增值				
	营业利润	补贴收入	利润总额	本年应付工资总额	本年应付福利费总额	本年应交增值税总额	本年进项税额	本年销项税额
批发、零售贸易企业总计	**-17 412.9**	**2 062.8**	**-10 975.8**	**22 376.9**	**4 465.1**	**9 018.1**	**171 728.4**	**135 095.7**
批发企业	**-16 784.9**	**614.0**	**-13 917.3**	**9 237.5**	**2 691.7**	**3 556.0**	**134 224.3**	**93 337.8**
#国有及国有控股	-16 784.9	614.0	-13 917.3	9 237.5	2 691.7	3 556.0	134 224.3	93 337.8
按登记注册类型分组								
内资企业	-16 784.9	614.0	-13 917.3	9 237.5	2 691.7	3 556.0	134 224.3	93 337.8
国有企业	-11 539.5	1 064.7	-9 118.9	7 489.9	2 486.3	3 996.2	130 930.6	91 676.1
集体企业	-4 140.4	10.6	-3 723.4	1 449.6	159.3	-390.5	952.6	1 108.1
股份合作企业	11.6	16.1	27.7	19.5	2.7	18.0	3.0	3.0
有限责任公司	-907.7	20.0	-887.7	66.6	16.1	-23.6	693.2	15.7
股份有限公司	-208.9	-497.4	-215.0	211.9	27.3	-44.1	1 644.9	534.9
按民经济行业分组								
食品、饮料、烟草批发业	-4 094.9	27.5	-3 624.0	2 190.1	358.8	1 166.5	27 498.1	28 419.8
棉、麻、土畜产品批发业	-3 198.5	138.9	-2 851.6	424.6	78.8	8.2	1 318.3	594.6
纺织品、服装和鞋帽批发业	-1 805.6	-369.4	-1 273.2	743.3	90.2	-926.3	10 644.1	1 171.4
日用百货批发业	13.8		13.8	4.6			184.5	199.2
日用杂品批发业	-146.2	9.6	-107.2	103.8	10.1	92.6	2 389.1	2 481.7
药品及医疗器械批发业	-644.7	43.3	-603.1	840.3	119.6	361.5	4 373.0	4 053.5
能源批发业	846.2		831.5	1 069.5	203.8	1 475.0	14 453.7	16 144.6
化工材料批发业	-2 015.8	49.9	-1 958.8	196.9	-33.1	-501.5	3 973.0	3 462.5
建筑材料批发业	402.4		414.0	105.6	14.7	474.7	32 157.8	3 100.8
矿产品批发业	-2 401.9	200.3	-1 786.2	399.9	50.3	-160.1	3 987.7	368.6
金属材料批发业	-354.0		-349.1	42.6	5.9	-32.8	395.8	447.5
机械、电子设备批发业	-2 240.7	75.6	-2 553.1	323.4	1 534.1	894.6	3 598.4	2 832.8
汽车、摩托车及零配件批发业	-519.9	189.4	-315.3	611.5	-7.5	125.7	11 020.2	11 221.6
再生物资回收批发业	-167.1	6.7	-53.0	86.3	12.7	11.2	8.6	26.0
工艺美术批发业	-991.0	24.1	-991.6	157.8	4.7			
图书报刊批发业	1 872.8		1 928.5	450.9	79.5	281.6	5 430.4	5 778.8
农业生产资料批发业	-1 855.3	217.3	-1 518.7	1 079.5	112.4	113.7	4 034.0	4 116.5
其他类未包括的批发业	515.5		879.8	406.9	56.5	171.4	8 757.6	8 917.9
零售企业	**-628.0**	**1 448.8**	**2 941.5**	**13 139.4**	**1 773.4**	**5 462.1**	**37 504.1**	**41 757.9**
#国有及国有控股	-4 730.2	1 365.6	-2 017.5	8 726.9	1 175.3	3 096.0	21 657.1	23 793.7
按登记注册类型分组								
内资企业	-451.2	1 448.8	3 118.3	13 139.4	1 765.2	5 462.1	37 282.1	41 462.6
国有企业	-5 415.0	1 361.8	-4 385.4	6 739.9	930.5	2 050.2	17 303.4	18 281.6
集体企业	71.2		54.9	364.5	60.5	307.4	2 377.1	2 642.3
股份合作企业	-173.9		-158.9	482.6	65.9	332.6	2 112.5	2 446.2
联营企业	-8.5		-7.4	21.0		7.5	20.5	21.3

11-18 续表4.1 单位:万元

指标名称	损益及分配			工资福利及增值				
	营业利润	补贴收入	利润总额	本年应付工资总额	本年应付福利费总额	本年应交增值税总额	本年进项税额	本年销项税额
有限责任公司	3 872.7	28.4	4 660.5	3 133.0	413.0	1 554.1	5 896.5	6 961.8
股份有限公司	512.8	3.8	2 191.0	2 161.7	266.4	1 123.1	6 638.4	7 863.0
私营企业	689.5	54.8	763.6	236.7	28.9	87.2	2 933.7	3 246.4
港、澳、台商投资企业	-176.8		-176.8		8.2		222.0	295.3
按国民经济行业分组								
食品、饮料和烟草零售业	-2 443.8	1 405.1	-883.3	1 456.1	194.0	709.4	3 840.0	4 464.8
日用百货零售业	-3 045.0	-27.7	-1 127.2	4 974.0	743.9	2 006.9	15 970.8	16 948.5
纺织品、服装和鞋帽零售业	191.9		172.4	777.8	83.3	440.8	1 807.4	2 251.6
日用杂品零售业	-154.4		-199.1	94.3	18.7	32.1	15.6	24.2
五金、交电、化工零售业	5 017.5		5 361.9	1 377.8	148.6	513.8	3 684.9	4 334.9
药品及医疗器械零售业	-319.1		-167.2	936.2	128.4	677.2	3 475.2	3 946.3
图书报刊零售业	-27.2	-1.7	-445.4	2 823.8	370.4	340.7	939.3	1 280.0
其他零售业	152.1	73.1	229.4	699.4	86.1	741.2	7 770.9	8 507.6
按经营方式分组								
连锁商店	-2 194.7	522.9	-1 584.0	3 014.6	398.5	1 717.3	12 625.3	13 473.3
非连锁商店	1 566.7	925.9	4 525.5	10 124.8	1 374.9	3 744.8	24 878.8	28 284.6
按零售业态分组								
百货商店	-1 399.5	-9.4	490.7	4 349.9	616.3	2 008.1	10 133.9	11 818.3
超级市场	-1 404.7	-20.0	-1 435.8	2 170.4	281.5	1 099.3	10 467.2	10 851.4
专业(专卖)商店	-692.3	596.0	-381.4	3 708.1	502.2	982.9	7 953.9	9 186.2
其他	2 868.5	882.2	4 268.0	2 911.0	373.4	1 371.8	8 949.1	9 902.0
餐饮业总计			**-765.1**	**983.1**	**109.7**			
#国有及国有控股			56.2	190.6	31.2			
按登记注册类型分组								
内资企业			-192.4	754.2	74.9			
国有企业			56.2	190.6	31.2			
集体企业			-21.0	369.4	34.2			
股份合作企业			1.3	15.5				
有限责任公司				15.9				
私营企业			-229.1	162.8	9.5			
港、澳、台商投资企业			-196.6	82.5	17.0			
外商投资企业			-376.1	146.4	17.8			
按国民经济行业分组								
正餐			-759.0	933.7	100.7			
其他餐饮业			-6.1	49.4	9.0			

11-19 市区限额以上批发、零售贸易业、餐饮业财务状况

（1999年）　　单位：万元

指标名称	企业数（个）	亏损企业	年末资产负债					
			流动资产小计	存货	长期投资	固定资产小计	固定资产原价	生产经营用
批发、零售贸易企业总计	**131**	**66**	**641 341.7**	**147 317.3**	**51 060.6**	**254 603.5**	**258 273.9**	**193 267.7**
批发企业	**73**	**36**	**449 441.9**	**88 178.2**	**36 061.0**	**115 453.8**	**125 498.9**	**77 447.9**
#国有及国有控股	73	36	449 441.9	88 178.2	36 061.0	115 453.8	125 498.9	77 447.9
按登记注册类型分组								
内资企业	73	36	449 441.9	88 178.2	36 061.0	115 453.8	125 498.9	77 447.9
国有企业	56	27	380 438.9	68 457.9	30 843.6	85 978.8	95 102.4	60 695.9
集体企业	11	6	49 465.4	13 749.0	2 724.6	20 974.1	22 916.6	12 987.1
股份合作企业	1		86.0	1.8		106.8	137.6	137.6
有限责任公司	2	2	3 835.7	457.9	124.6	425.0	623.3	623.3
股份有限公司	3	1	15 615.9	5 511.6	2 368.2	7 969.1	6 719.0	3 004.0
按国民经济行业分组								
食品、饮料、烟草批发业	13	6	100 210.9	13 191.9	5 145.6	27 395.4	31 835.7	20 069.4
棉、麻、土畜产品批发业	5	4	33 987.6	3 949.5	9 402.6	4 296.3	5 729.5	2 711.4
纺织品、服装和鞋帽批发业	6	4	50 942.5	7 717.5	4 369.2	14 073.8	13 331.6	5 858.7
日用百货批发业	1		224.5	85.0				
日用杂品批发业	3	1	6 741.7	3 985.2	411.2	250.0	342.7	196.9
药品及医疗器械批发业	3	1	15 916.1	5 413.3	124.6	5 403.8	6 078.9	4 227.7
能源批发业	3		17 614.7	2 385.7	2 138.4	7 728.6	9 754.3	7 559.8
化工材料批发业	4	3	20 781.0	4 755.1	2 119.9	2 465.5	3 378.9	1 688.1
建筑材料批发业	1		4 066.6	1 629.6	627.8	165.7	283.6	
矿产品批发业	3	2	42 033.6	6 628.1	5 197.0	3 234.7	4 454.7	1 280.0
金属材料批发业	2	2	3 379.9	947.4	48.0	873.7	999.4	812.4
机械、电子设备批发业	6	3	25 427.8	4 059.0	1 167.7	4 659.4	4 414.1	2 548.1
汽车、摩托车及零配件批发业	6	2	27 882.7	7 338.1	2 015.5	12 120.0	13 007.8	10 993.4
再生物资回收批发业	1	1	360.1	45.7		668.2	1 046.9	
工艺美术批发业	1	1	4 701.7	305.2	314.3	1 346.1	322.4	127.8
图书报刊批发业	3		32 152.0	2 196.0	682.7	10 154.8	8 389.3	5 767.1
农业生产资料批发业	9	5	44 073.3	17 310.3	2 051.5	17 074.4	17 776.0	12 517.7
其他类未包括的批发业	3	1	18 945.2	6 235.6	245.0	3 543.4	4 353.1	1 089.4

指标名称	年末资产负债							
	企业数(个)	亏损企业	流动资产小计	存货	长期投资	固定资产小计	固定资产原价	生产经营用
零售企业	**58**	**30**	**191 899.8**	**59 139.1**	**14 999.6**	**139 149.7**	**132 775.0**	**115 819.8**
#国有及国有控股	19	13	114 709.7	40 888.4	8 462.1	100 042.9	94 352.2	83 073.9
按登记注册类型分组								
内资企业	57	29	191 509.2	59 130.5	14 999.6	139 102.5	132 568.9	115 819.8
国有企业	20	13	74 873.2	25 169.6	6 538.5	74 955.9	78 173.5	67 459.0
集体企业	11	3	9 428.0	1 705.1	20.2	4 610.6	3 301.2	1 798.2
股份合作企业	2	1	7 250.3	2 492.0	300.0	3 199.1	907.7	433.6
联营企业	1	1	761.9	108.4				
有限责任公司	11	7	53 244.8	10 889.9	6 197.3	29 733.3	32 185.7	29 481.4
股份有限公司	3	2	42 630.3	17 213.1	1 943.6	25 831.2	17 000.6	16 142.7
私营企业	9	2	3 320.7	1 552.4		772.4	1 000.2	504.9
港、澳、台商投资企业	1	1	390.6	8.6		47.2	206.1	
按国民经济行业分组								
食品、饮料和烟草零售业	7	4	18 612.1	5 379.3	637.3	18 543.2	18 113.7	13 109.3
日用百货零售业	15	9	85 553.3	30 193.1	8 181.4	66 279.9	57 681.7	54 067.1
纺织品、服装和鞋帽零售业	3	1	8 732.7	7 051.4	50.0	1 407.2	1 765.8	1 080.0
日用杂品零售业	2	2	6 146.7	124.9	20.2	2 915.9	1 218.6	632.0
五金、交电、化工零售业	5	3	32 142.5	5 841.9	4 996.3	9 356.2	8 881.8	8 881.8
药品及医疗器械零售业	4	3	11 937.3	3 857.5	67.1	4 633.8	6 190.6	4 906.0
图书报刊零售业	3	1	10 178.1	2 684.1	17.3	21 077.8	20 475.1	16 379.7
其他零售业	19	7	18 597.1	4 006.9	1 030.0	14 935.7	18 447.7	16 763.9
按经营方式分组								
连锁商店	6	4	39 813.3	13 916.6	669.9	29 580.2	29 920.2	25 419.9
非连锁商店	52	26	152 086.5	45 222.5	14 329.7	109 569.5	102 854.8	90 399.9
按零售业态分组								
百货商店	11	8	86 250.4	29 266.7	8 643.3	49 015.8	40 398.8	37 093.2
超级市场	6	3	28 916.7	11 412.9	469.6	24 553.4	23 336.0	21 347.4
专业(专卖)商店	16	7	24 840.4	9 006.8	236.1	25 219.3	26 058.8	19 433.8
其他	25	12	51 892.3	9 452.7	5 650.6	40 361.2	42 981.4	37 945.4

11-19 续表1 单位:万元

指标名称	年末资产负债 累计折旧(个)	本年折旧	无形及递延资产小计	资产合计	流动负债小计	长期负债小计	负债合计	所有者权益合计
批发、零售贸易企业总计	**58 917.0**	**11 201.2**	**25 220.5**	**989 589.0**	**695 950.5**	**61 343.0**	**757 928.4**	**231 660.6**
批发企业	**30 791.8**	**5 453.1**	**8 456.5**	**619 358.7**	**508 497.8**	**35 910.2**	**544 994.1**	**74 364.6**
#国有及国有控股	30 791.8	5 453.1	8 456.5	619 358.7	508 497.8	35 910.2	544 994.1	74 364.6
按登记注册类型分组								
内资企业	30 791.8	5 453.1	8 456.5	619 358.7	508 497.8	35 910.2	544 994.1	74 364.6
国有企业	23 520.8	3 542.6	7 728.1	509 821.7	418 748.9	29 319.7	448 654.7	61 167.0
集体企业	5 884.9	1 692.2	723.8	78 980.4	59 142.0	4 927.9	64 069.9	14 910.5
股份合作企业	31.5	1.5		192.8	60.4		60.4	132.4
有限责任公司	198.3	17.3		4 385.3	9 791.1	-1.1	9 790.0	-5 404.7
股份有限公司	1 156.3	199.5	4.6	25 978.5	20 755.4	1 663.7	22 419.1	3 559.4
按国民经济行业分组								
食品、饮料、烟草批发业	7 614.4	1 006.4	1 008.9	133 789.8	95 221.7	19 008.5	114 230.2	19 559.6
棉、麻、土畜产品批发业	1 553.6	213.2	421.4	48 881.7	43 293.4	-773.4	42 520.0	6 361.7
纺织品、服装和鞋帽批发业	3 311.9	520.8	166.1	70 136.8	59 880.0	2 893.1	62 773.1	7 363.7
日用百货批发业				224.5	194.3		194.3	30.2
日用杂品批发业	92.7	10.4	20.4	7 441.8	6 649.2	4.9	6 654.1	787.7
药品及医疗器械批发业	1 496.5	141.0	6.7	21 451.2	21 506.0	1 502.3	23 008.3	-1 557.1
能源批发业	3 233.0	362.9	1 247.8	28 730.6	16 624.8	2 949.1	19 573.9	9 156.7
化工材料批发业	913.4	126.8		26 082.9	24 742.0	622.5	25 364.5	718.4
建筑材料批发业	117.9			4 860.1	2 197.2	1 371.3	3 569.0	1 291.1
矿产品批发业	1 497.0	565.1	1 225.4	53 086.6	48 316.1	1 167.8	49 483.9	3 602.7
金属材料批发业	125.7	24.8	14.9	4 316.5	4 805.0	198.6	5 003.6	-687.1
机械、电子设备批发业	801.9	32.5	296.6	32 299.3	44 249.8	2 062.5	46 312.3	-14 013.0
汽车、摩托车及零配件批发业	1 947.9	219.8	487.8	42 625.6	29 902.0	1 744.3	31 646.3	10 979.3
再生物资回收批发业	455.2	298.1		1 028.3	896.0	176.2	1 072.2	-43.9
工艺美术批发业	78.7	78.7		6 362.1	10 831.8	380.6	11 212.4	-4 850.3
图书报刊批发业	1 329.5	225.9	1 402.1	44 391.7	35 068.5	77.8	35 731.9	8 659.8
农业生产资料批发业	5 381.3	1 458.6	2 090.9	70 782.6	47 087.0	2 315.9	49 402.9	21 379.7
其他类未包括的批发业	841.2	168.1	67.5	22 866.6	17 033.0	208.2	17 241.2	5 625.4

指标名称	年末资产负债							
	累计折旧(个)	本年折旧	无形及递延资产小计	资产合计	流动负债小计	长期负债小计	负债合计	所有者权益合计
零售企业	**28 125.2**	**5 748.1**	**16 764.0**	**370 230.3**	**187 452.7**	**25 432.8**	**212 934.3**	**157 296.0**
#国有及国有控股	18 980.1	4 478.9	9 854.3	234 021.1	123 484.8	18 782.7	142 267.5	91 753.6
按登记注册类型分组								
内资企业	27 966.3	5 684.0	16 756.9	369 785.4	187 208.2	25 432.8	212 689.8	157 095.6
国有企业	16 974.6	3 996.1	3 948.5	161 342.6	89 229.1	17 976.2	107 205.3	54 137.3
集体企业	763.7	70.3	115.7	14 175.7	9 327.3	2 429.5	11 805.6	2 370.1
股份合作企业	92.0	75.5	245.8	10 995.2	7 424.8		7 424.8	3 570.4
联营企业				761.9	66.9		66.9	695.0
有限责任公司	7 404.3	954.2	6 284.0	101 848.6	40 808.0	3 908.2	44 716.2	57 132.4
股份有限公司	2 203.9	503.8	6 162.9	76 568.3	37 609.5	984.9	38 594.4	37 973.9
私营企业	527.8	84.1		4 093.1	2 742.6	134.0	2 876.6	1 216.5
港、澳、台商投资企业	158.9	64.1	7.1	444.9	244.5		244.5	200.4
按国民经济行业分组								
食品、饮料和烟草零售业	3 682.8	1 513.3	1 334.3	39 126.9	20 745.3	1 187.0	21 932.3	17 194.6
日用百货零售业	11 502.9	1 086.4	12 315.6	172 649.4	96 049.5	12 690.6	108 788.9	63 860.5
纺织品、服装和鞋帽零售业	487.3	202.1	1 517.2	11 709.1	11 019.2		11 019.2	689.9
日用杂品零售业	331.3	14.1	7.9	9 090.8	6 373.0	2 358.5	8 731.5	359.3
五金、交电、化工零售业	1 944.4	333.5	1 201.7	47 696.8	22 986.6	507.0	23 493.6	24 203.2
药品及医疗器械零售业	1 679.6	265.9	250.8	17 524.7	9 395.7	1 432.5	10 828.2	6 696.5
图书报刊零售业	4 689.0	1 901.8	114.9	31 388.1	6 776.1	3 775.8	10 551.9	20 836.2
其他零售业	3 807.9	431.0	21.6	41 044.5	14 107.3	3 481.4	17 588.7	23 455.8
按经营方式分组								
连锁商店	6 118.5	915.6	1 408.5	71 786.0	38 613.8	2 858.4	41 472.2	30 313.8
非连锁商店	22 006.7	4 832.5	15 355.5	298 444.3	148 838.9	22 574.4	171 462.1	126 982.2
按零售业态分组								
百货商店	7 797.6	861.6	12 407.8	162 697.2	87 728.6	14 524.6	102 302.0	60 395.2
超级市场	4 790.7	681.1	1 603.2	55 857.0	31 607.5	1 722.3	33 329.8	22 527.2
专业(专卖)商店	6 540.4	2 046.8	330.4	51 261.9	18 602.8	4 218.2	22 821.0	28 440.9
其他	8 996.5	2 158.6	2 422.6	100 414.2	49 513.8	4 967.7	54 481.5	45 932.7

11-19 续表2

单位:万元

指标名称	损益及分配							
	商品销售收入	商品销售收入净额	商品销售收入成本	经营费用	运杂及装卸费	商品销售税金及附加	商品销售利润	代购代销收入
批发、零售贸易企业总计	**1 271 957.0**	**1 244 075.8**	**1 142 469.5**	**52 897.1**	**12 695.6**	**3 071.2**	**45 638.0**	**1 183.8**
批发企业	**970 710.7**	**949 557.2**	**882 453.1**	**38 242.6**	**11 548.5**	**1 665.2**	**27 196.3**	**1 170.6**
#国有及国有控股	970 710.7	949 557.2	882 453.1	38 242.6	11 548.5	1 665.2	27 196.3	1 170.6
按登记注册类型分组								
内资企业	970 710.7	949 557.2	882 453.1	38 242.6	11 548.5	1 665.2	27 196.3	1 170.6
国有企业	795 614.5	774 461.0	718 406.6	31 706.8	8 656.3	1 334.0	23 013.6	986.3
集体企业	130 451.3	130 451.3	121 608.7	4 994.8	2 762.8	102.8	3 745.0	
股份合作企业	887.3	887.3	786.1	68.4		25.1	7.7	
有限责任公司	6 201.8	6 201.8	5 708.9	271.7	102.3	187.2	34.0	2.2
股份有限公司	37 555.8	37 555.8	35 942.8	1 200.9	26.6	16.1	396.0	182.0
按国民经济行业分组								
食品、饮料、烟草批发业	168 757.3	168 757.3	157 733.1	5 767.3	848.8	493.2	4 763.7	
棉、麻、土畜产品批发业	33 576.2	33 576.2	31 273.0	1 633.3	282.2	9.1	660.8	142.8
纺织品、服装和鞋帽批发业	72 886.5	72 886.5	68 021.2	2 423.6	470.6	11.0	2 430.7	210.5
日用百货批发业	1 245.7	1 245.7	1 143.6	84.2	54.2	1.0	16.9	
日用杂品批发业	32 002.9	32 002.9	30 612.5	1 255.6	51.0	5.3	129.5	
药品及医疗器械批发业	29 083.5	29 083.5	25 759.8	1 464.8	217.3	42.0	1 816.9	2.2
能源批发业	93 040.4	93 040.4	85 086.5	2 802.8	1 791.0	146.4	5 004.7	
化工材料批发业	26 344.9	26 344.9	25 039.3	1 084.5	526.4	10.6	210.5	128.9
建筑材料批发业	19 039.3	19 039.3	18 078.4	271.1	88.3		689.8	
矿产品批发业	50 270.0	49 866.9	45 179.5	4 261.6		270.4	155.4	530.1
金属材料批发业	2 320.9	2 320.9	2 265.6	40.8	10.7	1.2	13.3	
机械、电子设备批发业	39 528.2	39 528.2	36 784.8	2 111.9	1 235.4	7.1	624.4	153.9
汽车、摩托车及零配件批发业	80 977.2	80 977.2	77 815.6	1 523.7	745.9	26.0	1 611.9	
再生物资回收批发业	152.8	152.8	167.0	38.7	3.1	8.8	-61.7	
工艺美术批发业	5 949.0	5 949.0	5 437.4	382.2			129.4	1.8
图书报刊批发业	85 727.2	65 063.7	55 563.2	6 094.9	1 966.7	91.7	3 313.9	
农业生产资料批发业	179 267.9	179 196.0	168 647.0	6 182.1	3 241.8	30.9	4 336.0	
其他类未包括的批发业	50 540.8	50 525.8	47 845.6	819.5	15.1	510.5	1 350.2	

指标名称	损益及分配 商品销售收入	商品销售收入净额	商品销售收入成本	经营费用	运杂及装卸费	商品销售税金及附加	商品销售利润	代购代销收入
零售企业	**301 246.3**	**294 518.6**	**260 016.4**	**14 654.5**	**1 147.1**	**1 406.0**	**18 441.7**	**13.2**
#国有及国有控股	160 954.6	158 254.8	138 212.5	7 967.7	545.7	905.4	11 169.2	
按登记注册类型分组								
内资企业	299 509.5	292 781.8	258 384.9	14 492.2	1 147.1	1 406.0	18 498.7	13.2
国有企业	130 488.1	128 683.3	115 259.5	6 476.8	503.0	746.0	6 201.0	
集体企业	22 009.8	22 009.5	20 892.8	555.4	180.0	36.7	524.6	
股份合作企业	15 717.4	15 712.8	14 418.6	837.2	1.0	53.5	403.5	
联营企业	2 352.0	2 352.0	2 277.1	45.4	9.7	4.4	25.1	
有限责任公司	56 435.3	52 551.7	43 329.2	3 679.8	267.0	287.6	5 255.1	13.2
股份有限公司	45 509.8	44 509.8	37 248.5	2 045.2	112.0	178.3	5 037.8	
私营企业	26 997.1	26 962.7	24 959.2	852.4	74.4	99.5	1 051.6	
港、澳、台商投资企业	1 736.8	1 736.8	1 631.5	162.3			-57.0	
按国民经济行业分组								
食品、饮料和烟草零售业	34 403.4	34 398.8	32 196.4	1 883.6	135.6	102.9	215.9	
日用百货零售业	111 386.5	107 369.5	93 862.2	6 566.5	372.2	388.7	6 552.1	13.2
纺织品、服装和鞋帽零售业	15 221.8	14 836.8	11 918.3	939.8	11.1	57.4	1 921.3	
日用杂品零售业	2 222.4	2 222.1	2 165.4	87.9	7.1	15.5	-46.7	
五金、交电、化工零售业	33 254.8	32 254.8	26 558.2	1 289.0	125.7	183.2	4 224.4	
药品及医疗器械零售业	24 570.4	24 538.1	21 414.1	1 207.8	151.8	67.4	1 848.8	
图书报刊零售业	23 120.6	21 838.1	18 433.9	691.6	18.8	441.0	2 271.6	
其他零售业	57 066.4	57 060.4	53 467.9	1 988.3	324.8	149.9	1 454.3	
按经营方式分组								
连锁商店	81 250.9	81 172.6	72 827.4	4 564.8	362.1	230.3	3 550.1	
非连锁商店	219 995.4	213 346.0	187 189.0	10 089.7	785.0	1 175.7	14 891.6	13.2
按零售业态分组								
百货商店	76 290.8	72 026.4	59 895.9	4 889.6	215.9	353.2	6 887.7	
超级市场	69 397.0	68 077.3	61 374.1	3 874.2	185.2	193.2	2 635.8	
专业(专卖)商店	74 734.9	74 733.1	67 631.0	2 162.0	323.5	550.5	4 389.6	
其他	80 823.6	79 681.8	71 115.4	3 728.7	422.5	309.1	4 528.6	13.2

11-19 续表3

单位:万元

指标名称	损益及分配			工资福利及增值				
	营业利润	补贴收入	利润总额	本年应付工资总额	本年应付福利费总额	本年应交增值税总额	本年进项税额	本年销项税额
批发、零售贸易企业总计	**-16 477.3**	**2 096.0**	**-10 150.4**	**21 464.4**	**4 330.4**	**8 703.0**	**169 037.1**	**132 138.7**
批发企业	**-16 187.3**	**614.0**	**-13 396.4**	**8 845.0**	**2 602.4**	**3 343.7**	**132 231.1**	**91 160.8**
#国有及国有控股	-16 187.3	614.0	-13 396.4	8 845.0	2 602.4	3 343.7	132 231.1	91 160.8
按登记注册类型分组								
内资企业	-16 187.3	614.0	-13 396.4	8 845.0	2 602.4	3 343.7	132 231.1	91 160.8
国有企业	-11 020.1	1 064.7	-8 652.1	7 174.7	2 407.5	3 783.9	128 937.4	89 499.1
集体企业	-4 062.2	10.6	-3 669.3	1 372.3	148.8	-390.5	952.6	1 108.1
股份合作企业	11.6	16.1	27.7	19.5	2.7	18.0	3.0	3.0
有限责任公司	-907.7	20.0	-887.7	66.6	16.1	-23.6	693.2	15.7
股份有限公司	-208.9	-497.4	-215.0	211.9	27.3	-44.1	1 644.9	534.9
按国民经济行业分组								
食品、饮料、烟草批发业	-3 553.2	27.5	-3 112.2	1 915.3	287.6	984.2	26 072.0	26 839.9
棉、麻、土畜产品批发业	-3 198.5	138.9	-2 851.6	424.6	78.8	8.2	1 318.3	594.6
纺织品、服装和鞋帽批发业	-1 805.6	-369.4	-1 273.2	743.3	90.2	-926.3	10 644.1	1 171.4
日用百货批发业	13.8		13.8	4.6			184.5	199.2
日用杂品批发业	-146.2	9.6	-107.2	103.8	10.1	92.6	2 389.1	2 481.7
药品及医疗器械批发业	-644.7	43.3	-603.1	840.3	119.6	361.5	4 373.0	4 053.5
能源批发业	823.9		786.5	1 029.1	196.2	1 445.0	13 886.6	15 547.5
化工材料批发业	-2 015.8	49.9	-1 958.8	196.9	-33.1	-501.5	3 973.0	3 462.5
建筑材料批发业	402.4		414.0	105.6	14.7	474.7	32 157.8	3 100.8
矿产品批发业	-2 401.9	200.3	-1 786.2	399.9	50.3	-160.1	3 987.7	368.6
金属材料批发业	-354.0		-349.1	42.6	5.9	-32.8	395.8	447.5
机械、电子设备批发业	-2 240.7	75.6	-2 553.1	323.4	1 534.1	894.6	3 598.4	2 832.8
汽车、摩托车及零配件批发业	-519.9	189.4	-315.3	611.5	-7.5	125.7	11 020.2	11 221.6
再生物资回收批发业	-167.1	6.7	-53.0	86.3	12.7	11.2	8.6	26.0
工艺美术批发业	-991.0	24.1	-991.6	157.8	4.7			
图书报刊批发业	1 872.8		1 928.5	450.9	79.5	281.6	5 430.4	5 778.8
农业生产资料批发业	-1 777.1	217.3	-1 464.6	1 002.2	101.9	113.7	4 034.0	4 116.5
其他类未包括的批发业	515.5		879.8	406.9	56.5	171.4	8 757.6	8 917.9

11-19 续表3.1 单位:万元

指标名称	损益及分配			工资福利及增值				
	营业利润	补贴收入	利润总额	本年应付工资总额	本年应付福利费额	本年应交增值税总额	本年进项税额	本年销项税额
零售企业	**-290.0**	**1 482.0**	**3 246.0**	**12 619.4**	**1 728.0**	**5 359.3**	**36 806.0**	**40 977.9**
#国有及国有控股	-4 392.2	1 398.8	-1 713.0	8 206.9	1 129.9	2 993.2	20 959.0	23 013.7
按登记注册类型分组								
内资企业	-113.2	1 482.0	3 422.8	12 619.4	1 719.8	5 359.3	36 584.0	40 682.6
国有企业	-5 150.2	1 395.0	-4 154.1	6 289.4	892.7	1 947.4	16 606.4	17 502.3
集体企业	71.2		54.9	364.5	60.5	307.4	2 377.1	2 642.3
股份合作企业	-173.9		-158.9	482.6	65.9	332.6	2 112.5	2 446.2
联营企业	-8.5		-7.4	21.0		7.5	20.5	21.3
有限责任公司	3 872.7	28.4	4 660.5	3 133.0	413.0	1 554.1	5 896.5	6 961.8
股份有限公司	586.0	3.8	2 264.2	2 092.2	258.8	1 123.1	6 637.3	7 862.3
私营企业	689.5	54.8	763.6	236.7	28.9	87.2	2 933.7	3 246.4
港、澳、台商投资企业	-176.8		-176.8		8.2		222.0	295.3
按国民经济行业分组								
食品、饮料和烟草零售业	-2 419.6	1 405.1	-859.1	1 398.1	188.0	709.4	3 840.0	4 464.8
日用百货零售业	-2 756.7	5.5	-875.7	4 628.6	719.9	2 006.9	15 969.7	16 947.8
纺织品、服装和鞋帽零售业	191.9		172.4	777.8	83.3	440.8	1 807.4	2 251.6
日用杂品零售业	-154.4		-199.1	94.3	18.7	32.1	15.6	24.2
五金、交电、化工零售业	5 110.1		5 453.7	1 353.3	145.9	498.4	3 598.9	4 233.9
药品及医疗器械零售业	-330.0		-174.5	895.1	122.8	657.2	3 475.2	3 946.3
图书报刊零售业	-27.2	-1.7	-445.4	2 823.8	370.4	340.7	939.3	1 280.0
其他零售业	95.9	73.1	173.7	648.4	79.0	673.8	7 159.9	7 829.3
按经营方式分组								
连锁商店	-2 250.9	522.9	-1 639.7	2 963.6	391.4	1 649.9	12 014.3	12 795.0
非连锁商店	1 960.9	959.1	4 885.7	9 655.8	1 336.6	3 709.4	24 791.7	28 182.9
按零售业态分组								
百货商店	-1 111.2	23.8	742.2	4 004.5	592.3	2 008.1	10 132.8	11 817.6
超级市场	-1 404.7	-20.0	-1 435.8	2 170.4	281.5	1 099.3	10 467.2	10 851.4
专业(专卖)商店	-692.3	596.0	-381.4	3 708.1	502.2	982.9	7 953.9	9 186.2
其他	2 918.2	882.2	4 321.0	2 736.4	352.0	1 269.0	8 252.1	9 122.7

11-20 邕宁县限额以上批发、零售贸易业财务状况

（1999年） 单位：万元

指标名称	企业数（个）	亏损企业	年末资产负债 流动资产小计	存货	长期投资	固定资产小计	固定资产原价	生产经营用
批发、零售贸易企业总计	**8**	**4**	**7 271.2**	**2 641.9**	**479.0**	**8 466.0**	**9 005.6**	**2 795.9**
批发企业	**6**	**3**	**6 555.6**	**2 205.0**	**479.0**	**7 204.4**	**7 727.1**	**2 531.6**
#国有及国有控股	6	3	6 555.6	2 205.0	479.0	7 204.4	7 727.1	2 531.6
按登记注册类型分组								
内资企业	6	3	6 555.6	2 205.0	479.0	7 204.4	7 727.1	2 531.6
国有企业	5	3	3 995.9	594.7	478.9	6 618.7	6 853.0	2094.6
集体企业	1		2 559.7	1 610.3		585.7	874.1	437.0
按国民经济行业分组								
食品、饮料、烟草批发业	4	3	3 641.5	444.5	478.9	6 052.3	6 246.2	1 543.3
能源批发业	1		354.4	150.2		566.4	606.8	551.4
农业生产资料批发业	1		2 559.7	1 610.3		585.7	874.1	437.0
零售企业	**2**	**1**	**715.6**	**436.9**		**1 261.6**	**1 278.5**	**264.3**
#国有及国有控股	2	1	715.6	436.9		1 261.6	1 278.5	264.3
按登记注册类型分组								
内资企业	2	1	715.6	436.9		1 261.6	1 278.5	264.3
国有企业	2	1	715.6	436.9		1 261.6	1 278.5	264.3
按国民经济行业分组								
日用百货零售业	1		479.4	302.0		957.7	975.9	264.3
五金、交电、化工零售业	1	1	236.2	134.9		303.9	302.6	302.6
按经营方式分组								
非连锁商店	2	1	715.6	436.9		1 261.6	1 278.5	264.3
按零售业态分组								
百货商店	1		479.4	302.0		957.7	975.9	264.3
其他	1	1	236.2	134.9		303.9	302.6	

11-20 续表1 单位:万元

指标名称	年末资产负债							
	累计折旧(个)	本年折旧	无形及递延资产小计	资产合计	流动负债小计	长期负债小计	负债合计	所有者权益合计
批发、零售贸易企业总计	**1 523.6**	**186.0**	**701.2**	**16 917.5**	**12 996.7**	**868.6**	**13 865.4**	**3 052.1**
批发企业	**1 458.3**	**186.0**	**632.4**	**14 871.5**	**12 262.5**	**839.9**	**13 102.5**	**1 769.0**
#国有及国有控股	1 458.3	186.0	632.4	14 871.5	12 262.5	839.9	13 102.5	1 769.0
按登记注册类型分组								
内资企业	1 458.3	186.0	632.4	14 871.5	12 262.5	839.9	13 102.5	1 769.0
国有企业	1 169.9	170.3	632.4	11 726.0	10 373.8	769.6	11 143.5	582.5
集体企业	288.4	15.7		3 145.5	1 888.7	70.3	1 959.0	1 186.5
按国民经济行业分组								
食品、饮料、烟草批发业	1 055.1	152.6	632.4	10 805.2	9 624.4	722.2	10 346.7	458.5
能源批发业	114.8	17.7		920.8	749.4	47.4	796.8	124.0
农业生产资料批发业	288.4	15.7		3 145.5	1 888.7	70.3	1 959.0	1 186.5
零售企业	**65.3**		**68.8**	**2 046.0**	**734.2**	**28.7**	**762.9**	**1 283.1**
#国有及国有控股	65.3		68.8	2 046.0	734.2	28.7	762.9	1 283.1
按登记注册类型分组								
内资企业	65.3		68.8	2 046.0	734.2	28.7	762.9	1 283.1
国有企业	65.3		68.8	2 046.0	734.2	28.7	762.9	1 283.1
按国民经济行业分组								
日用百货零售业	47.4		26.1	1 463.2	445.9	4.5	450.4	1 012.8
五金、交电、化工零售业	17.9		42.7	582.8	288.3	24.2	312.5	270.3
按经营方式分组								
非连锁商店	65.3		68.8	2 046.0	734.2	28.7	762.9	1 283.1
按零售业态分组								
百货商店	47.4		26.1	1 463.2	445.9	4.5	450.4	1 012.8
其他	17.9		42.7	582.8	288.3	24.2	312.5	270.3

11-20 续表2

单位:万元

指标名称	损益及分配						
	商品销售收入	商品销售收入净额	商品销售收入成本	经营费用	运杂及装卸费	商品销售税金及附加	商品销售利润
批发、零售贸易企业总计	**21 954.0**	**21 773.5**	**20 078.8**	**959.0**	**326.7**	**43.2**	**692.5**
批发企业	**20 294.9**	**20 114.4**	**18 661.7**	**825.1**	**313.4**	**36.7**	**590.9**
#国有及国有控股	20 294.9	20 114.4	18 661.7	825.1	313.4	36.7	590.9
按登记注册类型分组							
内资企业	20 294.9	20 114.4	18 661.7	825.1	313.4	36.7	590.9
国有企业	11 060.2	10 879.7	9 923.1	531.1	79.9	36.7	388.8
集体企业	9 234.7	9 234.7	8 738.6	294.0	233.5		202.1
按国民经济行业分组							
食品、饮料、烟草批发业	7 548.8	7 368.3	6 675.4	473.7	48.8	34.3	184.9
能源批发业	3 511.4	3 511.4	3 247.7	57.4	31.1	2.4	203.9
农业生产资料批发业	9 234.7	9 234.7	8 738.6	294.0	233.5		202.1
零售企业	**1 659.1**	**1 659.1**	**1 417.1**	**133.9**	**13.3**	**6.5**	**101.6**
#国有及国有控股	1 659.1	1 659.1	1 417.1	133.9	13.3	6.5	101.6
按登记注册类型分组							
内资企业	1 659.1	1 659.1	1 417.1	133.9	13.3	6.5	101.6
国有企业	1 659.1	1 659.1	1 417.1	133.9	13.3	6.5	101.6
按国民经济行业分组							
日用百货零售业	1 064.7	1 064.7	877.6	104.8	12.0	5.3	77.0
五金、交电、化工零售业	594.4	594.4	539.5	29.1	1.3	1.2	24.6
按经营方式分组							
非连锁商店	1 659.1	1 659.1	1 417.1	133.9	13.3	6.5	101.6
按零售业态分组							
百货商店	1 064.7	1 064.7	877.6	104.8	12.0	5.3	77.0
其他	594.4	594.4	539.5	29.1	1.3	1.2	24.6

11-20 续表3　　　　单位:万元

指标名称	损益及分配							
	主营业务利润	其它业务利润	管理费用				财务费用	
				税金	财产保险	劳动待业保险		利息支出
批发、零售贸易企业总计	**692.5**	**188.8**	**1 044.3**	**29.4**	**5.8**	**181.3**	**606.1**	**592.8**
批发企业	**590.9**	**191.9**	**933.3**	**26.4**	**5.2**	**137.5**	**552.3**	**539.0**
#国有及国有控股	590.9	191.9	933.3	26.4	5.2	137.5	552.3	539.0
按登记注册类型分组								
内资企业	590.9	191.9	933.3	26.4	5.2	137.5	552.3	539.0
国有企业	388.8	191.9	795.9	25.0	5.2	117.6	493.9	480.9
集体企业	202.1		137.4	1.4		19.9	58.4	58.1
按国民经济行业分组								
食品、饮料、烟草批发业	184.9	191.9	651.2	22.0	5.2	117.1	457.0	444.3
能源批发业	203.9		144.7	3.0			36.9	36.6
农业生产资料批发业	202.1		137.4	1.4		19.9	58.4	58.1
零售企业	**101.6**	**-3.1**	**111.0**	**3.0**	**0.6**	**43.8**	**53.8**	**53.8**
#国有及国有控股	101.6	-3.1	111.0	3.0	0.6	43.8	53.8	53.8
按登记注册类型分组								
内资企业	101.6	-3.1	111.0	3.0	0.6	43.8	53.8	53.8
国有企业	101.6	-3.1	111.0	3.0	0.6	43.8	53.8	53.8
按国民经济行业分组								
日用百货零售业	77.0		76.4			35.1	33.8	33.8
五金、交电、化工零售业	24.6	-3.1	34.6	2.4	0.6	8.7	20.0	20.0
按经营方式分组								
非连锁商店	101.6	-3.1	111.0	3.0	0.6	43.8	53.8	53.8
按零售业态分组								
百货商店	77.0		76.4			35.1	33.8	33.8
其他	24.6	-3.1	34.6	2.4	0.6	8.7	20.0	20.0

11-20 续表4

单位:万元

指标名称	损益及分配			工资福利及增值				
	营业利润	补贴收入	利润总客	本年应付工资总额	本年应付福利费额	本年应交增值税总额	本年进项税额	本年销项税额
批发、零售贸易企业总计	**-799.0**	**-33.2**	**-713.2**	**396.0**	**87.8**	**147.5**	**1 453.0**	**1 571.6**
批发企业	**-732.7**		**-681.4**	**313.4**	**75.0**	**132.1**	**1 367.0**	**1 470.6**
#国有及国有控股	-732.7		-681.4	313.4	75.0	132.1	1 367.0	1 470.6
按登记注册类型分组								
内资企业	-732.7		-681.4	313.4	75.0	132.1	1 367.0	1 470.6
国有企业	-739.0		-686.4	261.2	71.3	132.1	1 367.0	1 470.6
集体企业	6.3		5.0	52.2	3.7			
按国民经济行业分组								
食品、饮料、烟草批发业	-761.3		-731.4	220.8	63.7	102.1	799.9	873.5
能源批发业	22.3		45.0	40.4	7.6	30.0	567.1	597.1
农业生产资料批发业	6.3		5.0	52.2	3.7			
零售企业	**-66.3**	**-33.2**	**-31.8**	**82.6**	**12.8**	**15.4**	**86.0**	**101.0**
#国有及国有控股	-66.3	-33.2	-31.8	82.6	12.8	15.4	86.0	101.0
按登记注册类型分组								
内资企业	-66.3	-33.2	-31.8	82.6	12.8	15.4	86.0	101.0
国有企业	-66.3	-33.2	-31.8	82.6	12.8	15.4	86.0	101.0
按国民经济行业分组								
日用百货零售业	-33.2	-33.2		68.6	10.1			
五金、交电、化工零售业	-33.1		-31.8	14.0	2.7	15.4	86.0	101.0
按经营方式分组								
非连锁商店	-66.3	-33.2	-31.8	82.6	12.8	15.4	86.0	101.0
按零售业态分组								
百货商店	-33.2	-33.2		68.6	10.1			
其他	-33.1		-31.8	14.0	2.7	15.4	86.0	101.0

11-21 武鸣县限额以上批发、零售贸易业财务状况

(1999年)

单位:万元

指 标 名 称	年末资产负债							
	企业数(个)	亏损企业数	流动资产小计	存货	长期投资	固定资产小计	固定资产原价	生产经营用
批发、零售贸易企业总计	**9**	**6**	**4 117.4**	**1 188.7**	**21.1**	**7 129.6**	**7 891.7**	**6 881.3**
批发企业	**2**	**1**	**1 730.0**	**434.9**	**3.0**	**497.2**	**777.6**	**558.9**
#国有及国有控股	2	1	1 730.0	434.9	3.0	497.2	777.6	558.9
按登记注册类型分组								
内资企业	2	1	1 730.0	434.9	3.0	497.2	777.6	558.9
国有企业	1		728.0	285.0		305.6	475.1	334.1
集体企业	1	1	1 002.0	149.9	3.0	191.6	302.5	224.8
按国民经济行业分组								
食品、饮料、烟草批发业	1		728.0	285.0		305.6	475.1	334.1
农业生产资料批发业	1	1	1 002.0	149.9	3.0	191.6	302.5	224.8
零售企业	**7**	**5**	**2 387.4**	**753.8**	**18.1**	**6 632.4**	**7 114.1**	**6 322.4**
#国有及国有控股	7	5	2 387.4	753.8	18.1	6 632.4	7 114.1	6 322.4
按登记注册类型分组								
内资企业	7	5	2 387.4	753.8	18.1	6 632.4	7 114.1	6 322.4
国有企业	5	3	1 529.7	576.4	1.6	5 048.1	4 981.9	4 485.0
股份有限公司	2	2	857.7	177.4	16.5	1 584.3	2 132.2	1 837.4
按国民经济行业分组								
食品、饮料和烟草零售业	1	1	613.0	140.0	16.5	775.3	1 030.0	850.0
日用百货零售业	3	3	753.1	275.4	1.6	4 385.1	4 352.7	3 943.2
五金、交电、化工零售业	1	1	126.1	36.5		578.2	678.0	556.0
药品及医疗器械零售业	1		326.3	152.5		432.4	512.6	432.4
其他零售业	1		568.9	149.4		461.4	540.8	540.8
按经营方式分组								
连锁商店	1		568.9	149.4		461.4	540.8	540.8
非连锁商店	6	5	1 818.5	604.4	18.1	6 171.0	6 573.3	5 781.6
按零售业态分组								
百货商店	3	3	753.1	275.4	1.6	4 385.1	4 352.7	3 943.2
其他	4	2	1 634.3	478.4	16.5	2 247.3	2 761.4	2 379.2

11-21 续表1 单位:万元

指标名称	年末资产负债							
	累计折旧(个)	本年折旧	无形及递延资产小计	资产合计	流动负债小计	长期负债小计	负债合计	所有者权益合计
批发、零售贸易企业总计	**1 841.4**	**309.1**	**44.3**	**11 316.8**	**7 744.4**	**452.7**	**8 197.1**	**3 119.7**
批发企业	**394.4**	**40.9**		**2 234.6**	**1 211.6**	**97.3**	**1 308.9**	**925.7**
#国有及国有控股	394.4	40.9		2 234.6	1 211.6	97.3	1 308.9	925.7
按登记注册类型分组								
内资企业	394.4	40.9		2 234.6	1 211.6	97.3	1 308.9	925.7
国有企业	169.6	26.3		1 037.9	251.4	13.8	265.2	772.7
集体企业	224.8	14.6		1 196.7	960.2	83.5	1 043.7	153.0
按国民经济行业分组								
食品、饮料、烟草批发业	169.6	26.3		1 037.9	251.4	13.8	265.2	772.7
农业生产资料批发业	224.8	14.6		1 196.7	960.2	83.5	1 043.7	153.0
零售企业	**1 447.0**	**268.2**	**44.3**	**9 082.2**	**6 532.8**	**355.4**	**6 888.2**	**2 194.0**
#国有及国有控股	1 447.0	268.2	44.3	9 082.2	6 532.8	355.4	6 888.2	2 194.0
按登记注册类型分组								
内资企业	1 447.0	268.2	44.3	9 082.2	6 532.8	355.4	6 888.2	2 194.0
国有企业	896.2	265.3	43.2	6 622.6	5 124.4	341.8	5 466.2	1 156.4
股份有限公司	550.8	2.9	1.1	2 459.6	1 408.4	13.6	1 422.0	1 037.6
按国民经济行业分组								
食品、饮料和烟草零售业	254.7			1 404.8	879.2	4.6	883.8	521.0
日用百货零售业	801.1	47.0	3.1	5 142.9	3 617.1	31.9	3 649.0	1 493.9
五金、交电、化工零售业	99.8			704.3	897.2	230.0	1 127.2	-422.9
药品及医疗器械零售业	80.2	10.0		758.7	364.2	98.1	462.3	296.4
其他零售业	211.2	211.2	41.2	1 071.5	775.1	-9.2	765.9	305.6
按经营方式分组								
连锁商店	211.2	211.2	41.2	1 071.5	775.1	-9.2	765.9	305.6
非连锁商店	1 235.8	57.0	3.1	8 010.7	5 757.7	364.6	6 122.3	1 888.4
按零售业态分组								
百货商店	801.1	47.0	3.1	5 142.9	3 617.1	31.9	3 649.0	1 493.9
其他	645.9	221.2	41.2	3 939.3	2 915.7	323.5	3 239.2	700.1

11-21 续表2 单位:万元

指标名称	损益及分配						
	商品销售收入	商品销售收入净额	商品销售收入成本	经营费用	运杂及装卸费	商品销售税金及附加	商品销售利润
批发、零售贸易企业总计	**20 747.0**	**20 747.0**	**18 752.2**	**962.2**	**163.0**	**41.1**	**991.5**
批发企业	**8 632.3**	**8 632.3**	**7 902.3**	**301.1**	**72.4**	**2.5**	**426.4**
#国有及国有控股	8 632.3	8 632.3	7 902.3	301.1	72.4	2.5	426.4
按登记注册类型分组							
内资企业	8 632.3	8 632.3	7 902.3	301.1	72.4	2.5	426.4
国有企业	4 017.0	4 017.0	3 559.0	122.6	2.4	2.5	332.9
集体企业	4 615.3	4 615.3	4 343.3	178.5	70.0		93.5
按国民经济行业分组							
食品、饮料、烟草批发业	4 017.0	4 017.0	3 559.0	122.6	2.4	2.5	332.9
农业生产资料批发业	4 615.3	4 615.3	4 343.3	178.5	70.0		93.5
零售企业	**12 114.7**	**12 114.7**	**10 849.9**	**661.1**	**90.6**	**38.6**	**565.1**
#国有及国有控股	12 114.7	12 114.7	10 849.9	661.1	90.6	38.6	565.1
按登记注册类型分组							
内资企业	12 114.7	12 114.7	10 849.9	661.1	90.6	38.6	565.1
国有企业	9 627.7	9 627.7	8 483.3	577.8	72.5	35.6	531.0
股份有限公司	2 487.0	2 487.0	2 366.6	83.3	18.1	3.0	34.1
按国民经济行业分组							
食品、饮料和烟草零售业	1 164.0	1 164.0	1 048.0	78.0	18.0	3.0	35.0
日用百货零售业	5 051.3	5 051.3	4 504.9	445.1	9.3	8.9	92.4
五金、交电、化工零售业	1 135.2	1 135.2	1 135.2	5.7			-5.7
药品及医疗器械零售业	774.0	774.0	583.3	43.7	1.7	21.3	125.7
其他零售业	3 990.2	3 990.2	3 578.5	88.6	61.6	5.4	317.7
按经营方式分组							
连锁商店	3 990.2	3 990.2	3 578.5	88.6	61.6	5.4	317.7
非连锁商店	8 124.5	8 124.5	7 271.4	572.5	29.0	33.2	247.4
按零售业态分组							
百货商店	5 051.3	5 051.3	4 504.9	445.1	9.3	8.9	92.4
其他	7 063.4	7 063.4	6 345.0	216.0	81.3	29.7	472.7

11-21 续表3 单位：万元

指标名称	损益及分配							
	主营业务利润	其它业务利润	管理费用				财务费用	
				税金	财产保险	劳动待业保险		利息支出
批发、零售贸易企业总计	**991.5**	**172.3**	**941.1**	**28.0**	**18.8**	**197.5**	**349.6**	**265.7**
批发企业	**426.4**		**267.0**	**4.0**	**3.7**	**22.9**	**20.3**	**3.2**
#国有及国有控股	426.4		267.0	4.0	3.7	22.9	20.3	3.2
按登记注册类型分组								
内资企业	426.4		267.0	4.0	3.7	22.9	20.3	3.2
国有企业	332.9		113.1	4.0		13.5	-3.8	
集体企业	93.5		153.9		3.7	9.4	24.1	3.2
按国民经济行业分组								
食品、饮料、烟草批发业	332.9		113.1	4.0		13.5	-3.8	
农业生产资料批发业	93.5		153.9		3.7	9.4	24.1	3.2
零售企业	**565.1**	**172.3**	**674.1**	**24.0**	**15.1**	**174.6**	**329.3**	**262.5**
#国有及国有控股	565.1	172.3	674.1	24.0	15.1	174.6	329.3	262.5
按登记注册类型分组								
内资企业	565.1	172.3	674.1	24.0	15.1	174.6	329.3	262.5
国有企业	531.0	87.5	558.3	15.0	10.3	118.5	253.0	186.2
股份有限公司	34.1	84.8	115.8	9.0	4.8	56.1	76.3	76.3
按国民经济行业分组								
食品、饮料和烟草零售业	35.0	59.0	75.0	8.0	3.0	40.0	43.2	43.2
日用百货零售业	92.4	65.9	240.6	13.0	6.7	111.1	166.9	166.7
五金、交电、化工零售业	-5.7	45.9	37.9			22.0	61.8	3.2
药品及医疗器械零售业	125.7	1.3	90.2		2.6	1.2	26.0	26.0
其他零售业	317.7		230.4	2.9	2.6		31.4	23.4
按经营方式分组								
连锁商店	317.7		230.4	2.9	2.6		31.4	23.4
非连锁商店	247.4	172.1	443.7	21.1	12.5	174.3	297.9	239.1
按零售业态分组								
百货商店	92.4	65.9	240.6	13.0	6.7	111.1	166.9	166.7
其他	472.7	106.4	433.5	11.0	8.4	63.5	162.4	95.8

11-21 续表4 单位:万元

指标名称	损益及分配		工资福利及增值				
	营业利润	利润总客	本年应付工资总额	本年应付福利费额	本年应交增值税总额	本年进项税额	本年销项税额
批发、零售贸易企业总计	**-136.6**	**-112.2**	**516.5**	**46.9**	**167.6**	**1 238.3**	**1 385.4**
批发企业	**135.1**	**160.5**	**79.1**	**14.3**	**80.2**	**626.2**	**706.4**
#国有及国有控股	135.1	160.5	79.1	14.3	80.2	626.2	706.4
按登记注册类型分组							
内资企业	135.1	160.5	79.1	14.3	80.2	626.2	706.4
国有企业	219.6	219.6	54.0	7.5	80.2	626.2	706.4
集体企业	-84.5	-59.1	25.1	6.8			
按国民经济行业分组							
食品、饮料、烟草批发业	219.6	219.6	54.0	7.5	80.2	626.2	706.4
农业生产资料批发业	-84.5	-59.1	25.1	6.8			
零售企业	**-271.7**	**-272.7**	**437.4**	**32.6**	**87.4**	**612.1**	**679.0**
#国有及国有控股	-271.7	-272.7	437.4	32.6	87.4	612.1	679.0
按登记注册类型分组							
内资企业	-271.7	-272.7	437.4	32.6	87.4	612.1	679.0
国有企业	-198.5	-199.5	367.9	25.0	87.4	611.0	678.3
股份有限公司	-73.2	-73.2	69.5	7.6		1.1	
按国民经济行业分组							
食品、饮料和烟草零售业	-24.2	-24.2	58.0	6.0			
日用百货零售业	-255.1	-251.5	276.8	13.9		1.1	
五金、交电、化工零售业	-59.5	-60.0	10.5				
药品及医疗器械零售业	10.9	7.3	41.1	5.6	20.0		
其他零售业	56.2	55.7	51.0	7.1	67.4	611.0	678.3
按经营方式分组							
连锁商店	56.2	55.7	51.0	7.1	67.4	611.0	678.3
非连锁商店	-327.9	-328.4	386.4	25.5	20.0	1.1	
按零售业态分组							
百货商店	-255.1	-251.5	276.8	13.9		1.1	
其他	-16.6	-21.2	160.6	18.7	87.4	611.0	678.3

11-22 全市、市区批发零售贸易业、餐饮业机构、网点、人员

(1999年)　　单位:个、人

指标名称	全市				市区			
	法人单位	活动单位	网点	人员	法人单位	活动单位	网点	人员
批发零售贸易业、餐饮业合	**6 244**	**564**	**68 685**	**192 526**	**4 521**	**564**	**40 268**	**151 453**
按经济类型分								
国有经济	972	223	2 592	35 421	445	223	2 047	33 241
集体经济	4 085	333	5 067	49 037	2 975	333	3 925	46 753
私营经济	922		992	8 931	921		991	8 919
个体经济			59 732	88 417			33 081	52 099
#批发零售贸易业			53 673	75 875			29 623	44 527
联营经济	13		13	134	12		12	125
股份制经济	88	8	118	7 175	85	8	115	7 127
外商投资经济	6		6	450	6		6	450
港澳台投资经济	33		33	2 145	33		33	2 145
其他经济	125		132	816	51		58	594
按行业分								
批发业	2 305	152	5 409	36 438	1 796	152	4 725	34 527
零售业	3 529	358	56 398	124 956	2 393	358	31 322	94 392
餐饮业	410	54	6 878	31 132	339	54	4 221	22 534

11-23 邕宁县、武鸣县批发零售贸易业、餐饮业机构、网点、人员

(1999年) 单位：个、人

指标名称	邕宁县			武鸣县		
	法人单位	网点	人员	法人单位	网点	人员
批发零售贸易业、餐饮业合计	**864**	**13 927**	**18 927**	**852**	**14 490**	**22 146**
按经济类型分						
国有经济	284	294	1 176	243	251	1 004
集体经济	577	597	1 194	533	545	1 090
私营经济				1	1	12
个体经济		13 033	16 509		13 618	19 809
＃批发零售贸易业		11 718	13 611		12 332	17 737
联营经济				1	1	9
股份制经济	3	3	48			
外商投资经济						
港澳台投资经济						
其他经济				74	74	222
按行业分						
批发业	257	355	1 057	252	329	854
零售业	577	12 242	14 253	559	12 834	16 311
餐饮业	30	1 330	3 617	41	1 327	4 981

11-24 外国和港澳台地区在华直接投资

(1999年)　　　　单位:万美元

指标名称	新签协议		客商实际投资(万美元)			期末实有企业(个)	建成投产开业	本期新增企业
	合同个数(个)	客商投资(万美元)	合计	现金	实物			
合　计	**51**	**19 180**	**9 797**	**8 356**	**1 441**	**431**	**354**	**51**
按投资方式分								
中外合资经营企业	21	676	5 855	5 465	390	223	221	21
中外合作经营企业	15	15 614	2 155	1 927	228	114	71	15
外资企业	15	2 890	1 787	964	823	84	62	15
按国民经济行业分								
农、林、牧、渔业	7	755	752	702	50	20	11	7
采掘业						2	2	
制造业	24	384	3 030	2 156	874	224	191	24
电力、煤气及水的生产和供应业	1	50	1 534	1 534		5	2	1
建筑业	4	7 832	218	142	76	15	13	4
地质勘查业、水利管理业			57	57		1		
交通运输、仓储及邮电通讯业			62	10	52	9	9	
批发零售贸易、餐饮业	1	28	27	5	22	17	10	1
房地产业	7	7 126	2 371	2 012	359	100	80	7
社会服务业	5	2 966	1 742	1 734	8	30	30	5
卫生、体育和社会福利业						2	2	
教育.文化艺术及广播电影电视业						1	1	
科学研究和综合技术服务业	2	39	4	4		4	2	2
其他行业						1	1	
按投资国别、地区分								
亚洲	37	6 906	8 579	7 244	1 335	358		37
#香港	16	4 603	7 073	6 508	565	237		16
澳门						2		
台湾	11	754	1 137	401	736	59		11
日本	4	62	113	101	12	9		4
新加坡	1	9	225	225		15		1
韩国	3	440				5		3
泰国		-680	31	9	22	11		
欧洲	3	258	945	945		11		3
#比利时	1	4				1		1
英国						1		
德国			890	890		2		
法国	1	250				4		1
意大利	1	4	55	55		2		1
拉丁美洲	3	41	92	30	62	16		3
北美洲	4	96	150	110	40	36		4
#加拿大			93	93		7		
美国	4	96	57	17	40	29		4
大洋洲	4	11 879	31	27	4	10		4
#澳大利亚			31	27	4	3		
新西兰						1		

11-25 国际旅游收入

（1999年）　　单位：万元

指标名称	合计	饭店、宾馆	指标名称	合计	饭店、宾馆
合　计	**4 753**	**2 558**	长途交通费	459	
商品性收入	2 109	1 006	民航	431	
商品销售收入	1 317	500	铁道	28	
饮食销售收入	792	506	市内交通费	167	
劳务性收入	2 644	1 552	邮政电讯费	28	
旅行社旅游业务费收入	35		文化娱乐费	412	214
宿费	1 131	1 131	其他	412	207

11-26 接待过夜旅游人数

（1999年）　　单位：人

指标名称	人数	人天数	指标名称	人数	人天数
国际旅游人数合计	**35 063**	**60 441**	马来西亚	301	588
港澳同胞	11 072	19 461	美国	2 070	4 626
台湾同胞	3 636	6 497	加拿大	436	878
华　侨	66	189	英国	528	906
外国人	20 289	34 294	法国	723	1 893
#日　本	1 574	2 786	德国	461	2 551
菲律宾	24	52	意大利	220	362
新加坡	398	724	俄罗斯	44	129
泰国	820	1 135	澳大利亚	538	1 015
越南	9 335	11 022	新西兰	117	190
印度尼西亚	139	147	其他	2 561	5 290

11-27 集贸市场农产品价格指数

（1999年）　　单位：%

类别	以上年同期价格为100的指数	类别	以上年同期价格为100的指数
总指数	92.6	水产类	101.0
粮食	92.6	鲜菜类	95.5
细粮	97.1	干菜类	99.4
粗粮	81.0	鲜果	95.9
油脂类	89.0	干果	70.6
肉禽类	91.2		

11-28 居民消费价格总指数

（1999年、以上年同期为100） 单位：%

指标名称	指数	指标名称	指数
居民消费价格总指数	95.9	鞋类	98.9
食品	**95.8**	袜子	100.0
粮食	97.5	帽子	94.0
细粮	97.5	其它衣着	97.2
淀粉及薯类	92.5	**家庭设备及用品**	**97.0**
干豆类及豆制品	88.3	耐用消费品	95.3
油脂类	89.0	家具	100.0
肉禽及其制品	92.5	家庭设备	92.8
蛋类	87.6	室内装饰品	100.0
水产品类	98.0	床上用品	96.1
菜类	100.9	家庭日用杂品	99.4
鲜菜	101.5	其他日用品	99.5
干菜	99.3	**医疗保健**	**101.0**
菜制品	93.7	医疗器具及保健用品	101.0
调味品	99.4	中药材及中成药	104.0
糖类	93.9	西药	96.9
食糖	84.2	**交通和通讯工具**	**83.2**
糖果	100.0	交通工具	86.9
烟草类	100.0	通讯工具	77.2
酒和饮料	97.0	**娱乐教育文化用品**	**96.5**
干鲜瓜果类	98.1	文娱用耐用消费品	90.6
鲜果	99.9	教材及参考书	104.0
干果	81.5	文化娱乐用品	101.0
糕点类	100.0	文娱用品	99.6
奶及奶制品	98.8	报纸杂志	103.0
其它食品	99.8	**居住**	**99.3**
饮食业	100.0	住房	97.6
主食	100.0	建筑材料	94.8
炒菜	100.0	房租	99.7
地方小吃	100.0	水、电、燃料	101.0
衣着类	**94.0**	**服务项目**	**101.0**
服装	91.8	电讯费	100.0
衣着材料	99.4	邮费	140.0
棉布	99.7	交通费	106.0
棉花化纤混纺	100.0	洗理美容费	100.0
化纤布	100.0	文娱费	96.0
呢绒	100.0	学杂保育费	104.0
绸缎	100.0	修理及其它服务	94.5
毛线	96.4	医疗保健服务	100.0

11-29 商品零售价格总指数

（1999年、以上年为100）　　单位：%

指标名称	指数	指标名称	指数
商品零售价格总指数	**95.9**	鞋	98.8
食品类	**95.3**	其他衣着	107.7
粮食	95.5	**纺织品类**	**98.6**
细食	97.3	棉布	99.7
粗食	79.8	棉花化纤混纺布	100.0
油脂类	89.0	化纤布	100.0
肉禽蛋	92.0	呢绒	100.0
水产品	97.9	绸缎	100.0
鲜菜	101.3	其他纺织品	95.7
干菜	95.4	**中、西药品类**	**100.8**
鲜果	100.2	中药	104.1
干果	81.7	西药	96.9
其他食品类	97.0	医疗用品	100.2
调味品	99.4	**化妆品类**	**102.3**
食糖	84.2	**书报、杂志类**	**105.3**
糖果	100.0	**文化体育用品类**	**100.1**
糕点	100.0	文化用品	100.3
奶及奶制品	98.8	体育用品	99.7
罐头	99.8	**日用品类**	**99.5**
饮食业	100.0	一般日用品	99.5
主食	100.0	家具类	100.0
炒菜	100.0	日用杂品	98.8
地方小吃	100.0	家用电器	90.9
饮料、烟酒类	98.6	首饰类	95.5
饮料	96.1	燃料类	104.3
烟酒	99.1	机电产品类	95.6
服装、鞋帽类	**94.0**	建筑装璜材料类	87.6
服装	91.8		

11-30 城镇居民基本生活费用价格指数

(1999年、以上年为100)

类　别	指　数	类　别	指　数	类　别	指　数
总指数	**97.5**	酒	101.7	铁锅	94.7
消费品价格指数	**95.9**	鲜果	101.7	灯泡	100.0
粮食	97.6	奶及奶制品	97.7	黑白电视机	99.8
面粉	95.7	鲜奶	100.0	自行车	99.4
籼米	99.7	奶粉	95.5	电风扇	90.1
挂面	97.7	棉布	100.0	医药	103.5
食用植物油	93.3	花布	100.0	银翘解毒丸	96.1
鲜菜	101.3	色布	100.0	感冒药	106.6
豆腐	92.9	涤棉布	100.0	外用药	92.6
肉及肉制品	90.6	衬衫	101.8	**居住费用价格指数**	**102.5**
猪肉	89.4	鞋	101.6	民用燃料	104.4
牛肉	97.8	皮鞋	**102.9**	蜂窝煤	**93.0**
熟肉	91.1	布鞋	94.8	液化石油气	107.0
鸡	96.3	混纺毛线	100.0	房租	100.0
鲜蛋	87.3	毛衣	81.2	水电费	97.3
水产品	89.5	夹克衫	92.5	自来水	98.5
带鱼	87.6	袜子	100.0	居民用电	96.8
链鱼	95.9	床单	100.0	**服务项目价格指数**	**103.5**
盐	101.2	毛巾	100.0	托儿费	100.0
酱油	100.0	牙膏	101.8	洗理费	100.0
醋	100.0	洗涤用品	96.4	理发	100.0
味精	96.3	肥皂	93.4	医疗费	100.0
食糖	86.1	香皂	93.8	挂号费	100.0
白糖	83.9	洗衣粉	111.5	注射费	100.0
红糖	93.0	卫生纸	102.6	手术费	100.0
烟酒茶	101.8	信纸	102.4	检查费	100.0
乙级卷烟	102.1	电池	101.4	理疗费	100.0
茶叶	97.8	碗	100.0	学杂费	104.6
				市内交通费	117.1

11-31 个体工商业基本情况

(1999年)

指 标 名 称	户数(户)	城镇	从业人员(人)	城镇	注册资金(万元)	城镇	总产值(万元)	城镇	销售总额或营业收入(万元)	城镇
全　市	**75 232**	**39 097**	**110 359**	**60 269**	**53 400**	**32 030**	**12 127**	**5 038**	**573 033**	**468 015**
农林牧渔业	48	7	113	23	344	104	107	19	104	13
#农林牧渔服务业	10		30		24					
采掘业	146	29	251	54	342	51	628	114		
制造业	4 190	1 339	7 871	2 735	6 451	1 950	11 142	4 853		
建筑业	45	23	120	49	326	64	250	52		
交通运输业、仓储业	1 694	634	1 962	816	5 545	1 898			10 424	6 238
#交通运输业	1 694	634	1 962	816	5 545	1 898			10 424	6 238
批发零售贸易、餐饮业	59 732	31 615	88 417	48 740	34 285	22 901			539 480	441 484
#批发零售贸易业	53 673	27 500	75 875	41 578	30 433	20 299			405 968	324 142
社会服务业	8 637	4 711	10 788	7 016	5 677	4 633			20 969	18 224
#日用品修理业	1 326	565	2 062	906	468	220			2 670	1 178
旅馆业	239	157	524	403	752	638			1 213	891
娱乐服务业	427	278	705	458	944	778			1 219	813
其他行业	740	739	837	836	430	429			2 056	2 056
市　区	**39 921**	**30 355**	**63 241**	**46 424**	**28 374**	**24 639**	**3 621**	**2 584**	**456 812**	**304 564**
农林牧渔业	33	3	81	11	141	54	96	14	96	9
#农林牧渔服务业	10		30		24					
采掘业	11		42		72					
制造业	1 499	633	3 260	1 255	1 710	1 001	3 239	2 546		
建筑业	26	9	87	25	198	22	212	24		
交通运输、仓储业	465	170	568	191	734	468			2 820	2 376
#交通运输业	465	170	568	191	734	468			2 820	2 376
批发零售贸易业、餐饮业	33 081	25 402	52 099	38 981	21 435	19 352			436 842	285 465
#批发零售贸易业	29 623	22 893	44 527	33 299	19 202	17 262			328 201	264 812
社会服务业	4 069	3 401	6 271	5 128	3 670	3 328			14 998	14 658
#日用品修理业	572	383	1 127	684	282	157			476	397
旅馆业	76	75	207	205	526	525			478	476
娱乐服务业	173	133	310	215	335	292			435	349
其他行业	737	737	833	833	414	414			2 056	2 056

11-32 私营企业基本情况

(1999年)

指标名称	合计					
	户数（户）	投资者人数（人）	雇工人数（人）	注册资本金（万元）	总产值（万元）	销售总额或营业收入（万元）
全　市	**3 527**	**8 854**	**24 210**	**183 951**	**45 345**	**98 659**
农林牧渔业	63	263	461	4 340	979	313
#农林牧渔服务业	5	42	19	530		42
采掘业	26	112	765	965	212	
制造业	566	1 384	7 069	27 728	38 139	
建筑业	148	435	1 202	9 160	6 015	
交通运输业	22	73	111	1 083		401
批发零售贸易、餐饮业	1 969	4 673	11 021	99 196		89 366
#批发零售贸易业	1 874	4 512	9 703	93 939		83 157
社会服务业	549	1 448	2 715	19 236		7 377
#日用品修理业	8	20	92	688		241
旅馆业	8	59	84	807		538
娱乐服务业	10	21	65	375		604
其他行业	184	466	866	22 243		1 202
市　区	**3 238**	**7 985**	**20 348**	**160 251**	**30 903**	**94 608**
农林牧渔业	32	137	195	2 220	501	198
采掘业	24	110	749	857	116	
制造业	372	825	3 872	14 278	24 306	
建筑业	145	428	1 192	8 863	5 980	
交通运输业	16	42	77	851		174
批发零售贸易、餐饮业	1 937	4 612	10 794	95 899		87 316
#批发零售贸易业	1 865	4 502	9 650	93 686		81 566
社会服务业	535	1 384	2 625	18 206		5 718
#日用品修理业	6	15	43	78		173
旅馆业	8	59	84	807		538
娱乐服务业	9	18	62	325		604
其他行业	177	447	844	19 077		1 202

11-32 续表

指标名称	城镇					
	户数（户）	投资者人数（人）	雇工人数（人）	注册资本金（万元）	总产值（万元）	销售总额或营业收入（万元）
全市	3 212	7 920	**19 697**	**163 332**	**37 712**	**96 748**
农林牧渔业	31	144	205	2 599	513	176
#农林牧渔服务业	1	4	3	50		31
采掘业						
制造业	375	833	4 014	15 257	31 198	
建筑业	145	428	1 192	8 863	6 001	
交通运输业	16	45	64	794		385
批发零售贸易、餐饮业	1 836	4 617	10 810	96 177		87 988
#批发零售贸易业	1 868	4 506	9 639	93 923		83 024
社会服务业	535	1 411	2 613	18 777		7 051
#日用品修理业	5	14	48	558		196
旅馆业	8	16	84	807		538
娱乐服务业	6	16	48	277		594
其他行业	174	442	799	20 865		1 148
市区	3 108	7 652	**18 538**	**157 090**	**21 133**	**93 757**
农林牧渔业	24	128	107	1 991	279	72
采掘业						
制造业	304	656	3 164	12 783	20 854	
建筑业	145	428	1 192	8 863		
交通运输业	14	37	54	761		121
批发零售贸易、餐饮业	1 920	4 590	10 654	95 581		86 756
#批发零售贸易业	1 859	4 496	9 601	93 600		79 453
社会服务业	530	1 378	2 576	18 132		5 660
#日用品修理业	4	13	24	58		162
旅馆业	8	59	84	807		538
娱乐服务业	8	16	144	733		594
其他行业	171	435	791	18 979		1 148

十二 财政 金融 保险

财政、金融、保险

1999年，南宁市财政收入继续保持两位数增长，但增幅减缓，财政支出基本保证了我市经济建设和社会各项事业发展的需要，预算执行情况良好，实现财政收支平衡，略有结余。金融形势保持稳定。保险业持续发展。

财政收支持续增长。1999年，全市财政总收入完成27.01亿元，比上年增长10.14%，其中地方财政收入14.97亿元，比上年增长13.77%，中央两税收入12.04亿元，增长5.94%。全市地方财政支出17.28亿元，比上年增长23.57%。

地方财政收支基本情况：1、工商税稳步增长。全年工商税入库11.08亿元，比上年增长18.66%，其中增值税、营业税、个人所得税、固定资产投资方向调节税等主体税种共计增收8.87亿元，占工商税增收额的80%，比上年分别增长18.19%、21.82%、17.07%、43.36%。2、企业所得税和国有资产经营收益入库增收较大。全年企业所得税和国有资产经营收益入库1.36亿元，比上年增长48.74%。3、行政性收费增长大。全年行政性收费入库0.46亿元，比上年增长94.23%。4、财政支出加大了对农业、教育、科技、社会保障、公共基础设施建设的投入。1999年，基本建设支出、科技三项费用、支援农村生产支出、文体广播事业费、教育事业费、社会保障补助支出、分别比上年增长1.23倍、17.32%、62.65%、35.56%、16.77%、2.34倍。

金融信贷平稳运行。1999年，南宁市金融机构认真执行国家的信贷货币政策，积极拓宽融资渠道，调整信贷结构。全年全市金融机构各项存款余额526.82亿元，比年初增长17.82%，其中：企业存款余额235.03亿元，增长24.59%；城乡居民储蓄存款余额219.09亿元，增长9.46%。全市金融机构贷款余额427.28亿元，比年初增长23.11%，其中：短期贷款余额235.46亿元，增长21.27%；中长期贷款余额167.73亿元，增长27.09%。

保险业务不断发展。1999年，随着经济的发展和人们物质文化生活水平的提高，人们的保险意识不断增强。参加财产保险的企业户数比上年增加，年底达到7863个，比上年增长17.04%；参加家庭财产保险的户数、参加各种人身保险的人数，年底分别达到14.35万户和102.14万人。1999年，全市财险和寿险的承保金额达1010.51亿元，比上年增长7.55%，保险费收入5.89亿元，比上年增长11.77%，全年支付各类赔款1.46亿元，比上年增长9.05%。

12-1 历年财政金融

单位:万元

年　份	财政总收入	地方财政收入	地方财政支出	金融机构存款余额	城乡居民存款余额	金融机构贷款余额
1950	394	394	190	1 364	21	34
1951	1 066	1 066	396	2 191	104	259
1952	1 002	1 002	706	2 898	217	1 130
1953	1 751	1 751	708	4 017	300	2 710
1954	2 338	2 338	819	4 701	408	17 234
1955	2 435	2 435	752	3 792	411	5 694
1956	3 555	3 555	1 102	2 005	561	12 673
1957	4 247	4 247	1 237	6 034	610	10 532
1958	4 017	4 017	2 597	28 456	1 166	17 354
1959	5 321	5 321	2 843	32 795	1 649	18 531
1960	4 903	4 903	3 707	41 639	1 421	24 739
1961	3 128	3 128	1 919	32 746	965	23 511
1962	3 237	3 237	1 257	33 961	697	18 007
1963	3 444	3 444	1 432	29 539	837	16 559
1964	3 560	3 560	2 060	32 125	1 186	14 940
1965	4 479	4 479	2 116	39 443	1 426	18 356
1966	5 516	5 516	2 118	39 760	1 635	22 147
1967	4 654	4 654	1 820	52 692	1 683	23 790
1968	3 184	3 184	1 814	43 355	1 944	27 973
1969	5 778	5 778	2 322	51 778	1 973	27 471
1970	7 561	7 561	2 424	63 437	2 080	31 146
1971	9 381	9 381	2 569	65 413	2 390	35 996
1972	11 095	11 095	5 453	51 508	2 819	40 428
1973	13 263	13 263	3 325	71 517	3 282	41 453

12-1 续表 单位：万元

年份	财政总收入	地方财政收入	地方财政支出	金融机构存款余额	城乡居民存款余额	金融机构贷款余额
1974	15 388	15 388	4 096	77 685	3 788	39 196
1975	16 561	16 561	3 905	76 612	4 039	44 799
1976	16 481	16 481	3 855	90 296	4 290	47 115
1977	18 554	18 554	4 610	100 237	4 781	51 648
1978	20 102	20 102	7 074	110 660	5 735	59 521
1979	20 319	20 319	6 113	117 962	7 428	63 574
1980	23 682	23 682	7 410	110 309	10 358	71 873
1981	24 535	24 535	7 436	98 844	13 312	84 577
1982	26 017	26 017	8 137	106 333	16 799	87 201
1983	26 258	26 258	7 661	116 751	21 653	88 253
1984	27 446	27 446	9 543	179 074	31 806	99 997
1985	35 447	35 447	17 967	212 380	43 646	167 691
1986	38 873	38 873	26 745	226 697	61 348	222 735
1987	44 078	44 078	28 971	262 623	82 535	270 298
1988	51 071	51 071	40 532	260 827	100 160	297 861
1989	57 352	57 352	39 426	328 250	138 715	287 226
1990	63 930	63 930	47 677	464 879	197 821	346 755
1991	70 051	70 051	48 397	552 636	258 819	383 694
1992	73 459	73 459	48 401	685 440	341 946	444 498
1993	106 466	106 466	66 850	1 077 025	515 981	657 827
1994	150 232	73 492	85 826	1 537 665	802 162	880 566
1995	171 074	91 236	94 609	2 063 550	1 123 696	1 107 552
1996	190 465	103 583	105 844	2 724 968	1 439 865	1 385 499
1997	215 806	116 778	119 471	3 014 072	1 618 159	1 731 336
1998	245 249	131 583	139 884	4 461 444	2 001 576	3 460 657
1999	270 113	149 700	172 851	5 268 177	2 190 918	4 262 816

12-2 财政收入

(1999年) 单位:万元

指 标 名 称	全 市	市 区	邕宁县	武鸣县
财政收入	**270 113**	**209 110**	**27 015**	**33 988**
中央"两税"收入	120 413	95 180	8 990	16 243
地方财政收入	149 700	113 930	18 025	17 745
增值税	26 876	21 969	2 970	1 937
营业税	45 364	39 460	3 995	1 909
企业所得税	13 226	10 608	1 279	1 339
企业所得税退税	-2 965	-2 965		
个人所得税	9 919	7 995	1 203	721
资源税	234	124	95	15
固定资产投资方向调节税	6 570	6 137	288	145
城市维护建设税	9 776	8 643	401	732
房产税	8 206	7 802	246	158
印花税	875	841	24	10
城镇土地使用税	1 776	1 576	113	87
土地增值税	33	14	18	1
车船使用税	586	487	28	71
屠宰税	590	309	148	133
农业税	3 443	1 028	1 206	1 209
农业特产税	6 580	1 644	2 511	2 425
耕地占用税	1 335	597	207	531
契税	894	522	307	65
国有资产经营收益	406		15	391
国有企业计划亏损补贴	-3 597	-3 587		-10
行政性收费收入	4 582	61	1 104	3 417
罚没收入	6 168	5 308	520	340
土地和海域有偿使用收入	36		17	19
专项收入	6 609	4 982	680	947
其他收入	2 178	375	650	1 153
附加资料				
上级补助收入	77 760	60 350	7 926	9484
国债转贷收入	24 575	24 575		
国债转贷资金上年结余	5 800	5 800		
上年结余收入	16 080	15 162	85	833

12-3 财政支出

（1999年）　　　　单位：万元

指标名称	全市	市区	邕宁县	武鸣县
本年支出合计	**172 851**	**126 897**	**21 850**	**24 104**
基本建设支出	25 858	25 711	85	62
企业挖潜改造资金	8 048	7 818	32	198
科技三项费用	1 470	1 196	30	244
支援农村生产支出	6 023	2 934	1 327	1 762
农业综合开发支出	737	371	135	231
农林水利气象等部门事业费	3 153	1 579	770	804
工业交通等部门事业费	254	184	55	15
流通部门事业费	50	36		14
文体广播事业费	6 725	5 566	565	594
教育事业费	22 886	11 960	5 878	5 048
科学事业费	798	742	34	22
卫生事业费	10 092	7 954	958	1 180
税务统计财政审计等部门事业费	5 352	2 549	1 486	1 317
抚恤和社会福利救济费	2 663	1 796	312	555
行政事业单位离退休经费	9 283	5 576	2 077	1 630
社会保障补助支出	3 895	3 663	129	103
国防支出	73	70		3
行政管理费	14 484	9 241	2 276	2 967
外交外事支出	780	780		
公检法司支出	11 780	9 623	999	1 158
城市维护费	16 226	11 987	251	3 988
政策性补贴支出	3 946	3 243	574	129
支援不发达地区支出	1 046	705	164	177
专项支出	7 552	6 502	539	511
其他支出	9 677	5 111	3 174	1 392
附加资料				
上解自治区支出	48 618	41 616	4 016	2 986
国债转贷收入安排的支出	15 325	15 325		
国债转贷收入结余	15 050	15 050		
调出资金	1 000	1 000		
年终滚存结余	21 071	19 929	170	972
净结余	13 951	12 931	133	887

12-4 银行现金收入

(1999年)　　单位:万元

指标名称	全市	市区	邕宁县	武鸣县
合计	**10 787 021**	**9 974 483**	**423 631**	**388 907**
商品销售收入	1 291 149	1 176 939	77 769	36 441
服务业收入	473 014	419 055	32 646	21 313
税款收入	32 990	22 729	6 459	3 802
城乡个体经营收入	117 357	110 962	5 438	957
储蓄存款收入	7 134 752	6 597 379	237 926	299 447
其他金融机构收入	67 778	66 555	784	439
居民归还贷款收入	4 597	4 299	205	93
汇兑收入	762 678	755 993	5 298	1 387
有价证券收入	20 853	19 848	811	194
其他收入	881 853	800 724	56 295	24 834
#兑换外币收入	2 490	2 490		

12-5 银行现金支出

（1999年） 单位：万元

指 标 名 称	全 市	市 区	邕宁县	武鸣县
合 计	**10 495 852**	**9 671 955**	**426 518**	**397 379**
工资性支出	511 559	440 803	44 190	26 566
国家工资及奖金支出	265 191	226 993	20 345	17 853
国家对个人其他支出	167 247	147 950	13 844	5 453
部队存款支出	23 212	22 824	240	148
其他单位工资性支出	55 909	43 036	9 761	3 112
农副产品采购支出	224 527	183 576	28 257	12 694
工矿及其他产品采购支出	157 675	145 963	5 507	6 205
行政企事业管理费支出	456 848	412 010	20 197	24 641
城乡个体经营支出	84 195	74 028	8 086	2 081
储蓄存款支出	7 497 351	6 953 092	249 028	295 231
其他金融机构支出	72 400	70 682	786	932
居民提取贷款支出	890	393	176	321
汇兑支出	591 997	580 506	8 674	2 817
有价证券支出	17 524	16 725	465	334
其他支出	880 886	794 177	61 152	25 557
#兑换外币支出	6 233	6 216		17
投放(+)回笼(-)	**-291 169**	**-302 528**	**2 887**	**8 472**

12-6 全社会金融机构存款余额

（1999年） 单位：万元

指标名称	全市	市区	邕宁县	武鸣县
合计	**5 268 177**	**4 934 079**	**186 330**	**147 768**
企业存款	2 350 338	2 296 829	36 353	17 156
活期存款	1 632 391	1 594 637	23 312	14 442
工业存款	293 429	285 478	4 873	3 078
商业存款	145 300	141 960	649	2 691
建筑企业存款	77 362	74 665	2 299	398
城镇集体企业存款	66 190	64 646	1 157	387
乡镇企业存款	4 738	2 941	1 560	237
三资企业存款	23 097	22 616		481
私营企业及个体户存款	7 640	7 336	198	106
定期存款	717 947	702 192	13 041	2 714
财政存款	423 554	419 512	2 798	1 244
机关团体存款	204 474	196 485	4 057	3 932
储蓄存款	2 190 918	1 940 379	132 697	117 842
活期储蓄	866 027	753 246	53 427	59 354
定期储蓄	1 324 891	1 187 133	79 270	58 488
农业存款	51 063	33 953	9 777	7 333
信托存款	600	600		
委托存款	-30 607	-30 967	359	1
其他存款	77 837	77 288	289	260

12-7 全社会金融机构贷款余额

（1999年）　　　　单位：万元

指标名称	全市	市区	邕宁县	武鸣县
合计	**4 272 816**	**4 035 133**	**109 220**	**128 463**
短期贷款	2 354 573	2 146 439	91 136	116 998
工业贷款	580 389	545 601	12 331	22 457
商业贷款	842 334	790 709	26 493	25 132
#农副产品贷款	94 037	61 279	17 099	15 659
建筑业贷款	158 950	157 392	689	869
农业贷款	82 302	29 198	18 578	34 526
乡镇企业贷款	85 642	47 422	14 794	23 426
三资企业贷款	123 081	122 433		648
私营企业及个体贷款	3 313	1 957	747	609
其他短期贷款	478 562	451 727	17 504	9 331
中期流动资金贷款	125 406	112 176	13 230	
中长期贷款	1 677 348	1 662 058	3 825	11 465
基本建设贷款	1 395 889	1 393 581	1 074	1 234
技术改造贷款	139 046	129 116	270	9 660
其他中长期贷款	142 413	139 361	2 481	571
信托贷款	7 834	7 834		
逾期类贷款	107 655	106 626	1 029	

12-8 保险业务

(1999年) 单位:万元

指标名称	保险费收入			
	全市	市区	邕宁县	武鸣县
合　　计	**58 926**	**52 739**	**3 411**	**2 776**
短期业务小计	25 493	22 144	2 005	1 344
国内短期业务				
财产保险小计	24 314	21 186	1 836	1 292
企业财产保险	6 889	6 160	364	365
运输工具及责任保	13 193	10 950	1 362	881
货物运输保险	2 024	1 960	29	35
家庭财产保险	225	207	8	10
其他财产保险	1 983	1 909	73	1
农业保险小计	17	11	6	
种植业保险	10	4	6	
养殖业保险	7	7		
短期人身保险	1 162	947	163	52
长期业务小计	**33 433**	**30 595**	**1 406**	**1 432**
个人营销小计	23 007	21 952	593	462
首期保费	11 137	10 655	303	179
续期保费	11 870	11 297	290	283
团体长期险	10 398	8 615	813	970
补充资料				
承保额 (万元)	10 105 061	9 504 118	390 047	210 896
参加企业财产保险企业户数(个)	7 863	7 685	106	72
参加家庭财产保险企业户数(户)	143 479	134 447	55 082	7 950
参加人身保险人数(人)	1 021 444	706 767	133 087	181 590

12-8 续表

单位:万元

指 标 名 称	赔 款 支 出			
	全 市	市 区	邕宁县	武鸣县
合　　计	**14 594**	**12 189**	**1 373**	**1 032**
短期业务小计	11 747	10 021	1 034	692
国内短期业务	11 747	10 021	1 034	692
财产保险小计	11 229	9 636	913	680
企业财产保险	1 789	1 452	173	164
运输工具及责任保	6 838	5 638	696	504
货物运输保险	1 904	1 891	3	10
家庭财产保险	40	36	2	2
其他财产保险	658	619	39	
农业保险小计	17	17		
养殖业保险	17	17		
短期人身保险	501	368	121	12
长期业务小计	2 847	2 168	339	340
个人营销小计	426	402	16	8
续期保费	426	402	16	8
团体长期险	1 528	873	323	332

十三　文化、教育、卫生、体育

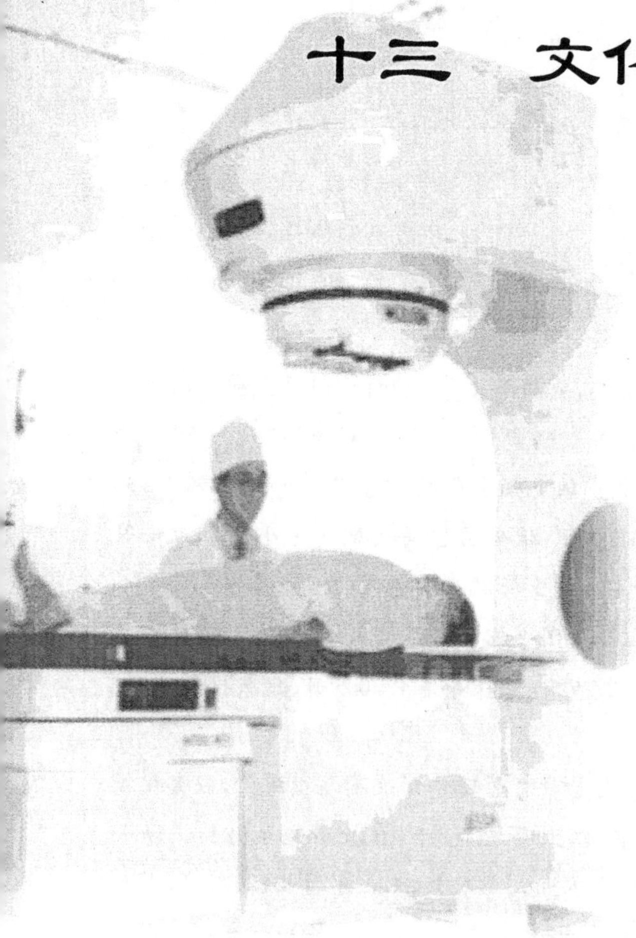

文化、教育、卫生、体育

文化事业生机勃勃。1999年，我市努力繁荣文化艺术，成功举办了'99南宁国际民歌艺术节。我市文艺工作者以精品为目标，实现了多项零的突破。其中歌曲《乡村社戏》获全国“五个一”工程奖、广西“五个一”工程奖；中篇电视剧《走过秋冬春夏》获中国电视金鹰奖、广西“五个一”工程奖；儿童文学《作家与女孩》获全国陈伯吹儿童奖；话剧小品《呼唤》获全国曹禺戏剧奖·小品小戏一等奖。1999年，全市有艺术表演团体13个，艺术表演场所4个，演出场次2087场，观众达221万人次。全市有影剧院24个，放映电影2.23万场。全市有县级以上公共图书馆6个，总藏书量2270千册(件)，全市52个乡镇全部建立了图书馆(室)。全年出版图书20127万册、出版杂志4270万册、出版报纸32633万印张。

教育事业不断发展。“两基”达标得到巩固和提高，高等教育管理体制改革逐步深化，教育规模扩大。1999年，全市高等院校共有研究生培养单位6个，比上年增加2个，在校研究生926人，增长28.08%，全市有普通高等学校13所，比上年增加3所，在校学生4.33万人，比上年增长17.41%，创历史新水平。全市有中等专业学校48所，在校学生6.87万人，比上年增长3.85%。基础教育结构得到调整。全市有普通中学204所，比上年增加9所，在校学生19.44万人，比上年增长5.63%；农、职业中学37所，比上年减少5所，在校学生1.45万人，比上年下降15.78%；技工学校38所，比上年增加3所，在校学生1.75万人，比上年下降21.47%；小学在校学生31.28万人，比上年下降6.43%，全市小学学龄儿童入学率达100%，初中毕业升学率为63.5%(市区为95%)。

卫生事业有新的发展，城乡卫生条件继续得到改善。1999年全市拥有各类各级卫生机构738个，其中医院101个，比上年增加6个；共有医疗机构病床1.19万张，其中医院病床1.15万张，分别比上年增长1.66%和7.04%；卫生技术人员1.82万人，其中医生0.84万人。平均每千人拥有医生2.9人，医院床位4.04张。预防保健工作有成效，儿童四苗全程接种率达98%以上。农村卫生工作得到加强，农村合作医疗覆盖率达91.16%。

体育事业取得新成绩。1999年，承办了首届亚洲城市举重锦标赛。我市运动员在国际比赛中，夺得金牌4枚、银牌3枚、铜牌1枚；在全国性比赛中夺得金牌19枚，银牌14枚，铜牌10枚；在全区性比赛中夺得金牌151枚，银牌115枚，铜牌184枚。全民健身活动蓬勃发展。全年共开展各类群众体育活动5144次，中小学校实施了国家体育锻炼标准，学生体育达标率为96%。

13-1 文化事业基本情况

（1999年）

指　标　名　称	单　位	全　市	市　区	邕宁县	武鸣县
电影制作单位	个	1	1		
电影放映单位	个	229	125	73	31
#影剧院	个	24	16	3	5
电影放映场次	场	22 315	18 968	1 616	1 731
艺术表演团体	个	13	11	1	1
演出场次	场	2 087	1 854	108	125
观众人数	万人次	221	179	29	13
艺术表演场所	个	4	4		
文化馆	个	8	6	1	1
群众艺术馆	个	3	3		
公共图书馆	个	57	19	21	17
图书总藏量	千册、件	2 480	2 154	146	180
#古籍	千册	123	123		
图书	千册	2 076	1 821	120	135
出版社	个	7	7		
杂志社	个	145	145		
报社	个	33	33		
图书出版印数	万册	20 127	20 127		
杂志出版印数	万册	4 270	4 270		
报纸出版印数	万印张	32 633	32 633		
其他文化事业机构	个	86	47	22	17

13-2 教育事业基本情况

（1999年）

指 标 名 称	单 位	全 市	市 区	邕宁县	武鸣县
学校数					
普通高校	所	13	11	2	
中等专业学校	所	48	45	2	1
普通中学	所	204	87	64	53
农、职业中学	所	37	33	1	3
技工学校	所	38	38		
小学	所	750	267	252	231
在校学生数					
普通高校	人	43 339	40 679	2 660	
中等专业学校	人	68 744	64 513	2 696	1 535
普通中学	人	194 445	82 888	60 224	51 333
农、职业中学	人	14 509	13 355	417	737
技工学校	人	17 495	17 495		
小学	人	312 795	132 227	108 487	72 081
专任教师数					
普通高校	人	4 270	4 031	239	
中等专业学校	人	3 514	3 315	128	71
普通中学	人	8 842	4 421	2 359	2 062
农、职业中学	人	1 458	1 326	24	108
技工学校	人	1 242	1 242		
小学	人	11 893	5 955	3 674	2 264
成人高等教育在校学生数	**人**	**25 894**	**25 894**		
#广播电视大学在校生	人	11 722	11 722		
成人中等教育在校学生数	**人**	**23 281**	**21 515**	**1 392**	**374**

13-3 普通高等学校一览表

（1999年）　　单位：人

指标名称	毕业生数	招生数	在校学生数	专任教师数
总　　计	**8 665**	**15 208**	**43 339**	**4 270**
广西大学	3 382	4 660	15 312	1 615
广西医科大学	545	1 460	4 093	492
广西中医学院	365	758	2 383	255
广西师范学院	778	1 522	4 031	365
广西商业高等专科学校	539	711	1 954	150
广西财政高等专科学校	476	703	1 902	125
广西体育高等专科学校	293	356	656	68
广西艺术学院	204	285	1 003	216
广西民族学院	1 038	1 866	5 423	462
邕江大学	291	441	1 211	88
南宁职业技术学院	345	715	1 623	117
广西职业技术学院	165	615	1 449	151
广西水电学校大专班	244	405	1 153	55
广西公安干部管理学院		285	720	
广西机电职业技术学院		426	426	111

13-4 中等专业学校一览表

（1999年）　　　　单位：人

指标名称	毕业生数	招生数	在校学生数	专任教师数
总计	**16 581**	**20 436**	**68 744**	**3 514**
南宁有色金属工业学校	382	590	2 188	73
南宁电力学校	265		1 119	89
广西交通学校	344	587	2 054	105
广西航运学校	206	539	1 534	95
广西计量学校	210	280	1 180	30
广西纺织工业学校	261	341	1 295	64
广西水电学校	318	496	2 051	90
广西轻工业学校	1 022	673	3 009	95
广西建筑材料工业学校	700	450	1 923	56
广西机械工业学校	533	596	2 475	148
广西广播电视学校	226	276	645	31
广西邮电学校	120		514	100
广西第一工业学校	353	640	1 899	60
广西建筑工程学校	292	728	2 493	152
广西南宁化工学校	696	895	3 269	83
广西农业学校	872	1 011	3 855	114
广西水产学校	316	443	1 691	66
广西中医学校	165	369	872	32
广西妇幼保健院附设护校	54	71	178	13
南宁市卫生学校	152	263	860	69
广西医科大学附设护校	128	502	941	46
广西药科学校	297	493	1 164	92
广西农业银行中专学校	102			25

单位：人

指标名称	毕业生数	招生数	在校学生数	专任教师数
广西贸易经济学校	687	868	2 777	82
广西财经学校	294	631	2 051	80
广西对外经济贸易学校	369	474	1 578	76
广西物资学校	199	564	1 948	80
广西供销学校	217	314	1 419	66
广西工商行政管理学校	304	132	532	41
广西银行学校	724	183	842	77
广西税务学校	73	254	349	40
广西监狱警官学校	392	421	803	56
广西人民警察学校	700	339	1 094	98
广西司法学校	526	450	989	75
广西人民武装警察学校	240	120	359	34
广西体育运动学校	244	273	777	76
广西艺术学校	335	540	1 266	94
广西艺术学院附设艺校	246	173	788	61
广西唐佩珠民族艺术学校		117	373	13
南宁地区民族中等专业学校	208	305	1 108	54
南宁市师范学校	319	351	1 120	79
南宁地区第一民族师范学校	415	579	1 584	95
广西幼儿师范学校	287	496	1 142	77
广西民族中专学校	450	537	1 535	71
广西民族师范学校	508	682	1 911	134
广西机电工程学校	300	560	1 903	87
南宁地区机电工业学校	211	257	1 112	33
广西机电工业学校	319	573	2 175	107

13-5 技工学校一览表

（1999年） 单位：人

指 标 名 称	毕业生数	招 生 数	在校学生数	专任教师数
总 计	**9 182**	**6 265**	**17 495**	**886**
南宁技工学校	318	435	1 150	38
南宁市一轻技工学校	435	549	1 626	22
南宁市二轻技工学校	212	211	596	20
南宁市建筑技工学校	243	321	238	18
南宁市化工医药技工学校	349	466	839	30
南宁机械工业技校	155	73	225	10
南宁化工集团公司技校	46		91	4
南宁发电设备总厂技校	204	21	119	12
南宁重型机器厂技校	41		53	5
南宁模具中心技校	92		35	8
南宁市自来水公司技校	119	80	278	11
广西机电技工学校	359	30	275	23
广西汽车运输技工学校	583	465	1 269	42
广西动力技术学校	169	147	337	22
广西出版技工学校	71	68	190	16
广西石油化工技工学校	784	832	2 159	74
广西轻工技工学校	623	454	547	23
广西公路技工学校	273	179	632	35
广西图书发行技工学校				7
广西电子技工学校	248	200	606	41
广西二轻工业技工学校	205	267	767	21
广西建材技工学校	75		78	17
广西电影技工学校			155	12
广西电力技工学校	227		335	44
广西电子工贸技工学校				12
广西经贸技工学校	705	365	1 261	51
广西南宁商业技工学校	522	294	878	37
广西南宁供销技工学校	419	229	659	33
广西建筑安装技校		58	130	17
广西有色冶金技工学校	116		111	4
广西邮电技工学校			90	35
广西航运技工学校			54	35
广西水电技工学校	816	259	910	42
广西监狱技工学校	63	45	144	12
广西科学技术学校				4
广西广播电视技校	64		97	30
南地水电技工学校	268	87	332	8
南地技工学校	378	130	229	11

13-6 卫生事业基本情况

（1999年）

指标名称	单位	全市	市区	邕宁县	武鸣县
卫生机构数	个	**738**	**569**	**88**	**81**
#医院	个	101	51	29	21
门诊部(所)	个	594	483	57	54
病床位数	张	**11 973**	**9 807**	**1 278**	**888**
#医院病床位数	张	11 520	9 354	1 278	888
卫生工作人员	人	**24 421**	**20 735**	**2 061**	**1 625**
#卫生技术人员	人	18 177	15 143	1 698	1 336
#医生	人	8 350	7 076	643	631
西医师	人	6 240	5 490	387	363
中医师	人	1 176	1 026	71	79
中西医结合师	人	112	107	4	1
中医士	人	105	81	17	7
西医士	人	717	372	164	181
护士(含护师)	人	6 144	5 250	469	425
其他	人	3 683	2 817	586	280

13-7 卫生机构、床位、人员情况

（1999年）

指标名称	全市				市区			
	机构数(个)	床位数(张)	卫生工作人员(人)	技术人员	机构数(个)	床位数(张)	卫生工作人员(人)	卫生技术
总计	**738**	**11 973**	**24 421**	**18 177**	**569**	**9 807**	**20 735**	**15 143**
医院	101	11 520	16 326	12 458	51	9 354	13 585	10 312
县及县以上医院	49	10 692	14 899	11 262	36	9 247	13 258	10 042
乡卫生院	52	828	1 427	1 196	15	107	327	270
疗养院、所	1	84	43	18	1	84	43	18
门诊部、所	594		2 305	2 299	483		2 024	2 018
专科防治所、站	2		48	38	1		30	23
卫生防疫机构	7		853	692	5		709	525
药品检验机构	5		137	99	3		126	88
医学科研机构	12	369	1 279	745	12	369	1 279	745
高等医学教育机构	3		1 807	782	3		1 807	782
中等医药卫生学校	6		673	300	5		656	293
其他卫生事业机构	7		234	93	5		207	70
个体开业人员			716	716			269	269

13-7 续表

指标名称	邕宁县				武鸣县			
	机构数（个）	床位数（张）	卫生工作人员（人）	技术人员	机构数（个）	床位数（张）	卫生工作人员（人）	卫生技术
总　计	**88**	**1 278**	**2 061**	**1 698**	**81**	**888**	**1 625**	**1 336**
医　院	29	1 278	1 484	1 142	21	888	1 257	1 004
县及县以上医院	8	843	891	655	5	602	750	565
乡卫生院	21	435	593	487	16	286	507	439
门诊部、所	57		135	135	54		146	146
专科防治所、站					1		18	15
卫生防疫机构	1		85	64	1		59	40
药品检验机构	1		5	5	1		6	6
中等医药卫生学校					1		17	7
其他卫生事业机构					2		27	23
个体开业人员			352	352			95	95

13-8 体育事业基本情况

(1999年)

指标名称	单位	全市	市区	邕宁县	武鸣县
公共体育场	个	3	2		1
体育馆	个	2	2		
练习馆(房)	个	197	194	1	2
足球场	个	14	9	5	
运动场(大、小)	个	92	60	12	20
有固定看台灯光球场	个	146	86	17	43
蓝球场	个	2 701	1 070	966	665
排球场	个	320	206	43	71
游泳场	个	35	27	4	4
体育运动竞赛场次	次	285	168	52	65
当年发展等级运动员	人	111	105		6
#二级运动员	人	105	105		
三级运动员	人	6			6
当年发展等级裁判员	人	204	190	6	7
#一级裁判员	人	15	15		
二级裁判员	人	66	66		
三级裁判员	人	122	109	6	7

注:"体育运动竞赛"、"等级运动员、裁判员"等三个指标不含区体委部份。

十四　人民生活

人民生活

1999年，南宁市城市居民人均可支配收入6847元，比上年增加277元，增长4.22％，扣除价格因素，实际增长8.68％，城市居民人均消费性支出6321，比上年增加521元，增长8.98％，扣除价格因素，实际增长13.64％。城市居民人均收支节余额为526元，节余率为7.68％，比上年降低4.04个百分点，意味着城市居民消费观念转变，消费意识提高。

城市居民家庭可支配收入的主体仍是单位职工收入。1999年居民家庭在职职工工资性收入为4752元，比上年下降2.28％，但仍占可支配收入的69.4％。由于经济类型多元化，居民家庭收入也呈现多元化格局，个体经营者净收益、个体被雇者收入、其他就业者收入、其他劳动收入分别比上年增长1.6倍、16.4％、2.2倍、13.1％。

消费结构发生变化。食品类支出占消费性支出的比重继续下降，食品支出占消费性支出的比重（恩格尔系数）由上年的42.36％下降为37.50％。而设备用品及服务、医疗保健、娱乐文教支出、交通和通讯支出比重分别由上年的7.71％、2.7％、11.81％、8.28％上升为12.07％、3.23％、13.77％、9.15％。城市居民家庭消费质量显著提高。

居住消费支出增大。随着福利分房的取消，使住房消费逐步成为消费的热点，并带动住房装修支出的上升。城市居民年人均购建房支出1127.83元，比上年增长7.62％；年人均住房装修服务支出66.15元，增长61.98％；年人均家具材料及室内装饰品支出63.42元，增长5.3倍。

非消费性支出中保险支出、个人所得税支出增长较快。随着城市居民保险意识和纳税意识的增强，城市居民用于非消费性支出年人均1722.67元，增长1.64％，其中购买非储蓄性保险支出增长2.7倍，缴纳个人所得税增长14.84％。

饮食结构小康化。随着居民收入的提高，饮食消费注意营养，蛋白质食品的消费量逐年提高。城市居民年人均消费猪肉18.34公斤，鲜蛋8.82公斤，鱼15.8公斤，鲜奶11.21公斤，分别比上年增加0.03公斤、1.49公斤、3.26公斤、2.08公斤。我市居民食品消费质量提高，营养状况改善明显。

城市居民家庭耐用消费品拥有量增加。随着家用电器大幅度降价，家电消费品升温，购买量增加。每百户家庭拥有空调器40.5台、洗衣机95.5台、电冰箱99台、摩托车55辆、彩色电视机129台、组合音响18套，平均每百户分别比上年新增加5台、2.5台、3台、8辆、9.5台、2.5套。

14-1 历年城市居民收支及价格指数情况

年　份	城市居民人均可支配收入（元）	城市居民人均消费性支出（元）	居民消费价格总指数%	商品零售价格总指数%
1985	716	724	118.3	118.7
1986	851	825	105.2	105.3
1987	949	944	111.1	111.8
1988	1 166	1 229	121.6	122.1
1989	1 274	1 293	119.4	119.4
1990	1 454	1 360	98.0	97.3
1991	1 659	1 667	104.1	104.0
1992	2 106	1 853	106.7	105.7
1993	3 081	2 624	121.9	124.1
1994	4 543	4 288	124.8	120.8
1995	5 544	5 055	118.6	114.9
1996	5 973	5 425	103.3	102.5
1997年	5 931	5 456	100.2	99.5
1998年	6 570	5 800	96.7	95.8
1999年	6 847	6 321	95.9	95.9

注：1、1992年以前的“城市居民人均可支配收入”为“城市居民人均生活费收入”数。

2、1992年以前的“城市居民人均消费性支出”为“城市居民人均生活费支出”数。

14-2 历年城市居民家庭主要食品消费量

(平均每人每年)　　　　单位:公斤

年份	粮食	食用植物油	鲜菜	猪肉	牛羊肉	家禽	鲜蛋	鱼
1985	140.08	3.62	96.50	21.85	2.11	6.80	3.28	7.10
1986	141.56	4.69	112.11	23.50	2.07	8.40	4.76	8.31
1987	137.16	4.92	109.44	24.72	2.52	8.28	4.44	9.00
1988	150.24	6.84	123.84	24.96	2.76	10.44	6.00	8.52
1989	144.25	6.90	116.38	23.37	2.44	8.32	5.88	9.31
1990	121.65	6.38	114.98	24.88	2.83	9.71	6.28	10.14
1991	110.75	5.71	113.29	24.54	3.23	12.64	6.43	10.40
1992	106.32	7.16	109.05	20.65	3.03	14.43	6.57	10.30
1993	87.57	7.38	113.80	20.67	3.35	15.07	6.58	10.04
1994	98.66	8.97	121.84	23.66	3.64	18.56	8.62	12.00
1995	92.23	8.92	120.31	21.51	3.00	18.28	7.45	12.01
1996	92.94	8.56	123.65	22.65	3.27	18.79	7.59	12.95
1997	76.58	7.53	107.90	17.92	3.26	17.51	8.26	12.15
1998	72.28	8.77	119.11	18.71	3.47	10.64	7.33	12.53
1999	73.10	7.61	118.77	18.34	3.26	18.34	8.82	13.01

年份	食糖	卷烟(盒)	白酒	啤酒	鲜瓜果	糖果	糕点	鲜奶
1985	2.89	20.44	1.87		43.70	0.98	2.23	2.57
1986	3.41	28.51	2.89	1.47	41.89	0.95	2.46	3.53
1987	3.00	30.12	2.28	1.68	39.67	0.84	2.89	4.68
1988	3.72	30.96	3.36	1.80	39.26	0.84	2.61	5.28
1989	2.59	26.82	2.82	1.67	35.51	0.65	2.06	5.10
1990	2.44	23.72	2.98	1.25	37.18	0.61	2.48	6.26
1991	2.20	16.71	2.52	2.03	43.81	0.74	2.73	6.28
1992	2.19	18.07	2.57	2.76	46.41	0.64	3.54	6.63
1993	2.39	18.19	2.19	2.83	43.75	0.72	3.70	5.69
1994	2.28	16.02	3.02	2.37	42.44	0.71	3.29	7.29
1995	1.82	13.80	3.09	2.03	43.90	0.76	2.88	6.15
1996	2.30	12.30	2.90	1.87	46.57	0.81	2.34	7.25
1997	1.68	13.36	2.75	1.85	48.14	0.73	2.38	7.96
1998	2.12	14.67	3.07	2.10	50.98	0.71	2.21	9.13
1999	2.25	12.61	2.34	1.88	55.55	0.65	2.34	11.21

14-3 城市居民家庭主要食品消费量

（平均每人全年）

品　　种	单　位	1999年	1998年	99年比98年±%
粮食	公斤	73.10	72.28	1.13
食用植物油	公斤	7.61	8.57	-11.20
鲜菜	公斤	118.77	113.92	4.26
猪肉	公斤	18.34	18.31	0.16
牛羊肉	公斤	3.26	3.47	-6.05
家禽	公斤	18.34	17.09	7.31
鲜蛋	公斤	8.82	7.65	15.29
鱼	公斤	13.01	12.54	3.75
食糖	公斤	2.25	2.12	6.13
卷烟	盒	12.61	14.67	-14.04
白酒	公斤	2.34	3.07	-23.78
啤酒	公斤	1.88	2.1	-10.48
鲜瓜果	公斤	55.55	51.55	7.76
糖果	公斤	0.65	0.71	-8.45
糕点	公斤	2.34	2.21	5.88
鲜奶	公斤	11.21	9.13	22.78

14-4 城市居民家庭生活费支出构成情况

（1999年、平均每人全年）　　单位：%

指标名称	总平均	最低收入组	更低收入组	低收入组	中等偏下组	中等收入组	中等编上组	高收入组	最高收入组
生活费支出	100.00	100.00	100.00	100.00	100.00	100.00	100.00	100.00	100.00
食品支出	37.50	52.34	59.80	54.42	46.81	37.99	33.54	32.52	27.55
衣着支出	6.02	2.88	3.11	5.38	5.74	6.28	6.31	6.37	6.48
设备用品及服务	12.07	3.81	3.23	5.15	7.51	12.06	11.70	15.38	19.08
医疗保健	3.32	3.31	3.24	3.03	4.03	3.06	2.82	4.22	2.98
交通和通讯	9.15	8.13	4.31	8.28	6.07	8.26	9.63	14.14	8.32
娱乐文教	13.77	11.97	6.82	8.43	12.97	15.94	16.70	12.28	11.61
居住支出	12.32	15.85	17.61	12.99	12.02	11.73	11.15	9.80	16.02
杂项商品和服务	5.86	1.72	1.88	2.32	4.86	4.69	8.14	5.29	7.96

14-5 城市居民家庭生活基本情况

（1999年）

指标名称	单位	总平均	最低收入组	更低收入组	低收入组
调查户数	户	200.00	20.00	10.00	20.00
调查户构成	%	100.00	10.00	5.00	10.00
平均每户人口数	人	3.10	3.73	3.87	3.23
平均每户就业人口数	人	1.77	1.82	1.80	1.50
#国有单位职工	人	1.47	1.03	0.92	1.30
集体单位职工	人	0.12	0.03	0.07	0.15
平均每户就业面	%	0.57	0.49	0.47	0.46
每一就业者负担人数	人	1.46	2.06	2.15	2.16
平均每户离退休人口数	人	0.35	0.27	0.37	0.45
平均每人年实际收入	元	6 881.59	2 617.20	2 266.59	3 754.09
平均每人年可支配收入	元	6 846.50	2 601.13	2 251.07	3 735.36
平均每人年实际支出	元	8 043.33	2 733.45	2 282.51	4 359.79
平均每人年实际消费性支出	元	6 320.57	2 652.21	2 250.58	3 791.50
国有经济职工人均年收入	元	9 241.99	4 053.89	4 032.27	5 785.68
集体经济职工人均年收入	元	8 320.05	4 701.49	4 701.49	3 200.00
个体经济者人均年收入	元	12 136.97	3 976.36	4 512.44	
离退休人员人均年收入	元	8 427.13	5 347.42	3 746.59	3 967.26

指标名称	中等偏下组	中等收入组	中等偏上组	高收入组	最高收入组
调查户数	40.00	40.00	40.00	20.00	20.00
调查户构成	20.00	20.00	20.00	10.00	10.00
平均每户人口数	3.30	3.02	2.90	2.90	2.67
平均每户就业人口数	1.93	1.83	1.65	1.93	1.62
#国有单位职工	1.53	1.66	1.50	1.76	1.22
集体单位职工	0.18	0.05	0.13	0.15	0.15
平均每户就业面	0.58	0.61	0.57	0.67	0.61
每一就业者负担人数	1.71	1.65	1.76	1.50	1.65
平均每户离退休人口数	0.20	0.34	0.45	0.33	0.50
平均每人年实际收入	4 815.52	6 562.83	8 404.87	10 620.27	15 094.29
平均每人年可支配收入	4 795.65	6 535.11	8 349.89	10 555.64	15 033.95
平均每人年实际支出	4 736.80	7 858.33	10 138.22	13 997.40	17 506.29
平均每人年实际消费性支出	4 392.71	6 140.48	8 101.16	10 119.65	11 691.13
国有经济职工人均年收入	6 710.58	8 550.55	11 163.71	12 467.33	16 106.33
集体经济职工人均年收入	5 743.70	5 460.20	7 725.12	12 187.83	19 290.03
个体经济者人均年收入	5 033.33	6 775.00			43 697.92
离退休人员人均年收入	7 122.57	8 367.33	8 827.03	8 478.79	14 478.06

14-6 城市居民家庭现金收支情况

（1999年、平均每人全年） 单位：元

指标名称	总平均	最低收入组	更低收入组	低收入组	中等偏下组	中等收入组	中等编上组	高收入组	最高收入组
期初手存现金	**505.62**	**237.50**	**66.46**	**279.45**	**346.55**	**417.25**	**1036.70**	**524.54**	**571.88**
可支配收入	6846.50	2601.13	2251.07	3735.36	4795.65	6535.11	8349.89	10555.64	15033.95
现金收入	9499.63	2895.36	2503.72	4656.57	5593.19	9374.04	11404.98	17107.00	22145.06
实际收入	**6881.59**	**2617.20**	**2266.59**	**3754.09**	**4815.52**	**6562.83**	**8404.87**	**10620.27**	**15094.29**
国有经济单位职工收入	4374.20	1112.96	956.19	2318.92	3101.10	4684.70	5782.22	7559.93	7346.58
工资性收入	3900.83	1083.44	947.14	2190.14	2952.01	4326.47	5189.06	6466.67	5705.61
非工资性收入	473.37	29.52	9.05	128.78	149.09	358.23	593.15	1093.26	1640.97
城镇集体单位职工收入	317.76	42.19	81.46	148.45	304.59	90.31	332.49	630.41	1084.93
工资性收入	300.86	42.19	81.46	148.45	292.66	83.94	319.55	546.13	1052.42
非工资性收入	16.90				11.93	6.37	12.95	84.28	32.51
其它类型单位职工收入	60.44				268.73				37.27
个体经营者的净收益	204.06	186.38	291.73		114.39	112.06			1572.93
个体被雇者收入	61.38	268.09	45.25	116.75	35.61	47.72			
离退休再就业者收入	30.97	48.21	7.76			15.38	25.82	53.10	143.49
其它就业者收入	27.41	195.37	207.09			19.85			0.00
其它劳动收入	145.68	174.97	144.76	217.58	66.78	105.61	92.01	258.88	297.39
利息.红利.租金收入	397.69	161.83	133.76	224.32	323.28	471.45	392.77	560.85	788.19
离退休金收入	962.02	382.42	355.57	557.02	431.67	945.93	1380.62	950.21	2714.30
赡养收入	40.62	0.27		50.26		3.31	87.41	105.17	98.43
赠送收入	134.12	25.71	27.41	29.38	92.47	43.17	145.39	187.93	639.01
亲友搭伙费	99.58	2.68		61.08	48.11	2.48	133.86	288.79	348.97
记帐补贴	19.36	16.07	15.52	18.56	18.18	19.85	20.66	20.69	22.50
出售财物收入	6.30	0.05	0.09	11.77	10.61	1.01	11.62	4.31	0.30
其它副业收入									
借贷收入	2618.04	278.16	237.13	902.48	777.67	2811.21	3000.11	6486.73	7050.77
提取储蓄存款	2002.82	136.87	182.83	387.75	707.67	2505.51	2482.37	4621.21	4746.67
提取储金会款	35.94				1.82	92.62	14.81	115.52	45.28
借入款	398.57	138.61	54.31	505.64	45.45	140.30	253.94	956.90	1799.78
收回借出款	66.84	2.68		7.73			106.96	425.86	67.49

14-6 续表 单位:元

指标名称	总平均	最低收入组	更低收入组	低收入组	中等偏下组	中等收入组	中等编上组	高收入组	最高收入组
收回储蓄性保险本金	6.29								73.11
兑售有价证券	75.19					72.78	142.03	367.24	0.00
其它借贷收入	32.39			1.36	22.73				318.44
现金支出	9210.93	2801.97	2298.06	4469.06	5254.77	8826.65	11736.16	16458.02	21211.58
实际支出	8043.33	2733.45	2282.51	4359.79	4736.80	7858.33	10138.22	13997.40	17506.29
消费性支出	6320.57	2652.21	2250.58	3791.50	4392.71	6140.48	8101.16	10119.65	11691.13
非消费性支出	1722.67	81.24	31.93	568.12	344.03	1717.83	2036.84	3877.62	5815.16
个人所得税	15.63				1.62	7.85	34.11	43.82	37.85
其它各种税金	1.09	0.68					4.73	1.31	
非储蓄性保险	10.54	2.75	1.66	0.57	19.71	7.95	14.22	6.53	13.00
赡养支出	273.13	22.10		63.71	101.72	117.53	403.02	308.82	1333.67
赠送支出	225.72	25.23	20.82	118.76	121.54	200.45	316.52	465.95	492.17
购房与建房支出	1127.83			371.11	44.01	1330.73	1145.05	2954.48	3822.26
其它非消费支出	68.73	30.48	9.46	13.97	55.43	53.32	119.19	96.71	116.21
家庭副业生产支出	0.09			0.17	0.06	0.02	0.22	0.13	
借贷支出	1167.60	68.52	15.55	109.27	517.97	968.32	1597.94	2460.62	3705.29
存入储蓄款	838.02	54.91	2.59	26.29	445.84	624.11	1365.65	1596.34	2617.53
存入储金会款	7.09			15.46		5.95		1.21	48.74
归还借款	83.58			3.09		167.05	30.13	160.34	348.71
借出款	34.85				0.68	68.72		175.86	56.24
储蓄性保险支出	53.59	0.12	0.23	34.90	26.02	41.29	58.40	104.11	181.84
购买有价证券	65.34				2.88	3.28	74.50	349.78	202.02
归还购买住房贷款	24.54						3.64	126.69	139.48
其它借贷支出	60.59	13.49	12.73	29.53	42.55	57.91	65.62	146.29	110.73
期末手存现金	**794.32**	**330.89**	**272.12**	**466.96**	**684.97**	**964.64**	**705.52**	**1173.52**	**1505.36**

14-7 城市居民家庭消费支出情况

（1999年、平均每人全年）

单位：元

指标名称	总平均	最低收入组	更低收入组	低收入组	中等偏下组	中等收入组	中等编上组	高收入组	最高收入组
消费性支出	**6320.57**	**2652.21**	**2250.58**	**3791.50**	**4392.71**	**6140.48**	**8101.16**	**10119.70**	**11691.10**
食品	**2370.18**	**1388.10**	**1345.87**	**2063.38**	**2056.36**	**2332.69**	**2717.33**	**3291.19**	**3220.52**
粮食	217.21	199.91	203.55	229.75	207.68	172.30	225.53	289.78	254.53
淀粉及薯类	12.46	7.72	6.15	8.56	11.12	13.46	12.53	16.80	20.02
干豆类及制品	28.84	20.55	22.11	27.97	29.27	29.12	30.14	35.55	29.60
油脂类	79.77	66.18	69.44	99.92	87.92	60.96	83.39	117.33	48.10
肉禽及制品	770.45	624.45	532.25	768.32	736.60	754.92	809.40	978.20	925.48
蛋类	53.85	38.27	37.80	47.31	54.39	54.09	55.67	69.83	60.27
水产品类	163.92	78.98	89.16	153.63	129.01	166.00	196.56	223.12	241.46
菜类	215.06	152.94	147.96	188.86	198.53	219.83	232.85	280.04	254.43
调味品	25.44	16.96	18.21	22.46	21.20	24.13	31.76	33.79	31.57
糖类	20.95	10.05	11.27	15.78	17.29	24.06	25.93	28.48	25.48
烟草类	32.60	21.78	30.25	29.49	38.76	38.21	13.21	70.55	24.56
酒和饮料	62.24	26.41	19.51	44.89	46.82	57.17	70.47	121.99	100.20
干鲜瓜果类	155.37	66.01	51.37	124.71	120.55	161.52	198.27	230.91	214.22
坚果及果仁	15.61	8.23	7.46	12.66	10.91	15.00	19.17	21.22	28.60
糕点类	40.22	15.79	11.82	23.97	31.37	45.82	50.29	60.26	59.63
奶及奶制品	93.69	9.84	13.39	119.38	80.45	84.93	106.32	117.38	179.32
其它食品	54.66	19.70	7.63	23.04	24.31	52.47	69.67	118.84	119.58
在外用餐	327.76	104.30	66.48	122.61	210.17	358.59	486.06	476.98	603.35
食品加工费	0.08	0.03	0.06	0.07	0.02	0.11	0.11	0.14	0.12
衣着	**380.73**	**76.38**	**69.97**	**203.88**	**252.15**	**385.83**	**511.02**	**644.16**	**757.52**
服装	259.44	48.22	38.90	136.87	163.96	269.06	346.71	460.01	509.91
衣着材料	21.09	1.92	2.26	12.78	12.45	19.62	29.73	34.33	49.55
鞋袜帽及其它	89.95	24.68	26.19	52.61	70.97	84.35	117.02	132.09	181.39
衣着加工费	10.25	1.56	2.62	1.62	4.77	12.80	17.56	17.73	16.67

14—7 续表 单位:元

指标名称	总平均	最低收入组	更低收入组	低收入组	中等偏下组	中等收入组	中等编上组	高收入组	最高收入组
设备用品及服务	**762.61**	**100.97**	**72.79**	**195.29**	**329.68**	**740.64**	**948.11**	**1555.92**	**2231.00**
耐用消费品	489.15	32.05	1.71	102.61	70.18	525.79	611.61	1108.71	1610.95
室内装饰品	29.92	0.24	0.19	1.85	2.48	8.60	49.52	9.42	201.36
床上用品	19.16	6.59	6.48	4.81	11.01	8.92	28.18	45.01	49.83
家庭日用品	115.40	50.05	55.95	73.13	62.14	89.09	146.81	274.49	208.16
家具材料	33.50	0.40	0.12	0.14	123.04	0.26	33.72	0.31	9.58
家庭服务	75.48	11.64	8.34	12.75	60.83	107.98	78.27	117.98	151.12
医疗保健	**209.62**	**87.72**	**72.91**	**114.90**	**176.85**	**187.63**	**228.33**	**427.52**	**348.32**
医疗器具	0.96	0.05	0.10	0.02			2.88	0.05	4.69
保健用品	1.47			0.53		2.41		1.26	9.58
医药费	148.24	65.56	61.89	91.88	105.79	148.95	160.22	327.88	214.31
补药费	16.74	13.15	3.33	8.39	5.63	7.35	29.32	28.93	40.06
医疗保健服务	41.83	8.96	7.59	14.08	65.41	28.90	35.82	69.30	75.64
其他	0.38				0.02	0.02	0.09	0.10	40.05
交通和通讯	**578.39**	**215.67**	**97.07**	**313.89**	**266.65**	**506.99**	**780.36**	**1430.87**	**973.25**
交通	367.85	155.98	49.44	239.47	153.96	347.39	541.54	905.58	432.75
通讯	210.54	59.69	47.63	74.42	112.69	159.60	238.82	525.29	540.50
娱乐文教服务	**870.48**	**317.48**	**153.43**	**319.72**	**569.52**	**978.50**	**1352.88**	**1242.62**	**1356.90**
耐用消费品	286.96	15.87	5.64	59.00	136.79	368.90	476.58	474.88	525.34
教育	415.23	287.65	130.58	166.22	345.35	463.35	609.69	519.65	422.50
文化娱乐	168.29	23.96	17.21	94.50	87.38	146.25	266.61	248.09	409.06
居住	**778.42**	**420.31**	**396.22**	**492.48**	**528.11**	**720.06**	**903.61**	**991.87**	**1873.25**
住房	486.02	198.81	179.77	238.34	262.68	409.38	616.77	594.33	1512.23
水电燃料	292.40	221.50	216.45	254.14	265.43	310.68	286.84	397.54	361.02
杂项商品和服务	**370.14**	**45.58**	**42.32**	**87.96**	**213.39**	**288.14**	**659.52**	**535.50**	**930.37**
个人消费	295.27	38.06	37.62	77.46	125.32	257.90	539.68	491.60	678.90
其他商品	33.62	3.11	2.99	6.11	71.85	20.35	38.22	19.30	50.68
其他服务	41.25	4.41	1.71	4.39	16.21	9.89	81.62	24.60	200.79

14-8 城市居民家庭年末主要消费品拥有情况

（1999年、平均每百户）

指标名称	单位	总平均	最低收入组		低收入组	中等偏下组	中等收入组	中等偏上组	高收入组	最高收入组
				更低收入组						
毛皮大衣	件	15.0			10.0	17.5	15.0	12.5	35.0	15.0
呢大衣	件	98.5	50.0	60.0	80.0	72.5	117.5	100.0	125.0	150.0
毛毯	条	121.0	40.0	40.0	120.0	132.5	117.5	117.5	170.0	145.0
地毯	平方米	166.5			50.0		92.5	367.5	450.0	245.0
组合家具	套	64.0	30.0	10.0	65.0	62.5	65.0	67.5	85.0	70.0
沙发床	个	23.5	25.0	20.0	25.0	7.5	25.0	30.0	30.0	30.0
沙发	个	132.5	10.0	10.0	85.0	97.5	125.0	190.0	230.0	175.0
大衣柜	个	112.0	90.0	90.0	90.0	97.5	102.5	127.5	140.0	145.0
写字台	张	113.5	60.0	50.0	80.0	102.5	95.0	145.0	150.0	160.0
摩托车	辆	55.0	20.0	10.0	40.0	60.0	55.0	67.5	70.0	55.0
自行车	辆	256.0	275.0	310.0	255.0	240.0	245.0	255.0	280.0	270.0
缝纫机	辆	77.5	80.0	60.0	75.0	72.5	82.5	77.5	80.0	75.0
洗衣机	台	95.5	60.0	60.0	85.0	92.5	100.0	105.0	110.0	105.0
电风扇	台	297.5	260.0	250.0	305.0	250.0	315.0	305.0	335.0	335.0
电冰箱	台	99.0	75.0	80.0	100.0	102.5	97.5	102.5	105.0	105.0
冰柜	台	1.5					5.0			5.0
彩色电视机	台	129.0	80.0	90.0	110.0	122.5	127.5	145.0	155.0	155.0
影碟机	台	37.0	5.0	10.0	25.0	25.0	40.0	50.0	50.0	60.0
录放像机	台	27.0	5.0		10.0	35.0	30.0	30.0	25.0	40.0
家用电脑	台	14.5	5.0		5.0	5.0	17.5	17.5	20.0	35.0
组合音响	套	18.0	0.0		15.0	15.0	17.5	15.0	35.0	35.0
录音机	台	80.0	75.0	70.0	80.0	85.0	72.5	82.5	80.0	85.0
摄像机	台	0.5								5.0
照相机	架	59.0	30.0	40.0	45.0	65.0	42.5	55.0	100.0	90.0
钢琴	架	0.5							5.0	
其它高级乐器	件	11.0	5.0	10.0		7.5	5.0	15.0	15.0	35.0
微波炉	台	19.0			5.0	10.0	15.0	25.0	40.0	45.0
空调器	台	40.5	5.0	10.0	15.0	32.5	35.0	50.0	70.0	80.0
电炊具	个	109.5	80.0	90.0	95.0	90.0	92.5	127.5	150.0	150.0
淋浴热水器	台	87.5	60.0	70.0	45.0	82.5	92.5	102.5	105.0	110.0
抽排油烟机	台	56.5	20.0	20.0	30.0	52.5	57.5	75.0	70.0	75.0
吸尘器	台	8.0					5.0	15.0	20.0	20.0
健身器材	件	8.0			5.0	12.5	10.0	10.0	5.0	5.0
移动电话	台	10.5				10.0		12.5	35.0	25.0

14-9 城市居民家庭居住情况

(1999年)

指标名称	调查户数（户）	家庭常住人口数（人）	指标名称	调查户数（户）	家庭常住人口数（人）
总计	**200**	**619**	**按取暖设备拥有情况**		
按居住面积分			无取暖设备	187	583
4平方米以下	1	4	空调设备	13	36
4-6平方米	3	12	**按厨房使用情况分**		
6-8平方米	9	36	独用厨房	199	616
8-10平方米	16	68	公用厨房	1	3
10-12平方米	25	79	**按燃料使用情况分**		
12-14平方米	32	102	液化石油汽	180	552
14平方米以上	114	318	煤	8	31
按房屋产权分			其它	12	36
公房	30	95	**按电话拥有情况分**		
租赁私房	1	5	无电话	58	192
自有房	99	297	公费电话	10	33
部分产权的自有房	69	219	自费电话	132	394
其他	1	3	**按住宅建筑式样分**		
按自来水使用情况			家庭单栋配套楼		
独用自来水	199	616	单元式配套住宅	193	591
公用自来水	1	3	一居室	12	42
按卫生设备拥有情况			二居室	113	347
无卫生设备	1	3	三居室	62	186
有浴室厕所	196	605	四居室以上	6	16
有厕所无浴室	1	3	普通楼房	4	19
公用卫生设备	2	8	普通平房及其它	3	9

十五　乡镇经济

乡镇经济

1999年，全市各乡镇高度重视农业和农村工作，继续深化农村改革，农村生产和农村经济稳步发展。全市52个乡镇（邕宁县21个，武鸣县16个，郊区15个），农林牧渔业总产值、乡村经济总收入、财政收入，农民人均纯收入等均有不同程度的增加。

从乡镇规模看：乡镇人口在5万人以上的有10个乡镇，其中人口最多的是邕宁县蒲庙镇，达7.96万人，其次是邕宁县那楼镇，达6.43万人，其余乡镇人口均在两万人至4万人之间，人口在1万人以下的有武鸣上江乡（7158人）和郊区三塘镇（9483人）；耕地面积较大，在6000公顷以上的有4个乡镇，依次为邕宁苏圩镇（7028公顷）、郊区江西镇（6534公顷）、邕宁蒲庙镇（6433公顷）、郊区坛洛镇（6406公顷）；农业机械化程度较高，农业机械总动力在3万千瓦以上有13个乡镇，最高是邕宁县五塘镇（7.05万千瓦），其次是武鸣双桥镇（6万千瓦）。

从种植的产量看：盛产粮食较多，全年粮食生产在两万吨以上有15个乡镇，产量最大是武鸣陆斡镇（3.79万吨），其次是武鸣双桥镇（3.46万吨）；油料产量较大，全年产量在1千吨以上有14个乡镇，产量最大是武鸣宁武镇（2717吨），其次邕宁苏圩镇（2533吨）。糖料种植是两县及远郊各乡镇种植的主要经济作物。糖料产量在10万吨以上有14个乡镇，产量最大是武鸣锣圩镇（18.11万吨），其次是武鸣府城镇（17.99万吨）；1999年，水果获得了大丰收，全年水果产量超万吨的有18个乡镇，产量最大是邕宁吴圩镇（3.9万吨），其次是邕宁那马镇（3.78万吨）；蔬菜生产是近郊乡镇的重头戏。全年蔬菜产量在3万吨以上有12个乡镇，邕宁苏圩镇全年蔬菜产量达10.15万吨，其次是郊区江西镇达6.78万吨。

从畜牧、水产生产看：畜牧生产主要分布在武鸣县，全年出栏肉猪在3万头以上有18个乡镇，武鸣县占了13个乡镇，其中武鸣县陆斡镇当年出栏肉猪达9.03万头，其次是武鸣府城镇达8.02万头；水产品养殖主要分布在郊区和武鸣县，全年水产品产量在两千吨以上的有9个乡镇，全年产量最大的是邕宁县的的苏圩镇（4108吨），其次是武鸣县府城镇（2370吨），郊区安吉镇（2336吨）。

从农林牧渔业总产值看：农林牧渔业总产值反映了农业生产总规模和成果。全年农林牧渔业总产值在1亿元以上的有27个乡镇，其中邕宁13个乡镇，武鸣12个乡镇。

从收入看：全年乡村经济总收入在5亿元以上的有11个乡镇，最高是郊区上尧乡，达14.84亿元，其次是武鸣县双桥镇，达10.09亿元，武鸣县陆斡镇9.64亿元；财政收入最高，全年财政收入达到1千万元以上的有3个乡镇，依次是武鸣县城相镇（1438万元）、邕宁县蒲庙镇（1245万元）、邕宁县苏圩镇（1143万元），其余大部分乡镇的财政收入在300万元至900万元之间。农民人均纯收入反映了农民的生活水平，在52个乡镇中，有47个乡镇农民人均纯收入在两千元以上，其中有18个乡镇农民人均纯收入高于全市（2589元）水平。

15-1 邕宁县各乡镇主要统计指标

(1999年)

指 标 名 称	单 位	蒲庙镇	良庆镇	那马镇	新江乡	百济乡	那楼镇	镇龙乡
乡镇总户数	户	17573	9696	5951	6050	8706	14300	4595
乡镇总人口	人	79622	48310	24184	28347	40555	64328	21114
乡镇从业人员数	人	42733	26370	13588	15090	24858	31138	11491
年末耕地面积	公顷	6433	2794	2388	2415	3283	4218	1520
农业机械总动力	千瓦	25149	15019	12597	4677	12459	17609	6441
化肥施用量(按实物量计)	吨	11009	3921	36000	3149	9462	8762	3725
农村用电量	万千瓦小时	574	191	635	160	125	368	62
农作物总播种面积	公顷	12140	5286	3190	5427	9671	9359	3720
粮食总产量	吨	26891	8758	11770	8668	24215	29755	10665
油料总产量	吨	2424	1226	965	853	692	1090	191
糖料总产量	吨	51594	22690	49829	76040	99850	66848	14800
水果总产量	吨	3386	11870	37815	708	3799	2555	529
蔬菜总产量	吨	32209	52198	24012	6127	6700	17988	4533
当年出栏肉猪头数	头	30500	22960	15000	8728	9915	27714	11500
肉类总产量	吨	3563	2835	1867	1001	1636	2726	933
年末大牲畜存栏头数	头	21100	4626	3600	7552	3193	11680	3014
年末生猪存栏头数	头	31530	11480	8900	9099	11100	31966	9567
水产品产量	吨	1877	317	1012	91	390	934	151
农林牧渔业总产值(现价)	万元	19765	11201	14500	5559	10665	16377	4104
农林牧渔业总产值(1990年不变价)	万元	11100	7004	11207	3515	7398	9880	2275
乡村经济总收入	万元	59854	30296	29333	13862	25911	27814	9952
农民人均纯收入	元	2403	2283	2426	1957	2250	2253	1938
集贸市场个数	个	5	1	3	1	2	3	1
农村集市贸易成交额	万元	17000	536	900	480	460	1799	395
财政收入	万元	1245	437	475	276	397	418	78
财政支出	万元	824	440	392	277	383	462	182
村委会个数	个	19	10	8	9	14	16	6
通电话的村委数	个	19	10	8	9	14	16	6
通电的村委数	个	19	10	8	9	14	16	6

15-1 续表1

指　标　名　称	单　位	刘圩镇	南阳镇	中和乡	伶俐镇	长塘乡	五塘镇	四塘镇
乡镇总户数	户	11870	7336	7251	7562	7640	13 229	6047
乡镇总人口	人	51038	29 582	30 995	31 411	35 888	60 228	25 877
乡镇从业人员数	人	28042	15 113	18 946	18 895	19 880	30 484	13 542
年末耕地面积	公顷	4116	2387	2350	2505	3291	4787	2575
农业机械总动力	千瓦	12952	24 682	11 394	12 214	17 666	70 453	12 493
化肥施用量(按实物量计)	吨	6721	2711	4858	5662	5598	8153	3987
农村用电量	万千瓦小时	245	325	288	561	400	373	278
农作物总播种面积	公顷	8327	3546	5018	6227	6628	10 201	5583
粮食总产量	吨	27676	16 916	15 914	15 146	16 385	24 401	11 815
油料总产量	吨	1237	930	277	894	1047	354	263
糖料总产量	吨	119 860	39 302	34 022	61 505	45 874	27 520	37 091
水果总产量	吨	1062	1236	806	1704	1911	2368	2171
蔬菜总产量	吨	12464	61	2040	3387	14 378	35 821	10 344
当年出栏肉猪头数	头	49753	42 707	36 460	15 560	22 080	20 726	10 452
肉类总产量	吨	4249	3046	2944	1356	2033	2258	791
年末大牲畜存栏头数	头	9760	4560	4045	5117	9221	7926	5038
年末生猪存栏头数	头	36126	27 573	31 743	11 300	20 559	35 964	14 882
水产品产量	吨	530	191	296	364	401	759	440
农林牧渔业总产值(现价)	万元	12620	8890	7103	7302	9905	12 941	6547
农林牧渔业总产值(1990年不变价)	万元	7594	4847	4042	4330	5192	6139	3549
乡村经济总收入	万元	22764	22 286	13 220	19 924	14 146	70 601	41 984
农民人均纯收入	元	2258	2280	1985	1980	1986	2436	2311
集贸市场个数	个	1	3	2	1	1	5	4
农村集市贸易成交额	万元	2296	2000	4600	8570	3320	2650	2510
财政收入	万元	541	306	197	341	419	603	413
财政支出	万元	485	306	284	348	400	699	380
村委会个数	个	14	7	8	8	10	14	6
通电话的村委数	个	14	7	8	8	10	14	6
通电的村委数	个	14	7	8	8	10	14	6

15-1 续表2

指 标 名 称	单 位	昆仑镇	吴圩镇	苏圩镇	延安乡	那陈镇	大塘镇	南晓镇
乡镇总户数	户	6763	9931	13560	6007	7500	10 112	8012
乡镇总人口	人	25 578	44353	60065	25033	31419	42 310	39 489
乡镇从业人员数	人	15 308	25097	29012	12878	16967	23 537	22 629
年末耕地面积	公顷	1921	5015	7028	3396	4056	4788	3766
农业机械总动力	千瓦	5640	32798	41782	7674	33623	31 382	18 825
化肥施用量(按实物量计)	吨	1813	16730	38117	14520	7733	12 573	9603
农村用电量	万千瓦小时	180	650	150	129	117	300	41
农作物总播种面积	公顷	5688	14738	20632	7432	3284	8559	7116
粮食总产量	吨	10 290	10533	22310	6119	10093	18 960	13 114
油料总产量	吨	253	972	2533	188	328	476	706
糖料总产量	吨	10 007	142 096	247 545	143 100	110 340	98 834	15 000
水果总产量	吨	276	39099	3243	11514	8229	6994	7139
蔬菜总产量	吨	4563	66299	101 500	23386	9645	7610	12 994
当年出栏肉猪头数	头	9233	16147	18687	7038	6898	14 818	24 266
肉类总产量	吨	1327	1697	2810	1097	526	2608	8906
年末大牲畜存栏头数	头	4027	9435	15274	6342	7170	2676	5353
年末生猪存栏头数	头	13 670	10905	27961	4089	7551	15 635	25 244
水产品产量	吨	62	1363	4108	592	701	900	233
农林牧渔业总产值(现价)	万元	4580	22478	28838	12186	10352	11 538	18 633
农林牧渔业总产值(1990年不变价)	万元	2290	10959	14179	8692	7019	7098	13 267
乡村经济总收入	万元	11 968	76772	63972	17898	20282	36 718	25 210
农民人均纯收入	元	2014	2652	2600	2323	2510	2285	2360
集贸市场个数	个	1	7	3	2	1	3	3
农村集市贸易成交额	万元	540	15000	9000	3000	4100	20 723	1524
财政收入	万元	171	774	1143	641	536	961	283
财政支出	万元	274	571	501	276	344	469	560
村委会个数	个	9	11	16	6	15	14	14
通电话的村委数	个	9	11	16	6	15	14	14
通电的村委数	个	9	11	16	6	16	14	14

15-2 武鸣县各乡镇主要统计指标

(1999年)

指 标 名 称	单 位	城东镇	太平镇	上江乡	双桥镇	甘圩乡	宁武镇	锣圩镇	玉泉乡
乡镇总户数	户	10399	8247	1813	13797	5405	9481	11298	3619
乡镇总人口	人	39421	30692	7158	52533	21734	37360	47120	15349
乡镇从业人员数	人	20464	16741	3990	28491	12771	22745	23673	8154
年末耕地面积	公顷	4399	4508	399	4662	1833	5258	5438	1593
农业机械总动力	千瓦	50150	28228	11684	60048	20239	36881	33293	7896
化肥施用量(按实物量计)	吨	12448	12256	750	13854	3789	15210	19173	3915
农村用电量	万千瓦小时	211	310	20	394	91	244	418	76
农作物总播种面积	公顷	9847	8242	830	8530	4047	13781	14024	3912
粮食总产量	吨	30440	22251	2481	34587	8882	20078	27334	7186
油料总产量	吨	1566	1344	20	737	684	2717	1528	106
糖料总产量	吨	72975	31064		20717	48411	108 079	181 120	39056
水果总产量	吨	14305	14584	80	27814	7659	23529	27230	1846
蔬菜总产量	吨	26500	16024	1910	35718	10137	25806	36121	6643
当年出栏肉猪头数	头	49227	45510	5100	59372	21750	30900	57220	14114
肉类总产量	吨	4438	3683	436	5503	1893	2726	5221	1477
年末大牲畜存栏头数	头	9834	8340	2450	10656	5854	9567	9867	6154
年末生猪存栏头数	头	51842	29000	4200	61552	15060	30084	31018	6409
水产品产量	吨	1785	736	100	2093	582	2087	2313	192
农林牧渔业总产值(现价)	万元	20796	16636	2259	24762	8571	21597	27278	5929
农林牧渔业总产值(1990年不变价)	万元	11814	9466	1328	16060	5475	13989	17289	3137
乡村经济总收入	万元	60327	51435	4151	100 985	24980	57409	81735	9959
农民人均纯收入	元	2825	2815	2315	3044	2700	2786	2993	2525
集贸市场个数	个	7	2	1	4	1	4	4	2
农村集市贸易成交额	万元	1394	1557	65	7500	3010	2627	4082	1056
财政收入	万元	835	320	124	802	211	437	666	146
财政支出	万元	803	190	110	688	231	435	652	110
村委会个数	个	17	9	4	16	5	14	19	7
通电话的村委数	个	17	9	2	14	5	13	19	6
通电的村委数	个	17	9	4	16	5	14	19	7

15-2 续表

指标名称	单位	灵马乡	仙湖镇	府城镇	陆翰镇	两江镇	罗波镇	马头乡	城厢镇
乡镇总户数	户	8 910	8 960	12 918	15 712	10 389	9 301	5 812	4 750
乡镇总人口	人	41 161	38 936	55 905	60 387	42 097	36 170	24 786	16 503
乡镇从业人员数	人	24 127	21 709	28 179	35 658	24 939	20 301	13 884	6 808
年末耕地面积	公顷	2 011	4 250	5 329	5 701	3 208	2 560	1 767	835
农业机械总动力	千瓦	23 374	18 672	18 182	40 599	17 143	24 645	12 401	9 476
化肥施用量(按实物量计)	吨	4 157	15 375	15 763	16 340	10 088	6 081	3 553	2 078
农村用电量	万千瓦小时	147	180	177	337	378	159	156	100
农作物总播种面积	公顷	5 989	8 872	11 234	16 312	8 442	6 133	4 909	2 203
粮食总产量	吨	15 113	23 073	27 527	37 927	19 710	15 403	11 975	6 682
油料总产量	吨	522	719	1 349	1 831	696	804	386	354
糖料总产量	吨	14 317	133 325	179 992	104 583	60 372	20 900	4962	1200
水果总产量	吨	3 076	8 917	11 550	19 543	11 899	5 330	792	2966
蔬菜总产量	吨	22 500	12 500	17 800	34 953	17 351	13 700	18 735	11 046
当年出栏肉猪头数	头	39 989	49 402	80 240	90 325	43 391	42 300	40 206	38 315
肉类总产量	吨	3 159	3 875	6 511	7 387	3 362	3 559	3 111	3 020
年末大牲畜存栏头数	头	8 463	7 807	12 864	14 544	8 166	9 996	6 288	2 885
年末生猪存栏头数	头	19 671	40 318	59 060	60 279	34 809	39 000	34 170	28 190
水产品产量	吨	725	2 192	2 370	2 101	920	860	710	2 004
农林牧渔业总产值(现价)	万元	11 434	17 052	24 629	27 844	12 502	10 527	10 110	8 587
农林牧渔业总产值(1990年不变价)	万元	5 904	11 021	16 119	17 296	7 756	5 857	4 833	5 073
乡村经济总收入	万元	24 366	34 159	45 930	96 388	49 247	35 384	15 806	37 311
农民人均纯收入	元	2 370	2 637	2 755	2 700	2673	2 523	2 437	3 159
集贸市场个数	个	1	2	3	4	2	2	2	
农村集市贸易成交额	万元	4 374	2 500	8 950	8 281	1 830	2 573	1 400	
财政收入	万元	112	395	595	401	300	186	179	1 438
财政支出	万元	135	208	351	243	174	174	186	413
村委会个数	个	14	11	24	24	15	16	13	5
通电话的村委数	个	13	9	22	24	15	16	13	5
通电的村委数	个	14	11	24	24	15	16	13	5

15-3 郊区各乡镇主要统计指标

（1999年）

指标名称	单位	金陵镇	双定乡	那龙镇	坛洛镇	富庶乡
乡镇总户数	户	7 026	6 301	7 121	13 373	4 163
乡镇总人口	人	21 662	25 988	29 741	50 555	16 790
乡镇从业人员数	人	12 956	15 439	15 014	29 602	9 605
年末耕地面积	公顷	2 001	4 356	2 373	6 406	2 589
农业机械总动力	千瓦	27 454	20 726	39 545	42 947	11 977
化肥施用量（按实物量计）	吨	5 525	17 420	10 786	15 283	6 863
农村用电量	万千瓦小时	85	92	162	411	277
农作物总播种面积	公顷	3 557	7 063	4 447	11 176	6 007
粮食总产量	吨	7 831	9 182	12 947	18 069	9 341
油料总产量	吨	866	815	429	2 054	812
糖料总产量	吨	10 000	109 800	25 670	161 033	103 710
水果总产量	吨	23 804	22 208	23 905	33 815	10 310
蔬菜总产量	吨	7 092	4 947	2 016	11 301	8 733
当年出栏肉猪头数	头	11 360	8 320	12 451	32 001	15 582
肉类总产量	吨	1 382	1 058	1 304	3 080	1 641
年末大牲畜存栏头数	头	1 752	5 540	1 100	8 712	3 623
年末生猪存栏头数	头	7 380	7 190	12 250	34 990	11 586
水产品产量	吨	262	422	663	991	481
农林牧渔业总产值（现价）	万元	7 636	9 964	7 493	17 928	9 837
农林牧渔业总产值（1990年不变价）	万元	7 027	8 043	7 536	15 686	
乡村经济总收入	万元	16 398	33 423	26 334	23 582	15 186
农民人均纯收入	元	2 539	2 540	2 622	2 405	2 549
集贸市场个数	个	2	2	4	3	1
农村集市贸易成交额	万元	8 590	2 150	7 100	950	232
财政收入	万元	365	397	353	759	341
财政支出	万元	391	327	225	450	233
村委会个数	个	5	6	8	15	4
通电话的村委数	个	5	6	8	15	4
通电的村委数	个	5	6	8	15	4

15-3 续表1

指标名称	单位	江西镇	心圩镇	沙井镇	三塘镇	那洪镇
乡镇总户数	户	13 210	5 247	5 343	2 544	3 071
乡镇总人口	人	55 785	17 804	18 203	9 483	11 758
乡镇从业人员数	人	31 994	10 141	9 959	5 456	6 231
年末耕地面积	公顷	6 534	832	1 216	1 088	958
农业机械总动力	千瓦	21 135	4 670	9 984	9 789	7 352
化肥施用量(按实物量计)	吨	10 710	1 820	2 573	1 502	866
农村用电量	万千瓦小时	655	467	435	169	254
农作物总播种面积	公顷	14 885	2 485	2 827	2 329	1 971
粮食总产量	吨	27 843	5 142	6 581	3 936	4 202
油料总产量	吨	2 202	28	261	212	395
糖料总产量	吨	137 513	40	5 090	21 720	12 052
水果总产量	吨	23 534	637	461	1 631	720
蔬菜总产量	吨	67 800	28 359	13 030	9 303	7 565
当年出栏肉猪头数	头	18 596	16 778	11 957	7 466	6 424
肉类总产量	吨	2 575	2 282	2 374	1 360	2 759
年末大牲畜存栏头数	头	14 343	992	3 191	1 305	2 192
年末生猪存栏头数	头	19 680	10 605	6 608	2 812	2 708
水产品产量	吨	1 574	853	533	1 583	1 423
农林牧渔业总产值(现价)	万元	21 688	6 758	5 457	4 723	5 590
农林牧渔业总产值(1990年不变价)	万元	14 319	3 349	2 984	3 111	3 714
乡村经济总收入	万元	40 330	19 300	33 656	22 692	28 328
农民人均纯收入	元	2 412	2 411	2 594	2 461	2 415
集贸市场个数	个	3	1	4	1	1
农村集市贸易成交额	万元	5 726	200	912	360	795
财政收入	万元	448	112	287	515	324
财政支出	万元	491	189	236	186	173
村委会个数	个	12	7	7	7	12
通电话的村委数	个	12	7	7	7	12
通电的村委数	个	12	7	7	7	12

15-3 续表2

指　标　名　称	单　位	安吉镇	石埠镇	津头乡	上尧乡	亭子乡
乡镇总户数	户	6 742	4 421	7 121	7 541	7 365
乡镇总人口	人	22 265	16 011	18 401	22 475	21 763
乡镇从业人员数	人	13 274	8 610	7 004	10 526	13 491
年末耕地面积	公顷	770	1 056	106	239	254
农业机械总动力	千瓦	9 359	7 470	4 428	5 369	11 200
化肥施用量(按实物量计)	吨	1 544	931	78	1 910	885
农村用电量	万千瓦小时	570	464	1 600	920	1 211
农作物总播种面积	公顷	2 662	2 728	502	1 476	1 942
粮食总产量	吨	2 945	1 402	175	719	44
油料总产量	吨	58	379	10	1	
糖料总产量	吨	1 474	100	120		1 630
水果总产量	吨	377	699	184		
蔬菜总产量	吨	32 261	41 311	7 399	23 076	37 600
当年出栏肉猪头数	头	20 943	7 765	5 349	17 638	16 383
肉类总产量	吨	5 537	2 686	1 035	2 459	3 529
年末大牲畜存栏头数	头	808	3 104	65	285	153
年末生猪存栏头数	头	7 832	4 702	1 405	6 243	8 234
水产品产量	吨	2 336	859	1 286	1 701	1 572
农林牧渔业总产值(现价)	万元	9 597	7 307	3 733	6 712	9 492
农林牧渔业总产值(1990年不变价)	万元	5 643	3 797	2 523	3 454	4 797
乡村经济总收入	万元	32 757	22 157	8 605	148 443	35 446
农民人均纯收入	元	2 558	2 288	3 337	3 291	2 911
集贸市场个数	个	3	1	8	24	5
农村集市贸易成交额	万元	2 800	170	7 500	65 000	41 800
财政收入	万元	513	194	703	726	418
财政支出	万元	307	235	262	344	324
村委会个数	个	9	8	10	11	9
通电话的村委数	个	9	8	10	11	9
通电的村委数	个	9	8	10	11	9

十六　企业基本情况一览表

企业基本情况

1999年，全市独立核算工业企业1053个，其中大中型企业82个；全市四级以上资质建筑企业271个，其中一、二级企业74个；全市批发零售企业6244个，其中限额以上（大中型）商业企业148个，大中型企业乃是行业的龙头。

1999年，全市大中型工业企业82个，其中特大型企业1个，大型企业32个，中型企业49个，小型工业企业971个。从企业分布的行业来看，我市工业主要分布在非金属矿物制品业、印刷业、食品加工业、食品制造业、交通运输设备制造业、化学原料及化学制品制造业、纸及纸制品等七大行业中。在全市82个大中型工业企业中，年创产值在1亿元以上的有26个企业，年创产值最大的是南宁糖业股分有限公司（10.05亿元）；其次是南宁烟草（集团）有限责任公司（9.17亿元）；全年利税总额在1千万元以上有12个企业，其中利税大户南宁烟草（集团）有限责任公司全年利税总额达4.27亿元，南宁糖业股分有限公司全年利税总额1.55亿元。大中型工业企业在全市工业中占有举足轻重的地位。

1999年，全市四级以上资质建筑企业271个，其中国有建筑企业82个，集体63个；按资质等级分，一级资质建筑企业13个，二级资质建筑企业61个；按国民经济行业分，土木工程建筑业181家，线路管道设备安装业45家，装修装饰业45家，我市建筑行业在逐年发展。从当年竣工产值看，实现竣工产值在1亿元以上有12个企业，其中广西区公路桥梁总公司当年竣工产值达8.79亿元，广西区水电工程局6.24亿元，广西建工集团第一建筑工程有限公司5.49亿元，南宁市建筑安装工程公司2.29亿元，南宁市土木建筑工程公司1.57亿元，南宁市住宅建筑公司1.29亿元。优良工程逐年增多。1999年，全市建筑业工程优良率达50%，在国有和集体建筑企业中，工程优良品率在50%以上，分别有17个企业和8个企业，工程优良品率逐年提高。

1999年，全市批发零售贸易企业6244个，其中批发贸易企业2305个，零售贸易企业3529个，限额以上（大中型）独立核算贸易企业148个。批发企业商品销售收入以食品、饮料、烟草批发业、农业生产资料批发业、能源批发业、图书报刊批发业、汽车、摩托车及零配件批发业、纺织品、服装和鞋帽批发业为大宗，占全市批发企业商品销售收入的70.98%。全市有限额以上全年商品销售收入超亿元的大型贸易企业36家。其中广西区农业生产资料总公司全年商品销售收入达9.02亿元、广西南宁烟草（集团）公司达9.01亿元，广西区南宁石油公司8.45亿元、广西区新华书店8.32亿元。在148家限额以上独立核算贸易企业中，当年盈利的65家。

16-1 大中型工业企业一览表

(1999年)　　单位:万元

企业名称	企业规模	工业总产值		工业增加值	资产合计	负债合计
		1990年不变价	当年价			
南宁糖业股份有限公司	特大型	106 284.8	100 537.3	33 722.5	109 335.6	57 455.6
广西壮族自治区南宁机械厂	大一型	17 552.7	18 014.1	3 328.8	44 899.8	28 264.5
南宁罐头食品有限责任公司	大一型	7 398.0	8 110.8	2 410.2	27 766.4	23 909.7
南宁化工集团有限公司	大一型	31 767.7	34 027.4	6 784.5	95 032.1	65 247.0
广西南宁棉纺织印染总厂	大一型	21 999.5	20 546.5	5 253.4	54 770.0	36 494.2
南宁万泰啤酒有限公司	大一型	9 510.9	19 427.4	5 638.7	85 266.9	33 063.1
广西高峰人造板有限公司	大一型	8 226.4	9 169.0	2 706.4	25 570.9	18 070.5
广西壮族自治区南宁供电局	大一型	19 802.6	21 480.8	22 474.6	253 557.7	253 557.7
南宁市中密度纤维板厂	大一型	8 402.4	10 979.5	4 015.8	20 209.8	22 140.7
广西金牛股份有限公司	大二型	650.8	654.7	-422.0	12 284.6	12 811.1
南宁重型机器厂	大二型	2 055.8	2 232.2	-468.0	23 719.6	15 832.7
南宁发电设备总厂	大二型	5 504.3	4 757.4	993.2	19 302.7	12 959.3
广西壮族自治区南宁铝厂	大二型	25 778.3	24 673.9	5 491.7	31 221.5	17 402.6
广西壮族自治区南宁平板玻璃厂	大二型	12 404.1	12 390.7	4 928.0	31 744.3	3 202.0
南宁手扶拖拉机厂	大二型	29 581.8	35 202.0	4 695.6	31 396.9	16 873.8
南宁包装印刷集团公司	大二型	416.7	607.0	106.0	8 635.4	7 109.6
广西壮族自治区南宁橡胶厂	大二型	14 557.4	11 613.7	3 938.5	19 911.9	11 015.9
南宁市味精厂	大二型	18 977.8	13 992.0	2 580.0	22 929.3	17 124.2
广西南宁制药企业集团公司	大二型	9 302.5	9 455.1	3 339.0	26 593.5	18 332.1
南宁康乐股份有限公司	大二型	2 804.2	2 448.7	666.9	8 404.2	4 400.1
南宁市自来水公司	大二型	5 635.0	13 198.4	8 716.5	49 324.5	10 695.3
南宁市粮油饲料总厂	大二型	5 944.5	8 405.5	413.5	7 081.1	3 408.2
广西银雪面粉有限责任公司	大二型	7 334.0	22 962.2	2 954.6	31 458.8	15 222.8
广西民族印刷厂	大二型	4 625.6	5 785.0	2 860.9	10 936.4	5 619.2
广西南宁烟草(集团)有限责任公司	大二型	76 176.7	91 683.9	51 586.7	101 500.0	73 500.0
广西桂元赖氨酸有限责任公司	大二型	11 575.0	10 020.6	2 675.6	34 422.2	17 858.8
金光制糖化工厂	大二型	18 912.2	18 264.5	4 965.2	18 466.6	14 387.0
南宁赫司特食品添加剂有限公司	大二型	3 129.8	2 054.3	354.3	25 779.7	17 843.2
广西南宁肉类联合加工厂	大二型	3 135.5	3 282.0	1 078.9	9 957.5	3 354.2
广西明阳淀粉化工股份有限公司	大二型	5 865.0	11 205.8	4 273.6	31 785.8	22 262.2
广西华宏水泥股份有限公司	大二型	8 396.0	13 022.9	5 535.2	29 001.0	14 963.9
南宁正大畜牧有限公司	大二型	20 094.9	36 186.9	10 246.3	14 405.6	6 376.0
南宁市港鸣建陶发展有限公司	大二型	3 099.8	1 955.0	433.8	6 949.6	4 070.1
南宁市冶炼厂	中一型	10 521.3	10 746.4	5 100.5	7 463.6	3 374.3
南宁水泥制品总厂	中一型	2 310.8	4 510.7	1 675.3	9 373.0	5 912.2
南宁金沙湾实业有限责任公司	中一型	1 490.0	1 858.2	611.3	10 715.5	4 642.5
南宁市水泥厂	中一型	3 424.6	3 551.8	803.4	14 488.3	13 571.2
南宁市钢精厂	中一型	2 104.1	2 119.9	703.1	5 002.1	3 756.1
南宁市无线电三厂	中一型	1 026.3	335.9	-105.1	13 787.1	9 530.4
南宁壮宁砂石有限责任公司	中一型	1 500.0	1 104.7	703.7	5 082.9	1 956.4
广西鑫叶彩印包装有限公司	中一型	4 290.6	4 132.3	1 557.5	8 335.7	2 584.6

16-1 续表

单位:万元

企 业 名 称	所有者权益合计	固定资产原价	产品销售收入	利 税 总 额	全部从业人员年平均人数(人)
南宁糖业股份有限公司	51 880.0	79 470.3	90 597.1	15 503.1	6 531
广西壮族自治区南宁机械厂	16 635.3	15 714.2	19 604.8	61.0	3 116
南宁罐头食品有限责任公司	3 856.7	23 204.7	5 564.6	-655.5	1 496
南宁化工集团有限公司	29 785.1	71 417.1	32 456.7	-787.7	4 783
广西南宁棉纺织印染总厂	18 275.8	40 390.6	20 510.8	390.0	4 372
南宁万泰啤酒有限公司	52 203.8	75 219.2	14 277.9	-5 574.4	1 170
广西高峰人造板有限公司	7 500.4	16 002.0	9 978.6	1 468.4	165
广西壮族自治区南宁供电局	0.0	198 959.1	22 002.1	8 409.2	1 383
南宁市中密度纤维板厂	-1 930.9	16 883.5	9 227.0	699.5	280
广西金牛股份有限公司	-526.5	6 711.3	459.8	-934.8	485
南宁重型机器厂	7 886.9	17 628.2	2 566.4	-1 207.0	2 742
南宁发电设备总厂	6 343.4	12 939.7	1 517.9	-444.3	1 770
广西壮族自治区南宁铝厂	13 818.9	24 989.2	24 633.1	1 428.6	1 515
广西壮族自治区南宁平板玻璃厂	28 542.3	25 364.8	12 493.2	1 040.9	977
南宁手扶拖拉机厂	14 523.1	11 477.3	35 823.5	584.6	1 769
南宁包装印刷集团公司	1 525.8	4 557.7	534.9	22.3	341
广西壮族自治区南宁橡胶厂	8 896.0	11 783.9	8 984.2	71.5	2 111
南宁市味精厂	5 805.1	5 877.1	14 036.2	788.0	743
广西南宁制药企业集团公司	8 261.4	9 636.8	8 627.7	812.1	1 776
南宁康乐股份有限公司	4 004.1	5 709.2	2 009.3	-163.1	757
南宁市自来水公司	38 629.2	47 127.5	13 198.4	3 440.1	1 308
南宁市粮油饲料总厂	3 672.9	5 088.0	8 384.9	9.9	277
广西银雪面粉有限责任公司	16 236.0	14 418.7	38 035.5	299.8	1 057
广西民族印刷厂	5 317.2	8 838.5	5 339.1	596.3	1 083
广西南宁烟草(集团)有限责任公司	28 000.0	43 081.8	78 770.0	42 704.0	2 855
广西桂元赖氨酸有限责任公司	16 563.4	10 538.2	11 558.2	1 086.2	1 611
金光制糖化工厂	4 079.6	15 508.3	15 649.0	631.7	898
南宁赫司特食品添加剂有限公司	7 936.5	5 158.6	2 173.1	-1 701.4	340
广西南宁肉类联合加工厂	6 603.3	8 537.6	4 307.3	186.8	874
广西明阳淀粉化工股份有限公司	9 523.6	18 106.1	12 728.4	1 238.4	797
广西华宏水泥股份有限公司	14 037.1	29 994.9	12 669.5	2 199.6	1 313
南宁正大畜牧有限公司	8 029.6	10 361.2	32 278.1	4 838.6	471
南宁市港鸣建陶发展有限公司	2 879.5	6 075.5	2 114.1	4.5	266
南宁市冶炼厂	4 089.3	4 918.1	9 303.1	500.1	678
南宁水泥制品总厂	3 460.8	5 261.5	4 027.5	214.9	771
南宁金沙湾实业有限责任公司	6 073.0	11 864.2	757.2	-137.9	593
南宁市水泥厂	917.1	12 688.5	3 655.1	-96.9	892
南宁市钢精厂	1 246.0	4 271.4	1 451.8	-194.5	744
南宁市无线电三厂	4 256.7	6 132.7	877.7	-109.4	264
南宁壮宁砂石有限责任公司	3 126.5	4 589.8	872.9	-105.3	728
广西鑫叶彩印包装有限公司	5 751.1	5 143.0	4 045.9	905.3	217

16-1 续表1

单位:万元

企业名称	企业规模	工业总产值		工业增加值	资产总计	负债总计
		1990年不变价	当年价			
南宁市肥皂厂(南宁市轻工化学厂)	中一型	1 114.3	1 457.6	415.1	2 869.6	1 314.4
广西壮族自治区南宁合成纤维厂	中一型	2 785.8	2 765.5	655.5	18 904.0	17 165.2
南宁市自行车总厂	中一型	5 090.4	5 090.8	830.9	11 135.6	12 278.7
南宁柠檬酸有限公司	中一型	3 983.3	4 435.2	762.5	6 242.7	3 760.1
南宁可口可乐饮料有限公司	中一型	16 655.9	14 896.5	4 349.4	12 109.3	7 576.9
南宁市手表厂	中一型	1 124.6	689.0	137.2	4 903.3	2 960.5
南宁市矿务局	中一型	1 559.5	2 167.5	865.0	18 915.8	3 796.1
南宁胜利电子股份有限公司	中一型	17 256.4	14 509.0	3 954.2	12 166.2	8 200.0
南宁中西药厂	中一型	2 149.9	699.7	127.3	3 039.7	2 895.2
南宁市商业食品工业总公司	中一型	1 242.6	2 447.9	571.3	4 108.6	2 289.9
广西南宁玻璃厂	中一型	3 816.8	5 743.4	1 372.8	17 997.3	14 315.1
广西那龙矿务局	中一型	968.9	1 643.3	913.5	10 548.2	7 652.0
广西华桂畜牧饲料有限公司	中一型	8 357.1	13 819.0	4 838.7	7 984.1	3 427.9
南宁正大建材有限公司	中一型	4 991.4	6 423.4	2 308.6	26 173.3	15 429.0
南宁市齿轮厂	中二型	340.5	397.5	98.3	4 166.6	2 614.7
南宁市通用机械厂	中二型	1 612.3	1 689.6	742.6	4 327.8	2 082.3
广西南宁模具中心	中二型	502.0	494.1	-32.1	3 526.0	3 303.9
南宁市塑料制品总厂	中二型	4 950.4	4 818.4	1 039.3	7 019.1	3 685.7
南宁市木器厂	中二型	1 257.9	1 363.4	551.3	3 957.7	1 993.2
广西南宁电线电缆厂	中二型	15 824.5	15 654.0	2 383.3	12 028.8	7 718.1
南宁市毛巾被单厂	中二型	855.2	1 096.8	412.0	2 920.1	2 164.7
南宁麻纺织厂	中二型	1 922.7	2 221.9	890.0	6 391.4	3 917.3
南宁市水暖器材厂	中二型	1 500.3	1 384.0	385.5	4 203.0	1 615.2
南宁市多丽电器总厂	中二型	1 868.1	1 803.9	613.3	2 868.6	1 785.4
南宁汽车配件总厂	中二型	259.9	222.2	101.9	2 408.9	4 869.3
广西盛全服装有限公司	中二型	679.9	761.1	352.0	4 121.9	3 042.3
南宁市金龙水泥厂	中二型	2 554.0	3 414.1	1 379.2	7 835.5	4 594.4
广西建工集团建筑机械有限责任公司	中二型	4 633.1	6 520.3	2 208.8	9 115.2	8 152.7
广西中医学院制药厂	中二型	1 628.6	1 810.9	646.0	8 197.9	5 137.3
广西南宁农垦玻璃厂	中二型	2 274.8	2 377.8	961.8	6 689.0	5 530.3
南宁燃气轮机发电有限公司	中二型	313.2	3 117.3	560.6	18 299.9	4 080.3
广西饲料企业集团公司	中二型	9 348.0	11 817.0	916.6	14 724.1	10 780.5
邕宁县纸业有限公司	中二型	3 401.1	3 551.7	1 319.1	4 652.7	1 663.5
广西宁俊工贸有限公司	中二型	4 315.6	5 233.5	1 592.5	4 613.8	1 932.3
邕宁县大塘糖业股份有限责任公司	中二型	2 724.8	2 623.4	787.0	7 293.3	6 023.1
南宁市丰德电子有限公司	中二型	1 914.7	1 198.5	359.6	4 607.2	3 720.4
南宁地区武鸣染织厂	中二型	48.6	91.0	18.2	4 959.8	3 709.1
武鸣县淀粉厂	中二型	147.6	188.1	56.5	5 559.3	5 746.6
南宁华侨投资区糖厂	中二型	7 880.9	6 488.6	1 652.8	6 621.7	3 021.5
南宁鸣昌肥料公司	中二型	4 872.6	6 604.7	2 292.3	5 650.6	4 167.8
武鸣县水泥厂	中二型	4 850.0	6 005.0	1 540.8	12 314.5	13 664.1

16-1 续表1.1 单位:万元

企 业 名 称	所有者权益合计	固定资产原 价	产品销售收入	利 税总 额	全部从业人员年平均人数(人)
南宁市肥皂厂(南宁市轻工化学厂)	1 555.2	2 540.3	1 491.5	132.6	212
广西壮族自治区南宁合成纤维厂	1 738.8	21 170.9	3 772.3	-430.0	783
南宁市自行车总厂	-1 143.1	8 744.4	102.4	-441.3	497
南宁柠檬酸有限公司	2 482.6	5 795.5	4 820.5	453.7	243
南宁可口可乐饮料有限公司	4 532.4	6 979.0	15 893.8	2 122.6	385
南宁市手表厂	1 942.8	4 832.5	879.9	-144.1	821
南宁市矿务局	15 119.7	19 042.2	2 039.5	191.2	2 119
南宁胜利电子股份有限公司	3 966.2	4 526.9	12 006.0	187.6	283
南宁中西药厂	144.5	1 844.4	761.4	-252.0	198
南宁市商业食品工业总公司	1 818.7	3 559.5	2 339.9	160.4	493
广西南宁玻璃厂	3 682.2	14 762.4	5 903.3	-309.3	1 457
广西那龙矿务局	2 896.2	8 020.9	1 049.7	-72.1	1 271
广西华桂畜牧饲料有限公司	4 556.2	4 773.7	11 713.4	767.0	254
南宁正大建材有限公司	10 744.3	23 100.2	6 045.8	-267.3	496
南宁市齿轮厂	1 551.9	3 723.9	479.4	-121.0	360
南宁市通用机械厂	2 245.5	3 620.1	1 486.3	102.0	458
广西南宁模具中心	222.1	3 182.5	457.0	-261.9	290
南宁市塑料制品总厂	3 333.4	2 531.4	4 672.5	431.2	431
南宁市木器厂	1 964.5	3 217.9	1 364.2	89.0	517
广西南宁电线电缆厂	4 310.7	4 628.7	14 293.3	515.5	671
南宁市毛巾被单厂	755.4	2 037.5	1 004.3	35.6	528
南宁麻纺织厂	2 474.1	3 928.6	1 164.3	118.9	1 093
南宁市水暖器材厂	2 587.8	3 441.4	1 371.5	115.4	242
南宁市多丽电器总厂	1 083.2	2 469.7	1 288.6	5.6	225
南宁汽车配件总厂	-2 460.4	2 114.6	214.6	-85.1	216
广西盛全服装有限公司	1 079.6	1 982.5	605.3	-91.0	645
南宁市金龙水泥厂	3 241.1	6 763.0	2 623.4	-71.6	362
广西建工集团建筑机械有限责任公司	962.5	1 933.8	5 314.3	372.2	1 032
广西中医学院制药厂	3 060.6	1 489.0	1 521.9	324.4	230
广西南宁农垦玻璃厂	1 158.7	4 971.8	2 019.6	32.9	1 096
南宁燃气轮机发电有限公司	14 219.6	18 147.9	2 757.3	173.0	139
广西饲料企业集团公司天龙饲料厂	3 943.6	4 902.3	15 616.8	83.3	455
邕宁县纸业有限公司	2 989.2	4 463.7	3 692.9	405.0	580
广西宁俊工贸有限公司	2 681.5	3 168.1	5 355.7	470.4	671
邕宁县大塘糖业股份有限责任公司	1 270.2	8 194.5	2 100.0	-112.4	458
南宁市丰德电子有限公司	886.8	1 546.9	926.9	-407.2	260
南宁地区武鸣染织厂	1 250.7	1 932.0	49.8	-37.0	690
武鸣县淀粉厂	-187.3	4 131.2	165.3	0.0	190
南宁华侨投资区糖厂	3 600.2	4 720.7	7 303.6	905.6	530
南宁鸣昌肥料公司	1 482.8	2 365.1	5 436.0	481.4	390
武鸣县水泥厂	-1 349.6	11 802.7	5 596.3	-470.2	917

16-2 国有小型工业企业一览表

（1999年）　　　　单位：万元

企业名称	工业总产值		工业增加值	资产合计	负债合计
	1990年不变价	当年价			
广西南宁减速机厂	466.2	607.5	201.5	2 653.9	1 561.9
南宁市粉末冶金厂	312.0	275.0	123.2	1 881.6	841.9
广西壮族自治区医疗器械厂	541.5	605.1	353.2	2 117.1	580.4
南宁市油毡厂	8.1	15.7	5.8	2 394.0	1 758.0
广西南宁专用汽车厂	2 654.3	3 705.6	1 312.7	3 537.7	1 347.6
南宁市衬衣厂	1 250.1	1 010.5	509.4	2 062.1	934.8
广西南宁市装饰涂料厂	270.3	345.2	80.0	1 235.3	689.8
南宁市皮件厂	14.7	28.4	11.3	1 253.3	730.5
南宁市伞厂	243.5	229.1	59.5	2 848.2	2 416.4
南宁市皮鞋厂	71.8	108.7	48.2	1 727.5	1 321.5
广西壮族自治区南宁市电机厂	244.1	273.0	83.1	1 042.8	331.3
南宁市中艺家具公司				406.9	
南宁市制革厂	526.4	440.9	53.3	3 633.0	1 346.6
南宁市第二轻工机械厂	335.4	405.6	160.8	1 380.0	665.3
南宁市无线电五厂	139.1	139.1	22.3	3 173.1	2 142.5
广西南宁机械厂金田摩托车分厂	2 871.5	1 828.4	269.8	694.9	761.3
南宁市针织印染总厂	162.8	112.5	53.3	2 908.6	2 802.5
南宁市羊毛衫厂	40.8	62.3	29.0	1 233.2	756.4
南宁市虫胶油墨厂	323.2	324.4	58.6	2 554.8	4 162.9
南宁翻胎厂	413.1	377.7	120.7	1 747.4	861.9
广西壮族自治区南宁客车厂	545.6	546.8	29.9	5 973.1	4 445.3
广西壮族自治区南宁造船厂	2 100.0	2 100.0	695.2	9 194.1	4 227.7
南宁市郊区矿产公司	135.3	156.3	60.5	351.2	314.7
南宁市郊区邓丁煤矿	192.6	273.8	75.8	496.1	385.1
广西南宁市郊北湖煤矿	83.4	122.5	30.7	637.0	264.4
南宁市郊区龙潭水厂	11.0	38.0	13.4	1 364.7	621.2
广西大学饮料食品厂	422.1	171.0	50.9	131.9	120.2
广西大学自动化研究所	13.4	13.4	6.6	111.0	97.7
广西农业大学兽药厂	248.3	268.4	111.7	366.1	31.3
广西农大饲料厂	395.0	533.0	212.7	301.0	177.2
广西大学农药化工厂	1 401.2	1 025.0	425.7	498.6	179.0
广西大学印刷厂	198.3	198.3	84.3	238.1	118.9
广西大学农机厂	51.1	52.4	21.9	209.6	103.4
广西大学机电厂	286.0	382.9	140.7	1 136.6	686.1
广西南宁绿泰特种塑料厂	163.8	157.5	104.1	1 386.9	692.2

16-2 续表 单位:万元

企业名称	所有者权益合计	固定资产原价	产品销售收入	利税总额	全部从业人员年平均人数(人)
广西南宁减速机厂	1 092.0	1 877.6	455.6	30.6	335
南宁市粉末冶金厂	1 039.7	1 507.9	324.2	-19.4	244
广西壮族自治区医疗器械厂	1 536.7	1 763.9	676.3	78.4	342
南宁市油毡厂	636.0	2 200.2	8.5	0.1	68
广西南宁专用汽车厂	2 190.1	2 165.8	3 414.4	245.4	459
南宁市衬衣厂	1 127.3	1 490.3	972.9	80.2	392
广西南宁市装饰涂料厂	545.5	876.3	243.6	14.8	140
南宁市皮件厂	522.8	1 216.8	48.3	5.3	275
南宁市伞厂	431.8	1 992.9	290.3	-298.3	434
南宁市皮鞋厂	406.0	1 249.7	81.3	-145.6	237
广西壮族自治区南宁市电机厂	711.5	1 134.8	250.2	-47.7	135
南宁市中艺家具公司	406.9	264.8	0.0	0.0	7
南宁市制革厂	2 286.4	1 548.6	359.3	14.2	174
南宁市第二轻工机械厂	714.7	1 403.6	444.5	-7.0	278
南宁市无线电五厂	1 030.6	602.6	130.5	9.7	418
广西南宁机械厂金田摩托车分厂	-66.4	15.6	1 591.7	21.8	40
南宁市针织印染总厂	106.1	1 544.5	46.5	-111.2	127
南宁市羊毛衫厂	476.8	662.5	57.8	-35.8	157
南宁市虫胶油墨厂	-1 608.1	2 232.5	427.1	-964.1	114
南宁翻胎厂	885.5	1 492.1	385.3	32.3	187
广西壮族自治区南宁客车厂	1 527.8	4 239.0	610.1	-299.7	556
广西壮族自治区南宁造船厂	4 966.4	4 892.5	1 922.0	22.7	512
南宁市郊区矿产公司	36.5	59.3	111.9	-1.5	11
南宁市郊区邓丁煤矿	111.0	40.1	264.8	-7.4	55
广西南宁市郊北湖煤矿	372.6	464.1	122.5	0.8	10
南宁市郊区龙潭水厂	743.5	1 346.0	38.0	1.8	28
广西大学饮料食品厂	11.7	76.7	228.0	26.5	32
广西大学自动化研究所	13.3	9.0	69.3	10.4	24
广西农业大学兽药厂	334.8	70.3	163.4	9.8	49
广西农大饲料厂	123.8	219.3	466.0	6.2	45
广西大学农药化工厂	319.6	231.5	781.8	109.0	80
广西大学印刷厂	119.2	202.0	148.5	41.5	50
广西大学农机厂	106.2	128.4	52.6	15.5	40
广西大学机电厂	450.5	637.2	285.0	1.8	69
广西南宁绿泰特种塑料厂	694.7	737.4	96.4	68.0	80

16-2 续表1 单位:万元

企业名称	工业总产值		工业增加值	资产合计	负债合计
	1990年不变价	当年价			
广西农大印刷厂	169.0	147.0	51.6	527.8	282.5
广西农大食品厂	147.2	147.2	53.6	246.4	107.8
南宁市青山汽车修理厂	74.9	74.9	23.0	426.3	226.0
南宁万巨砂石有限责任公司	157.5	140.6	56.4	472.6	285.5
南宁市华沙构件有限责任公司	59.7	123.8	32.7	441.8	257.1
南宁市百果王食品有限责任公司	551.7	695.9	293.7	1 213.2	940.7
南宁市多乐乳品有限责任公司	194.2	453.1	99.4	141.4	14.1
南宁乳业有限责任公司	1 934.5	3 678.9	490.0	5 239.6	2 808.7
广西南宁粮油机械有限责任公司	240.1	250.2	81.0	2 713.9	632.0
南宁市养鸡厂	819.2	1 564.0	312.8	2 051.3	790.5
南宁市蔬菜公司食品厂	146.7	254.6	101.8	383.0	504.7
广西商业饲料厂	2 628.0	5 255.3	823.0	2 593.6	1 401.2
广西区机关汽车修理厂	6 117.0	6 117.0	1 119.4	8 190.2	5 004.5
广西壮族自治区教学仪器厂	381.8	381.8	91.6	277.5	196.2
广西水电天湖彩印厂	132.7	132.7	31.1	182.1	92.2
广西南宁南风机器总厂	135.6	170.0	32.4	1 720.0	1 573.6
广西区计划委员会印刷厂	260.8	337.9	135.7	318.8	20.4
广西民族语文印刷厂	463.0	921.0	376.0	1 591.9	1 879.0
广西外办沙发家具厂	100.0	100.0	37.2	67.3	23.8
广西计量仪器厂	40.4	40.4	13.0	703.6	72.7
广西壮族自治区生物制品厂	1 636.8	1 521.4	648.3	5 977.1	892.3
广西区光华化工厂	209.7	800.9	121.3	1 918.1	879.3
广西桃源制药厂	71.4	183.2	66.0	308.3	110.9
广西有色地质勘查局二七二队印刷厂	49.1	49.1	16.6	120.0	94.3
南宁化工研究设计院	1 644.8	1 315.6	534.8	2 306.0	1 935.0
南宁地区印刷厂	327.6	468.3	163.3	1 731.5	753.3
广西壮族自治区南宁华侨服装厂	640.0	640.0	252.9	1 793.4	339.3
广西南宁木材厂	657.2	751.7	149.6	2 045.0	1 321.3
广西壮族自治区南宁华侨印刷厂	242.8	430.4	159.3	2 083.9	584.9
广西师范学院化学试剂厂	53.9	94.0	26.5	179.7	30.2
广西壮族自治区盐业公司食盐包装厂	274.6	358.8	102.0	340.9	137.1
广西地质印刷厂	1 235.0	1 543.8	609.9	1 889.2	1 353.9
广西亚热带作物研究所剑麻制品厂	237.1	380.0	112.6	599.3	464.1
广西粮食汽车运输贸易公司修理厂	932.6	932.6	166.7	1 643.0	1 231.6
广西壮族自治区南宁变压器厂	1 211.2	1 230.2	552.8	2 734.3	2 734.3

16-2 续表1.1

单位:万元

企业名称	所有者权益合计	固定资产原值	产品销售收入	利税总额	全部从业人员年平均人数(人)
广西农大印刷厂	245.3	248.6	164.1	75.3	58
广西农大食品厂	138.6	31.7	144.2	15.9	30
南宁市青山汽车修理厂	200.3	326.4	74.9	2.4	28
南宁万巨砂石有限责任公司	187.1	79.9	81.2	-34.7	81
南宁市华沙构件有限责任公司	184.7	88.1	130.0	-8.3	26
南宁市百果王食品有限责任公司	272.5	1 038.7	567.9	23.5	128
南宁市多乐乳品有限责任公司	127.3	86.1	425.3	3.6	64
南宁乳业有限责任公司	2 430.9	1 838.9	4 271.5	455.6	579
广西南宁粮油机械有限责任公司	2 081.9	699.3	241.7	19.3	200
南宁市养鸡厂	1 260.8	1 582.3	778.5	75.4	108
南宁市蔬菜公司食品厂	-121.7	350.3	107.2	7.2	149
广西商业饲料厂	1 192.4	1 270.9	5 132.3	166.5	100
广西区机关汽车修理厂	3 185.7	2 786.1	6 117.8	280.3	195
广西壮族自治区教学仪器厂	81.3	141.0	320.3	10.8	50
广西水电天湖彩印厂	89.9	133.5	132.7	13.6	35
广西南宁南风机器总厂	146.4	469.7	152.6	-38.4	177
广西区计划委员会印刷厂	298.4	274.4	302.2	27.3	65
广西民族语文印刷厂	-287.1	1 290.8	710.3	-166.7	598
广西外办沙发家具厂	43.5	60.0	135.8	9.0	27
广西计量仪器厂	630.9	228.7	39.0	-7.3	112
广西壮族自治区生物制品厂	5 084.8	5 255.9	1 360.2	134.8	303
广西区光华化工厂	1 038.8	1 152.9	1 148.6	-52.5	164
广西桃源制药厂	197.4	194.6	131.2	19.3	40
广西有色地质勘查局二七二队印刷厂	25.7	95.8	49.1	-16.9	30
南宁化工研究设计院	371.0	397.3	632.6	115.5	53
南宁地区印刷厂	978.2	1 563.4	423.2	-13.2	226
广西壮族自治区南宁华侨服装厂	1 454.1	1 499.4	671.4	73.0	336
广西南宁木材厂	723.7	1 265.2	648.2	59.3	331
广西壮族自治区南宁华侨印刷厂	1 499.0	2 021.1	450.5	85.1	144
广西师范学院化学试剂厂	149.5	122.9	100.4	20.6	20
广西壮族自治区盐业公司食盐包装厂	203.8	26.9	163.7	52.7	30
广西地质印刷厂	535.3	1 246.7	1 086.3	153.8	160
广西亚热带作物研究所剑麻制品厂	135.2	120.9	273.5	6.8	100
广西粮食汽车运输贸易公司修理厂	411.4	523.3	932.6	65.7	174
广西壮族自治区南宁变压器厂	0.0	700.9	952.4	38.5	137

16-2 续表2 单位:万元

企业名称	工业总产值		工业增加值	资产合计	负债合计
	1990年不变价	当年价			
广西壮族自治区南宁茅桥被服厂	553.5	555.3	228.8	1 312.0	892.9
南宁市建筑金属门窗厂	167.9	274.0	122.9	297.0	137.8
广西医药研究所制药厂	1 199.7	1 328.2	603.0	1 614.0	106.6
广西壮族自治区南宁矿粉厂	18.1	17.2	5.9	220.7	0.0
广西师范学院印刷厂	12.7	12.7	2.7	111.4	14.9
广西茶叶进出口公司南宁茶厂	1 026.6	1 172.5	222.5	1 476.3	1 282.2
南宁市开关设备厂	675.9	675.9	165.3	1 461.0	1 069.4
南宁地区林业汽车运输公司	21.2	21.2	3.6	355.2	283.3
南宁市新阳造纸厂	165.4	180.5	34.0	3 308.4	2 034.6
广西医科大学制药厂	1 680.8	1 919.5	748.0	2 378.2	2 338.7
广西南宁民族师范学校印刷厂	16.0	94.5	27.1	245.3	189.2
广西壮族自治区南宁茅桥造纸厂	533.7	690.7	129.2	1 360.5	1 075.5
广西亚热带作物研究所饮料厂	81.5	82.0	32.5	139.3	157.6
广西壮族自治区南宁电信器材厂	790.3	810.5	146.6	2 200.2	561.0
广西师范大学出版社南宁印刷厂	744.7	744.7	127.0	639.8	414.5
南宁华侨彩色印刷厂	56.5	109.0	21.3	543.5	593.7
南宁市天宝堂制药厂	108.5	108.5	18.7	102.2	90.8
广西南宁市医疗器械修配厂	82.1	127.1	24.5	285.0	285.0
广西壮族自治区南宁市视力制药厂	0.0	0.0	0.0	85.6	0.0
广西教育印刷厂	215.5	319.6	96.3	568.4	574.4
南宁新香食品厂	13.7	13.7	3.4	11.7	10.4
广西南宁粮运汽车修配厂	28.0	28.0	4.4	40.2	64.3
广西万佳食品发展公司	61.7	126.0	27.3	454.4	371.8
广西药用植物园制药厂	793.2	319.7	127.2	579.4	234.7
南宁新风机械加工厂	1.9	1.9	0.4	182.1	101.3
广西壮族自治区工商行政管理局印刷厂	496.1	662.9	113.8	1 433.6	1 124.9
广西畜产进出口公司南宁畜产加工厂	138.3	166.9	43.1	953.8	2 881.8
南宁化学制药有限责任公司	971.6	589.7	239.8	1 267.4	237.8
广西中医药研究所制药厂	220.4	220.4	53.5	355.1	316.5
广西经济贸易技工学校实习工厂	338.0	455.8	145.8	218.2	134.0
广西南宁康达制药厂	377.2	646.5	255.0	1 293.6	163.7
区航务工程局南宁航务工程处船舶修造厂	9.0	9.0	3.3	32.6	51.2
右江矿务局南宁汽车修理厂	40.8	40.8	8.4	75.6	174.4
邕宁县缫丝厂	127.4	121.7	44.2	1 627.5	1 428.6
广西国营明阳农场麻绳厂	144.8	200.0	75.2	299.3	293.8

16-2 续表2.1 单位:万元

企业名称	所有者权益合计	固定资产原价	产品销售收入	利税总额	全部从业人员年平均人数(人)
广西壮族自治区南宁茅桥被服厂	419.1	685.7	551.6	92.2	259
南宁市建筑金属门窗厂	159.2	116.6	254.0	13.7	84
广西医药研究所制药厂	1 507.4	510.5	1 305.0	243.4	190
广西壮族自治区南宁矿粉厂	220.7	134.6	17.4	-12.0	46
广西师范学院印刷厂	96.5	104.6	12.7	2.2	9
广西茶叶进出口公司南宁茶厂	194.1	729.7	1 412.7	-63.5	158
南宁市开关设备厂	391.6	438.5	467.3	-51.2	152
南宁地区林业汽车运输公司	71.9	96.9	53.0	-34.6	48
南宁市新阳造纸厂	1 273.8	3 075.5	216.5	-168.5	226
广西医科大学制药厂	39.5	390.5	982.1	253.7	226
广西南宁民族师范学校印刷厂	56.1	63.7	94.5	0.5	396
广西壮族自治区南宁茅桥造纸厂	285.0	675.1	638.5	16.6	187
广西亚热带作物研究所饮料厂	-18.3	86.0	37.9	-13.5	62
广西壮族自治区南宁电信器材厂	1 639.2	1 480.0	915.0	-3.9	170
广西师范大学出版社南宁印刷厂	225.3	437.6	690.0	45.7	95
南宁华侨彩色印刷厂	-50.2	121.3	120.8	-7.3	55
南宁市天宝堂制药厂	11.4	0.0	117.9	1.6	20
广西南宁市医疗器械修配厂	0.0	123.9	265.2	15.6	65
广西壮族自治区南宁市视力E制药厂	85.6	85.6	0.0	0.0	1
广西教育印刷厂	-6.0	316.2	286.1	2.5	34
南宁新香食品厂	1.3	1.7	20.8	2.8	10
广西南宁粮运汽车修配厂	-24.1	7.3	41.1	6.2	22
广西万佳食品发展公司	82.6	176.8	103.2	3.1	13
广西药用植物园制药厂	344.7	265.6	288.8	8.5	66
南宁新风机械加工厂	80.8	121.9	1.9	-18.8	18
广西壮族自治区工商行政管理局印刷厂	308.7	797.9	687.6	28.9	55
广西畜产进出口公司南宁畜产加工厂	-1 928.0	968.4	110.0	-258.0	55
南宁化学制药有限责任公司	1 029.6	179.9	375.4	61.8	98
广西中医药研究所制药厂	38.6	140.6	187.4	10.9	65
广西经济贸易技工学校实习工厂	84.2	45.1	455.8	36.1	8
广西南宁康达制药厂	1 129.9	349.3	163.6	-5.6	35
区航务工程局南宁航务工程处船舶修造厂	-18.6	0.0	14.0	-12.9	30
右江矿务局南宁汽车修理厂	-98.8	24.6	40.8	-41.3	21
邕宁县缫丝厂	198.9	1 166.1	238.6	-115.3	197
广西国营明阳农场麻绳厂	5.5	121.5	225.4	-26.0	82

16-2 续表3 单位:万元

企业名称	工业总产值		工业增加值	资产合计	负债合计
	1990年不变价	当年价			
广西农垦明阳机械厂	228.0	200.6	78.8	788.7	460.3
邕宁县明阳磷肥厂	207.1	229.3	69.3	1 268.1	725.6
邕宁县明阳水泥厂	1 046.4	1 415.4	310.2	3 070.5	2 942.1
邕宁县罐头食品厂	65.8	44.3	15.6	13.8	0.0
邕宁县四塘煤矿	453.5	610.6	240.7	4 782.4	3 294.2
邕宁县电业公司	816.4	3 823.4	3 740.4	12 947.4	5 331.1
邕宁县印刷厂	246.4	236.1	65.2	605.2	386.0
邕宁县矿产公司	15.6	21.0	6.8	580.0	280.3
邕宁县酒厂	226.1	226.1	67.8	2 040.7	1 132.5
邕宁县塑料包装制品厂	6.5	6.5	2.6	815.5	448.5
邕宁县花岗岩石材开发总公司	453.4	168.1	58.1	631.4	675.7
广西明阳农场砖厂	161.1	210.5	63.1	176.2	110.4
邕宁县农机一厂	206.0	206.0	44.3	961.0	281.2
广西和泰食品厂	32.9	32.9	11.7	281.0	38.9
邕宁县水利电力局预制构件厂	30.2	30.2	10.1	219.9	244.0
邕宁县自来水公司	142.1	521.6	359.1	2 070.2	629.2
广西药物研究所兽药厂	321.0	343.2	113.7	510.2	458.2
南宁市九川食品工业有限公司	180.0	186.0	61.1	725.1	904.9
南宁地区大明山钨矿	239.2	287.1	54.1	195.5	108.0
武鸣县农机厂	1 455.5	1 656.6	288.2	3 058.2	1 977.4
武鸣印业有限公司	93.6	107.4	44.5	284.0	226.1
武鸣县鸿发车业有限公司	92.0	92.0	35.2	157.7	59.1
武鸣县建筑材料厂	305.8	348.0	53.0	4 973.0	3 304.9
武鸣县造纸厂	607.6	581.2	130.6	6 680.6	7 148.3
武鸣县电业公司	530.4	1 750.0	1 589.1	8 593.2	4 353.8
武鸣县氮肥厂	3 379.2	4 912.4	1 220.7	6 633.6	4 526.7
广西武鸣栲胶厂	1 232.9	1 748.2	804.1	2 016.6	909.0
南宁华侨投资区供电公司	57.2	198.4	177.9	1 248.2	1 003.3
广西南宁华侨投资区机械厂	251.1	251.1	116.9	650.0	331.0
南宁华侨投资区淀粉厂	1 270.0	1 740.5	555.9	2 594.3	1 993.5
华侨投资区华联实业公司	9.7	12.4	5.0	202.0	156.0
武鸣县供水公司	228.8	918.0	651.1	2 244.8	811.7
广西鑫叶肥料有限责任公司	499.8	624.8	117.6	1 874.7	1 146.0
南宁顺通机动车综合服务中心	158.6	158.6	61.6	547.4	192.0
南宁华侨投资区供电公司水厂	52.4	142.5	87.6	493.0	109.7

16-2 续表3.1 单位:万元

企业名称	所有者权益合计	固定资产原价	产品销售收入	利税总额	全部从业人员年平均人数(人)
广西农垦明阳机械厂	328.4	729.6	186.4	-8.0	153
邕宁县明阳磷肥厂	542.5	757.4	108.6	-23.3	140
邕宁县明阳水泥厂	128.4	3 273.6	1 231.0	-209.9	458
邕宁县罐头食品厂	13.8	0.0	39.1	8.3	48
邕宁县四塘煤矿	1 488.2	3 368.5	634.9	-79.0	639
邕宁县电业公司	7 616.3	9 565.0	10 427.2	826.0	477
邕宁县印刷厂	219.2	336.4	192.8	15.3	83
邕宁县矿产公司	299.7	435.0	57.2	9.1	78
邕宁县酒厂	908.2	1 431.0	411.2	-166.4	102
邕宁县塑料包装制品厂	367.0	717.1	0.5	-6.7	38
邕宁县花岗岩石材开发总公司	-44.3	508.9	151.0	8.7	57
广西明阳农场砖厂	65.8	337.6	197.1	-21.6	132
邕宁县农机一厂	679.8	881.1	4.2	-6.5	94
广西和泰食品厂	242.1	189.4	30.1	-27.7	11
邕宁县水利电力局预制构件厂	-24.1	138.8	34.2	-10.7	23
邕宁县自来水公司	1 441.0	1 682.8	521.6	118.1	90
广西药物研究所兽药厂	52.0	116.8	168.2	-0.9	51
南宁市九川食品工业有限公司	-179.8	749.0	110.2	-36.4	111
南宁地区大明山钨矿	87.5	102.5	292.7	34.1	31
武鸣县农机厂	1 080.8	1 714.0	1 772.8	28.1	347
武鸣印业有限公司	57.9	252.8	107.4	-4.3	97
武鸣县鸿发车业有限公司	98.6	146.0	80.7	7.8	55
武鸣县建筑材料厂	1 668.1	2 812.3	316.9	-133.2	172
武鸣县造纸厂	-467.7	5 324.1	741.3	-10.6	307
武鸣县电业公司	4 239.4	2 643.5	4 747.5	837.7	371
武鸣县氮肥厂	2 106.9	5 308.6	4 899.0	56.3	716
广西武鸣栲胶厂	1 107.6	926.2	1 603.2	248.6	204
南宁华侨投资区供电公司	244.9	293.9	571.5	66.0	73
广西南宁华侨投资区机械厂	319.0	521.2	252.8	67.0	107
南宁华侨投资区淀粉厂	600.8	975.9	1 423.3	155.9	260
华侨投资区华联实业公司	46.0	77.0	12.4	-9.0	16
武鸣县供水公司	1 433.1	1 362.6	862.4	158.9	117
广西鑫叶肥料有限责任公司	728.7	674.0	714.2	-31.2	36
南宁顺通机动车综合服务中心	355.4	386.8	158.6	14.5	16
南宁华侨投资区供电公司水厂	383.3	517.5	134.5	11.0	30

16-3 国有建筑业企业情况一览表

（1999年）　　单位：万元

指标名称	自行完成施工产值	竣工产值	单位工程竣工个数（个）	优良单位工程个数	流动资产合计	固定资产合计	资产总计	负债总计
柳州铁路局南宁工程建设总公司	3 541	2 746	15	7	4 041	108	4 150	1 938
南宁市住宅建筑公司	11 470	12 968	83	42	7 336	460	7 890	6 842
广西电力工业勘察设计研究院	1 100	926	80		1 657	857	2 591	1 932
邕宁县水电建筑工程公司	363	566	8		187	126	313	179
邕宁县明阳农场建筑安装工程公司	133	133	3		1 130	286	1 456	1 408
广西壮族自治区水电工程局	28 846	62 397	81	53	27 675	24 224	64 725	43 584
广西壮族自治区送变电建设公司	30 807	12 307	60	6	25 781	9 484	37 070	27 205
广西建工集团第一建筑工程有限公司	40 527	54 873	78	73	37 394	4 023	43 595	37 501
广西建工集团第二建筑工程有限公司	27 505	27 402	74	55	50 401	6 560	61 233	54 590
广西建工集团第一建筑设备安装工程公司	12 999	10 050	55	24	55 040	1 585	58 123	54 234
广西区建筑科学研究设计院建筑工程公司	2 551	2 242	20	6	1 952	4	1 956	1 702
广西农垦建筑工程公司	1 779	1 544	18	1	289	118	407	129
广西壮族自治区航务工程局	4 517	1 458	16	8	3 733	13 509	17 974	5 197
广西壮族自治区邮电工程建设局	5 438	4 640	84	69	1 842	5 035	6 878	2 835
广西区商业基建安装公司	87	18	1		1 279	536	1 992	1 295
广西壮族自治工区建筑工程承包公司	300	435	2		1 589	115	1 795	1 621
广西中建工程公司	2 130	930	3	1	14 722	28	14 965	13 785
中国水利电力对外广西公司	3 250	287	11	5	33 989	8 813	46 516	35 025
广西有色工业建筑安装工程公司	428	1 038	5		233	844	1 380	463
广西东成建筑装璜工程公司	1 222	330	2	1	1 356	304	1 673	1 518
广西区公路桥梁总公司	116 127	87 944	37	36	77 709	25 086	111 636	70 494
广西第一地质工程施工公司	1 443	1 256	14		435	896	1 349	722
广西地矿建设工程发展中心	900				2 214	341	2 757	1 612
广西建工集团机械施工有限责任公司	3 648	1 676	16	2	15 176	840	16 104	15 353
广西建工集团第六建筑工程有限公司	632	361	6	5	8 975	844	9 827	10 989
广西地方铁路工程承发包有限公司	2 741	2 851	64	1	5 078	517	5 595	4 715
南宁市基础工程总公司	7 071	20 028	20	8	34 176	3 423	38 300	31 651
广西壮族自治区水电金属结构制	259	238	6		151	642	793	344
广西第二水文地质工程队地质工程勘察公司	736				98	465	579	196
南宁铁路弘广建筑安装工程公司	2 275	1 658	8	7	2 312	429	2 741	2 123
南宁市市政工程总公司	7 650	3 994	5	1	24 730	5 332	31 069	23 237
南宁市土木建筑工程公司	21 011	15 749	101	60	21 109	54	21 163	21 097

16-3 续表　单位:万元

指标名称	所有者权益合计	工程结算收入	工程结算成本	工程结算税金及附加	利润总额	从业人员劳动报酬
柳州铁路局南宁工程建设总公司	2 212	2 506	2 213	81	37	941
南宁市住宅建筑公司	1 048	15 484	14 694	511	32	1 607
广西电力工业勘察设计研究院	659	1 095	670	55	71	334
邕宁县水电建筑工程公司	133	400	374	17		56
邕宁县明阳农场建筑安装工程公司	48	54	50	2	-1	34
广西壮族自治区水电工程局	21 140	25 365	20 240	849	109	5 786
广西壮族自治区送变电建设公司	9 865	24 827	19 231	884	303	5 351
广西建工集团第一建筑工程有限公司	6 094	47 881	41 622	1 345	241	6 524
广西建工集团第二建筑工程有限公司	6 643	70 991	65 769	2 290	264	6 540
广西建工集团第一建筑设备安装工程公司	3 888	8 016	6 315	252	81	2 437
广西区建筑科学研究设计院建筑工程公司	253	2 823	2 694	101	3	550
广西农垦建筑工程公司	278	1 595	1 505	52	-8	340
广西壮族自治区航务工程局	12 777	3 838	3 252	173	76	1 218
广西壮族自治区邮电工程建设局	4 043	4 640	3 336	153	452	1 263
广西区商业基建安装公司	697	311	209	2	-30	46
广西壮族自治工区建筑工程承包公司	174	3 384	3 144	146	15	42
广西中建工程公司	1 180	3 850	3 276	149	45	148
中国水利电力对外广西公司	11 491	3 250	2 864	121	17	423
广西有色工业建筑安装工程公司	917	54	51	2	-28	80
广西东成建筑装璜工程公司	155	378	355	12	-22	93
广西区公路桥梁总公司	41 142	120 740	109 231	278	4 313	17 284
广西第一地质工程施工公司	627	1 115	1 059	22	1	412
广西地矿建设工程发展中心	1 145	1 560	1 189	183	59	166
广西建工集团机械施工有限责任公司	751	7 227	6 585	130	51	428
广西建工集团第六建筑工程有限公司	-1 161	1 613	1 520	52	-305	162
广西地方铁路工程承发包有限公司	880	2 851	2 624	107	10	966
南宁市基础工程总公司	6 649	4 486	4 322	130	23	1 071
广西壮族自治区水电金属结构制	449	449	345	27	3	31
广西第二水文地质工程队地质工程勘察公	383	536	615	16	-152	153
南宁铁路弘广建筑安装工程公司	618	4 969	4 674	164		765
南宁市市政工程总公司	7 832	4 839	4 738	125	43	596
南宁市土木建筑工程公司	66	21 379	20 536	693	16	3 798

16-3 续表1 单位:万元

指标名称	自行完成施工产值	竣工产值	单位工程竣工个数(个)	优良单位工程个数	流动资产合计	固定资产合计	资产总计	负债总计
广西利华建筑装饰工程公司	98	73			103	11	114	103
广西壮族自治区水电勘探基础工程公司	912	871	8	1	336	810	1 162	251
南宁市建筑安装工程公司	25 813	22 970	150	69	38 170	6 887	47 451	40 266
广西国营金光农场	587	587	12		423	405	827	117
南宁地区建筑安装工程总公司	3 104	3 443	16		2 093	775	3 531	4 051
广西壮族自治区航务工程处	11 598	17 783	4	32	21 115	2 962	24 112	20 933
南宁铁道工程建筑公司	373	373	3	2	267	80	347	163
南铁水电工程服务公司	772	772	18	16	101	45	146	125
南宁市自来水公司	1 912	1 232	12	1	2 992	259	3 252	1 213
南宁市机械施工公司	354	308	4		704	1 653	2 668	873
南宁市人民防空战备工程公司	1 187	402	4	1	4 759	442	6 800	5 913
广西大西南建设工程公司	688	158	1		2 530	166	2 698	2 684
广西水电工程局建筑工程公司	6 810	10 249	58	24	1 234	898	2 132	1 093
南宁地区第一建筑装饰工程公司	150				1 572	278	1 896	1 422
南宁市邕江大堤建筑安装工程	1 516	1 617	3		687	203	961	787
南宁市水利电力开发总公司	1 225	305	1		113	10	122	53
广西建校建筑安装工程公司	213	214	2		120	20	140	114
南宁大地建筑装饰工程公司	3 226	5 285	30	26	1 810	459	2 309	1 442
广西建设工程勘察公司	138	138	4		44	401	445	35
广西南宁市建设标准工程公司	1 029	887	4	1	1 400	82	1 485	1 631
广西南宁体育发展公司	550	550	5	3	250	150	538	330
广西建筑综合工程公司	2 425	2 245	2		465	287	752	200
广西南宁市商业装饰有限责任公司	699	699			945	1 278	2 303	1 590
南宁地区建设工程公司	143	143	1	1	257	300	557	57
南宁地区基础工程公司	24	24	2		57	733	986	137
南宁剧场制冷装饰工程部					91	23	114	83
南宁市路灯管理处	467	167	3		2 419	209	2 628	2 102
南宁市市政工程管理处	2 888	3 594	3	1	11 820	1 152	14 883	10 033
广西水电南宁地质勘探基础工程公司	972	30	4		1 116	387	1 596	1 165
广西南宁水利电力工程处	2 625	2 528	7	7	675	324	1 018	558
南宁市城市建设工程公司	3 012	2 766	5		15 842	225	16 467	43
南宁南铝装璜有限责任公司	203	201			158	30	188	130
南宁制冷工程公司	45	45	4		227	23	260	160

16-3 续表1.1 单位:万元

指 标 名 称	所有者权益合计	工程结算收入	工程结算成本	工程结算税金及附加	利润总额	从业人员劳动报酬
广西利华建筑装饰工程公司	11	163	111	4		15
广西壮族自治区水电勘探基础工程公司	912	910	773	24	3	64
南宁市建筑安装工程公司	7 186	25 354	23 730	833	-145	1 446
广西国营金光农场	710	587	484	18	1	98
南宁地区建筑安装工程总公司	-519	263	243	9	-478	603
广西壮族自治区航务工程处	3 179	15 934	14 520	91	79	1 290
南宁铁道工程建筑公司	185	373	305	12	6	29
南铁水电工程服务公司	22	772	618	26	20	84
南宁市自来水公司	2 038	1 912	1 862			193
南宁市机械施工公司	1 794	280	187	12	1	95
南宁市人民防空战备工程公司	887	496	337	17	11	170
广西大西南建设工程公司	14	337	312	12	-4	133
广西水电工程局建筑工程公司	1 039	5 933	5 633	196	-59	753
南宁地区第一建筑装饰工程公司	474	598	555	24	-15	49
南宁市邕江大堤建筑安装工程	174	717	657	8	7	302
南宁市水利电力开发总公司	69	788	622	30	47	361
广西建校建筑安装工程公司	26	637	591	20		62
南宁大地建筑装饰工程公司	868	5 670	5 274	186	46	680
广西建设工程勘察公司	410	174	151	7		30
广西南宁市建设标准工程公司	-145	1 029	957	51	-9	257
广西南宁体育发展公司	208	550	455	29	18	50
广西建筑综合工程公司	552	80	47	3	-16	456
广西南宁市商业装饰有限责任公	713	699	654	23	-75	31
南宁地区建设工程公司	500	14	10	0		28
南宁地区基础工程公司	849	24	23	1	-15	11
南宁剧场制冷装饰工程部	31	466	389	0	74	1
南宁市路灯管理处	526	230	219	7		93
南宁市市政工程管理处	4 850	1 246	891	20	25	514
广西水电南宁地质勘探基础工程公司	432	302	204	4	-45	69
广西南宁水利电力工程处	460	2 625	2 310	131	6	525
南宁市城市建设工程公司	16 424	1 508	1 430	50	-116	114
南宁南铝装璜有限责任公司	58	495	471	1	10	33
南宁制冷工程公司	100	125	115	6	-28	25

16-4 集体建筑业企业情况一览表

（1999年） 单位：万元

指标名称	自行完成施工产值	竣工产值	单位工程竣工个数（个）	优良单位工程个数	流动资产合计	固定资产合计	资产总计	负债总计
广西教育建筑工程公司	1 200	893	8	3	632	697	1 329	401
广西南宁供电安装公司	1 001	1 001	68	68	1 689	1 211	4 128	1 227
南宁市郊区建筑安装工程总公司	1 308	1 050	16	1	365	177	576	521
邕宁县第二建筑工程公司	139	62	2		268	74	375	302
邕宁县建筑工程总公司	2 720	1 928	26	2	2 259	479	3 009	2 337
邕宁县第三建筑工程公司	200	286	7		160	258	418	50
邕宁县交通工程公司	177	0			157	114	271	326
武鸣县市政建设工程公司	266	266	5		673	187	893	713
武鸣县建筑工程公司	350	32	1		289	433	1 079	515
武鸣县房产建设工程公司	487	487	1		1 737	19	1 756	1 616
武鸣县第二建筑工程公司	130	79	2		343	500	910	213
武鸣县建设发展工程公司	475	398	8		1 221	138	1 359	1 098
武鸣县工业基本建设公司	376	368	5	2	508	71	579	521
南宁中房建筑工程承包公司	2 513	2 138	12	8	1 554	19	1 573	956
南宁市朝阳溪建筑安装工程处	0	0			930	393	1 326	1 152
南宁供电电器安装工程处	550	550	67	67	748	723	1 471	753
南宁市工业基本建设公司	936	1 187	5		3 339	818	4 648	3 612
南宁市自来水安装服务公司	463	361	18	5	261	267	528	416
南宁市园林建筑公司	714	661	33		234	134	368	213
南宁市建设工程公司	6 935	7 553	43	15	647	2 384	3 030	678
南宁市兴宁区建筑安装工程公司	90	90	6		31	57	88	2
广西第一建筑工程公司南宁兴光公司	111	115	1		375	342	716	133
南宁市广华空调制冷公司	365	365	1		51	15	66	37
南宁市绿地园林公司	27	27	2		90	1	90	51
南宁市新城区建筑安装工程公司	262	262	10		121	9	255	243

16-4 续表

单位:万元

指 标 名 称	所有者权益合计	工程结算收入	工程结算成本	工程结算税金及附加	利润总额	从业人员劳动报酬
广西教育建筑工程公司	928	1 165	1 056	43	18	125
广西南宁供电安装公司	2 901	1 001	747	34	60	418
南宁市郊区建筑安装工程总公司	55	1 250	1 151	43	-9	513
邕宁县第二建筑工程公司	73	139	114	4	10	69
邕宁县建筑工程总公司	672	901	851	30	-6	65
邕宁县第三建筑工程公司	368	200	175	9	12	22
邕宁县交通工程公司	-54	210	137	7	33	38
武鸣县市政建设工程公司	181	5	5	0	-9	16
武鸣县建筑工程公司	564	152	118	3	-30	72
武鸣县房产建设工程公司	140	464	428	17	9	50
武鸣县第二建筑工程公司	698	122	104	6	-5	11
武鸣县建设发展工程公司	261	419	377	20	12	84
武鸣县工业基本建设公司	58	786	755	13	6	108
南宁中房建筑工程承包公司	617	1 220	1 074	58	2	442
南宁市朝阳溪建筑安装工程处	173	1	0	0	-23	21
南宁供电电器安装工程处	718	550	483	19	24	61
南宁市工业基本建设公司	1 035	782	705	26	-15	56
南宁市自来水安装服务公司	112	366	182	12	17	96
南宁市园林建筑公司	155	620	567	22	50	31
南宁市建设工程公司	2 352	2 076	1 886	110	-17	417
南宁市兴宁区建筑安装工程公司	85	90	83	5	-2	17
广西第一建筑工程公司南宁兴光公司	583	86	76	3	-11	16
南宁市广华空调制冷公司	29	365	341	1	0	17
南宁市绿地园林公司	39	45	40	2	0	5
南宁市新城区建筑安装工程公司	12	241	224	14	-13	56

16-4 续表1 单位:万元

指标名称	自行完成施工产值	竣工产值	单位工程竣工个数(个)	优良单位工程个数	流动资产合计	固定资产合计	资产总计	负债总计
南宁供用电工程公司	4 328	4 328	6	6	5 555	725	7 422	4 564
南宁市台胞台属建筑公司	77	67	4		2	144	146	41
南宁市科汇建筑装饰工程公司	6	0			277	164	441	10
广西南宁建安装饰工程公司	88	84			830	67	899	235
南宁市教育基建安装工程公司	636	1 435	7		3 523	410	3 933	3 522
南宁市环城建设工程公司	1 458	1 337	23		323	305	628	6
广西南宁通力建设公司	2 262	178	7	4	2 226	106	2 331	2 221
广西南宁桂建工程发展公司	2 331	1 331	9	9	4 205	173	4 378	3 939
南宁市东城建筑工程公司	44	44	2		23	93	116	23
广西大学建筑工程公司	560	476	4	4	214	137	352	96
南宁市城北区建筑安装工程公司	6 363	6 943	23	13	831	455	1 316	184
广西南宁市第三建筑安装工程公司	1 507	1 080	10		4 983	387	5 681	5 272
南宁市第二建筑安装工程公司	5 003	4 758	35	20	14 715	433	15 379	13 980
广西南宁建一建筑安装工程有限公司	1 415	1 100	6	2	710	142	866	664
南宁市永安建筑安装工程公司	993	0			1 284	88	1 372	1 275
南宁市江南区建筑安装工程公司	1 042	1 042	2		1 297	152	1 448	1 263
中国轻工总会南宁设计院建筑工程公司	158	115	1		219	38	257	221
南宁有色基础工程勘察院	90	90	5		82	310	392	92
南宁市宏达建筑安装工程公司	139	139	13		39	141	180	84
广西南宁市江南机械化施工工程公司	75	49	4		238	268	506	150
南宁市锦绣建筑工程公司	105	0			300	30	331	225
南宁市超群室内装饰工程公司	684	1 562	15		487	7	494	412
广西南宁友泰建筑安装公司	248	32	1		75	143	218	12
南宁市郊区第三建筑安装工程公司	495	182	3		703	110	813	555
南宁市百通装饰工程	150	143			54	27	81	27

16-4 续表1.1 单位:万元

指标名称	所有者权益合计	工程结算收入	工程结算成本	工程结算税金及附加	利润总额	从业人员劳动报酬
南宁供用电工程公司	2 859	4 328	3 514	113	382	473
南宁市台胞台属建筑公司	106	67	62	2	-1	25
南宁市科汇建筑装饰工程公司	431	6	5	0	-23	3
广西南宁建安装饰工程公司	664	84	39	3	-2	71
南宁市教育基建安装工程公司	411	636	551	34	50	81
南宁市环城建设工程公司	621	1 337	1 264	44	4	96
广西南宁通力建设公司	110	1 435	1 344	49	-2	264
广西南宁桂建工程发展公司	439	904	835	7	0	219
南宁市东城建筑工程公司	93	44	41	3	-2	15
广西大学建筑工程公司	256	484	407	17	22	63
南宁市城北区建筑安装工程公司	1 132	5 746	4 958	210	476	1 018
广西南宁市第三建筑安装工程公司	409	1 546	1 364	49	5	185
南宁市第二建筑安装工程公司	1 400	5 624	5 055	189	41	439
广西南宁建一建筑安装工程有限公司	202	153	99	35	0	154
南宁市永安建筑安装工程公司	97	417	356	0	1	74
南宁市江南区建筑安装工程公司	186	372	346	13	5	135
中国轻工总会南宁设计院建筑工程公司	35	97	91	2	-4	17
南宁有色基础工程勘察院	300	53	48	2	-5	20
南宁市宏达建筑安装工程公司	97	139	118	5	0	23
广西南宁市江南机械化施工工程公司	356	75	69	3	0	12
南宁市锦绣建筑工程公司	106	105	90	4	5	20
南宁市超群室内装饰工程公司	82	803	721	28	3	17
广西南宁友泰建筑安装公司	206	248	231	9	0	34
南宁市郊区第三建筑安装工程公司	258	495	466	17	5	139
南宁市百通装饰工程	54	143	130	5	1	42

16-5 限额以上独立核算贸易企业情况一览表

（1999年）　　单位：万元

指标名称	商品销售收入	商品销售成本	资产合计	负债合计	所有者权益	固定资产原值	利润总额	年末职工人数（人）
北大方正广西分公司	1 736.8	1 631.5	444.9	244.5	200.4	206.1	-176.8	11
南宁市华杰摩托车经营部	779.6	743.3	35.5	6.1	29.4	3.5	-16.0	15
柳州铁路南宁采购供应站	722.8	518.0	272.0	282.9	-10.9	1.0	16.1	109
广西土产进出口公司	20 826.2	18 920.7	20 015.4	18 280.8	1 734.6	1 962.9	-1 486.1	90
南宁康迈商业有限责任公司	36 427.7	33 218.1	33 032.9	17 780.0	15 252.9	17 567.6	-1 482.6	1 686
康佳南宁分公司	16 424.0	15 920.0	3 856.1	3 856.0		144.7	-228.6	176
广西壮族自治农机供应总公司	24 514.0	23 756.1	7 747.4	4 888.0	2 859.4	2 314.2	-231.1	109
南宁市大热门购物中心	6 908.0	6 217.2	1 566.3	1 358.7	207.6	464.5		250
广西工艺品进出口公司	5 949.0	5 437.4	6 362.1	11 212.4	-4 850.3	322.4	-991.6	56
广西壮族自治区百货公司	457.4	379.2	7 790.1	8 170.4	-380.3	3 642.0	-148.7	380
广西电子股份有限公司	3 451.2	2 941.1	3 174.2	3 167.9	6.3	654.1	-99.8	241
广西华侨企业联合进出口公司	1 744.8	1 311.6	1 514.8	949.9	564.9	52.2	5.6	19
南宁市五金交电化工股份有限公司	3 085.6	1 892.7	6 190.8	5 040.4	1 150.4	1 413.2	-344.8	354
广西广达进出口集团有限公司	54 205.7	50 294.3	26 814.0	21 039.7	5 774.3	5 706.3	646.6	360
南宁市食品企业总公司	12 652.6	12 016.9	5 598.2	2 798.0	2 800.2	3 647.1		608
广西区医疗器械工业公司冷气工程部	13 834.1	13 380.9	2 070.9	1 848.2	222.7	145.8	115.8	48
南宁高新开发区进出口公司	1 800.9	1 498.4	1 119.1	903.7	215.4	60.4	1.1	10
南宁市土产公司	294.8	264.7	3 321.5	2 142.4	1 179.1	1 420.9	-77.1	97
广西桂银综合服务公司	1 285.0	1 155.5	16 542.9	4 005.0	12 537.9	434.2	-61.8	26
南宁市农资公司	21 452.3	20 561.3	4 435.8	3 546.4	889.4	337.3	25.9	120
南宁市摩托车销售公司	11 079.1	10 555.0	1 666.0	1 083.3	582.7	843.1	115.2	104
南宁市郊区粮食局	398.0	400.0	3 942.0	2 566.0	1 376.0	1 984.0	-152.0	273
广西捷达实业进出口公司	6 880.5	6 552.8	4 324.5	3 813.1	511.4	533.0	-78.4	36
广西壮族自治区药材公司	1 909.2	1 655.5	2 374.5	1 748.0	626.5	457.7	-64.5	88
广西壮族自治区医药公司	1 883.3	1 659.9	2 118.4	2 231.7	-113.3	354.0	-227.5	79
广西壮族自治区化工进出口公司	6 318.9	6 353.5	13 554.7	15 455.6	-1 900.9	505.5	-1 543.3	128
广西轻工业品进出口公司	2 604.4	2 425.3	4 810.2	8 111.1	-3 300.9	947.5	-644.0	45
广西区机械设备进出口公司	2 628.2	2 351.5	16 833.4	28 458.6	-11 625.2	981.6	-1 320.4	62
广西桂泰进出口公司	6 174.2	5 968.3	2 812.8	2 419.4	393.4	358.4	26.2	48
广西图书进出口公司	1 920.4	1 732.4	5 401.7	5 054.5	347.2	1 564.7	15.2	34
中国土产畜产广西茶叶进出口公司	6 004.3	5 700.0	6 126.8	4 512.8	1 614.0	1 204.7	-553.9	45
广西壮族自治区食品公司	19 343.1	17 408.6	12 529.1	8 396.3	4 132.8	2 815.4	52.4	340
广西林业物资公司	965.4	858.0	1 010.9	393.0	617.9	195.6	5.2	70
广西区机械进出口公司	6 919.0	5 843.1	7 978.2	12 827.9	-4 849.7	1 924.3	-1 253.1	74
广西农垦物资供销总公司	11 451.0	10 784.5	5 268.9	5 307.6	-38.7	1 314.2	-331.4	110
广西区汽车工业销售总公司	9 019.2	8 573.8	10 234.6	7 400.9	2 833.7	3 812.2	-257.4	233

16-5 续表1

单位:万元

指标名称	商品销售收入	商品销售成本	资产合计	负债合计	所有者权益	固定资产原值	利润总额	年末职工人数(人)
广西区邮电器材公司	32 826.9	31 480.0	12 929.6	10 443.0	2 486.6	2 613.7	436.9	98
广西纺织工业供销公司	1 704.0	1 625.2	1 369.2	823.4	545.8	488.8	-39.1	40
广西区造纸工业公司	697.4	675.1	1 228.7	1 190.7	38.0	190.1	-81.4	19
广西区燃料总公司	3 698.7	3 304.9	4 925.6	3 395.2	1 530.4	914.5	32.4	47
广西区土产公司	276.7	419.3	16 605.2	15 164.6	1 440.6	782.6	-760.7	37
广西农垦企业总公司	43 370.0	41 777.6	18 829.7	14 607.7	4 222.0	3 371.3	60.9	393
广西石油化学工业供销总公司	11 543.2	10 607.7	5 121.5	3 272.8	1 848.7	1 688.1	7.4	110
广西区农业生产资料总公司	90 245.2	83 100.1	26 318.9	17 052.0	9 266.9	5 698.7	1 874.4	137
广西区机电设备总公司	32 620.2	31 418.3	13 045.8	10 122.3	2 923.5	3 006.0	55.1	220
广西区果品食杂公司	784.3	994.9	10 398.7	12 865.3	-2 466.6	6 499.1	-2 027.1	140
广西区外文书店	4 649.4	3 116.9	640.6	260.6	380.0	325.7	18.7	75
广西区糖酒副食品总公司	1 914.0	1 731.3	28 523.9	23 645.8	4 878.1	2 924.3	146.4	160
广西区交通物资总公司	19 039.3	18 078.4	4 860.1	3 569.0	1 291.1	283.6	414.0	80
广西区南宁医药批发站	8 560.7	7 074.1	7 531.4	6 302.3	1 229.1	1 020.6	12.4	431
南宁药材批发站	15 631.6	14 249.6	9 963.9	7 295.4	2 668.5	4 435.0	84.9	373
广西医药保健品进出口公司	4 891.2	4 436.1	3 955.9	9 410.6	-5 454.7	623.3	-700.4	55
广西壮族自治区新华书店	83 164.7	53 360.5	38 447.4	30 400.6	8 046.8	6 647.2	1 907.2	366
中国有色金属进出口广西公司	14 484.0	13 723.0	18 785.0	18 466.0	319.0	855.0	-441.0	43
广西丝绸进出口公司	7 020.4	6 822.9	7 429.6	1 196.7	6 232.9	1 970.5	-169.1	76
中国包装进出口广西公司	2 606.4	2 285.4	6 927.6	12 297.3	-5 369.7	705.1	-657.4	78
区物资贸易总公司	1 349.8	1 322.7	2 107.0	1 976.8	130.2	699.5	-60.7	14
广西五金矿产进出口集团	24 915.2	20 985.2	30 951.1	28 276.0	2 675.1	3 006.7	-1 379.2	178
广西东风汽车销售技术服务联合公司	3 863.7	3 751.5	3 207.1	3 397.8	-190.7	1 419.7	-160.4	146
中国冶金进出口广西公司	10 870.8	10 471.3	3 350.5	2 741.9	608.6	593.0	34.0	29
出口商品基地建设广西公司	1 133.0	1 109.8	2 279.7	2 860.8	-581.1	844.6	-254.1	54
广西农垦商业总公司	8 953.0	8 849.6	10 322.6	10 419.5	-96.9	834.8	-891.7	32
广西进出口贸易股份公司	6 231.9	5 843.0	14 979.2	13 862.3	1 116.9	3 715.0		117
广西南宁烟草(集团)公司	90 102.8	84 198.0	37 784.9	28 085.6	9 699.3	3 212.6	478.6	220
广西南方商业(集团)公司	9 652.2	8 342.1	38 076.0	34 686.3	3 389.7	12 744.1	-1 042.4	862
区盐业公司南宁分公司	2 940.4	1 595.5	3 203.5	667.3	2 536.2	2 857.1	273.7	82
南宁市农业机械公司	2 644.1	2 502.6	1 667.5	1 048.4	619.1	714.5	-14.8	60
南宁市糖业烟酒总公司	10 817.1	10 383.1	7 842.5	5 835.0	2 007.5	4 766.4	15.2	829
广西区南宁地区新华书店	642.1	470.3	542.6	276.8	265.8	177.4	6.1	32
南宁市粮油供应公司	2 901.7	2 924.5	6 473.1	3 943.4	2 529.7	2 288.6	-422.7	808
南宁市粮油购销储运公司	2 545.8	2 498.1	4 801.6	1 481.4	3 320.2	3 602.3	-184.5	573
南宁百货有限责任公司	9 501.1	4 906.5	16 677.7	6 957.5	9 720.2	5 227.1	-749.0	1 217
南宁市友谊总公司	8 714.2	8 223.9	6 083.7	4 791.5	1 292.2	3 890.2	-165.5	185

16-5 续表2 单位:万元

指标名称	商品销售收入	商品销售成本	资产合计	负债合计	所有者权益	固定资产原值	利润总额	年末职工人数(人)
南宁百货大楼股份有限公司	38 973.0	32 414.7	67 203.3	30 386.1	36 817.2	14 933.3	2 708.8	1 882
广西计算机海蓝电脑公司	926.3	845.8	507.5	572.8	-65.3	241.1	-95.4	36
南宁地区食品公司	1 439.2	1 324.2	1 270.4	663.4	607.0	576.0		68
广西金属材料南宁公司	971.1	942.9	2 209.5	3 026.8	-817.3	299.9	-288.4	56
南宁市新华书店	6 174.0	4 721.9	9 173.7	5 585.4	3 588.3	4 251.5	379.1	238
广西区机电设备南宁公司	17 921.1	17 266.3	8 717.9	5 717.5	3 000.4	1 900.6	28.2	132
南宁市机电设备股份公司	14 899.9	14 179.8	7 143.2	4 700.8	2 442.4	2 859.3	13.6	147
广西化轻建材南宁公司	1 602.3	1 525.3	3 082.2	2 823.0	259.2	652.3	-344.5	64
广西南宁市对外经济贸易公司	1 120.1	1 010.5	14 734.6	17 739.9	-3 005.3	503.5	-1 067.6	157
南宁市蔬菜公司	1 332.6	1 168.6	9 380.5	3 754.7	5 625.8	7 984.0	-98.3	766
南宁市华夏商业总公司	1 937.5	1 739.2	122.5	72.5	50.0	30.5	101.8	103
广西区农业机械南宁公司	24 570.6	23 731.2	3 690.2	2 680.7	1 009.5	537.7	28.9	107
南宁市外商投资企业物资公司	2 653.1	2 625.9	277.0	307.0	-30.0	10.0	5.6	19
广西区南宁石油分公司	84 527.1	77 769.1	21 795.5	14 333.5	7 462.0	8 384.5	725.3	619
广西南宁燕兴公司	13 125.9	12 695.9	1 741.3	1 646.3	95.0	286.7	22.4	52
南宁恒旺贸易公司	847.0	684.1	35.9	15.0	20.9	15.4	60.6	12
南宁汇盛工贸有限责任公司	5 485.4	4 874.1	89.9	12.4	77.5	3.0	449.7	38
广西南宁梦之岛购物中心	13 087.8	10 004.9	9 459.6	9 101.5	358.1	1 410.8	224.8	537
南宁市园湖购物城公司	1 069.6	927.8	213.4	92.2	121.2	110.5	3.5	90
南宁新万通城市百货公司	1 419.6	1 169.4	1 796.9	5 195.5	-3 398.6	289.9	-51.7	393
广西南宁万隆百货贸易任公司	196.5	174.2	2 127.0	1 845.2	281.8	324.5	-154.2	99
广西南宁通信发展公司	16 435.6	12 113.6	31 385.1	10 145.0	21 240.1	2 706.2	6 040.6	852
南宁大进摩托车销售公司	670.6	604.3	14.9	15.2	-0.3	6.2	36.8	15
南宁燃气燃料有限责任公司	2 979.4	2 383.1	16 688.9	8 330.0	8 358.9	15 878.3	-492.6	398
南宁农工商集团有限责任公司	970.0	797.3	1 613.2	1 477.2	136.0	875.9	-55.0	104
南宁水产有限责任公司	1 848.0	1 562.4	2 210.1	572.2	1 637.9	1 106.3	43.9	183
南宁市果品食杂公司	1 392.6	250.9	2 252.9	1 024.7	1 228.2	2 080.5	87.4	243
南宁市百业贸易有限公司	747.8	554.4	920.7	109.9	810.8	474.1	72.1	126
南宁市糖酒副食品业有限公司	300.9	259.8	1 448.5	983.1	465.4	670.1		68
南宁第二五金交电化工总公司	1 568.2	1 386.9	863.0	348.8	514.2	218.1	23.2	125
南宁市第二日用杂品公司	2 108.1	2 061.7	8 451.3	7 687.4	763.9	577.8	-37.2	156
南宁市神洲医药经营公司	1 211.4	1 094.4	436.1	290.5	145.6	92.6	-1.9	117
南宁市新建二轻实业有限公司	922.6	838.0	1 174.8	725.1	449.7	729.8	-35.7	141
南宁市供销社综合贸易公司	3 346.0	3 346.0	453.3	169.5	283.8	285.9	9.6	97
安达商贸公司	1 310.6	1 272.8	429.4	379.4	50.0		-187.3	24
南宁怡隆电脑软件开发公司	2 718.3	2 659.0	613.6	501.3	112.3	19.2	5.2	58
南宁市日用杂品总公司	114.3	103.7	639.5	1 044.1	-404.6	640.8	-161.9	343

16-5 续表3

单位：万元

指标名称	商品销售收入	商品销售成本	资产合计	负债合计	所有者权益	固定资产原值	利润总额	年末职工人数（人）
南宁南园大厦综合商场		-2.3	489.8	367.4	122.4	42.9	-0.7	136
地区农资公司	4 406.7	5 664.9	7 368.8	6 554.0	814.8	3 003.4	-2 398.7	95
南宁市物资回收公司	152.8	167.0	1 028.3	1 072.2	-43.9	1 046.9	-53.0	220
南宁市副食品公司	887.3	786.1	192.8	60.4	132.4	137.6	27.7	51
南宁西南石油公司	4 814.6	4 012.5	2 009.5	1 845.2	164.3	455.3	28.8	166
南宁市巨能贸易有限责任公司	412.3	374.1	10.0	7.2	2.8		7.7	12
南宁永新区华源摩托车经营部	1 562.9	1 519.5	103.5	84.6	18.9		1.4	20
宁顺摩托车销售公司	2 352.0	2 277.1	761.9	66.9	695.0		-7.4	40
广西机械设备成套局	1 030.8	1 017.8	827.0	386.4	440.6	124.9	-73.3	35
广西出版印刷物资公司	17 016.5	15 690.5	8 708.3	5 607.5	3 100.8	1 549.3	524.3	178
南宁市郊区供销联社	5 385.6	5 029.5	5 016.3	2 608.8	2 407.5	1 591.9	-383.0	671
广西友谊华侨公司	268.3	235.8	1 369.0	1 030.2	338.8	293.1	-120.0	47
南宁市邮政局	12 297.2	10 595.1	21 573.8	4 705.9	16 867.9	15 897.9	-843.2	1 821
南宁嘉陵摩托车销售公司	2 221.3	2 207.7	309.5	312.8	-3.3	9.6	-39.7	24
南宁市摩托车天地贸易公司	7 005.3	6 520.5	1 021.0	311.8	709.2	499.6	338.9	9
南宁市耀亚纸业有限责任公司	1 245.7	1 143.6	224.5	194.3	30.2		13.8	44
南宁医药有限责任公司	19 566.5	17 004.3	12 595.7	6 558.0	6 037.7	5 286.3	119.4	656
南宁市车星商贸有限责任公司	902.7	814.2	80.4	42.1	38.3		18.6	8
广西华联综合超市有限公司	14 969.6	13 864.2	10 074.5	7 314.9	2 759.6	433.6	-231.0	624
南宁市千里马摩托车经营部	425.8	393.1	309.6	277.1	32.5			15
钱江摩托销售公司南宁分公司	550.7	530.1	67.3	54.3	13.0		6.3	10
邕宁县粮油贸易公司	584.8	373.6	2 676.9	6 352.5	-3 676.5	1 783.1	-681.3	281
邕宁县食品公司	1 024.7	897.6	2 410.1	573.0	1 837.1	1 868.8	-51.4	205
邕宁县百货公司	1 064.7	877.6	1 463.2	450.4	1 012.8	975.9		165
邕宁县供销社农业生产资料公司	9 234.7	8 738.6	3 145.5	1 959.0	1 186.5	874.1	5.0	49
邕宁县石油公司	3 511.4	3 247.7	920.8	796.8	124.0	606.8	45.0	51
邕宁县糖业烟酒公司	862.3	828.4	4 277.8	2 724.1	1 553.7	1 796.2	-126.3	190
邕宁县五金交电公司	594.4	539.5	582.8	312.5	270.3	302.6	-31.8	56
南宁烟草公司邕宁分公司	5 077.0	4 575.8	1 440.4	697.1	743.3	798.1	127.6	112
武鸣县饮食服务公司	1 612.3	1 451.1	2 072.5	1 579.1	493.4	1 726.0	-59.2	212
武鸣县五交化公司	1 135.2	1 135.2	704.3	1 127.2	-422.9	678.0	-60.0	99
武鸣县农资公司	4 615.3	4 343.3	1 196.7	1 043.7	153.0	302.5	-59.1	94
武鸣县医药公司	774.0	583.3	758.7	462.3	296.4	512.6	7.3	106
武鸣商场有限公司	1 323.0	1 318.6	1 054.8	538.2	516.6	1 102.2	-49.0	148
武鸣县石油公司	3 990.2	3 578.5	1 071.5	765.9	305.6	540.8	55.7	142
武鸣县百货总公司	2 116.0	1 735.2	2 015.6	1 531.7	483.9	1 524.5	-143.3	174
武鸣县糖烟酒公司	1 164.0	1 048.0	1 404.8	883.8	521.0	1 030.0	-24.2	104
武鸣县烟草公司	4 017.0	3 559.0	1 037.9	265.2	772.7	475.1	219.6	84

十七　广西、全国及重点城市主要经济指标

南宁市在全国34个重点城市的位次

1999年，在党中央、国务院采取的增加投入、扩大内需等一系列综合性宏观调控举措作用下，全国34个重点城市国民经济保持了相对较快的增长。我市国民经济整体上在适度、快速增长区间内健康运行，与全国重点城市比较，主要经济指标排位处在中下水平，位次基本与上年相同。

从城市规模看：在34个城市中，我市土地面积10029平方公里，居18位；建成区土地面积94平方公里，居25位；全市人口密度每平方公里284人，居24位；年末总人口285.87万人，居27位；非农业人口116.18万人，居28位；我市城市规模指标位次居中偏后，我市城市规模在34个城市中，规模趋小。

从经济总产量看：1999年，我市国内生产总值为274.55亿元，在34个城市中居第25位，经济总量偏小，但增长速度排位居中靠前，居14位，其中一、三产业增长速度排位领先，居第2位和第9位，第二产业位次偏后，居25位；人均国内生产总值为9625元，居23位。

从农业方面看：1999年，我市农林牧渔业总产值为72.05亿元，在34个城市中居20位，每一农业人口提供的农业总产值为4246元，居14位；全年粮食总产量79.62万吨，居23位；肉类总产量16.74万吨，居21位；水产品产量6.53万吨，居第10位。我市农业主要指标排位居中偏下。

从工业方面看：1999年，我市国有及年销售收入500万元以上非国有工业企业单位344个，在34个城市中，居27位；实现工业总产值114.97亿元，居第30位，按可比价计算，比上年增长6.82%，居第23位；独立核算工业企业亏损面40.41%，居第7位；工业增加值37.8亿元，产品销售收入107.69亿元，均居29位；实现利税总额9.98亿元，居28位，产品销售率95.24%，居30位。我市主要工业指标排位偏后.

从固定资产投资看，1999年，我市全社会固定资产投资为88.08亿元，比上年增长6.95%，在34个城市中分别居第25位和20位，其中基本建设投资43.89亿元，居21位，更新改造投资12.29亿元，居29位，房地产开发投资14.63亿元，居22位。我市固定资产投资规模排位居中偏下。

从城市公用事业看，1999年，我市城市人均居住使用面积为13.72平方米，在34个城市中，居13位；煤、液化气普及率为94.65%，居11位，人均园林绿地面积32.51平方米，居第5位。我市城市公用事业主要指标排位居前。

从国内贸易及对外经济看，1999年，我市社会消费品零售总额137.14亿元，比上年增长6.61%，分别居第21位和29位；出口总值（海关数）4.01亿美元，居第21位，实际利用外资1亿美元，居22位。我市国内外贸易主要指标排位居中偏下。

从财政金融方面看，1999年，我市财政总收入27.01亿元，比上年增长10.14%，在34个城市中分别居28位和13位，其中地方财政收入14.97亿元，居29位；城乡居民储蓄存款余额219.09亿元，居25位，人均储蓄7664元，居18位，我市财政金融总量指标排位偏后。

从城市居民收支方面看，1999年，我市城市居民人均可支配收入6847元，在34个城市中居11位，居民人均消费性支出6321元，居第6位。我市城市居民人均收入、支出排位居前。

17-1 广西历年国民经济主要统计指标

指标名称	单位	1990年	1994年	1995年	1996年	1997年	1998年	1999年
国内生产总值	亿元	449.06	1 198.29	1 497.56	1 697.90	1 817.25	1 903.04	1 953.27
第一产业	亿元	175.61	329.96	449.64	531.51	579.14	574.25	554.48
第二产业	亿元	118.45	469.81	535.86	587.37	614.07	678.19	695.83
第三产业	亿元	155.00	398.52	512.06	579.02	624.04	650.60	702.96
国内生产总值指数	%	107.00	115.20	111.40	108.30	108.00	109.10	107.70
第一产业	%	108.50	106.00	115.60	107.20	111.20	105.80	107.00
第二产业	%	106.40	127.30	108.60	109.30	106.40	113.90	106.80
第三产业	%	104.30	120.00	111.40	108.80	106.10	118.90	109.50
农林牧渔业总产值	亿元	252.22	516.46	698.24	821.55	882.60	865.90	844.78
#农业总产值	亿元	149.68	283.71	384.17	450.52	482.48	476.24	454.85
农林牧渔业总产值指数	%	108.01	107.27	114.87	105.02	109.85	105.19	107.90
#农业总产值	%	105.38	102.41	114.03	99.63	110.69	106.51	111.38
工业总产值	亿元	353.43	1 321.63	1 463.17	1 598.45	1 671.03	1 727.68	1 667.33
#国有工业	亿元	255.09	592.16	582.59	579.82	569.35	498.02	436.88
集体工业	亿元	58.69	224.69	256.95	301.48	334.80	360.19	334.22
工业总产值指数	%	108.23	131.23	115.08	110.76	107.13	106.51	106.46
#国有工业	%	106.71	104.27	105.17	100.74	100.46	97.68	97.75
集体工业	%	106.85	140.20	113.49	116.26	113.66	106.17	85.35
社会消费品零售总额	亿元	175.44	416.51	532.48	611.34	673.72	734.02	791.27
全社会固定资产投资	亿元	68.57	382.59	423.37	476.42	479.80	571.70	620.20
增长速度	%	-4.62	37.58	10.66	12.53	0.71	19.15	8.48
地方财政收入	亿元	46.83	108.59	79.44	90.51	99.16	119.67	133.56
增长速度	%	13.08	13.21	-26.84	13.94	9.56	20.69	11.60
居民人均可支配收入	元	1 448	3 560	4 792	5 033	5 110	5 412	5 620
指数	%	111.04	136.29	134.61	105.03	101.53	5.91	3.83
农民人均纯收入	元	639	1 107	1 446	1 703	1 875	1 972	2 048
指数	%	132.30	125.08	130.62	117.77	110.10	5.17	3.85
居民消费价格指数(城市)	%	100.20	125.40	118.00	105.50	100.70	97.10	97.70
商品零售价格指数(城市)	%	100.10	123.90	116.40	104.50	99.60	96.70	97.20

注:国内生产总值、农林牧渔业总产值、工业总产值绝对值按当年价计算,指数按可比价计算 (上年=100)。

17-2 全国历年国民经济主要统计指标

指 标 名 称	单位	1990年	1991年	1992年	1993年	1994年	1995年	1996年	1997年	1998年
国内生产总值	亿元	18 548	21 618	26 638	34 634	46 759	58 478	68 594	74 772	79 396
第一产业	亿元	5 017	5 289	5 800	6 882	94 557	11 993	13 884	13 969	14 600
第二产业	亿元	7 717	9 102	11 700	16 428	22 372	28 538	33 613	36 770	38 692
第三产业	亿元	5 814	7 227	9 138	11 324	14 930	17 947	21 097	24 033	26 104
国内生产总值指数	%	103.80	109.20	114.20	113.50	112.60	110.50	109.60	108.80	107.80
第一产业	%	107.30	102.40	104.70	104.70	104.00	105.00	105.10	103.50	103.50
第二产业	%	103.20	113.90	121.20	119.90	118.40	113.90	112.10	110.80	109.20
第三产业	%	102.30	108.80	112.40	110.70	109.60	108.40	107.80	108.20	107.60
农林牧渔业总产值	亿元	7 662	8 157	9 085	10 996	15 750	20 341	23 429	24 588	24 517
#农业总产值	亿元	4 954	5 146	5 588	6 605	9 169	11 885	13 547	13 867	14 242
农林牧渔业总产值指数	%	107.60	103.70	106.40	107.80	108.60	110.90	109.40	105.10	106.00
#农业总产值	%	108.00	100.90	104.20	105.20	103.20	107.90	107.80	104.60	104.90
工业总产值	亿元	23 924	26 625	34 599	48 402	70 176	91 894	99 595	113 733	119 048
#国有工业	亿元	13 064	14 955	17 824	22 725	26 201	31 220	28 361	29 028	33 621
集体工业	亿元	8 523	8 783	12 135	16 464	26 472	33 623	39 232	43 347	45 730
工业总产值指数	%	107.76	114.77	124.70	127.30	124.20	120.30	116.59	113.10	110.75
#国有工业	%	102.96	108.62	112.40	105.70	106.50	108.20	105.13	103.84	100.10
集体工业	%	109.02	118.40	133.30	135.00	124.90	115.20	120.88	110.21	109.10
社会消费品零售总额	亿元	7 250	8 246	9 705	12 462	16 265	20 620	24 774	27 299	29 153
全社会固定资产投资	亿元	4 517	5 595	8 080	13 072	17 042	20 019	22 914	24 941	28 406
增长速度	%	2.40	23.90	44.40	61.80	30.40	17.50	14.80	8.80	13.90
地方财政收入	亿元	2 937	3 149	3 483	4 349	5 218	6 242	7 408	8 651	9 876
增长速度	%	10.20	7.20	10.60	24.80	20.00	19.60	18.70	16.80	14.16
居民人均可支配收入	元	1 510	1 701	2 027	2 577	3 496	4 283	4 839	5 160	5 425
指 数(1978年=100)	%	198.10	212.40	232.90	255.10	276.80	290.30	301.60	311.90	329.90
农民人均纯收入	元	686	709	784	922	1 221	1 578	1 926	2 090	2 162
指 数(1978年=100)	%	311.20	317.40	336.20	346.90	364.40	383.70	418.20	437.40	456.80
居民消费价格指数(城市)	%	103.10	103.40	106.40	114.70	124.10	117.10	108.30	102.80	99.40
商品零售价格指数(城市)	%	102.10	102.90	105.40	113.20	121.70	114.80	106.10	100.80	97.40

注:国内生产总值、农林牧渔业总产值、工业总产值绝对值按当年价计算,指数按可比价计算 (上年=100)。

17-3 重点城市行政区划和土地面积

（1999年）

城市名称	行政区划（个）		土地面积（平方公里）		建成区土地面积（平方公里）	人口密度（人／平方公里）	
	辖县数	辖区数	全市	市区		全市	市区
南宁市	**2**	**6**	**10 029**	**1 834**	**94**	**284**	**715**
长沙市	4	5	11 819	556	115	490	3 043
济南市	5	5	8 154	2 119	115	682	1 223
石家庄市	17	6	15 848	307	108	550	5 181
唐山市	10	5	13 472	1 090	122	514	1 506
太原市	4	6	6 989	1 460	177	426	1 541
呼和浩特市	5	4	17 224	2 054	79	120	503
包头市	3	6	27 691	2 893	149	73	465
沈阳市	4	9	12 980	3 495	202	521	1 376
鞍山市	3	4	9 252	624	131	367	2 332
抚顺市	3	4	11 260	713	117	202	1 988
长春市	4	6	18 881	3 116	154	365	914
吉林市	5	4	27 120	1 755	107	158	807
哈尔滨市	12	7	53 068	1 660	220	182	2 036
齐齐哈尔市	9	7	42 289	4 365	103	131	328
无锡市	3	6	4 650	517	98	931	2 146
常州市	3	5	4 375	280	68	778	3 087
苏州市	6	6	8 488	392	82	678	2 769
福州市	8	5	11 968	1 043	91	486	1 386
南昌市	4	5	7 432	607	67	565	2 681
淄博市	3	5	5 938	2 961	144	682	899
郑州市	6	6	7 446	1 010	125	820	2 047
合肥市	3	4	7 266	458	120	589	2 819
成都市	12	7	12 390	1 418	202	807	2 314
贵阳市	4	5	8 034	2 403	98	397	744
昆明市	9	5	21 111	4 033	141	223	502
西安市	5	8	9 983	1 964	187	673	1 938
兰州市	3	5	13 086	1 632	163	218	1 082
西宁市	1	4	3 456	350		373	2 488
银川市	2	3	3 499	1 277	48	271	462
乌鲁木齐市	1	7	12 000	835	140	131	1 691
武汉市		13	8 467	8 467	208	869	869
海口市		3	236	236	34	2 270	2 270
泉州市	8	3	10 866	530	26	604	1 217

17—4 重点城市人口

（1999年）

城 市 名 称	年末总户数(万户)		年末总人口(万人)		非农业人口(万人)		年平均人口(万人)	
	全市	市区	全市	市区	全市	市区	全市	市区
南宁市	**76.45**	**38.18**	**285.87**	**131.36**	**116.18**	**96.12**	**285.25**	**131.08**
长沙市	167.98	51.64	582.47	171.46	180.98	139.29	579.67	169.18
济南市	163.52	82.15	557.63	260.64	202.47	164.81	555.73	259.21
石家庄市	240.43	45.28	875.40	160.95	204.15	137.70	871.33	159.06
唐山市	210.04	52.67	694.09	164.55	189.16	122.64	692.11	164.10
太原市	79.47	57.77	299.92	226.70	196.84	179.46	297.81	225.01
呼和浩特市	57.41	30.54	207.78	104.93	91.67	78.37	206.07	103.35
包头市	57.67	39.09	203.01	135.53	123.17	111.13	202.06	134.56
沈阳市	212.64	153.42	677.08	481.49	426.52	389.60	675.97	480.74
鞍山市	104.85	45.34	340.26	145.50	171.38	128.60	339.94	145.53
抚顺市	71.73	44.70	226.91	139.20	148.68	124.40	227.02	141.74
长春市	188.76	82.73	691.23	286.64	281.20	211.34	689.05	284.67
吉林市	122.55	42.21	430.01	142.39	206.82	118.20	428.80	141.66
哈尔滨市	285.73	106.03	968.61	338.20	436.87	278.03	966.12	337.95
齐齐哈尔市	154.65	46.17	553.73	143.36	194.07	112.32	551.98	143.02
无锡市	148.55	41.12	433.40	111.69	176.45	97.16	432.80	110.95
常州市	117.44	28.48	339.71	87.28	138.75	79.67	340.23	86.44
苏州市	194.85	37.97	576.23	109.37	206.45	87.17	575.79	108.56
福州市	164.58	45.58	583.13	145.40	159.38	108.50	581.48	144.55
南昌市	105.50	43.93	424.20	166.20	169.16	129.68	420.03	162.71
淄博市	128.33	85.42	405.72	266.82	172.62	145.93	404.70	266.12
郑州市	157.25	55.88	615.36	209.62	210.72	151.54	610.69	206.77
合肥市	112.44	36.84	429.95	130.28	136.91	102.78	427.97	129.11
成都市	309.93	106.95	1 003.56	330.29	336.15	221.21	1 000.28	328.14
贵阳市	82.96	47.53	321.50	180.89	146.52	125.85	318.61	178.74
昆明市	135.75	61.91	473.39	206.26	182.95	146.00	470.20	202.38
西安市	182.28	107.83	674.50	383.04	276.14	244.04	671.36	380.65
兰州市	79.17	52.89	287.59	178.08	156.58	145.49	285.76	176.53
西宁市	29.91	20.16	133.95	91.91	70.02	61.36	128.95	87.07
银川市	27.21	17.27	95.38	59.38	54.45	47.60	94.86	58.99
乌鲁木齐市	45.42	40.82	158.92	143.22	131.01	128.67	156.90	141.20
武汉市	208.71	208.71	740.20	740.20	434.46	434.46	736.00	736.00
海口市	15.89	15.89	54.38	54.38	45.45	45.45	53.58	53.58
泉州市	156.61	14.14	658.05	65.04	90.98	29.40	656.12	64.52

17-5 重点城市国内生产总值

（1999年）　　单位：万元

城市名称	国内生产总值	第一产业	第二产业	工业	第三产业	第三产业比重（%）	人均国内生产总值（元）	位次
南宁市	**2 745 506**	**463 683**	**845 594**	**631 482**	**1 436 229**	**52.31**	**9 625**	**23**
长沙市	5 884 360	713 285	2 514 684	2 000 766	2 656 391	45.14	10 151	21
济南市	8 813 156	925 171	3 998 006	3 188 000	3 889 979	44.14	15 859	5
石家庄市	9 083 677	1 460 522	4 193 280	3 616 807	3 429 875	37.76	10 425	19
唐山市	8 325 611	1 713 657	4 128 339	3 799 139	2 483 615	29.83	12 029	14
太原市	3 326 800	149 800	1 633 600	1 332 300	1 543 400	46.39	11 171	16
呼和浩特市	1 564 299	228 400	666 698	569 684	669 201	42.78	7 591	29
包头市	2 140 579	183 001	1 292 522	1 167 244	665 056	31.07	10 594	17
沈阳市	10 131 885	697 468	4 440 155	3 957 452	4 994 262	49.29	14 989	9
鞍山市	5 249 721	439 731	2 972 563	2 688 489	1 837 427	35.00	15 443	8
抚顺市	2 057 915	181 018	1 200 847	1 115 877	676 050	32.85	9 065	27
长春市	7 070 404	1 264 000	2 916 190	2 495 991	2 890 214	40.88	10 261	20
吉林市	3 520 901	625 474	1 323 244	1 076 577	1 572 183	44.65	8 211	28
哈尔滨市	8 832 800	1 754 300	2 766 000	2 271 300	4 312 500	48.82	9 143	26
齐齐哈尔市	2 683 691	820 815	834 718	638 686	1 028 158	38.31	4 862	34
无锡市	11 380 111	471 774	6 556 863	6 082 937	4 351 474	38.24	26 294	1
常州市	5 387 217	440 113	2 995 019	2 689 386	1 952 085	36.24	15 834	7
苏州市	13 584 312	881 409	7 640 685	6 915 385	5 062 218	37.27	23 592	2
福州市	9 434 378	1 348 355	4 403 903	3 578 693	3 682 120	39.03	16 225	4
南昌市	3 998 020	459 217	1 880 875	1 496 997	1 657 928	41.47	9 518	24
淄博市	5 680 000	465 000	3 263 800	2 945 600	1 951 200	34.35	14 035	12
郑州市	6 408 491	389 969	3 225 800	2 759 741	2 792 722	43.58	10 494	18
合肥市	2 944 484	359 251	1 398 659	1 194 700	1 186 574	40.30	6 880	31
成都市	11 900 000	1 250 000	5 320 000	4 410 000	5 330 000	44.79	11 897	15
贵阳市	2 375 921	236 326	1 213 454	1 016 818	926 141	38.98	7 457	30
昆明市	5 918 911	498 938	2 789 318	2 228 597	2 630 655	44.44	12 588	13
西安市	6 171 700	450 000	2 879 700	2 340 000	2 843 000	46.07	9 193	25
兰州市	2 752 498	156 130	1 424 070	1 080 000	1 172 298	42.59	9 632	22
西宁市	731 621	38 496	332 885	221 566	360 240	49.24	5 674	32
银川市	870 088	111 042	372 718	241 057	386 328	44.40	5 545	33
乌鲁木齐市	2 487 769	38 720	895 081	611 405	1 553 968	62.46	15 856	6
武汉市	10 856 837	785 460	4 783 902	3 873 802	5 287 475	48.70	14 751	10
海口市	1 184 626	29 133	302 587	171 782	852 906	72.00	22 109	3
泉州市	9 518 340	804 697	5 054 093	4 536 611	3 659 550	38.45	14 507	11

17—6 重点城市国内生产总值增长速度

（1999年，按1990年不变价计算，以上年为100）　　单位：%

城市名称	国内生产总值	位次	第一产业	位次	第二产业	位次	工业	位次	第三产业	位次
南宁市	**10.49**	*14*	**10.31**	**2**	**8.46**	**25**	**6.94**	**28**	**12.26**	**9**
长沙市	10.10	19	3.40	27	9.90	21	10.00	17	12.30	7
济南市	13.06	2	9.60	4	11.80	11	10.20	16	15.30	1
石家庄市	10.70	12	4.50	19	12.10	10	12.90	9	11.00	18
唐山市	10.70	3	4.30	21	13.10	7	13.80	5	10.50	23
太原市	7.10	32	-3.20	32	6.60	31	8.40	25	9.00	29
呼和浩特市	9.50	23	-4.10	34	11.10	14	10.40	15	12.30	8
包头市	8.01	30	5.00	17	7.61	26	8.82	23	9.83	26
沈阳市	10.00	20	7.70	6	11.10	15	11.60	12	8.70	31
鞍山市	10.00	21	7.80	5	10.00	20	10.00	18	10.60	21
抚顺市	6.23	34	12.55	1	3.94	34	4.11	32	8.86	30
长春市	13.00	3	6.90	7	13.60	5	13.20	7	15.00	2
吉林市	11.10	10	5.90	14	16.60	2	17.30	3	7.00	33
哈尔滨市	10.20	15	6.10	10	10.80	17	10.00	19	11.50	15
齐齐哈尔市	6.90	33	6.00	11	4.00	33	2.70	33	10.70	20
无锡市	11.60	7	3.90	23	11.60	13	11.70	10	12.50	6
常州市	10.20	16	4.60	18	10.60	18	10.70	14	10.60	22
苏州市	12.10	6	6.20	9	13.20	6	13.70	6	11.00	19
福州市	13.10	1	6.60	8	18.20	1	20.50	2	7.00	34
南昌市	9.20	24	10.20	3	8.80	24	8.50	24	9.50	27
淄博市	11.20	9	6.00	12	11.70	12	11.70	11	12.00	12
郑州市	9.00	26	2.70	29	7.50	27	7.50	26	12.20	10
合肥市	11.30	8	6.00	13	12.30	9	11.30	13	11.50	16
成都市	10.20	17	3.30	28	10.30	19	9.80	21	11.70	13
贵阳市	9.70	22	3.60	25	9.40	23	9.20	22	11.70	14
昆明市	8.20	28	3.50	26	6.70	30	5.70	29	11.1	17
西安市	12.51	4	-1.00	30	15.45	3	14.20	4	12.01	11
兰州市	8.03	29	4.50	20	7.40	28	7.00	27	9.40	28
西宁市	10.12	18	-1.67	31	11.02	16			10.32	25
银川市	9.10	25	5.80	15	6.90	29	5.40	30	12.70	4
乌鲁木齐市	7.90	31	-3.70	33	5.10	32	4.30	31	10.40	24
武汉市	11.00	11	3.70	24	9.70	22	10.00	20	13.80	3
海口市	9.00	27	5.10	16	14.40	4	22.00	1	7.30	32
泉州市	12.20	5	4.30	22	12.70	8	13.20	8	12.70	5

17-7 重点城市农林牧渔业总产值

（1999年，按当年价格） 单位：万元

城市名称	农林牧渔业总产值	农业	林业	牧业	渔业	每一农业人口提供的农业总产值（元）
南宁市	**720 486**	**477 719**	**14 965**	**182 088**	**45 714**	**4 246**
长沙市	1 146 479	635 423	41 899	413 202	55 955	2 912
济南市	1 486 302	968 268	31 152	462 730	24 134	4 200
石家庄市	2 918 680	1 649 822	39 523	1 207 776	21 559	4 300
唐山市	3 098 091	1 919 649	64 204	769 142	345 096	6 100
太原市	236 038	153 336	3 939	77 121	1 642	2 290
呼和浩特市	365 345	188 599	16 609	155 202	4 934	3 279
包头市	273 356	172 165	6 710	91 034	3 447	3 400
沈阳市	1 295 418	756 234	12 119	441 653	85 412	5 200
鞍山市	882 522	450 169	12 119	403 284	16 950	5 200
抚顺市	390 388	189 595	27 728	149 344	23 721	4 600
长春市	2 008 962	928 589	5 073	1 058 002	17 298	5 057
吉林市	959 785	542 622	14 622	385 600	16 941	4 300
哈尔滨市	2 663 900	1 576 400	72 500	957 800	57 200	5 104
齐齐哈尔市	1 340 894	948 404	25 231	363 939	33 320	3 700
无锡市	878 362	543 181	13 168	211 096	110 917	4 978
常州市	836 716	505 959	7 362	126 014	197 381	4 164
苏州市	1 647 033	1 012 489	11 583	224 731	398 240	4 500
福州市	2 152 288	627 781	67 330	408 176	1 049 001	4 500
南昌市	688 289	296 726	9 904	237 014	144 645	2 700
淄博市	693 838	499 709	19 002	159 719	15 408	3 000
郑州市	677 400	419 700	16 400	224 000	17 300	1 700
合肥市	628 764	326 967	13 899	223 960	63 938	2 100
成都市	1 935 600	1 207 100	28 117	666 298	34 076	2 890
贵阳市	362 061	218 136	8 500	126 938	8 487	2 100
昆明市	793 356	476 336	29 769	260 329	26 922	2 700
西安市	739 905	530 029	8 883	194 552	6 441	1 855
兰州市	259 444	200 032	5 108	51 909	2 395	1 900
西宁市	65 849	37 105	1 566	26 933	245	2 858
银川市	171 603	119 384	2 459	40 153	9 607	4 407
乌鲁木齐市	78 513	53 783	736	21 821	2 173	2 800
武汉市	1 211 291	757 552	7 905	263 655	182 179	3 962
海口市	44 815	15 225	177	22 335	7 077	5 000
泉州市	1 335 356	501 469	33 877	385 701	414 309	2 500

17—8 重点城市主要农产品产量

（1999年）

城市名称	粮　食(万吨)	油　料(万吨)	蔬　菜(吨)	肉类总产量(万吨)
南宁市	**79.62**	**4.37**	**1 068 847**	**16.74**
长沙市	275.02	2.79	2 381 210	43.10
济南市	279.00	3.56	4 858 833	29.89
石家庄市	512.25	22.21	7 830 336	84.11
唐山市	335.52	20.87	8 369 919	58.14
太原市	26.80	0.70	1 164 807	4.55
呼和浩特市	75.79	6.93	569 161	8.66
包头市	59.62	5.90	456 630	5.06
沈阳市	343.27	4.04	2 921 316	30.47
鞍山市	118.75	0.51	1 233 588	29.74
抚顺市	45.50	0.50	406 782	12.90
长春市	752.60	3.50	2 378 687	104.70
吉林市	261.30	0.60	1 566 222	37.00
哈尔滨市	863.66	0.74	1 595 247	42.56
齐齐哈尔市	663.59	15.09	2 183 149	25.10
无锡市	144.90	4.12		19.49
常州市	154.83	7.24	580 400	9.08
苏州市	225.84	12.39	1 355 449	14.16
福州市	147.10	3.72	2 278 200	24.57
南昌市	163.09	9.24	1 071 090	20.28
淄博市	161.87	1.68	2 855 457	8.46
郑州市	152.08	11.73	1 407 792	17.56
合肥市	184.22	24.27	537 940	21.21
成都市	397.02	16.24	3 618 145	64.49
贵阳市	62.08	5.83	567 358	10.77
昆明市	127.76	0.87	886 050	22.48
西安市	204.40	1.30	1 532 448	13.01
兰州市	44.46	1.79	829 722	3.59
西宁市	12.29	3.46	182 868	2.16
银川市	70.67	0.19	371 224	2.92
乌鲁木齐市	9.20	1.10	445 598	1.60
武汉市	154.45	13.70	4 223 178	21.29
海口市	1.04	0.06	85 106	1.93
泉州市	115.87	5.61	865 512	24.64

17—9 重点城市畜牧业生产和渔业生产情况

（1999年）

单位：吨

城市名称	奶类产量	禽蛋产量	禽肉产量	水产品产量
南宁市	**6 165**	**13 921**	**51 456**	**65 333**
长沙市	2 689	46 837	28 541	82 195
济南市	63 575	398 668	54 699	34 006
石家庄市	252 984	753 120	121 798	18 853
唐山市	283 371	289 613	136 241	398 650
太原市	45 034	45 309	4 722	1 879
呼和浩特市	151 570	30 888	3 700	7 050
包头市	27 238	18 087	3 713	4 623
沈阳市	50 561	225 035	116 009	95 110
鞍山市	6 263	215 472	105 675	22 000
抚顺市	18 629	63 391	28 907	2 658
长春市	50 794	272 517	376 683	25 437
吉林市	26 499	136 547	74 467	25 695
哈尔滨市	362 790	267 770	116 247	72 942
齐齐哈尔市	224 920	101 084	49 309	52 845
无锡市				
常州市	2 874	18 442	24 915	109 000
苏州市	28 293	34 622	1 960	321 206
福州市	37 798	147 076	4 447	142
南昌市	43 766	97 465	36 012	219 732
淄博市	21 095	126 165	18 955	21 632
郑州市	44 575	115 376	27 777	27 489
合肥市	10 296	76 462	85 025	101 865
成都市	44 502	134 800	160 700	45 922
贵阳市	11 947	7 825	8 112	8 424
昆明市	52 828	26 899	23 814	30 400
西安市	209 144	135 981	21 963	11 061
兰州市	26 998	13 644	1 734	1 547
西宁市	23 000	3 125	513	320
银川市	51 700	14 871	5 694	21 421
乌鲁木齐市	21 669	5 536	3 942	2 511
武汉市	26 206	130 448	52 373	305 845
海口市	267	3 758	3 549	13 241
泉州市	5 989	39 521	47 387	844 150

17—10 重点城市乡镇企业情况

(1999年)

城市名称	企业单位数(个)	营业收入(万元)	比上年增长(%)	工业总产值(万元、当年价)
南宁市	**47 584**	**1 686 247**	**15.02**	**1 289 963**
长沙市	183 408	4 385 000		9 180 000
济南市				
石家庄市		10 348 611	105.29	10 529 222
唐山市	202 547	8 937 722	24.90	6 624 814
太原市	3 920	1 300 531	18.80	1 896 301
呼和浩特市	99 200	3 946 302	15.26	1 279 960
包头市	53 909	3 273 349	7.24	3 309 744
沈阳市	176 374	10 296 545	25.90	8 784 479
鞍山市	96 847	10 032 110	14.80	7 952 629
抚顺市	53 089	2 696 364	1.04	2 011 771
长春市	162 432	6 614 546	29.00	7 311 382
吉林市	120 464			2 747 000
哈尔滨市	105 145	5 563 534	24.10	3 781 000
齐齐哈尔市	31 404	983 601	21.30	907 781
无锡市	82 362			21 236 496
常州市	1 545	3 929 879	13.30	4 337 862
苏州市				
福州市	115 233	12 373 134	20.39	8 305 916
南昌市	78 297	3 154 623	15.50	2 256 715
淄博市	74 964	6 743 283	14.78	6 216 142
郑州市	99 473	10 769 400	14.90	11 307 500
合肥市	61 330	1 903 325	-13.80	920 294
成都市	124 191	8 612 000	15.00	6 761 000
贵阳市	83 131	3 040 553	28.16	1 100 264
昆明市	161 922	8 960 676	23.10	2 663 713
西安市	167 426			5 371 691
兰州市	12 479			1 916 242
西宁市	15 640	240 462	30.50	98 924
银川市	28 144	366 276	19.60	162 860
乌鲁木齐市	17 280			193 980
武汉市	113 573	7 757 782	3.00	3 985 073
海口市	873			
泉州市	92 685	15 229 157	14.40	17 019 756

17-11 重点城市规模以上工业企业单位数

（1999年）　　　　单位：个

城市名称	单位数	内资企业	港澳台商投资企业	外商投资企业
南宁市	**344**	**299**	**26**	**19**
长沙市	740	674	36	30
济南市	1 064	954	49	65
石家庄市	1 405	1 316	43	46
唐山市	1 024	928	52	44
太原市	401	373	17	11
呼和浩特市	216	192	12	12
包头市	220	198	10	12
沈阳市	1 150	945	75	130
鞍山市	665	628	16	21
抚顺市	314	272	18	24
长春市	583	513	23	47
吉林市	491	452	14	25
哈尔滨市	804	764	13	27
齐齐哈尔市	327	319	3	5
无锡市	2 702			
常州市	2 054	1 780	138	136
苏州市	3 002	2 110	394	498
福州市	1 154	613	387	154
南昌市	586	541	26	19
淄博市	914	814	48	52
郑州市	1 621	1 519	63	39
合肥市	368	322	20	26
成都市	1 293	1 152	61	80
贵阳市	566	536	18	12
昆明市	714	659	32	23
西安市	770	685	40	45
兰州市	1 306	1 278	21	7
西宁市	139	137	2	2
银川市	156	140	8	8
乌鲁木齐市	406	387	10	9
武汉市	1 303	1 168	66	69
海口市	158	116	29	13
泉州市	1 280	586	586	108

注：规模以上工业是指国有及年销售收入500万元以上非国有工业企业。

17-12 重点城市规模以上工业企业总产值

（1999年，按现行价格计算）　　单位：万元

城市名称	工业总产值	内资企业	国有	私营	股份有限公司	港澳台投资	外商投资
南宁市	**1 149 691**	**961 673**	**442 186**	**52 299**	**157 354**	**63 023**	**124 995**
长沙市	2 944 571	2 614 622	1 626 098		328 013	181 973	147 976
济南市	6 285 883	5 573 860	2 129 465	150 926	481 585	187 530	524 493
石家庄市	6 885 768	6 452 326	2 288 597	382 668	724 993	223 974	209 468
唐山市	5 240 342	4 588 918	1 559 088	274 310	431 383	421 315	230 112
太原市	2 737 749	2 526 691	641 712	90 810	18 891	166 347	44 712
呼和浩特市	815 268	763 503	475 668	24 189	151 384	19 167	32 598
包头市	1 969 621	1 805 741	329 010	7 597	149 032	88 413	75 467
沈阳市	5 826 733	4 644 405	1 790 577	437 583	1 078 235	444 279	738 049
鞍山市	4 221 412	4 079 757	2 226 926	574 841	88 197	33 278	108 377
抚顺市	2 758 130	2 577 129	1 892 205	53 917	14 425	115 339	65 662
长春市	5 966 489	4 259 800	3 124 257	40 472	400 681	132 355	1 574 334
吉林市	2 831 210	2 667 615	2 235 911	47 696	41 056	116 457	47 138
哈尔滨市	4 186 123	3 661 020	1 827 030	58 105	218 396	134 528	390 575
齐齐哈尔市	1 274 633	1 193 570	433 106	17 503	271 872	12 868	68 195
无锡市	15 514 640	11 956 204	2 179 354	597 493	566 089	1 173 513	2 384 923
常州市	7 699 337	6 321 976	1 168 296	377 633	570 336	508 828	868 533
苏州市	19 263 441	10 814 755	1 851 577	704 373	944 144	2 704 682	5 744 004
福州市	6 555 351	1 953 382	652 815	232 727	428 743	2 976 961	1 625 008
南昌市	2 305 569	1 811 798	834 914	33 014	85 430	79 691	414 080
淄博市	6 283 555	5 667 519	2 503 589	217 928	1 101 744	214 945	401 091
郑州市	5 119 513	4 660 808	1 138 891	330 371	676 365	324 067	134 644
合肥市	2 514 125	1 940 408	575 231	64 343	322 125	72 218	601 500
成都市	5 894 288	5 024 916	1 753 227	554 880	574 188	238 611	630 762
贵阳市	2 247 934	2 157 428	1 029 358	66 539	190 498	35 030	55 476
昆明市	3 605 729	3 323 330	2 081 000	47 278	414 901	93 641	188 758
西安市	3 665 942	2 944 156	1 521 308	92 332	312 331	217 341	504 445
兰州市	2 939 553	2 883 811	2 244 286	48 324	65 114	203 704	31 609
西宁市	711 310	681 612	420 242	4 294	21 415	29 698	
银川市	661 226	538 058	232 599	39 523	74 840	20 821	102 348
乌鲁木齐市	1 847 241	1 749 121	1 204 592	3 932	98 736	69 858	29 499
武汉市	7 506 085	6 076 369	3 784 647	244 254	845 994	290 490	1 139 226
海口市	717 461	548 375	126 550	88 683	117 183	79 867	89 219
泉州市	3 367 575	1 591 280	741 003	157 145	85 213	1 483 235	293 060

17-13 重点城市规模以上工业企业工业总产值增长速度

（1999年，按1990年不变价计算，以上年为100）　　单位：%

城市名称	工业总产值	内资企业				港澳台投资	外商投资
			国有	私营	股份有限公司		
南宁市	**6.82**	**6.15**	**-32.73**	**148.00**	**328.00**	**-25.39**	**53.14**
长沙市	12.90	12.10	9.60		35.20	33.20	6.00
济南市	5.90	5.40	-9.00	23.00	-9.40	-4.20	15.50
石家庄市	17.40	16.10	-9.49	35.17	41.67	31.75	47.39
唐山市	15.40	14.10	3.70	75.60	30.10	10.20	59.60
太原市	8.20	6.70	-28.70	3.70	28.40	24.80	19.80
呼和浩特市	11.90	12.80	6.90	99.20	20.30	47.40	-15.70
包头市	7.08	4.55	7.11	3.74	6.02	48.85	23.63
沈阳市	16.20	17.30	28.50	36.20	-5.70	-4.90	22.50
鞍山市	8.60	9.70	1.60	112.50	-24.90	6.00	-17.50
抚顺市	-0.59	-2.80	-6.24	122.12	-14.15	98.56	0.92
长春市	22.80	18.78	15.60	16.80	100.00	73.20	24.20
吉林市	7.70	8.10	4.20	42.80	42.90	2.20	2.50
哈尔滨市	12.30	11.90	-2.20	210.70	-60.00	-6.10	21.40
齐齐哈尔市	5.14	5.50	-14.00	-13.23	42.08	-59.65	102.45
无锡市	12.90		14.90				
常州市	11.00	8.90	-1.70	17.80	27.90	4.10	36.00
苏州市	18.50	6.70	-1.90	3.70	61.50	37.90	38.10
福州市	15.20	6.30	-14.20	7.80	29.70	14.50	30.30
南昌市	10.70	10.70	3.10	226.10	10.70	-14.30	17.70
淄博市	18.40	18.10	14.10	17.70	14.10	29.20	28.90
郑州市	6.50	8.00	-2.50	7.30	36.20	-0.10	-19.60
合肥市	18.60	10.40	4.30	64.30	12.70	9.20	56.00
成都市	6.10	4.90	-0.40	42.30	-9.80		18.70
贵阳市	16.41	18.32	8.59	169.57	39.98	12.04	-29.27
昆明市	1.50	0.60	-9.80	25.60	29.80	74.60	-5.70
西安市	7.81	8.06	1.74	120.83	17.80	2.63	8.92
兰州市	-0.34	5.97	3.60	198.00	-31.61	7.26	8.64
西宁市	6.19	5.20	219.00	21 470.00	62.40	35.20	
银川市	1.20	9.50	5.90	40.00	18.80	-23.70	-16.20
乌鲁木齐市	2.68	2.77	8.59	213.00	2.61	18.13	-17.15
武汉市	11.50	9.20	2.30	117.70	13.90	-11.00	28.60
海口市	6.30	8.40	-6.90	1.90	20.90	4.20	-3.60
泉州市	14.30				157.14		

17-14 重点城市规模以上工业按企业规模分的工业总产值

(1999年)

单位:万元

城市名称	大型企业		中型企业		小型企业	
	总产值	增长(%)	总产值	增长(%)	总产值	增长(%)
南宁市	**597 693**	**15.20**	**197 874**	**-6.04**	**354 124**	**2.00**
长沙市	1 400 354	17.50	221 854	1.10	1 322 363	10.70
济南市	2 895 761	17.20	583 283	30.50	2 806 839	-7.10
石家庄市	2 832 578	21.70	838 439	14.06	3 214 750	14.86
唐山市	2 177 214	22.70	902 483	66.60	2 160 645	-0.80
太原市	1 964 514	26.20	182 580	46.20	2 090 921	-3.40
呼和浩特市	154 884	65.30	501 410	13.70	158 974	-17.90
包头市	1 332 341	6.70	193 991	3.47	443 289	7.05
沈阳市	3 128 962	8.30	349 837	-29.90	11 756 774	49.60
鞍山市	2 222 836	7.10	348 180	-11.30	1 650 396	14.30
抚顺市	2 014 363	-8.89	133 631	-13.33	610 136	49.10
长春市	4 809 721	39.17	550 445	5.18	606 323	-41.71
吉林市					455 553	21.80
哈尔滨市	2 853 889	13.80	449 318	-4.50	882 916	17.00
齐齐哈尔市	859 925	6.63	178 673	-10.76	236 035	12.14
无锡市	5 615 428		2 075 562		7 823 650	17.10
常州市	1 772 567	23.90	1 680 778	-7.10	4 245 992	14.90
苏州市	3 414 152	14.00	2 716 347	4.10	13 132 942	23.30
福州市	977 295	16.70	1 043 467	23.00	4 534 590	12.90
南昌市	1 336 743	28.20	319 556	-34.70	549 270	-19.90
淄博市	3 153 162	18.00	786 670	18.00	2 343 723	19.20
郑州市	1 271 276	7.60	437 582	-0.10	3 410 655	7.00
合肥市	1 350 119	5.50	172 407	-25.00	991 599	52.80
成都市	2 620 855	4.90	1 072 572	0.60	2 200 862	10.40
贵阳市	1 396 605	10.31	167 483	-0.71	683 846	35.85
昆明市	2 030 709	3.70	450 794	-10.30	1 124 226	3.20
西安市	2 174 128	28.36	340 150	15.74	1 151 664	-19.05
兰州市	1 933 225	2.84	313 225	5.94	872 674	8.18
西宁市	541 990	5.34	67 911	-10.37	101 403	1 380.00
银川市	310 981	5.80	194 587	0.50	155 658	-6.60
乌鲁木齐市	1 132 154	10.30	312 834	-5.62	402 253	-7.17
武汉市	4 802 338	2.50	816 294	32.60	1 887 453	26.40
海口市	371 149	9.60	237 556	2.40	108 756	4.20
泉州市	651 646		145 176		2 570 753	

注:总产值绝对数按现行价格计算,增长速度按1990年不变价计算,以上年为100。

17-15 重点城市规模以上工业企业主要经济指标

（1999年）　　单位:万元

城市名称	企业单位数(个)	亏损企业	亏损面(%)	位次	工业增加值	位次	产品销售收入	位次
南宁市	**344**	**139**	**40.41**	**7**	**378 007**	**29**	**1 076 975**	**29**
长沙市	672	241	35.86	14	1 071 758	16	2 916 883	20
济南市	1 064	124	11.65	33	2 014 120	6	2 796 374	21
石家庄市	1 405	121	8.61	34	2 203 000	4	6 517 126	5
唐山市	1 024	242	23.63	27	1 849 814	8	4 883 410	11
太原市	401	148	36.91	11	852 529	22	2 683 941	23
呼和浩特市	212	74	34.91	15	258 149	31	750 502	32
包头市	245	63	25.71	24	744 123	23	1 866 246	28
沈阳市	1 150	394	34.26	17	1 666 541	12	5 502 468	10
鞍山市	665	160	24.06	26	1 221 588	15	3 916 748	13
抚顺市	314	135	42.99	4	649 285	26	3 126 808	18
长春市	583	197	33.79	18	1 716 463	11	6 048 742	6
吉林市	491	126	25.66	25	722 614	25	2 932 732	19
哈尔滨市	804	298	37.06	10	1 056 913	18	3 883 783	14
齐齐哈尔市	327	110	33.64	19	315 588	30	1 048 017	30
无锡市	2 702	933	36.75	12	3 689 179	2	14 335 658	2
常州市	2 054	466	22.69	29	1 784 022	9	7 180 653	4
苏州市	3 002	801	26.68	22	4 688 398	1	17 582 236	1
福州市	1 154	338	29.29	21	2 037 711	5	5 759 751	7
南昌市	586	155	26.45	23	641 657	27	2 098 988	26
淄博市	917	151	16.47	31	1 922 768	7	5 742 405	8
郑州市	1 548	333	21.51	30	1 661 284	13	4 711 592	12
合肥市	368	151	41.03	6	728 047	24	2 395 942	24
成都市	1 293	430	33.26	20	1 781 050	10	5 685 846	9
贵阳市	556	220	39.57	8	857 667	21	2 211 007	25
昆明市	714	268	37.54	9	1 377 366	14	3 647 232	15
西安市	770	267	34.68	16	1 065 552	17	3 462 626	16
兰州市	1 137	262	23.04	28	935 000	20	2 705 059	22
西宁市	139	83	59.71	1	196 001	32	796 030	31
银川	156	65	41.67	5	181 689	33	641 038	34
乌鲁木齐市	406	186	45.81	3	462 371	28	1 877 621	27
武汉市	1 303	471	36.15	13	2 449 081	3	7 305 185	3
海口市	158	74	46.84	2	141 566	34	682 342	33
泉州市	1 280	157	12.27	32	1 028 954	19	3 269 653	17

城市名称	实现利税总额	位次	实现利润总额	位次	亏损企业亏损额	位次
南宁市	**99 779**	**28**	**6 837**	**25**	**35 094**	**28**
长沙市	717 684	5	176 898	11	79 032	16
济南市	591 714	9	159 701	14	110 917	10
石家庄市	756 087	4	375 025	3	59 727	20
唐山市	545 827	11	252 773	6	57 349	21
太原市	203 596	23	6 256	26	89 424	15
呼和浩特市	75 950	30	8 002	24	29 123	31
包头市	160 595	25	18 256	21	30 813	30
沈阳市	460 623	12	163 533	12	206 740	3
鞍山市	367 640	17	94 972	15	40 707	24
抚顺市	216 903	22	14 690	22	36 492	26
长春市	616 550	8	220 209	7	98 942	13
吉林市	116 918	27	-83 370	34	168 967	5
哈尔滨市	232 988	21	-34 551	31	157 947	6
齐齐哈尔市	51 009	32	-13 671	28	40 604	25
无锡市	1 171 684	1	546 120	1	183 160	4
常州市	460 549	13	163 055	13	71 380	17
苏州市	1 163 234	2	538 669	2	225 567	2
福州市	400 459	16	200 057	8	98 551	14
南昌市	233 856	20	76 890	17	25 845	32
淄博市	658 191	7	257 574	5	35 112	27
郑州市	555 623	10	184 901	10	65 539	19
合肥市	197 981	24	41 165	20	44 091	22
成都市	458 463	14	43 041	19	264 331	1
贵阳市	302 835	18	-10 594	27	69 476	18
昆明市	676 955	6	69 638	18	109 972	11
西安市	272 969	19	82 562	16	145 511	7
兰州市	150 292	26	-45 521	32	108 005	12
西宁市	39 708	33	-20 157	30	41 050	23
银川市	31 833	34	-15 939	29	32 797	29
乌鲁木齐市	95 173	29	-47 541	33	111 152	9
武汉市	937 892	3	364 098	4	137 716	8
海口市	63 123	31	13 610	23	23 682	34
泉州市	408 162	15	194 406	9	25 160	33

17-15 续表2

单位:万元

城市名称	工业总产值(当年价格)	工业销售产值(当年价格)	流动资产年平均余额	固定资产净值年平均余额	资产总计	负债总计	全部职工年平均人数(万人)
南宁市	**1 149 691**	**10 944 975**	**696 734**	**912 651**	**2 220 342**	**1 464 961**	**11.75**
长沙市	3 098 178	2 860 443	2 048 376	1 756 358	4 722 014	2 859 586	27.15
济南市	6 285 882	6 066 241	4 079 946	2 827 855	9 311 362	6 289 423	46.26
石家庄市	6 885 768	6 739 945	3 755 026	4 075 153	9 626 801	6 112 957	50.91
唐山市	5 240 342	5 143 053	3 191 559	3 953 776	8 645 118	5 134 479	54.02
太原市	2 737 749	2 672 197	3 366 921	3 630 782	8 895 397	4 890 662	40.75
呼和浩特市	815 268	804 471	644 367	864 913	1 784 883	1 117 829	9.43
包头市	1 969 621	1 913 014	1 803 840	2 235 626	5 227 091	3 045 306	24.75
沈阳市	5 826 733	5 676 502	6 796 067	4 803 611	14 500 920	9 237 642	6.15
鞍山市	4 221 412	4 116 111	3 488 541	4 137 373	9 578 025	5 695 314	40.93
抚顺市	2 758 130	2 721 422	5 892 375	2 737 297	5 301 990	3 628 874	23.67
长春市	5 966 489	5 869 120	4 971 338	3 580 229	10 565 325	6 990 892	36.81
吉林市	3 405 520	3 361 368	2 740 780	4 470 483	8 495 718	5 453 139	33.97
哈尔滨市	4 186 123	4 096 037	4 422 780	3 249 142	9 293 824	6 756 883	54.97
齐齐哈尔市	1 274 633	1 220 675	1 486 968	1 233 839	3 023 160	2 259 617	20.24
无锡市	15 514 640	14 936 934	8 342 832	5 926 031	16 861 703	4 460 889	71.00
常州市	7 699 337	7 425 305	4 282 246	2 582 299	7 735 159	4 865 963	49.73
苏州市	19 263 441	18 631 284	91.565 69	8 688 625	21 088 922	12 862 606	86.17
福州市	6 555 351	6 202 632	2 968 608	3 310 930	7 375 359	4 400 781	31.05
南昌市	2 305 569	2 225 002	1 654 772	1 440 859	3 758 648	2 490 317	22.31
淄博市	6 283 555	6 075 224	3 253 774	3 995 725	8 649 333	4 912 284	49.45
郑州市	5 119 513	4 978 262	4 088 716	4 110 501	7 479 809	4 918 054	50.2
合肥市	2 514 125	2 431 658	2 015 164	1 520 909	4 350 679	2 589 677	17.67
成都市	5 894 288	5 723 083	4 822 970	3 789 141	10 630 191	6 744 932	55.98
贵阳市	2 247 934	2 136 051	2 312 084	1 849 813	5 276 453	3 948 408	25.67
昆明市	3 605 729	3 563 580	2 933 567	2 964 104	7 935 179	4 460 889	29.61
西安市	3 665 942	3 514 624	3 797 860	2 820 022	8 538 991	5 779 390	45.64
兰州市	2 939 553	2 859 517	2 394 979	2 350 171	6 066 191	4 117 479	36.11
西宁市	711 310	698 091	930 454	1 032 085	2 323 884	1 714 878	9.25
银川市	661 226	627 675	746 293	526 383	1 762 477	1 108 289	7.23
乌鲁木齐市	1 847 241	1 799 945	1 493 055	2 099 280	4 170 694	2 809 375	16.78
武汉市	7 506 085	7 328 554	6 656 871	7 188 266	16 653 565	10 313 562	53.02
海口市	717 461	702 686	553 197	530 156	1 443 216	954 449	3.13
泉州市	3 367 575	3 247 543	1 662 471	2 080 331	4 192 020	1 698 181	31.19

17-16 重点城市规模以上工业企业经济效益指标

（1999年）

单位：%

城市名称	综合指数	总资产贡献率	资产保值增值率	资产负债率	流动资产周转率（次）	成本费用利用率	全员劳动生产率（元／人年）	产品销售率
南宁市	**85.73**	**6.25**	**98.81**	**65.98**	**1.55**	**0.66**	**32 173**	**95.24**
长沙市	122.50	17.15	112.07	57.79	1.43	5.15	27 702	97.14
济南市	97.80	8.63	103.04	67.53	1.42	2.93	43 539	96.51
石家庄市	122.04	10.45	96.52	65.96	1.75	6.27	41 584	97.96
唐山市	106.20	8.07	106.56	59.39	1.53	5.49	34 246	98.14
太原市		2.10	100.14	55.00	0.80	0.30	20 921	97.61
呼和浩特市	75.68	6.11	113.89	67.87	1.09	0.93	24 714	97.93
包头市	76.86	4.81	109.06	58.26	1.00	0.98	29 677	97.13
沈阳市	80.39	2.31	116.12	63.70	0.80	3.03	27 079	97.42
鞍山市	83.64	5.35	102.80	59.46	1.12	2.46	23 871	97.51
抚顺市	70.10	5.85	117.91	68.44	1.66	0.49	15 237	97.13
长春市	109.40	8.20	116.60	66.20	1.20	3.70	47 654	98.50
吉林市	64.89	3.89	139.10	64.20	1.07	-2.78	21 272	98.63
哈尔滨市	54.94	4.17	111.93	75.24	0.81	-1.80	17 046	97.95
齐齐哈尔市	45.50	3.30	95.80	72.50	0.74	-2.00	9 235	95.80
无锡市	116.00	9.00	110.00	59.00	2.00	4.00	47 593	96.00
常州市		13.00	106.02	62.90	1.68	2.32	35 876	96.44
苏州市	116.96	7.27	113.55	62	1.91	3.28	54 409	96.70
福州市	124.68	7.05	108.72	59.67	1.94	3.62	64 972	94.62
南昌市	98.60	8.43	119.8	66.26	1.27	3.90	28 764	96.40
淄博市	110.77	9.76	108.37	56.79	1.76	4.74	29 207	96.68
郑州市	102.90	9.90	111	65.9	1.50	4.20	25 559	97.20
合肥市	96.35	6.30	113.79	59.52	1.19	1.86	42 138	96.72
成都市	81.76	6.52	99.83	63.45	1.18	0.77	29 044	97.10
贵阳市		1.50	100.18	74.93	0.95	-0.71	33 917	95.02
昆明市	100.06	10.17	109.32	56.22	1.24	-2.24	33 627	98.83
西安市	71.29	4.52	110.26	78.65	0.88	1.47	20 779	95.42
兰州市	62.46	4.36	103.24	67.88	1.13	-1.65	16 696	96.93
西宁市	46.77	4.12	112.76	77.71	0.75	-3.57	16 828	98.02
银川市	57.48	3.71	117.63	62.88	0.86	-2.46	19 258	94.93
乌鲁木齐市	59.59	4.72	102.94	67.36	1.26	-2.49	20 000	97.44
武汉市	107.99	7.68	112.1	61.93	1.10	5.58	36 491	97.63
海口市								
泉州市	119.33	12.56	105.32	44.95	1.96	6.21	22 977	97.17

17-17 重点城市固定资产投资

(1999年)　　单位:万元

城市名称	全社会固定资产投资完成额	基本建设投资额	更新改造投资额	国有固定资产投资额	外商及港澳固定资产投资额	房地产开发投资完成额
南宁市	**880 793**	**438 954**	**122 874**	**509 415**	**121 973**	**146 274**
长沙市	1 648 488	615 723	252 996	1 112 439	83 076	225 765
济南市	2 704 201	959 162	465 058	1 965 946	65 359	353 307
石家庄市	3 650 000	1 250 000	675 000	2 164 000	125 941	213 000
唐山市	2 101 352	1 217 710	883 642	1 065 943	87 080	145 417
太原市	917 200	395 400	301 100	761 400		117 100
呼和浩特市	447 553	240 286	100 134	318 457	887	98 152
包头市	419 570	172 763	165 381	221 140	500	59 936
沈阳市	2 401 585	1 124 659	422 632	1 158 704	221 614	517 519
鞍山市	1 064 248	151 565	394 529	488 783	10 546	101 424
抚顺市	373 646	104 737	171 165	273 754	2 579	51 532
长春市	1 944 338	701 282	354 519	770 600	161 707	251 955
吉林市	743 405	287 462	228 170	639 403	8 797	165 091
哈尔滨市	2 024 837	1 068 903	307 436	1 307 972	91 035	442 667
齐齐哈尔市	317 716	215 824	47 846	277 682	4 890	47 947
无锡市	3 108 154	473 236	295 923	823 592	435 348	420 739
常州市	1 448 908	280 204	256 630	519 090	130 122	255 026
苏州市	4 751 365	801 477	298 765	1 220 768	1 989 516	601 124
福州市	2 569 177	900 993	252 372	961 135		593 645
南昌市	712 139	247 418	123 516	475 995	26 512	105 061
淄博市	1 255 360	270 261	237 606	534 747	23 760	63 069
郑州市	2 382 000	744 000	306 000	926 000	230 000	337 000
合肥市	1 241 544	660 494	152 093	556 743	253 542	230 055
成都市	4 190 900	2 013 000	508 900	2 339 800	367 433	939 700
贵阳市	954 297	359 440	260 774	597 876	219 356	225 549
昆明市	2 389 601	905 345	455 901	287 767	93 628	722 061
西安市	1 973 060	810 706	403 743	1 365 036	86 136	442 982
兰州市	1 391 029	763 000	346 000	1 076 075	35 182	171 129
西宁市	463 935	262 784	79 481	345 328		109 207
银川市	474 678	251 034	67 211	279 496	26 534	99 525
乌鲁木齐市	1 034 721	580 058	230 395	685 326	5 770	150 525
武汉市	4 312 456	1 322 586	965 229	1 936 649	975 000	967 130
海口市	667 031	543 614	47 459			44 574
泉州市	1 190 000	361 327	351 022			191 503

17-18 重点城市政公用事业

（1999年）

城市名称	年末实有住宅建筑面积（万平方米）	年末实有住宅使用面积（万平方米）	人均住宅使用面积（平方米）	位次	水厂综合生产能力（万吨／日）	供水管道总长度（公里）
南宁市	**1 918**	**1 318**	**13.72**	**13**	**89**	**686**
长沙市	2 656	1 859	10.05	32	107	1 007
济南市	3 435	2 611	15.92	6	120	1 250
石家庄市	2 750	2 012	15.60	7	193	1 037
唐山市	2 318	1 692	14.71	10	109	1 186
太原市	3 527	2 138	11.94	25	94	631
呼和浩特市	1 292	1 034	13.26	16	39	388
包头市	2 052	1 559	12.96	18	72	1 267
沈阳市	7 306	5 442	12.77	19	238	2 618
鞍山市	2 181	1 571	12.22	23	195	1 998
抚顺市	2 207	1 557	11.27	28	131	1 421
长春市	6 665	2 884	13.65	14	108	1 174
吉林市	1 974	1 382	11.32	27	401	985
哈尔滨市	14 962	3 333	12.74	20	108	915
齐齐哈尔市	1 689	1 179	10.97	31	58	835
无锡市	1 847	1 463	9.56	33	110	1 801
常州市	1 418	992	16.06	14	69	1 202
苏州市	2 005	1 339	15.36	5	90	834
福州市	2 706	2 026	18.59	8	110	
南昌市	1 923	1 414	11.00	30	135	1 186
淄博市	2 215	1 658	14.15	11	219	1 702
郑州市	3 061	2 144	13.63	15	118	1 041
合肥市	1 528	1 107	12.03	24	85	618
成都市	5 001	3 688	16.42	2	152	1 550
贵阳市	2 103	1 577	12.53	21	113	1 466
昆明市	3 108	2 176	14.90	9	128	3 152
西安市	4 116	2 099	6.19	34	150	2 286
兰州市	2 713	1 682	11.56	26	137	514
西宁市	977	684	11.15	29	48	399
银川市	999	709	13.93	12	35	549
乌鲁木齐市	2 638	1 827	13.13	17	59	570
武汉市	5 900	4 425	12.23	22	381	4 733
海口市	1 025	741	16.31	3	62	
泉州市	548	429	16.19	4	27	278

17-18 续表1

城市名称	供水总量（万吨）	#生活用水	公共汽(电)车 营运车辆（辆）	客运总数（万人次）	年末实有出租汽车（辆）	液化石油气供气总量（吨）	家庭用量（吨）	家庭用液化气人口（人）
南宁市	**25 453**	**17 001**	**508**	**15 290**	**3 741**	**37 910**	**37 910**	**969 800**
长沙市	35 815	20 515	921	29 310	4 800	64 800	62 896	1 001 000
济南市	30 185	10 935	1 456	40 519	12 414	37 553	35 928	1 078 700
石家庄市	53 274	18 080	1 369	14 544	6 553	38 404	14 038	1 011 300
唐山市	26 070	12 810	1 466	13 594	4 293	14 090	33 520	339 700
太原市	27 355	11 146	1 371	14 983	8 300	9 600	7 695	410 200
呼和浩特市	10 668	6 160	333	4 474	3 927	8 483	7 466	211 500
包头市	24 763	4 758	610	6 335	7 050	4 497	4 353	279 100
沈阳市	61 159	26 927	3 124	65 484	16 325	61 183	43 945	753 900
鞍山市	46 778	10 095	1 237	25 584	5 393	16 054	9 034	146 000
抚顺市	23 742	5 617	1 229	30 612	4 103	29 046	22 654	525 000
长春市	30 979	17 089	2 514	39 882	12 232	20 217	14 563	458 000
吉林市	86 822	6 052	914	13 856	6 586	43 689	43 689	819 100
哈尔滨市	36 181	17 882	3 420	51 331	8 948	73 164	73 164	924 400
齐齐哈尔市	11 371	7 125	553	5 940	3 602	14 000	14 000	564 300
无锡市	24 368	11 587	786	16 109	2 493	32 445	29 870	725 700
常州市	15 291	7 008	1 423	12 624	1 564	35 443	32 436	536 100
苏州市	25 698	9 161	905	14 155	2 005	88 069	16 560	471 300
福州市	31 486	18 506	1 413	25 594	3 473	38 205	32 838	982 000
南昌市	36 390	15 884	1 137	21 353	2 896	34 663	34 663	764 900
淄博市	41 492	8 928	1 203	5 123	5 566	36 170	29 239	922 800
郑州市	31 244	16 624	1 170	16 490	10 671	20 188	16 228	349 400
合肥市	18 592	12 832	1 344	30 675	6 500	31 673	28 333	434 300
成都市	45 919	26 675	1 701	37 978	7 027	39 442	31 085	196 900
贵阳市	25 993	9 572	1 837	46 536	1 916	17 500	17 450	455 000
昆明市	29 049	17 751	2 965	27 729	7 514	42 159	35 884	365 000
西安市	43 688	23 710	2 252	41 061	10 044	39 132	39 120	1 104 400
兰州市	30 774	9 223	1 113	30 426	6 468	19 800	19 800	510 000
西宁市	12 561	7 182	1 113	27 313	4 381	8 206	8 206	221 000
银川市	11 867	3 989	524	6 488	4 214	17 141	11 199	441 100
乌鲁木齐市	15 006	9 266	2 824	61 497	6 261	59 802	55 114	1 308 000
武汉市	100 508	46 625	6 033	163 897	12 300	98 385	98 385	1 813 900
海口市	12 483	6 342	1 480	7 237	2 689	45 000	43 200	453 800
泉州市	7 023	3 020	268	3 582	1 085	13 016	11 896	211 000

17-18 续表2

城市名称	煤、液化气普及率(%)	位次	铺装道路面积(万平方米)	城市下水道总长度(公里)	园林绿地面积(公顷)	人均园林绿地面积(平方米)	位次
南宁市	**94.65**	**11**	**690**	**508**	**3 125**	**32.51**	**5**
长沙市	85.56	24	858	636	4 319	7.45	14
济南市	85.00	25	2 119	1 124	950	1.71	33
石家庄市	100.00	1	1 065	804	3 460	5.50	23
唐山市	94.20	12	922	984	3 630	6.47	19
太原市	91.30	17	1 397	695	4 684	4.20	28
呼和浩特市	62.69	31	433	407	2 477	6.00	21
包头市	61.20	32	590	733	4 707	34.73	3
沈阳市	97.30	8	3 089	2 069	18 809	6.42	20
鞍山市	99.14	4	695	671	3 764	7.98	12
抚顺市	94.05	13	491	545	3 583	28.80	7
长春市	91.65	15	1 170	1 317	5 465	19.10	9
吉林市	90.60	19	679	654	4 759	34.80	2
哈尔滨市	90.63	18	1 013	986	3 954	5.10	24
齐齐哈尔市	85.98	23	485	495	4 292	29.94	6
无锡市	91.60	16	877	1 243	3 361	7.58	13
常州市	97.06	9	777	894	1 378	17.30	10
苏州市	98.08	6	932	1 051	2 341	4.93	25
福州市	90.51	20	898	931	3 421	7.04	16
南昌市	87.00	22	665	40 351	2 250	13.65	11
淄博市	100.00	1	1 372	582	9 645	36.00	1
郑州市	97.66	7	850	1 034	2 278	4.60	26
合肥市	87.25	21	1 157	774	3 069	23.80	8
成都市	98.30	5	1 338	1 220	3 830	3.50	31
贵阳市	76.00	28	580	856	4 260	34.00	4
昆明市	96.55	10	1 009	647	4 328	6.76	17
西安市	80.41	26	1 246	811	4 443	6.76	18
兰州市	67.36	30	791	584	1 396	2.48	32
西宁市	40.10	33	298	156	954	3.60	30
银川市	93.40	14	370	163	1 719	4.20	29
乌鲁木齐市	99.80	3	1 073	310	6 296	4.43	27
武汉市	80.40	27	1 500	1 435	5 648	7.40	15
海口市			616	655			
泉州市	71.77	29	345	292	1 328	5.74	22

17-18 续表3

城市名称	建成区绿化覆盖面积(公里)	工业废水排放量(万吨)	工业废水处理排放达标量(万吨)	工业废水处理量(万吨)	环境噪音达标面积(平方公里)	生活垃圾清运量(万吨)
南宁市	**3 666**	**4 240**	**983**	**3 690**	**56**	**29**
长沙市	3 252	2 813	1 372	2 198	75	78
济南市	4 155	5 464	3 298	16 721	87	90
石家庄市	3 498	7 188	2 443	14 522	57	94
唐山市	4 423	3 801	1 840	64 254	23	82
太原市	4 684	8 265	2 947	22 374	108	99
呼和浩特市	2 229	1 282	58	167	54	54
包头市	4 337	7 099	1 830	31 221	54	60
沈阳市	6 491	9 616	2 233	5 873	138	136
鞍山市	3 924	11 045	5 715	60 621	50	46
抚顺市	3 964	9 164	3 208	11 061	63	68
长春市	5 859	2 874	928	1 708	72	132
吉林市	3 490	18 535	8 088	12 441	62	99
哈尔滨市	4 622	4 402	1 578	5 124	99	122
齐齐哈尔市	2 354	10 875	1 831	6 082	66	122
无锡市	3 401	6 232	2 367	3 956	113	60
常州市	2 125	7 633	3 922	4 542	42	32
苏州市	2 377	7 730	3 135	6 516	60	72
福州市	3 031	2 386	858	2 920	56	57
南昌市	2 295	7 017	1 938	7 954	35	36
淄博市	5 075	7 284	5 722	11 068	87	102
郑州市	3 817	3 764	1 767	6 876	94	80
合肥市	3 781	6 720	1 184	10 310	64	31
成都市	4 731	13 548	2 060	17 236	94	99
贵阳市	3 347	7 771	1 938	14 122	58	42
昆明市	4 274	2 294	1 050	3 293	106	86
西安市	6 807	9 173	2 054	5 587	81	100
兰州市	1 864	9 335	3 412	6 637	55	76
西宁市	942	2 217	1 939	1 179		77
银川市	1 100	2 536	530	3 009	21	25
乌鲁木齐市	2 771	4 552	2 158	6 666	63	98
武汉市	6 684	78 706	13 140	59 153	149	161
海口市	1 403	855	265	307	21	260
泉州市	786	1 393	989	1 136	14	20

17-19 重点城市社会消费品零售总额

（1999年）　　　　单位:万元

城市名称	合计	位次	比上年增长（%）	公有经济	比上年增长（%）	非公有经济	比上年增长（%）
南宁市	**1 371 382**	**21**	**6.61**	**437 962**	**6.88**	**933 420**	**6.48**
长沙市	2 555 624	14	12.80	1 132 645	6.30	1 422 979	18.60
济南市	3 175 983	6	9.30	1 150 249	2.00	2 025 734	13.60
石家庄市	2 967 588	12	10.70				
唐山市	2 073 191	16	8.20	358 155	-20.30	1 715 036	16.90
太原市	1 361 741	22	8.00	570 973	6.20	790 768	9.40
呼和浩特市	618 976	32	9.60				
包头市	783 725	30	10.16	295 751	5.57	487 974	13.14
沈阳市	5 160 894	2	9.00	1 619 908	-4.20	3 540 986	16.40
鞍山市	1 135 097	26	7.10	180 967	-2.10	954 130	9.00
抚顺市	1 036 099	28	4.65	211 060	0.56	825 039	5.75
长春市	2 682 665	13	12.70	582 911	11.05	2 099 754	13.22
吉林市	1 574 776	19	9.50	219 458	-6.90	1 355 318	12.70
哈尔滨市	4 119 403	4	9.10	1 073 791	4.80	3 045 612	10.70
齐齐哈尔市	1 155 631	25	4.60				
无锡市	3 218 515	5	7.20				
常州市	1 844 235	17	6.00				
苏州市	3 156 368	7	6.00				
福州市	3 152 256	9	13.80				
南昌市	1 307 748	24	9.10				
淄博市	1 676 206	18	9.49	779 436	8.15	896 770	10.67
郑州市	3 119 000	10	9.20				
合肥市	1 344 140	23	9.30	611 549	2.10	732 591	16.10
成都市	5 000 800	3	10.80	568 113	-10.20	4 432 705	14.30
贵阳市	970 716	29	8.40	428 033	8.51	542 683	8.31
昆明市	2 174 606	15	13.40	1 074 554	1.80	1 100 052	20.70
西安市	2 981 459	11	9.67	1 119 015	29.16	1 862 444	0.56
兰州市	1 474 674	20	8.91	314 128	-17.51	1 160 546	19.25
西宁市	437 398	33	8.82	175 012	2.20	262 386	13.73
银川市	375 778	34	8.90	178 016	-7.50	197 762	29.50
乌鲁木齐市	1 106 200	27	8.42	353 984	-12.91	752 216	22.53
武汉市	5 395 504	1	9.70	805 808	6.40	4 589 696	10.30
海口市	679 293	31					
泉州市	3 154 719	8	10.10				

17-19 续表 单位:万元

城市名称	批发零售贸易业	比上年增长(%)	餐饮业	比上年增长(%)	制造业	比上年增长(%)	农业生产者	比上年增长(%)	其他	比上年增长(%)
南宁市	**845 114**	**14.48**	**181 460**	**10.15**	**37 292**	**-36.56**	**301 380**	**-1.36**	**6 136**	**-67.89**
长沙市	1 854 526	9.40	298 558	35.20	60 441	7.70	318 400	15.30	23 699	40.80
济南市	2 043 078	7.90	305 333	19.40	225 132	8.40	518 548	8.60	83 892	9.00
石家庄市	2 001 686	11.38	176 344	17.86	333 114	9.04	40		60 308	23.56
唐山市	1 438 038	8.80	195 444	18.00	173 822	7.00	201 519	-1.70	64 368	5.50
太原市	762 007	5.30	116 554	2.20	76 470	3.30	372 357	14.70	34 353	44.30
呼和浩特市	405 158	6.80	50 710	26.10	65 917	6.80			97 191	16.50
包头市	425 488	13.18	63 975	11.12	64 167	8.23	227 110	6.02	2 985	-32.71
沈阳市	3 811 113	7.70	579 942	22.30	248 961	5.70	440 929	8.20	520 878	7.50
鞍山市	754 301	3.70	138 106	7.40	82 006	16.30	146 046	13.00	14 638	257.10
抚顺市	694 167	-4.57	148 742	112.60	52 839	-6.95	95 824	-3.90	44 527	23.01
长春市	1 674 336	25.50	264 005	27.20	43 433	-3.50	667 232	-5.20	33 659	-62.16
吉林市	1 026 863	7.30	216 141	18.60	84 334	11.40			247 438	11.00
哈尔滨市	3 290 834	10.10	364 306	11.20	82 741	5.30	350 614	1.20	30 909	-8.60
齐齐哈尔市	936 138	4.50	67 781	7.70	47 474	1.20	81 746	2.90	22 492	16.50
无锡市	2 427 561	11.20	379 099	4.10	163 866	-13.40	185 577	-7.80	62 412	-0.20
常州市	1 338 968	10.40	123 788	12.80	156 316	12.80	183 260	-23.60	41 903	8.70
苏州市	2 340 164	8.00	282 840	12.40	194 691	-3.50	266 264	3.20	72 409	-27.20
福州市	2 539 537	12.90	368 167	25.10	63 149	7.40	101 726	7.50	79 677	9.50
南昌市	852 603	10.00	95 774	14.60	65 781	6.00	287 626	4.60	5 964	11.70
淄博市	997 064	11.50	248 394	17.80	227 782	-1.70			202 966	4.60
郑州市	1 869 000	9.00	395 000	8.80	353 000	9.60	359 000	9.50	143 000	9.20
合肥市	991 033	9.00	92 000	24.80	65 708	0.40	190 154	9.50	5 245	
成都市	2 832 100	12.00	831 100	23.80	281 900	-7.00	984 600	19.40	71 100	-59.20
贵阳市	744 288	7.16	118 770	25.97	35 382	1.00	32 269	1.95	40 007	-44.50
昆明市	1 494 613	8.00	296 519	35.30	40 178	27.40	314 473	23.00	28 823	9.80
西安市	1 863 463	12.00	311 653	10.76	265 186	2.76			541 156	12.67
兰州市	914 579	3.87	201 725	11.72	93 506	2.97	218 396	18.69	46 468	157.00
西宁市	318 287	10.17	53 201	9.86	21 548	0.23	41 415	0.17	2 947	65.47
银川市	227 041	6.70	41 617	34.70	6 019	-15.70	98 925	7.70	2 176	-9.60
乌鲁木齐市	802 538	13.26	114 311	30.61	29 467	-21.52	83 328	-8.97	76 555	-19.56
武汉市	3 084 733	5.00	513 422	21.70	342 437	8.20	1 158 973	9.40	295 939	59.00
海口市	368 032	8.00	65 446	7.40	6 255	42.50	204 732	11.10	34 831	-21.20
泉州市	2 139 826	10.40	281 285	13.00	302 587	11.40	161 569		269 452	

17-20 重点城市对外经济贸易

（1999年）

城市名称	出口总值（万美元）	位次	比上年增长(%)	进口总值（万美元）	比上年增长(%)
南宁市	**40 094**	**21**		**17 006**	
长沙市	83 704	10	-3.90	43 900	30.00
济南市	60 199	17	33.50	36 325	4.20
石家庄市	40 678	20	16.60	16 867	4.10
唐山市	23 553	26	20.90		
太原市	62 497	15	-1.30	40 641	390.60
呼和浩特市	4 513	33	4.03	1 223	-2.55
包头市	14 619	28	-19.63	3 552	-65.89
沈阳市	79 922	11	3.10	101 740	25.30
鞍山市	29 790	23	-16.80	10 570	-44.70
抚顺市	12 272	30	9.61	11 363	-54.30
长春市	90 353	9	40.90	60 289	64.60
吉林市					
哈尔滨市	55 471	18	-9.10	47 847	-5.40
齐齐哈尔市					
无锡市	434 192	2	-1.90	255 915	-1.30
常州市	127 667	5	-2.60	65 056	129.50
苏州市	692 777	1	22.70	562 705	56.10
福州市	209 000	4	7.20		
南昌市	71 407	13	-9.30	225 548	89.00
淄博市	37 775	22	13.28	16 378	-42.12
郑州市	9 702	31	-2.20	8 483	3.60
合肥市	106 801	6	19.80	52 646	48.70
成都市	74 200	12	-3.60	87 100	21.60
贵阳市	26 823	24	-11.13	120 849	-33.08
昆明市	61 843	16	-16.50	47 087	11.10
西安市	94 500	8	-6.00	78 400	-2.10
兰州市	25 100	25	-11.62	7 100	-29.00
西宁市	7 334	32	14.90	1 445	48.25
银川市	22 476	27	8.50	1 200	12.60
乌鲁木齐市	66 400	14	21.04	36 177	-20.15
武汉市	48 320	19	34.00	60 596	0.30
海口市	12 324	29	-24.00	36 078	-40.80
泉州市	106 756	7	3.20	59 066	-17.50

注：本表资料为海关数。

17-20 续表

城市名称	当年新签项目个数（个）	当年合同外资金额（万美元）	实际利用外资金额（万美元）	已投产企业(个)
南宁市	**51**	**19 180**	**10 010**	**354**
长沙市	62	6 706	15 086	645
济南市	66	35 813	29 906	734
石家庄市	81	15 033	42 613	492
唐山市	48	4 658	21 262	318
太原市	27	10 150	15 400	
呼和浩特市	20	5 752	3 005	187
包头市	10	2 951	3 948	107
沈阳市	598	110 734	103 539	1 397
鞍山市	104	30 303	5 311	226
抚顺市	55	14 369	2 964	133
长春市	150	51 129	33 145	688
吉林市	55	10 347	7 258	165
哈尔滨市	144	18 548	15 095	719
齐齐哈尔市	14	1 779	1 050	179
无锡市	241	100 036	100 061	2 280
常州市	333	90 158	62 569	939
苏州市	571	356 819	285 626	2 079
福州市	338	93 246	90 036	1 986
南昌市	52	12 500	13 400	1 276
淄博市	60	10 925	10 379	450
郑州市	78	17 211	20 111	614
合肥市	33	18 163	26 310	612
成都市	107	38 668	19 198	574
贵阳市	21	5 405	4 770	162
昆明市	52	15 396	3 000	236
西安市	98	40 390	13 751	
兰州市	49	6 115		1 245
西宁市	8	1 210	726	8
银川市	18	3 991	394	160
乌鲁木齐市	23	1 940	2 141	21
武汉市	125	36 880	47 550	1 855
海口市	113	17 069	38 336	
泉州市	395	115 840	56 930	4 966

17-21 重点城市旅游人数和旅游收入

（1999年）

城市名称	国际旅游者人数(人)	国际旅游收入（万美元）	涉外旅馆	
			旅馆数(个)	房间数(间)
南宁市	**35 063**	**575**	**21**	**5 041**
长沙市	211 500	10 500	50	9 111
济南市	83 790	361 000	48	6 635
石家庄市	11 467	376	31	3 734
唐山市	33 321	1 043	30	3 438
太原市	43 521	2 008	19	5 531
呼和浩特市	13 222	297		
包头市	8 114	198	30	2 360
沈阳市	137 576	6 862	63	8 945
鞍山市	19 251	1 100	25	3 303
抚顺市	2 069	231	6	754
长春市	44 887	1 993	29	5 380
吉林市	13 512	1 348		1 797
哈尔滨市	144 606	4 442	64	7 300
齐齐哈尔市	3 435	103	14	1 040
无锡市	25 858	8 630	57	7 762
常州市	27 951	2 174	18	2 421
苏州市	463 205	17 314	68	10 377
福州市	249 601	11 900	60	
南昌市	34 160	2 155	38	1 212
淄博市	12 154	388	30	2 598
郑州市	79 023	4 400	97	12 394
合肥市	8 457	1 508	20	3 475
成都市	221 931	6 920	71	24 094
贵阳市	45 230	1 369	20	2 660
昆明市	549 207	14 550	164	45 400
西安市	554 016	22 500	37	9 976
兰州市	34 282	877	14	2 590
西宁市	4 240	146		
银川市	4 339	124	22	2 164
乌鲁木齐市	107 477	3 077	70	14 000
武汉市	160 801	7 336	63	7 459
海口市	159 802	4 024	73	10 628
泉州市	450 200	60 024		

17-22 重点城市财政收入

（1999年） 单位：万元

城市名称	财政总收入	位次	比上年增长(%)	中央财政预算内收入	地方财政预算内收入
南宁市	**270 113**	**28**	**10.14**	**120 413**	**149 700**
长沙市	460 476	20	7.90	130 630	329 846
济南市	1 519 000	1	11.60	659 134	841 948
石家庄市	581 154	13	9.10	228 806	352 348
唐山市	460 794	19	4.90	179 831	259 903
太原市	299 878	26	6.60	239 863	203 277
呼和浩特市	189 805	31	9.60	84 022	105 783
包头市	272 394	27	2.58	107 348	165 039
沈阳市	1 079 144	5		511 225	567 919
鞍山市	387 794	22	2.30	169 714	218 080
抚顺市	338 100	25	-8.74	173 530	134 168
长春市	674 179	10	19.30	402 736	271 443
吉林市	344 086	24	-0.80	159 573	184 513
哈尔滨市	777 863	8	9.10	296 777	481 443
齐齐哈尔市	186 372	32	4.10	73 012	113 360
无锡市	878 442	7	15.60	444 950	433 492
常州市	492 092	16	9.10	492 092	255 789
苏州市	1 093 804	4	24.80	535 824	557 980
福州市	671 997	11	9.10	171 070	467 524
南昌市	354 125	23	8.10	159 329	167 714
淄博市	533 826	14	11.11	307 334	226 492
郑州市	718 527	9		331 275	387 252
合肥市	404 548	21	13.90	157 113	233 628
成都市	1 047 422	6	13.40	415 300	561 189
贵阳市	500 377	15	11.82	278 263	197 908
昆明市	1 112 445	3	5.30	588 229	524 216
西安市	614 862	12	13.40		408 896
兰州市	267 700	29	5.17	98 202	169 540
西宁市	70 343	34	11.87	71 168	49 133
银川市	201 433	30	8.70	72 599	74 758
乌鲁木齐市	461 428	18		206 558	254 870
武汉市	1 118 603	2	11.80	513 945	604 658
海口市	149 309	33	6.30	34 135	165 174
泉州市	483 209	17	13.20	156 817	326 392

17-23 重点城市财政支出

（1999年） 单位：万元

城市名称	财政支出	位次	比上年增长（%）	科学事业费支出	教育事业费支出
南宁市	**172 851**	**29**	**23.57**	**798**	**22 886**
长沙市	368 304	14	10.20	1 889	42 710
济南市	497 667	7	10.80	1 944	72 076
石家庄市	450 443	10	12.98	1 777	92 083
唐山市	352 203	15	9.90	980	62 840
太原市	227 313	24	9.30	765	30 883
呼和浩特市	171 308	30	11.40	351	25 413
包头市	202 951	27	20.30	1 002	23 047
沈阳市	795 998	1	12.30	6 065	105 069
鞍山市	351 772	16	14.60	1 283	41 194
抚顺市	244 204	21	15.18	1 153	28 981
长春市	480 912	8	27.72	1 212	69 147
吉林市	237 466	22	10.40	1 217	40 179
哈尔滨市	695 831	3	18.50	3 580	109 717
齐齐哈尔市	166 185	31	5.40	779	49 685
无锡市	421 067	12	21.00	77 412	1 121
常州市	257 172	20	17.20	477	53 897
苏州市	571 415	6	23.20	1 758	88 859
福州市	456 450	9	9.90	2 179	95 596
南昌市	218 821	25	35.90	803	29 975
淄博市	258 267	19	10.15	5 058	51 744
郑州市	427 952	11	18.30	1 230	55 003
合肥市	233 148	23	15.00	298	34 583
成都市	688 983	4	14.70	2 271	90 873
贵阳市	260 269	18	23.32	1 076	31 006
昆明市	630 201	5	15.50	8 395	64 628
西安市	406 732	13	10.00	58 581	937
兰州市	195 471	28	4.59	1 012	32 048
西宁市	66 308	34	16.70	175	11 001
银川市	81 129	33	4.80	268	8 882
乌鲁木齐市	210 042	26	3.92	533	24 271
武汉市	736 416	2	28.00	4 454	95 429
海口市	93 843	32	7.60	318	8 395
泉州市	326 969	17	11.10	1 456	90 011

17-24 重点城市金融机构和城乡居民储蓄

（1999年）　　单位：万元

城市名称	金融机构数(个)	城乡居民储蓄存款余额（万元）	人均储蓄(元)	位次
南宁市	**551**	**2 190 918**	**7 664**	**18**
长沙市	328	3 461 244	5 942	30
济南市	1 355	4 126 970	7 401	20
石家庄市	1 623	7 095 875	8 106	16
唐山市	1 316	4 822 619	6 948	24
太原市	391	3 943 100	13 147	4
呼和浩特市	460	1 396 588	6 721	25
包头市	689	1 454 255	7 163	21
沈阳市	1 609	9 016 998	13 317	3
鞍山市	158	3 084 582	9 065	9
抚顺市	238	1 959 050	8 634	12
长春市	1 751	4 803 744	6 950	23
吉林市	989	2 478 330	5 763	31
哈尔滨市	314	6 450 020	6 659	26
齐齐哈尔市	372	1 790 101	3 233	34
无锡市	987	5 307 700	12 264	6
常州市	663	3 326 100	9 791	7
苏州市	1 355	7 512 794	13 038	5
福州市	1 254	5 030 220	8 626	13
南昌市	312	2 640 460	6 225	29
淄博市	239	2 899 572	7 147	22
郑州市	1 859	5 135 338	8 345	15
合肥市	508	1 622 931	3 775	33
成都市	2 748	7 479 684	7 453	19
贵阳市	708	1 787 748	5 561	32
昆明市	1 231	4 127 900	8 720	10
西安市		5 863 980	8 694	11
兰州市	1 167	2 641 568	9 185	8
西宁市	444	855 051	6 383	28
银川市	525	814 103	8 535	14
乌鲁木齐市	24	2 365 508	14 885	2
武汉市	2 040	5 748 055	7 766	17
海口市	41	1 626 800	29 915	1
泉州市	1 211	4 264 266	6 480	27

17-25 重点城市城市住户调查基本情况

（1999年）

城市名称	调查户数(户)	平均每户人口(人)	平均每户就业人口(人)	每一就业者负担人口(人)	居民人均可支配收入(元)	位次
南宁市	**200**	**3.10**	**1.77**	**1.75**	**6 847**	**11**
长沙市	200	3.07	1.85	1.66	7 297	6
济南市	200	3.10	1.86	1.66	7 162	8
石家庄市	200	3.15	1.92	1.64	6 131	17
唐山市	200	3.00	1.40	2.10	6 320	13
太原市	300	2.93	1.56	1.88	5 627	21
呼和浩特市	400	2.94	1.51	1.96	5 167	25
包头市	400	3.10	1.74	1.78	5 061	29
沈阳市	500	3.01	1.80	1.67	5 364	23
鞍山市	200	3.25	2.19	1.48	5 605	22
抚顺市	200	3.14	1.53	2.05	4 869	32
长春市	300	3.16	1.78	1.77	5 110	28
吉林市	200	3.14	1.69	1.86	5 016	31
哈尔滨市	300	2.98	1.45	2.06	5 033	30
齐齐哈尔市	300	3.17	1.59	1.99	4 324	34
无锡市	200	3.03	1.77	1.71	7 920	3
常州市	100	2.97	1.50	1.99	7 874	4
苏州市	200	2.92	1.63	1.79	8 406	2
福州市	200	3.16	1.74	1.82	7 414	5
南昌市	334	3.05	1.68	1.82	5 288	24
淄博市	150	3.00	1.71	1.75	6 301	14
郑州市	400	3.08	1.74	1.77	6 148	16
合肥市	200	3.01	1.77	1.70	5 813	20
成都市	300	2.92	1.72	1.70	7 098	9
贵阳市	200	3.22	1.60	1.93	6 082	18
昆明市	300	3.04	1.98	1.06	7 240	7
西安市	300	2.99	1.38	2.16	5 999	19
兰州市	300	3.11	1.77	1.76	5 128	27
西宁市	300	3.10	1.43	2.18	4 765	33
银川市	200	2.96	1.39	2.12	5 167	26
乌鲁木齐市	400	2.95	1.52	1.57	6 676	12
武汉市	500	3.11	1.65	1.88	6 262	15
海口市	100	3.57	1.90	1.88	7 059	10
泉州市	100	3.34	1.95	1.71	9 477	1

17-25 续表　　单位:元

城市名称	居民人均消费性支出	位次	在人均消费支出中		
			食品	衣着用品	家庭设备用品及服务
南宁市	**6 321**	**6**	**2 370**	**381**	**763**
长沙市	6 538	3	2 444	765	579
济南市	6 415	4	2 204	732	1 197
石家庄市	5 003	17	1 787	610	444
唐山市	4 875	18	1 944	461	313
太原市	4 693	21	1 746	537	473
呼和浩特市	4 173	28	1 613	528	487
包头市	3 592	33	1 473	526	256
沈阳市	4 652	22	2 000	633	272
鞍山市	4 804	19	1 969	714	222
抚顺市	3 723	32	1 582	436	389
长春市	4 571	23	2 079	533	194
吉林市	4 012	30	1 637	441	264
哈尔滨市	4 216	27	1 928	413	163
齐齐哈尔市	3 329	34	1 439	381	194
无锡市	6 270	7	2 702	427	826
常州市	6 107	8	2 658	398	460
苏州市	6 545	2	2 856	478	869
福州市	5 733	10	2 972	376	531
南昌市	4 077	29	1 945	404	232
淄博市	4 803	20	1 649	552	717
郑州市	5 065	16	1 890	638	553
合肥市	4 552	14	2 226	435	445
成都市	5 798	9	2 544	618	472
贵阳市	5 327	14	2 213	512	541
昆明市	6 371	5	2 617	672	613
西安市	5 361	13	1 945	443	704
兰州市	4 506	25	1 914	500	365
西宁市	3 966	31	1 671	397	287
银川市	4 484	26	1 625	568	439
乌鲁木齐市	5 184	15	1 935	615	660
武汉市	5 453	12	2 348	578	333
海口市	5 570	11	2 668	278	381
泉州市	6 951	1	2 986	659	379

17-26 重点城市每百户城市居民主要耐用品拥有量

（1999年）

城市名称	彩色电视机（台）	洗衣机（台）	电冰箱（台）	录像机（台）	摩托车（辆）	空调器（台）
南宁市	**129.00**	**95.50**	**99.00**	**27.00**	**55.00**	**40.50**
长沙市	123.00	100.00	102.00	36.00	16.00	63.00
济南市	122.50	97.50	98.50	35.00	29.00	48.00
石家庄市	118.50	97.50	100.00	31.00	15.00	51.50
唐山市	116.00	93.00	95.00	22.00	17.00	15.00
太原市	115.00	98.00	86.00	20.00	12.00	3.00
呼和浩特市	111.00	94.00	75.00	11.00	7.00	
包头市	105.50	88.50	80.00	13.00	12.00	0.50
沈阳市	112.00	90.00	87.00	31.00	8.00	7.00
鞍山市	116.00	90.50	95.00	21.50	9.50	2.50
抚顺市	107.50	87.50	74.00	21.00	3.00	0.50
长春市	107.00	92.30	76.00	29.00	6.00	1.30
吉林市	107.00	90.50	76.00	25.00	2.00	
哈尔滨市	102.00	88.30	80.00	23.70	6.30	0.70
齐齐哈尔市	104.00	88.00	58.00	16.00	7.00	
无锡市	132.00	97.50	96.00	36.00	21.50	63.00
常州市	120.00	104.00	95.00	23.00	13.00	42.00
苏州市	127.00	99.50	94.50	37.50	14.50	51.00
福州市	118.00	96.00	100.00	35.00	16.00	54.00
南昌市	108.10	91.30	93.10	21.60	6.30	57.20
淄博市	111.00	90.00	93.00	21.00	25.33	20.00
郑州市	117.75	94.00	92.75	19.25	13.75	56.25
合肥市	112.00	97.00	104.00	29.00	3.00	49.00
成都市	124.00	99.70	93.70	41.70	6.70	25.70
贵阳市	119.00	107.00	87.00	36.00	2.00	1.00
昆明市	121.00	99.00	92.00	43.00	14.00	0.30
西安市	120.61	96.33	91.67	29.67	4.33	45.00
兰州市	110.00	97.00	82.00	18.00	4.00	
西宁市	109.00	98.00	71.00	18.00	5.00	
银川市	114.00	89.00	80.00	21.00	3.00	1.00
乌鲁木齐市	112.00	99.00	99.00	24.00	2.00	3.00
武汉市	116.00	101.00	103.00	29.00	5.00	74.00
海口市	118.00	82.00	88.00	38.00	52.00	32.00
泉州市	142.00	95.00	105.00	35.00	75.00	65.00

17-27 重点城市城市住户人均主要商品购买量

（1999年）

单位：公斤

城市名称	粮食	实用植物油	肉禽及制品	蛋类	水产品
南宁市	**73.10**	**7.61**	**42.71**	**8.82**	**15.83**
长沙市	93.70	9.10	32.80	6.90	12.10
济南市	97.70	7.20	25.20	20.40	10.70
石家庄市	92.10	9.34	24.10	18.02	6.65
唐山市	89.00	11.00	34.00	18.00	15.00
太原市	108.00	10.00	18.10	13.40	4.43
呼和浩特市	75.60	4.80	20.40	10.80	3.60
包头市	85.08	8.12	23.70	10.44	5.68
沈阳市	98.00	10.00	34.80	17.40	11.70
鞍山市	104.40	9.60	31.20	12.00	13.20
抚顺市	89.80	7.70	29.30	13.00	8.05
长春市	104.60	11.80	33.90	13.60	12.70
吉林市	98.10	9.20	23.60	12.40	9.70
哈尔滨市	120.30	14.10	34.40	20.30	11.50
齐齐哈尔市	85.93	8.64	24.43	14.56	9.78
无锡市	84.10	7.80	36.10	11.30	20.00
常州市	78.00	7.48	33.60	14.60	20.50
苏州市	82.76	8.06	38.73	11.42	20.22
福州市	107.00	8.40	26.40	10.80	49.20
南昌市	100.10	13.35	29.92	10.02	13.60
淄博市	74.86	3.35	25.23	12.70	5.73
郑州市	98.50	6.30	25.10	16.60	6.60
合肥市	88.80	9.69	36.62	16.58	13.90
成都市	74.99	8.90	9.50	10.80	
贵阳市	81.36	8.35	36.44	7.22	4.94
昆明市	74.40	3.60	28.80	9.60	8.40
西安市	84.40	8.62	23.10	13.80	5.50
兰州市	85.80	9.71	26.65	10.43	5.66
西宁市	103.18	8.78	27.80	11.30	5.55
银川市	81.00	8.00	24.00	9.00	6.00
乌鲁木齐市	68.11	8.20	31.20	10.04	7.80
武汉市	83.00	12.00	30.00	11.00	16.00
海口市	70.00	8.60	37.40	4.30	28.00
泉州市	87.62	11.96	32.33	10.00	33.57

17-28 重点城市物价指数

（1999年，以上年为100） 单位：%

城市名称	居民消费价格总指数	位次（由高到低）	零售物价总指数	位次（由高到低）	食品类	饮料烟酒类	服装鞋帽类
南宁市	**95.90**	**34**	**95.90**	**31**	**95.30**	**98.60**	**94.60**
长沙市	100.20	3	98.40	4	99.20	95.50	95.10
济南市	99.10	13	96.90	17	97.10	100.70	94.50
石家庄市	99.80	8	98.70	1	96.40	95.90	104.20
唐山市	98.10	22	97.60	7	96.90	95.30	99.60
太原市	100.20	3	97.30	12	95.40	96.00	99.40
呼和浩特市	102.00	1	98.40	4	97.10	99.90	100.10
包头市	101.60	2	97.60	7	94.70	100.00	96.80
沈阳市	97.60	27	95.40	33	94.50	97.20	96.60
鞍山市	100.00	6	96.80	21	94.90	101.40	93.70
抚顺市	97.70	24	95.80	32	93.70	91.90	98.00
长春市	98.60	18	96.40	28	93.40	96.60	100.20
吉林市	98.00	23	97.00	15	95.40	101.60	97.60
哈尔滨市	97.20	29	96.90	17	95.70	98.50	95.50
齐齐哈尔市	97.70	24	96.70	23	94.10	97.50	98.90
无锡市	99.90	7	96.40	28	93.60	97.80	100.20
常州市	98.60	18	97.60	7	93.60	99.20	99.00
苏州市	99.20	12	96.40	28	95.20	96.30	98.10
福州市	99.10	13	97.00	15	96.70	100.60	93.90
南昌市	99.80	8	96.90	17	97.40	91.60	95.90
淄博市	99.80	8	96.50	25	96.20	96.50	99.20
郑州市	98.70	17	96.80	21	95.80	94.00	98.80
合肥市	97.70	24	96.50	25	94.10	93.20	104.30
成都市	98.30	21	97.10	14	96.80	92.20	99.70
贵阳市	97.60	27	96.60	24	95.40	94.10	96.50
昆明市	98.90	16	97.20	13	96.40	96.00	103.10
西安市	96.80	32	97.40	11	98.10	95.60	95.80
兰州市	96.90	31	97.50	10	96.70	96.90	94.80
西宁市	99.50	11	98.70	1	98.30	95.30	99.10
银川市	100.10	5	98.70	1	98.90	95.30	99.50
乌鲁木齐市	97.10	30	96.50	25	91.90	96.00	98.70
武汉市	96.10	33	93.70	34	94.40	97.60	80.70
海口市	99.10	15	98.00	6	96.00	94.00	100.70
泉州市	98.40	20	96.90	17	96.70	99.50	95.90

主要指标解释

国内生产总值 是按市场价格计算的国内生产总值的简称。它是一个国家(地区)所有常住单位在一定时期内生产活动的最终成果。国内生产总值有三种表现形态,即价值形态、收入形态和产品形态。从价值形态看,它是所有常住单位在一定时期内所生产的全部货物和服务价值超过同期投入的全部非固定资产货物和服务价值的差额,即所有常住单位的增加值之和;从收入形态看,它是所有常住单位在一定时期内所创造并分配给常住单位和非常住单位的初次分配收入之和;从产品形态看,它是最终使用的货物和服务减去进口货物和服务。在实际核算中,国内生产总值的三种表现形态表现为三种计算方法,即生产法、收入法和支出法。三种方法分别从不同的方面反映国内生产总值及其构成。

可比价格 指在不同时期的价值指标对比时,扣除了价格变动的因素,以确切反映物量的变化。按可比价格计算有两种方法:一种是直接用产品产量乘某一年的不变价格计算;另一种是用价格指数换算。

不变价格 指用同类产品的年平均价格作为固定价格,来计算各年产品价值。按不变价格计算的产品价值消除了价格变动因素,不同时期对比可以反映生产的发展速度。新中国成立后,随着工农业产品价格水平的变化,国家统计局先后五次制定了全国统一的工业产品不变价格和农业产品不变价格,从1949年到1957年使用1952年工(农)业产品不变价格,从1957年到1971年使用1957年不变价格,1971年到1981年使用1970年不变价格,从1981年到1990年使用1980年不变价格,从1990年开始使用1990年不变价格。

平均每年增长速度 在我国计算平均增长速度有两种方法,一种是习惯上经常使用的"水平法",又称几何平均法,是以间隔期最后一年的水平同基期水平对比来计算平均每年增长(或下降)速度。另一种是"累计法",又称代数平均法或方程法,是以间隔期内各年水平的总和同基期水平对比来计算平均每年增长(或下降)速度。

在一般正常情况下,两种方法计算的平均每年增长速度比较接近,但在经济发展不平衡,出现大起大落时,两种方法计算的结果差别较大。

国有经济单位 指生产资料归国家所有的各种企业、事业单位,以及各级国家机关、人民团体等单位。

集体经济单位 指生产资料归公民集体所有的各种企业、事业单位。包括农村各种经济组织经营的农、林、牧、副、渔业,乡、村经营的企业、事业单位;城市、县、镇以及街道举办的集体经济性质的企业、事业单位。

私营经济单位 指生产资料归公民私人所有的单位。包括私营独资企业、私营合伙企业和私营有限责任公司。

联营经济单位 指不同所有制性质的企业之间或者企业、事业单位之间共同投资组成新的经济实体。包括紧密型联营企业,半紧密型联营企业和松散型联营企业。

股份制经济单位 指全部注册资本由全体股东共同出资,并以股份形式投资举办企业。主要包括股份有限公司和有限责任公司。

外商投资经济单位 指外国投资者根据中华人民共和国有关涉外经济的法律、法规,以合资、合作或独资的形式在中国大陆境内开办企业。包括中外合资经营企业、中外合作经营企业和外资企业。

港、澳、台投资经济单位 指港、澳、台地区投资者参照中华人民共和国有关涉外经济的法律、法规,以合资、合作或独资的形式在大陆举办企业。包括合资经营企业、合作经营企业和独资企业。

三次产业 根据社会生产活动历史发展的顺序对产业结构的划分,产品直接取自自然界的部门称为第一产业,对初级产品进行再加工的部门称为第二产业。为生产和消费提供各种服务的部门称为第三产业。它是世界上通用的产业结构分类,但各国的划分不尽一致。我国的三次产业划分是:

第一产业:农业(包括种植业、林业、牧业、副业和渔业)。

第二产业:工业(包括采掘工业、制造业、自来水、电力、蒸气、热水、煤气)和建筑业。

第三产业:除第一、第二产业以外的其他各业。由于第三产业包括的行业多、范围广,根据我国的实际情况,第三产业可分为两大部分;一是流通部门,二是服务部门。具体又可分为四个层次:

第一层次:流通部门,包括交通运输业、邮电通讯业、商业、饮食业、物资供销和仓储业。

第二层次:为生产和生活服务的部门,包括金融、保险业,地质普查业,房地产、公用事业,居民服务业,咨询服务业和综合技术服务业,农、林、牧、渔、水利服务业和水利业,公路、内河(湖)航道养护业等。

第三层次:为提高科学文化水平和居民素质服务的部门,包括教育、文化、广播电视,科学研究、卫生、体育和社会福利事业等。

第四层次:为社会公共需要服务的部门,包括国家机关、政党机关、社会团体,以及军队和警察等。

劳动者报酬 劳动者报酬是指劳动者因从事生产活动所获得的全部报酬。它包括劳动者获得的各种形式工资、奖金和津贴，既包括货币形式的，也包括实物形式的，它还包括劳动者所享受的公费医疗和医药卫生费、上下班交通补贴和单位支付的社会保险费等。单位支付的社会保险费，就是单位直接支付给负责社会保险的政府单位（一般指劳动部门）的社会保险金或为本单位职工离退休、发生死亡、伤残、医疗保险等而支付的保险费。对于个体经济来说，其所有者所获得的劳动报酬和经营利润不易区分，这两部分统一作为劳动者报酬处理。

生产税净额 指生产税减生产补贴后的差额。生产税指政府对生产单位生产、销售和从事经营活动以及因从事生产活动使用某些生产要素，如固定资产、土地、劳动力所征收的各种税、附加费和规费。具体包括销售税金及附加、增值税、管理费中开支的各种税、应交纳的养路费、排污费和水电费附加、烟酒专卖上缴政府的专项收入等。生产补贴与生产税相反，是政府对生产单位的单方面收入转移，因此视为负生产税处理，包括政策亏损补贴、粮食系统价格补贴、外贸企业出口退税收入等。

固定资产折旧 指一定时期内为弥补固定资产损耗按照核定的固定资产折旧率提取的固定资产折旧，或按国民经济核算统一规定的折旧率虚拟计算的固定资产折旧。它反映了固定资产在当期生产中的转移价值。各种类型企业和企业化管理的事业单位的固定资产折旧指实际计提并计入成本费用中的折旧费；不计提折旧的单位，如政府机关、非企业化管理的事业和居民住房的固定资产折旧则是按照统一规定的折旧率和固定资产原值计算的虚拟折旧。原则上，固定资产折旧应按固定资产的重置价值来计算，但是我国目前尚不具备对全社会固定资产进行重估价的基础，所以暂时只能采用上述方法来计算。

营业盈余 指常住单位创造的增加值扣除劳动者报酬、生产税净额和固定资产折旧后的余额。它相当于企业的营业利润加上生产补贴，但要扣除从利润中开支的工资和福利以及从税后利润中提取的公益金等。

人口数 指一定时点、一定地区范围内的有生命的个人的总和。

年度统计的年末人口数是指每年12月31日24时的人口数。年度统计的全国人口总数内未包括台湾省和港澳同胞以及海外华侨人数。

人口自然增长率 指在一定时期内（通常为一年）人口自然增加数（出生人数减死亡人数）与该时期内平均人数（或期中人数）之比，一般用千分率表示。计算公式：

$$人口自然增长率=\frac{本年出生人数-本年死亡人数}{年平均人数}\times1000‰$$

人口自然增长率＝人口出生率－人口死亡率

在业人口（又称就业人口） 指十五周岁及十五周岁以上人口中从事一定的社会劳动并取得劳动报酬或经营收入的人口。

从业人员 指从事一定社会劳动并取得劳动报酬或经营收入的人员。包括：

(1) 全部职工

(2) 再就业的离退休人员

(3) 私营业主

(4) 个体户主

(5) 私营和个体从业人员

(6) 乡镇企业从业人员

(7) 农村从业人员

(8) 其他从业人员（包括民办教师、宗教职业者、现役军人等）

这一指标反映了一定时期内全部劳动力资源的实际利用情况，是研究我国基本国情国力的重要指标。

各单位的从业人员是指在各级国家机关、政党机关、社会团体及企业、事业单位中工作，并取得劳动报酬的全部人员。包括职工、再就业的离退休人员、民办教师以及在各单位中工作的外方人员和港、澳、台方人员。

各单位的从业人员反映了各单位实际参加生产或工作的全部劳动力。

经济活动人口 指在16岁以上，有劳动能力，参加或要求参加社会经济活动的人口。包括：从业人员和失业人员。

国有经济单位职工 指在国有经济单位及其附属机构工作，并由其支付工资的各类人员，国有经济单位职工不包括：返聘的离退休人员、民办教师、在国有经济单位工作的外方人员和港、澳、台人员。

城镇私营和个体从业人员 城镇私营从业人员指在工商管理部门注册登记，其经营地址设在县城关镇（含城关镇）以上的私营企业从业人员。包括：私营企业投资者和雇工。城镇个体从业人员指在工商管理部门注册登记，并持有城镇户口或城镇长期居住，经批准从事个体工商经营的从业人员。包括：个体经营者和在个体工商户劳动的家庭帮工和雇工。

城镇登记失业人员及失业率 指有非农业户口，在一定的劳动年龄内，有劳动能力，无业而要求就业，并在当地就业服务机构进行求职登记的人员。城镇登记失业率指城镇登记失业人数同城镇从业人数与城镇登记失业人数之和的比。计算公式为

$$城镇登记失业率=\frac{城镇登记失业人数}{城镇从业人数+城镇登记失业人数}\times100\%$$

职工 指在国有经济、城镇集体经济、联营经济、

股份制经济、外商和港、澳、台投资经济、其他经济单位及其附属机构工作，并由其支付工资的各类人员。

合同制职工 指各单位根据国务院国发(1986)77号文件和国务院第99号的规定，通过签订有固定期限劳动合同、无固定期限劳动合同和以完成一项工作为期限劳动合同所使用的职工。包括实行全员劳动合同制单位的全部职工。

城镇集体经济单位职工 指在城镇集体经济单位及其管理部门工作，并由其支付工资的各类人员。

其他经济单位职工 指在联营经济、股份制经济、外商投资经济、港、澳、台投资经济单位工作，并由其支付工资的各类人员。

职工工资总额 指各单位在一定时期内直接支付给本单位全部职工的劳动报酬总额。

工资总额的计算原则应以直接支付给职工的全部劳动报酬为根据。各单位支付给职工的劳动报酬以及其他根据有关规定支付的工资，不论是计入成本的还是不计入成本的，不论是按国家规定列入计征奖金税项目的，还是未列入计征奖金税的，不论是以货币形式支付的还是以实物形式支付的，均包括在工资总额内。

职工平均工资 指企业、事业、机关单位的职工在一定时期内平均每人所得的货币工资额。它表明一定时期职工工资收入的高低程度，是反映职工工资水平的主要指标。计算公式为：

$$职工平均工资=\frac{报告期实际支付的全部职工工资总额}{报告期全部职工平均人数}$$

职工平均实际工资 指扣除物价变动因素后的职工平均工资。计算公式为：

$$职工平均实际工资=\frac{报告期职工平均工资}{报告期城镇居民消费价格指数}$$

农林牧渔业总产值 是以货币表现的农、林、牧、渔业全部产品的总量，它反映一定时期内农业生产总规模和总成果。

农、林、牧、渔业的统计范围包括国有经济的各种专业农(农、林、牧、渔)场以及国家各级机关团体学校、部队；集体所有制的乡、镇、村各级办农场；工矿企业经营的农、林、牧、渔业，农村各种经济组织和农户经营的农林牧渔业的农民家庭兼营的商品性工业等。

(1)农业

包括种植业和其他农业。

种植业 包括谷物、豆类、薯类、棉、油料、糖料、麻类、烟叶、蔬菜、药材、瓜类和其他农作物的种植，以及茶园、桑园、果园的生产经营。

其他农业 包括采集野生植物的果实、纤维、树胶、树脂、油料以及柴草、野生药材、菌类等及农民家庭兼营的商品性工业。

(2)林业 包括林木的栽培(不包括茶园、桑园和果园的栽培、管理和收获等活动)、林产品的采集和村及村以下合作经济组织和农户的竹木采伐。

(3)牧业 包括除渔业养殖以外的一切动物饲养和放牧以及野生动物的捕猎和饲养。

(4)渔业 包括水生动物和海藻类植物的养殖和捕捞。

农业总产值的计算方法通常是按农林牧渔业产品及其副产品的产量分别乘以各自单位产品价格求得，少数生产周期较长，当年没有产品或产品产量不易统计的，则采用间接方法匡算其产值，然后将四业产品产值相加即为农业总产值。

1957年以前的农业总产值中包括了厩肥和农民自给性手工业(如农民自制衣服、鞋、袜，自已从事粮食初步加工等)。1958年及以后的农业总产值，林业中增加了村及村以下竹木采伐产值；牧业中取消厩肥产值；副业中取消了农民自给性手工业产值，增加了村及村以下办的工业产值；渔业中增加了海洋捕捞水产品产值。1980年及以后的农业总产值，在副业中增加了农民家庭兼营工业商品部分的产值。从1984年起村及村以下办工业产值划归工业。从1993年起，取消副业。将野生动物的捕猎划入牧业，野生植物采集和农民家庭兼营商品性工业划归农业。

粮食产量 指全社会的产量。包括国有经济经营的、集体统一经营的和农民家庭经营的粮食产量，还包括工矿企业办的农场和其他生产单位的产量。粮食除包括稻谷、小麦、玉米、高粱、谷子及其他杂粮外，还包括薯类和豆类。其产量计算方法，豆类按去豆荚后的干豆计算；薯类(包括甘薯和马铃薯，不包括芋头和木薯)1963年以前按每4公斤鲜薯折1公斤粮食计算，从1964年开始及以后改为按5公斤鲜薯折1公斤粮食计算。城市郊区作为蔬菜的薯类(如：马铃薯等)按鲜品计算，并且不做为粮食统计。其他粮食一律按脱粒后的原粮计算。

水产品产量 指人工养殖的水产品和天然生长的水产品的捕捞量。包括海水的鱼类、虾蟹类、贝类和藻类以及内陆水域的鱼类、虾蟹类和贝类，不包括淡水生植物。

猪、牛、羊肉产量 指当年出栏并已屠宰后除去头蹄下水后带骨肉(即胴体重)的重量。

有效灌溉面积 指具有一定的水源，地块比较平整，灌溉工程或设备已经配套，在一般年景下当年能够进行正常灌溉的耕地面积。

农用化肥施用量 指本年内实际用于农业生产的化肥数量。包括氮肥、磷肥、钾肥和复合肥。化肥施用量要求按折纯量计算数量。折纯法化肥施用量是把氮肥、磷肥和钾肥分别按含氮、含五氧化二磷、含氧化钾的百分之一百成份折算后的数量。复合肥按其所含主要成分折算。

工业 指从事自然资源的开采，对采掘品和农产品进行加工和再加工的物质生产部门。具体包括：①对自然资源的开采，如采矿、晒盐、森林采伐等（但不包括禽兽捕猎和水产捕捞）；②对农副产品的加工、再加工，如粮油加工、食品加工、轧花、缫丝、纺织、制革等；③对采掘品的加工、再加工，如炼铁、炼钢、化工生产、石油加工、机器制造、木材加工等，以及电力、自来水、煤气的生产和供应等；④对工业品的修理、翻新，如机器设备的修理、交通运输工具（包括小卧车）的修理等。

工业统计调查单位 工业统计调查单位分为两类：独立核算法人工业企业和工业活动单位。

(1)独立核算法人工业企业 是指从事工业生产经营活动的单位。独立核算法人工业企业应同时具备以下条件：①依法成立，有自己的名称、组织机构和场所，能够承担民事责任；②独立拥有和使用资产，承担负债，有权与其他单位签订合同；③独立核算盈亏，并能够编制资产负债表。

(2)工业活动单位 是指在一个场所从事一种或主要从事一种工业生产活动的经济单位。它包括独立核算工业企业按主营业务活动（即工业生产活动）划分的主营业务活动单位和非工业企业所属的工业生产活动单位（即原非独立核算工业生产单位）。工业活动单位，一般应同时具备以下三个条件：①具有一个场所，从事一种或主要从事一种工业活动；②单独组织工业生产、经营或业务活动；③单独核算收入和支出。

国有经济工业（即过去的全民所有制工业或国营工业） 指生产资料归国家所有的一种经济类型。包括中央和地方各级国家机关、部队、科研机构、学校、人民团体和国有经济企事业单位等举办的国有经济工业。1957年以前的公私合营和私营工业，后均改造为国营工业，1992年改为国有工业，这部分工业的资料不单独分列时，均包括在国有工业内。

集体经济工业 指生产资料归公民集体所有的一种经济类型，是社会主义公有制经济的组成部分。包括城乡所有使用集体投资举办的企业，以及部分个人通过集资自愿放弃所有权并依法经工商行政管理机关认定为集体所有制的企业。

其他经济类型工业 指除国有经济、集体经济、私营经济、个体经济、联营经济以外的其他经济类型工业企业（单位）。包括股份制经济（股份有限公司，有限责任公司）；外商投资经济（中外合资经营、中外合作经营、外资企业）；港、澳、台投资经济（与大陆合资经营、与大陆合作经营、港、澳、台资企业）及其他经济类型的工业。

轻工业 指主要提供生活消费品和制作手工工具的工业。按其所使用的原料不同，可分为两大类：(1)以农产品为原料的轻工业，是指直接或间接以农产品为基本原料的工业。主要包括食品制造、饮料制造、烟草加工、纺织、缝纫、皮革和毛皮制作、造纸以及印刷等工业；(2)以非农产品为原料的轻工业，是指以工业品为原料的轻工业。主要包括文教体育用品、化学药品制造、合成纤维制造、日用化学制品、日用玻璃制品、日用金属制品、手工工具制造、医疗器械制造、文化和办公用机械制造等工业。

重工业 是指为国民经济各部门提供物质技术基础的主要生产资料的工业。按其生产性质和产品用途，可以分为下列三类：(1)采掘（伐）工业，是指对自然资源的开采，包括石油开采、煤炭开采、金属矿开采、非金属矿开采和木材采伐等工业；(2)原材料工业，指向国民经济各部门提供基本材料、动力和燃料的工业。包括金属冶炼及加工、炼焦及焦炭化学、化工原料、水泥、人造板以及电力、石油和煤炭加工等工业；(3)加工工业，是指对工业原材料进行再加工制造的工业。包括装备国民经济各部门的机械设备制造工业、金属结构、水泥制品等工业，以及为农业提供的生产资料如化肥、农药等工业。

根据上述划分原则，修理业中以重工业产品为修理作业对象的划为重工业，反之划为轻工业。

工业总产值 是以货币表现的工业企业在一定时期内生产的已出售或可供出售工业产品总量，它反映一定时间内工业生产的总规模和总水平。它包括：在本企业内不再进行加工，经检验、包装入库（规定不需包装的产品除外）的成品价值，工业性作业价值，自制半成品、在产品期末初差额价值。工业总产值采用“工厂法”计算，即以工业企业作为一个整体，按企业工业生产活动的最终成果来计算，企业内部不允许重复计算，不能把企业内部各个车间（分厂）生产的成果相加。但在企业之间、行业之间、地区之间存在着重复计算。

轻重工业总产值的划分也是按“工厂法”计算的，即一个工业企业在正常情况下生产的主要产品的性质属于轻工业，则该企业的全部总产值作为轻工业总产值；一个工业企业生产的主要产品的性质属于重工业，则该企业的全部总产值作为重工业总产值。

工业增加值 是指工业行业在报告期内以货币表现的工业生产活动的最终成果。

固定资产原价 固定资产原值指企业在建造、购置、安装、改建、扩建、技术改造某项固定资产时所支出的全部货币总额。它一般包括买价、包装费、运杂费和安装费等。

固定资产净值 是指固定资产原价减去历年已提折旧额后的净额。

利税总额 指企业利润总额、产品销售税金及附加和应交增值税之和。

产品销售收入 指企业销售产品的销售收入和提供劳务等主要经营业务取得的业务总额。

产品销售税金及附加 指企业销售产品和提供工业性劳务等主要经营业务应负担的城市维护建设税、消费税、资源税和教育费附加。

产值利税率 指报告期已实现的利润、税金总额(包括利润总额、产品销售税金及附加和应交增值税)占同期全部工业总产值的百分比,计算公式为:

$$产值利税率(\%)=\frac{利税总额}{工业总产值}\times100\%$$

全员劳动生产率 指根据产品的价值量指标计算的平均每一个职工在单位时间内的产品生产量。是考核企业经济活动的重要指标,是企业生产技术水平、经营管理水平、职工技术熟练程度和劳动积极性的综合表现。目前我国的全员劳动生产率是将工业企业的工业增加值除以同一时期全部职工的平均人数来计算的。计算公式:

$$全员劳动生产率=\frac{工业增加值}{全部职工平均人数}$$

为了使各年度的全员劳动生产率数字可以比较,1990年以前各年的全员劳动生产率均按指数换算成1990年不变价格。

总负债 指企业承担并需要偿还的全部债务。包括流动负债和长期负债、递延税项等,即为企业资产负债表的负债合计项。

(1)流动负债 指企业在一年内或者超过一年的一个营业周期内需要偿还的债务合计,其中包括短期借款、应付及预收款项、应付工资、应交税金和应交利润等。

(2)长期负债 指企业在一年以上或者超过一年的一个生产周期以上需要偿还的债务合计,其中包括长期借款、应付债务、长期应付款项等。

所有者权益 指企业投资人对企业净资产的所有权。企业净资产等于企业全部资产减去全部负债后的余额,其中包括投资者对企业的最初投入,以及资本公积金、盈余公积金和未分配利润,对股份制企业即为股东权益。

货(客)运量 指在一定时期内,各种运输工具实际运送的货物(旅客)数量。是反映运输业为国民经济和人民生活服务的数量指标,也是制定和检查运输生产计划,研究运输发展规模和速度的重要指标。货运按吨计算,客运按人计算。货物不论运输距离长短,货物类别,均按实际重量统计;旅客不论行程远近或票价多少,均按一人一次作为客运量统计。半价票、小孩票也按一人统计。

货物(旅客)周转量 指在一定时期内,由各种运输工具运送的货物(旅客)数量与其相应运输距离的乘积之总和;是反映运输业生产总成果的重要指标,也是编制和检查运输生产计划,计算运输效率、劳动生产率以及核算运输单位成本的主要基础资料。通常以吨公里和人公里为计算单位。计算货物周转量通常按发出站与到达站之间的最短距离,也就是计费距离计算。

邮局业务总量 指以货币表现的邮电部门用于传递信息和提供其他邮电服务的总数量。它综合反映了一定时期邮电工作的总成果,是研究邮电业务量构成和发展趋势的重要指标。根据邮电管理体制不同,分为中央国营业务总量和地方国营业务总量。它用各种邮电分类业务量,如函件件数、电报份数、长话张数、市内电话和农村电话的年均户数、订销报刊累计份数等,分别乘以相应的平均单价(不变价),加总后再加上出租电路和设备的收入、代用户维护电话交换机和线路等设备的收入、其他业务收入求得。

市内电话 指接入县城(包括个别城镇)及县以上城市的市内电话网上,并按市内电话进行经营管理的电话。按计费办法分为包月制和计次制两种。

(1)住宅电话 指话机装在居民住宅里的电话。它包括私人付费、公费和免费三个部分。

(2)私人付费电话 指住宅居民自费安装并自己缴纳通话费的电话。

无线寻呼电话用户 指携带小型寻呼机,接收市话用户通过无线寻呼中心,在规定范围内向其发出声音、数字或文字显示信息的用户。目前在邮电部门办理登记手续的无线寻呼电话用户,每一部寻呼机按一户计算。

移动电话用户 指在邮电部门登记,通过移动电话交换机进入移动电话网、占有移动电话号码的电话用户。用户数量以实际办理登记手续进入邮电部门移动电话网的户数进行计算，一部或一台移动电话统计为一户。

全社会固定资产投资 固定资产投资是社会固定资产再生产的主要手段。通过建造和购置固定资产的活动，国民经济不断采用先进技术装备，建立新兴部门，进一步调整经济结构和生产力的地区分布，增强经济实力，为改善人民物质文化生活创造物质条件。这对我国的社会主义现代化建设具有重要意义。

固定资产投资额是以货币表现的建造和购置固定资产活动的工作量，它是反映固定资产投资规模、速度、比例关系和使用方向的综合性指标。全社会固定资产投资包括国有经济单位投资、城乡集体经济单位投资、其他各种经济类型的单位投资和城乡居民个人投资。按照我国现行计划管理体制，全社会固定资产投资总额分为基本建设、更新改造、房地产开发投资和其他固定资产投资四个部分；城乡集体经济单位投资包括城镇集体所有制单位投资和农村集体所有制单位投资；其他各种经济类型单位投资包括联营经济、股份制经济、中外合资经营、中外合作经营、外资、与大陆合资经营、与大陆合作经营、港澳台独资及其他经济的单位投资。城乡居民个人投资包括城市、县城、镇、工矿区所辖范围内的个人建房和农村个人建房及购买生产性固定资产的投资。

基本建设投资 基本建设是企业、事业、行政单位以扩大生产能力或工程效益为主要目的的新建、扩建工程及有关工作。包括(1) 列入中央和各级地方本年基本建设计划的建设项目，以及虽未列入本年基本建设计划，但使用以前年度基建计划内结转投资(包括利用基建设备材料)在本年继续施工的建设项目；(2) 本年基本建设计划内投资与更新改造计划内投资结合安排的新建项目和新增生产能力(或工程效益)达到大中型项目标准的扩建项目，以及为改变生产力布局而进行的全厂性迁建项目；(3) 国有单位既未入基建计划，也未列入更新改造计划的总投资在5万元以上的新建、扩建、恢复项目和为改变生产力布局而进行的全厂性迁建项目，以及行政、事业单位增建业务用房和行政单位增建生活福利设施的项目。

更新改造投资 更新改造是指企业、事业单位对原有设施进行固定资产更新和技术改造，以及相应配套的工程和有关工作(不包括大修理和维护工程)。包括：(1) 列入中央和各级地方本年更新改造计划的项目和虽未列入本年更新改造计划，但使用上年更新改造计划内结转的投资在本年继续施工的项目；(2) 本年更新改造计划内投资与基本建设计划内投资结合安排的对企、事业单位原有设施进行技术改造或更新的项目，和增建主要生产车间、分厂等其新增生产能力(或工程效益)未达到大中型项目标准的项目，以及由于城市环境保护和安全生产的需要而进行的迁建工作；(3) 国有企、事业单位既未列入基建计划也未列入更新改造计划，总投资在5万元以上的属于改建或更新改造性质的项目，以及由于城市环境保护和安全生产的需要而进行的迁建工程。

房地产开发投资 包括各种经济类型的房地产开发公司、商品房建设公司及其他房地产开发单位统一开发的包括统代建、拆迁还建的住宅、厂房、仓库、饭店、宾馆、度假村、写字楼、办公楼等房屋建筑物和配套的服务设施、土地开发工程，如道路、给水、排水、供电、供热、通讯、平整场地等基础设施工程的投资。包括非房地产企业实际从事房地产开发或经营活动，不包括单纯的土地交易活动。

新增生产能力 指通过固定资产投资活动而增加的设计能力或工程效益，它是用实物形态表示的固定资产投资的成果。新增生产能力的计算，是以能独立发挥生产能力或效益的单项工程(或项目)为对象。当单项工程(或项目)建成，经有关部门鉴定合格，正式移交投入生产，即可计算新增生产能力。

新增生产能力或工程效益有以下几种表现形式：

(1) 以建设项目或单位工程建成后的年产能力表示。如煤炭开采、石油开采等。

(2) 以建设项目或单项工程建成后处理原料的能力表示。如选矿工程的年处理矿石能力，洗煤厂年洗原煤能力等。

(3) 以新增的主要设备数量或容量表示。如棉纺锭枚数，发电机组容量等。

(4) 以建筑物容积、容量、面积或长度表示。如水库容量、铁路公路里程等。

新增生产能力的数量一般按设计能力计算。设计能力是指设计文件中规定的在正常情况下能够达到的生产能力，而不论投产后的实际产量如何。以设备数量、建筑物容积、面积、长度等表示的新增生产能力(或效益)，则按建成的实际数量计算。

施工和竣工房屋建筑面积 房屋建筑面积是从房屋外墙线算起的各层平面面积的总和，包括房屋结构(如柱、墙)占用的面积和地下室面积。多层建筑按各自然层面积总和计算，包括房屋内的楼隔层，突出墙面的眺望间、门斗、有柱雨罩的面积。不包括突出墙面结构的构件、艺术装饰等所占的面积，如台阶等。凹阳台、挑阳台按其水平投影面积一半计算建筑面积。

住宅建筑面积 指施工和竣工房屋建筑面积中供居住用的施工和竣工房屋建筑面积。

竣工面积 指在报告期内房屋建筑按照设计要求

已全部完工，达到住人和使用条件，经验收鉴定合格，正式移交使用单位的建筑面积。

房屋建筑面积竣工率 指一定时期内房屋竣工面积占同期房屋施工面积的比率。它是从房屋建筑施工速度的角度反映投资效果和建筑业经济效益的指标。

新增固定资产 指通过投资活动所形成的新的固定资产价值。包括已经建成投入生产或交付使用的工程价值和达到固定资产标准的设备、工程、器具的价值及有关应摊入的费用。它是以价值形式表示的固定资产投资成果的综合性指标，可以综合反映不同时期、不同部门、不同地区的固定资产投资成果。

建设项目投产率 指一定时期内全部建成投入生产项目个数占同期正式施工项目个数的比率。它是从项目建设速度的角度反映投资效果的指标。

固定资产交付使用率 指一定时期新增固定资产与同期完成投资额的比率。它是反映各个时期固定资产动用速度，衡量建设过程中投资效果的一个综合性指标。

年底自来水生产能力 指年底城建部门管理的自来水厂和自备水源的社会单位取水、净化、送水、出厂输水干管等环节的实际生产能力。

年底供水管道长度 指从送水泵到用户水表之间所有管道的长度。

全年供水总量 指公用自来水厂和自备水源的社会单位全年的供水总量，包括有效供水量及损失水量。

生活用水量 指居民日常生活与公共福利设施的用水量。包括居民、饮食店、旅馆、医院、理发店、浴池、洗衣店、游泳池、商店、学校、机关、部队等单位的用水量。

城市人口用水普及率 指城市用水的非农业人口数（不包括临时人口和流动人口）与城市非农业人口总数之比。计算公式：

用水普及率＝(城市用水的非农业人口数÷城市非农业人口数)×100％

全年供气总量 指全年售给各类用户的全部煤气量。包括工业用量、家庭用量和其他用量。

城市用气普及率 指使用煤气（包括人工煤气、液化石油气、天然气）的城市非农业人口数（不包括临时人口和流动人口）与城市非农业人口总数之比。计算公式：

$$城市煤气普及率=\frac{城市用气的非农业人口数}{城市非农业人口总数}\times100\%$$

年底实有铺装道路长度 指除土路外，路面经过铺装宽度在3.5米以上的道路，包括高级、次高级道路和普通道路。

城市下水道总长度 指所有排水总管、干管、支管及暗渠、检查井、连接井进出水口等长度之和。

城市污水日处理能力 指污水处理厂每昼夜处理污水量的设计能力。

年末实有公共汽（电）车 指年底可参加营运的全部车辆数，包括年底营运车辆数和库存查封未参加营运的车辆，不包括非营运车辆，如架线车、油罐车、工程车、货车及其他专用车辆和借人的客运车辆。

城市园林绿地面积 指城市公共绿地、专用绿地、生产绿地、防护绿地、郊区风景名胜区的全部面积。

公共绿地 指供游览休息的各种公园、动物园、植物园、陵园以及花园、游园和供游览休息用的林荫道绿地、广场绿地。不包括一般栽植的行道树及林荫道的面积。

能源生产总量 指一定时期内全国（地区）一次能源生产量的总和，是观察全国（地区）能源生产水平、规模、构成和发展速度的总量指标。一次能源生产量包括一定时期内全国（地区）一次能源生产量的总和，是观察全国（地区）能源生产水平、规模、构成和发展速度的总量指标。一次能源生产量包括原煤、原油、天然气、水电及其他动力能（如风能、地热能等）发电量。不包括低热值燃料生产量、生物质能、太阳能等的利用和由一次能源加工转换而成的二次能源产量。

能源消费总量 指一定时期内全国（地区）物质生产部门、非物质生产部门和生活消费的各种能源的总和，是观察能源消费水平、构成和增长速度的总量指标，能源消费总量包括原煤和原油及其制品、天然气、电力。不包括低热值燃料、生物质能和太阳能等的利用。能源消费总量分为三部分，即终端能源消费量、能源加工转换损失量和损失量。

(1) 终端能源消费量　指一定时期内全国（地区）物质生产部门、非物质生产部门和生活消费的各种能源在扣除了用于加工转换二次能源消费量和损失量以后的数量。

(2) 能源加工转换损失量　指一定时期内全国（地区）投入加工转换的各种能源数量之和与产出各种能源产品之和的差额。它是观察能源在加工转换过程中损失量变化的指标。

(3) 能源损失量　指一定时期内能源在输送、分配、储存过程中发生的损失和由客观原因造成的各种损失量。不包括各种气体能源放空、放散量。

社会消费品零售额 指各种经济类型的批发零售贸易业、餐饮业、制造业和其他行业对城乡居民和社会集团的消费品零售额。这个指标反映通过各种商品流通渠道向居民和社会集团供应的生活消费品来满足他们生活需要，是研究人民生活，社会消费品购买力、货币流通等问题的重要指标。社会消费品零售额包括：(1) 售给城乡居民作为生活用的商品和修建房屋用的建筑材料；(2) 售给机关、团体、学校、部队、企业、事业单位的职工食堂和旅店（招待所）附设专门供本店旅客食用，不对外营业的食堂的各种食品、燃料；企业、单位和国营农场直接售给本单位职工和职工食堂的自己生产的产品；(3) 售给部队干部、战士生活用的粮食、副食品、衣着品、日用品、燃料；(4) 售给来华的外国人、华侨、港澳台同胞的消费品；(5) 居民自费购买的中、西药品、中药材及医疗用品；(6) 报社、出版社直接售给居民和社会集团的报纸、图书、杂志、集邮公司出售的新、旧纪念邮票、特种邮票、首日封、集邮册、集邮工具等；(7) 旧货寄售商店自购、自销部分的商品；(8) 煤气公司、液化石油气站售给居民和社会集团的煤气灶具和罐装液化石油气；(9) 农民售给非农业居民和社会集团的商品。不包括售给国民经济各部门企业、事业单位（包括国有经济的农场）生产经营用的各种原料、燃料、设备、工具等和给批发零售贸易业、餐饮业作为转卖用的商品、旧货寄售商店受托寄售卖出的商品、服务业的营业收入、邮局出售邮票的收入、自来水、电力、煤气生产（供应）单位的产品供应收入，也不包括农民之间的商品销售。

批发零售贸易业商品购、销、存总额 指以各种经济类型的批发、零售贸易业（不包括个体）为总体的商品购、销、存。

商品购进总额 指从本企业（单位）以外的单位和个人购进（包括从国外直接进口）作为转卖或加工后转卖的商品。这个指标反映批发零售贸易业从国内、国外市场上购进商品的总量。商品购进总额包括：(1) 从工农业生产者购进的商品；(2) 从出版社、报社的出版发行部门购进的图书、杂志和报纸；(3) 从各种经济类型的批发零售贸易企业（单位）购进的商品；(4) 从其他单位购进的商品，如从机关、团体、企业、单位购进的剩余物资，从餐饮业、服务业购进的商品，从海关、市场管理部门购进的缉私和没收的商品，从居民收购的废旧商品等；(5) 从国（境）外直接进口的商品。不包括企业（单位）为自身经营用，和未通过买卖行为而收入的商品以及销售退回、商品升溢等。

商品销售总额 指对本企业（单位）以外的单位和个人出售（包括对国（境）外直接出口）的商品。这个指标反映批发零售贸易业在国内市场上销售商品以及出口商品的总量。商品销售总额包括：(1) 售给城乡居民和社会集团消费用的商品；(2) 售给工业、农业、建筑业、运输邮电业、批发零售贸易业、餐饮业、服务业等作为生产、经营使用的商品；(3) 售给批发零售贸易业作为转卖或加工后转卖的商品；(4) 对国（境）外直接出口的商品。不包括：出售本企业（单位）自用的废旧包装用品，未通过买卖行为付出的商品，经本单位介绍，由买卖双方直接结算，本单位只收取手续费的业务，购货退出的商品以及商品损耗和损失等。

城乡集市贸易成交额 指在农村集市和城市集市上买卖双方（包括农民、非农业居民、机关、团体、工商企业、个体商贩）成交的全部商品金额，是反映集市贸易规模的综合性指标。

法人机构 指独立核算批发零售贸易业、餐饮业法人企业。独立核算法人批发零售贸易企业、餐饮企业应同时具备以下条件：

(1) 依法成立，有自己的名称、组织机构和场所，能够承担民事责任；

(2) 独立拥有和使用（或授权使用）资产，承担负债，有权与其他单位签订合同；

(3) 会计上独立核算，并能编制资产负债表。

网点 指本批发零售贸易企业（单位）设立的从事批发、零售贸易业务的自然单位[包括本企业（单位）自身]，凡具有独立固定的营业场所，配备一定的业务人员，不论单位大小，不论是否单独核算，均按自然网点计算，即有一个点就算一个网点。不包括同一营业场所内各柜组以及派出的流动推销小组，流动售货车等。

利用外资 指我国各级政府、部门、企业和其他经济组织通过对外借款、吸收外商直接投资以及用其他方式筹措的境外现汇、设备、技术等。

对外借款 是我国利用外资的主要部分。包括我国通过外国政府贷款，国际金融组织贷款，外国银行商业贷款，出口信贷以及对外发行债券，股票等方式，从境外筹措的资金。

外商直接投资 是指外国企业和经济组织或个人（包括华侨、港澳台胞以及我国在境外注册的企业）按我国有关政策、法规，用现汇、实物、技术等在我国境内开办外商独资企业、与我国境内的企业或经济组织共同举办中外合资经营企业、合作经营企业或作合作开发资源的投资（包括外商投资收益的再投资）以及经政府有关部门批准的项目投资总额内，企业从境外借入的资金。

旅游人数 指来我国参观、访问、旅行、探亲、访友、休养、考察、参加会议和从事经济、科技、文化、教育、体育、宗教等活动的外国人、华侨、港澳和台湾同胞的人数。不包括外国在我国的常住机构，如使领馆、通讯社、企业办事处的工作人员；来我国常驻的外国专家、留学生以及在岸逗留不过夜人员。

国际旅游(外汇)收入 指入境旅游的外国人、华侨、港澳台同胞在中国大陆旅游过程中发生的一切旅游支出,对于国家来说就是国际旅游(外汇)收入。

进出口总额 海关进出口总额指实际进出我国国境的货物总金额。包括对外贸易实际进出口货物,来料加工装配进出口货物,国家间、联合国及国际组织无偿援助物资和赠送品,华侨、港澳台同胞和外籍华人捐赠品,租赁期满归承租人所有的租赁货物,进料加工进出口货物,边境地方贸易及边境地区小额贸易进出口货物(边民互市贸易除外),中外合资经营企业、中外合作经营企业、外商独资经营企业进出口货物和公用物品,到、离岸价格在规定限额以上的进出口货样和广告品(无商业价值、无使用价值和免费提供出口的除外),从保税仓库提取在中国境内销售的进口货物,以及其他进出口货物。进出口总额用以观察一个国家在对外贸易方面的总规模。我国规定出口货物按离岸价格统计,进口货物按到岸价格统计。

信贷资金 国家银行用于发放贷款的资金叫信贷资金。中国人民银行信贷资金的来源有各项存款、对国际金融机构负债、流通中货币、银行自有资金及当年结益等。信贷资金的运用有各项贷款、黄金占款、外汇占款、财政借款及在国际金融机构中的资产等。

存款 企业、机关、团体或居民根据可以收回的原则,把货币资金存入银行或其他信用机构保管并取得一定利息的一种信用活动形式。根据存款对象的不同可划分为企业存款、财政存款、机关团体存款、基本建设存款、城镇储蓄存款、农村存款等科目。它是银行信贷资金的主要来源。

贷款 银行或其他信用机构根据必须归还的原则,按一定利率,为企业、个人等提供资金的一种信用活动形式。我国银行贷款分为流动资金贷款、固定资产贷款、城乡个体工商户贷款以及农业贷款等科目。

承保额 又叫保险金额。它是保险人对被保险人负提损失补偿或约定给付的金额。它是保险合同上的最高责任额,也是计算保费的依据。

保费 又叫保险费。是保险人根据保险合同的有关规定,为被保险人取得因约定危险事故发生所造成的经济损失补偿(或给付)权利,付给保险人的代价。包括财产险和人身险储金收入。

赔款 保险事故发生后,经查证确属保险责任范围以内的保险标的损失,保险人根据保险合同的规定履行赔偿义务,给予被保险人的款项叫做赔款。赔款可分为已决赔款和未决赔款两种。

普通高等学校 指按照国家规定的设置标准和审批程序批准举办,通过国家统一招生考试,招收高中毕业生为主要培养对象,实施高等教育的全日制大学、独立设置的学院和高等专科学校、短期职业大学。

成人高等学校 指按照国家有关规定审批,招收通过全国成人高教统一招生考试的具有高中毕业或同等学历的在职从业人员利用脱产、半脱产、业余或函授等多种形式对其实施高等学历教育,培养高等教育专科或本科毕业水平的专门人才,修业年限、课程设置和总学时数均按高等学历教育要求付诸实施的学校。包括广播电视大学、职工高等学校、农民高等学校、管理干部学院、教育学院、独立设置的函授学院等。

小学学龄儿童入学率 指调查范围内已入小学学习的学龄儿童占校内外学龄儿童总数(包括弱智儿童在内,但不包括聋哑儿童)的比重。计算公式:

$$学龄儿童入学率=\frac{已入学的小学学龄儿童数}{校内外小学学龄儿童总数}\times 100\%$$

科学家和工程师 指具有大学本科及以上学历的和不具备上述学历但有高、中级职称的人员。

其他科技人员 指大专、中专毕业和具有初级职称的从事科技活动人员。

专业技术人员 指已取得科学技术职称,或大学、中专的理、工、农、医科系毕业生,以及国民经济各部门从工作实践中提拔,从事理、工、农、医等自然科学技术的研究、教学、生产的专业人员和在机关、企业、事业中从事科学技术业务管理工作的专业人员。

工程技术人员 指在国民经济各行业从事工程技术工作的自然科学技术专业人员,包括:高级工程师、工程师、助理工程师、技术员和未评定职称的技术人员。

农业技术人员 指在国民经济各行业从事农业技术工作的自然科学技术专业人员,包括:高级农艺师、农艺师、助理农艺师、技术员和未评定职称的技术人员。

卫生技术人员 指在国民经济各行业从事卫生医务工作的自然科学技术专业人员,包括:正副主任医师、主治医师、医师、医(护)士和未评定职称的技术人员。

科学研究人员 指在国民经济各行业从事科学技术活动的自然科学技术专业人员,包括:正副研究员、助理研究员、研究实习员、技术员和未评定职称的技术人员。

自然科学教学人员 指在国民经济各行业从事自然科学技术方面教学活动的专业人员,包括:正副教授、讲师、助教、教师和在中学从事自然科学技术方面教学活动的人员。

发明 指专利法及其实施细则所称的发明,指对有关产品、方法或其改进所提出的新的技术方案。

文化事业机构 指从事专业文化工作和为专业文化工作服务的独立建制的单独核算的单位。不包括这些单位另外举办独立核算的其他机构和各部门的业余文化组织。

艺术表演团体 指从事戏曲、音乐、舞蹈、杂技等专业艺术表演,有独立帐户,实行单独核算的团体。不包括半工半艺、半农半艺和民间职业剧团。

电影放映单位 指具有放映机器设备、固定或不固定的放映场所与专职或兼职的放映技术人员,经有关部门登记批准,经常为一定的观众对象放映电影的机构。包括经批准对外开放进行营业,并与电影发行放映管理机构分帐的专用放映单位和军委系统租片单位。

艺术表演观众人数(人次) 指售票、包场演出或民族地区免费演出的艺术表演观众人次数。不包括彩排审查和内部观摩演出的观看人次数。

等级运动员人数 指经考核正式批准授予等级运动员称号的人数。 运动员等级分别为国际级运动健将、运动健将、一级运动员、二级运动员、三级运动员、少年级运动员。

等级裁判员人数 指经考核正式批准授予等级裁判员称号的人数。裁判员等级分为国际裁判、国家级裁判、一级裁判、二级裁判、三级裁判。

体育场 指有六条以上400百米跑道、场地中心含有足球场,并建有固定看台的运动场。按观众席位分为:甲级2500以上,乙级15000—25000人,丙级5000—15000人以下,丁级5000人以下。

体育馆 指有固定看台,可供训练比赛活动用的室内体育设施。按观众席位分:甲级6000人以上,乙级4000—6000人,丙级2000-4000人,丁级2000人以下。

医院 指名称为医院,设有固定床位能收容病人住院并能为病人提供医疗、护理服务的医疗机构。包括县及县以上医院、农村乡卫生院、其他医院三部分。按所属性质分为卫生部门、工业及其他部门,集体经济单位三类。其中县及县以上医院按业务性质分为综合医院和专科医院。

卫生技术人员 指卫生事业机构支付工资的全部固定职工和合同制职工中现任职务为卫生技术工作的专业人员。包括中医师、西医师、中西医结合高级医师、护师、中药师、西药师、检验师、其他技师、中医士、西医士、护士、助产士、中药剂士、西药剂士、检验士、其他技士、其他中医、护理员、中药剂员、西药剂员、检验员,其他初级卫生技术人员。

医生 指经卫生部门审查合格,从事医疗工作的专业人员。分为中医医生和西医医生。包括卫生技术人员中的中医师、西医师、中西结合高级医师、中医士、西医士和其他中医。

社会福利事业单位 指集中收养社会孤老、残、幼的机构。包括由民政部门管理的社会福利院、儿童福利院、精神病人福利院和城镇集体办的福利院,以及农村集体举办的的敬老院。

社会福利事业单位收养人数 包括民政部门管理的和城镇及农村集体举办的社会福利事业单位中收养的老人、少年儿童、缺乏生活自理能力的残疾人员和精神病人。

农村五保户 指农村中既无劳动能力,又无经济来源的老、弱、孤、残的农民生活由集体供养,实行保吃、保穿、保住、保医、保葬(孤儿保教),简称:“五保”。享受五保待遇的家庭叫五保户。

部分单位(企业)简 介

【南宁市科学技术委员会】是全市科技管理工作的政府职能部门,担负着南宁市科技体制改革、科技项目的管理、科学技术普及、软科学及社会发展的研究、技术市场及民营科技企业管理、科技成果的管理、技术专利事务的管理、国际科技的交流与合作等项主要工作,下辖科技情报所、专利事务所、轻工食品研究所、技术市场信息服务所、防震办公室等7个事业单位。在市委、市政府领导下,全委上下认真贯彻党的十一届三中全会以来的路线、方针和政策。坚持"科学技术是第一生产力"的思想和"经济建设必须依靠科学技术、科学技术工作必须面向经济建设,努力攀登科学技术高峰"的方针,抓住机遇,深化改革,积极推动科技进入经济建设主战场,不断推进科技与经济结合的新突破,科技事业快步发展,为南宁市两个文明建设作出了积极的贡献。

科技体制改革不断深化。结合南宁市实际,"八五"以来,科委先后出台了10多项科技体制改革政策,为促进全市科技事业发展创造了良好的环境。

科技项目管理水平不断提高,成效明显。"八五"以来,平均每年帮助企事业单位和有关部门组织遴选、实施工、农业和社会发展科技项目近100项,大部分项目都取得了比较好的效果和效益。

积极创造条件,加强技术中介服务,保护知识型、技术型商品进入市场流通,建设了南宁市常设技术市场,为我市技术交易、技术中介、技术咨询等技术服务活动提供了良好的条件。

大力鼓励、扶持民营科技企业发展,全市民营科技企业队伍步断壮大。面对世纪之交的大好机遇和党的十五大对科技工作赋予的重任,南宁市科学技术委员会将进一步解放思想,深化改革,开拓进取,认真贯彻《中共中央关于加强技术创新,发展高科技,实现产业化的决定》和全国技术创新大会精神,努力推进科技与经济结合的新突破。

地址:南宁市民生路79号
邮编:530012
电话:2813236
传真:(0771)2620330
Add:79 Minsheng Rd. Nanning
PC:530012
Tel:(0771)2813236
Fax:(0771)2620330

【南宁正虹饲料有限公司】是正虹集团在广西南宁市沿海开发区投资兴办的独资企业,拥有世界领先水平的饲料生产工艺,注册资本3000万元,占地10000平方米,年产销饲料10 万吨。南宁正虹以高科技为依托,集科研,生产,销售为一体,充分发挥以人为本的"龙舟精神"(齐心协力,奋勇争先)和"五千精神"(踏遍千山万苦,不辞千辛万苦,想尽千方百计,说尽千言万语,服务千家万户),在广西及周边地区已有了较大影响,赢得了广大农民朋友的信赖。

南宁正虹是一九九八年六月开始筹建,一九九九年元月正式投产,固定资产1200万元,流动资金3000万元。公司领导层均为青年干部,本科以上学历,平均年龄28岁,员工80%为各类大中专毕业生。饲料配方由科研中心根据当地实际情况研制确定。公司产品包括正虹牌金杯系列和红双喜系列猪,鸡,鸭,鱼全价料和浓缩料,各阶段猪用混料。

九九年的饲料行业是几十年来罕见的一年,市场极度疲软,需求严重不足,公司在这种恶劣的竞争环境中诞生了。在这种恶劣的环境面前,我们不但毫不畏惧,而且激发了满腔的热情,发扬齐心协力,奋勇争先的企业精神,在公司领导正确决策下,在全体员工的共同努力下,凭借正虹强大的品牌优势和过硬的产品质量,取得了微利经营的好成绩,九九年全年销售饲料2万吨。成绩已属于过去,面对新的千年,我们将加倍努力,开拓进取,为实现"正虹饲料。红遍中华,走向世界"而奋斗。我们有理由相信南宁正虹不久将成为南国的一颗璀璨的明珠。

法定代表:李荣
地　　址:南宁市沿海开发区工业园113号
电　　话:0771-4018191
邮　　编:530221

【南宁市建房地产综合开发公司】成立于1985年7月,是国有预算外四级房地产开发企业,是南宁市较早成立的房地产开发企业之一。

公司技术力量雄厚,具备丰富的房地产开发经营经验及完善的管理制度,经营状况一直保持着良好的业绩。公司成立近十五年来,先后开发建设(或合作开发)了雅里住宅小区(总建筑面积34840m^2)、星湖路住宅小区(5280m^2)、北大路十五号住宅小区(17800m^2)、伟业住宅小区(48850m^2)。银宏商城(48000m^2),安宇花园(25400m^2)等房地产开发项目,取得了良好的经济效益和社会效益。

法定代表人：桂水生

经济性质：全民所有制

经营方式：建造、销售商品房，土地综合开发，房屋维修。

地　　址：南宁市北大路15号

电　　话：3823525

邮　　编：530003

【城北区政府】 南宁市城北区位于广西首府南宁市的西北部，辖北湖、衡阳、西乡塘3个街道办事处，37个居委会。行政区域总面积22平方公里，人口33 万人。1999年，城北区坚持以邓小平理论和党的基本路线为指导，认真贯彻落实党的路线、方针、政策，以澳门顺利回归祖国为契机，以经济建设为中心、三产为龙头、工商企业为基础、资金为纽带、市场为导向；以优惠政策、优美环境、优质服务为手段，全面实施"理论武装"工程和"科教兴区、工业稳区、三产富区、依法治区"的发展战略，1999年区属实现国内生产总值4.42 亿元，其中：第二产业增加值2.03亿元，第三产业增加值2.39亿元，分别比1998年增长13.82％、12.08％、17.58％。1999年工业总产值6.38亿元，比上年增长18.52％，工业产品销售率96.16％；商品销售总额12.01亿元，比上年增长20.39％，社会消费品零售总额2.61 亿元，比上年增长15.73％；财政总收入7380万元，其中本级地方财政收入4380万元，分别比上年增长10.75％、10.52％。

城北区在国民经济持续发展的同时，精神文明建设与民主法制建设以及计划生育、社会治安综合治理、环境保护、科技教育、城市建设与管理和社会各项事业都取得了新的成绩。1999年，城北区荣获自治区人口与计划生育目标管理责任制达标先进单位；自治区、南宁市社会治安综合治理模范县(区)；南宁市完成环境保护目标责任制先进单位；南宁市双拥工作先进单位；南宁1997-1999年度创建文明县区达标竞赛文明城区等多项荣誉称号。

中共城北区委书记：赖贵寿

城北区政府区长：唐本开

地　　址：南宁市衡阳西路11号

电　　话：3118941

邮　　编：530001

【广西南宁市医药管理局】 南宁市辖区现有药品生产企业37家，卫生材料、医疗器械和医药包装材料生产企业15家。1999年完成工业总产值(1990年不变价)4.62亿元，比上年增长13.79％；完成销售产值3.95亿元，比上年增长1.54％。1999年，南宁市医药工业企业中超亿元产值的有一家，一千万元以上、亿元以下产值的有十家。

南宁制药企业集团公司是生产化学原料药和中西药制剂的国家大型二类企业，是目前广西区内最大规模的药品生产基地。常年生产14个剂型250多个品种的药品，其中康力龙、泰德混悬液、健骨注射液、千金藤啶碱片等产品属国内独家生产。1999年，该公司生产的胃友双层片和50％×20ml葡萄糖注射液分获广西名牌产品、广西优质产品奖。

广西中医学院制药厂是国有高新技术企业，常年生产8个剂型20多个品种的药品，主导产品有被列为国家中药保护品种的百年乐牌复方扶芳藤合剂、芒果止咳片及国家一类新药血竭。1999年，该厂生产的复方扶芳藤合剂和芒果止咳片分获广西名牌产品、广西优质产品奖。

南宁市安力泰药业有限责任公司是南宁市民营高新技术企业杰出的代表。该公司新产品开发和经济发展的势头强劲，在开发的5个氨基酸系列产品中，L—丙氨酸被列入国家级火炬计划产品，L—异亮氨酸、L—缬氨酸也荣获自治区高新技术创新产品认定。1999年，该公司完成工业总产值2450万元，比上年增长72.41％；L—丙氨酸和L—天门冬氨酸的产量居全国第一位。1999年，该公司收购了武鸣罐头厂柠檬酸车间，投入一千多万元进行技术改造，将通过开发输液配套用原料产品和扩大产量，以部分取代国内氨基酸市场依赖进口的品种，并可大量出口创汇，市场前景非常广阔。

1999年，广西康华药业有限公司以1100万元收购了原南宁市糠果厂；南宁市维威制药有限公司以960万元收购了原南宁市丝绸厂。民企收购国企，将推动南宁市医药工业健康快速的发展。

局　　长：谭鼎新

地　　址：南宁市古城路28号

电　　话：5629362

邮　　编：530022

【广西壮族自治区南宁医药批发站】 具有40多年历史的南宁医药站是直属广西区医药管理局商业骨干企业、广西毒麻药品采购供应中心。地处南宁市繁华商业区的杭州路22号，占地面积50000多平方米，拥有自运车队和铁路专线，资产总值近8000万元，市区内设有14个医药商场，经营新、特、名、优中西成药、滋补保健品、化学试剂、玻璃仪器、卫生敷料、医疗器械、兽用药械等1万多种品规，年销售超亿元，综合实力居广西同行前列。由于注重坚持"顾客至上，信誉第一"的企业信条；"质量、价格、服务"的企业承诺；"团结、实干、创新、争先"的企业精神，不断取得了较好的社会效益，连续8年被评为自治区重合同守信用单位，多次评为国家、自治区级的消费者信得过单位和质量管理先进单位，荣获自治区级先进企业、国家医药系统先进集体和中国公益事业先进单位等称号。

经　　理：作志高

地　　址：广西南宁市杭州路22号

电　　话：2424345

传　　真：(0771)2425779

邮　　编：530011

【南宁军用供应站(南宁军供服务大厦)】建于1965年，设有6部1室，现有正式职工127 人，其中党员27人，是南宁市人民政府支援过往部队的组织机构和战备设施，是国家常设的一级站。主要任务是保障平时和战时过往部队、入伍新兵、退伍老兵及支前民兵、民工运输途中的膳食、开水及军用马匹的草料、饮水供应，并保障部队中转休息。建站三十多年来，接待过往部队130多万人次，补贴部队伙食费、住宿费近百万元。在接待过程中，他们做到了及时、快速、准确、安全、保密，得到了各部队的一致好评。广大官兵都亲切地把该站誉为“军人之家”。

本站在接待好过往部队的同时，充分利用现有的设备设施，进行“平战结合，对外开放”。日前本站拥有12层住宿大楼一栋，有600个床位，设有高、中、低档客房；可容纳400人同时就餐的豪华餐厅一个；5000平方米，四层大型商场1栋和4000平方米大型停车场1个。本站位于南宁市中华路与友爱路交叉路口，地理位置十分优越，是举办大型会议、婚宴和经商的理想场所。多年来，以优质的服务和优惠的价格赢得了八方客人和各单位的赞扬。

近年来，分别获得了全国军交工作正规化建设先进单位、广州军区军供站正规化建设先进单位、南宁市拥军优属模范单位、南宁市双拥模范单位、南宁市文明单位等称号。

站　　长(总经理)：冯朝荣

党支部书记：赵黎黎

地　　址：南宁市中华路54号

电　　话：2434900、2436534

邮　　编：530011

【南宁市粮油饲料总厂】是广西起步最早的以饲料生产为主体的国有大型重点企业，是全国饲料百强企业、广西十强企业与广西先进企业。

南宁市粮油饲料总厂经过近20年的发展，已成为拥有固定资产5000多万元的经济实体，总厂下设有两个分厂，有三个饲料生产车间，配套有先进的从国外引进的颗粒饲料、膨化饲料与添加剂预混料生产设备。主要产品有全价饲料、浓缩饲料(精料)、添加剂预混料等三大系列几十个品种。年饲料生产能力可达20万吨。

总厂坚持以科技进步推动企业发展，引进了数十名来自不同专业的科技人员，从事科研、生产、营销与售后服务等工作，有设施齐全的试验基地与设备先进的化验室。本厂的饲料配方技术与饲料检测技术均获得了广西与南宁市科技进步奖。

总厂生产的富丽牌饲料为区生产历史最悠久、品种门类最齐全、获奖产品最多，产销量较大的饲料产品富丽牌饲料的主要品种均已获得过部级与自治区级优质产品及名牌产品称号。

总厂新开发的粒粒宝牌饲料，系应用国内外先进技术，结合本厂近年来的试验研究成果而生产的具有优良品质的新产品。

富丽牌饲料与粒粒宝饲料将以优质、价宜、品种齐全、服务周到而赢得市场与用户。我们追求的目标只有一个——“销者获利，用者受益”

南宁市粮油饲料总厂在其20年的历程中为广西饲养业的发展兴旺、为饲料专业户与饲料经销户的发展致富作出了卓越的贡献。

实践将继续证明：富丽牌饲料与粒粒宝牌饲料是您事业成功的保证！

法人代表：庞恩祥

地　　址：南宁市新阳北一路2号

电　　话：3160668

邮　　编：530003

【南宁市旺富饲料厂】建于1998年，是一户个体企业，位于南宁市江南区五一西路，主要生产鱼、鸡、鸭、猪4大系列的饲料，全年产量达5000吨以上，本厂本着以质量求生存，以创新求发展，以服务求信誉，以技术求优势，以管理求效益的宗旨，满足广大用户的需求。产品销于广西大部分地区，深受广大用户欢迎。本厂将进一步创新，并竭诚为广大客户服务，欢迎全国各地饲料、原料供应客户和产品用户前来洽商。

法人代表：蔡日群

地　　址：广西南宁市五一西路

电　　话：(0771)4860052　BP机：127－8012250

邮　　编：530031

【广西南宁凤凰纸业有限公司(简称凤凰纸业)】是原广西南宁造纸厂筹备处，于1996年7月改制后形成的国有股份公司。由南宁市投资开发公司和广西开发投资有限责任公司共同出资组建。

凤凰纸业生产区位于南宁市江南路。公司一期工程项目概算投资18.756亿元,项目设计年产10万吨全漂白化学木浆。该工程于1994年12月16日正式开工,1999年9月28日试产成功,至2000年二月,试产五个月的总产量为10832.1吨,现日产能力已达300吨。凤凰纸业公司员工777人,其中专业技术人员256人,占员工总人数的34.1%。

一期工程由芬兰JPI公司技术总承包,主要设备从芬兰、瑞典、加拿大引进,是国际90年代初的先进技术工艺。控制系统采用当今国际先进的DCS监控系统,蒸煮采用瑞典卡瓦那公司最新一代的等温连续蒸煮。环保系统:生产产生的臭气均通过臭气收集系统处理后,送至碱回收炉和石灰窑燃烧:动力炉采用干法脱硫和静电除尘装置,符合国家环保要求。污水排放量为$55m^3$;污水处理能力为$25000m^3$

凤凰纸业年需木材60万立方米作为生产原料。为保证公司的可持续性发展,计划建设规模为101万亩的原料 林基地,目前,已完成10多万亩。公司二期工程为年产轻量涂布纸20万吨。计划投资10.8亿元人民币,已上报可行性报告。

法人代表:王 平

地　　址:南宁市江南路72号

电　　话:4590230

邮　　编:530031

【南宁市城乡房屋开发公司】 创建于1984年。是南宁市乃至区内较早成立的房地产开发公司,十六年来在激烈的经济竞争中不断成长和壮大。目前,本公司拥有固定资产505万元,是全民所有制三级企业。公司具备有一批工程、经营、管理、财务等高中级职称专业技术管理人员,专业技术力量雄厚。

本公司先后开发了北湖东三里安居工程、福建园住宅小区、虎丘小学、衡阳东路农行住宅小区、解放路九号商住楼、福建园亭子良种场"祥达花园"住宅小区、中外合作开发项目"秀湖花园"开发区。历年来累计施工总建筑面积15万平方米。竣工商品房面积15 万平方米,总投资额7000万元。建设工程质量合格率达100%,创造了良好的社会效益和经济效益。

今后,我们将继续本着信誉第一,用户至上的服务宗旨,抓好居住环境,工程质量,物业管理,建造群众满意的商品房住宅小区,为南宁市房地产开发再创佳绩。

总 经 理:郑矿平

地　　址:南宁市唐山路7号

电　　话:3312037

邮　　编:530001

【邕宁县广播电视局】 邕宁县广播电视事业在县委、县政府领导和全县人民的关心支持下,先后建立了电视台、广播电台、电视台。尤其是近年来,县广播电视局领导一班人,坚持正确舆论导向,狠抓广播电视基础建设和广播电视队伍建设,使全县广播电视事业得到稳步快速的发展。全县21个乡镇和大沙田开发区建立了有线电视站,拥有9000多个用户。全县还建有卫星地面接收站150多个,县电视差转合发射功率由原来的50瓦扩大到1000 瓦,电视综合覆盖率达到96%以上,实现了村村通广播电视。广播综合覆盖率达到100%。县广播电台采用调频发射的方式送节目,全县60%以上的地区能收听到本台节目。县城有线电视网络,传输节目30套,发展用户近万户,并于1999年12月与大沙田开发区有线电视联网。县电视台节目制作能力不断得到增强,局领导班子想方设法克服资金紧缺的困难,通过多渠道集资,投入采编制作设备70多万元,使节目采编设备具备了专业级水平。局重视职工业务素质培养,从政策、资金、时间等方面鼓励干部职工参加各种业务培训、进修和参加高等院校函授学习,使全局干部职工的文化结构向更高的层次转变,现具有大中专学历的人员占职工总数65%,具有初、中级以上职称的专业技术人员占49%。县广播电视局连年被南宁市委、市政府;邕宁县委、县政府授予先进单位和文明单位称号。

局　　长:黄仪才

地　　址:蒲庙镇红星路

电　　话:4714105

邮政编码:530200

【邕宁沿海经济走廊开发区】 邕宁沿海经济走廊开发区成立于1993年6月8日,规划成立南宁市卫星城,是南宁市城区规划的重要组成部分,是广西自治区区级开发区和广西区乡镇企业示范区。

开发区地处南(宁)北(海)二级公路5至65公里处两旁的带状区域,开发区北端距离南宁市中心仅5公里,距南宁机场30公里。南(宁)北(海)高速公路、南(宁)北(海)二级公路贯穿开发区南北,南宁市环城高速公路和黎湛铁路复线横穿开发区东西,并在开发区的中心地段玉洞设有南宁市第二大火车货运站:南宁市玉洞火车站。面向北海、钦州、防城三大港口,地理位置十分优越。

开发区首期开发面积为16.8平方公里。规划为金象商住区、邕宁县私营企业工业园、南宁市玉洞商贸城、南宁市平乐工业园、那马水产养殖及旅游综合开发小区。

投资环境:

几年来，开发区投入3亿多元进行水、电、路等基础设施建设，投资环境得到了较大的改善，基础设施日臻完善，建立了较为完备的包括商业、金融、学校、医院、娱乐、饮食等服务支撑体系。供水：拥有那马、大沙田两个10万吨/日规模水厂双源头供水的保障系统；供电：由南宁供电局大沙田22万伏、工业园11万伏变电站双回路供电和邕宁电业公司两座3.5万伏变电站线路供电；通讯：设有邕宁县邮电局玉洞支局，公交：开通21路、501路两路公共汽车线路；学校：有科技学校、英华学校等10多所中专、中学、小学、幼儿院；医院：有玉洞医院、良庆卫生院等多所中小型医院；园林绿化：已完成各路网的绿化工程，绿化投资超百万元；基础设施：完成了私营工业园、金象商住区、玉洞商贸城等主干街道的水泥铺设。

开发区实行“低门坎贴本让利”的优惠政策。

1、地价：实行贴本让利政策，工业项目用地低于成本价出让。

2、费用：各种费用在国家政策规定的情况下，实行灵活的政策，能减则减，能缓则缓，能免则免，尽量减少投资者的投资风险。

3、严禁任何单位和个人以任何方式向企业乱收费、乱摊派、乱罚款

4、开发区实行招商引资“一条龙”服务政策，对引进的项目实行进出一个门的全方位服务，代办一切手续。项目的招商、建设、生产整个过程有专人负责提供高效优质的免费服务。

招商引资：

开发区成立六年多来，紧紧围绕自治区党委提出的“三大战略、六大突破”战略步骤，招商引资取得很大成效，形成了以工业开发为主，建成了广西最大的私营企业工业园和乡镇企业示范区，至2000年，开发区共引进项目320个，实际投入超过16亿元，实际利用外资7000多万美元，其中有：中美合资企业南宁三元中密度纤维板厂、台湾独资企业南宁龙泰通建材有限公司、台湾独资企业龙昌日用塑胶(南宁)工业有限公司、美商独资企业美联(南宁)添加剂有限公司等外商投资企业26个；广西中高糖机制造有限公司、广西苏氏集团、广西粤丰物业管理有限公司、南宁市英华学校等私营企业128家。这些项目中，属全国同行业较大的3个，属全区同行业最大的有10个，形成了建材、医药、机械、轻工、饲料等五大产业群。

开发区正处高速发展阶段，目前主要有以下投资项目：

1、出让工业用地(7万元/亩起)、综合用地、商住用地(400—500元/m^2)、别墅用地(500—800元m^2)。

2、出租空地、空厂房1—2元/m^2.月)。

3、大量基建工程招包(2000—3000万元)。

4、木材市场。代办各种林业、工商、财税、水、电等有关手续，手续简便、收费低廉。地租：按每平方米1元标准收取。

为了更好地满足海内外客商投资建设需要，开发区管委会将继续加大对外开发的力度，营造良好的投资环境，提供更高效更优质的服务。热情欢迎国内外客商到开发区参观考察、投资置业、大展宏图，携手共建黄金大通道。

法人代表：黄国华

联系电话：4018268、4018121、4018122

邮　　编：530221

联系地址：南北二级公路八公里处邕宁私营企业工业园内(乘21路、501路公共汽车可直达)

【南宁鸣昌专用肥料有限公司】是武鸣县农业局与香港源昌贸易公司于1993年合资创建，专门从事测土配方肥料开发与生产的企业。公司座落于交通便利的武鸣县郊双桥镇，占地面积5万多平方米，固定资产1600多万元，拥有两条先进的复合肥生产线，年产能力8万吨，是目前广西区内生产规模最大、工艺技术先进的复合肥生产厂家之一。

公司主要开发生产高效通用型复合肥及各种专用配方肥。产品具有配方科学合理、养份齐全、使用简便、增产显著等优点，畅销区内30多个县市及部分外省市，深受用户的欢迎。

多年来，公司坚持奉行“选用一流的配方、生产一流的产品、创造一流的质量、实行一流的服务”的企业宗旨，以良好的信誉取信客户。公司及产品先后荣获“97.98全国新技术新产品交易会金奖”、“连续三年重合同守信用企业”、“区技术监督局重点保护产品”、“98年度振兴南宁‘经济效益杯’劳动竞赛金杯奖”、“98年度广西优质产品”等荣誉称号。

“用鸣昌肥料，描丰收蓝图”这是鸣昌人的心愿。竭诚欢迎广大新老用户及社会各届人士光临指导，共谋合作、发展之路。

总 经 理：潘任忠

地　　址：广西南宁市武鸣县双桥镇

电　　话：(0771)6020185　6020248

传　　真：(0771)6020204

邮　　编：530104

【邕宁县蒲庙中学】经40多年的发展，形成了规模较大的普通完全中学。学校占地140亩，现有41个班，在校高中、初中学生2578人；有教职工172人，其中高级教师24人，一级教师61人。学校办学目标：办成南宁市

高质量、有特色、第一流、全广西知名的示范性中学。培养目标:为国家培养高层次人才打下坚实基础,为高等院校输送大批优秀毕业生和少数出类拨萃的学生。

学校在上级领导的关怀和社会各界大力支持下,校领导努力加强现代化建设,全国I类标准化的理化生实验室、语音室、电化教室、电脑室、多媒体教学设施、教师资料室、图书室、学生阅览室、音乐室、美术室、劳技室等教学设施齐全,体育场地优良,学生食堂和学生宿舍大楼可与大学媲美。学校教学秩序稳定、纪律严明,形成了优良校风、教风、学风,教育质量不断地显著提高。

学校领导锐意改革创新,开拓进取,坚持推进素质教育,高考、中考连年保持南宁市、邕宁县一流水平。学校是全国体育传统项目学校先进单位;自治区"八桂名校"、自学考试先进单位、体育卫生优秀学校、国家级和自治区级考试达标基地;是南宁市文明单位、高三教学成绩先进单位、花园式单位、绿化先进单位、治安先进单位、体育艺术工作单位;是邕宁县先进基层党组织、德育工作先进单位、高考成绩先进单位、中考成绩先进单位、科技活动先进单位、"两基"先进单位、"普实"先进单位、文明单位、花园式单位、巾帼建功先进单位、先进工会、先进团委,一大批师生在县、市、自治区、全国获奖。

蒲庙中学正在邓小平理论指导下,为把学校办成南宁市一流、全广西知名的示范中学而努力奋斗!

校　　长:甘志武

地　　址:邕宁县蒲庙镇中学路蒲庙中学

电　　话:4716517　4713187

邮　　编:530200

【邕宁县交通局】 本着"经济要发展,交通须先行"的宗旨,在改革开放20年来,邕宁县公路发展取得了显著成绩。至1999年全县拥有公路里程1004.686公里,其中高速公路98.976公里,二级公路158.1公里。全县21个乡(镇)和235个行政村,全部都通了公路。本局在1993年动工兴建的邕宁邕江大桥和南蒲二级公路北线17.8公里于1996年9 月竣工交付使用,总投资1.2亿元;南蒲二级公路(南线)改建工程20.3公里于1995年11 月动工,1998年11月竣工交付使用,总投资8320万元,"二路一桥",对加快我县仙葫区的开发,改善我县对外交通发挥了重要的作用;国家重点工程南宁至钦州高速公路"邕宁段"60公里,柳州至南宁高速公路"宾南段"38.976公里也分别于1998年和1999年竣工交付使用.

地方公路建设步伐加快,扶贫公路取得了可喜成绩,历史性地实现了我县全部行政村通公路,沿线受益群众达3万多人,为当地群众脱贫致富发挥了重要作用。

如今,邕宁县公路基本形成了4条国道(其中1条为桂海高速公路),1条省道,21条县道以及众多的乡村公路纵横交织的网络,四通八达的公路交通为我县经济发展及大西南诸省出海通道、国家对中西部大开发提供了极为良好的基础条件。

公路技术等级的提高和路网的改善,全面促进了我县运输业的大发展,基本结束了"乘车难、运货难"的历史,初步建立了一个公平竞争、秩序良好的运输市场。至1999年全县拥有民用汽车2209辆,其中劳动营运货车258辆/4250 座,营运货车1951/62430吨;年完成客运量和周转量分别是490万吨和1.48亿人公里,完成货运量和周转量290万吨和2.45亿吨公里,为全县国民经济持续发展发挥了重要作用。

局　　长:杜朝坚

地　　址:邕宁县蒲庙镇新兴街

联系电话:4712252　4716058

邮　　编:530200

【邕宁县中医院】 创建于1982年11月,在各级党委和政府领导下,在职工团结拼搏,艰苦创业下,医院发生了巨大变化,展现了时代医院风采,医院占地面积13728平方,楼房建筑面积13273平方,拥有职工187人,其中卫技人员149人,医疗器械总值218万元,开放床位106张,设五个病区(内儿科、偏瘫康复科、骨伤科、外科、妇产科),一级临床科室12个,二级中医专科2个,中医专科专病门诊12个,以偏瘫康复和骨伤科为支柱医疗,带动乙肝、肾病、石淋、肛肠、颈椎病、月经不调、不育症、风湿病、咳喘病、胃病、慢性盆腔炎,中医美容等专科发展;年门诊平均7.6万人次,住院1321人次,年业务收入达480万元。

多年来,本院走中西医结合道路,努力挖掘祖国医学宝库,积极探索中医治疗慢性病、疑难病,扩大中医治疗参与面和参与层次,拓宽中医特色和发挥中医优势,收集民间单方、验方研制出接骨I号、II号药膏、接骨胶囊、骨伤胶囊、治瘫灵I号、II号,治胃胶囊、乙肝I 号,调经胶囊、妇炎灵胶囊、妇康胶囊、慢炎灵胶囊、晕宁胶囊、止咳I号、II号等十多种中成药。临床疗效显著,深受患者欢迎。偏瘫病人来自区内玉林、宾阳、武鸣、钦州、龙州、扶绥等县市。98年承担南宁市及县级攻关科研项目各一项。

多年来,本院注重人材培养,先后派送学科带头人和技术骨干到区内和区外的北京、广州、哈尔滨、长春、石家庄、昆明等医学院校进修学习30多人,使业务技术不断壮大和发展,两个效益不断提高。98年被区卫生厅定为全区示范中医院建设医院，同年获得获得国家二级甲等中医院。几年来，先后获得南宁市文明单位、南宁市爱国卫生先进单位、南宁市先进团支部、南宁市工会女职工工作达标单位等称号。成为具有中医优势的医疗、预防、保健、康复、教学、科研的一所医院。

院　长：罗远英

地　址：广西邕宁县中医院

电　话：(0771)4712364

邮　编：530200

【南宁市粮食局】主要负责全市粮食流通管理工作，确保全市粮食总量平衡，贯彻执行国家、自治区粮食工作各项方针、政策、法规；检查、督促县、郊区搞好粮食收购、城乡粮食供应和农村生活安排工作，保障军队粮食供应；贯彻落实储备管理制度和粮食风险基金制度；负责全市粮食行业管理；监督、管理好粮食市场等。

粮食局管理的单位360个，有职工5643人，其中离退休1407人。 全系统共有专业技术职称1033人，其中高级专业技术职称8人；中级职称157人；初级职称868人。全市粮食系统固定资产原值3.14亿元，净值2.39亿元。下属的粮油饲料总厂是全国百强、广西十强大型国有饲料企业。主要生产"富丽"、"粒粒宝"、"一仓"、"美农"三个品牌的全价配合饲料、浓缩料、添加剂予混合饲料三大类产品。市粮油购销储运公司的"三仓"牌花生油、"高棠牌"优质大米和粮油供应公司生产的"佳美"牌月饼誉满四方。

在市委、市政府的领导和上级行政主管部门指导下，认真贯彻落实《关于进一步深化粮食流通体制改革的决定》，全局干部职工进一步提高认识，解放思想，更新观念，各项工作取得了显著的成绩。1999年完成粮食定购入库3276万公斤(贸易粮)，完成社会商品零售额7813万元，完成企业销售收入15271万元， 完成工业总产值(现价)8656万元。精神文明建设硕果累累，荣获自治区粮食系统文艺汇演一等奖，获市法制小品比赛一等获和市"双拥模范"先进单位。

千禧鸿年，更元伊始，我局将进一步深化和完善企业改革整顿工作，继续推进放开搞活粮食国有企业，坚定信心，一如既往，努力完成各项任务，在新的世纪中再创新辉煌。

法人代表：张明坚

地　址：新阳路62号

电　话：2810840

邮　编：530012

【邕宁县妇幼保健院】邕宁县妇幼保健院又名邕宁县妇幼医院，始建于1956年，经过4 0多年的艰苦创业，现已发展成为集保健、医疗、计划生育、教学等为一体的县级妇幼保健院，是全县妇幼保健工作的技术指导中心，先后被卫生部命名为爱婴医院及一级甲等妇幼保健院。

全院开放病床60多张，在编职工93人，其中卫技人员77人，全部是高、中等医药院校毕业生。有临床科室7个，职能科室4个，开设内科、外科、儿科、妇产科、五官口腔科、皮肤性病科、中医科等。分临床部、保健部和门诊部。该院拥有救护车3辆，进口B超机三台，有500mA X光机、血气分析仪、自动生化分析仪、胎心监护仪、高危孕妊监护仪、胎儿脐血流监护仪、乳腺透照检查仪、婴儿光疗培养箱等一大批现代化医疗设备。有效地提高了医院的诊治水平。年业务收入达260万元。

多年来，该院坚持"以保健为中心，保健与临床相结合，面向基层，面向群众"的妇幼卫生工作方针，充分发挥县一级的妇幼保健院的技术指导作用，全心全意为全县妇女儿童身心健康服务，举办各类培训班，为基层各医疗单位培养了大量的妇幼卫生人才，坚持常年深入基层指导工作，在妇女保健、儿童保健工作上有独创之处，1994年至1999年连续6年荣获南宁市妇幼卫生工作甲等奖(评比总分连续第一名)。开展儿童眼保健、斜视纠治、口腔保健。儿科以诊治新生儿疾患见长，开展小儿普外，能进行儿科各种常见外科手术。妇产科开展剖宫产、全宫摘除术、子宫肌瘤、卵巢囊肿摘除术等，在不孕不育症方面积累了较丰富的经验，实行母乳喂养，母婴同室、高危妊娠监护、脐血流测量、妊高症预测、胎心监护等，开设温馨病房，深受患者欢迎。数十年来该院实行科管理，从严治院，始终把医疗质量和医德医风视为医院的生命，业务技术不断发展和提高、两个效益不断提高，先后被自治区卫生厅和市、县政府命名为文明单位。

院　长：青涛

副院长：林少梅、慕　群

地　址：广西邕宁县妇幼保健院

电　话：(0771)4714554

邮　编：530200